Friedrich Mildenberger

Grundwissen der Dogmatik

Ein Arbeitsbuch

Dritte Auflage

Verlag W. Kohlhammer
Stuttgart Berlin Köln Mainz

CIP-Kurztitelaufnahme der Deutschen Bibliothek

Mildenberger, Friedrich:
Grundwissen der Dogmatik : e. Arbeitsbuch /
Friedrich Mildenberger. – 3. Aufl. – Stuttgart ;
Berlin ; Köln ; Mainz : Kohlhammer, 1987.
   ISBN 3-17-009944-2

Dritte Auflage 1987
Alle Rechte vorbehalten
© 1982 W. Kohlhammer GmbH
Stuttgart Berlin Köln Mainz
Verlagsort: Stuttgart
Umschlag: hace
Gesamtherstellung:
W. Kohlhammer Druckerei GmbH + Co. Stuttgart
Printed in Germany

Inhaltsverzeichnis

Hinweise für den Benutzer

1. Das "Grundwissen der Dogmatik" ist als Arbeitsbuch angelegt. Es will die Kenntnis der wichtigsten dogmatischen Probleme und einiger Lösungsmöglichkeiten für diese Probleme, wie sie die Geschichte der Dogmatik und die gegenwärtige dogmatische Diskussion anbieten, vermitteln. Es will dabei in die dogmatische Methode (Problemlösungsverhalten) einführen und eine dogmatische Sprache einüben, die Voraussetzung für die Fähigkeit zum dogmatischen Denken ist.

2. Als Arbeitsbuch setzt des "Grundwissen der Dogmatik" die Möglichkeit voraus, eine normal ausgestattete theologische Seminarbibliothek zu benutzen. Es will nicht nur selbst Informationen vermitteln, sondern in die Erarbeitung von Information einüben. Die Aufgaben, die im Text immer wieder gestellt werden, sollen die Bekanntschaft mit wichtigen Texten und dogmatisch interessanten Meinungen vermitteln. Die Fragen, die dazu jeweils genannt werden, leiten dazu an, die angegebenen Texte unter bestimmten Gesichtspunkten durchzusehen. Ist die Frage beantwortbar und also die gewünschte Information beschafft, kann der Text wieder beiseitegelegt werden, falls nicht eigenes Interesse eine weitere Beschäftigung mit diesem Text erzwingt. Solche Erarbeitung von Information setzt ein Verhältnis zum Buch voraus, das Vertrautheit mit Distanz verbindet: Ein Buch zu benutzen, heißt nicht zugleich, es von vorne bis hinten gründlich zu lesen. Man kann auch sehr viel rascher benötigte Informationen gewinnen.

3. Auf den Seiten 268 - 300 wird eine Ertragssicherung in Fragen und Antworten angeboten, gegliedert nach den einzelnen Abschnitten und Unterabschnitten des Buches. Sie dient nicht nur der Sicherung eines bestimmten Wissens, sondern soll die dogmatische Sprache einüben. Dabei werden bestimmte, im vorhergehenden Text vorgestellte Formulierungen und Redewendungen reproduziert. Ehe Sie sich daran machen, sich die Fragen und Antworten zu den einzelnen Abschnitten einzuprägen, sollten Sie den betreffenden Abschnitt einschließlich der nun bearbeiteten Aufgaben noch einmal durchlesen. Sind Ihnen Ausdrücke in ihrer Bedeutung nicht klar, suchen Sie die Einführung dieser Ausdrücke in den betreffenden Textteilen noch einmal auf. Erst wenn Sie verstanden haben, um was es geht, können Sie sich einprägen, wie man sagt!

4. Ein Arbeitsbuch, das Grundwissen - für das Studium und erst in zweiter Linie auch für das Examen - vermitteln möchte, muß möglichst objektiv gehalten sein. Eigene Lösungsvorschläge des Verfassers werden über Literaturhinweise zugänglich gemacht, im Text selber aber nicht vorgetragen. Freilich lassen sich bestimmte Stellungnahmen schon aus der Anordnung der vorgelegten Probleme und Lösungsvorschläge erschließen. Doch soll das unvermeidliche subjektive Element möglichst zurücktreten. Dogmatik ist hier als schulmäßige Erarbeitung eines möglichst allgemeinen Wissenstandes und als Einübung in die Fähigkeit zu eigenem dogmatischem Urteil aufgefaßt. Die Subjektivität des dogmatischen Lehrers, die bei dem Vortrag eigener Lösungsvorschläge naturgemäß stärker im Vordergrund steht, muß darum zurücktreten.

5. Dem dienen auch die gelegentlich eingefügten Bildchen. Ich hoffe zwar auch, daß sie dem Leser ganz einfach Spaß machen, wie es mir Spaß gemacht hat, diese Bildchen zu entwerfen. Aber sie haben darüber hinaus die Funktion, die bei einer dogmatischen Arbeit nun einmal unvermeidlichen Emotionen und Werturteile zu objektivieren. Ich hoffe darum, daß auch diese für ein dogmatisches Arbeitsbuch nicht ganz übliche Zutat vom Benutzer günstig aufgenommen wird.

6. Das Buch erfordert einerseits einen beträchtlichen Arbeitsaufwand, auch dann, wenn nur die gestellten Aufgaben beantwortet werden, und man sich nicht gelegentlich einmal festliest - was übrigens durchaus in der Absicht dieser Aufgabenstellung liegt. Die einzelnen Unterab-

schnitte sind so gehalten, daß man sie doch noch in einem Zug durcharbeiten kann, jeweils etwa in einem Arbeitstag. Andererseits vermittelt das Arbeitsbuch aber eine umfassendere und auch abwechslungsreichere Information, als sie durch die Lektüre eines der gängigen Lehrbücher gewonnen werden könnte.

7. Die einzelnen Abschnitte müssen nicht unbedingt in der angegebenen Reihenfolge durchgearbeitet werden. Mit die schwierigsten Probleme werden ja in den sog. Prolegomena, hier also vor allem in 2. und 3., verhandelt. Man kann diese Abschnitte zunächst nur eben zur Kenntnis nehmen, ohne sich schon die ganzen Probleme angeeignet zu haben, um sie dann in einem fortgeschrittenen Stadium der Arbeit zu wiederholen oder jetzt erst endgültig zu erarbeiten.

8. Gelegentlich sind Hinweise und Arbeitsaufgaben mit einem + gekennzeichnet. Es handelt sich dann um Arbeitsmaterial, das dem Anfänger unter Umständen Schwierigkeiten machen kann. Der dogmatisch schon etwas geübte Benutzer sollte aber gerade hier weiterarbeiten.

9. Wenn Sie den hier geforderten Arbeitsaufwand als eine zu große Zumutung ansehen, sollten Sie sich überlegen, welche Zeit Sie für die Erlernung der alten Sprachen als Voraussetzung für die exegetische Arbeit benötigt haben. Hier benötigen Sie nur einen Bruchteil dieser Zeit. Und Sie haben für Ihre theologische Arbeit eine Menge gewonnen, wenn Sie sich eine dogmatische Sprache und die Fähigkeit, normative Fragestellungen mit der nötigen Sachkenntnis zu diskutieren, angeeignet haben.

scholae et vitae discimus!

Das hier vorgelegte Arbeitsbuch wurde im Winter 1974/75 konzipiert. Ich danke meinen Mitarbeitern Hartmut Hövelmann, Friedemann Jung und Heinrich Weniger, die mir dabei geholfen und das Buch auch weiter begleitet haben, das zunächst in einer Reihe vervielfältigter Auflagen in die Hand der Studenten gelangte und dort guten Anklang gefunden hat. Es hat sich dabei gezeigt, daß einsame Anläufe zur Durcharbeitung häufig steckengeblieben sind. Versuchen Sie also lieber, die Arbeit in einer kleinen Gruppe zu bewältigen. Es lohnt sich!

Erlangen, den 15.2.1982 Friedrich Mildenberger

Die 2.Auflage ist um die Erläuterung einiger nicht allgemein geläufiger Ausdrücke erweitert worden, die zugleich als ein das Inhaltsverzeichnis ergänzendes Sachregister dienen kann. Ich hoffe, daß das Buch damit für den, der dogmatisch lernen will, noch brauchbarer wird. Auch der Rezensent in VuF 1,1983,60-62, der mit meiner Terminologie sichtlich Schwierigkeiten hatte, kann dann nachlesen, daß ich unter "objektivieren" genau das verstehe, was die übliche Bildungssprache damit meint. Wie ich "subjektiv" und "objektiv" gebrauche, das habe ich S.50 eingeführt: Werturteile und Emotionen bleiben natürlich allemal subjektiv, auch wenn sie in Bildchen objektiviert und so mitgeteilt werden.

Erlangen, im August 1983

0. Methodische Einführung

Die zeitgenössische Dogmatik leidet trotz großarti-
ger Einzelleistungen - dazu sei nur an Karl Barth
erinnert - unter einer gewissen methodischen Unsicherheit. Es scheint so, als sei die methodische
Strenge in die historischen Disziplinen abgewandert,
während die Dogmatik von den Einfällen Einzelner lebe. Darum begnügt man sich häufig damit, auch im
dogmatischen Unterricht eben im Historischen zu
bleiben, und historisches Wissen bis hin zur Information über zeitgenössische dogmatische Positionen

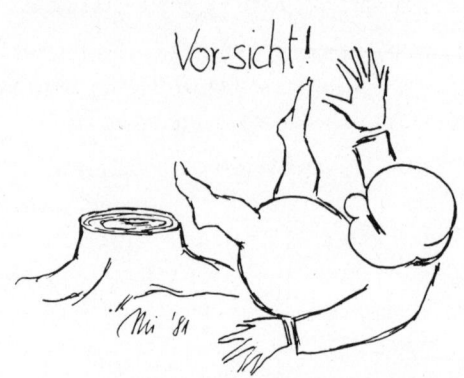

zu verlängern. Die normative Aufgabe dagegen wird vernachlässigt; das theologische Problembewußtsein verkümmert oder verlagert sich auf andere Fragen, etwa ethischer oder humanwissen-
schaftlicher Art.

Um zu einer methodischen Sicherung des dogmatischen Unterrichts zu kommen, wird darum ein Vorschlag zur dogmatischen Methode vorgelegt (vgl. S.306). Die häufig aufgeworfene Frage, was
eigentlich "systematische" Theologie bzw. Dogmatik im Unterschied zu den historischen oder
auch praktischen Disziplinen der Theologie sei, und vor allem, wie man denn dogmatisch denken
solle, wird so beantwortet, daß wir eine Reihe von methodischen Schritten des dogmatischen Denkens angeben, hier bezogen auf den dogmatischen Unterricht, also auf die reguläre Dogmatik
(vgl. dazu 1.1.3).

0.1 Die Grundschritte

Wir unterscheiden drei Grundschritte der dogmatischen Methode, die dann freilich in der Durchführung je nach Fragestellung von verschiedenem Gewicht sein können: Problemfindung,Problembe-
arbeitung und Anwendung. Damit soll von vornherein dem Anschein gewehrt werden, daß Dogmatik
bloß noch einmal - nun an einzelnen Inhalten des Glaubens orientiert - den historischen Stoff
aus Exegese und Kirchen- bzw. Theologiegeschichte rekapituliere.

Dogmatisch beispielsweise über die Sünde zu handeln, bedeutet nicht, die Anschauungen über die
Sünde vom AT bis zur Reformation, oder unter Umständen sogar bis zur dialektischen Theologie
der ersten Hälfte unseres Jahrhunderts (K.Barth, R.Bultmann, F.Gogarten, E.Brunner u.a.) zu-
sammenzustellen.

Die Systematische Theologie bzw. die Dogmatik will normative Feststellungen treffen. Sie arbeitet darum nicht nur deskriptiv wie die Historie, die möglichst zutreffend beschreiben möchte,
was ist oder gewesen ist, sondern fragt darüber hinaus, was sein soll, weil es richtig ist.
Der "Glaube" im Sinne des gemeinsamen kirchlichen Glaubensbewußtseins (dazu vgl. 1.1.3) soll
sich aus der Anwendung der Schrift in der jeweiligen Situation der Glaubenden ergeben (dazu
vgl. 3.1.1). Darum wird hier der gegenwärtige Glaube nicht wie in der Historie unter dem Aspekt
des Gewordenseins erfaßt, sondern unter dem Aspekt dessen, wie es weitergehen soll. Dazu sucht
sie nach Regeln für die gegenwärtige Auslegung und Anwendung der Schrift. Ihr Ziel ist also
nicht ein möglichst vereinheitlichtes Glaubensdenken, aber eine Übereinkunft im Hören auf die
Bibel. Will sie dieses Ziel erreichen, dann muß sie im Hier und Jetzt beginnen und im Lauf ihrer Reflexion wieder auf dieses Hier und Jetzt zurückkommen.

Dazu muß zuerst die richtige Fragestellung erarbeitet werden. Wir bezeichnen diesen methodischen Schritt als Problemfindung. Es muß weiter angegeben werden können, welche Schritte zu
tun sind, wenn ein Problem deutlich erfaßt ist. Wir reden hier von Problembearbeitung, um anzudeuten, daß es nicht immer gelingen wird, zu einer glatten und einsichtigen Lösung aufgeworfe-
ner dogmatischer Fragen zu kommen. Auf jeden Fall wird die Problembearbeitung aber weiter klä-

ren können, was hier in Frage steht.

Schließlich ist in jedem Fall wenigstens anzudeuten, wohin die dogmatische Arbeit führen soll. Sie ist ja nicht Selbstzweck. Was soll mit ihren Ergebnissen geschehen? Auch hier sind also methodische Hinweise nötig, die von Fall zu Fall dann näher ausgeführt werden können. Wir reden hier von Anwendung.

0.2 Die Problemfindung

Ein Arbeitsbuch kann nicht detailliert jeden einzelnen methodischen Schritt vorführen. Das Ziel ist ja auch begrenzt: Es geht darum, bestimmte für den dogmatischen Unterricht notwendige Kenntnisse und Fähigkeiten zu vermitteln. Den dogmatischen Unterricht selbst kann ein solches Buch dagegen gewiß nicht ersetzen. Hier soll einleitend wenigstens ganz knapp auf die Bedeutung aller einzelnen methodischen Schritte hingewiesen werden. Auch zur Durchführung gebe ich einige Anleitung.

0.2.1 Eine erste Einführung in den Problemstand wird in der Regel die Fachdiskussion geben. Denn in der Regel bearbeitet die Dogmatik schon seit langem erörterte Probleme, braucht also ihre Fragen und Antworten nicht erst neu zu entdecken. Zwar haben gerade auch in der Dogmatik immer wieder Außenseiter wichtige Anstöße gegeben. Aber das ist doch eher die Ausnahme als die Regel. Die Regel ist die, daß das Problembewußtsein in einer kontinuierlichen Fachdiskussion wachgehalten wird.

Nun kann man selbstverständlich die Fachdiskussion auf sehr verschiedenen Ebenen wahrnehmen. Ich verbinde die Aufzählung dieser Ebenen mit einigen Literaturhinweisen.

A. Einen ersten Überblick vermitteln Lexika, die zu den einzelnen dogmatischen Stichworten Grundinformation vermitteln. Genannt seien: RGG (Die Religion in Geschichte und Gegenwart) und LThK (Lexikon für Theologie und Kirche). Suchen Sie die genannten Werke auf.
Welches der beiden Werke ist katholisch, welches protestantisch?

Wer ist Herausgeber der ersten, der zweiten und der dritten Auflage der RGG?

Lesen Sie die Vorworte der Herausgeber zu den einzelnen Auflagen. Durch Neuauflagen sind gerade bei den Lexika die älteren Auflagen nicht immer überholt. Theologiegeschichtliches, aber auch sachliches Interesse kann dazu veranlassen, auch Artikel aus älteren Auflagen mit zu berücksichtigen.

Ein Beispiel: Der Artikel R.Bultmanns über Paulus in der RGG, 2. Auflage.

B. Umfassend informieren Lehrbücher. Allerdings ist hier wie bei den Lexika zu beachten, daß es einige Zeit dauert, ehe neu aufgeworfene Fragen oder auch neue Aspekte herkömmlicher Fragestellungen hier berücksichtigt werden. Aktualität, gar modische Aktualität, kann von einem dogmatischen Lehrbuch nicht verlangt werden. Das ist nicht nur ein Nachteil!

Hier sollen einige Lehrbücher angeführt werden, die einzusehen sind. Vollständigkeit ist nicht beabsichtigt, die Auswahl schließt subjektive Wertung ein. Eine vollständige Aufzählung bringt W.Trillhaas, Dogmatik, 1972³, S.XIII-XV.

Lutherische Dogmatiken:

Elert, Werner, Der christliche Glaube, 1956[3].
Die Elertsche Dogmatik ist interessant und eigenständig, freilich von einem schroffen konfessionellen Denken her entworfen.

Althaus, Paul, Die christliche Wahrheit, 1969[8].
Althaus ist zwar in der Einzelausführung konservativ, aber in der Struktur seines Denkens modern-liberal, daher insgesamt eher vermittelnd als streng positionell.

Prenter, Regin, Schöpfung und Erlösung, deutsch 1960
Die Dogmatik des dänischen Systematikers vermittelt eine klare konfessionell lutherische Position, die sich den Fragestellungen der dialektischen Theologie gestellt hat.

Fritzsche, Hans-Georg, Lehrbuch der Dogmatik I, 1964, II, 1968, und III, 1976
Weniger konfessionell bestimmt als durch die Fragestellungen der dialektischen Theologie geprägt und vermittelnd mit den Strömungen modernen Denkens. Unvollständig.

Müller, Hanfried, Evg. Dogmatik im Überblick, Berlin 1978.

Ebeling, Gerhard, Dogmatik des christlichen Glaubens, 1979, 3 Bde.

Reformierte Dogmatiken:

Brunner, Emil, Dogmatik I - III, 1960 (und weitere unveränderte Auflagen)
Die Dogmatik Brunners ist gut lesbar, bringt die Eigentümlichkeiten im Denken dieses profilierten Vertreters der dialektischen Theologie gerade auch in seinen Unterschieden zu K.Barth deutlich zum Zug.

Weber, Otto, Grundlagen der Dogmatik, I,1959[2]. und II,1962 (Neuauflage 1972)
Weber bringt ausführliche und zuverlässige Information sowohl zur Tradition wie zur gegenwärtigen Diskussion. Auch zur Anschaffung durchaus empfehlenswert!

Kreck, Walter, Grundfragen der Dogmatik, 1970
Vom Standpunkt der dialektischen Theologie aus wird die moderne dogmatische Diskussion kritisch behandelt. Gut informieren die zahlreichen Exkurse des Anhangs.

Zu K.Barth und P.Tillich vgl. 1.3.11 und 1.3.12

Katholische Dogmatiken:

Diekamp, Franz, Katholische Dogmatik nach den Grundsätzen des heiligen Thomas, 12. und 13. (bzw. 11. und 12.) neubearbeitete Auflage von Klaudius Jüssen (zitiert: Diekamp-Jüssen), I - III, 1958 - 1962
Scholastisch trocken, aber solide gearbeitet und für die konservative katholische Richtung kennzeichnend.

(Hg) Feiner, Johannes und Löhrer, Magnus, Mysterium salutis. Grundriß heilsgeschichtlicher Dogmatik (1965ff)
Versucht eine biblische und heilsgeschichtliche Auflockerung der neuthomistischen Scholastik.

C. Die aktuellste und zugleich detaillierteste Information über die dogmatische Fachdiskussion geben Monographien und Zeitschriftenaufsätze.

Ergiebig sind für die dogmatische Diskussion neben der NZSThRPh (Neue Zeitschrift für Systematische Theologie und Religionsphilosophie) vor allem die ZThK (Zeitschrift für Theologie und Kirche, der Bultmannschen Richtung der dialektischen Theologie verpflichtet, aber auch für historische Fragen offen), die EvTh (Evangelische Theologie, von der Barthschen Richtung abkünftig, aber nach dem Tod des langjährigen Herausgebers Ernst Wolf ohne klare theologische Linie) und KuD (Kerygma und Dogma, in der Grundhaltung lutherisch und eher konservativ).

Monographien können hier natürlich nicht vorgestellt werden. Verwiesen wird aber auf die Forschungsberichte zu einzelnen, auch dogmatischen Themen in VuF (Verkündigung und Forschung, mit EvTh verbunden) und ThR (Theologische Rundschau).

Bei der Bearbeitung dogmatischer Fragen kann nicht in jedem Fall die ganze Fachdiskussion, womöglich auf allen drei genannten Ebenen, eingesehen werden. Doch empfiehlt es sich auf jeden Fall, typische Positionen einzusehen, um einen gewissen Überblick über den Problemstand zu gewinnen. Solche Positionen sind bestimmt durch ein unterschiedliches Verhältnis zur dogmatischen Tradition.

Zunächst kommen hier konfessionelle Positionen in Frage. Mindestens das Gegenüber katholischer und protestantischer Dogmatik sollte beachtet werden. Der innerprotestantische Schulgegensatz zwischen lutherischer und reformierter Dogmatik ist zwar auch von Interesse, doch hat er sich schon seit langer Zeit stark verwischt.

Lesen Sie bei K.Barth, KD (Kirchliche Dogmatik) I,2 S.919ff die Ausführungen über die konfessionelle Haltung der Dogmatik und insbesondere die Bestimmung des Verhältnisses zwischen reformierter, lutherischer und anglikanischer Dogmatik, a.a.O., S.928ff.

Welche Terminologie gebraucht Barth hier, um die konfessionellen Unterschiede innerhalb der evangelischen Dogmatik im Unterschied zu nichtevangelischer Dogmatik zu kennzeichnen?

1.

2.

3.

Weiter müssen aber auch richtungsbestimmte Positionen beachtet werden. Es geht dabei um die, freilich kaum genau bestimmbaren, Gegensätze von konservativ - progressiv bzw. liberal - positiv, die sich darin unterscheiden, wieviel von der dogmatischen Tradition als unaufgebbar angesehen wird, bzw. wie stark die Dogmatik auf die Zeitumstände eingehen soll. Schwierig ist dabei vor allem, daß die genannten Richtungsbestimmungen immer zugleich stark emotional besetzt sind. Das belastet gerade hier die Auseinandersetzung.

Einen Überblick über Positionen und die Zuordnung einzelner Theologen zu diesen Positionen gibt F.Mildenberger, Geschichte der deutschen evangelischen Theologie im 19. und 20.Jahrhundert, 1981, in dem Abschnitt "Information über Theologen und ihre Zeitschriften", (239ff). Je eher Sie lernen, Namen und theologische Positionen einander zuzuordnen, desto leichter werden Sie dogmatische Informationen einholen können. Lesen Sie dazu auch Biographien von Theologen, damit Ihnen Namen und Zeitumstände geläufig werden!

0.2.2 Nun kann es aber nicht genügen, zur Problemfindung nur die Fachdiskussion heranzuziehen. Vielmehr muß zugleich die Situation bedacht werden, auf die sich das dogmatische Denken zu beziehen hat. Diese Situation ist zunächst einmal die Situation des kirchlichen Glaubensbewußtseins bzw. der kirchlichen Verkündigung. Dogmatik soll sich ja nicht in einem eigenen gegenüber Einflüssen von außen abgeschirmten Raum vollziehen. Sie hat sich vielmehr auf die Bedürfnisse der Kirche hin auszurichten.

Der innerevangelische Gegensatz zwischen Lutheranern und Reformierten beispielsweise wird im kirchlichen Leben an ganz anderen Sachverhalten manifest als dort, wo die Differenzen der Lehre liegen. Man sollte darum Lehrgegensätze nicht künstlich konservieren. Deshalb ist die Leuenberger Konkordie zu begrüßen.

Was ist die "Leuenberger Konkordie"? (LM 12, 1973, S.271 - 274)

Welche Lehrmeinungen werden hier behandelt?

1.   2.   3.

Zugleich muß aber bedacht werden, daß Kirche nicht isoliert existiert, sondern ihrerseits mitbestimmt ist durch die Gesellschaften, in denen sie jeweils lebt. Darum müssen außerkirchliche Probleme, gesellschaftliche Entwicklungen, geistige Tendenzen von der Dogmatik beachtet werden. Sie muß unter Umständen die Kirche nötigen, auf eine gesellschaftliche Situation einzugehen, die dort noch kaum als Herausforderung der Kirche wahrgenommen worden ist. Artikulierte und bewußte Bedürfnisse der Kirche können also nicht den einzigen Maßstab dafür abgeben, was als dogmatisches Problem gelten soll. Vielmehr muß mitbedacht werden, was recht verstanden in der jeweiligen Situation Bedürfnis der Kirche sein müßte.

Bekanntlich gibt es schon seit langer Zeit einen Konflikt zwischen einer mehr progressiv gestimmten Universitätstheologie und einer konservativ bestimmten kirchlichen oder Gemeindetheologie. Dieser Konflikt hat sicher eine ganze Reihe von Ursachen, und man wird hier nie nur der einen oder anderen Seite recht geben können. Eine der Ursachen ist aber sicher die, daß sich die Theologie schon auf eine neue Situation und deren Anforderungen eingestellt hat, während die Gemeindetheologie hier noch nicht ganz mitkommt. Veränderung bringt Konflikte!

Lesen Sie dazu von G.E.Lessing, Eine Parabel.

Welche Deutung schlagen Sie vor:

1. Für den Palast?

2. Für die Grundrisse?

3. Für die Feuersbrunst?

Was will Lessing mit seiner Parabel dem Dogmatiker sagen?

Wie der Dogmatiker die Bedürfnisse der Situation erfaßt, dafür lassen sich methodische Ratschläge kaum geben. Zwei Hinweise müssen hier genügen:

Einmal sollte nicht nur allgemein die Kirche und ihre Bedürfnisse Gegenstand dogmatischer Reflexion sein. Vielmehr sollte man sich um die konkrete Anschauung einer oder mehrerer Gemeinden bemühen. Man lebe in und mit einer Kirchengemeinde!

Weiter bemühe man sich um eine wache Zeitgenossenschaft. Dazu gehört eine begründete Meinung in den politischen und den mit ihnen unlösbar verbundenen wirtschaftlichen Grundfragen. Es gehört dazu eine allgemeine Information über die Entwicklung der Wissenschaft als der bestimmenden geistigen Macht unserer Zeit, insbesondere auch eine Beobachtung der philosophischen Hauptrichtungen. Es gehört dazu eine Bekanntschaft mit der zeitgenössischen Kunst, insbesondere auch der Literatur.

Der Dogmatiker darf von seiner Aufgabe her kein Fachidiot sein - sonst ist er ein schlechter Dogmatiker. Das macht zwar mit die Schwierigkeit, aber es macht zugleich den besonderen Reiz des dogmatischen Studiums aus.

0.2.3 Die Problemfindung vollzieht sich dort, wo die Probleme der Fachdiskussion und die Probleme der Situation zusammengesehen werden. Man kann diesen methodischen Schritt als Korrelation bezeichnen. Solche Korrelation ermöglicht eine vorläufige Kontrolle der dogmatischen Arbeit. Denn sie erleichtert die Entscheidung darüber, was als Problem gelten soll, wo allenfalls Fragen der Tradition ohne aktuellen Bezug vorliegen, wie die einzelnen Probleme zu gewichten sind. Als Faustregel wird man angeben können: Wo sich in der Fachdiskussion verhandelte Fragen mit Bedürfnissen der Kirche oder mit Herausforderungen der Situation decken, da ist ein Problem erfaßt, dessen Bearbeitung sich lohnt.

0.3 Die Problembearbeitung

Wir haben es in aller Regel mit schon bearbeiteten Problemen zu tun. Das muß vorweg bemerkt werden, damit hier nicht falsche Erwartungen aufkommen. Die traditionelle Bearbeitung bestimmter Fragen wird wiederholt, unter Umständen auch modifiziert. Solche Modifikation kann kaum merklich sein. Sie wird aber unter Umständen auch die Umstrukturierung ganzer Denkwege verlangen, weil die in einer gewandelten Situation nicht mehr gangbar sind. Eine brauchbare Dogmatik muß sich nicht durch besondere Originalität hervortun. Sie ist auf Konsens aus, sucht darum eher das Gemeinsame, als den individuellen Einfall. Der mag sich allenfalls im

Beiwerk zeigen. In der Substanz hat er nichts zu suchen. Da soll nur gelten, was allen zumut-
bar ist. Sicher ist solcher Hinweis so lange eine Zumutung, als wir alle noch berührt sind
durch einen romantischen Kult der individuellen Genialität, und darum auch wenigstens ein
kleines bißchen religiöse Genialität in die dogmatischen Ausführungen einfließen lassen wollen. Aber ist denn das Echte immer bloß das Individuelle? Und zeigt sich Lebendigkeit - gerade wo es um ein Denken des Glaubens geht - immer nur als Originalität? Muß nicht vielmehr,
was dogmatisch wirksam werden will, in die Anonymität des kirchlichen Glaubensbewußtseins
hinein verschwinden?

Dazu ein kleiner Hinweis: Aktuelle theologische
Diskussionsbeiträge sollte man zunächst einmal
daraufhin abhören, ob sie nicht dazu dienen,
daß sich mit ihnen jemand "profilieren" möchte.
Dazu verführt die gängige Vorstellung, wissenschaftlich führe nur das Neue, bisher nicht Ent-
deckte weiter. Das mag für die Naturwissenschaften gelten, vielleicht auch für die Historie. In
der Dogmatik ist eine solche Ansicht fehl am
Platz. Es ist freilich nicht einfach, das einzusehen und sich der im akademischen Forschungsbe-
trieb gängigen Zielsetzung als Dogmatiker gerade zu
entziehen. Die Vermarktung geistiger Leistungen
in unserem Publikationswesen tut dann noch ein
Übriges, um diese Fehlhaltung zu fördern: Man ist
es gewöhnt, daß sich nur das noch nie Dagewesene,
nur die extreme Position verkaufen läßt. Darum denkt man sich gerne auch soetwas aus!(Diese
Motivation muß man freilich verdrängen - das für den, der sich hier nicht betroffen fühlt).

0.3.1 Ein erster Schritt in der Problembearbeitung ist die Klassifikation. Dabei geht es um
die Einordnung des verhandelten Problems in den dogmatischen Gesamtzusammenhang und um seine
Gewichtung. Ohne hier schon allzuviel inhaltliche Dogmatik vorauszunehmen, kann doch vermerkt
werden: Eine Gewichtung der Probleme, die in der Dogmatik verhandelt werden, muß bestimmten
Kriterien folgen. Für eine christliche Dogmatik können diese Kriterien nicht von dem Namen
Jesus Christus absehen.

In der lutherischen Tradition wird der Artikel von der Rechtfertigung des Sünders aus Glauben
um Christi willen als der Fundamentalartikel bezeichnet (auch articulus stantis et cadentis
ecclesiae, mit dem die Kirche steht und fällt, so seit Valentin E.Löscher, Timotheus Verinus,
1712).

Woher stammt die Formulierung "propter Christum per fidem"?

Suchen Sie in ASm die Charakterisierung dieses Artikels durch Luther auf (BSLK 415f).
Die Dogmatiker der lutherischen Orthodoxie unterscheiden:

1. Articuli fidei fundamentales primarii
                                 secundarii

2. Articuli fidei non fundamentales.

Wie werden die jeweiligen Artikel charakterisiert? (Vgl. dazu H.Schmid, Die Dogmatik der evangelisch-lutherischen Kirche, [9.]1979,73f und die entsprechenden Belege).

Geben Sie die jeweilige Charakterisierung in eigener deutscher Formulierung wieder:

1. articuli fidei fundamentales primarii sind Glaubenssätze, ...

2. articuli fidei fundamentales secundarii sind Glaubenssätze, ...

3. articuli fidei non fundamentales sind Glaubenssätze, ...

Über die Anordnung des dogmatischen Stoffes und die Vollständigkeit handelt ausführlicher 1.2.2 und 1.2.3 und verdeutlicht die hier vorliegende Problematik an bekannten Dogmatiken der Theologiegeschichte (1.3.1 - 12).

Auf die Problematik eines Verhältnisses von Glauben und Verhalten innerhalb einer Gesamtorientierung kann nur hingewiesen werden. Hier liegt eines der schwierigsten Probleme der gegenwärtigen dogmatischen Diskussion, das mit der traditionellen Unterscheidung und Scheidung von Dogmatik und Ethik sicher nicht gelöst werden kann. Im Rahmen dieses Arbeitsbuches müssen wir aber um der gegenwärtigen Diskussionslage willen bei dieser Unterscheidung bleiben.

0.3.2 Zur Klassifikation tritt als zweiter Schritt der Problembearbeitung die Beschaffung von Information. Hier hat die historische Arbeit innerhalb der dogmatischen Methode ihren angemessenen Ort. Im Folgenden werden gerade zu diesem Schritt der dogmatischen Methode die meisten Informationen beigebracht werden. Das entspricht der Zielsetzung, die nicht eigene normative Bestimmungen vorschlagen will, die vielmehr die Voraussetzung solcher normativer Bestimmungen vorträgt: Probleme sind zu erfassen, ein Problembewußtsein ist einzuüben, die notwendigen Informationen zur Problembearbeitung sind wenigstens in ihrem Grundbestand aufzuführen.

Die historische Information hat den Ertrag der dogmatischen Tradition beizubringen. Das muß nicht ein Längsschnitt von Adam bis zur Gegenwart sein. Gerade wenn man auf die wirklichen dogmatischen Probleme sieht, bemerkt man rasch, wie nahe beieinander die Möglichkeiten einer Problemlösung liegen. Sicher kann es viele Varianten eines Schemas geben. Aber wenn das Schema erfaßt ist, lassen sich die Varianten leicht einordnen.

Für unsere dogmatische Überlegung sind zwei historische Stationen von besonderem Gewicht: Die altprotestantische Orthodoxie und die durch die Aufklärung bewirkte Problemverschiebung.

Die altprotestantische Orthodoxie kann man als zusammenfassende Verarbeitung der vorhergehenden dogmatischen Tradition sehen. Sicher ist dabei die polemische Frontstellung der reformatorischen Dogmatik gegen den tridentinischen Katholizismus mit in Rechnung zu stellen. Andererseits wird aber auch die altkirchliche dogmatische Entwicklung angemessen berücksichtigt.

Zugänglich ist die Dogmatik der Altprotestanten in einer Reihe von Kompendien:

Hirsch, Emanuel, Hilfsbuch zum Studium der Dogmatik. Die Dogmatik der Reformatoren und der altevangelischen Lehrer quellenmäßig belegt und verdeutscht, 1964[4].

> Aus zwei Gründen ist Hirschs Hilfsbuch zu begrüßen: Es bringt sehr ausführlich Texte auch der Reformatoren. Und es bringt alle Texte in deutscher Übersetzung - nur einige Fachtermini werden zusätzlich in Klammer lateinisch wiedergegeben.
>
> Diese Vorzüge sind zugleich aber auch Nachteile: Hirsch hat seine eigene (durch eine von K.Holl herkommende idealistische Lutherdeutung bestimmte) Vorstellung dessen, was wichtig oder weniger wichtig ist. Die Auswahl gerade auch der Altprotestanten ist nicht immer zufriedenstellend. Und die altprotestantische Dogmatik auf Deutsch ist eben nur ein Notbehelf! Bei etwas Einübung läßt sich dieses Latein schon lesen.

Hutterus redivivus oder Dogmatik der evangelisch-lutherischen Kirche. Ein dogmatisches Repertorium für Studierende. Ab 1829 in vielen Auflagen. Vf. ist Karl von Hase, Kirchengeschichtler in Jena (gest. 1890). Der Hutterus redivivus ist schwer zu lesen, schon wegen der vielen Abkürzungen, die Hase verwendet. Sein großer Vorzug ist, daß er zu den einzelnen dogmatischen Loci nicht nur die orthodoxe Position bringt, sondern auch die weitere Entwicklung bis zum Rationalismus und Supranaturalismus des beginnenden 19.Jhdts.

Luthardt, Christoph Ernst, Kompendium der Dogmatik, ab 1865 in vielen Auflagen. Die durch R.Jelke besorgten spätesten Auflagen sind weniger empfehlenswert. Luthardt identifiziert sich, anders als die anderen genannten Kompendien, weitgehend mit der vorgetragenen Dogmatik der altlutherischen Orthodoxie.

Schmid,Heinrich, Die Dogmatik der evangelisch-lutherischen Kirche; dargestellt und aus den Quellen belegt, [9].1979.

> In seiner Darstellungsweise und Druckanordnung das übersichtlichste der genannten Kompendien, auch für eine rasche Information sehr geeignet. Man sollte allerdings nicht nur den jeweiligen Text, sondern auch die von Schmid angeführten Belege zur Kenntnis nehmen.

Ratschow, Carl Heinz, Lutherische Dogmatik zwischen Reformation und Aufklärung I, 1964, und
II, 1966 (Prolegomena und Gotteslehre).

Ratschow ist mit dem hohen Anspruch angetreten, das Schmidsche Kompendium auf dem heute er-
forderlichen wissenschaftlichen Niveau zu ersetzen, insbesondere die Entwicklung innerhalb
der Orthodoxie sichtbar zu machen. Die dargebotene Information ist darum sehr viel weniger
handlich, fast schon Sache für den Spezialisten. Vor allem muß man hier noch sehr viel
mehr als bei Schmid Lateinisch lesen können. Eine Fortsetzung ist kaum zu erwarten.

Heppe, Heinrich, Die Dogmatik der evangelisch-reformierten Kirche. Dargestellt und aus den
Quellen belegt. Neu durchgesehen und herausgegeben von Ernst Bizer, 1958[2].

Von Interesse ist hier auch die historische Einleitung Bizers, die die im Heppeschen Kompendium berücksichtigten reformierten Orthodoxen ausführlich vorstellt. Etwas ausführlicher als H.Schmid, ihm aber sonst vergleichbar.

Genauere Information über die altprotestantische Orthodoxie und die Probleme einer Scholastik
der Reformation gibt das Standardwerk von

Weber, Hans Emil, Reformation, Orthodoxie und Rationalismus, 3 Bände, Neudruck 1966.

Über den Umbruch zur Moderne informiert erschöpfend, freilich mit einer penetranten Tendenz

Hirsch, Emanuel, Geschichte der neuern evangelischen Theologie, 5 Bände, 1949 - 1954.

Von großem Interesse für die Umformulierung der dogmatischen Probleme durch die Aufklärung
sind die theologischen Schriften Lessings, meist nur ein paar Seiten, häufig aus dem Nachlaß
herausgegebene Fragmente. Verwiesen sei auf die im Aufbauverlag Berlin 1956 erschienenen Bände VII und VIII der von Paul Rilla besorgten zehnbändigen Gesamtausgabe.

Lesen Sie als Beispiel das Fragment über "Die Religion Christi", Rilla VIII, 538f.
(Zur dogmatischen Einordnung des Lessingstextes vgl. 7.1.1 Text dort S.139)

Welche folgenreiche Unterscheidung wird hier von Lessing vorgebracht?

Welche Folgerungen zieht er selbst aus dieser Unterscheidung?

Sind Ihnen heute gängige Formulierungen der von Lessing vorgebrachten Unterscheidung bekannt?

Je intensiver die Kenntnis der Vertreter des Deutschen Idealismus ist, desto leichter wird es
sein, die Beantwortung der durch die Aufklärung gestellten Fragen in der deutschen evangelischen Dogmatik des 19. und 20.Jahrhunderts nachzuvollziehen. Hier werden die Möglichkeiten
modernen Denkens durchprobiert, die dann in der Folgezeit bis in die unmittelbare Gegenwart
immer wieder variiert werden.

Dazu als erste Einführung:

Mildenberger, Friedrich, Theologie für die Zeit. Wider die religiöse Interpretation der Wirklichkeit in der modernen Theologie, 1969, mit knappen Essays u.a. über Lessing, Hegel,
Schleiermacher.

ders., Geschichte der deutschen evangelischen Theologie im 19. und 20.Jahrhundert, 1981.
Hier insbesondere S.27-69.

Unentbehrlich ist für die Einführung in die Probleme einer modernen, d.h. durch die von der
Aufklärung modifizierte Problemsituation bestimmten, Dogmatik die Glaubenslehre Schleiermachers. Sie wird hier unter 1.3.9 vorgestellt.

Neben die historische Information muß in steigendem Maße in der gegenwärtigen Situation die
empirische Information treten. Freilich liegt gerade hier noch sehr wenig für die Dogmatik
aufbereitetes Material vor. Doch muß Dogmatik gerade auch in dieser Richtung weiterkommen.

Beispiele:

Eine dogmatische Behandlung des Glaubens muß psychologische Theorien über die Entstehung des
Vertrauens in der frühkindlichen Entwicklung, ihre Voraussetzungen und Folgen,mit beachten.

Eine dogmatische Behandlung der Kirche und ihrer Organisationsstrukturen, z.B. des Gegenübers
von Amt und Gemeinde, kann nicht darauf verzichten, soziologische Theorien zu diesem Sachverhalt zu Rate zu ziehen.
Das bedeutet keinesfalls, daß dann diese Theorien einfach in die Dogmatik übernommen werden
sollten. Aber dogmatische Behauptungen sollten nicht ohne Kenntnis und Beachtung dieser Sachverhalte aufgestellt werden.

Wichtig ist aber vor allem, daß die Dogmatik zu den behandelten Problemen die Primärerfahrung
bewußt aufsucht. Damit gewinnen die verhandelten Sachverhalte nicht nur an Anschaulichkeit,

wie umgekehrt der Lebenswert dogmatischer Reflexionen kenntlich werden kann. Vielmehr ergibt sich durch die Nötigung, Erfahrbarkeit der verhandelten Sachverhalte aufzusuchen, noch einmal eine kritische Sichtung der in der Fachdiskussion verhandelten Fragen. Fragen Sie also immer: Wo ist mir das verhandelte Problem schon im Lebenszusammenhang begegnet, oder wo könnte es mir begegnen?

0.3.3 Der wichtigste Schritt in der dogmatischen Problembearbeitung ist schließlich die Beurteilung. Über die dabei anzuwendenden Kriterien muß noch ausführlich gehandelt werden (hier unter 3.). Darum hier vorläufig nur zwei Hinweise zu diesem wichtigen methodischen Schritt:

Einmal hat hier der Schriftbeweis in der dogmatischen Argumentation seinen Ort. Dieser Schriftbeweis kann aber nicht mehr, wie das lange üblich war und in fundamentalistischen Entwürfen noch bis in die Gegenwart üblich ist, mit einzelnen Schriftstellen geführt werden, die man zu dem verhandelten Sachverhalt beizieht. Diese einzelnen Schriftstellen können allenfalls exemplarischen oder veranschaulichenden Charakter haben.

Es ist das Verdienst des oft zitierten und selten gelesenen Werkes von Johann Christian Konrad von Hofmann, Der Schriftbeweis, [2.]1857/60, sich mit der die Schrift atomisierenden Methode der Anführung einzelner dicta probantia zu den verhandelten dogmatischen Sachverhalten begründet auseinandergesetzt zu haben.

Die Schwierigkeit eines dogmatischen Schriftgebrauchs liegt heute aber vor allem darin, eine historisch-genetische Anführung der Schrift in die Schranken zu weisen. Man zeigt da auf, wie der zur Verhandlung stehende dogmatische Sachverhalt in der Bibel bzw. bei den einzelnen biblischen Schriftstellern behandelt wurde, wobei man versucht, eine Entwicklung zu konstruieren und Abhängigkeiten aufzuweisen. Nicht, daß das nicht von Fall zu Fall möglich wäre. Nach "Überlieferungsgeschichte" zu fragen, hat sich als eine recht fruchtbare Arbeitshypothese erwiesen. Dogmatisch ist aber mit einer solchen Fragestellung deshalb nichts anzufangen, weil sie für die normative Fragestellung der Dogmatik nichts hergibt. Es läßt sich ja leicht zeigen, wie die Überlieferung über die Grenzen der Schrift hinaus weiter ging. Gerade darum fragt sich dann, ob denn die faktische Entwicklung als Norm für die dogmatische Beurteilung gelten kann.

Diese historisch-genetische Anführung der Schrift liefert Wasser auf die Mühlen Roms. Vgl. dazu den Aufsatz von Hans Küng, Der Frühkatholizismus im Neuen Testament als kontroverstheologisches Problem, ThQ (Theologische Quartalsschrift) 142,1962, S.385-424, insbesondere den Schlußabschnitt S.415ff.

Was wirft Küng hier dem protestantischen Exegeten und Dogmatiker vor?

Inwiefern kann sich der katholische Dogmatiker mit dem kath. Exegeten im Aufweis einer Entwicklung treffen?

Darum muß hier die dogmatische Auslegung der Schrift eingeübt werden, die die ganze Schrift als Einheit aktuell anwendet. Dazu leitet die Entscheidung der Alten Kirche in der Frage der Trinität und der Christologie, die Entscheidung der Reformation in der Frage der Rechtfertigung und die Entscheidung des Barmer Bekenntnisses in der Frage der Verbindlichkeit der

Christusoffenbarung an (vgl. dazu auch 3.3.4).

Textsammlungen, zur Anschaffung empfohlen, sind:

Denzinger, Heinrich und Schönmetzer, Adolf, Enchiridion Symbolorum Definitionum et Declarationum de rebus fidei et morum, 1967[34].
    Der Denzinger enthält alle offiziellen Dokumente des römischen Lehramts in zeitlicher Reihenfolge, zu denen auch die durch Rom rezipierten Entscheidungen der altkirchlichen Konzilien gehören, und ist bis in die Gegenwart fortgeführt. Gute Indices, vor allem ein index systematicus, der die Entscheidungen zu den einzelnen dogmatischen Loci zusammenstellt, schließen das Werk auf.

    Es muß freilich darauf hingewiesen werden, daß der Denzinger einschließlich Titel und Vorwort in lateinischer Sprache geschrieben ist.Altkirchliche Texte sind, wo die ursprüngliche Sprache Griechisch ist, neben der Wiedergabe des griechischen Textes mit einer lateinischen Übersetzung versehen.

    Zitiert wird der Denzinger mit den Buchstaben DS und der jeweiligen Nummer des betreffenden Textes (ab der 32. Ausgabe neue Numerierung. Ältere Ausgaben sollten nur noch im Notfall benutzt werden).

Welche Nummern des Denzinger bezeichnen Texte des Tridentinums?

Des 1.Vaticanums?

Neuner, Josef - Roos, Heinrich, Der Glaube der Kirche in den Urkunden der Lehrverkündigung, 8. Auflage neubearbeitet von Karl Rahner und Karl-Heinz Weger, 1971.

    Der Neuner-Roos bringt in einer nach dogmatischen Loci geordneten Reihenfolge die meisten Texte des Denzinger in deutscher Übersetzung, eignet sich darum als Übersetzungshilfe für den Denzinger. Eine Nummernkonkordanz erleichtert das Auffinden der entsprechenden Texte.

Der Neuner-Roos kann den Denzinger nicht ersetzen, sondern nur die Benutzung des Denzinger durch den schwächeren Lateiner erleichtern!

Die Texte des II.Vatikanischen Konzils finden Sie, auch in deutscher Übersetzung, in: LThK Das Zweite Vatikanische Konzil I - III, 1966-68.

Die Bekenntnisschriften der evangelisch-lutherischen Kirche, herausgegeben im Gedenkjahr der Augsburgischen Konfession 1930, ab der 2. verbesserten Auflage 1952 unverändert.
    Die BSLK sind die maßgebende, zitationsfähige Ausgabe der lutherischen Bekenntnisschriften, des sog. Konkordienbuches (Konk) von 1580.

Welche Schriften enthält Konk?

1.

2.

3.

4.

5.

6.

7.

8.

Wie ist die Konkordienformel aufgebaut?

Was bedeuten die Abkürzungen:

AC	CA
GrKat	ASm
Epit.	SD

(Im Zweifelsfall orientiert man sich am Abkürzungsverzeichnis der RGG oder der TRE).

Bekenntnisschriften und Kirchenordnungen der nach Gottes Wort reformierten Kirche, herausgegeben von Wilhelm Niesel, o.J. (1938).
    Die reformierten Kirchen haben keine dem Konk vergleichbare offizielle Sammlung von Bekenntnisschriften. Auch hat das Bekenntnis hier lange nicht die Bedeutung wie im Luthertum.
    Die Auswahl, die von Niesel herausgegeben wurde, gibt wichtige Texte bis zur Gegenwart.

Welche zeitgenössischen Texte bringt Niesel unter den reformierten Bekenntnisschriften?

1.

2.

3.

In welchem Zusammenhang steht der Heidelberger Katechismus?

Eine Übersetzung der fremdsprachigen Texte, die Niesel aufgenommen hat, bringt Jacobs, Paul, Reformierte Bekenntnisschriften und Kirchenordnungen in deutscher Übersetzung, o.J. (1949).

Dogmatische Auslegung der Schrift wird sich durch diese Texte die einheitliche Anwendung der Schrift vorgeben lassen. Doch muß diese dann auch an den Bibeltexten durchgeführt werden! Vgl. F. Mildenberger, Theologie der lutherischen Bekenntnisschriften, 1983.

Weiter muß aber bei der Beurteilung auf die Kohärenz des Glaubens mit der das Verhalten be-stimmenden Gesamtorientierung geachtet werden. Das bedeutet nicht die Kapitulation vor moder-nen Weltanschauungen. Aber es zwingt zur Auseinandersetzung mit den bestimmenden Anschauungen der Zeit. So hat es christliche Dogmatik übrigens schon immer gehalten! Wer sich solcher Aus-einandersetzung verweigert, der gerät ins Getto oder in eine Gespaltenheit des Denkens und Verhaltens, die dem Glauben gewiß nicht gut tut. (Dazu vgl. den programmatischen Aufsatz von R. Bultmann, Neues Testament und Mythologie, in: Kerygma und Mythos I, [4]·1960,15-48).

0. 4 Anwendung

Eine unmittelbare Anwendung wird man beim dogmatischen Unterricht nicht erwarten können. Doch muß auch hier, wo dogmatisches Urteilen eingeübt und dogmatische Information vermittelt wird, diese Frage der Anwendung mit bedacht werden.

Zunächst geht es hier um die sprachliche Formulierung. Dogmatik hat ihre Fachsprache, und muß eine solche Fachsprache haben. Nur dann kann eine Verständigung erreicht werden, wenn man sich im Zweifelsfall auch einer festgelegten Terminologie bedienen kann. Man muß dann freilich auch den Kontext solcher Terminologien beachten. Sie lassen sich nicht einfach willkürlich schaf-fen, erst recht lassen sich nicht Termini ohne weiteres aus einem bestimmten historischen Kon-text in einen anderen verpflanzen. Die Terminologie, in der sich dogmatische Reflexion voll-zieht, ist dann aber wohl zu unterscheiden von der Sprache, in der sich das Glaubenszeugnis artikuliert. Man sollte nicht in einer dogmatischen Terminologie predigen! Darauf soll hier allerdings nur kurz hingewiesen werden. Ziel des vorliegenden Arbeitsbuches ist die Einübung in dogmatische Sprache, nicht nur ein bestimmtes Vokabular, sondern Redefiguren und damit ver-bundene Denkschemata, die die dogmatische Reflexion ermöglichen und die Beurteilung normativer dogmatischer Vorschläge erleichtern sollen. Nur wer die Sprache beherrscht, kann mitreden! Solches Mitreden-Können möglichst vieler Theologen ist aber erforderlich, wenn nicht einer-seits die dogmatische Fachdiskussion veröden und andererseits der Glaube seine gemeinsamen Inhalte verlieren soll.

Nur hingewiesen werden kann in diesem Zusammenhang auf die Funktion dogmatischer Urteile. Die dogmatische Schule wird hier eher vorbereiten, als selbst eingreifen, obwohl auch das notwendig sein kann. Es ist allerdings nicht üblich, daß zu bestimmten Fragen Gutachten der Schuldogmatiker eingeholt werden. Warum wohl?

Das Ziel des dogmatischen Unterrichts ist weniger, eine solche Beurteilung einzelner Sachver-halte vorzugeben, als die Fähigkeit zu solcher Beurteilung zu vermitteln. Solche eingeübte Fähigkeit bezeichnen wir mit der scholastischen, durch die aristotelische Philosophie bestimm-ten Terminologie als Habitus. Theologie als Habitus zu vermitteln bzw. zu erwerben ist das

Ziel, das Lehrer und Schüler im dogmatischen
Unterricht verbinden sollte.

Der Habitus sitzt!

1. Der Aufbau der Dogmatik

1.1 Was ist Dogmatik?

Um diese Frage zu beantworten, ist nach dem Verständnis von Dogma zu fragen und dann das Verhältnis von Dogma und Dogmatik zu bestimmen.

1.1.1 Dogma

Im römischen Katholizismus ist die offizielle Bestimmung im 1. Vaticanum gegeben. Tragen Sie
ein: DS 3011, vgl. Neuner-Roos 34 u. 97:

Zwei Bedingungen werden genannt, die erfüllt sein müssen, wenn eine Glaubenswahrheit im strengen Sinn als Dogma gelten soll:

1. muß die Glaubenswahrheit in den Offenbarungsquellen enthalten sein (vgl. auch 3.2.1.1 Zu
der innerkatholischen Kontroverse, wie das Verhältnis von Schrift und Tradition zu bestimmen
sei, vgl. W. Joest, Fundamentaltheologie 1974, S.165f).

2. muß diese Glaubenswahrheit vom kirchlichen Lehramt als solche definiert worden sein. Unterschieden wird das ordentliche Lehramt, die ständige Lehrverkündigung der katholischen Bischöfe, und das außerordentliche Lehramt, das vom Papst bzw. vom Konzil, das freilich nur in Übereinstimmung mit dem Papst urteilen kann, wahrgenommen wird (vgl. auch 3.1.1).

Die so festgelegten Glaubenswahrheiten gelten ein für allemal. Sie zu glauben ist Pflicht gegenüber Gott und der Kirche (daher fide divina et catholica credenda sunt).

Das Ökumenismusdekret des II.Vaticanums "Unitatis redintegratio" redet von einer Hierarchie
der Wahrheiten auch innerhalb der feststehenden Glaubenswahrheit: In comparandis doctrinis
meminerint existere ordinem seu "hierarchiam" veritatum doctrinae catholicae, cum diversus sit
earum nexus cum fundamento fidei christianae. LThK Das Zweite Vatikanische Konzil Bd 2,1967,
S.84ff (mit Übersetzung).
Vgl. dazu in: Die Autorität der Freiheit II, München 1967, Hrsg. Johann Christoph Hampe, den
Beitrag von Wolfgang Dietzfelbinger, Die Hierarchie der Wahrheiten (S.619-624) und die dort
zitierte Intervention des Erzbischofs Andrea Pangrazio von Görz, der nähere Bestimmungen zu
dieser Hierarchie gibt: Die Wahrheiten, die zu der Ordnung des Zieles gehören, haben einen hö-
heren Rang als die Wahrheiten, die zu der Ordnung der Mittel gehören (Beispiele ebd S.619f).

Bei anderen Glaubenswahrheiten bzw. dogmatischen Sätzen (nicht ausdrücklich definiert!) kennt

die katholische Dogmatik Abstufungen, z.B.:

Fidei proximum, Sententia communis, Sententia probabilior etc.

Suchen Sie Beispiele auf in der katholischen Dogmatik von Diekamp-Jüssen (konservativ, neutho-
mistisch), etwa im Abschnitt über die Schriftlehre. Achten Sie dabei auf Haardruck hinter
Fettdruck!
Vgl. Sie mit diesen Abstufungen die Einteilung der Glaubensartikel in der altprot. Orthodoxie
(0.3.1).
Auf welchen Maßstab ist die katholische Einteilung bezogen?

1.1.1

Auf welchen Maßstab die altprotestantische?

Im Protestantismus sind mindestens zwei Positionen zu unterscheiden, zwischen denen es freilich mannigfach Übergänge geben kann:

A) Eine Position, die den Gedanken von für die Glaubenden verbindlichen Glaubenswahrheiten ganz aufgegeben hat (undogmatisches Christentum). Dogma ist hier allenfalls noch Gegenstand wissenschaftlicher, insbesondere historischer Kritik.

Dazu vgl. David Friedrich Strauß, Die christliche Glaubenslehre, 1840, S.71:
"Die wahre Kritik des Dogmas ist seine Geschichte".
Auch die bekannte Dogmengeschichte von Adolf Harnack (1851-1930, führender Vertreter einer historisch orientierten "liberalen" Theologie), hat eine dogmenkritische Tendenz.
Lesen Sie Band I (4.Aufl.1909), S.11-24.

Welche Definition des Dogmas gibt Harnack?

Welche Prognose stellt er für das Dogma unter dem Vorzeichen der Reformation?

Welche Aufgabe hat dabei die historische
Arbeit?

B) Eine Haltung, die durchaus verbindliche Glaubenswahrheiten annimmt. Im Unterschied zum röm. Katholizismus steht deren Geltung und erst recht ihre Formulierung freilich nicht ein für allemal fest, sondern muß immer wieder neu im Eingehen auf die Fragen der eigenen Zeit erfaßt und im Rückgang auf die Bibel gewonnen werden.

Dazu einige Formulierungen aus zeitgenössischen Dogmatiken:
G.Gloege (RGG³ II, Sp.224): "Das Dogma ist ... die Grundaussage der Kirche über Gottes universales Handeln an der Welt".

W.Elert (S.37f): "Das Dogma bezeichnet das Minimum des Sachgehaltes, in dem alle öffentliche Verkündigung übereinzustimmen hat ... Das Dogma enthält eine Lehrverpflichtung. Es enthält aber keine Glaubensverpflichtung".

P.Althaus (S.242): "Das Dogma ist Inbegriff der in Gottes Offenbarung sich erschließenden Glaubenserkenntnis der Kirche".

O.Weber (S.38): "Das Dogma ... ist ... Bekundung eines geistlich verbindlichen Konsensus".

K.Barth (I,1, S.261): "Dogmatik ist die kritische Frage nach dem Dogma, d.h. nach dem Worte Gottes in der kirchlichen Verkündigung oder konkret: nach der Übereinstimmung der von Menschen vollzogenen und zu vollziehenden Verkündigung mit der in der Schrift bezeugten Offenbarung ..."

Dogma wird hier entweder bestimmt als verbindlicher Inhalt der kirchlichen Verkündigung, oder als übereinstimmender Inhalt des kirchlichen Glaubensbewußtseins. Bei welchem der zitierten Dogmatiker ist das erste, bei welchem das zweite der Fall?

1.1.2 Dogmatik

Für die Vertreter eines dogmenfreien Christentums kann es keine Dogmatik im strengen Sinn geben, sondern allenfalls eine christliche Glaubenslehre, die die Gedanken der frommen Subjektivität entfaltet.

Für die katholische Dogmatik beschränkt sich die dogmatische Aufgabe darauf, die Dogmen der Kirche in geordnetem Zusammenhang darzustellen und Schlußfolgerungen (conclusiones theologicae) aus diesen darzulegen sowie theologische Meinungen (opiniones theologicae) zu diskutieren, die dort im Gefüge der Dogmatik auftreten, wo es noch nicht zu ausdrücklichen Definitionen durch das Lehramt gekommen ist und auch keine Folgerungen aus definierten Sätzen vorliegen.

Von Interesse ist für uns das Verständnis von Dogmatik bei den protestantischen Theologen, die die Notwendigkeit verbindlicher Glaubensinhalte bejahen. Weil Dogma hier nicht ein für allemal festliegt, gewinnt Dogmatik ein besonderes Gewicht. Sie hat das Dogma nicht bloß aufzunehmen und darzustellen, sondern muß es zugleich kritisch weiterbilden. Sie wird daher nicht nur einen vorhandenen dogmatischen Konsens darbieten, sondern zugleich eigene Vorschläge für die zeitgemäße Formulierung des Dogmas vorlegen.

Lesen Sie dazu F.Schleiermacher, Der christliche Glaube, 2. Aufl., § 25.

Schleiermacher gebraucht für das, was in einer Dogmatik den überlieferten Konsens formuliert, den Ausdruck   für das dem einzelnen Dogmatiker Eigentümliche den Ausdruck

Die zeitgenössischen Dogmatiker, deren Bestimmung von Dogma schon angeführt wurde, bestimmen Dogmatik:

G.Gloege (a.a.O. Sp.227): "Über den Begriff der Dogmatik ist zu sagen: Sie hat weder als Lehrglaube übernatürliche Heilswahrheiten einer 'offenbarten Lehre' (röm.kath.) noch als Glaubenslehre Heilserfahrungen des einzelnen oder der Gemeinschaft (prot.) zu beschreiben, sondern als Erkenntnisbemühung über Lehre diese von ihrem Geltungsgrund her kritisch darzustellen".

W.Elert (S.49): "Die Dogmatik hat das Dogma der Kirche, d.h. den Sollgehalt ihres Kerygmas, zu untersuchen ... Und sie soll dabei kritisch verfahren".

P.Althaus: "Dogmatik ist die begrifflich bestimmte kritische Darstellung der christlichen Wahrheit" (S.243).

O.Weber (S.54): Dogmatik ist "kritische Interpretation des Dogmas auf dessen eigenes Kriterium hin ..., d.h. Nachfrage nach dem in der Schrift bezeugten Wort Gottes im Hinblick auf das kirchliche Dogma".

K.Barth s.o.

1.1.3 Begriffsbestimmung von Dogma und Dogmatik

Im modernen Protestantismus bezeichnet Dogma einen Konsens über Inhalte der kirchlichen Verkündigung bzw. des kirchlichen Glaubensbewußtseins.

Dogmatik ist die kritische Bearbeitung dieses Dogmas, und zwar einmal in Hinsicht auf seine Begründung in der biblisch bezeugten Offenbarung Gottes in Jesus Christus, zum anderen in Hinsicht auf seine Verständlichkeit in der gegenwärtigen Situation.

Karl Barth unterscheidet (KD I,1, S.291-296 - lesen Sie das ruhig einmal nach) reguläre und irreguläre Dogmatik. Irreguläre Dogmatik behandelt dogmatische Einzelfragen (Beispiel: Luthers Behandlung der Sakramentslehre in "De captivitate ..."). Reguläre Dogmatik behandelt schulmäßig das ganze Dogma. Dieser Aufgabe wenden wir uns jetzt zu.

1.2 Probleme im Aufbau der Dogmatik

Drei Fragen sind hier zu erörtern: Einmal geht es um die Problematik dogmatischer Prolegomena. Zum anderen ist nach der Vollständigkeit des dogmatischen Stoffes zu fragen. Schließlich muß auch auf die Frage nach der sachgemäßen Anordnung des dogmatischen Stoffes eingegangen werden.

1.2.1 Die Problematik dogmatischer Prolegomena

Unter dogmatischen Prolegomena versteht man Erörterungen über die Voraussetzungen und die Eigenart dogmatischer Erkenntnis. Dabei ist - die Begriffsbestimmung 1.1.3 setzen wir voraus - zu unterscheiden die Frage danach, wie das Dogma der Dogmatik vorgegeben ist, und wie sie die Kriterien festlegt, nach denen sie das Dogma zu bearbeiten hat.

1.2.1.1 Die Vorgegebenheit des Dogmas

Sie kann nicht wie in der katholischen Dogmatik verstanden werden als Vorgegebenheit fest formulierter Lehren, die Dogmatik dann nur zu ordnen und allenfalls zu interpretieren hätte.

Wie ist dann aber ein Konsens in der Verkündigung bzw. im Glaubensbewußtsein der Kirche faßbar?

Faktisch arbeitet Dogmatik hier in Anlehnung an die vorgegebene Tradition dogmatischer Arbeit, deren Fragestellungen und Lösungsvorschläge aufgearbeitet und weitergeführt werden. Doch darf sich Dogmatik dabei nicht gegenüber dem kirchlichen Glaubensbewußtsein und seinen Bedürfnissen isolieren.

Suchen Sie die Vorwürfe zusammen, die Philipp Jacob Spener in seinen PIA DESIDERIA der Dogmatik seiner Zeit gemacht hat (Hrsg. K.Aland, Kleine Texte 170, 1976, S.17 - 27). Diese Vorwürfe treten immer wieder auf, haben freilich nur eine partielle Berechtigung.

1.

2.

3.

4.

Wer hier zu rasch auf die normative Fragestellung übergeht, zum Beispiel: Dogmatik muß eben biblischer sein, sie muß dem Bekenntnis entsprechen, sie muß das christliche Leben ("existentiell") treffen, der läuft Gefahr, die Faktizität des kirchlichen Glaubens und Verkündigens zu übersehen. Auf dieses faktische Glauben und Verkündigen muß sich Dogmatik aber beziehen, wenn sie gerade auch mit ihren kritischen Aufstellungen wirksam sein will.

Erwähnt sei hier Schleiermacher, der bekanntlich in seiner "Kurzen Darstellung des Theologischen Studiums zum Behuf einleitender Vorlesungen" (man redet davon auch als von seiner "Enzyklopädie") die Dogmatik den historischen Disziplinen der Theologie zugeordnet hat:

§ 97. "Die zusammenhängende Darstellung der Lehre, wie sie zu einer gegebenen Zeit, sei es nun in der Kirche im allgemeinen, wann nämlich keine Trennung obwaltet, sonst aber einer Kirchenpartei, geltend ist, bezeichnen wir durch den Ausdruck Dogmatik oder dogmatische Theologie.

Der Ausdruck Lehre ist hier in seinem ganzen Umfang genommen. Die Bezeichnung systematische Theologie, deren man sich für diesen Zweig immer noch häufig bedient, und welche mit Recht vorzüglich hervorhebt, daß diese Lehre nicht soll als ein Aggregat von einzelnen Satzungen vorgetragen werden, sondern der Zusammenhang ins Licht gesetzt, verbirgt doch auf der anderen Seite zum Nachteil der Sache nicht nur den historischen Charakter der Disziplin, sondern auch die Abzweckung derselben auf die Kirchenleitung, woraus vielfältige Mißverständnisse entstehen müssen."

Die Erlanger Theologie des 19. Jahrhunderts - erwähnt sei hier Johann Christian Konrad von Hofmann - sucht hier auf das Bewußtsein der gläubigen Subjektivität als Gegenstand dogmatischer Bearbeitung zurückzugreifen.

Suchen Sie in dem Werk Hofmanns "Der Schriftbeweis", 1857, I, S.10 die entsprechende Formulierung auf, und tragen Sie diese hier ein.

Auch wenn der Dogmatiker seine Aufgabe nicht nur historisch, sondern vor allem normativ auffaßt (faktisch hat das auch Schleiermacher in seiner Glaubenslehre getan!), und nicht der Meinung ist, das einzelne gläubige Bewußtsein könne das Glaubensbewußtsein der Kirche ersetzen, wird er darauf achten, daß seine Erörterungen sich nicht zu weit von dem faktischen Konsens in Glauben und Verkündigung der Kirche entfernen. Man achte hier vor allem auf Texte, die solchen Konsens bestimmen, Liturgie, Gesangbuch, Bibelsprüche, auch verbreitete Erbauungsliteratur (nicht nur Jörg Zink, sondern auch z.B. der Neukirchener Abreißkalender u. ähnliches). Von entscheidendem Gewicht aber ist die eigene Einübung in das kirchliche Sprechen vom Glauben, im Hören der Predigt wie im Gespräch über den Glauben.

In der Regel wird die Frage nach der Vorgegebenheit des Dogmas für die dogmatische Arbeit allerdings in den Dogmatiken nicht erörtert. Statt dessen fragt man nach der Möglichkeit von Glauben, Glaubensinhalten und ihrer wissenschaftlichen Bearbeitung (vgl. dazu die Ausführungen "Zur Einordnung der Dogmatik", hier 2.4.1). Doch besteht gerade auch hier die Gefahr, zu rasch zu normativen Aufstellungen zu kommen und den faktischen kirchlichen Glauben, seine Bedürfnisse und Fragen,zu übergehen.

1.2.1.2 Die Kriterien zur Bearbeitung des Dogmas

Wir haben als Aufgabe der Dogmatik bestimmt, daß sie das Dogma in Hinsicht auf seine Begründung in der biblisch bezeugten Offenbarung Gottes in Jesus Christus wie in Hinsicht auf seine Verständlichkeit in der gegenwärtigen Situation zu bearbeiten habe. Demnach können als Kriterien der Dogmatik genannt werden: Schriftgemäßheit und Zeitgemäßheit.

Achtung! - Dogmatik hat nicht die Schrift und nicht das Denken ihrer Zeit als Quellen, aus denen sie ihre Aufstellungen zu gewinnen hätte. Schrift und jeweilige Gegenwart sind immer schon im kirchlichen Glaubensbewußtsein miteinander vermittelt. Denn der Glaube wird vom Hl. Geist durch das Evangelium bewirkt (vgl. CA V und KlKat, Erklärung zum 3. Glaubensartikel. Wenn Ihnen die Texte nicht geläufig sind, suchen Sie sie auf!). Das Evangelium ist nicht mit der Bibel oder bestimmten Texten und Aussagen der Bibel identisch. Es ist vielmehr Gottes Wort, wie es beim Menschen in dessen Leben angekommen ist. Das Evangelium ist also die ausgelegte und in einer bestimmten Situation angewandte Schrift. Darum sind im Evangelium,das der Glaube hört und annimmt, Schrift und Zeit immer schon beieinander. Weil im Evangelium Schrift und Zeit (Situation) für den Glauben so zusammenkommen, daß die Schrift Gottes Gegenwart in der Zeit aufdeckt (vgl.3.1.1), kann von der Schrift als der Quelle des Glaubens geredet werden.

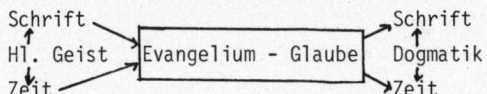

Schrift   Schrift   Sofern sich dieser Glaube als gemeinsamer
Hl. Geist → Evangelium - Glaube → Dogmatik   Glaube ausspricht, wird er Gegenstand der
Zeit   Zeit   dogmatischen Beurteilung.

Diese analysiert also das gegenwärtige Glaubensbewußtsein und fragt nach dessen Bestimmtheit durch die auf die Zeit angewandte Schrift. Dabei muß dann die Schriftgemäßheit wie die Zeitgemäßheit dieses Glaubensbewußtseins herausgestellt und je nachdem kritisch beurteilt werden. Weil der Maßstab dieser Beurteilung wieder die Schrift ist, kann von der Schrift als dem Kriterium der Dogmatik geredet werden. (vgl. hier 3.2.).

1.2.1.2 / 1.2.2

Häufig wird gerade in Hinsicht auf die Schrift Kriterium und Quelle verwechselt. Das gilt insbesondere für die orthodoxe Dogmatik wie für biblizistische (insbesondere "fundamentalistische") Dogmatiken.

Quenstedt (zit. nach H.Schmid, 9.Aufl.1979 , S.33):
Theologiae totiusque religionis christianae unicum, proprium, adaequatum et ordinarium cognoscendi principium est divina revelatio, sacris literis comprehensa; sive quod idem est, sola s.scriptura canonica est principium theologiae incomplexum, utpote ex qua sola dogmata fidei probanda et deducenda.
Tragen Sie hier Ihre Übersetzung ein:

Vgl. die verkrampfte Polemik, die das
Schriftprinzip verteidigen möchte, bei
F.Pieper / J.T.Mueller (Missouri-Synode,
St.Louis 1946), S.84-88, mit den sehr besonnenen Ausführungen des als Biblizist
geltenden Martin Kähler (1835 - 1912) in
"Die Wissenschaft der christlichen Lehre
...", Neudruck 1966, Z.47-55, S.50-58.

Aber doch
nicht so!

Die Kriterien der Dogmatik müssen also in

ihrem gegenseitigen Verhältnis wie in ihrer

Anwendung auf die dogmatische Arbeit in den

dogmatischen Prolegomena entfaltet werden.

1.2.2 Die Vollständigkeit des Dogmas

Als zweites Problem im Aufbau der Dogmatik ist die Frage nach der Vollständigkeit zu nennen. Dogmatik produziert keine Inhalte, sondern nimmt die vorgegebenen Inhalte auf. Freilich zeigt sich hier dann die schon unter 1.2.1.1 angedeutete Schwierigkeit. Wie kann sich Dogmatik der Vollständigkeit des von ihr bearbeiteten Dogmas vergewissern?

Die Inhalte des Dogmas sind in der Zusammenfassung des Symbols vorgegeben. Im kirchlichen Gebrauch sind bei uns zwei Fassungen dieses Symbols: Das Apostolikum und das Nizänum.

DS 1 - 76 findet sich eine Sammlung von Texten zur altkirchlichen Entwicklung des Symbols in seiner westlichen und östlichen Form!

Welche Inhalte werden genannt?

Was ist das ordnende Prinzip?

Ist das Nizänum drei- oder vierteilig?

Dogmatik wird darum gerne als Auslegung des Symbols vorgetragen, insbesondere als Kurzform des dogmatischen Unterrichts oder als Laiendogmatik (vgl. z.B. K.Barth, Dogmatik im Grundriß, 1948; J.Ratzinger, Einführung in das Christentum, 1968. Kennen Sie andere Beispiele eines solchen Vorgehens?).

Das Problem der Vollständigkeit ergibt sich daraus, daß der christliche Glaube eine Gesamtorientierung einschließt. Nicht nur die Frage nach dem Heil (der Erlösung) soll der Glaube beantworten, sondern zugleich auch die Frage nach der Wirklichkeit, in der sich der Mensch vorfindet, wenn ihm das Heil begegnet. Sicher beantwortet der Schöpfungsglaube diese Frage. Aber gerade hier gilt es dann, in den Glauben Wirklichkeit im ganzen mit einzubeziehen. Darum unterscheidet Dogmatik

Theologie als die Konstitution der Wirklichkeit in Gott

und

Ökonomie als die Restitution der Wirklichkeit durch Gott.

Wird Theologie isoliert, kommt es zu einer allgemeinen Vernunftreligion (so etwa in der Aufklärung. Beispiele aus der gegenwärtigen Diskussion: Trutz Rendtorff, Theorie des Christentums, 1973; Gert Otto, Vernunft, TT 5, 1970). Wird Ökonomie isoliert, reduziert sich die Glaubensorientierung auf das, was der zum Heil Gekommene zur Bewährung seines Heils in der Welt zu tun hat. Von der Gnosis bis hin zu modernen "Gott-ist-tot-Theologien" zeigt sich hier eine Reduktion des Problembewußtseins, die Welt nicht mehr in eine einheitliche Orientierung einzuziehen vermag. Beispiel: Dorothee Sölle, Verzicht auf Jenseitshoffnung - Christentum als Solidarität mit den Unterdrückten. In: Hg. G.Adler, Christlich, was heißt das?, 1972, S.52 - 61.

Wohl etwas vergessen? 74

Klar! 74

Wir nehmen diese Terminologie, die in der gegenwärtigen dogmatischen Diskussion nicht geläufig ist, aus dem Sprachgebrauch der Alten Kirche auf (dazu vgl. Gerhard Ebeling, Theologie I. Begriffsgeschichtlich, RGG ^{3}·VI, Sp.757), um damit einen Sachverhalt zu präzisieren, der unter den verschiedensten Bezeichnungen verhandelt wird, ohne daß hier klare dogmatische Bestimmungen vorliegen.

Zunächst ist zu beachten: Gott ist nie isoliert Gegenstand des dogmatischen Denkens. Er wird vielmehr immer in Beziehung auf von ihm unterschiedene welthafte Wirklichkeit gedacht (vgl. dazu 4.2.1). Denn Gott kann ja nicht unvermittelt erfahren werden, sondern nur in der Vermittlung durch solche welthafte Wirklichkeit.

Diese Grundbestimmung jeden Gottesdenkens muß nun in der christlichen Dogmatik in zweifacher Hinsicht entfaltet werden, entsprechend der unterschiedlichen Beziehung Gottes auf die von ihm unterschiedene Welt (NB! Welt ist immer Welt des Menschen und Welt für den Menschen). Einmal ist Welt als in ihrem Sein durch Gott bestimmt zu denken. Wie solche Bestimmtheit der Welt durch Gott erfahren und gedacht werden kann, das gehört zu den Grundfragen nicht nur der Dogmatik, sondern schon jeder Unterweisung im Glauben. Wir bezeichnen diese Beziehung Gottes zur Welt als Theologie.

Diese Fragestellung nach der Konstitution der Welt in Gott und der Erfahrbarkeit dieser Konstitution wird derzeit wieder heftig diskutiert, freilich unter der mißverständlichen Bezeichnung der "natürlichen Theologie" (zu der dogmatischen Verwendung dieses Ausdrucks vgl. 4.1). Diese Bezeichnung führt unvermeidlich zu Aequivokationen (Verwendung desselben Ausdrucks für verschiedene Sachverhalte) und belastet darum die theologische Diskussion, weil die Teilnehmer an dieser Diskussion Unterschiedliches meinen, wenn sie diesen Ausdruck gebrauchen. (Vgl. Christian Link, Die Welt als Gleichnis. Studien zum Problem der natürlichen Theologie, BEvTh 73,1976)

Diese Welt, die in Gott ihren Bestand hat, ist aber zugleich die Welt des von Gott abgefallenen sündigen Menschen. Auf diese Welt bezieht sich Gott so, daß er in seinem Heilshandeln, wie es in der biblischen Geschichte erzählt wird, diese Welt des sündigen Menschen zurechtbringt, indem er diesen Menschen zu sich zurückführt. Dieses Heilshandeln bezeichnen wir mit dem Ausdruck Ökonomie. Auch so wird also Gottes Beziehung zur Welt gedacht. Nur dann ist Dogmatik vollständig, wenn sie Gott in diesen beiden Weisen seiner Beziehung auf die welthafte Wirklichkeit denkt, und diese beiden Weisen der Beziehung Gottes auf die Welt zugleich einander zuordnet.

Der Normalaufbau zeitgenössischer Dogmatiken reiht auf: Prolegomena, Gotteslehre, Lehre von der Schöpfung, von der Versöhnung, von der Heiligung und der endgültigen Erlösung. Wohin gehört in diesem Aufbau die Schöpfungslehre? Gehört sie zur Theologie oder zur Ökonomie? Gelingt es, Theologie und Ökonomie zu verklammern?

Vgl. zu dieser Frage die beiden großen dogmatischen Entwürfe unter den Zeitgenossen, Karl Barth und Paul Tillich. Wie bewältigen sie das Problem einer solchen Zuordnung (vgl. 1.3.11 und 1.3.12)? Unsere gegenwärtige Dogmatik kann hier ja nicht mehr, wie das lange Zeit möglich gewesen ist, auf eine theistische Metaphysik zurückgreifen, um im Bereich der Theologie die Dogmatik mit einer gültigen Gesamtorientierung, wie sie die philosophische Metaphysik ausarbeitete, zu vermitteln.

1.2.3 Der Aufbau der Dogmatik als Anordnung der Inhalte des Dogmas

Das Stichwort "Systematische Theologie" legt es nahe, bei der Anordnung des dogmatischen Stoffes an eine zwingende Nötigung zu denken, nach der ein Teil genau so und nicht anders auf den anderen folgen muß. In der Geschichte der Dogmatik hat es auch immer wieder Versuche gegeben, solche zwingende Anordnung zu finden und zu begründen.

Als Beispiel mag einerseits die Summa des Thomas von Aquin dienen (vgl. dazu die Hinweise unter 1.3.5), andererseits die sog. analytische Methode der altprotestantischen Orthodoxie (dazu vgl. 1.3.8 und die Erörterungen zur Wissenschaftlichkeit der Theologie 2.3.2.2).

Kritik: Dogmatik hat es mit der geschichtlich kontingenten Offenbarung Gottes zu tun, kann darum kein (deduktives) System der Glaubenswahrheiten errichten.

Die andere Möglichkeit der Anordnung, derzeit allgemein üblich (auch in der "Systematischen Theologie" von Paul Tillich) folgt im wesentlichen der Tradition und bringt allenfalls didaktische Gesichtspunkte zur Anordnung des dogmatischen Stoffes vor.

In der wissenschaftstheoretischen Diskussion der Altprotestanten redete man hier von der synthetischen ("aneinanderreihenden") Methode, auch Lokalmethode genannt, weil sie die einzelnen Loci communes, die theologischen Gemeinplätze, in der herkömmlichen Ordnung aneinanderreihte.

Faktisch ist das Gewicht des traditionellen Stoffes und seiner Anordnung so groß, daß tiefgreifende Umschichtungen des herkömmlichen Stoffes der Dogmatik kaum die Aussicht haben, sich durchzusetzen. Es bleibt im wesentlichen bei dem unter 1.2.2 genannten Normalaufbau.

1.3 Wichtige Dogmatiken aus der Geschichte der christlichen Theologie

Unter den eben erörterten Gesichtspunkten sollen nun einige wichtige dogmatische Werke der Theologiegeschichte durchgemustert werden. Dabei sei vorweg darauf aufmerksam gemacht: Die heute fast allgemein übliche Trennung von Dogmatik und Ethik (Karl Barth tanzt auch hier aus der Reihe und weiß dafür gute Gründe anzugeben) ist von mir stillschweigend vorausgesetzt, ohne das darin liegende Problem weiter zu diskutieren. Für die Theologiegeschichte bis ins 17. Jahrhundert hinein gilt das nicht. Hier wird Dogmatik und Ethik häufig in einem einzigen Zusammenhang erörtert.

Eine durchgehende Geschichte der Dogmatik ist hier nicht beabsichtigt. Interessenten seien auf den Abriß bei O.Weber, Band 1, S.88-181 und auf die Monographie von Wilhelm Gaß (1813-1889, Vermittlungstheologe) verwiesen. Die hier gegebene Auswahl ist zwar repräsentativ, aber zugleich sicher auch durch den eigenen Standpunkt bedingt: den eines deutschsprachigen evangelischen Theologen.

Ich erinnere noch einmal an die Hauptprobleme im Aufbau einer Dogmatik, die nun zu einer ersten Kenntnisnahme des Inhaltes der zu nennenden Werke anleiten sollen: Wie ist der Stoff vorgegeben? Welche Kriterien werden genannt? Wie sind Theologie und Ökonomie einander zugeordnet? Wie wird der dogmatische Stoff angeordnet?

Schon eine Übersicht über die Anordnung der dogmatischen Inhalte kann hier einen ersten Einblick in die Denkstruktur geben. Suchen Sie darum die betreffenden Werke auf und notieren Sie die jeweilige Einteilung. Hier werden - schon aus Raumgründen - in der Regel nur Hinweise auf die grobe Einteilung gegeben. Aber auch die feinere Struktur kann aufschlußreich sein. Es lohnt sich, die betreffenden Werke durchzublättern und auch auf die Kapiteleinteilung zu achten!

1.3.1 Origenes ΠΕΡΙ ΑΡΧΩΝ - de principiis (Von den Grundlehren) (ca 215 - 230)

Bei diesem Werk des großen Alexandriners handelt es sich um die erste reguläre Dogmatik, die versucht, das Ganze der christlichen Glaubenslehren auszubreiten. Sie ist freilich geprägt durch die Eigentümlichkeit des Origenes, und zwar so stark, daß sie nicht die Anerkennung als orthodox finden konnte.

Die Vorrede bringt eine Aufzählung der kirchlichen Lehren, die dann freilich in der Durchführung in der geistlichen Interpretation des Origenes so verändert werden, daß die spätere Kirche diese Interpretation nicht mehr gelten lassen wollte. Von Interesse ist auch, daß das vierte Buch mit einem Summarium (anakephalaiosis) schließt, das dem eiligen Leser einen ersten Einblick in die Inhalte des ganzen Werkes geben kann.

1.Buch: Theologie - Gott und die ewige Geisterwelt

2.Buch: Kosmologie - Welt als Prozeß, der auch die Soteriologie einschließt

3.Buch: Anthropologie - zentriert um die Frage der Willensfreiheit, der Sünde und Erlösung des
             Menschen

4.Buch: Schriftlehre und Hermeneutik - die späteren Prolegomena erscheinen hier als Epilego-
             mena.

Eine erste Information über altkirchliche Schriftsteller wird immer auch zu Rate ziehen:

Berthold Altaner - Alfred Stuiber, Patrologie. Leben, Schriften und Lehre der Kirchenväter, 9.1978.

Für die Fragestellungen jener Zeit und die Situation, in die hinein Origenes redet, ist es kennzeichnend, daß die spezifisch theologische Problematik - die Frage nach der Konstitution der Wirklichkeit in Gott - die Ökonomie in sich aufnimmt.

Hrsg. und übersetzt von H.Görgemanns und H.Karpp, 1976 (Texte zur Forschung 24, WB Darmstadt)

1.3.1 / 1.3.2 / 1.3.3 / 1.3.4

Literatur: Hal Koch, Pronoia und Paideusis, 1932

F.H. Kettler, Der ursprüngliche Sinn der Dogmatik des Origenes, BHZNW 31, 1965

1.3.2 Johannes von Damaskus, Genaue Darlegung des orthodoxen Glaubens (nach 742)

Bei dieser Dogmatik, die den Ertrag der altkirchlichen Dogmenbildung zusammenfaßt und auch für die abendländische Tradition von Bedeutung geworden ist, handelt es sich um den dritten Teil eines Πηγὴ γνώσεως genannten Werkes. Vgl. dazu Altaner - Stuiber, S.526f.

Notieren Sie hier die Grobgliederung:

1.Buch

2.Buch

3.Buch

4.Buch

Johannes Damascenus folgt in seiner Anordnung der dogmatischen Inhalte dem Symbol. Die trinitarische und christologische Dogmenbildung der alten Kirche hat freilich dazu geführt, daß Inhalte mit in das Symbol eingetragen werden, die seinen Duktus sprengen.

Text: MSG 94, S.789-1228 u. Die Schriften d. Joh.v.Damaskos II, hrsg. B.Kotter, PTS 12,1973.
Übersetzung: BdK 44.
Literatur:
Gilson - Böhner, Christliche Philosophie, 1954^3, S.143-149
Richter, Gerhard, Die Dialektik des Johannes von Damaskus, 1964.

1.3.3 Augustin, Enchiridion ad Laurentium (ca 421)

Der wohl einflußreichste Dogmatiker des Abendlandes hat keine reguläre Dogmatik geschrieben. Mehr notgedrungen verweist man darum auf das Enchiridion ad Laurentium (ca.421), das in seinem Hauptteil eine Erklärung des Symbols bietet. Diese ist freilich eher populär und praktisch gehalten, als daß sie einen Überblick über die gedankliche Leistung Augustins geben könnte.

Vgl. die Referate bei
A. von Harnack, Dogmengeschichte III, S.220-236 und bei
R.Seeberg, Dogmengeschichte II, S.557-567
Text: Hrsg. O.Scheel in: G.Krüger, Sammlung ausgewählter kirchen- und dogmengeschichtlicher
    Quellenschriften II,4,1903.
Übersetzung: BdK Augustin VIII, Bd.49.

1.3.4 Petrus Lombardus, Quattuor Libri Sententiarum (1150-1152)

Es handelt sich hier um das dogmatische Lehrbuch des Mittelalters, das immer wieder kommentiert worden ist. Das Werk ist eine Zusammenstellung traditioneller Sentenzen, die verglichen und so verarbeitet sind, daß Widersprüche entweder durch genauere begriffliche Bestimmung behoben werden, oder eine Entscheidung in den anstehenden Fragen herbeigeführt wird.

Die angegebene Einteilung (von Augustin bestimmt) 1. in res und signa und 2. der res in res, quibus fruendum, und res, quibus utendum, erschließt den Aufbau nicht zureichend.

Notieren Sie den Hauptinhalt der vier Bücher und beachten Sie dabei erstens den Ansatz der Unterscheidung von Theologie und Ökonomie und zweitens insbesondere die Stellung der Ethik.

1.Buch

2.Buch

3.Buch

4.Buch

Text: MSL 191. Besser ist die Ausgabe: Petri Lombardi Libri IV Sententiarum studio et cura
      PP.Collegii S.Bonaventurae in lucem editi, Ad Claras Aquas (Quaracchi) 1916 - dem Sen-
      tenzenkommentar des Bonaventura jeweils beigegeben.

Literatur: M.Grabmann, Die Geschichte der katholischen Theologie, 1961[2] , S.40-43.

1.3.5 Thomas, Summa theologica (ca. 1262 - 1273)

Von besonderem Gewicht ist die Summa des Thomas durch ihren großen Einfluß auf die katholische Theologie, vor allem auch auf den Neuthomismus des 19. und 20.Jahrhunderts.

Der Aufbau folgt in seiner Grobstruktur einem Anordnungsprinzip, das Thomas selbst eingangs
der 2.Quaestio der prima pars angibt:

Quia igitur principalis intentio huius sacrae doctrinae est Dei cognitionem tradere, et non
solum secundum quod in se est, sed etiam secundum quod est principium rerum et finis earum,
et specialiter rationalis creaturae, ut ex dictis est manifestum (q.1 a.7); ad huius doctrinae expositionem intendentes, primo tractabimus de Deo; secundo, de motu rationalis creaturae
in Deum (pars 2); tertio, de Christo, qui secundum quod homo, via est nobis tendendi in Deum
(pars 3).

Tragen Sie hier Ihre Übersetzung ein:

Eine teleologische Metaphysik bietet hier also das Prinzip des Aufbaus der Dogmatik an: Gott
als Ursprung und Ziel aller Wirklichkeit, und der motus rationalis creaturae in Deum, also
die im Wesen des Menschen liegende Bewegung auf seine Verwirklichung hin, die er in Gott findet. Von Interesse ist insbesondere die Art und Weise, wie in der zweiteiligen secunda pars
der Summe Theologie und Ökonomie - hier als Natur und Gnade einander zugeordnet - in der Ethik
vermittelt werden!

Suchen Sie sich einen Eindruck vom Inhalt der dreiteiligen Summe zu machen, indem Sie sich
auch Themen der einzelnen Quaestionen ansehen.

Wie ist der Aufbau der einzelnen Artikel, in die sich die Quaestionen gliedern, beschaffen?

1.

2.

3.

4.

5.

1.3.5. / 1.3.6. / 1.3.7

Die Summa theologica ist ein Werk, dessen Anschaffung der theologiegeschichtlich, kontrovers-theologisch und dogmatisch Interessierte durchaus erwägen sollte. Relativ wohlfeil ist die Madrider Ausgabe, 3.Aufl. 1961 - 1965!

Literatur:

Ermi, Raymund, Die theologische Summe. Bd.I, 1948, S.9-54.

Lang, Albert, Die theologische Prinzipienlehre der mittelalterlichen Scholastik, 1964.

1.3.6 Melanchthon, Loci communes (1521 / 1559)

Ob die Loci Melanchthons in ihrer ersten Fassung (man unterscheidet drei Fassungen, aetates, die jeweils wieder unterschiedliche Auflagen erlebten) schon als reguläre Dogmatik gelten kön-nen, darüber läßt sich streiten. Doch haben sie auf jeden Fall schon von Anfang an die Funk-tion eines dogmatischen Lehrbuchs gehabt, und die Erweiterungen zeigen an, daß Melanchthon selbst sein Buch den dogmatischen Anforderungen anzupassen suchte.

Zur Methode führe ich aus der Vorrede zur 3.Fassung an: "Hier bei der Lehre der Kirche ist nur Ordnung erforderlich, nicht eine aufweisende Methode (methodus demonstrativa, worunter Melan-chthon sowohl eine induktive wie eine deduktive Methode versteht). Denn diese kirchliche Lehre wird nicht aus Aufweisen gewonnen, sondern aus Sätzen (dictis), die Gott in gewissen und be-rühmten Zeugnissen dem Menschengeschlecht übergeben hat, durch die er aus unermeßlicher Güte sich und seinen Willen offenbart hat" (WW in Auswahl Hrsg. R.Stupperich II,1, 1952, S.168,9-14, zit. St.A.= Studienausgabe). Melanchthon begründet also, warum er keine zwingende Anordnung des dogmatischen Stoffes versucht.

In welchen Inhalten ist die letzte Fassung der Loci über die Erstfassung hinausgegangen?

1.

2.

3.

Welche Schlußfolgerungen ziehen Sie aus diesem Sachverhalt?

Text: Zur Anschaffung empfohlen wird in der Auswahlausgabe von R.Stupperich Band II,1 1952, und II,2 1953, Hrsg. H.Engelland, die die erste und letzte Fassung der Loci enthalten.

Literatur:

Engelland, Hans, Der Ansatz der Theologie Melanchthons. In: "Philipp Melanchthon", Forschungsbeiträge, 1961, S.56-75.

Maurer, Wilhelm, Christum cognoscere est beneficia eius cognoscere. In: W.M., Der junge Melan-chthon, Bd.2, 1969, S.233-244.

1.3.7 Calvin, Institutio Christianae religionis (1536 / 1559)

Die Institutio (Einweisung bzw. Unterweisung) Calvins hat mehrere von ihm selbst besorgte Ver-änderungen erlebt. In der Erstfassung von 1536 behandelt Calvin die Hauptstücke des Katechis-mus, Dekalog, Symbol, Vaterunser, Sakramente - erweitert um ein Kapitel de falsis sacramentis sowie eine Abhandlung de libertate christiana, potestate ecclesiae, et politica administrati-one.

Die letzte von Calvin besorgte Ausgabe von 1559 dagegen kann als Dogmatik im strengen Sinn an-gesprochen werden, bestimmt durch das einst von Augustin angeschlagene Thema abendländischer Theologie (deum et animam scire cupio): Tota fere sapientiae nostrae summa, quae vera demum ac solida sapientia censeri debeat, duabus partibus constat, Dei cognitione et nostri (I,1.1).

Tragen Sie hier die Themen der vier Bücher ein:

1.

2.

3.

4.

Die Bücher drei und vier sind jeweils umfangreicher als Buch eins und zwei zusammengenommen! Wie erklären Sie sich diesen Sachverhalt angesichts der hier im einzelnen behandelten Themen?

Text: Außer in CR in der Auswahlausgabe von Peter Barth, Band III - V.

Übersetzung: Otto Weber

Literatur:

Staedtke, J., Johannes Calvin, Erkenntnis und Gestaltung, 1969, S.25-29.

Ritschl, O., Calvins theologisches System, in: Dogmengeschichte des Protestantismus III, 1923, S.156-198.

Wendel, F., Calvin, Ursprung und Entwicklung seiner Theologie, 1968.

Ebeling, G., Cognitio Dei et hominis, in: Geist und Geschichte der Reformation, FS Hanns Rückert, 1966, S.271-322 (Zur Erkenntnislehre).

Brunner, P., Allgemeine und besondere Offenbarung in Calvins Institutio, in: P.B., Pro Ecclesia II, 1966, S.13-30.

1.3.8 Johann Andreas Quenstedt, Theologia didactico-polemica (1685)

Die Arbeit von Quenstedt soll für die Dogmatiken der lutherischen Orthodoxie als repräsentativ genommen werden. Der Aufbau ist gekennzeichnet durch die sog. analytische Methode, die nach damaliger Wissenschaftstheorie in der Theologie als einer praktischen Wissenschaft zu befolgen ist. Das bedingt gewisse Abweichungen vom üblichen Aufriß der Dogmatik. Darum wird hier der Inhalt ausführlicher notiert. (Vgl. auch 2.3.2.2)

1.Buch: De Theologiae praecognitis et fine.

I.	De Theologia in genere.
II.	De Theologiae objecto generali, videl. Religione.
III.	De Theologiae principio.
IV.	De S.Scriptura.
V.	De Articulis Fidei.
VI.	De Deo, Ejusque naturali notitia.
VII.	De cognitione Dei revelata, et primo de Dei nominibus.
VIII.	De essentia Dei absolute considerata.
IX.	De Deo relative considerato, sive de S.S. Trinitate.
X.	De Actionibus Dei in genere et in specie de Creatione.
XI.	De Angelis.
XII.	De homine.
XIII.	De providentia.
XIV.	De fine Theologiae formali qui est Fruitio Dei, et vita aeterna, Deque ejus opposito, Morte aeterna.

2.Buch: De Theologiae subjecto, homine sc. peccatore ad Deum reducendo.

I.	De Imagine Dei in primo homine.
II.	De peccato.
III.	De libero Arbitrio hominis post lapsum.

3. Buch: De Principiis salutis.

I.	De benevolentia Dei universali.
II.	De benevolentia Dei speciali et Praedestinatione finaliter credentium ad vitam aeternam.
III.	De Christo redemptore.
IV.	De redemptione.
V.	De gratiosa vocatione.
VI.	De regeneratione.

VII.   De conversione.
VIII.   De hominis peccatoris coram Deo justificatione.
IX.   De poenititentia et confessione.
X.   De unione fidelium mystica cum Deo.
XI.   De renovatione.

4.Buch: De mediis salutis

I.   De verbo Dei et nominatim de lege.
II.   De evangelio.
III.   De sacramentis in genere.
IV.   De Sacramentis V.T. circumcisione et agno Paschali.
V.   De baptismo.
VI.   De S.Domini coena.
VII.   De testamentis divinis.
VIII.   De fide justificante.
IX.   De bonis operibus.
X.   De cruce.
XI.   De oratione.
XII.   De ministerio ecclesiastico.
XIII.   De magistratu politico.
XIV   De conjugio.
XV.   De ecclesia.
XVI.   De Antichristo magno.
XVII.   De morte et statu animarum post mortem.
XVIII.   De resurrectione mortuorum.
XIX.   De extremo judicio.
XX.   De consummatione seculi.

Welche Doppelungen, insbesondere bei Schöpfungslehre und Eschatologie, sind durch die Methode bedingt?

Wie gelingt es, Theologie und Ökonomie in ein einsichtiges Verhältnis zu bringen?

Literatur: Jörg Baur, Die Vernunft zwischen Ontologie und Evangelium. Eine Untersuchung zur Theologie Johann Andreas Quenstedts, 1962.

Vergleichen Sie mit dem Aufbau Quenstedts das zwanzig Jahre jüngere Examen theologicum acro-amaticum von David Hollaz, 1707:

SYNOPSIS METHODICA TOTIUS OPERIS.
PROPAEDIA THEOLOGICA tribus absolvitur capitibus, qvibus prolegomena expediuntur.
Caput I. agit de Theologiae Constitutione. II. De Religione & articulis fidei. III. De scriptura Sacra. PAEDIA Theologica in qvatuor dispescitur partes.

PARS PRIMA.
Considerat capite I. DEUM tanqvam Finem Theologiae objectivum. II. Mysterium SS.Trinitatis. III. Actiones divinas generatim, & speciatim Creationem. IV. Angelos. V. Hominem. VI. Providentiam divinam. VII. Visionem & fruitionem DEI beatificam tanqvam Finem Theologiae formalem.

PARS SECUNDA.
Expendit Subjectum Theologiae, qvod est homo in peccatum prolapsus. Idcircò agitur Capite I. de Imagine DEI tanqvam termino, à qvo homo excidit. II. De peccato, in qvod incidit. III. De peccato originali. IV. De peccato actuali. V. De Defectu Liberi Arbitrii in spiritualibus.

PARS TERTIA.
Exhibet tùm principia, tùm media salutis, & subdividitur in duas sectiones.

SECTIO PRIMA.
Considerat principia salutis: ideòqve agitur Capite I. De Benevolentia DEI generali. II. De Benevolentia DEI speciali, & de Praedestinatione. III. De Fraterna CHRISTI Redemtione. IV. De gratia Spiritus S.applicatrice, & speciatim de Vocatione ad Ecclesiam. V. De Illuminatione. VI. De Conversione. VII. De Regeneratione. VIII. De Justificatione. IX. De Unione mystica. X. De Renovatione. XI. De Conservatione fidei & sanctitatis. XII. De Glorificatione.

SECTIO SECUNDA.
Ponderat media salutis tàm causalia, qvàm executiva. Proinde tractatur Capite I. de mediis salutis in genere, & in specie de Verbo Legis. II. De Verbo Evangelii. III. De Sacramentis. IV. De Baptismo. V. De Eucharistia. VI. De poenitentia in genere, & de contritione in specie. VII. De Fide salvifica. VIII. De bonis operibus. IX. De mediis salutis executivis generatim, & speciatim de morte atqve resurrectione mortuorum. X. De Judicio extremo, & Consummatione seculi.

PARS QVARTA.
Sistit homines collectivē, prout sunt membra ecclesiae.Agitur itaqve Capite I. de Ecclesia.
II. De Ministerio Ecclesiastico. III. De Magistratu Politico. IV. De Statu oeconomico.

Notieren Sie größere Abweichungen von Quenstedt:

1.

2.

3.

1.3.9 Friedrich Schleiermacher, Der christliche Glaube nach den Grundsätzen der evangelischen Kirche im Zusammenhange dargestellt (2.Aufl.1830). Gewöhnlich kurz angeführt
als Glaubenslehre.

Für die Beantwortung der durch die Aufklärung gestellten Fragen ist die Glaubenslehre von
Schleiermacher epochemachend. Denn Schleiermacher hat sich diesen Fragen bewußt als kirchlicher Theologe gestellt, während Hegel seine Antworten als spekulativer Philosoph versuchte.

Über die Grundsätze der Gestaltung gibt Schleiermacher Auskunft in den §§ 27 - 31.

Lesen Sie die §§ 29 - 31 im Blick auf die hier aufgeführte Disposition.

Schema des Aufbaus von Schleiermachers Glaubenslehre:

Vorfragen: 1. Einordnung der Dogmatik in die Lebenswirklichkeit.
I. Religion als eine Form gemeinsamen menschlichen Verhaltens, II. Verschiedene
Gestalten von Religion, III. Die Besonderheiten des christlichen Glaubens,
IV. Frömmigkeit und Dogmatik.

2. Grundsätze für die Bearbeitung des traditionellen dogmatischen Stoffes.
I. Unterscheidung von häretischen und kirchlichen Sätzen, II. Kriterien
zur Beurteilung dogmatischer Sätze.

Mögliche Formen dogmatischer Sätze	(T h e o l o g i e) Im christlich-frommen Selbstbewußtsein vorausgesetzt und enthalten	(Ö k o n o m i e) Selbstbewußtsein durch den Gegensatz bestimmt	
		Bewußtsein der Sünde	Bewußtsein der Gnade
Beschreibungen menschlicher Zustände	Selbstbewußtsein als Ausdruck des Verhältnisses von Welt und Gott Schöpfung und Erhaltung	Sünde als Zustand des Menschen Erbsünde Wirkliche Sünde	Zustand des Christen, sofern er sich der göttlichen Gnade bewußt ist: Christus (Person u. Werk) Soteriologie (Wiedergeburt u. Heiligung)
Begriffe von göttlichen Eigenschaften und Handlungsweisen	Auf das Bewußtsein des Verhältnisses von Gott und Welt bezogene Eigenschaften Gottes: Ewigkeit, Allgegenwart, Allmacht, Allwissenheit	Göttliche Eigenschaften, die sich auf das Bewußtsein der Sünde beziehen: Heiligkeit Gerechtigkeit	Göttliche Eigenschaften, die sich auf die Erlösung beziehen: Liebe Weisheit
Aussagen von Beschaffenheiten der Welt	Ursprüngliche Vollkommenheit der Welt Ursprüngliche Vollkommenheit des Menschen	Übel	Kirche: Entstehung Bestehen Vollendung

1.3.9 / 1.3.10

Wo hat sich Schleiermacher in der Durchführung dem von ihm selbst vorgelegten und hier gra-
phisch dargestellten Schema nicht gefügt, sondern umgestellt?

+ Ein Hinweis für den fortgeschrittenen Leser: Die Stellung der Theologie vor der Ökonomie erschien Schleiermacher selbst problematisch. Er hat in dem Zweiten Sendschreiben über seine
Glaubenslehre an Lücke (neu hrsg. von H.Mulert als 2.Quellenheft der Studien zur Geschichte
des neueren Protestantismus, Hg. H.Hoffmann und L.Zscharnack, 1908; jetzt auch in der
Schleiermacher-Auswahl, Siebenstern-TB 113/114, S.140 - 175) diese Frage breit erörtert,
dort auch die Gründe angegeben, die ihn schließlich dazu gebracht haben, doch bei der schon
in der ersten Ausgabe gewählten Anordnung zu bleiben.

Notieren Sie hier

1. Gründe, die dafür sprechen, die Ökonomie vor der Theologie zu behandeln:

2. Gründe, die dafür sprechen, die Theologie vor der Ökonomie zu behandeln:

Literatur:

K.Barth, Nachwort zur Siebenstern-TB-Auswahl der Schriften Schleiermachers.
F.Mildenberger, Geschichte der deutschen ev. Theologie ... § 5, insbesondere S.78 - 81.

1.3.10 Albrecht Ritschl, Rechtfertigung und Versöhnung (1.Aufl. 1870/74)

Man kann darüber streiten, ob das Hauptwerk von Ritschl als reguläre Dogmatik gelten kann. Immerhin sind die dogmatischen Inhalte hier alle aufgeführt, freilich in einer eigentümlichen
Anordnung (der Ritschl allerdings in seiner Lehrtätigkeit nicht gefolgt ist. Dazu vgl. R.Schä-
fer, S.70 A 9). Die antimetaphysische Frontstellung der Theologie Ritschls drückt sich darin
aus, daß Theologie erst unter den Voraussetzungen der Rechtfertigung behandelt wird, die Dogmatik nach den Prolegomena also mit der Ökonomie einsetzt. Auch darin zeigt sich die moderne
Anlage, daß der eschatologische Begriff des Reiches Gottes (freilich nicht im biblisch-apoka-
lyptischen Verständnis, sondern in einer idealistischen Interpretation, die ihn insbesondere
mit der Ethik verbindet) für die ganze Dogmatik bestimmend wird.

Tragen Sie hier die Kapiteleinteilung ein:

Einleitung.

A. Der Begriff der Rechtfertigung und die Relationen derselben.

1.

2.

3.

B. Die Voraussetzungen

4.

5.

6.

C. Der Beweis

7.

8.

D. Die Folgerungen

9.

Literatur:

C.Stange, Der dogmatische Ertrag der Ritschlschen Theologie, 1906, S.3 - 28.

R.Schäfer, Ritschl. Grundlinien eines fast verschollenen dogmatischen Systems, 1968.

Von Interesse ist ein Vergleich mit Martin Kähler, Die Wissenschaft der christlichen Lehre von dem evangelischen Grundartikel aus im Abrisse dargestellt, der freilich in dem dogmatischen Mittelteil wenigstens in der Grobstruktur seiner Darlegungen dem traditionellen, am Symbol orientierten Aufbau der dogmatischen Inhalte folgt. Das Kählersche Werk wurde 1966 neu aufgelegt.

1.3.11 Karl Barth, Die Kirchliche Dogmatik (1932 - 1967)

So unkonventionell die Barthsche Dogmatik in ihrer Durchführung ist, so konventionell ist sie in der Grobstruktur ihres Aufbaus: Auf die Prolegomena folgt die Gotteslehre, dann die Lehre von der Schöpfung und von der Versöhnung - hier bricht das monumentale Werk unvollendet ab.

In dem 1970 erschienenen Registerband findet sich eingangs eine Inhaltsübersicht, die außer den Überschriften der Bücher, Kapitel und Paragraphen auch die Leitsätze zu den einzelnen Paragraphen abdruckt. Für eine erste Bekanntschaft eignet sich diese Übersicht durchaus. Wie sind bei Barth die Prolegomena gestaltet? Läßt sich aus dem Aufbau etwas über das Verhältnis von Theologie und Ökonomie ersehen? Hat, wie in der traditionellen Dogmatik, die Theologie eine größere Affinität zur Schöpfungslehre?

Literatur:

Miskotte, Kornelis H., Über Karl Barths Kirchliche Dogmatik, 1961.

Schmid, Friedrich, Verkündigung und Dogmatik in der Theologie Karl Barths. Hermeneutik und Ontologie in einer Theologie des Wortes Gottes, 1964, S.9 - 77.

Storch, Martin, Exegesen und Meditationen zu Karl Barths Kirchlicher Dogmatik, 1964.

Mildenberger, Friedrich, Die deutsche evangelische Theologie, 1981, S.225 - 238

1.3.12 Paul Tillich, Systematische Theologie (engl. 1951 - 1963, dtsch. 1955 - 1966)

Tillich bietet nicht ein geschlossenes System; systematisch ist seine Systematische Theologie vor allem durch die einheitlich befolgte Methode der Korrelation. Das deutet schon der Aufbau an. Dabei ist hier Theologie und Ökonomie als Frage und Antwort jeweils in den einzelnen Teilen in Beziehung gesetzt.

Notieren Sie die fünf Hauptteile:

1.

2.

3.

4.

5.

Literatur: Schmitz, J. Die apologetische Theologie P. Tillichs, 1966

   Track, J., Der theologische Ansatz Paul Tillichs, 1975

2. Die Einordnung der Dogmatik
==============================

Die Bezeichnung "Einordnung der Dogmatik" ist in der Fachdiskussion nicht geläufig. Wir verstehen unter Einordnung die Zuordnung von Sachverhalten zu vergleichbaren Sachverhalten, mit denen sie unter einem Begriff zusammengefaßt werden können. Dabei wird die Besonderheit des eingeordneten Sachverhaltes markiert, indem ihm zugleich sein Ort innerhalb eines Bereichs unserer Wirklichkeit ("Welt" als Leitbegriff) angewiesen wird.

Beispiel: Der Sachverhalt "es regnet" wird eingeordnet in den Bereich "Wetter", näher "Niederschlag", wobei dann die Unterscheidung etwa von Schnee oder Hagel die genauere Bestimmung hergeben kann.

2. / 2.1 / 2.1.1

Versuchen Sie eine Einordnung für menschliche Tätigkeiten zu geben, z.B. für den Sachverhalt: "Dieser Mann ißt Bratwürste mit Sauerkraut", oder: "Emil Maier liest gerade die Zeitung".

Entsprechend muß Dogmatik eingeordnet werden, wobei die unter 1.1.3 gegebene Begriffsbestimmung in die Beschreibung einer Tätigkeit umgesetzt werden kann, die von uns jetzt gerade ausgeübt wird: Wir lehren und lernen, wie das "Dogma" kritisch zu bearbeiten ist in Hinsicht auf seine Begründung in der biblisch bezeugten Offenbarung Gottes in Jesus Christus wie in Hinsicht auf seine Verständlichkeit in der gegenwärtigen Situation. Wie ist dieser Sachverhalt einzuordnen?

2.1 Das Problem

Gerade die hier angesprochene Aufgabe der Einordnung wird in den dogmatischen Prolegomena zeitgenössischer Dogmatiken sehr unterschiedlich angegangen. Darum kann hier nicht von einem Konsens der Fachdiskussion ausgegangen werden, der die Formulierung des Problems ermöglichte. Wir haben vielmehr selbst bestimmte Unterscheidungen einzuführen, die es dann ermöglichen, traditionelle Probleme und Lösungsversuche hier anzuführen.

Wir unterscheiden zunächst Gegenstand und Vollzug der Dogmatik.

2.1.1 Das Problem einer Einordnung des dogmatischen Gegenstandes

Wir haben als Gegenstand der Dogmatik das Dogma bestimmt, nämlich einen Konsens über Inhalte des kirchlichen Glaubensbewußtseins bzw. der kirchlichen Verkündigung (1.1.3). Womit läßt sich dieser Gegenstand vergleichen?

Zur Beantwortung kann einmal auf die Feststellung verwiesen werden, daß der christliche Glaube eine Gesamtorientierung darstellt. Er beantwortet nicht nur die Frage nach dem Heil, sondern zugleich die Frage nach der Wirklichkeit, in der sich der Mensch vorfindet, wenn ihm das Heil begegnet (1.2.2). Von daher ließe sich der Glaube mit anderen Gesamtorientierungen vergleichen. Gewöhnlich spricht man hier von Weltanschauungen, oder, dies freilich vor allem im deutschen Sprachraum mit einem deutlich abwertenden Unterton, von Ideologien.

Die Dogmatik hat diese Möglichkeit einer Einordnung kaum wahrgenommen, hat sie im Zweifelsfall der sog. Apologetik überlassen. Sie hat freilich in ihrer Auseinandersetzung mit der jeweiligen zeitgenössischen Philosophie ihre eigenen Antworten formuliert und so wenigstens implizit die Konkurrenz zu philosophischen Antworten deutlich gemacht.
Auch der Anspruch, es besser zu wissen, ist eine Art von Einordnung!
Lesen Sie in Paul Tillichs Systematischer Theologie, Band I, S. 12 - 15.
Was unterscheidet nach Ansicht Tillichs eine apologetische Theologie von einer kerygmatischen Theologie?

Welche Methode propagiert Tillich?

Was ist das Vorgehen dieser Methode?

Eine ausgeführte Darstellung der evangelischen Weltanschauung hat Horst Stephan (er bezeichnet sich selbst als vor allem durch die Linie Schleiermacher-Ritschl-Herrmann bestimmt) in seiner 1921 erschienenen Glaubenslehre vorgetragen.
Lesen Sie dort S. 14 - 18 über den Aufbau der Glaubenslehre und ihr Verhältnis zur Apologetik.
Welche Dreiteilung führt Stephan durch?
1.
2.
3.

Traditionell wird aber die Einordnung anders vollzogen. Man sieht im Glaubensbewußtsein das wesentliche Moment des Christentums, will darum den Gegenstand der Dogmatik im Ganzen des Christentums in den Bereich der Religion einordnen.

40

Eine besondere Schwierigkeit ergibt sich dabei aus dem konfessionellen Problem, der faktischen Aufspaltung des Christentums in sich gegenseitig ausschließende Konfessionen.Wenn wir Dogmatik treiben, dann ist ja unser Gegenstand das Dogma der evangelischen Kirche, und zwar in seiner lutherischen Ausprägung.

Die Prolegomena der Dogmatik von R.Prenter (0.2.1 B.) sind ganz von dieser Aufgabe bestimmt. Welchen Charakter nehmen sie nach Prenter an (vgl. Leitsatz zu § 3)?

Welche Stichworte bestimmen nach Prenter die dogmatische Autorität?
1.
2.
(Zur Beantwortung solcher Fragen empfiehlt es sich, neben dem Inhaltsverzeichnis die thetische Zusammenfassung zu Rate zu ziehen, die in den meisten dogmatischen Lehrbüchern am Eingang jedes Paragraphen zu finden ist).

Ein besonderes Gewicht der konfessionellen Problematik ist freilich nicht die Regel. Gewöhnlich liegt das Hauptgewicht auf der Einordnung des dogmatischen Gegenstandes über den Begriff der Religion. Dabei ist freilich ein sehr gewichtiger Wandel in der Bedeutung dieses Begriffes in Rechnung zu stellen, der sich mit der Aufklärung vollzogen hat.

+ Wie vollzieht Schleiermacher im 1.Kapitel seiner Glaubenslehre die Einordnung der Dogmatik? Dabei ist zu beachten, welche Gebiete die Wissenschaften bearbeiten, aus denen die jeweiligen Lehnsätze genommen werden.
1. Ethik hat zum Gegenstand ...

2. Religionsphilosophie hat zum Gegenstand ...

3. Apologetik hat zum Gegenstand ...

Neben der "Kurzen Darstellung des theologischen Studiums ..." kann man hier die philosophische Ethik (streng zu unterscheiden von der "Christlichen Sittenlehre") Schleiermachers zu Rate ziehen. Vgl. auch den 2.Zusatz zu § 2 der Glaubenslehre.

2.1.2 Das Problem einer Einordnung des dogmatischen Vollzugs

Hier sind drei Aspekte zu beachten.
Einmal ist Dogmatik im Zusammenhang der Theologie zu sehen. Wie ist sie hier einzuordnen? Wir können diesen Aspekt als den enzyklopädischen Aspekt bezeichnen. Dabei soll schon hier daran erinnert werden, daß die heute übliche Aufteilung der Theologie in Disziplinen noch nicht sehr alt ist. Sie ist Ergebnis einer Entwicklung in den letzten beiden Jahrhunderten, die eng verbunden ist mit dem problematischen Verhältnis der Theologie zu der modernen Auffassung von Wissenschaft. Das gilt insbesondere für die historisch arbeitende Bibelwissenschaft.

Die Orthodoxie kannte andere Einteilungen. Welche Einteilungsmöglichkeiten nennt J.F.König (Ratschow I, S.28, § 23 u. 24, H.Schmid S.4)?

1.a.   b.

2.a   b.
  c.   d.
  e.   f.

Zweitens ist Dogmatik mit Theologie überhaupt im Zusammenhang der Wissenschaft zu sehen. Wir können hier vom wissenschaftstheoretischen Aspekt der Einordnung von Dogmatik reden. Diese Einordnung ist zur Zeit wieder recht umstritten. Das hat auch seinen praktisch-politischen

Aspekt: Soll ein "weltanschauungsneutraler" Staat an seinen Universitäten theologische Fakultäten unterhalten, die der Ausbildung von Pfarrern für die Kirche dienen?

Wie ist das politische Problem in Schweden gelöst? Lesen Sie dazu H.Reller, Theologie als Abteilung der philosophischen Fakultäten: Die Reformen in Schweden. LMH. 1971, S.55f.

Lassen sich Argumente finden, die eine Unterhaltung theologischer Fakultäten an staatlichen Universitäten rechtfertigen?

Man kann hier an politische Argumente denken, die gesellschaftliche Bedürfnisse berücksichtigen (der Staat bildet ja nicht nur künftige Staatsdiener aus, sondern z.B. Techniker für die Industrie oder Mediziner, die sich selbständig niederlassen wollen). Man kann an historische Argumente denken, die die Geschichte der Universität berücksichtigen. Aber es geht hier auch um wissenschaftstheoretische Argumente, die den problematischen Status der Theologie im Zusammenhang der modernen Auffassung von Wissenschaft so berücksichtigen, daß eben damit andererseits die Problematik dieser Wissenschaft überhaupt offengehalten wird.

Drittens ist nach der Einordnung des Vollzugs von Dogmatik in den Bereich kirchlicher Lehre zu fragen. Man kann diese Frage sicher nicht von der zweiten, der Frage nach der Wissenschaftlichkeit der Theologie, trennen. Besteht hier eine Alternative? Entweder ist Theologie Wissenschaft. Dann hat sie keine anderen Voraussetzungen und Ziele als die, die Wissenschaft überhaupt hat. Oder sie ist kirchliche Lehre. Dann teilt sie die Voraussetzungen und Ziele der kirchlichen Lehre: Sie setzt die Autorität der Offenbarung Gottes in Jesus Christus als unbedingt gültig voraus. Sie zielt auf Glauben. So kann man argumentieren. Aber ist diese Argumentation zwingend?

Wir müssen diese Fragestellung als den kirchlichen Aspekt der Einordnungsproblematik mit beachten. Dabei weise ich noch einmal ausdrücklich darauf hin, daß der enzyklopädische, der wissenschaftstheoretische und der kirchliche Aspekt der Einordnungsproblematik sich zwar unterscheiden, aber in der Behandlung kaum trennen lassen.

2.2. Die Einordnung des dogmatischen Gegenstandes durch den Begriff der Religion

Die Einordnung des dogmatischen Gegenstandes durch den Begriff der Religion ist in der dogmatischen Tradition vorgegeben. Dabei ist allerdings die schwerwiegende Bedeutungsverschiebung im Begriff der Religion mit in Rechnung zu stellen, wie sie sich im 17. und 18.Jahrhundert vollzogen hat. Damit verschiebt sich natürlich auch die Bestimmung der mit Hilfe dieses Begriffes eingeordneten Dogmatik.

Religion bezeichnet vor der Aufklärung die gemeinsame und öffentliche Gestalt der Gottesverehrung. Vgl. dazu das bekannte Stichwort "cuius regio eius religio". Entsprechend finden dann orthodoxe Dogmatiker (z.B. König oder Quenstedt) die summa verae religionis in den Symbolen, also den Bekenntnissen der christlichen Kirche, die einen rechtlich verbindlichen Status besitzen.

Durch die Aufklärung wird der Begriff in zweifacher Weise umgestaltet: Einmal verliert der Religionsbegriff seine öffentliche Komponente. Religion ist nun aufgefaßt als die Bestimmtheit des religiösen Individuums. Diese Bestimmtheit kann dann im Zusammenhang der Moral genauer erfaßt werden.

Dazu I.Kant (aus der Kritik der praktischen Vernunft,St.A. Hg. Weischedel IV,261; A 233):"Auf solche Weise führt das moralische Gesetz durch den Begriff des höchsten Guts, als das Objekt, und den Endzweck der reinen praktischen Vernunft, zur Religion, d.i. zur Erkenntnis aller Pflichten als göttlicher Gebote ..."

+ Was versteht Kant unter dem "höchsten Gut"?

Warum muß Kant, um sich der Erreichbarkeit des höchsten Gutes zu vergewissern, Gott postulieren?

(Suchen Sie zur Beantwortung der Fragen den Kontext der zitierten Stelle auf. Vgl. aber auch die Methodenlehre der teleologischen Urteilskraft in der Kritik der Urteilskraft, und dazu F. Mildenberger, Gotteslehre, 1975, S.138 - 142).

Diese Bestimmtheit kann als Befindlichkeit des Gefühls aufgefaßt werden. So Schleiermacher (Über die Religion ..., S.48 der Erstausgabe, zit. nach PhB 255,1958): Religion "... begehrt nicht das Universum seiner Natur nach zu bestimmen und zu erklären wie die Metaphysik, sie begehrt nicht aus der Kraft der Freiheit und der göttlichen Willkür des Menschen es fortzubilden und fertig zu machen wie die Moral. Ihr Wesen ist weder Denken noch Handeln, sondern Anschauung und Gefühl. Anschauen will sie das Universum, in seinen eigenen Darstellungen und Handlungen will sie es andächtig belauschen, von seinen unmittelbaren Einflüssen will sie sich in kindlicher Passivität ergreifen und erfüllen lassen ..."

Wie sagt Schleiermacher in der Glaubenslehre zu dieser Bestimmtheit des Gefühls statt "Religion"? (Vgl. §§ 3 und 4).

Welche Definition gibt er?

Die Bestimmung der Religion als ganzheitlicher Befindlichkeit betont auch Hegel (Vorlesungen über die Philosophie der Religion, Theorie Werkausgabe 1969, Band 16, S.11): "Wir wissen, daß wir uns in der Religion der Zeitlichkeit entrücken und daß sie diejenige Region für unser Bewußtsein ist, in welcher alle Rätsel der Welt gelöst, alle Widersprüche des tiefen sinnenden Gedankens enthüllt sind, alle Schmerzen des Gefühls verstummen, die Region der ewigen Wahrheit, der ewigen Ruhe, des ewigen Friedens".

Religion verliert mit der Aufklärung ihren öffentlichen Charakter, wird als Bestimmtheit des religiösen Individuums erfaßt. Weiter aber wird ihr Begriff zur Bezeichnung der höchsten, umfassenden Verwirklichung des Menschseins. Damit wird er zugleich sehr stark emotional aufgeladen und verliert andererseits seine Eindeutigkeit.

Vgl. dazu G.Sauter, Über die Brauchbarkeit des Religionsbegriffs für Kirche und Theologie heute, in Hg. H.Breit und K.D.Nörenberg, Religionskritik als theologische Herausforderung, ThEx 170, 1972, S.108 - 132, insbesondere 2.1 - 2.5, S.112 - 123.

2.2.1 Das Problem einer Einordnung durch den Religionsbegriff

Schon aus der eben erörterten Begriffsverschiebung läßt sich ein Stück weit die Problematik eines Versuchs erfassen, Dogmatik durch den Begriff der Religion einzuordnen. Zwei Momente hebe ich dazu hervor: Einmal die Unbestimmtheit des Begriffs, die schon Schleiermacher dazu veranlaßte, ihn durch den Begriff der Frömmigkeit zu ersetzen. Zum anderen die Beliebigkeit, in die Religion geraten ist, weil sie ihren öffentlichen, und damit auch weithin ihren gemeinschaftlichen Charakter verloren hat.

Diese Unbestimmtheit des Begriffs wird freilich in der Fachdiskussion selten als Grund dafür angeführt, daß man andere Möglichkeiten einer Einordnung der Dogmatik versucht oder aber auf eine Einordnung des dogmatischen Gegenstandes überhaupt verzichtet. In diesem Fall verschiebt sich das Problem der Religion; es wird unter dem Aspekt der Stellung zu den nichtchristlichen Religionen behandelt. Daß eine Behandlung auf jeden Fall notwendig ist, zeigt sich schon daran, daß im Zuge der Wendung zur "Religion", zur Innerlichkeit in ihren Empfindungen und Erfahrungen, religiöse Impulse vor allem aus den asiatischen Hochreligionen, Hinduismus und Buddhismus, auch bei uns wirksam werden. In diesem Fall dominiert in der Regel die apologetische Intention.

In der Richtung einer solchen Betrachtung geht H.Fritzsche, Lehrbuch der Dogmatik I, 1964, § 5. Welche Möglichkeiten, christlichen Glauben und Fremdreligionen in Beziehung zu setzen, nennt Fritzsche?

1.   2.   3.

+ In welchen Schritten führt er den von ihm versuchten praktischen Lösungsversuch durch?

Für eine Einordnung der Dogmatik durch den Religionsbegriff verwendet sich sehr engagiert W. Pannenberg. Lesen Sie in seinem Buch "Wissenschaftstheorie und Theologie", 1973, S.361 - 374. Welche Forderung stellt Pannenberg an eine theologisch arbeitende Religionswissenschaft?

+ Welche enzyklopädische Stellung soll der "Theologie der Religion" nach den Vorstellungen Pannenbergs zukommen, insbesondere in ihrem Verhältnis zur Dogmatik bzw. zur systematischen

2.2.1 / 2.2.2 / 2.2.2.1 / 2.2.2.2
Theologie?

Die Problematik einer Einordnung des dogmatischen Gegenstandes durch den Religionsbegriff
zeigt sich, wenn wir auf den Wahrheitsanspruch achten, mit dem das Dogma auftreten muß, und
den darum die Dogmatik zu explizieren hat. Das wird deutlich, sobald wir uns die historischen
Etappen in der Problembearbeitung klarmachen.

2.2.2 Zur Geschichte des Problems

Wir müssen hier typisieren. Nur so läßt sich die Problematik scharf genug erfassen. Historie,
die die Einzelerscheinung in ihrer unverwechselbaren Besonderheit zu beschreiben sucht, wird
hier anders vorgehen.

2.2.2.1 Judentum und Griechentum als Vorbereitung der christlichen Wahrheit

Die schroffe Entgegensetzung heidnischen Götzendienstes wie auch jüdischen Vertrauens auf die
eigene Gesetzeserfüllung und des Glaubens, wie sie etwa den Römerbrief des Paulus kennzeichnet,
ist nicht zur bestimmenden Lösung des Einordnungsproblems in der frühen Christenheit geworden.
Neben den notwendigen Widerspruch stellte man die Möglichkeit einer Anknüpfung: Die vollkommene Wahrheit des Christentums ist vorbereitet durch das Judentum einerseits, die griechische
Philosophie andererseits (Philosophie ist dabei nicht im Sinne moderner Wissenschaft zu verstehen, sondern als eine umfassende Orientierung, Weltanschauung und Heilslehre in einem). Begründet wird das mit der Logoslehre: Der Logos, der in Jesus Christus Mensch geworden ist, war
schon vorher wirksam, nicht nur bei den Juden, deren heilige Schriften ja auch die heiligen
Schriften der Christenheit wurden, sondern auch bei einzelnen griechischen Philosophen (z.B.
Sokrates oder Plato). Diese Position der Apologeten ermöglichte eine Vermittlung des Christentums auch mit der hellenistischen Bildungsreligion, ohne doch den Wahrheitsanspruch des Christentums zu relativieren.

2.2.2.2 Das Christentum als die wahre Religion im Gegensatz zu den falschen Religionen

Das Christentum als die herrschende Religion des Abendlandes hat diese vermittelnde Einordnung
nicht durchgehalten (hier wäre historisch zu erfragen, welche Abhängigkeiten zwischen der gesellschaftlichen Position des Christentums und den jeweiligen theologischen Einordnungen bestehen). Charakteristisch ist die Entgegensetzung des Christentums als der wahren Religion und
aller anderen als der falschen Religionen.

Die altprotestantische Orthodoxie begründet diesen Wahrheitsanspruch mit dem Verweis auf die
Schriftgemäßheit der eigenen Religion (beachten Sie den hier noch vorliegenden Begriff der
Religion als einer öffentlichen gemeinschaftlichen Gottesverehrung, wie er mit dem Verweis auf
die Symbole als die summa verae religionis gegeben ist, während andererseits das Moment der
Innerlichkeit jedenfalls bei den Theologen der zweiten Hälfte des 17.Jahrhunderts keineswegs
fehlt): Religio christiana est ratio colendi deum verum fide in Christum et caritate erga deum
et proximum, secundum verbum scriptum, ut homo a deo avulsus deo reduniatur (J.F.König, Ratschow I, S.58, § 72).
Übersetzung:

Wie kann von dieser Position eines exklusiven Wahrheitsanspruches des (zudem konfessionell bestimmten!) Christentums aus die Einordnungsproblematik bewältigt werden?

44

Dazu führe ich Hollaz an (Examen theologicum acroamaticum S.83): Verae religioni opponitur tum falsa religio, tum atheismus sive irreligiositas. Falsa religio est, qua falsi coluntur Dii vel verus Deus non vere colitur. Irreligiositas est, qua homines impii religionem omnem despicatui ducunt, ut, abnegata providentia Dei et iustitia vindicativa, nihil non impune ac secure perpetrare frontem sumant.

Übersetzung:

Wie läßt sich hier das Judentum einordnen?

Wie kann das konfessionelle Problem bewältigt werden?

2.2.2.3 Die natürliche Religion als die Wahrheit der positiven Religionen

Nicht nur die Tatsache verschiedener christlicher Konfessionen, die jeweils ihren absoluten Wahrheitsanspruch gegeneinander geltend machten und sich zur Durchsetzung dieses Anspruchs staatlicher Machtmittel zu bedienen suchten, hat diese widerstreitenden Ansprüche miteinander unglaubwürdig gemacht. Es kommt dazu die Erweiterung des zeitlichen und räumlichen Horizontes, wie sie das Geschichtsbild der beginnenden Neuzeit kennzeichnet.

Sollte wirklich die christliche Religion - zeitlich spät entstanden und räumlich auf das Abendland begrenzt - die einzige Weise einer wahren Gottesverehrung sein? Sollte Gott so viel Irrtum und nur so wenig Wahrheit gewollt haben?

Die Lösung für das Problem einer Einordnung des Christentums ist für die Aufklärung die Unterscheidung der natürlichen Religion und der positiven Religionen.

Diese Unterscheidung lehnt sich an die schon früher geläufige Unterscheidung des Naturrechtes und des positiven Rechtes an. Das Naturrecht umfaßt die Rechtsinhalte von allgemeiner Verbindlichkeit. Diese können durch die Vernunft entdeckt werden. Damit aber solches Naturrecht in einer bestimmten Rechtsgemeinschaft (Staat) anwendbar wird, muß es durch einen Akt der Gesetzgebung auf die besonderen Verhältnisse dieser Rechtsgemeinschaft zugeschnitten werden und so als gesetztes, als positives Recht eine Anwendung in der Rechtspflege dieser jeweiligen Rechtsgemeinschaft ermöglichen. Seine Verbindlichkeit hat das positive Recht also einmal aus seiner inhaltlichen Übereinstimmung mit dem Naturrecht, und zum anderen aus dem Willen des Gesetzgebers. Es unterscheidet sich vom Naturrecht durch seine Partikularität, denn der Wille des Gesetzgebers kann ja nur die jeweilige Rechtsgemeinschaft binden, wie andererseits durch seine Praktikabilität, denn die Sätze des Naturrechtes sind ja nicht unmittelbar iustitiabel.

Nach dieser Analogie wird nun zwischen natürlicher und positiver Religion unterschieden. Ihre eigentliche Verbindlichkeit als Verehrung Gottes, als Vertrauen in die göttliche Vorsehung und also in die Güte der Welt und als Sittlichkeit hat Religion durch ihre vernünftige Allgemeinheit, die von den einzelnen vernünftigen Subjekten erfaßt wird. Besondere Verbindlichkeiten, die eine gemeinsame Religionsausübung bestimmter Religionsgemeinschaften ermöglichen sollen, werden auf den Stifter der jeweiligen Religion zurückgeführt (die klassischen Religionsstifter sind Mose, Christus, Mohammed). Diese Verbindlichkeiten der einzelnen Religionsgemeinschaften bzw. positiven Religionen werden durch autoritative Überlieferung weitergegeben und gelten nur partikular.

Diese Unterscheidung von positiver und natürlicher Religion ist kritisch gegenüber den positiven Religionen, und zwar gerade auch gegenüber dem Dogma, dem gemeinsamen kirchlichen Glaubensbewußtsein. Denn sie erlaubt ja eine Unterscheidung der Verbindlichkeiten in der jeweiligen

2.2.2.3 / 2.2.2.4

Religion: Allgemeine Verbindlichkeit der Elemente der natürlichen Religion, partielle Verbindlichkeit der positiven oder konventionellen Elemente, zu denen dann auch das Dogma gerechnet
werden muß. Und diese Unterscheidung ist Sache des vernünftigen Individuums, das dann selbst
über seine religiösen Verbindlichkeiten entscheidet: "Die beste geoffenbarte oder positive Religion ist die, welche die wenigsten konventionellen Zusätze zur natürlichen Religion enthält,
die guten Wirkungen der natürlichen Religion am wenigsten einschränkt. ..." (Lessing, Über die
Entstehung der geoffenbarten Religion, WW Hg. Rilla, Bd. 7, S.281).

Lesen Sie zu dieser Problematik die Ringparabel in Lessings Nathan. Was bedeuten die Ringe?

Gibt es überhaupt einen echten Ring?

Was soll der echte Ring bewirken?

Wie ist der Rat des Richters an die Söhne zu interpretieren?

+ Welche Grundsätze zur Schriftauslegung leitet Kant aus der Unterscheidung von positiver und
  natürlicher Religion (Kant redet hier vom "Kirchenglauben" und vom "reinen Religionsglauben")
  ab? Lesen Sie dazu aus "Der Streit der Fakultäten" (Studienausgabe Hg.W.Weischedel VI) den
  Abschnitt "Anhang einer Erläuterung des Streits der Fakultäten durch das Beispiel desjenigen
  zwischen der theologischen und der philosophischen", S.300 - 315, insbesondere S.303 - 307.

1.Auslegungsgrundsatz:

2.Auslegungsgrundsatz:

Anmerkung: Eine "natürliche Religion", die kritisch gegenüber den positiven Religionen angewandt wird, kennt unsere derzeitige Situation
nicht in genau dieser Form. Doch scheint die Wendung zur Innerlichkeit
(Meditationspraxis etc.), die unsere gegenwärtige religiöse Situation
kennzeichnet, mindestens Vergleichbares hervorzubringen: Das Entscheidende an Religion ist die jeweilige Erfahrung der religiösen Subjekte,
nicht aber der Weg, auf dem diese Erfahrung gemacht wird, und die Vermittlung durch religiöse Traditionen. Solcher Indifferentismus gegenüber der geschichtlichen Gestalt von Religion und die kritsche Haltung
gegenüber dem Anspruch religiöser Traditionen auf Verbindlichkeit erinnert an die Unterscheidung der Aufklärung. Er kommt z.B. hinduistischer
Anschauung (Ramakrishna; lesen Sie den entsprechenden Artikel in der
RGG) entgegen, ist aber für die christliche Tradition recht problematisch.

Ob er sich seine
Plattform selbst
erschaffen hat?
Mi 75

2.2.2.4 Religionen als geschichtliche Individualitäten

Gegen die Abwertung der positiven Religionen zugunsten der natürlichen Religion wendet sich die historistische Anschauung, die ihr
Augenmerk nicht auf das Abstrakt-Allgemeine richtet, sondern auf die jeweilige geschichtliche
Individualität. Wirklichkeit ist nicht in der Abstraktion des Allgemeinen zu finden, sondern
in der Besonderheit der jeweiligen geschichtlichen Erscheinung. Das gilt gerade auch für die
Religion. Eine natürliche Religion gibt es nicht als lebendige Realität, und der Versuch, sich
aus der positiven Religion auf die "natürliche Religion" zurückzuziehen, muß in die Verarmung
des religiösen Lebens, womöglich in die Irreligiosität führen. Denn die wirkliche, lebendige
Religion ist immer positive Religion.

Lesen Sie in Schleiermachers Reden über die Religion S.272 - 279 (Erstausgabe), PhB 255, S. 151 - 155. Auch der Kontext dieser Auseinandersetzung mit der natürlichen Religion ist interessant!

Welche Einwände bringt Schleiermacher gegen die natürliche Religion vor?

Was ist für ihn Kennzeichen der wirklichen Religion?

Problematisch ist bei dieser historistischen Bestimmung des Religionsbegriffs aber eine Wertung der Religionen, die dann eine Entscheidung für die eigene, christliche Religion mit begründet. Zwei Möglichkeiten seien genannt: Entweder wird eine geschichtliche Entwicklung konstruiert, in der das Christentum als Ergebnis der vorchristlichen religiösen Entwicklung erscheint. Oder es werden bestimmte Kriterien eingeführt, die eine Wertung des Christentums ermöglichen sollen, etwa seine Verbindung mit der Sittlichkeit, die ihm unter den Religionen den höchsten Rang zuweist.

Welche der genannten Möglichkeiten hat Schleiermacher in seiner Glaubenslehre durchgeführt? Möglichkeit eins/zwei:

Nach welchen Kriterien bewertet er das Christentum?
1.

2.

+ Können Sie einen zeitgenössischen Dogmatiker nennen, der Möglichkeit eins vorschlägt?

2.2.2.5 Die moderne Religionskritik

Die moderne Religionskritik ist an dem Religionsbegriff orientiert, der in der Religion eine ganzheitliche Befindlichkeit des menschlichen Individuums sieht, in welcher dieses seine höchste Verwirklichung findet. Der Mensch verhält sich in der Religion zur Wirklichkeit im ganzen, indem er sich zu Gott verhält.

Religionskritik (Ludwig Feuerbach, Karl Marx, Sigmund Freud) reduziert Religion auf bloße Anthropologie: In der Religion verhält sich der Mensch nicht zu Gott, sondern zu sich selbst, zu seinen Projektionen, Wünschen, Illusionen.

L.Feuerbach, Das Wesen des Christentums (Text der 3.Aufl. 1849) Einleitung 2.Kapitel (zit.nach Reclam 4571-77, 1969, S.54f): "Die Religion, wenigstens die christliche, ist das Verhalten des Menschen zu sich selbst, oder richtiger: zu seinem Wesen, aber das Verhalten zu seinem Wesen als zu einem anderen Wesen. Das göttliche Wesen ist nichts andres als das menschliche Wesen oder besser: das Wesen des Menschen, abgesondert von den Schranken des individuellen, d.h. wirklichen, leiblichen Menschen, vergegenständlicht, d.h. angeschaut und verehrt als ein andres, von ihm unterschiednes, eignes Wesen - alle Bestimmungen des göttlichen Wesens sind darum Bestimmungen des menschlichen Wesens".

+ Was versteht Feuerbach hier unter Wesen?

Religionskritik hat immer auch eine praktische Abzweckung. Indem sie die religiöse Verwirklichung des Menschseins als Schein entlarvt, will sie zugleich zur besseren, eigentlichen Verwirklichung des Menschseins helfen.

2.2.2.5 / 2.2.2.6

Lesen Sie dazu von Karl Marx, Zur Kritik an der Hegelschen Rechtsphilosophie (1843/44), Einleitung, insbesondere die ersten beiden Seiten.

Mit welchen Bildern bezeichnet Marx hier die Religion?

Was ist das Ziel der Religionskritik?

2.2.2.6 Religion als Wesensbestimmung des Menschen

Die moderne Religionskritik provozierte eine typische Antikritik, die für den gegenwärtigen
Diskussionsstand noch weithin bestimmend ist. Eine bloße Beschreibung der faktischen Religionen, wie der Hinweis auf die Lebendigkeit dieser Religionen, kann nicht gegen die Religionskritik immunisieren. Darum muß man nun hinter die geschichtliche Faktizität der einzelnen Religionen zurückfragen nach deren Verwurzelung im Wesen des Menschseins. Religion - in aller
Regel als die Beziehung zu einem transzendenten Gott gedacht, ist für das Wesen des Menschen
kennzeichnend. Sie ist nicht ein geschichtliches Durchgangsstadium, das durch bessere Einsicht
in das Menschsein abgelöst werden könnte.

Hier wird also behauptet: Das Verhältnis zu einem transzendenten Göttlichen gehört wesensmäßig
zum Menschen. Er ist als Mensch fähig, dieses Göttliche zu erfassen (diese Fähigkeit wurde von
E.Troeltsch und Rudolf Otto als "Religiöses Apriori" bezeichnet). Und das Menschsein ist bestimmt durch die Verwirklichung solcher Fähigkeit, die in den Religionen vorliegt.

Lesen Sie dazu von W.Pannenberg, Die Frage nach Gott (in: Grundfragen systematischer Theologie,
1967, S.361 - 386, insbesondere III.).
In welchen Schritten erfolgt die Argumentation?

1.

2.

3.

Freilich entkommt man bei einer solchen Bestimmung der Religion
nicht der schon zu 2.2.2.4 genannten Frage, wie denn nun die
eigene Entscheidung für die christliche Religion zu begründen
sei. Das ist ja eine Frage, der sich der Dogmatiker auf jeden
Fall stellen muß.

+ Lesen Sie dazu das 23.Kapitel von R.Ottos bekanntem Buch "Das
  Heilige", Religiöses Apriori und Geschichte. Wie begründet
  hier Otto den höchsten Rang des Christentums unter den Religionen?

Mit der hier beschriebenen Position gerät freilich die Dogmatik in ein fatales Dilemma hinein:
Sie kann die Wahrheit des christlichen Glaubens der Religionskritik gegenüber nur dann festhalten, wenn sie die Wahrheit aller Religionen im Sinne einer wirklichen Beziehung zu einer wirklichen Transzendenz behauptet. Sicher kann es dabei dann noch zu abgestuften Wertungen kommen.
Aber der Religionskritik gegenüber ist die Wahrheit der christlichen Religion nur als die Wahr-

heit von Religion überhaupt zu vertreten (was religionspolitisch
hieße, daß sich alle Religionen im Gegensatz zum militanten Atheismus der marxistischen Ideologie verbünden müßten!).

Damit aber setzt sich solche Dogmatik in Gegensatz zu ihrer eigenen Tradition. Sie kann wichtige Sätze des Dogmas nicht mehr
nachsprechen, etwa diesen: Der Mensch ist zu einer wahren Gottesbeziehung von sich aus unfähig; diese wahre Gottesbeziehung kann
nur durch Gott selbst in Jesus Christus verwirklicht werden.

2.2.3 Ein zeitgemäßer Ansatz zur Lösung (Karl Barth)

In der verworrenen Situation lohnt es sich, die Problemlösung
Karl Barths zu erwägen, obwohl diese (mitsamt der ganzen dialektischen Theologie) gegenwärtig kaum Anklang findet, vielmehr in
teils vereinfachenden, vor allem aber verfälschten Formulierungen
abgewiesen wird. Es lohnt sich, den entsprechenden Paragraphen (KD I,2, S.304-397) gründlich
zu studieren!
Karl Barth arbeitet in seiner Einordnung mit der Unterscheidung von Offenbarung (das ist Jesus
Christus als geschichtliche Erscheinung) und Religion. Offenbarung widerspricht aller Religion
als dem sublimsten Versuch menschlicher Selbstverwirklichung. Dabei ist allerdings streng zu
beachten: Offenbarung darf nicht mit Christentum oder christlichem Glauben identifiziert werden.

Barths Stellung läßt sich nun in drei Sätze zusammenfassen:
1. Offenbarung ist nicht mit Religion vergleichbar.
2. Indem Offenbarung zu Menschen kommt, wird sie zur Religion.
3. Das Christentum ist Religion unter Religionen.
Die Folgerung, die aus dieser Überlegung für die Einordnung des Christentums zu ziehen ist,
läßt sich in zwei Sätzen zusammenfassen, die nicht voneinander isoliert werden dürfen (darum
redet man von dialektischer Theologie, die zwei sich gegenseitig aufhebende Sätze braucht, um
ihre Sache zu sagen): Als Religion ist das Christentum betroffen durch den Widerspruch der Offenbarung gegen alle Religion, und also solidarisch mit allen Religionen. Als Ort der Gegenwart Gottes in Jesus Christus ist es die wahre Religion im Gegensatz zu den falschen Religionen. Beide Sätze sind theologische Sätze und also im Sinne Barths Glaubenssätze.

Lesen Sie in der Religionsphilosophie von W.Trillhaas, 1972, die Charakteristik der Barthschen
Position.
An welchen Punkten wird Barth verzeichnet?

+ Suchen Sie andere Zeugnisse für diese Verzerrung von
  Barths Religionsverständnis auf. Hingewiesen sei auf
  den Sammelband "Theologie und Religionswissenschaft",
  Hg. U.Mann, 1973. Dort vgl. den Beitrag von C.H.Rat-
  schow.

2.3 Die Einordnung des dogmatischen Vollzugs durch den Begriff der Wissenschaft

Der enzyklopädische Aspekt der Einordnung soll hier unter dem wissenschaftstheoretischen Aspekt mit verhandelt werden. Beides läßt sich nicht trennen. Denn wo es um die Wissenschaftlichkeit der Theologie überhaupt geht, da ist in der Regel gerade auch die Dogmatik mit in Frage gestellt. Und nur bei einer klaren Zuordnung der theologischen Disziplinen kann sinnvoll über die Wissenschaftlichkeit der Theologie diskutiert werden.

Dabei ist nun einerseits die geschichtliche Tradition der Universität vorauszusetzen, die von Anfang an auch theologische Fakultäten mit umfaßte. Diese Fakultäten waren bis zur Neuorganisation der deutschen Universitäten zum Beginn des neunzehnten Jahrhunderts auch die zahlenmäßig weitaus stärksten. Andererseits ist Theologie in ihrer Wissenschaftlichkeit immer schon problematisiert worden. Sie hat aber ihr Recht im Kreis der Wissenschaften bisher immer behauptet.

2.3.1 Zum Problem der Theologie als Wissenschaft

Die moderne Wissenschaft ist eine komplexe Größe, die nicht leicht auf den Begriff zu bringen ist. Es gibt zwar immer Wissenschaften, an denen man sich orientiert, wenn von Wissenschaft überhaupt die Rede ist: Mathematik, Physik, Naturwissenschaft. Aber die an derartigen Paradigmen gewonnenen Begriffe von Wissenschaft überhaupt können nicht den ganzen Bereich dessen abdecken, was faktisch als Wissenschaft gilt. Nicht nur Theologie oder Philosophie, sondern auch andere Wissenschaften wie Jurisprudenz, Medizin oder Pädagogik lassen sich hier nicht einordnen.

Man hat sich vor allem im 19. Jahrhundert mit der Unterscheidung von Naturwissenschaften und Geisteswissenschaften geholfen: die Naturwissenschaften erklären, die Geisteswissenschaften verstehen; die Naturwissenschaften arbeiten nomothetisch, suchen nach allgemeingültigen Gesetzen, die Geisteswissenschaften, insbesondere die Historie, arbeiten idiographisch, suchen das einzelne in seiner Eigenheit zu beschreiben. Bei diesem Dualismus der Wissensgebiete und Methoden kommt die Theologie dann natürlich auf die Seite der Geisteswissenschaften zu stehen. Doch befriedigt eine solche Aufteilung nicht, zumal mit den modernen "Humanwissenschaften" (Soziologie, Psychologie) naturwissenschaftliche Methoden auf Gebiete vordringen, die traditionell den Geisteswissenschaften vorbehalten waren.

Um das Phänomen der modernen Wissenschaft etwas genauer zu erfassen, weise ich darauf hin, daß ihr Erfolg vor allem auf der Allgemeinheit und unbeschränkten Mitteilbarkeit wissenschaftlicher Methoden, Arbeitsvollzüge und Ergebnisse beruht. (Zu den geistesgeschichtlichen Wurzeln vgl. F.Mildenberger, Die deutsche evangelische Theologie, 1981, S.15-23). Diese Allgemeinheit ist dadurch erkauft, daß jede individuelle Wahrnehmung von Wirklichkeit, insbesondere alle Wertungen (anziehend/abstoßend, nützlich/schädlich, schön/häßlich, gut/schlecht bzw. böse etc) aus dem Bereich möglicher wissenschaftlicher Gegenständlichkeit ausgeschieden worden sind. Die Wissenschaft nimmt Wirklichkeit nur soweit wahr, als sie allgemeines Objekt für ein allgemeines Subjekt ist. Sie reduziert also Wirklichkeit. Wie darüber hinaus Wirklichkeit als individuelles Objekt individueller Subjekte wahrgenommen wird, wertend, emotional besetzt, in der Perspektive der jeweiligen individuellen Lebenswirklichkeit, dazu hat moderne Wissenschaft keinen methodischen Zugang. Umgangssprachlich heißt die verallgemeinerungsfähige Subjekt-Objekt-Relation "objektiv", die individuelle Subjekt-Objekt-Relation "subjektiv". Ein strenger Wissenschaftsbegriff läßt sich freilich auch aus diesem Hinweis nicht entwickeln.

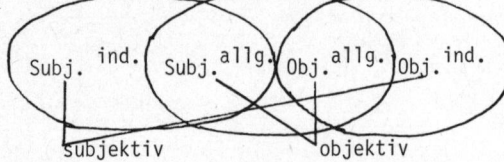

Man wird sich daher mit der Aufstellung einer Reihe von Prinzipien begnügen müssen, die so weit gefaßt sind, daß sie nach Möglichkeit alle anerkannten Wissenschaften abdecken, ohne doch den Umkreis dessen, was als Wissenschaft gelten soll, allzusehr einzuengen.

Kennzeichnend für ein solches Verfahren ist der bekannte Aufsatz von Heinrich Scholz (Philosoph der analytischen Richtung): Wie ist eine evangelische Theologie als Wissenschaft möglich? (ZZ 9, 1931, S.8 - 35, neu abgedruckt bei G.Sauter, Theologie als Wissenschaft, ThB 43,1971, S.221 - 264). Sehen Sie sich diese Arbeit einmal an.

Welche Forderungen sind nach Scholz an eine Wissenschaft zu stellen?

A. Nicht umstrittene Mindestforderungen sind

1.

2.

3.

B. Umstrittene Mindestforderungen sind

1.

2.

C.

Eine solche Auffassung von Wissenschaft, die versucht, sich dem faktischen Wissenschaftsbetrieb so weit anzupassen, daß sie ihn mit normativen Postulaten nicht zu sehr einengt, ist freilich damit noch nicht eo ipso geeignet, eine konfliktfreie Existenz der Theologie als Wissenschaft zu garantieren. Denn einmal fragt sich, ob Theologie in ihrer faktischen Arbeit an einer solchen Reihe von Prinzipien gemessen werden kann, ob sie also von anderen als Wissenschaft anerkannnt wird. Und weiter fragt sich, ob die Theologie selbst eine solche Reihe von Prinzipien anerkennen kann, ob sie also eine derartige Beschreibung von Wissenschaft gelten lassen kann.

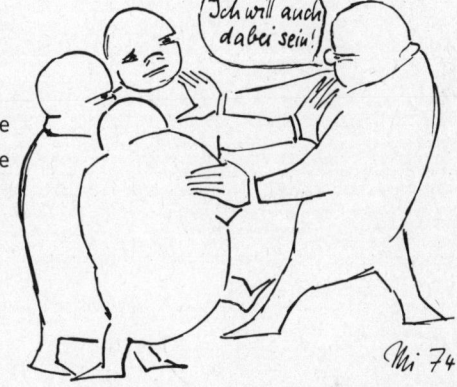

Wir versuchen uns einige Möglichkeiten zu verdeutlichen, wie das problematische Verhältnis von Theologie und Wissenschaft zu bestimmen ist. Dabei bemerke ich gleich, daß bei in der Fachdiskussion vorgelegten Lösungen in der Regel nicht eine dieser Möglichkeiten rein verwirklicht ist, sondern Mischformen dominieren.

Möglichkeiten, Theologie als Wissenschaft zu begreifen:

A. Theologie wird unter einen allgemein anerkannten Begriff von Wissenschaft subsumiert.

B. Die Theologie erarbeitet selbst ein Verständnis von Wissenschaft, in dem sie sich mit unterbringt.

C. Vollzüge einzelner theologischer Disziplinen, z.B. die historische Arbeit in der Theologie, werden als Wissenschaft ausgewiesen.

D. Theologie begründet, warum sie als Wissenschaft sui generis nicht unter einen allgemeinen Wissenschaftsbegriff subsumiert werden kann.

Bei einer Erörterung dieser Möglichkeiten fällt als problematisch zunächst Möglichkeit C ins Auge. Hier geraten der wissenschaftstheoretische und der enzyklopädische Aspekt der Einordnungsproblematik in Widerstreit. In aller Regel werden dabei dann Dogmatik und praktische Theologie als die "kirchlichen" Disziplinen der Theologie abgestoßen, während die historischen Disziplinen als die wissenschaftlichen Disziplinen gelten sollen (so extrem Carl Albrecht Bernoulli, Die wissenschaftliche und kirchliche Methode in der Theologie, 1897). Ernst Troeltsch (der Systematiker der religionsgeschichtlichen Schule) hat die Fragestellung in seinem bekannten Aufsatz "Über historische und dogmatische Methode in der Theologie" (1898, dann Ges. Schr.II, 1913, S.729 - 753, Neuabdruck bei G.Sauter, ThB 43,1971,S.104 - 127) als Methodenfrage behandelt. Troeltsch hat dabei die enzyklopädische Problematik mit im Blick, die er freilich nur im Rückgang auf eine Religionsphilosophie lösen kann, die dann auch die Notwendigkeit einer "praktisch-vermittelnden" Dogmatik neben der rein wissenschaftlichen historischen Theologie begründen könne. (Rückblick auf ein halbes Jahrhundert der theologischen Wissenschaften, bei Sauter ThB 43, S.101 - 104. Stark variiert tauchen diese Gedanken wieder auf bei W.Pannenberg, Wissenschaftstheorie und Theologie, 1973).

Weniger klar auf die methodischen und vor allem enzyklopädischen Konsequenzen reflektiert bestimmt diese Lösungsmöglichkeit häufig das Selbstverständnis historisch arbeitender Theologie, die Dogmatik (wie auch praktische Theologie) einem mindestens zweifelhaften wissenschaftlichen Status überläßt und die eigene Wissenschaftlichkeit durch die historische Methode ausweist.

Charakteristisch für dieses gespannte Verhältnis zwischen Historie und Dogmatik ist der Briefwechsel zwischen Adolf von Harnack und Karl Barth (in: K.Barth, Theologische Fragen und Antworten, Gesammelte Vorträge 3.Band, 1957, S.8 - 31). Lesen Sie das Nachwort Harnacks S. 30f.

1. Was bezeichnet A. von Harnack als die "wissenschaftliche Aufgabe"?

2. Unterscheidet sich die wissenschaftliche Aufgabe der Theologie von der wissenschaftlichen Aufgabe anderer Wissenschaften?

3. Wogegen grenzt von Harnack die wissenschaftliche Aufgabe der Theologie ab?

+ Warum wird von dieser Stellung Harnacks aus die enzyklopädische Aufgabe, Theologie in ihren verschiedenen Disziplinen als Einheit zu begreifen, unlösbar?

Noch Gerhard Ebeling sieht in seinen "Diskussionsthesen für eine Vorlesung zur Einführung in das Studium der Theologie" (WuG I, 1960, S.447 - 457) in der Spannung der historisch-kritischen Methode zur systematisch-normativen Fragestellung "das einzige ins Gewicht fallende Problem in bezug auf das Verhältnis der theologischen Disziplinen zueinander" (S.449). Inzwischen ist mit dem Aufkommen der empirisch arbeitenden "Humanwissenschaften" der Theologie ein wichtiger Gesprächspartner erwachsen. Es kann nicht ausbleiben, daß es auch hier wie einst bei der Historie zu Einseitigkeiten und Verabsolutierung der neuen Erkenntnisse kommt. Da soll dann mit einem allgemeinen Theorie-Praxis-Modell, wie es die Praktische Theologie entwickeln möchte, der Theologie überhaupt aufgeholfen werden (so schlägt das, freilich nur in vagen Andeutungen, z.B. G.Otto vor, "Praktische Theologie als Kritik der Theologie" in: Hg. G.Otto, Praktisch-theologisches Handbuch, 2.Aufl. 1975, S.11ff). Auch von dieser Seite ist also eine Rettung der Wissenschaftlichkeit der eigenen Arbeit unter Aufgabe der Einheit der theologischen Disziplinen zu erwarten.

Der als Möglichkeit C angedeutete Weg ist für die Dogmatik ungangbar. Zwar kann es dabei gelingen, bestimmte "theologische" Arbeitsvollzüge - unter "theologisch" ist dann das zu verstehen, was Leute treiben, die als Theologen bezeichnet werden - als Wissenschaft bei methodisch oder sachlich benachbarten Wissenschaften einzuordnen. Aber das geschieht dann auf Kosten der Disziplinen, die sich so nicht unterbringen lassen. Im Zweifelsfall ist gerade die Dogmatik betroffen. Sie wird dann als unwissenschaftlich, als kirchlich gebunden, oder wie immer man das bezeichnen mag, zum Opfer auf dem Altar der reinen Wissenschaftlichkeit dargebracht. Warum wohl gerade die Dogmatik? Sollte der Grund der sein, daß gerade in der Dogmatik in besonderer Weise kenntlich wird, was die Theologie überhaupt von anderen Wissenschaften unterscheidet? Das hieße dann aber, daß man mit der Dogmatik Theologie überhaupt aufgibt.

So? Mi 74

Es bleiben die unter A,B und D angeführten Möglichkeiten. Sie werden, wie ich schon andeutete, selten rein durchgeführt; vielmehr werden Momente der einen Möglichkeit mit solchen der anderen Möglichkeit kombiniert.

Zu A: In der gegenwärtigen Situation bedeutet ein solches Vorgehen, daß der Theologe sich an der allgemeinen wissenschaftstheoretischen Diskussion beteiligt und bei einer der vertretenen Positionen Anschluß sucht.

Man kann hier sowohl die wissenschaftstheoretischen Versuche von Gerhard Sauter, Wissenschaftstheoretische Kritik der Theologie, 1973, wie von Wolfhart Pannenberg,Wissenschaftstheorie und Theologie, 1973 nennen. Pannenberg hat dabei, im Gegensatz zu Sauter, auch den enzyklopädischen Aspekt der Fragestellung eingehend behandelt. Zu diesem Aspekt vgl. auch F.Mildenberger, Theorie der Theologie. Enzyklopädie als Methodenlehre, 1972.

Lesen Sie zur Problematik bei Wilfried Joest, Fundamentaltheologie, 1974, § 10, Theologie und Wissenschaft (S.239 - 255), insbesondere die unter C. vorgelegten Thesen von Joest.

Welcher der Möglichkeiten A, B und D folgt Joest vorwiegend?

In welchen Thesen werden die anderen Möglichkeiten mit berücksichtigt?

Hinweis: Zu Möglichkeit B findet sich ein sehr interessanter Versuch bei Paul Tillich, Das System der Wissenschaften nach Gegenständen und Methoden (1923), in: Gesammelte Werke Band I, 1959, S.109 - 293. Auch der Aufsatz von F. Mildenberger, Theologie als Anwendungswissenschaft, KuD 1974, S.91 - 105 zeigt Ansätze zu einer Wissenschaftssystematik auf, die gerade die Eigenart der Theologie berücksichtigt.

Man kann die Frage nach der wissenschaftlichen Anerkennung der Theologie nicht trennen von der Frage nach dem gesellschaftlichen Status der Kirche. Theologie kann sich nicht als eine von der Kirche unabhängige Wissenschaft etablieren und behaupten (und anständige Theologie wird diesen Versuch auch nicht unternehmen). Darum wird die problematische Stellung der Theologie im Bereich der Wissenschaft nicht nur als eine Not, sondern auch als Hinweis darauf gesehen werden können, daß in ihr etwas von dem Widerspruch des Evangeliums gegen die Weisheit der Welt (vgl. 1 Kor 1,18-25) wirksam geblieben ist!

2.3.2 Aus der Geschichte des Problems

Eine ausführliche Darstellung kann hier nicht gegeben werden. Doch will ich wenigstens auf einige Sachverhalte hinweisen, die das Problem einer Einordnung der Dogmatik bzw. dann der Theologie als Wissenschaft noch etwas verdeutlichen können.

2.3.2.1 Die Offenbarungswissenschaft bei Thomas

Lesen Sie STh I q.1a.2.

Thomas arbeitet, um die Wissenschaftlichkeit der Dogmatik (er sagt: sacra doctrina) zu erweisen, mit einer Unterscheidung von Wissenschaften, die mit evidenten Axiomen arbeiten, und Wissenschaften, die ihre Axiome von anderen Wissenschaften (scientia) übernehmen. In diese zweite Klasse von Wissenschaften wird die Dogmatik eingeordnet.

Welches Beispiel für diese zweite Klasse von Wissenschaften nennt Thomas?

Von welcher Wissenschaft übernimmt die Dogmatik ihre Axiome?

+ Wie setzt sich Thomas mit dem Axiom "singularium non est scientia" auseinander?

Vgl. zu Thomas auch W.Joest, Fundamentaltheologie S. 242.

2.3.2.2 Die analytische Methode der altprotestantischen Orthodoxie

Schon oben wurde vermerkt, daß auch die protestantische Scholastik keine einheitliche theologische Methode entwickelt hat (vgl. 1.2.3). Als Beispiel eines Versuches, mit Hilfe zeitgenössischer Wissenschaftstheorie zu einem eindeutigen Aufbau der Dogmatik zu kommen und zugleich deren Wissenschaftscharakter zu erweisen, ist aber gerade die nach der sog. analytischen Methode arbeitende Schuldogmatik zu beachten.

Vergegenwärtigen Sie sich rasch noch einmal den Aufbau der nach dieser Methode gearbeiteten Dogmatiken von Quenstedt und Hollaz (1.3.8).

Voraussetzung für die Anwendbarkeit der analytischen Methode ist nach der damaligen Wissen-

schaftstheorie, daß es sich bei der Theologie um eine praktische Wissenschaft handelt. Praktische Wissenschaften zielen nicht, wie die theoretischen Wissenschaften (z.B. die Mathematik
oder Metaphysik) auf die reine Erkenntnis ihres Gegenstandes (dafür sagt man damals noch subjectum - was ungefähr so zu verstehen ist, wie wenn wir jetzt "Objekt" sagen würden). Sie wollen vielmehr diesen Gegenstand verändern. Die Medizin als eine solche praktische Wissenschaft
hat z.B. in dem Kranken ihren Gegenstand, und ihr Ziel ist es, diesen Kranken zur Gesundheit
hin zu verändern. Dazu muß das Ziel bestimmt werden, es müssen dann die Voraussetzungen und
die Mittel für eine solche Veränderung angegeben werden.

Analog wird die Theologie behandelt. Geben Sie die Hauptinhalte an:

1. Was ist der finis theologiae?

2. Was ist das subjectum theologiae?

3. Was sind die Voraussetzungen, principia, seiner Veränderung?

4. Was sind die Mittel, media dieser Veränderung (zum Heil hin, darum principia salutis und
   media salutis)?

Beachten Sie: Auch hier wie bei Thomas wird die Einordnung der Dogmatik dadurch erreicht, daß
man sich eine wissenschaftstheoretisch mögliche und vorgegebene Klassifizierung von Wissenschaften zu eigen macht und diese auf die Dogmatik anwendet.

Vgl. H.E.Weber, Der Einfluß der protestantischen Schulphilosophie auf die orthodox-lutherische
Dogmatik, 1908, Neudruck 1969.

2.3.2.3 Schleiermachers Bestimmung der Theologie als positiver Wissenschaft

Das oben genannte Merkmal kennzeichnet auch die Schleiermachersche Einordnung der Theologie:
Eine allgemeine Möglichkeit der Klassifikation wird aufgenommen und auf die Theologie angewandt.
Zusätzlich zeichnet sich die Schleiermachersche Lösung aus durch eine klare Berücksichtigung
des enzyklopädischen Aspektes. Das mußte so sein, nachdem durch die Aufklärung eine Verselb-
ständigung der historischen Fragestellung sich anbahnte. Damit drohte die bisherige Arbeitstei-
lung von exegetischer und systematischer Theologie zu einem Antagonismus zu werden. Zugleich
war nun die Frage der Praxis ganz neu zu bedenken. Denn mindestens eine historische Schriftauslegung hatte sich ja bewußt von der Praxis distanziert.

Lesen Sie Schleiermachers "Kurze Darstellung des theologischen Studiums ...", kritische Ausgabe von H.Scholz 1910, Neudruck 1961, mindestens die Einleitung S.1 - 13, sowie das Inhaltsverzeichnis.

Was versteht Schleiermacher unter einer "positiven Wissenschaft" (§ 1)?

Welcher praktischen Aufgabe dient die Theologie (§ 5)?

Welche Hauptteile nennt Schleiermacher für die Theologie?

1.   2.   3.

Warum erscheint die Dogmatik in der "historischen Theologie"?

+ Welche Funktion weist Schleiermacher der "philosophischen Theologie" zu?

Die Differenzierung der theologischen Disziplinen verlief nicht auf den in Schleiermachers Enzyklopädie vorgezeichneten Wegen. Vorbildlich ist seine Lösung trotzdem in doppelter Hinsicht:
Die Wissenschaftlichkeit der Theologie wird hier gerade in ihrer Kirchlichkeit gesucht. Und der
wissenschaftstheoretische wie der enzyklopädische Aspekt der Einordnung sind in ihrer unlösbaren Verbindung erkannt und bestimmen den Lösungsvorschlag.

Darum wird sich jeder neue Lösungsvorschlag an Schleiermacher messen lassen müssen!

2.3.3 Das wissenschaftstheoretische Problem des kirchlichen Aspekts der Einordnung

Hier muß ein Problem vorweggenommen werden, das sich daraus ergibt, daß Dogmatik nicht allein
als Wissenschaft, sondern zugleich auch als kirchliche Lehre eingeordnet werden muß, wenn wir
der Tradition des dogmatischen Denkens folgen. Muß sich hier nicht ein Konflikt ergeben zwischen der Freiheit wissenschaftlicher Forschung, die sich von außen keine Grenzen der Kritik
setzen lassen will, und der Bindung an die Positivität des Dogmas, ohne die Dogmatik ihren Gegenstand verlieren würde?

Lesen Sie dazu bei P.Althaus, Die christliche Wahrheit, S.11 - 14.
Wie setzt Althaus Kirche und Theologie in Beziehung?

Worin sieht er die Freiheit der Wissenschaft für die Theologie gewahrt?

+ Inwieweit kann man mit Althaus sagen, daß die evangelische Theologie den Beweis bedingungsloser wissenschaftlicher Wahrhaftigkeit erbracht habe, ohne Glauben und Kirche zu zerstören?

+ Auf welche konkreten Forschungsvorhaben und -ergebnisse könnte sich ein solcher Satz berufen?

+ Lesen Sie dazu Hans Albert, Traktat über kritische Vernunft, 1968, V.Kapitel, S.104 - 130.
Welche Immunisierungsstrategien hat nach Albert die Theologie entwickelt, um sich zwischen
dogmatischer Bindung und kritischer Wissenschaft zu behaupten?

2.4 Die Einordnung der Dogmatik durch den Begriff der kirchlichen Lehre

Diese Einordnung ist älter als die Einordnung durch den Begriff der Wissenschaft. Man kann sie
insofern auch als unproblematischer ansehen. Probleme ergeben sich hier erst, wo die Einordnung als Wissenschaft mit der Einordnung als kirchlicher Lehre in Konflikt gerät. Dann ergeben
sich die gerade für unsere Gegenwart typischen Spannungen zwischen Theologie und Kirche (vgl.
aber, was zu dieser Frage unter 0.2.2 schon ausgeführt wurde: Dieser Konflikt ist auch für die
Kirche unvermeidlich).

Doch macht dann gerade die Frage nach der spezifischen Differenz Schwierigkeiten. Was unterscheidet eigentlich Theologie von dem Verstehen, das doch mit allem Glauben verbunden ist? Hat der Theologe eben ein tieferes Verstehen, ist er weiter in die Geheimnisse des Glaubens einge- drungen, ist er womöglich gar der bessere Christ, weil er mehr von Gott weiß und in diesem Wis- sen inniger mit Gott vereint ist als andere Glaubende?

Vgl. dazu Konstantin E.Papapetrou, Zur Frage: Was ist eigentlich Theologie, EvTh 26, 1966, S.551 - 561, der den konfessionellen Standpunkt der Orthodoxie in dieser Frage darlegen möch- te und bis zu dem Spitzensatz kommt: "Der Theologe ist der vergottete Mensch" (S.557). Beach- ten Sie hier sorgfältig den Kontext!

+ Was versteht P. unter Theologie?

+ Was ist demnach der Theologe?

+ Was ist hier "Vergottung"?

Die altprotestantische Orthodoxie setzt entsprechend Theologie und Glaubenserkenntnis in eins. Vgl. die oben S.41 gegebene Einteilung der Theologie! Kann daraus theoretisch oder praktisch ein Vorzug des Theologen gegenüber anderen Glaubenden abgeleitet werden?

2.4.1 Dogmatik und Glaubenszeugnis

Ist der Glaube - im Sinne der Gläubigkeit des Subjektes - Voraussetzung für die Dogmatik? Muß der Dogmatiker ein Glaubender sein, wenn er ein klares dogmatisches Verstehen erreichen will?

In der Regel wird diese Frage bejaht. Die rechte Theologie kann nur eine theologia regenitorum sein, Denken der Wiedergebore- nen. So meinten nicht nur die Pietisten, son- dern auch die Orthodoxen. Die These hat sich dann in verschiedener Ausprägung durchgehal- ten.

Lesen Sie von K.Barth, Einführung in die evangelische Theologie, 5.Vorlesung, Der Geist.

Was versteht Barth unter "pneumatischer Theologie"?

Stimmt das wirklich? Mü 74

Hier ist eine Unterscheidung zwischen Dogmatik bzw. Theologie und kirchlicher Lehre kaum mehr möglich. Der Theologe erscheint als in derselben Weise zum Glaubenszeugnis herausgefordert wie der Prediger.

Lesen Sie dazu von G.Ebeling, Theologie und Verkündigung, 1962, S.10 - 18 über "Historische und dogmatische Theologie" (insbesondere S.10 - 12).

Suchen Sie Bestimmungen des Gegensatzes von historischer und dogmatischer Theologie durch Ebeling auf!

+Welche Konsequenzen ergeben sich aus der Unterscheidung Ebelings zwischen einer historischen Theologie, die auf Distanz zur Sache der Theologie gehen kann, und einer dogmatischen Theologie, die sich mit dieser Sache identifizieren muß?

Wissenschaftstheoretische Einwände gegen dieses Postulat einer Glaubenshaltung als Vorausset- zung für theologische Erkenntnis lassen sich leicht nennen: Damit werden die theologischen

Denkvollzüge ihrer Allgemeinheit und Nachprüfbarkeit beraubt. Das Postulat einer vorausgesetzten Glaubenshaltung ermöglicht es, sich Rückfragen nach der Verständlichkeit des Vorgebrachten wie nach seiner Stichhaltigkeit mit dem Verweis darauf zu entziehen, daß hier nur der Glaube urteilen könne. Vgl. dazu auch F. Mildenberger, Theorie der Theologie, 1972, S.32 - 35.

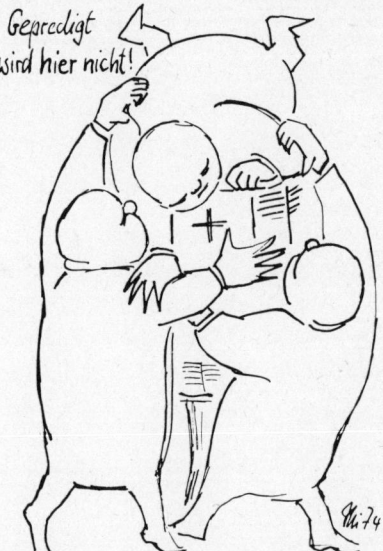

2.4.2 Zum Problem einer Glaubens-Lehre

Nicht nur die Wissenschaftlichkeit der Dogmatik steht in Frage, wo sie sich als ein Vollzug kirchlicher Lehre einordnet. Solche Einordnung hat noch einen zweiten Problemaspekt: Inwiefern ist Glaube überhaupt durch Lehre zu vermitteln? Das gilt gerade dann, wenn streng festgehalten wird, daß Glaube die Gabe Gottes selbst ist. Wie soll hier dann für dogmatische Lehre Raum sein?

Lesen Sie dazu bei R.Prenter, Schöpfung und Erlösung, 1960, § 8, Glaube und Lehre, S.130 - 136. Welches ist nach Prenter der im Glauben mitgesetzte Lehrinhalt?

Wie unterscheidet sich dieser Lehrinhalt von Lehrmeinungen?

Wie setzt Prenter mit seiner Unterscheidung von "Dogma" und Lehrmeinung die Unterscheidung von Kirche und Schule, von Häresie und Heterodoxie in Beziehung?

+ Ganz grundsätzlich hat Sören Kierkegaard die Möglichkeit einer lehrhaften Vermittlung des Glaubens problematisiert. Menschliche Lehre ist ja aus auf die Vermittlung zeitlos gültiger Lehrinhalte, die sich der Schüler so aneignet, daß sie als seine eigene Wahrheit erscheinen (Kierkegaard spricht hier vom sokratischen Lehrer, der sich selbst überflüssig machen will). Die Wahrheit des Glaubens aber ist existentielle Wahrheit, die nicht von der Situation zu trennen ist ("Augenblick" in der Terminologie Kierkegaards). Hier ist ein menschlicher Lehrer gar nicht denkbar.
Lesen Sie dazu aus den "Philosophischen Brosamen (Brocken)" in Kapitel 1 B.
Warum muß dort, wo Wahrheit im "Augenblick" erfaßt wird, der "Lehrer" der Gott sein?

Wie ist der Augenblick solchen Lernens der Wahrheit zu bestimmen?

Was widerfährt dem Schüler solcher Wahrheit?

Wenn Sie an der Weiterführung dieser Überlegungen interessiert sind, lesen Sie den Aufsatz von R.Bultmann, Allgemeine Wahrheiten und christliche Verkündigung, GuV III,1960, S.166 - 177.
Was unterscheidet nach Bultmann allgemeine Wahrheiten und Anrede?

Wohin stellt er dogmatische Sätze, zur Verkündigung oder zu den allgemeinen Wahrheiten?

Wie können allgemeine Wahrheiten am Charakter der Verkündigung teilgewinnen?

Welche theologische Kategorie gebraucht Bultmann, um eine letzte Einheit zwischen Verkündigung und allgemeinen Wahrheiten zu begründen?

Warum hat er wohl gerade bei dieser Verbindung von Verkündigung und allgemeinen Wahrheiten die dogmatischen Sätze übergangen?

3. Kriterien der Dogmatik (Schriftlehre)

Die entscheidende Frage innerhalb der dogmatischen Prolegomena ist die Frage, nach welchen Kriterien das Dogma kritisch bearbeitet werden soll. Nur wenn wenigstens hier eine Übereinkunft erreicht werden kann, ist es sinnvoll, einen dogmatischen Konsens anzustreben. Wir haben in unseren bisherigen Formulierungen zwei solche Kriterien angenommen: Schriftgemäßheit und Zeitgemäßheit (1.2.1.2): Dogmatik hat das Dogma kritisch zu bearbeiten in Hinsicht auf seine Begründung in der biblisch bezeugten Offenbarung Gottes in Jesus Christus wie in Hinsicht auf seine Verständlichkeit in der gegenwärtigen Situation.

3.1 Der Zusammenhang der dogmatischen Kriterien in der Schriftauslegung

Für die dogmatische Fragestellung ist es von großem Gewicht, den inneren Zusammenhang der dogmatischen Kriterien zu erfassen. Sicher gibt es immer wieder einmal den Versuch, etwa Schriftgemäßheit gegen Zeitgemäßheit, oder auch Zeitgemäßheit gegen Schriftgemäßheit auszuspielen. Aber dabei handelt es sich dann in der Regel um unreflektierte, eher emotionale Stellungnahmen. Eine mehr konservative Haltung wird gerne die Schriftgemäßheit ihrer Aufstellungen besonders in den Vordergrund rücken. Dabei wird dann Schriftgemäßheit mit dem eingeführten und geläufigen kirchlichen Sprachgebrauch nahezu gleichgesetzt. Selbstverständlich ist dieser Sprachgebrauch mit biblischen Anspielungen und Redewendungen gesättigt. Aber eine biblisch bestimmte Sprache ist deshalb noch nicht schriftgemäß. Eine progressive Haltung wird dagegen gerne ihre Zeitgemäßheit hervorheben. Sie wird diese Zeitgemäßheit darin finden, daß sie auf die Sprache und die Fragestellungen, die jeweils aktuell sind, eingeht. Aber eine solche Anpassung an das, was jeweils Mode ist, hat die Aufgabe noch nicht gelöst, den Glauben in die jeweilige Zeit hinein verständlich anzusagen. Dazu braucht es die Vermittlung zwischen der Sache des Glaubens und der jeweiligen Zeit.Die kann nur durch eine bewußte Zeit-

Bringt's das? Mü 74

genossenschaft geleistet werden. Aber zugleich braucht es die Vergewisserung der Sache des Glaubens, die nur durch die Vertiefung in die Schrift gewonnen werden kann: Te totum applica ad textum: rem totam applica ad te. Dieser exegetische Grundsatz stammt von Johann Albrecht Bengel. Hinwendung zum Text und Anwendung seiner Sache können unterschieden, aber nicht geschieden werden.
Übersetzen Sie diesen Sinnspruch:

3.1.1 Die Interpretation der Zeit durch die Schrift

Wir machen bei dieser Formulierung eine Voraussetzung, die genannt werden muß: Vorausgesetzt ist hier der Glaube als Interpret. "Der Glaube" kann hier nicht einfach heißen "der Glaubende". So gewiß der Glaube nur in den Glaubenden erfahrene Wirklichkeit ist, so gewiß ist doch "der Glaube" mehr als einzelne glaubende Individuen. Glaube, der sich verstehend ausspricht, ist immer Übereinkunft der Glaubenden - gerade in solcher Interpretation.

Als Beispiel sei zunächst verwiesen auf die aktualisierende Neufassung alttestamentlicher Psalmen in evangelischen Chorälen. Vgl. Ps 12 mit EKG 177, und Ps 85 mit EKG 185.
Welcher Sachverhalt wird durch das Schriftwort gedeutet

in EKG 177?

in EKG 185?

+ Was ist als Ermöglichung solcher Aktualisierung vorausgesetzt?
  Beachten Sie dazu Form und Funktion von Psalm und Choral.

Dazu muß nun an den gewohnten Vorgang der Predigt als Textauslegung erinnert werden. Daß dabei die Zeit nicht vergessen werden darf, vielmehr als Situation der Hörer im Lichte des Textes zur Sprache kommen soll, ist eine Binsenweisheit, an die hier nur erinnert werden soll. Ob dabei der Text die Situation oder die Situation den Text bestimmt, das darf nicht alternativ gegeneinandergestellt werden. Text und Situation - Schrift und Zeit müssen zusammenkommen! Die Kasualpredigt zeigt an einem Sonderfall mit besonderer Deutlichkeit, wie hier Situation durch den Text interpretiert werden muß.

Lesen Sie dazu von G.Ebeling, Wort Gottes und Hermeneutik, in: Wort und Glaube (I), 1960, Abschnitt IV,3, S.344 - 348.
Wie bestimmt Ebeling hier die Wendung vom Text zur Predigt?

Wie bezeichnet er die Predigt im Gegensatz zur Auslegung als der historischen Verstehensbemühung?

Was ist nach den Ausführungen Ebelings Voraussetzung dafür, daß Wort Gottes geschieht?

An dieser Stelle muß ein Problem genannt werden, das seinen eigentlichen dogmatischen Ort in der Lehre vom Heiligen Geist hat. Wenn wir vom Glauben als dem Interpreten reden, der die Zeit durch die Schrift interpretiert, dann setzen wir voraus, daß sich in dem Glauben Gott selbst als der Heilige Geist wirksam erweist. Läßt sich diese Voraussetzung nicht nur generell, sondern je für den (strittigen!) Einzelfall begründen?

Lesen Sie dazu aus der Constitutio dogmatica de ecclesia des 2.Vatikanischen Konzils vom 21. November 1964 den Abschnitt über die Unfehlbarkeit der Bischöfe in der Lehrverkündigung (25.).
Welche Bedingungen werden hier dafür genannt, daß die Verkündigung einer bestimmten Lehre unfehlbar ist?

1.

2.

3.

Wie steht es mit der Zustimmung der Glaubenden zu dieser Lehre? Ist sie Bedingung oder Folge der unfehlbaren Lehrverkündigung des Episkopats?

Ist der Fall vorgesehen, daß die Zustimmung der Glaubenden für eine vom kirchlichen Lehramt verkündete Lehre nicht oder doch nicht in ausreichendem Maße gewonnen werden kann (man denke etwa an die Encyclica "Humanae vitae", die "Pillenenzyklika")?

Die evangelische Dogmatik kann hier nicht auf institutionelle Sicherungen verweisen, die gewährleisten, daß im konkreten Einzelfall sich der Heilige Geist durch die Interpretation des Glaubens vernehmlich macht. Sie kann allenfalls auf die Notwendigkeit einer Übereinkunft im Glauben hinweisen. Aber diese Übereinkunft läßt sich nicht quantitieren ("der Heilige Geist ist bei der Mehrheit"). Sie muß vielmehr ständig neu als Interpretation der Schrift gesucht werden.

Lesen Sie Eberhard Jüngel, Die Autorität des bittenden Christus. Eine These zur materialen Begründung der Eigenart des Wortes Gottes. Erwägungen zum Problem der Infallibilität in der Theologie, in: Unterwegs zur Sache, 1972, S.179 - 188, insbesondere S. 186 - 188.
Wie bestimmt Jüngel die Autorität Christi?

Wie kann die Unfehlbarkeit der göttlichen Wahrheit konkret werden?

3.1.2 Die ausgelegte Schrift als Kriterium der Dogmatik

Wir gehen von der Feststellung aus, daß Schriftgemäßheit und Zeitgemäßheit nicht gegeneinander ausgespielt werden können. Im Glauben sind Schrift und Zeit beieinander, sofern der Glaube die Zeit durch die Schrift interpretiert.

Dieser Glaube kann freilich nicht einfach mit dem kirchlichen Glaubensbewußtsein identifiziert werden, dessen gemeinsame Inhalte wir als den Gegenstand bezeichnet haben, den Dogmatik in Hinsicht auf seine Begründung in der Schrift wie in Hinsicht auf seine Verständlichkeit in der gegenwärtigen Situation kritisch zu bearbeiten hat. Man muß vielmehr sagen, daß dieser Glaube Ziel der dogmatischen Arbeit ist, so sehr sie ihn gleichzeitig nicht hervorbringt, sondern als die Wirkung des Heiligen Geistes selbst voraussetzt. Dogmatische Arbeit ist also kritische Befragung des faktischen kirchlichen Glaubensbewußtseins daraufhin, ob in ihm sich dieser Glaube wirklich ausspricht.

Daß evangelische Dogmatik bei dieser kritischen Befragung keine anderen Kriterien anwenden kann als die Schrift selbst, darüber besteht unter den evangelischen Dogmatikern weitgehendes Einverständnis, das hier nicht belegt werden soll. Hingewiesen wird auf eine Folgerung aus diesem Sachverhalt: Schriftauslegung kann nicht nur Sache der Exegeten bleiben. Vielmehr verlangt Dogmatik, will sie sich ihres Kriteriums versichern, selbst eine Auslegung der Schrift, die deren Anwendung als dogmatisches Kriterium erlaubt. Dabei sind nicht, wie in der exegetischen Theologie, primär historische, sondern dogmatische Gesichtspunkte maßgebend.

Den Unterschied von historischer und dogmatischer Schriftauslegung kann man sich am einfachen Modell eines Kommunikationsvorgangs klarmachen:

K⟶ N⟶ R   ein Kommunikator (K) übermittelt eine Nachricht (N) an einen Rezipienten (R).

Damit diese Nachricht verstanden werden kann, braucht es den gemeinsamen Zeichenvorrat von K und R. Die historische Exegese hat in dem jeweiligen Text, den sie auszulegen hat, die schriftlich überlieferte Nachricht, und sucht nun aus dieser Nachricht den vergangenen Kommunikationsvorgang zu rekonstruieren.Sie fragt also angesichts von N nach K und R, etwa angesichts des 1. Korintherbriefs nach Paulus einerseits, der Gemeinde in Korinth andererseits, und sucht zu verstehen, was Paulus dieser Gemeinde in deren besonderer Situation sagen wollte etc. Die historische Exegese hat ihr Ziel erreicht, wenn sie diesen vergangenen Kommunikationsvorgang mit seinen "zeit"-geschichtlichen Voraussetzungen möglichst genau rekonstruiert hat.

Die dogmatische Exegese fragt danach, wie die biblischen Texte hier und heute als Evangelium verstanden werden können. K ist hier Gott, der sich in Jesus Christus offenbart, N ist das Evangelium, R ist der Glaube, der sich dann wieder in den Formulierungen des Dogmas ausspricht. Das formale Kommunikationsmodell muß hier also inhaltlich aufgefüllt werden:

Gott in Christus⟶ Evangelium⟶ Glaube.

Dabei ist nicht nur auf diese inhaltliche Vorgabe für die Exegese zu achten. Wichtig ist auch, daß hier die Nachricht, der überlieferte Text, nicht einfach in der Vergangenheit bleiben kann. Für die historische Exegese handelt es sich bei dem von ihr rekonstruierten Kommunikationsvorgang um ein synchrones Geschehen: K, N und R sind gleichzeitig. Die dogmatische Exegese dagegen weiß, daß der überlieferte Text als Evangelium mit R erst gleichzeitig werden muß; das leistet nicht die Exegese, sondern Gott selbst. Es handelt sich hier sicher nicht um ein "voraussetzungsloses" Fragen im Sinne der modernen Wissenschaft, die als ihr Subjekt nur gelten lassen will, was grundsätzlich verallgemeinerungsfähig ist (vgl. 2.3.1). Vielmehr ist dabei als kirchliche Erfahrung vorausgesetzt, daß sich der vergangene Text als gegenwärtiges Evangelium vernehmlich macht. Aber nur die unter dieser Voraussetzung verstandene Schrift kann als Kriterium der Dogmatik gelten.

Weil Schrift in der Dogmatik als Christuszeugnis ihren maßgeblichen Rang hat, darum muß die dogmatische Auslegung danach fragen, inwiefern Schrift als Christuszeugnis gegenwärtig anwendbar wird.

Wieder ist hier ein weitgehender Konsens evangelischer Dogmatik formuliert, der als solcher nicht weiter belegt werden soll. Wie die Schrift dagegen als Christuszeugnis erfaßt werden kann, darüber gehen die Meinungen auseinander.

Lesen Sie dazu Emil Brunner, Dogmatik I,6.Kapitel: Die Norm der christlichen Lehre (S.53-59).

Inwiefern hat nach Brunner die Schrift normative Autorität?

Warum kann auch an der Apostellehre Kritik geübt werden?

Warum bleibt alles christliche Lehren ein Wagnis des Glaubens?

+ Beurteilen Sie diese Aufstellung Brunners im Zusammenhang der unter 2.4.1 angedeuteten Fragestellung. Wie kann es hier über das Wagnis des glaubenden Individuums hinaus zu intersubjektiven (d.h. mehreren Subjekten gemeinsamen und also von Subjekt zu Subjekt mitteilbaren) Aufstellungen kommen?

Für Werner Elert ist das Kriterium der Dogmatik inhaltlich noch enger umgrenzt: Christus als die Rechtfertigung des Menschen vor Gott. Lesen Sie dazu in "Der christliche Glaube" § 5, Das Verfahren der Dogmatik, S.49 - 55, insbesondere 2., S.52ff.

Daraus folgen für Elert zwei Aufgaben des Dogmatikers:

1.

2.

+ Nach welchem theologischen Denkschema werden hier Zeitgemäßheit und Schriftgemäßheit der Dogmatik in Beziehung gesetzt?

3.1.3 Die Heilige Schrift als Christuszeugnis

Eine formale Begründung der Schriftautorität wird in der modernen evangelischen Dogmatik nicht mehr diskutiert. Das hieße ja, daß eine Instanz namhaft gemacht würde, die zunächst einmal die Autorität der Schrift beglaubigt. Von da aus müßten dann die Inhalte der Schrift an dieser - zunächst formalen - Autorität Anteil gewinnen (vgl. aber 3.3.2 und die dort genannte kontroverstheologische Problematik). Autorität hat die Schrift um ihres Inhaltes willen. Und dieser Inhalt ist Jesus Christus, den die Schrift bezeugt.

Martin Kähler sagt zur Begründung der Schriftautorität (Der sogenannte historische Jesus und der geschichtliche, biblische Christus, neu herausgegeben von E.Wolf, 2.Aufl. 1956, ThB 2, S.52) mit Verweis auf die Stellung des "einfältigen Christen": "Gewiß wird er in den meisten Fällen durch die Schrift zu Christo gekommen sein; - nicht gerade sehr viele durch das Lesen der Schrift, sondern die meisten durch Predigten oder erbauliche Bücher, welche ihnen den Schriftinhalt nahe brachten. In der anerzogenen Hochachtung gegen die Bibel liegt ihm Glaube an Christum und Vertrauen auf dieses Buch ohnegleichen untrennbar ineinander. Wenn es dann aber zur Unterscheidung kommen muß, dann wird ihm klar werden, was einst ein ehrwürdiger, bibelfester Zeuge zum Thema seiner Predigt gemacht hat: 'wir glauben nicht an Christum um der Bibel willen, sondern an die Bibel um Christi willen' (Als Anm. Kählers: "D.Heinrich Hoffmann zu Halle in einer meines Wissens nicht gedruckten Predigt"). Noch genauer läßt es sich wohl in diesem Zusammenhange so ausdrücken: wir setzen unser Vertrauen auf die Bibel als auf das Wort unseres Gottes um ihres Christus willen".

Suchen Sie den Leitsatz zu § 128 der Glaubenslehre Schleiermachers auf und tragen Sie ihn hier ein:

Der hier vorauszusetzende Konsens kann nicht alle Fragen beantworten. Gerade wenn die Bibel als Christuszeugnis ihre Autorität gewinnt, wenn ihre Verbindlichkeit darin liegt, daß sie das "fleischgewordene Wort" (Joh 1,14) bezeugt, muß in zwei Richtungen weiter gefragt werden.

3.1.3.1 Ist die Bibel das ganze Christuszeugnis?

Die historische Forschung wird mit der Vermutung arbeiten, daß die Bibel nicht die einzige Quelle des Christuszeugnisses sei (wobei man der Deutlichkeit halber dazusetzen muß: des ursprünglichen Christuszeugnisses). Wie steht es hier mit Texten, von denen sie urteilen muß, daß sie gleich ursprüngliche, unter Umständen sogar ursprünglichere Jesusüberlieferung enthalten als die kanonischen Schriften? Müssen solche Texte dann nicht in gleicher Weise wie die kanonischen Schriften als Gottes Wort - dieses verstanden als ursprüngliches Christuszeugnis - gelten?

3.1.3.1 / 3.1.3.2

Lesen Sie den Artikel "Agrapha" von J.Jeremias in der RGG 3.Aufl. Wie definiert Jeremias Agraphon?

Gibt es Agrapha, deren Authentizität wahrscheinlich zu machen ist?

Die historische Frage nach ursprünglichem Christuszeugnis außerhalb des Kanons beschränkt sich natürlich nicht auf das Problem der Agrapha, sondern muß alle ursprüngliche apostolische Tradition mit umfassen. Sie nähert sich damit der gleich zu diskutierenden römisch-katholischen These. (Zur dogmatischen Problematik vgl. 3.3.2.)

Von besonderem Gewicht ist diese Fragestellung aber als kontroverstheologisches Problem. Die katholische Kirche kennt neben der Schrift, also dem schriftlich überlieferten Zeugnis der Apostel (das hier freilich nicht so streng wie im modernen Protestantismus als Christuszeugnis gefaßt ist) auch eine auf die Apostel zurückgehende "mündliche" Tradition. Nur diese ursprüngliche Tradition steht in Frage, wo über "Schrift und Tradition" diskutiert wird.

Suchen Sie die Formulierung des Tridentinums auf (DS 1501).
Zwei Arten von mündlicher Tradition werden unterschieden:

1.

2.

Diekamp-Jüssen bestimmt das Verhältnis der beiden Offenbarungsquellen zueinander so, daß er zunächst Vorzüge der Tradition nennt (1.Band, § 13, III. S.52f):

a)

b)

c)

Vorzüge der Schrift sind demgegenüber nach Diekamp-Jüssen:

a)

b)

Hat sich in dieser Hinsicht durch das 2.Vaticanum etwas geändert? Lesen Sie dazu die Dogmatische Konstitution über die göttliche Offenbarung, insbesondere das 2.Kapitel, 7.-10.
Vgl. auch bei W.Joest, Fundamentaltheologie, 1974, S.165f.

Die evangelische Position setzt voraus, daß die Schrift allein zuverlässiges Zeugnis ist, darum keinem anderen Urteil unterworfen werden kann. Damit wird nicht nur ihre Ergänzungsbedürftigkeit bestritten, sondern die mit dem katholischen Traditionsprinzip unlösbar verbundene Behauptung, die Schrift brauche eine besondere Auslegungsinstanz, wenn sie recht verstanden werden solle. (Weiteres unter 3.2.1).

Dazu vgl. Epit. Von dem summarischen Begriff.
Wie wird hier die Schrift bezeichnet?

Luther hat das reformatorische Schriftprinzip formuliert in der Assertio omnium articulorum ... 1520, WA VII,S.96ff. Der Text findet sich in deutscher Übersetzung bei Hirsch, Hilfsbuch S.84f. Dazu vgl. die Interpretation Ebelings in dem Aufsatz "'Sola scriptura' und das Problem der Tradition", in: Wort Gottes und Tradition, 1964, S.119 - 126.

3.1.3.2 Ist die ganze Bibel Christuszeugnis?

Hier sind insbesondere zwei Probleme zu erörtern. Es geht einmal um die Frage, inwieweit auch das Alte Testament als Christuszeugnis verstanden werden kann und verstanden werden muß. Es geht weiter um die Frage, inwieweit nicht auch vom Zentrum des neutestamentlichen Zeugnisses her Kritik an Schriften des neutestamentlichen Kanons oder wenigstens an bestimmten Aussagen solcher Schriften notwendig ist. Damit verbunden ist die Frage, was Kriterium solcher Kritik sein könne, also die Frage nach einem Kanon im Kanon.

Beide Fragen lassen sich in der gegenwärtigen Diskussion nicht von der historischen Fragestellung in der Schriftauslegung trennen. Das gilt auch für die dogmatisch sehr heftig diskutierte Frage nach einem Kanon im Kanon, deren Recht in der Regel mit dem Hinweis auf Luther bzw. auf kanonkritische Äußerungen der Reformation begründet wird.

Vgl. dazu Inge Lönning, "Kanon im Kanon". Zum dogmatischen Problem des neutestamentlichen Kanons, FGLP 10., XLIII, 1972, der breit gerade über die Kanonskritik Luthers und die kontroverstheologische Diskussion im 16. und 17.Jahrhundert informiert.

Wie sehr auch das Diskussionsthema "Kanon im Kanon" durch moderne historische Fragestellungen mitbestimmt ist, erweist sich schon daran, daß man in aller Regel - entgegen der kirchlichen Tradition wie entgegen dem kirchlichen Schriftgebrauch - nur über den neutestamentlichen Kanon und seine Problematik diskutiert. Das natürlich nicht deshalb, weil der alttestamentliche Kanon unproblematisch ist. Man hat sich vielmehr auf die - scheinbar nicht ganz so komplizierte - Problematik nur des neutestamentlichen Kanons zurückgezogen.

Die kanonische Geltung des Alten Testamentes war in der christlichen Kirche von Anfang an selbstverständlich (obwohl man in neutestamentlicher Zeit noch keinen genau abgegrenzten alttestamentlichen Kanon hatte). Schrift ist ja für die neutestamentliche Zeit die Sammlung der alttestamentlichen Schriften. Diese Geltung ist auch fast nie bestritten worden. Das Problem des Alten Testaments ist in der Geschichte der Kirche das Problem seiner Auslegung (für das Spezial-

problem einer Geltung des alttestamentlichen Gesetzes verweise ich auf den Exkurs zu 9.3.1.1). Daß es, richtig verstanden, als Christuszeugnis gelesen werden könne und müsse, war dabei vorausgesetzt.Mit der historischen Auslegung der Bibel wird das anders. Man sieht nun im Alten Testament das Zeugnis der israelitischen bzw. jüdischen Religion. Weil man sich mit dieser nicht identifizieren will, kann man auch das Alte Testament nicht mehr in der bisherigen Weise als kanonische Schrift gelten lassen.

Man kann in der Polemik gegen die Kanonizität des Alten Testamentes seit ca. zweihundert Jahren die verschiedensten Einwände finden, die sich in drei Themenkreise sammeln lassen:

Im AT wird die Gottesbeziehung gesetzlich aufgefaßt, der Mensch muß sich die Zuwendung Gottes verdienen. Umgekehrt ist der Gott des AT ein vergeltender Gott (u.Umständen sagt man dann auch: ein "rachsüchtiger" Gott, eine anthropomorphe Vorstellung, die einem gereinigten, "geistigen" Gottesverständnis unerträglich ist).

Das Gottesverhältnis ist im AT partikularistisch verstanden. Es erscheint als Widerspruch, wenn der Schöpfer der Welt sich ein Volk besonders erwählt (kann denn der universale Gott so "parteiisch" sein?).

Das AT kennt nicht den Gedanken der Unsterblichkeit bzw. der Totenauferstehung. Seine Religion ist darum rein diesseitig orientiert.

An allen diesen Punkten - so kann man argumentieren - steht das AT in klarem Gegensatz zum NT. Es kann darum nicht mit dem NT zusammen und in gleicher Weise wie das NT in der christlichen Kirche kanonische Geltung besitzen.

Wird das Alte Testament gegenüber dem Neuen Testament abgewertet, ergeben sich zwei Möglichkeiten: Entweder bestreitet man dem Alten Testament ganz die kanonische Würde, oder man versucht seine Geltung in Abhängigkeit vom Neuen Testament so zu bestimmen, daß die Überlegenheit des Neuen Testaments auf jeden Fall gewahrt erscheint.

Welche Stellung in dieser Frage nimmt Schleiermacher in seiner Glaubenslehre ein?

Tragen Sie hier die berühmte These Adolf von Harnacks zur kanonischen Geltung des Alten Testaments in der christlichen Kirche ein (vgl. Marcion. Das Evangelium vom fremden Gott. Unveränderter Nachdruck der 2.Aufl. von 1924, 1960, S.214ff).

Warum konnte Luther die Konsequenz einer Verwerfung des AT nach Meinung Harnacks nicht ziehen, obwohl die Prämissen dieser Konsequenz bei ihm vorliegen?

Welche Begrifflichkeit gebrauchen P.Althaus u. W.Elert, um das Verhältnis von Altem und Neuem Testament zu beschreiben (warum hat wohl gerade eine lutherische Dogmatik die Neigung zu einer Abwertung des AT)?

Althaus (S.99):

Elert (S.189):

Im Grunde ist, wie in der ganzen kirchlichen Tradition, die Frage nach der Geltung des Alten Testamentes nicht zu trennen von der Frage nach seiner Auslegung. Das gilt auch für die gegenwärtige Diskussion. Man kann sich nicht nur dogmatisch für die volle Kanonizität des Alten Testamentes einsetzen, wie das bei Karl Barth geschieht.

Wie kennzeichnet Barth die gegenseitige Beziehung von Altem Testament und Neuem Testament in ihrer gemeinsamen Beziehung auf Gottes Offenbarung in Jesus Christus? (Vgl. KD I,2, § 14).

Auch eine historische Exegese muß nicht zu den Ergebnissen kommen, die die neuprotestantische Kritik am Alten Testament kennzeichnen und damit zu einer Abwertung seiner Geltung führen.

Unter welchem Gesichtspunkt behandelt Gerhard von Rad die Frage nach der Einheit von Altem und Neuem Testament in seiner Theologie des Alten Testaments? (Vgl. Band 2, III.Hauptteil, S.339ff)

+ Hartmut Gese, Erwägungen zur Einheit der biblischen Theologie (ZThK 67,1970, S.417 - 436, neu abgedruckt in: Vom Sinai zum Zion, 1974, S.11 - 30) zieht im ersten Teil seiner Ausführungen auch Konsequenzen für die Abgrenzung des Kanons aus seiner These von der Einheit des biblischen Traditionsprozesses.

Was ist seine Meinung?

Auch die Frage nach einem Kanon im Kanon muß im Zusammenhang der modernen Interpretationsproblematik gesehen werden. Dabei sind freilich keineswegs nur historische Gesichtspunkte maßgeblich, was sich schon darin zeigt, daß bei solcher Fragestellung nach dem, was nun innerhalb der neutestamentlichen Schriftensammlung das eigentlich Maßgebliche sei, immer wieder auf Luther und seine bekannten kanonskritischen Äußerungen verwiesen wird.

Lesen Sie dazu Luthers Vorrede zum Neuen Testament von 1522. (WA. Deutsche Bibel 6,S.2 - 10). Was ist der Zweck der Vorrede?

+ Welches Kriterium nennt Luther dem Leser?

In der Anwendung dieses Kriteriums werden von Luther bestimmte neutestamentliche Schriften besonders hervorgehoben.
Welche sind das?

Es geht hier um die Frage, wie weit sich die Glaubensnorm innergeschichtlich verwirklicht hat und darum eine bestimmte Geschichte, wie sie der neutestamentliche Kanon spiegelt, aller späteren Verwirklichung als Norm dienen kann. Die historisch zu beschreibende Faktizität des Glaubens und Lebens der Christenheit im neutestamentlichen Zeitalter kann nicht als solche die Norm für die Christenheit aller Zeiten sein. Da sich dieses Glauben und Leben in den neutestamentlichen Schriften spiegelt, müssen diese kritisch gewertet werden. Man darf sich diese Problematik nicht verdecken, wo im Ernst das reformatorische sola scriptura festgehalten werden soll.

Lesen Sie bei P.Althaus S.178 - 180 die Ausführungen über die Notwendigkeit theologischer Kritik innerhalb des Kanons.

Was ist nach Althaus mit der evangelischen Kritik an Rom notwendig verbunden?

+ Besonders intensiv hat sich mit dieser Fragestellung unter den zeitgenössischen Exegeten Ernst Käsemann befaßt. Lesen Sie im Nachwort des von ihm herausgegebenen Sammelbandes "Das Neue Testament als Kanon", 1970, die Zusammenfassung S.399 - 410.

  Warum darf nicht die urchristliche Geschichte in das Zentrum der Kanonsproblematik gerückt werden?

Was bestimmt Käsemann als den Kanon im Kanon?

Welche Rolle spielt in der Konzeption Käsemanns die Geschichte?

3.1.4 Das persönliche, das mündliche und das geschriebene Wort Gottes

Wird die Bibel bzw. das Neue Testament (auf die Interpretation wird es ankommen, wie man hier entscheidet) als Christuszeugnis verstanden, dann wird damit auf jeden Fall zwischen Christus und der Schrift unterschieden. Wir nehmen zu dieser Unterscheidung zwischen Christus als dem persönlichen Wort Gottes und der Bibel als dem geschriebenen Wort Gottes noch die unmittelbare Bezeugung Jesu Christi durch die Glaubenden, insbesondere die Predigt des Evangeliums als das mündliche Wort Gottes hinzu.

Diese Unterscheidungen ergeben sich aus dem Sachverhalt, daß Jesus Christus als Gottes Offenbarung nicht unvermittelt begegnet. Vermittelt ist die Begegnung mit Christus durch das Christuszeugnis, Evangelium (und Gesetz). Dieses Zeugnis ist immer situationsbezogene Anrede, darum primär mündliches Wort. Die Apostel haben ja gepredigt und nicht Bücher geschrieben (auch die Paulusbriefe sind näher an situationsbezogene Verkündigung zu rücken als an eine allgemeine theologische Darlegung). Doch muß nun mit wachsendem zeitlichem Abstand von Jesus Christus neben das mündliche das geschriebene Wort treten, wenn das Zeugnis auch bei wachsendem zeitlichem Abstand dasselbe bleiben soll.

These: Das geschriebene Wort Gottes ist die notwendige Vermittlung zwischen dem persönlichen und dem mündlichen Wort Gottes. Wo der Akzent einseitig auf einer der drei Gestalten liegt, besteht die Gefahr schwerer Mißbildungen.

Der Sache nach ist die hier genannte Unterscheidung in fast allen dogmatischen Lehrbüchern zu finden (freilich meist ohne besondere Gewichtung, und je nach dem Offenbarungsverständnis verschieden ausgeführt). Systematisiert wurde sie von Karl Barth in seiner Lehre von den drei Gestalten des Wortes Gottes.

Wie werden die unterschiedenen Gestalten des Wortes Gottes bezeichnet?

1. Bei Barth:

2. Bei Weber:

3. Bei Kreck:

Eine einseitige Betonung des persönlichen Wortes Gottes führt zur Mißbildung des Historismus. Hier muß ja der zeitliche Abstand zu Jesus durch historische Nachfrage überbrückt werden. Das geschriebene Wort Gottes wird dabei zur historischen Quelle. Das Zeugnis in die jeweilige Situation hinein wird vernachlässigt, da es im Grunde nur zu einer gesetzlichen Auffassung Jesu kommen kann (er lehrt bzw. verkörpert allgemeine Wahrheiten religiöser und sittlicher Art, die man sich aneignen soll. Zur Problematik vgl. 2.4.2).

Zur genaueren Einführung in die Problematik vgl. 7.1.1.Lesen Sie von Joachim Jeremias, "Der gegenwärtige Stand der Debatte um das Problem des historischen Jesus", in: Hg. Helmut Ristow und Karl Matthiae, Der historische Jesus und der kerygmatische Christus, 1960, insbesondere S.24f. Wie schränkt Jeremias den Gebrauch des Begriffs Offenbarung (ungefähr = Wort Gottes) ein?

Welche Folgerung zieht Jeremias für die Verkündigung?

+ Überlegen Sie sich, welche Bedeutung in diesem Konzept die historische Forschung notwendig erhalten muß:

Eine einseitige Betonung des geschriebenen Wortes Gottes führt zur Mißbildung des Fundamentalismus. Hier versucht man sich des Wortes Gottes so zu vergewissern, daß faktisch das geschriebene Wort Gottes allein die heilsame Kundgabe Gottes sein soll, während das persönliche Wort Gottes, Jesus Christus, zum Inhalt dieser Kundgabe Gottes wird (je nachdem verbunden mit anderen Inhalten). Zugleich wird hier das mündliche Wort mindestens nicht deutlich genug bedacht, das anzeigt, wie das Christuszeugnis je in die Situation des Menschen hineinsprechen muß. Weil das nicht klar gesehen wird, kommt es dann faktisch zu einer Stabilisierung herkömmlicher Interpretationen (etwa einer individualistischen Interpretation des Heils), die man mit dem Gotteswort der Schrift identifiziert (typisch sind hier auch magische Praktiken, durch die das geschriebene Wort Gottes auf die Situation bezogen werden soll, etwa "Losen" oder "Nadeln"). Vgl. James Barr, Fundamentalismus, 1981.

Auf eine fundamentalistische Grundhaltung wurde schon oben 1.2.1.2 hingewiesen. Gerade hier sollte aber auch eine nicht nur literarische Erfahrung vorliegen. Wir müssen mit einer fundamentalistischen Grundhaltung gerade kirchentreuer Gemeindekreise rechnen.

Eine einseitige Betonung des mündlichen Wortes Gottes führt zum Enthusiasmus. Hier wird die Gottunmittelbarkeit des jeweils in eine bestimmte Situation hinein gesprochenen Wortes betont. Gegenwart Gottes wird mit der Gegenwart des Geistträgers nahezu identifiziert, so daß hier keine Rückfrage mehr erlaubt ist, sondern nur noch die Anerkennung: Hier spricht Gott - und dann hat der Mensch zu gehorchen (vgl. auch 8.1.2 und 8.1.3).

Lesen Sie dazu ASm die Ausführungen Luthers zum Enthusiasmus, im III.Teil der Artikel, BSLK 453-456. Beachten Sie dabei, daß Luther, wo er vom mündlichen Wort redet, das schriftgemäße Christuszeugnis meint, nicht die enthusiastische Mißbildung. Wen nennt Luther im Zusammenhang seines Vorwurfs des Enthusiasmus?

+ Inwiefern kann er in diesem Vorwurf das Papsttum und die Schwärmer zusammennehmen?

Jede einseitige Betonung einer der drei Gestalten des Wortes Gottes führt zu gesetzlicher Nötigung, die man als gemeinsames Kennzeichen von Historismus, Fundamentalismus und Enthusiasmus bezeichnen kann. Dazu sei an E.Jüngel, Die Autorität des bittenden Christus erinnert.

+ Inwiefern bietet die dort entwickelte Autoritätsstruktur eine Gegenposition gegen die genannten Mißbildungen?

3.2 Die Wirksamkeit der Schrift

Die dogmatische Bearbeitung der Frage nach der Wirksamkeit der Schrift ist das Zentrum der Schriftlehre. Nur von der erfahrenen Wirksamkeit der Schrift her kann die Frage nach der Schrift als Gottes Wort wie auch die Frage nach dem Kanon beantwortet werden. Gerade darin zeigt sich dann die Problematik der traditionellen Stellung der Schrift in den dogmatischen Prolegomena. Denn die Wirksamkeit der Schrift kann nicht nur formal beschrieben werden. Sie wirkt, indem sie bestimmte Inhalte vermittelt.

Die Wirksamkeit der Schrift ist nicht von der Frage nach ihrer Auslegung zu trennen. Denn nur als ausgelegte Schrift ist die Schrift wirksam. Darum sind in diesem Zusammenhang auch einige Probleme der Hermeneutik dogmatisch zu behandeln. Das führt schließlich zur Frage nach dem Bekenntnis in seiner dogmatischen Funktion, die nicht von der Frage nach der Schriftautorität getrennt werden darf. Nur so läßt sich die Geltung der Schrift allein auch gegenüber dem Bekenntnis festhalten, ohne dem Bekenntnis die ihm gebührende Anerkennung zu verweigern.

Ich weise in diesem Zusammenhang auf Martin Kähler hin. Seine "Aufsätze zur Bibelfrage" (neu hrsg. von E. Kähler, ThB 37, 1967) sind gerade von dieser zentralen Frage nach der Wirksamkeit der Schrift her konzipiert und können in der gegenwärtigen Situation, die ja noch immer durch die Problematik der historischen Schriftauslegung bestimmt ist, weiter helfen.

Lesen Sie aus dem Aufsatz "Geschichte der Bibel in ihrer Wirkung auf die Kirche" den Abschnitt "Bibel und Auslegung", S.246 - 254.

+ Wie bestimmt Kähler hier das Verhältnis der auslegenden Kirchenlehre zur Schrift für die Papstkirche?

+ Für die Reformation?

In welche beiden Richtungen muß die Auslegung gehen, wenn die Bibel nicht für die Menschheit stumm bleiben soll?

3.2.1 Die altprotestantische Lehre von den Affektionen der Heiligen Schrift

Die Lehre von den Affektionen der Heiligen Schrift stellt eine Systematisierung der Erfahrungen dar, die zumal in der Reformation mit der Bibel gemacht worden sind. Sie ist in ihren einzelnen Bestimmungen variabel. Die Hauptzüge sind freilich allgemein vertreten worden. Ich folge in der Aufzählung Heinrich Schmid.

3.2.1.1 Auctoritas

Die Heilige Schrift beglaubigt sich selbst - das ist der Grundgedanke der Lehre von ihrer auctoritas. Es ist also nicht die Kirche, die zunächst einmal die Schrift beglaubigen müßte (so in der üblichen Verwendung des berühmten Diktums von Augustin: Ego vero Evangelio non crederem, nisi me catholicae Ecclesiae commoveret auctoritas). Vielmehr beweist die Schrift ihre Geltung darin, daß sie den Glauben weckt.

Diese sich selbst beglaubigende Autorität der Schrift bezeichnet man als die auctoritas causativa. Das entscheidende Moment dieser Selbstbeglaubigung ist das testimonium spiritus sancti internum (nach Röm 8,16).

Lesen Sie dazu in Calvins Institutio (1559) Buch I Cap.VII.

3.2.1.1

Welche Formulierungen gebraucht Calvin?

Schlagen Sie die Schriftstellen nach, die J.F.König für die ipsa spiritus sancti operatio, qua ille per scripturam in nobis efficax est, anführt. Es geht dabei nicht um den Glauben an die Schrift, sondern zentral um den evangelischen Heilsglauben!

Folgerung aus der auctoritas causativa ist die auctoritas normativa: Weil die Schrift den Glauben bewirkt, kann sie auch als Norm für die Glaubensinhalte dienen.Man wird das zu beachten haben, obwohl die Dogmatik nicht nur der Altprotestanten hier andere Interessen hat. Gerade wenn es der Dogmatik um eine kritische Bearbeitung des Dogmas geht, bei der sie die Schrift als Kriterium gebraucht, muß ihr bewußt sein, daß der dogmatische Schriftgebrauch nicht der normale Schriftgebrauch ist. Die Geltung der Schrift als Kriterium der Dogmatik ist abgeleitet von der Geltung der Schrift als der Quelle des Heilsglaubens. Darum ist die Unterscheidung der auctoritas causativa und der auctoritas normativa der Schrift der Sache nach für alle Dogmatik aktuell, auch wenn wir heute die altprotestantische Schriftlehre nicht mehr in ihrer begrifflichen Ausformung übernehmen können.

Zusatz: Die Inspirationslehre der altprotestantischen Orthodoxie

Ich füge an diesem Ort die Information über die Inspirationslehre der altprotestantischen Orthodoxie ein. Auch wenn diese Lehre im Lauf der Zeit ein immer größeres Gewicht bekam, das dann freilich auch zu ihrer Aufhebung führte, gehört sie systematisch in den Zusammenhang mit der auctoritas causativa der Schrift und ist dieser einzuordnen bzw. unterzuordnen. Der Glaube an die Schrift darf sich nicht gegenüber dem Heilsglauben verselbständigen (vgl.3.1.4).

Inspirationstheorien sollen die Autorität der Bibel erklären. Man sollte eine solche Erklärung freilich nicht mit einer zureichenden Begründung verwechseln. Man muß bei der strengen Fassung der Inspirationstheorie, die in der altprotestantischen Dogmatik ausgebildet worden ist, die polemische Situation mit beachten. Hier soll gegen den tridentinischen Katholizismus das sola scriptura zusammen mit der alleinigen Verbindlichkeit des Literalsinnes festgestellt werden.

A. Die Urheberschaft der Schrift

Die biblischen Schriftsteller (Hagiographen) sind nach Namen und Auftrag (Propheten, Apostel, Evangelisten) bekannt. Trotzdem muß nun, um die Identität von Schrift und Wort Gottes nachzuweisen, Gott als der eigentliche Urheber der Schrift erscheinen. Man unterscheidet darum Gott als die causa efficiens principalis und die Hagiographen als causae instrumentales bzw. ministeriales.

B. Der Vorgang der Inspiration

Die Behauptung des göttlichen Ursprungs der Schrift mußte verständlicherweise das Interesse auf den Vorgang der Entstehung der biblischen Schriften konzentrieren. Um sich hier gegen alle Einwände abzusichern, die zufällig-Menschliches in die Entstehung des geschriebenen Gottesworttes einmischen könnten, kam man schließlich zu dem Dreischritt (der in Analogie zur Verfertigung eines theologischen Buches konzipiert ist): Impulsus ad scribendum - der Hagiograph erhält den ausdrücklichen Auftrag Gottes zur Anfertigung einer heiligen Schrift. Suggestio rerum - die Inhalte, die er schriftlich niederzulegen hat, werden ihm vom Heiligen Geist eingegeben. Suggestio verborum - die Formulierung, wie diese Inhalte nun zu Papier zu bringen sind, wird ebenfalls vom Geist vorgegeben.

Entsprechend diesem Dreischritt kann man drei Formen der Inspirationslehre unterscheiden, die bei der Erweichung der strengen orthodoxen Lehre auftreten können - also neben der strengen Form der Verbalinspiration eine Realinspiration, die nur die Inhalte, nicht aber die Formulierungen als inspiriert behauptet, und eine Personalinspiration, die nur noch die Inspiration der biblischen Schriftsteller annimmt.

Lesen Sie bei H.E.Weber, Reformation, Orthodoxie, Rationalismus, I.2, S.260 - 267.

Welche Beschränkung sieht Weber sich in Schriftlehre und Schriftgebrauch der Orthodoxie anbahnen?

+ Weber stellt fest, daß man in der Orthodoxie weiß, wie der Geist als Urheber der Schrift auch ihr Ausleger ist. Darum werden in der Schriftlehre auch hermeneutische Probleme mit behandelt. Prüfen Sie diese Feststellung bei J.F.König, Ratschow I,S.78, §§ 94-100 nach.

Was ist der sensus literalis?

Wann gilt, daß der sensus literalis als sensus figuratus zu nehmen ist?

Was bezeichnet König als den sensus mysticus? Geben Sie auch den modernen Begriff an.

Wieso kommt König dazu, einen solchen Sinn zuzulassen, der seinem eigenen Grundsatz eigentlich widerspricht?

3.2.1.2 Perspicuitas (claritas)

Die Heilige Schrift legt sich selber aus - dieser Sachverhalt soll in der ihr zugeschriebenen Eigenschaft der perspicuitas herausgestellt werden. Es wird hier nicht behauptet, daß jede einzelne Schriftstelle in sich klar und einfach zu verstehen wäre. Aber in ihrer Hauptsache - das ist die justificatio impii propter Christum per fidem - ist die Schrift klar. Und die dunklen Stellen der Schrift sind von dieser Hauptsache her zu verstehen. Es braucht also nicht zusätzlich zu der (dunklen, schwer verständlichen) Schrift noch eine besondere Auslegungsinstanz, durch die das Verständnis der Schrift normiert wird (so DS 1507,3007. Darauf verweist auch die Offenbarungskonstitution des 2.Vaticanum!).

Lesen Sie dazu in Luthers De servo arbitrio die Ausführungen über die claritas scripturae, WA 18, S.606-609, BoA 3, S.100-103 (Sehr eingehend interpretiert bei Paul Schempp, Luthers Stellung zur Heiligen Schrift, in: ders., Theologische Entwürfe, ThB 50, S.10-74. Übersetzung in Münchner Ausgabe, Ergänzungsband I, 1962[3], S.15-18).
Was nennt Luther als die klare res scripturae?

+ Was ist seine Intention bei der Unterscheidung einer zweifachen Klarheit der Schrift?

3.2.1.3 Sufficientia

Hier geht es darum, klarzulegen, daß die Heilige Schrift voll zureichend all das mitteilt, was zum Heil notwendig ist. Es braucht dazu keine ergänzende Tradition (vgl. 3.1.3.1).

3.2.1.4 Efficacia

Die Schrift ist als Werk des Geistes die wirksame Vermittlung dieses Geistes. Ihre Wirksamkeit entfaltet die Schrift als Gnadenmittel. Bei der Behandlung dieses Themas muß der Sachverhalt noch einmal aufgenommen werden (9.3).

3.2.2 Anwendung als Ziel der Schriftauslegung

Nur die ausgelegte Schrift kann sich wirksam erweisen. Das ist genauso eine Banalität wie die Feststellung, daß Schriftauslegung immer letztlich um der aktuellen Anwendung willen geschieht. Hier muß auf die besondere Problematik der historisch-kritischen Schriftauslegung hingewiesen werden. Diese Auslegung sucht die biblischen Texte bewußt in der historischen Distanz zu verstehen (vgl.o.S. 60). Darum kann sie aber, entgegen ihrem Anspruch, die maßgebliche Auslegung zu geben, die Anwendung der Texte nicht mehr methodisch kontrollieren.

"Was kann so betriebene Auslegung des Alten Testaments bzw. der heiligen Schriften insgesamt leisten? Sie ist jedenfalls Voraussetzung jeden Verstehens des Alten Testament, das nicht von vornherein den auszulegenden Texten bestimmte Aussagen unterschieben will. Und sie zielt auf ein Verstehen, das sich - soweit das irgend möglich ist - auch seine eigenen Bedingungen und

3.2.2

Voraussetzungen bewußt gemacht hat, um überhaupt eine Distanzierung zum untersuchten Gegenstand zu erreichen und mit ihm in einen Dialog eintreten zu können" - so Gunther Wanke in "Exegese des Alten Testaments", Einführung in die Methodik von G.Fohrer, H.W.Hoffmann, F.Huber, L.Markert, G.Wanke, UTB 267, 3.1979, S.12.

Lesen Sie den ganzen ersten Paragraphen, S.9 - 13.

Welche Einordnungen schlägt Wanke für Vollzug und Gegenstand der Schriftauslegung vor?

+ Inwieweit ist die hier vorgeschlagene historisch-kritische Methode der Schriftauslegung dafür offen, in den Verstehensprozeß auch Erfahrungen der Kirche mit den zu verstehenden Texten einzubringen?

Vgl.. zu der hier vorliegenden Problematik auch F.Mildenberger, Die Gegenläufigkeit von historischer Methode und kirchlicher Anwendung als Problem der Bibelauslegung, Theologische Beiträge 3, 1972, S.57 - 64.

Man hat versucht, in der historisch-kritischen Auslegung die Kontinuität hin zur reformatorischen ,Schriftauslegung zu finden. Das gilt insoweit, als man sich hier wie dort auf den Literalsinn streng verpflichtet sieht. "Der Protestantismus des 19.Jahrhunderts hat durch die prinzipielle Entscheidung für die historisch-kritische Methode in veränderter Situation dem römischen Katholizismus gegenüber die reformatorische Entscheidung des 16.Jahrhunderts festgehalten und bekräftigt", so behauptet G.Ebeling (Die Bedeutung der historisch-kritischen Methode für die protestantische Theologie und Kirche, ZThK 47, 1950, hier zitiert nach Wort und Glaube (I), 1960, S.41). Nur das buchstäbliche Verstehen der Schrift ist das richtige Verstehen. Doch ist der Bruch der historisch-kritischen Auslegungsmethode zur Tradition der kirchlichen Auslegung einschließlich der reformatorischen nicht zu übersehen: Dort ist das Ziel die Anwendung.

Man kann dann fast schon sagen: Je mehr Anwendung, desto besser die Auslegung. Nicht nur eine Anwendung gibt jeder Text her, sondern eine ganze Reihe von möglichen Anwendungen - so läßt sich die Theorie vom vierfachen Schriftsinn interpretieren:

> littera gesta docet
> quid credas allegoria
> moralis quid agas
> quo tendas anagogia (Ein Sprüchlein zum Lernen!).

Die Reformation legt zwar die Auslegung auf den buchstäblichen Sinn fest (der freilich auch vorher, mindestens für die dogmatische Argumentation, als verbindlich galt). Aber in diesem buchstäblichen Verständnis sollte die Schrift unmittelbar angewandt werden. Der historisch-kritische Literalsinn dagegen will eine unmittelbare Anwendung gerade unmöglich machen. Darum müssen dann hermeneutische Theorien und Methoden eine solche Anwendung des zuvor historisch verfremdeten Textes regulieren. Der willkürliche Umgang mit der Schrift, den man der vorkritischen Exegese vorwirft, die durch die historische Methode noch nicht diszipliniert war, verlagert sich nun auf die Theorien der Anwendung.

Hauptsache: streng wissenschaftlich! Udi 74

Einzelnachweise würden hier zu weit führen. Ich nenne nur die existentiale Interpretation (Bultmann), die dann propagierte "politische Interpretation", und die rationalistischen Interpretationen, die davor und daneben gang und gäbe sind. Auch die Hermeneutik einer Wahrheitsfindung im herrschaftsfreien Dialog, wie sie bei Wanke anklingt, kann solchenTheorien der Anwendung zugeordnet werden. Vielleicht ist eine solche Hermeneutik gar nicht so schlecht, wenn man sich darüber klar wird, wer alles hier zu Recht mitredet und also gehört werden sollte! Zum ganzen Fragenkreis vgl. die gut informierende und behutsam abwägende Darstellung bei W.Joest, Fundamentaltheologie, § 8, 174-212.

3.2.3 Die Einheit der Schrift als Voraussetzung ihrer Anwendbarkeit

Damit ist das entscheidende Problem genannt.Anwendung der Schrift - und solche Anwendung ist und bleibt das Ziel der Auslegung - muß einheitliche Anwendung sein. Man kann ja nicht unter Berufung auf den einen Text heute so entscheiden und unter Berufung auf einen anderen Text morgen anders, also beispielsweise am einen Sonntag unter Berufung auf Röm 3,28 predigen, daß der Mensch allein aus Glauben ohne Werke gerecht werde, und dann am nächsten Sonntag unter Berufung auf Jak 2,24 sagen, der Mensch werde doch durch Werke gerecht und nicht durch den Glauben allein.

Ich will nun nicht das Verhältnis von Paulus und Jakobus diskutieren, obwohl gerade hier ein deutliches Beispiel dafür vorliegt, wie problematisch die einheitliche Anwendung der Schrift in der Tat ist, wenn man hier Wortlaut gegen Wortlaut hält. Wie legt Melanchthon in der AC die Stelle Jak 2,24 aus? (BSLK S.207 - 210)

Sobald als Ziel der Auslegung die Anwendung der Schrift in den Blick kommt, kann also die Schrift nicht anders als einheitlich ausgelegt werden. Unter dem Aspekt der Anwendung gibt es nur die eine Schrift. Eine historische Auslegung dagegen, die versucht, die Texte jeweils in der Situation ihrer Entstehung zu erfassen, wird differenzieren und auf keinen Fall zu einer Einheit der Schrift gelangen können.

Für eine historische Auslegung ist allenfalls der geschichtliche Ablauf selbst die Einheit stiftende Größe: Im Zusammenhang dieses geschichtlichen Ablaufs können die einzelnen Texte einander zugeordnet werden. Hier gibt es Zusammenhänge, Entwicklungslinien, Abhängigkeiten usw. Historisch-exegetische Versuche, die Einheit aufzuweisen, bedienen sich darum auch dieses Ablaufs: die Einheit der Schrift erweist sich in einem einheitlichen, zusammenhängenden Prozeß der Überlieferungs- und Traditionsgeschichte (von Rad, Gese). Eine derartige historische Einheit hilft freilich wenig zur Anwendung. Denn sie bleibt ja in der Distanz, die das Schriftwort nicht in die gegenwärtige Situation hereinreden lassen kann, weil es seinen festen Ort in der geschichtlichen Entwicklung einnimmt.

Weil die historische Exegese eine Auslegung nicht zuwege bringt, die zur Anwendung des Textes führt, darum braucht es andere Möglichkeiten,solche Anwendung zu gewinnen - und in dieser Anwendung dann die Einheit der Schrift zu erfassen. Zwei Möglichkeiten sind hier zunächst zu nennen.

Erste Möglichkeit: Die einheitliche Anwendung der Schrift wird garantiert durch eine Auslegungsinstanz. Das imposanteste Beispiel für eine solche Lösung der Problematik bietet sicher das römisch-katholische Lehramt (vgl. 3.1.3.1 und 3.2.1.2). Doch bietet sich diese Lösung bei der in der Tat nicht einfachen Frage einer einheitlichen Anwendung der Schrift auch dort an,wo man mindestens die Theorie, mit der das römisch-katholische Lehramt begründet wird, nicht akzeptiert.

Einmal erinnere ich in diesem Zusammenhang an Kant (vgl.2.2.2.3). Die richtige Anwendung der Schrift ist nach Kants Meinung Sache der Vernunft - darin ist er kennzeichnender Repräsentant aufklärerischer bzw. rationalistischer Ideen. Begründet wird das damit, daß die Vernunft die authentische Auslegung geben könne, weil die Schrift bzw. die christliche Religion ja abzielt auf einen allgemeinen, vernünftigen Religionsglauben.

Zum anderen erinnere ich daran, wie Sekten die Tendenz zur Ausbildung einer solchen Auslegungsinstanz haben. Das gilt z.B. für die Zeugen Jehovas mit ihrer streng zentralistischen Leitung und ihrer einheitlichen Indoktrination insbesondere durch den "Wachtturm" und "Erwachet!".

+ Lassen sich solche Erscheinungen in das 3.1.4 vorgeschlagene Schema einordnen?

Zweite Möglichkeit: Die einheitliche Anwendung wird durch eine Auswahl der anzuwendenden Texte garantiert. Faktisch hat diese Auswahl immer schon stattgefunden. Nie sind in der Geschichte der Kirche alle biblischen Schriften und Texte in gleichem Ausmaß gebraucht worden. Es gab immer bevorzugte und benachteiligte Bücher.

Die altkirchlichen Evangelien und Episteln waren auch noch über die Zeit der Reformation hinaus die bevorzugten Lese- und Predigttexte. Das gilt mindestens für den lutherischen Bereich.

Stellen Sie fest, wie oft hier die einzelnen neutestamentlichen Schriften vorkommen (1. und 2. Reihe der Ordnung der Predigttexte, einschließlich der aufgeführten Fest- und Aposteltage):

Mt	Mk	Lk	Jh	Apg	Röm	1Ko	2Ko
Gal	Eph	Phil	Kol	1Th	2Th	1Tim	2Tim
Tit	Phlm	1Pt	2Pt	1Jh	2Jh	3Jh	Hb
Jak	Jud	Offb	Alttestamentl. Texte:				

Wie erklären Sie sich das auffällige Zurücktreten des in der historischen Exegese doch besonders beliebten Markusevangeliums?

Die faktische Auswahl ermöglicht eine einheitliche Anwendung insoweit, als Texte, die zwar in der Bibel stehen, aber sich gegen die beabsichtigte Anwendung sperren, übergangen oder doch nur sehr zögernd benutzt werden (z.B. die Offenbarung). Problematisch wird dieses Vorgehen freilich nicht erst dann, wenn aus der faktischen Auswahl eine prinzipielle Auswahl gemacht wird, wenn man also mit irgendwelchen Begründungen bestimmte Texte oder Textgruppen gar nicht mehr gebraucht.

Hier ist noch einmal auf das Programm "Kanon im Kanon" hinzuweisen. Lesen Sie bei Inge Lönnig, Kanon im Kanon, den Schlußabschnitt S.269 - 272.
Wogegen will Lönning den Gebrauch der Formel abgrenzen?

Problematisch ist dieses Vorgehen auch schon dann, wenn die in bestimmten Traditionen gängige Auswahl sich mit einem durch die jeweilige Tradition gegebenen Auslegungskanon so verbindet, daß die traditionelle Anwendung der Schrift gegen neue Anstöße von der Schrift her praktisch abgeschirmt wird.

Man sollte sich daran erinnern, daß kirchliche Erneuerungsbewegungen sich in aller Regel auf die Schrift berufen. Dabei kommen, gegenüber traditioneller Auswahl und Anwendung, neue Texte und Textgruppen und neue Anwendungen in den Blick.
Überlegen Sie, welche Erscheinungen der Kirchengeschichte hierher gehören!

Die Schrift ist immer größer als die jeweilige Anwendung - so mag man diese geschichtliche Erfahrung der Kirche mit der Schrift formulieren. Darauf sollte der kirchliche Umgang mit der Schrift achten und darum die einheitliche Anwendung nicht institutionell abzusichern suchen.

3.2.4 Schrift und Bekenntnis

Unter dem Stichwort "Bekenntnis" werden hier auch die altkirchlichen dogmatischen Festlegungen in den Fragen der Trinitätslehre und der Christologie behandelt. Sicher bestehen historisch gesehen zwischen den Intentionen der altkirchlichen Konzilien und der lutherischen Theologen- und Fürstengremien, die die dogmatischen bzw. die Bekenntnisfestlegungen trafen, gewichtige Unterschiede. Wir können diese Unterschiede aber in dogmatischer Hinsicht deshalb übergehen, weil der dogmatische Gebrauch, den wir sowohl von den dogmatischen Festlegungen der Alten Kirche wie von den Bekenntnissen der Reformation machen, derselbe ist.

3.2.4.1 Das Bekenntnis als Anwendung der Schrift

Mit dieser These sprechen wir das evangelische Verständnis von Bekenntnis aus. Vorausgesetzt ist dabei, daß nicht der Akt des Bekennens, sondern die Bekenntnisformulierung in Frage steht. Als solche Bekenntnisformulierung wird die Frage des Bekenntnisses in den dogmatischen Prolegomena diskutiert. Wir übernehmen hier diese Fragestellung.

Dabei ist zweierlei zu beachten, worin evangelische Dogmatik weithin übereinstimmt (obwohl die Dignität des Bekenntnisses in der lutherischen Tradition sehr viel stärker betont wird als in der reformierten):

Das Bekenntnis hat keine selbständige Autorität, sondern nur eine von der Schrift abgeleitete Geltung. Man drückt das in der Regel so aus: Die Schrift ist norma normans, die Bekenntnisse sind norma normata (diese Formulierung findet sich z.B. bei Baier). K. Barth sagt dazu: Es geht hier nicht um die Autorität des Wortes, sondern um die Autorität unter dem Wort.

Weiter gilt: Das Bekenntnis trifft eine Entscheidung über die richtige Anwendung der Schrift. Vorausgesetzt ist also die Strittigkeit der Schriftauslegung oder -anwendung in bestimmten Fragen, die durch das Bekenntnis entschieden wird.

Lesen Sie dazu FC Epit, Von dem summarischen Begriff, Regel und Richtschnur. Welche Bestimmung der Symbola wird hier gegeben?

+ Gilt das Bekenntnis nur so lange, wie die betreffende Streitfrage virulent ist? Geben Sie auch dazu die Meinung der FC, deren angegebene Formulierung ja fast historistisch-relativierend klingt. Lesen Sie dazu auch den betreffenden Artikel der SD und beachten Sie auch hier insbesondere die Schlußformulierung (BSLK 840 - 842).

Werden die hier gegebenen Bestimmungen beachtet, dann ist deutlich: Das Bekenntnis ist weder Glaubensgegenstand noch Lehrgesetz.

Diese Mißverständnisse legen sich freilich nahe, können aus dem Wortlaut bestimmter Bekenntnisformulierungen auch erschlossen werden.

Lesen Sie dazu den Eingangssatz des Athanasianum.
Welches Verständnis von Glauben wird hier vorgetragen?

Merken Sie: Nicht das Bekenntnis wird geglaubt, sondern der Glaube wird bekannt.
Lesen Sie SD, Von dem summarischen Begriff, § 10 (BSLK, S.837f).
Was wird hier von den im Konk vereinigten Schriften behauptet?

Wird damit die Möglichkeit einer Revision des Bekenntnisses nicht faktisch ausgeschlossen?

Ist die Barmer Theologische Erklärung von 1934 ein Bekenntnis?
Suchen Sie dazu die Äußerungen von K.Barth (KD I,2) und P.Althaus auf (Register benutzen!).
Was sind die Gründe, aus denen heraus Althaus der Barmer Theologischen Erklärung den Rang eines Bekenntnisses abspricht?

+ Althaus läßt grundsätzlich die Möglichkeit einer Kritik des Bekenntnisses von der Schrift her offen (S.220f). Inwiefern ist seine Argumentation gegen Barmen Bestätigung oder Widerlegung dieser Behauptung?

3.2.4.1 / 3.2.4.2 / 3.3

Wenn die zwei genannten Kennzeichen als Maßstab genommen werden, kommt dem Bekenntnis zwar nur eine abgeleitete Autorität zu. Aber es ist deshalb von Gewicht, weil es einen kirchlichen Konsens formuliert: Nicht die Entscheidung eines einzelnen in einer strittigen Frage der Anwendung der Schrift soll hier vorgetragen werden. Vielmehr handelt es sich um eine Entscheidung der Kirche, die mindestens prinzipiell auch die ganze Kirche bindet. Ein nur partikular gemeintes "Bekenntnis" kann kein Bekenntnis im strengen Sinn sein!

Versuchen Sie, nach den genannten Kriterien die Leuenberger Konkordie zu beurteilen (vgl.0.2.2). Warum kann sie nicht als ein Bekenntnis gelten?

+ Halten Sie ein "Unionsbekenntnis" (vgl. etwa Althaus S.226) für eine theologisch verantwortbare Möglichkeit? Begründen Sie Ihre Stellungnahme mit Hilfe der aufgeführten Kriterien.

3.2.4.2 Die Funktion des Bekenntnisses

Das Bekenntnis als formulierter Text ermöglicht aktuelles Bekennen. Sicher kann solches aktuelle Bekenntnis auch frei in die Situation hinein formuliert werden. Aber als christliches Bekenntnis wird es dann am ehesten identifiziert werden können, wenn es sich der gemeinsamen Formulierung bedient.

Das Bekenntnis hat seinen Ort im christlichen Gottesdienst als gemeinsamer Lobpreis Gottes.
Lesen Sie dazu bei Prenter wenigstens den Leitsatz zu § 7. Wie unterscheidet Prenter die alten Symbole und die reformatorischen Bekenntnisschriften in ihrer Funktion?

Für unsere Überlegungen ist die dogmatische Funktion des Bekenntnisses von besonderem Gewicht:
Eben weil es eine bestimmte, einheitliche Anwendung der Schrift formuliert, kann es zu solcher einheitlichen Anwendung anleiten. Das Bekenntnis gibt also die einheitliche Anwendung der Schrift vor. Das bedeutet dann aber auch, daß solche Vorgabe nachgeprüft werden muß: Läßt sich von den Formulierungen des Bekenntnisses her die Schrift als Einheit verstehen?

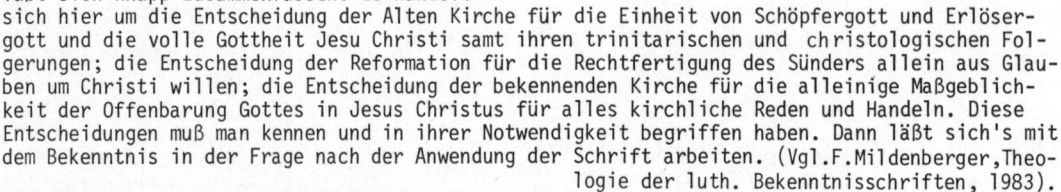

Man sollte sich hier nicht durch den immerhin beachtlichen Umfang von Konk irritieren lassen. Die Sache, um die es im Bekenntnis geht, läßt sich knapp zusammenfassen. Es handelt sich hier um die Entscheidung der Alten Kirche für die Einheit von Schöpfergott und Erlösergott und die volle Gottheit Jesu Christi samt ihren trinitarischen und christologischen Folgerungen; die Entscheidung der Reformation für die Rechtfertigung des Sünders allein aus Glauben um Christi willen; die Entscheidung der bekennenden Kirche für die alleinige Maßgeblichkeit der Offenbarung Gottes in Jesus Christus für alles kirchliche Reden und Handeln. Diese Entscheidungen muß man kennen und in ihrer Notwendigkeit begriffen haben. Dann läßt sich's mit dem Bekenntnis in der Frage nach der Anwendung der Schrift arbeiten. (Vgl.F.Mildenberger,Theologie der luth. Bekenntnisschriften, 1983).

3.3 Der Kanon der Heiligen Schrift

Man darf die Frage nach dem Kanon der heiligen Schriften nicht mit der Frage nach der auctoritas normativa der Schrift verwechseln. In der Kanonsfrage geht es darum, welche Schriften kirchlich gebraucht werden. Sicher sind diese Schriften dann auch für die Entscheidung strittiger Fragen die maßgebliche Instanz.Aber das ist eine Folge ihrer kanonischen Dignität.

Kanonisch ist eine Schrift, wenn sie im öffentlichen gottesdienstlichen Gebrauch der Kirche steht.
Sind die sog. Apokryphen gemessen an diesem Kriterium kanonische Schriften?

Wir gehen in der Erörterung der Kanonsfrage aus von einer These, über die in der evangelischen Dogmatik ein breiter Konsens besteht: Die Kirche ist durch das Wort Gottes geschaffen, sie ist creatura verbi. Wort Gottes muß dabei in der Einheit seiner drei Gestalten gesehen werden, als das persönliche, das schriftliche und das mündliche Wort Gottes.

3.3.1 Die Kirche und die Schrift

Die historische These, die gegen die alleinige Geltung der Schrift in der Kirche angeführt wird, lautet so: Die Kirche ist früher da als die Schrift. Darum hat nicht die Schrift die Kirche geschaffen, sondern die Kirche hat die Schrift geschaffen.

Lessing schreibt in seinen "Gegensätzen des Herausgebers", mit denen er den sog. Fragmentenstreit über die von ihm veröffentlichten Fragmente eines Ungenannten eröffnet:

"Kurz: Der Buchstabe ist nicht der Geist; und die Bibel ist nicht die Religion. Folglich sind Einwürfe gegen den Buchstaben, und gegen die Bibel, nicht eben auch Einwürfe gegen den Geist und gegen die Religion" (Rilla Bd.7, S.813). Das wird von Lessing mit dem historisch unbestreitbaren Argument begründet, daß es Christentum gab, ehe Evangelisten und Apostel geschrieben hatten.

Muß man dann nicht sagen: Die dogmatische Behauptung, daß die Kirche durch das Wort Gottes (= die Heilige Schrift) geschaffen worden ist, muß umgekehrt werden? Nicht die Kirche ist durch die Bibel geschaffen, sondern die Bibel ist durch die Kirche geschaffen? Das dann in dem doppelten Sinn, daß sowohl die einzelnen biblischen Schriften in der Kirche für die Kirche geschrieben worden sind, als auch daß die Kirche dann die Sammlung der Schriften besorgte, die als kanonisch gelten sollten.

Wie ist diesem Einwand zu begegnen? Er will ja nicht bloß eine historische These durchsetzen. Er will die Verbindlichkeit der Bibel für den Glauben bestreiten, und an ihre Stelle die Freiheit des religiösen Menschen als die oberste Instanz in Glaubensfragen setzen. Damit aber würde gerade eine Übereinkunft über den Inhalt des Glaubens unmöglich gemacht. An die Stelle der verbindlichen Geltung der Schrift würden die Gedanken der gläubigen Individuen treten. Darum stellt diese These zugleich mit den Kriterien die Möglichkeit von Dogmatik überhaupt in Frage!

Historisch kann gegen das genannte Argument die ebenso unbezweifelbare Tatsache ins Feld geführt werden, daß es nie christliche Gemeinden ohne heilige Schriften gegeben hat. Das waren zunächst die Schriften des AT, die im NT als "Schrift" angeführt werden.

Dogmatisch muß hier mit der Unterscheidung wie mit der Einheit der drei Gestalten des Wortes Gottes argumentiert werden. Der Versuch, die Geltung der Schrift zu bestreiten, muß wissen, daß er in Wahrheit die Geltung Jesu Christi bestreitet, den die Kirche bezeugt. Es braucht das geschriebene Wort Gottes, um das Christuszeugnis in seiner ursprünglichen Identität auch im Wandel der Zeiten festzuhalten.

Zu Recht hat Melchior Goeze, der Hamburger Hauptpastor, Kontrahent Lessings im Fragmentenstreit, gegen Lessings Argumente eingewandt, Lessing habe hier den entscheidenden Grundsatz: Distinque tempora! nicht beachtet, sondern so getan, wie wenn das, was für die erste Zeit der Kirche galt, immer gelten müsse.

In seiner Onomatologie erklärt J.F.König den Begriff der Scriptura Sacra so:

Sumitur vel praecise qua verbum divinum est, quomodo dicimus scripturam esse antiquiorem ecclesia, vel qua literis consignatum est, quomodo scriptura est posterior ecclesia, vel complexum, qua ut verbum dei et ut literis consignatum consideratur (Ratschow Bd. I,S.77,§ 83).

Tragen Sie hier Ihre Übersetzung ein:

Mit welcher Unterscheidung bewältigt König unser Problem?

3.3.2

3.3.2 Die Kirche und der Kanon

Die Frage nach der Entstehung des Kanons ist dogmatisch nahezu unlösbar geworden, weil die Kanonsgeschichte als Domäne der Exegeten gilt, und darum die historischen Fragestellungen der modernen Exegese in der Debatte überwiegen. Insbesondere ist dabei die Trennung von Altem und Neuem Testament fatal, die dazu verleitet, einseitig nur über den alt- oder den neutestamentlichen Schriftenkanon zu debattieren. Dabei ist gerade für die dogmatische Reflexion festzuhalten, daß die christliche Kirche nicht einen schon abgegrenzten, fertigen Schriftenkanon vom Judentum übernommen hat. Sie hat vielmehr auch die alttestamentliche Schriftensammlung selbst abgegrenzt (beachten Sie dazu den unterschiedlichen Umfang des masoretischen und des Septuaginta- bzw. Vulgata-Textes).

Für die dogmatische Behandlung der Kanonsfrage sind zwei Fragestellungen zu unterscheiden:

Wird eine Schrift durch die Aufnahme in das kirchliche Kanonsverzeichnis kanonisch, oder wird sie darum in das kirchliche Kanonsverzeichnis aufgenommen (und also in den öffentlichen gottesdienstlichen Gebrauch der Kirche genommen), weil sie kanonisch ist? Die einhellige dogmatische Auffassung, quer durch die Konfessionen, entscheidet sich für diese zweite Möglichkeit.

Lesen Sie dazu die Festsetzung des 1.Vaticanums, DS 3006. Aus welchem Grund wird nach dieser Bestimmung eine Schrift von der Kirche für kanonisch angesehen?

Die Dignität der Schriften, die die Kirche als kanonische Schriften gebraucht, steht also fest, bevor diese Schriften in solchen Gebrauch genommen werden. Nicht der kirchliche Gebrauch heiligt eine Schrift, sondern weil sie heilige Schrift ist, wird sie von der Kirche in Gebrauch genommen.

Die zweite Fragestellung lautet: Wie kommt es zur Feststellung der Kanonizität?

Historisch gesehen muß man sich diesen Vorgang sehr differenziert vorstellen. Schriften werden gesammelt und gebraucht. Problematisch ist dieser Gebrauch, wenn aus irgendeinem Grund einer Schrift die kanonische Dignität abgestritten wird. In großem Umfang ist das durch Marcion geschehen, der seinen Kanon durch rigorose Reduktion der kirchlich gebräuchlichen Schriften geschaffen hat.

Dagegen muß man dann den kirchlichen Gebrauch verteidigen. Das zwingt zur Rationalisierung der Gründe! Nun versucht man Kriterien aufzustellen - nachträglich NB! -, apostolische Verfasserschaft, allgemeinen Gebrauch, Ursprünglichkeit, Übereinstimmung mit dem Glauben der Kirche (regula fidei). Man kann hier von der 1.Phase der Kanonsbildung sprechen.

Die 2.Phase, die sich vornehmlich im 4.Jahrhundert vollzieht, also das, was in der Regel als die Kanonsbildung bezeichnet wird, ist ein Prozeß der Vereinheitlichung der in verschiedenen Regionen gebrauchten Schriftensammlungen. Das Streben nach Vereinheitlichung verbindet sich mit der Abwehr häretischer Pseudepigraphen.

Lesen Sie dazu den Osterfestbrief von Athanasius 367, der in der Regel als Abschluß der Kanonsbildung angesehen wird (ein seelsorgerliches Rundschreiben an die Gemeinden der ägyptischen Kirchenprovinz ohne rechtliche Relevanz, gewichtig wegen der persönlichen Autorität des Athanasius). Der Hauptteil des Textes findet sich bei Hennecke-Schneemelcher, Neutestamentliche Apokryphen Bd.I, 1959, S.30f, der ganze Text bei Th.Zahn, Geschichte des neutestamentlichen Kanons Bd.II, 1892, S.210 - 212.

Wie bezeichnet Athanasius die von ihm aufgezählten kanonischen Schriften?

Man kann nicht sagen, daß es in der Kanonsfrage zu einer autoritativen kirchlichen Setzung von ähnlichem Gewicht wie bei den Konzilsentscheidungen über Trinität und Christologie gekommen ist. Die Vereinheitlichung ist ja auch nicht ganz gelungen, nicht nur, was die sog. Apokryphen des AT betrifft. Das mag mit daran liegen, daß über den Großteil der Schriften (die sog. Homologumena) sowieso Einverständnis herrschte und die umstrittenen Schriften (die Antilegomena) auch im kirchlichen Gebrauch nicht von großem Gewicht waren.

Die 3.Phase der Kanonsbildung fällt in die Epoche der konfessionellen Abgrenzung. Hier wird zunächst in Florenz 1442 im Zuge der Unionsverhandlungen mit den Ostkirchen, dann in Trient von der römisch-katholischen Kirche ihr Kanon festgestellt. Auf evangelischer Seite geschieht dasselbe, freilich in einer anderen Abgrenzung, in einer Reihe von reformierten Konfessionen (so in der hugenottischen Confession de Foy von 1559). Die Lutheraner haben keine Aufzählung der kanonischen Schriften in ihren Bekenntnissen! Als Kuriosität mag erwähnt werden, daß die

1551 auf dem Konzil von Trient vorgelegte Confessio Virtembergica, allerdings auch ohne eine namentliche Aufzählung der Bücher, feststellt (Art. 30): "Heilige Schrift nennen wir diejenigen kanonischen Bücher des Alten und des Neuen Testaments, über deren Geltung in der Kirche niemals ein Zweifel bestanden hat". Hier sollen also nur die Homologumena den Kanon bilden!

Auf dem Hintergrund dieser historischen Information muß die dogmatische Frage verhandelt werden: Hat die Kirche selbst sich ihren Kanon (die Sammlung der im Gottesdienst zu gebrauchenden Schriften) geschaffen? Ist also die Schrift selbst ein Stück kirchlicher Tradition? Sind wir darum, wenn wir nach der Heiligen Schrift bzw. nach den Heiligen Schriften fragen, auf das Urteil der Kirche angewiesen?

In der Bejahung dieser Frage treffen sich konservative katholische Dogmatik (z.B. Diekamp-Jüssen I, S.44 - 47) und moderne protestantische Exegeten (z.B. W.Marxsen, Das Neue Testament als Buch der Kirche, 1966, S.20 - 34), erstere, um damit dieses Urteil der Kirche anzuerkennen, letztere selbstverständlich in der Absicht, eben damit, daß man sie als Entscheidung der Alten Kirche ausgibt, die Abgrenzung des Kanons in Zweifel zu ziehen und an seine Stelle die eigenen historischen Urteile zu setzen.

Wie urteilt Karl Barth in dieser Frage? (Vgl. KD I,2, S.523 - 532)

+ Ist ein historisches Urteil (sei es der Kirche oder einzelner kritischer Historiker) der entscheidende Grund für die Feststellung der Kanonizität? (Achten Sie auf den von Barth S. 525 zitierten Art. 4 der Conf.Gallicana).

4. Die Lehre von Gott

Der Abschnitt soll die spezielle Theologie behandeln, also die dogmatische Lehre von Gott. Wie dieser Abschnitt aufgebaut und eingeteilt wird, verrät schon viel über die inhaltlichen Intentionen der jeweiligen Dogmatik. Hier soll möglichst breit informiert werden, ohne normative Entscheidungen mehr als notwendig vorwegzunehmen. Daher soll die spezielle Theologie in drei Problemkreisen abgehandelt werden: Gotteserkenntnis, die Lehre von Gott (Existenz, Wesen und Eigenschaften Gottes), die Trinität. Eine strenge Verknüpfung der einzelnen Abschnitte kann dabei nicht gegeben werden. Das setzte schon die normative Entscheidung voraus (vgl. F.Mildenberger, Gotteslehre. Eine dogmatische Untersuchung,1975). Wohl aber sollte man sich verschiedene Möglichkeiten einer Zuordnung dieser Fragenkreise klarmachen.

Suchen Sie dazu die Gliederungen der Dogmatiken von K.Barth, O.Weber, P.Althaus und R.Prenter auf. Wo tauchen die drei genannten Problemkreise auf?
Tragen Sie die jeweiligen Namen ein:

	Prolegomena	Spez. Theologie	Andere Stellung
Gotteserkenntnis			
Lehre von Gott			
Trinität			

Läßt sich eine bestimmte Gesetzmäßigkeit in der Anordnung feststellen?

4.1 Ein doppelter Weg der Gotteserkenntnis?

Die Information über die traditionelle Lehre von einem doppelten Weg der Gotteserkenntnis kann nur so gegeben werden, daß zugleich die Problematik dieser Lehre aufgezeigt wird. Es handelt sich hier um das in der modernen Theologie wohl umstrittenste Problem. Da der gegenwärtige Stand der dogmatischen Diskussion kaum anders verständlich gemacht werden kann als auf dem Hintergrund der traditionellen Lehrbildung, soll hier, abweichend von dem bisher geübten Vorgehen, zunächst diese Lehrbildung erarbeitet werden. Dann erst kann der moderne Diskussionsstand aufgewiesen werden. Dabei geht es nicht nur darum, die traditionelle Lehrbildung zu erfassen; auch ihre Intention muß begriffen werden, wenn das Gewicht der Diskussion um die "natürliche Theologie" erfaßt werden soll.

4.1.1 Natürliche Erkenntnis und Offenbarungserkenntnis Gottes

Der Begriff des "Natürlichen" bzw. der "Natur" ist in diesem Zusammenhang nicht, wie das im modernen Sprachgebrauch unserer Bildungssprache üblich ist, aus dem Gegensatz zu Geschichte, Kultur oder Geist zu verstehen. Natürlich bzw.Natur sind hier ontologische Begriffe. Bezeichnet wird damit das Wesen.

Beispiel: Es gehört zur Natur des Menschen, daß er Geist, nämlich Selbstbewußtsein hat bzw. ist. Es ist seine Natur, daß er ein geschichtliches Wesen ist, dessen Verwirklichung auf Tradition angewiesen ist, darum auch geschichtlich variabel ist (ein Sachverhalt, der in unserem Zusammenhang von Gewicht ist).

Man verwechsle also nicht "natürliche Theologie" und eine "Theologie der Natur" (z.B. A.M.K. Müller / W. Pannenberg, Erwägungen zu einer Theologie der Natur, 1970).

In unserem theologischen Zusammenhang ist der Gegenbegriff zu natürlich (= vernünftig, da Vernunft mit zum Wesen des Menschen gehört) übernatürlich (= durch ein besonderes Handeln Gottes bewirkt),der Gegenbegriff zu Natur ist Übernatur bzw. Offenbarung.

Die hier verwendete Begrifflichkeit ist durch ausgedehnte Diskussionen gerade in der modernen Theologie seit der Aufklärung sehr stark belastet. Man muß darum jeweils sorgfältig auf den Kontext der Verwendung achten, will man bestimmte Äußerungen verstehen.

4.1.1.1 Der doppelte Weg der Gotteserkenntnis nach dem 1.Vaticanum

Das 1.Vatikanische Konzil, gerade auch in der Frage der Gotteslehre von Gewicht, ist, anders als das 2.Vaticanum, bestimmt durch eine Tendenz der Abgrenzung gegen den modernen Geist. Freilich ist auch in dieser Abgrenzung die moderne Problematik wirksam: Was sich lange Zeit fast von selbst verstanden hat, das muß nun dogmatisch fixiert und mit der höchsten kirchlichen Autorität gegen seine Bestreitung durch den modernen Geist behauptet werden.

Das 1.Vatikanische Konzil bestimmt in seiner Constitutio dogmatica de fide catholica u.a. (DS 3004):

Eadem sancta mater Ecclesia tenet et docet, Deum, rerum omnium principium et finem, naturali humanae rationis lumine e rebus creatis certo cognosci posse; "invisibilia enim ipsius, a creatura mundi, per ea, quae facta sunt, intellecta, conspiciuntur" (Rom 1,20): attamen placuisse eius sapientiae et bonitati, alia eaque supernaturali via se ipsum ac aeterna voluntatis sua decreta humano generi revelare, dicente Apostolo: "Multifariam multisque modis olim Deus loquens patribus in Prophetis: novissime diebus istis locutus est nobis in Filio" (Hebr 1,1).

Tragen Sie hier die Übersetzung ein (Neuner-Roos 27.28):

Man muß hier also zwei Wege oder Möglichkeiten unterscheiden, zur Gotteserkenntnis zu gelangen: den natürlichen Weg und den übernatürlichen Weg. Der übernatürliche Weg der Offenbarung führt über Schrift bzw. Tradition (vgl. 3.1.1 und 3.1.3.1) zur von der Kirche verkündeten Glaubenswahrheit. Der natürliche Weg dagegen ist vernünftige Gotteserkenntnis, wobei hier auch die Vermittlung der Gotteserkenntnis genannt wird: die geschaffenen Dinge. Aus diesen vermag die menschliche Vernunft (naturalis humanae rationis lumen) Gott zu erkennen, und zwar mit Sicherheit (Deum certo cognosci posse), wie hier ausdrücklich zugesetzt wird (zur Durchführung

vergleiche den Abschnitt über die Gottesbeweise, 4.1.1.3, insbesondere zum kosmologischen Gottesbeweis, an den hier vermutlich in erster Linie gedacht ist).

Welche Begründung wird dafür gegeben, daß neben den natürlichen Weg der Gotteserkenntnis, der
prinzipiell jedem Menschen offensteht, auch noch ein übernatürlicher Weg tritt? (Vgl. DS 3005
bzw. Neuner-Roos 29.30).

1.

2.

Oben (1.2.2) wurde auf das Problem der Vollständigkeit des Dogmas unter den Stichworten Theologie und Ökonomie (sind Ihnen die Definitionen noch geläufig? Wenn nicht, schlagen Sie a.a.O.
nach!) aufmerksam gemacht. Das römisch-katholische Schema von Natur und Übernatur stellt einen
imposanten Versuch dar, Theologie und Ökonomie einander so zuzuordnen, daß ihre Verbindung
gerade auch in der Unterscheidung deutlich herauskommt (statt Natur-Übernatur kann auch gesagt
werden Natur-Gnade).Beide Bereiche werden hier so aufeinander bezogen, daß die Gnadenordnung
insofern in die Theologie als die Konstitution der Wirklichkeit in Gott hineinreicht, als der
Mensch zu einem übernatürlichen Ziel bestimmt ist (Deus ex infinita bonitate sua ordinavit hominem ad finem supernaturalem, DS 3005), während umgekehrt die natürliche Ordnung durch die
Gnade nicht aufgehoben, sondern einerseits vorausgesetzt, andererseits vervollkommnet wird.

Zum Auswendiglernen:

gratia non tollit, sed supponit et perficit naturam.(Vgl. zu diesem Schema auch 6.2.3.1
und 8.2.1.)

4.1.1.2 Die protestantische Lehrform

Selbstverständlich hat die reformatorische und altprotestantische Theologie nicht das römisch-
katholische Schema von Natur und Übernatur übernommen. Aber sie ist doch in der Frage nach
einer natürlichen Gotteserkenntnis wenigstens ein Stück weit den Weg der katholischen Tradition
mitgegangen (NB: nicht römisch, aber doch katholisch!). Dabei mußte die vertiefte Sündenlehre
der Reformation die Möglichkeit einer natürlichen Gotteserkenntnis stärker problematisieren
(vgl. auch 6.2.3.2). Doch blieb der Hinweis auf eine natürliche Möglichkeit der Gotteserkenntnis neben der Offenbarungserkenntnis. Das entscheidende Gewicht lag zwar auf der Offenbarungserkenntnis Gottes. Aber nicht nur die grundsätzliche Möglichkeit, sondern auch eine, wenngleich sehr unvollkommene, Verwirklichung der natürlichen Gotteserkenntnis wurde behauptet.
Problematisch war nicht die Offenbarungserkenntnis Gottes; die vollzog sich wie alle dogmatische Erkenntnis durch die Vermittlung der Schrift. Problematisch war dagegen die natürliche
Gotteserkenntnis, über die genauere Bestimmungen eingeführt werden mußten.

1. Daß es eine natürliche Gotteserkenntnis gibt, wird aus
der Schrift belegt. (Warum eigentlich, wenn es sich doch
um eine Vernunftwahrheit handelt, die jedermann einsichtig sein müßte? Hier zeigt sich dieselbe Widersprüchlich-
keit wie in der ausdrücklichen Definition der Möglichkeit
einer natürlichen Gotteserkenntnis durch das 1. Vaticanum).

Schlagen Sie die als dicta probantia angeführten Stellen
Röm 2, 14f; 1,18ff; Act 14,17; 17,27; Hi 12, 7; Jes 40,26
nach und überlegen Sie, was mit solchen Stellen eigentlich
bewiesen wird.

2. Man unterscheidet eine notitia insita und eine notitia
acquisita. Die notitia insita Dei soll dem Menschen von

Natur aus, ohne irgendwelche äußeren Einflüsse, eignen. Sie ist die Fähigkeit zur Gotteserkenntnis, wie sie zum Menschsein als solchem gehört (vgl. dazu moderne theologische Bildungen wie die Theorie eines "religiösen Apriori", 2.2.2.6). Hilfsweise wird zur Beschreibung dieses Sachverhalts die erkenntnistheoretische Theorie von κοιναί ἔννοιαι herangezogen. Dabei handle es sich um Reste der imago Dei, die nach dem Sündenfall übriggeblieben seien. Insbesondere wird dabei auf das Gewissen und seine Kenntnis des göttlichen Gesetzes verwiesen. Die notitia acquisita Dei dagegen ist erworben. Sie aktualisiert die Fähigkeit der notitia insita, indem sie die erfahrene Wirklichkeit von Natur und Geschichte auf Gott als ihren Urheber hin reflektiert. Die starke Orientierung an der Offenbarungserkenntnis zeigt sich u.a. daran, daß man in Analogie zu der Schrift als der Quelle der Offenbarungserkenntnis vom liber naturae redet, aus welchem diese Gotteserkenntnis geschöpft werde.

3. Man muß natürlich gerade hier auch über den Sinn einer solchen natürlichen Gotteserkenntnis genau Rechenschaft geben. Wozu braucht es diese, wenn doch die Schrift alles enthält, was zum Heil notwendig ist (sufficientia!)?

Calov (bei H.Schmid,S.84): Utilitas naturalis Dei cognitionis: 1. paedagogica, ad inquirendum verum Deum, qui se manifestavit per scripturam in ecclesia; 2. paedeutica, ad dirigendos mores et externam disciplinam in et extra ecclesiam; 3. didactica, quod ad explicationem et illustrationem scripturae faciat, si sobrie adhibeatur.

Achten Sie bei Ihrer Übersetzung darauf, wie die Terminologie sich hier an die Lehre vom drei- bzw. vierfachen usus legis (H.Schmid, S.325) anlehnt.
Übersetzung:

Andere nennen auch noch, in Anlehnung an Röm 1,18ff, daß durch diese natürliche Gotteserkenntnis die Menschen vor Gott als unentschuldbar erwiesen werden (inexcusabilitas als eventus ex abusu notitiarum naturalium profluens).

Wird in der römisch-katholischen Gesamtkonzeption Theologie und Ökonomie durch das Schema Natur - Übernatur / Gnade miteinander verbunden, so leistet diesen Dienst in der lutherischen Tradition wenigstens teilweise das Schema von Gesetz und Evangelium.

Vorausgesetzt ist dabei die Lehre vom dreifachen Gebrauch des Gesetzes (vgl. 9.3.1.1). Das Gewicht liegt hier weniger auf der Erkenntnis des göttlichen Wesens und der daraus sich ergebenden Gottesverehrung, obwohl auch diese mit bedacht werden muß, als auf der allgemeinen, vernünftigen Erkenntnis des göttlichen Willens (lex naturalis, natürliches Sittengesetz) als der allgemeinen Grundlage des menschlichen Zusammenlebens, dessen Einhaltung durch die staatliche Ordnung wenigstens äußerlich erzwungen wird (disciplina).

Da Gott auch vernünftig erkannt werden kann - wenigstens grundsätzlich -, fragt es sich, ob Gotteserkenntnis Vernunfterkenntnis oder Glaubenserkenntnis ist. Das gilt mindestens für die Teilmomente der Gotteserkenntnis, die auch für die Vernunft zugänglich sind (es gilt auf keinen Fall für das Geheimnis des dreieinigen Wesens Gottes, das allein durch Offenbarung bekannt ist). Das Problem wird so gelöst, daß man hier von articuli fidei mixti spricht.

Was ist ein articulus fidei mixtus?

Inwiefern ist ein solcher articulus fidei mixtus zu glauben?

4.1.1.3 Die Durchführung der natürlichen Gotteserkenntnis

Bei der bloßen Behauptung, daß die menschliche Vernunft fähig sei, Gott zu erkennen, darf es natürlich nicht bleiben. Vielmehr muß eine solche Erkenntnis dann auch durchgeführt werden.

Gerade die durch die Gnade erleuchtete bzw. durch den Glauben geheilte Vernunft muß ja erst recht imstande sein, auch zu einer natürlichen Erkenntnis Gottes zu kommen.

Zwei Momente dieser Durchführung sollen hier genannt werden: Die sog. Gottesbeweise und die Lehre vom Naturgesetz.

A. Die Gottesbeweise

Es liegt hier eine alte Tradition vor, die teilweise nicht erst mit der christlichen Theologie anhebt, sondern schon in der Antike ihre Wurzeln hat. Einige dieser Gottesbeweise sollte man als Theologe sich soweit angeeignet haben, daß man imstande ist, die Argumentation selbständig nachzuvollziehen.

1. Der ontologische Gottesbeweis

Wenn Gott gedacht wird, dann muß er als wirklich seiend gedacht werden. Da Gott gedacht werden kann, muß er als wirklich gedacht werden. Dabei wird Gott als die Seinsnotwendigkeit gedacht.

+ Wir geraten bei einem solchen Denken in Schwierigkeiten, weil wir den Satz vom Widerspruch (a kann nicht zugleich auch non a sein) nur auf seiende Gegenstände, nicht aber auf das Sein anzuwenden gewohnt sind. Eben das aber geschieht dort, wo man in der Tradition der abendländischen Metaphysik seit Parmenides die Seinsnotwendigkeit wie einen notwendig seienden Gegenstand denkt. D.h. Sein kann nicht zugleich Nichtsein sein. Wird das streng durchgeführt, dann kann in der Tat das Nichtsein des Seins nicht gedacht werden, darum auch nicht ein Gewordensein oder ein Vergehen des Seins. Wird das Seiende "Gott" mit dieser Seinsnotwendigkeit identifiziert, dann muß Gott als wirklich gedacht werden - ja, er kann nicht einmal als nicht wirklich gedacht werden.

  Lesen Sie im Proslogion des Anselm von Canterbury c.II - IV.
  Welchen Begriff Gottes setzt die Argumentation bei Anselm voraus?

  Anselm nimmt mit diesem Begriff zwei Denkoperationen vor. Einmal unterscheidet er ein esse in intellectu und ein esse in re. Was sowohl in intellectu wie in re ist, muß mehr bzw. größer sein, als das, was nur in intellectu ist. Weiter wird dann ein kontingentes und ein notwendiges Seiendes unterschieden. Das notwendige Seiende ist größer als das kontingente Seiende - so daß nicht einmal das Nichtsein Gottes gedacht werden kann.

++ Kant hat bekanntlich gegen diese Argumentation eingewandt, daß Sein kein mögliches Prädikat sei, ein Begriff von irgendetwas, was zu dem Begriff eines Dinges hinzukommen könne. "Hundert wirkliche Taler enthalten nicht das mindeste mehr, als hundert mögliche". Das ist, für sich genommen, natürlich kein genügend überzeugender Einwand gegen das ontologische Argument für das Dasein Gottes. Entscheidend für den Einwand Kants ist, daß er sich weigert, die Seinsnotwendigkeit einem einzigen Seienden, eben Gott, zuzudenken. "Es wird uns vielmehr unbenommen bleiben, alle übrige eingeschränkte Wesen eben so wohl für unbedingt notwendig gelten zu lassen, ob wir gleich ihre Notwendigkeit aus dem allgemeinen Begriffe, den wir von ihnen haben, nicht schließen können" (St.A. Hg. W.Weischedel, Bd.II, S.526,B S.616).

  Kant weigert sich also, die Seinsnotwendigkeit in einem einzigen Seienden zu denken, sieht vielmehr die höchste Realität als das gemeinsame Substrat aller wirklichen Dinge. In der Tat ist unter einer solchen Voraussetzung das ontologische Argument nicht schlüssig. (Vgl. Kritik der reinen Vernunft, Transzendentale Dialektik, 2.Buch, 3.Hauptstück, Abschnitt 2-4. St.A. II, S.515 - 536, B S.600 - 630).

2. Der kosmologische Gottesbeweis

Er geht aus davon, daß alles welthafte Seiende verursacht ist. Von jedem Ding kann auf anderes, durch das es verursacht ist, zurückgeschlossen werden. Man kann nun aber nicht in der Reihe der Ursachen immer weiter zurückgehen. Denn da faktisch verursachtes Seiendes existiert, wie die Erfahrung zeigt, muß das Denken auf ein nicht verursachtes, sondern selbst nur verursachendes Seiendes zurückschließen. Dieses aber ist Gott (in der Tat, wie Kant bemerkte, ein versteckter Rückgang auf das ontologische Argument, mindestens sofern hier von dem kontingenten auf ein notwendiges Seiendes geschlossen wird, das die Ursache seiner selbst und alles anderen Seienden ist).

Lesen Sie dazu Thomas, STh 1 q.2 a.3.
Welches sind die fünf Wege, auf denen sich nach Thomas die Existenz Gottes beweisen läßt?
1.
2.

4.1.1.3

3.

4.

5.

Achten Sie auf die Schlußformel, mit der Thomas die einzelnen Argumentationsgänge beendet. Hier wird jeweils eine Identifikation vollzogen, nämlich die Identifikation des primum movens etc. mit dem, der Gott heißt. Das verweist darauf, daß Tradition auch bei solcher Argumentation eine entscheidende Rolle spielt. Man kennt Gott aus der Tradition, darum wird das jeweilige Ergebnis der Folgerungen mit diesem Gott identifiziert!

3. Der physikotheologische Gottesbeweis

Er war in der Aufklärung besonders beliebt, ist aber natürlich älter. Der fünfte der Wege des Thomas etwa kann als Durchführung dieses Beweises bezeichnet werden. Hier wird aus der sinnvollen Einrichtung der Welt auf Gott geschlossen, auf den diese sinnvolle Einrichtung zurückgehen muß.

Lesen Sie dazu die Ausführungen bei K.Barth, III,1, S.454 - 463, der dazu sehr anschauliche Beispiele vorführt (wobei es sich durchaus lohnt, nicht nur das zuvor über Leibniz und Wolff Gesagte, sondern auch den ganzen Kontext der Barthschen Ausführung zur Kenntnis zu nehmen).

4. Der Beweis e consensu gentium

Er ist schon in der Antike geführt worden (Cicero, Lactanz), und bis in die Gegenwart beliebt (vgl. 2.2.2.6). Man geht von der Feststellung aus, daß alle Völker ein Göttliches verehren. Dabei kann es sich nicht um einen allgemeinen Irrtum handeln. Vielmehr erweist die allgemeine Gottesverehrung die Existenz eines Göttlichen, das sich so offenbart hat, daß es diese Verehrung bewirkte.

5. Der moralische Gottesbeweis

Es geht hier nicht einfach um die Manifestation des Willens Gottes im Gewissen (dazu vgl. die Aussagen über das Naturgesetz), sondern um die typisch moderne Form des Gottesbeweises, wie sie Kant als Ersatz für die von ihm kritisierten traditionellen Gottesbeweise ausgearbeitet hat: Das Tun des Guten, Tugend, fordert zugleich eine Welt, in der tugendhaftes Handeln Erfolg hat (Glückseligkeit). Da wohl tugendhaftes Handeln in unserer Hand steht, nicht aber eine solche Einrichtung der Welt, die tugendhaftem Handeln seinen Erfolg garantiert, muß Gott postuliert werden als der, der das höchste Gut als die Verbindung von Tugend und Glückseligkeit verwirklicht (vgl. 2.2).

+ Lesen Sie dazu die Durchführung dieses Gedankens bei Johann Gottlieb Fichte, Über den Grund unseres Glaubens an eine göttliche Weltregierung (WW Gesamtausgabe, Hg. I.H.Fichte, Bd.V, S.177 - 189, bzw. Ausgewählte Werke, Hg. F.Medicus, Bd. III, S.121 - 133).

Inwiefern ist "Gott" hier im sittlichen Handeln mitgesetzt?

Warum konnte dieser Aufsatz Fichte den Vorwurf des Atheismus einbringen?

Allgemeiner kann diese typisch moderne Argumentation, die bis heute in den verschiedensten Variationen wiederkehrt, so formuliert werden:

Gott ist die notwendige Voraussetzung der menschlichen Selbstverwirklichung.

Es gibt verschiedene Versuche, den Wahrheitsgehalt der sog. Gottesbeweise aufzunehmen, ohne doch die Form, in der diese Beweise geführt worden sind, zu akzeptieren. Lesen Sie dazu P.Til-lich, STh Bd.I, S.242 - 249.

Was wird aus der natürlichen Theologie, wenn die Gottesbeweise ihres Beweischarakters entklei-det sind und die unsachgemäße Kombination der Worte "Existenz" und "Gott" beseitigt ist?

+ Inwiefern ermöglicht es das ontologische Argument, nach Gott zu fragen?

+ Inwiefern zeigt das kosmologische Argument, daß die Frage nach Gott gestellt werden muß?

B. Das Naturgesetz

Der Begriff darf hier selbstverständlich nicht im Sinne der Naturwissenschaft des 19. Jahrhun-derts genommen werden. Der hier vorliegende Begriff der Natur bzw. des Natürlichen ist schon oben (4.1.1) erklärt worden. Gesetz meint hier Norm, die den Menschen bindet.

Die Annahme eines Naturgesetzes, einer allen Menschen kraft ihrer Vernünftigkeit bekannten rechtlichen und moralischen Ordnung, die auf Gott selbst zurückgeht, ist noch mehr als die Gottesbeweise Gemeingut in der Durchführung der These von einer natürlichen Gotteserkenntnis (die hier zur Grundlegung der Ethik dient).

Lesen Sie als Beispiel den Abschnitt über die lex naturae in Melanchthons Loci von 1521 (St.A.II,1, S.40 - 45).
Welche drei Sätze des Naturrechts führt Melanchthon hier an?
1.   2.
                                3.
Wegen des Sündenfalls wird eine Veränderung des zweiten und dritten Satzes des Naturrechtes notwendig.

Welche Institutionen sind danach durch den Sündenfall bedingt?

1.   2.

+ Welche Veränderungen in der Darbietung des Naturgesetzes zeigt die Ausgabe der Loci von
  1559 (St.A.II,1, S.313 - 321)?

1.

2.

Während in der lutherischen Tradition, die die Beziehung von Naturrecht und Gottes Offenbarung in Jesus Christus über das Schema von Gesetz und Evangelium herstellt, eine relative Selbstän-digkeit der sittlichen und rechtlichen Ordnung der Gesellschaft gegenüber der Offenbarung Got-tes angenommen wird, folgt aus dem Schema Natur - Übernatur der Anspruch des kirchlichen Lehr-amtes, auch das Naturgesetz authentisch zu interpretieren. Denn die durch die Gnade geheilte Vernunft kann das Naturgesetz klarer erfassen als eine durch die Sünde verletzte Vernunft.

Lesen Sie als Dokument dieses Anspruchs die einleitenden Passagen der Encyclica "Humanae vi-tae". Nicht eine "christliche" Sittenlehre wird da eingeschärft, wie das vor allem in der Po-lemik gegen diese sog. Pillenenzyklika oft behauptet wird. Vielmehr beansprucht das Lehramt, hier das natürliche Sittengesetz (die lex naturalis) auszulegen. Das ist seine Pflicht. Denn eine Befolgung dieses natürlichen Sittengesetzes ist für alle Menschen zum ewigen Heil notwen-dig.

+ Inwiefern ist eine autoritative Auslegung des natürlichen Sittengesetzes für die moderne Bestimmung des Vernünftigen ein Widerspruch?

Durch diese Theorien gewinnt die These eines Naturgesetzes eine unmittelbare politische Relevanz, die anläßlich der Reformen des Sexualstrafrechtes und des Abtreibungsparagraphen die politische Diskussion in unserem Staat stark belastet hat.

Lesen Sie dazu die sog. Bischofsdenkschrift von 1970, "Das Gesetz des Staates und die sittliche Ordnung. Zur öffentlichen Diskussion über die Reform des Eherechts und des Strafrechts. Mit einem Vorwort herausgegeben von Julius Kardinal Döpfner und Landesbischof D.Hermann Dietzfelbinger", insbesondere das Vorwort der Bischöfe und den grundsätzlichen Abschnitt I. über "Das Verhältnis von Recht, Moral und Ethik", S.11 - 13.

Die im Vorwort behauptete Gemeinsamkeit christlicher Überzeugung bedeutet faktisch ein Eingehen auch der protestantischen Gesprächsteilnehmer auf die katholische Theorie.

Was wird hier über sittliche Wertvorstellungen behauptet?

Was geschieht, wenn Staat und Gesellschaft einen bestimmten Grundbestand an sittlichen Überzeugungen nicht mehr als für die Gesellschaft verbindlich anerkennen?

Wer stellt fest, was zu diesem Grundbestand gehört (das steht nicht in der Bischofsdenkschrift, aber immer wieder einmal in der Zeitung)?

4.1.2 Die theologische Leistungsfähigkeit des Denkmodells von der doppelten Weise der Gotteserkenntnis

Die Lehre von einer doppelten Weise der Gotteserkenntnis übergreift selbst den tiefen konfessionellen Gegensatz zwischen Katholiken und Protestanten. Schon das zeigt ihr Gewicht. Was leistet diese Lehre? So muß gefragt werden, gerade wenn die gegenwärtige Problematik dieser Lehre erfaßt werden soll.

Hier wird über Gott zwischen Welterfahrung und der Heilsoffenbarung in Jesus Christus vermittelt.

Beachten wir noch einmal die Durchführung der natürlichen Gotteserkenntnis: Hier wird angesetzt bei der Selbsterfahrung des Menschen als eines denkenden Ich (ontologischer Gottesbeweis, insbesondere in der Fassung durch Descartes); es wird angesetzt beim In-der-Welt-Sein des Menschen (kosmologischer Gottesbeweis); es wird angesetzt bei der sittlichen Beanspruchung des Menschen (Naturgesetz, moralischer Gottesbeweis). Diese unmittelbare Erfahrung des Menschen wird auf Gott hin interpretiert: wenn sie genügend klar und genügend weit reflektiert wird, stößt der Mensch auf Gott. Zugleich aber stößt dieser Mensch noch einmal anders auf Gott. Dort nämlich, wo ihm Gott durch die Vermittlung der Kirche in Jesus Christus begegnet. Hier und dort ist Gott. Das bedeutet dann aber, daß die unmittelbare Erfahrung des Menschen, die in Gott zusammengefaßt werden kann, zu begründen vermag, inwiefern die Offenbarung Gottes in Jesus Christus den Menschen etwas angeht. Zugleich kann damit nachgewiesen werden, daß der Mensch zu verstehen vermag, was es heißt, daß Gott ihm in Jesus Christus begegnet.

Dieses Modell der Vermittlung ist freilich in sich selbst schon problematisch. Der Verweis auf die natürliche Gotteserkenntnis soll ja die Offenbarung Gottes in Jesus Christus nicht überflüssig machen, sondern auf sie hinführen. Darum darf der natürlichen Gotteserkenntnis nicht zu viel zugestanden werden. Man muß hier also quantitieren: So viel natürliche Gotteserkenntnis, daß die Vermittlung zwischen Erfahrung und Heilsangebot gelingt. Aber nur so viel natürliche Gotteserkenntnis, daß das angebotene Heil nicht überflüssig wird. Um zu einer solchen theologisch zuträglichen Dosierung der natürlichen Gotteserkenntnis zu kommen, hat man sich traditionell der Sündenlehre bedient (vgl. 6.2.3.1 und 2).

Dem widersprüchlichen Interesse der Verbindung einer natürlichen und einer offenbarten Gotteserkenntnis werden die konfessionellen Denkschemata in verschiedener Weise gerecht: Gelingt es dem Schema von Natur und Gnade besser, die in der natürlichen Gotteserkenntnis zusammengefaßte Weltwirklichkeit auf das Heil zu beziehen und so in der Beziehung von Naturordnung und von Gnadenordnung ein einheitliches Verständnis von Welt und Heil zu erarbeiten, so gelingt es dem lutherischen Schema von Gesetz und Evangelium besser, die Angewiesenheit des Menschen auf das Heil verständlich zu machen. Beide theologischen Denkschemata setzen aber eine in ihrer Grundhaltung christliche Gesellschaft voraus, die sich ihre Sinndeutung von einem christlich interpretierten Gott her geben läßt. Nur dann kann die behauptete natürliche (d.h. allgemein einsichtige und allgemein verbindliche) Gotteserkenntnis mit der nötigen Plausibilität verbunden sein.

(Vgl. auch F.Mildenberger, Gotteslehre,S.3 - 25).

4.1.3 Die Bestreitung der natürlichen Theologie in der Moderne

Man tut gut daran, natürliche Gotteserkenntnis und natürliche Theologie zu unterscheiden. Natürliche Gotteserkenntnis ist die behauptete Fähigkeit des Menschen, Gott zu erkennen. Natürliche Theologie gibt es dort, wo diese Fähigkeit aktualisiert, und Gott also auf diese Weise, allgemein und jedem vernünftigen Menschen zugänglich, erkannt wird.

Zum Folgenden vgl. auch H.-J.Birkner, Natürliche Theologie und Offenbarungstheologie. Ein theologiegeschichtlicher Überblick, NZSTh 3, 1961, S.279 - 295.

Die Zuordnung von natürlicher und offenbarter Gotteserkenntnis konnte nur solange Bestand haben, wie die Überlegenheit der Offenbarung - und also auch die Autorität der die Offenbarung vermittelnden Institutionen - in allgemeiner Geltung stand.

Die Offenbarung vermittelnde Institutionen sind einerseits das Lehramt der katholischen Kirche in allen seinen Komponenten, andererseits die Bibel, verbunden mit den ihre Auslegung besorgenden Einrichtungen, der Universitätstheologie wie den Pfarrern.

Diese Geltung wurde durch die konfessionellen Auseinandersetzungen des 16. und 17.Jahrhunderts erschüttert und durch die große geistige Bewegung der Aufklärung mit Erfolg bestritten (vgl. dazu auch 2.2.2.2 und 2.2.2.3). Hier vollzog sich, im Zusammenhang mit der Entgegensetzung der natürlichen gegen die positiven Religionen, eine Entgegensetzung von natürlicher, rein vernünftiger Gotteserkenntnis gegen die Offenbarung, der nun ihre Partikularität, ihre Autoritätsbindung, ihre historische Zufälligkeit vorgeworfen wurde: Der Gedanke einer heilsnotwendigen Offenbarung ist nicht nur ein unvernünftiger, sondern auch ein Gottes unwürdiger Gedanke.

Dazu der Schlußabschnitt des von Lessing veröffentlichten Fragmentes aus der "Apologie oder Schutzschrift für die vernünftigen Verehrer Gottes" des Hermann Samuel Reimarus (das ganze Fragment wird zur Lektüre empfohlen). Ich zitiere nach Rilla Bd. 8, S.734: "Da nun Gott nach seiner Weisheit und Güte, wenn er alle Menschen selig haben will, dasjenige nicht zum notwendigen und einzigen Mittel der Seligkeit machen kann, welches den allermeisten schlechterdings unmöglich fällt, zu bekommen, anzunehmen und zu gebrauchen: so muß gewiß die Offenbarung nicht nötig, und der Mensch für keine Offenbarung gemacht sein. Es bleibt der einzige Weg, dadurch etwas allgemein werden kann, die Sprache und das Buch der Natur, die Geschöpfe Gottes, und die Spuren der göttlichen Vollkommenheiten, welche darin als in einem Spiegel allen Menschen, so gelehrten als ungelehrten, so Barbaren als Griechen, Juden und Christen, aller Orten und zu allen Zeiten, sich deutlich darstellen. Sollten die Menschen zu ihrem Zweck, dazu sie Gott geschaffen, eine mehrere Fähigkeit und Erkenntnis haben müssen, als sie jetzt erhalten können: so würde Gott selbiges in der Natur oder natürlichen Kräften des Menschen gelegt haben. Er hat für die leibliche und zeitliche Wohlfahrt des Menschen durch solche allgemeine Mittel, die ein jeder haben kann, in der Natur gesorget: und was nur wenige habhaft werden können, das ist auch dem Menschen zu seiner Wohlfahrt nicht nötig. Um so viel mehr muß dasjenige, was die Seele,und zwar in alle Ewigkeit, soll vollkommen und glücklich machen, allgemein sein: und wo es das nicht ist, wenn nur wenige dazu gelangen können: so ist es auch dem Menschen nicht nötig, und von dem weisen, gütigen Gott nicht als ein notwendiges Mittel gesetzet, sondern von Menschen ersonnen".

Wie wird hier gegen die Behauptung einer besonderen Offenbarung argumentiert? Versuchen Sie, die Prämissen und die Konklusion zu formulieren.

Obersatz:

Untersatz:

Folgerung:

4.1.3

Die hier vollzogene Emanzipation der natürlichen Religion und Theologie aus ihrer Bindung an die christliche Offenbarung und die sie vermittelnden Institutionen hat eine Repristination der traditionellen Zuordnung von natürlicher und offenbarter Gotteserkenntnis - trotz vieler Versuche in dieser Richtung - unmöglich gemacht.

Die von der kirchlichen Autorität emanzipierte natürliche Theologie der Aufklärung konnte sich nicht allgemein durchsetzen und erst recht nicht auf die Dauer behaupten. Vgl. dazu die Hinweise zur Subjektivierung der Religion 2.2 und zur Religionskritik 2.2.2.5. Eine allgemeine Geltung konnte jedenfalls eine natürliche Theologie nie gewinnen. So kam es zu dem, was wir heute den weltanschaulichen Pluralismus unserer Gesellschaft nennen - man kann denselben Sachverhalt auch so ausdrücken: "Gott ist tot" (vgl. Friedrich Nietzsche, Die fröhliche Wissenschaft, 5.Buch, 343.344).

Der Versuch, sich auf diese neue Situation einzustellen, wurde theologisch als Auseinandersetzung mit der natürlichen Theologie durchgeführt (wobei sich freilich keine klare geschichtliche Kontinuität dieser Auseinandersetzung nachweisen läßt). Genannt werden hier drei Namen, die zugleich Epochen der modernen Theologie kennzeichnen, wobei freilich jeder Spätere dem oder den Früheren natürliche Theologie vorgeworfen hat: Schleiermacher, Ritschl, Barth.

Für Schleiermacher vollzieht sich die Auseinandersetzung mit der natürlichen Theologie als Auseinandersetzung mit der natürlichen Religion (vgl. 2.2.2.4 und den dort angegebenen Textabschnitt aus den Reden über die Religion).

Lesen Sie dazu aus der "Kurzen Darstellung des theologischen Studiums" (vgl. 2.3.2.3) die §§ 43. und 44.
Wie bestimmt Schleiermacher hier den Begriff des Natürlichen?

Wie bestimmt er den Begriff des Positiven?

Eine "natürliche" Religion oder Gotteserkenntnis kann danach keine eigene Realität haben. Sie ist vielmehr nur Allgemeinbegriff, der allein in der jeweiligen Spezifikation des Positiven existiert.

Für Albrecht Ritschl vollzieht sich die Auseinandersetzung mit der natürlichen Theologie vorwiegend als Auseinandersetzung mit der Metaphysik der traditionellen theologischen Gedankenbildungen. Er will Gott nicht metaphysisch erfassen, sondern so, wie er sich in seiner Offenbarung in Jesus Christus erschließt (von dem Ritschl-Schüler Gottschick wird das Wort tradiert: "Ohne Christus wäre ich Atheist". Dazu H.Benckert, EvTh 18, 1958, 445-460).

Lesen Sie von A.Ritschl, Theologie und Metaphysik. Zur Verständigung und Abwehr, 1881, S.3-13. Welcher Aufgabe ist nach Ritschl die Disziplin der Metaphysik gewidmet?

Was ist nach Ritschl vorausgesetzt, wenn die Betrachtung der Welt zum Gedanken eines überweltlichen Gottes führt?

Lesen Sie auch den historischen Durchblick auf S.62.
Wen nennt Ritschl als konsequenten Bestreiter natürlicher Theologie?

Karl Barth hat schließlich diese moderne Bestreitung der natürlichen Theologie vollends in aller Grundsätzlichkeit durchgeführt, die dann natürlich auch Schleiermacher oder Ritschl nicht schonen konnte. Diese Grundsätzlichkeit der Ablehnung Barths zeigt einerseits, wie scharf er die moderne Situation erfaßte. Sie kann andererseits dort, wo sie nur rezipiert wird, ohne daß man die polemische Situation Barths mitvollzieht, zu einer fatalen Situationsvergessenheit führen, die dann auch die Probleme unterschlägt, auf die unsere theologische Tradition einmal damit antwortete, daß sie die Lehre von einer doppelten Gotteserkenntnis ausgearbeitet hat.

Lesen Sie von K.Barth, Abschied von "Zwischen den Zeiten", neu abgedruckt in: Hg. J.Moltmann, Anfänge der dialektischen Theologie II, ThB 17, 1963, S.313 - 321.

Welche geschichtlichen Erscheinungen nennt
Barth hier im Zusammenhang seiner negativen
Wertung der natürlichen Theologie?

Weg mit dieser unmöglichen natürlichen Theologie!!!

Mi 75

+ R.Bultmann hat in seinem Aufsatz über "Das
  Problem der 'Natürlichen Theologie'" versucht, eine vermittelnde Haltung zu skiz-
  zieren, die einerseits die traditionelle
  Gestalt natürlicher Theologie ablehnt, und
  andererseits doch bestimmte Elemente dieser Theologie in die dogmatische Arbeit
  aufnimmt (GV I, 294 - 312).

  Aus welchen Tatsachen erwächst das Problem
  der natürlichen Theologie?

  1.

  2.

  3.

Wie werden diese Tatsachen von Bultmann so berücksichtigt, daß doch die Grundthese von der
Unmöglichkeit einer faktischen natürlichen Gotteserkenntnis aufrechterhalten werden kann?

4.1.4 Zur gegenwärtigen Problemsituation

Die durch die Behauptung eines doppelten Weges der Gotteserkenntnis angedeutete Problematik
ist in der gegenwärtigen Situation der Dogmatik, trotz oder vielleicht sogar wegen der Wucht
des Barthschen Protestes gegen die natürliche Theologie, noch keineswegs gelöst. Das liegt
weithin auch daran, daß es nicht gelungen ist, zu eindeutigen Begriffsbestimmungen zu kommen,
mit deren Hilfe die Frage diskutiert werden könnte.

Wir unterscheiden drei Möglichkeiten, die Frage der Gotteserkenntnis anzugehen: Einmal Versuche einer Repristination des traditionellen Modells einer doppelten Gotteserkenntnis. Dann
Versuche, die christliche Tradition in der Struktur der natürlichen Theologie zu interpretieren, und Versuche, sie in der Struktur der Offenbarungstheologie zu interpretieren.

1. Eine Repristination des Modells einer doppelten Gotteserkenntnis legt sich für eine mehr
konservativ bestimmte theologische Haltung nahe. Insbesondere findet sich solche Repristination bei einem durch den Widerspruch gegen Karl Barth und die erste These der Barmer theologischen Erklärung von 1934 geprägten Luthertum (Emil Brunner mit seiner Frage nach dem Anknüpfungspunkt soll im Zusammenhang der Anthropologie und Sündenlehre besprochen werden, 6.2.3.3;
auch hier taucht ja das Problem noch einmal auf, wenn von den Möglichkeiten oder Fähigkeiten
des Menschen die Rede sein muß, Gott zu erkennen).

Vgl. dazu Ernst Kinder, Das vernachlässigte Problem der "natürlichen" Gotteserfahrung in der
Theologie, KuD 9,1963, S.316 - 333. Hier arbeitet man mit dem Schema von Gesetz und Evangeli-
um, das als Kennzeichen lutherischer Theologie gelten soll. "Das Verhältnis der 'natürlichen'
Selbstbezeugungen Gottes zu seinem geschichtlichen Heilshandeln ist zutiefst das von Gesetz
und Evangelium" (Kinder a.a.O. S.331). Vor allem die Erlanger Werner Elert und Paul Althaus
haben diesen angeblich lutherischen Gegensatz gegen Karl Barth wie gegen die erste These der
Barmer theologischen Erklärung je auf ihre Weise ausgearbeitet. Vgl. dazu von W.Elert,
K.Barths Index der verbotenen Bücher, Theologia militans 1935, eine Polemik, die Barth an
Schärfe womöglich noch übertrifft.

Informieren Sie sich über die Durchführung bei Paul Althaus (dazu genügt ein verständnisvoller
Blick auf das Inhaltsverzeichnis der "Christlichen Wahrheit").

Welche Terminologie gebraucht Althaus?

Wo findet Althaus Gottes Selbstbezeugung vor und außerhalb der Heilsoffenbarung?

  1.

2.

3.

4.

5.

+ Was halten Sie von dem Verfahren, exegetisch für die Tatsache einer natürlichen Gotteserkenntnis zu argumentieren, wie das bei Althaus S.38 - 41 geschieht?

2. Der Versuch, die christliche Tradition in den Strukturen der natürlichen Theologie zu interpretieren, ist in der Moderne außerordentlich beliebt. Hier wird nicht eine doppelte Weise
der Gotteserkenntnis postuliert.Man hat begriffen, daß das nicht mehr geht. Zugleich aber
möchte man nicht auf die autoritative Vermittlung der christlichen Tradition zurückgreifen,
weil diese dem modernen Menschen nicht mehr zuzumuten sei (also auf Lehramt, Tradition, die
Bibel etc.). Vielmehr soll die christliche Tradition als die Erfüllung des Menschseins und
seiner offenen Fragen einsichtig gemacht werden. Die Strukturen der Allgemeinheit (Vernünftigkeit) und der Einsichtigkeit nimmt eine solche Interpretation also von der natürlichen Gotteserkenntnis und bezieht sie auf die christliche Tradition.

Vgl. dazu F.Mildenberger, Theologie für die Zeit. Wider die religiöse Interpretation der Wirklichkeit in der modernen Theologie, 1969, wo Beispiele für dieses Verfahren und eine Charakteristik der methodischen Grundstruktur gegeben werden.

3. Theologie von der Heilsoffenbarung aus zu entfalten, verlangt eine klare Ausarbeitung der
Autoritätsproblematik. Wohl weil der Begriff der Autorität seit der Aufklärung negativ belastet ist, hat man übersehen, daß Glaube immer, sofern er ein Moment der Entscheidung in sich
schließt, sich auf Autorität gründet. Die Möglichkeit eines "Offenbarungspositivismus" ist im-
ponierend von Karl Barth vertreten worden. Seine Kirchliche Dogmatik zeigt, daß ein solcher
theologischer Ansatz nicht in einer weltlosen Enge enden muß.

Lesen Sie die Barmer Theologische Erklärung zur gegenwärtigen Lage der Deutschen Evangelischen
Kirche (Niesel, S.333 - 337).
Was sagt die erste Barmer These zur Frage einer Offenbarung Gottes neben Jesus Christus?

+ Inwiefern trifft der Vorwurf zu, in der Barmer Erklärung werde bestritten, daß das Gesetz
  ein selbständig ergehendes Wort Gottes neben dem Evangelium sei?

4.2 Die Lehre von Gott

Traditionell wird unterschieden die Lehre von Gottes Wesen und seinen Eigenschaften einerseits,
von Gottes Dreieinigkeit andererseits. Dabei ist aufgrund der Lehre von der doppelten Gotteserkenntnis vorausgesetzt, daß Gottes Wesen wenigstens in bestimmten Hinsichten der vernünftigen
Erkenntnis zugänglich ist,während das Geheimnis der göttlichen Dreieinigkeit nur aufgrund
göttlicher Offenbarung erkannt werden kann. Aus diesem Grund wird in der Regel auch dort, wo
die Dogmatik dann eine ausführliche Trinitätslehre vorlegt, zunächst über Wesen und Eigenschaften Gottes gehandelt.Daß ein solcher Aufbau dort, wo die traditionelle Lehre vom doppelten
Weg der Gotteserkenntnis als unhaltbar erkannt wurde, nicht mehr möglich ist, liegt auf der
Hand. Wir folgen hier trotzdem dem traditionellen Aufriß, der genügt, wo nur informiert wird.

4.2.1 Unterscheidung und Beziehung von Gott und Welt

In der Kirche wird viel von Gott geredet, auch in recht verschiedenen Situationen. Beachtet
man dabei die Beharrungskraft religiöser Sprache, dann scheint es so, wie wenn hier nur noch
leere Sprachhülsen tradiert würden. Dabei ist etwa an das liturgische Sprechen von Gott zu

denken, Anrede Gottes im Gebet beispielsweise. Gibt es denn Gott noch, wenn es beispielsweise die von ihm "verordnete Obrigkeit" nicht mehr gibt, für die wir ihn laut Aufweis unserer agendarischen Fürbittegebete immer noch bitten sollen? Muß also nicht sehr genau gesagt werden, wo Gott anzutreffen ist, wenn überhaupt noch sinnvoll von ihm geredet werden soll?

Rudolf Bultmann hat in seinem Aufsatz "Welchen Sinn hat es, von Gott zu reden" (1925; GV I, S.26 - 37) ein Thema vorgegeben, das als Antwortmöglichkeit gerade in der Debatte der letzten Jahre immer wieder variiert worden ist: "Jedenfalls müßte ein Reden von Gott, wenn es möglich wäre, zugleich ein Reden von uns sein. So bleibt das richtig: wenn gefragt wird, wie ein Reden von Gott möglich sein kann, so muß geantwortet werden: nur als ein Reden von uns" (a.a.O.S.33).

Lesen Sie dazu Manfred Mezger, Sprachgestalt und Sachverhalt als Frage an die Auslegung, ZThK 64, 1967, Abschnitt II.1. "Gottesfrage - Ideologie", S.381 - 386.

Wie muß nach Mezgers Meinung die Frage nach Gott heute lauten?

Wie wird diese Frage beantwortet? (Geben Sie einige Formulierungen)

Wie kann dagegen nicht richtig von Gott gesprochen werden?

Scheinbar ist hier eine Lösung gefunden, wie konkret von Gott zu reden ist, und zwar so, daß solches Reden von Gott Erfahrung anleiten kann. Aber wird dabei nicht unzulässig identifiziert? "Gott" wird mit bestimmten innerweltlichen Sachverhalten zusammengenommen, etwa mit dem Geschehen gelingender mitmenschlicher Begegnung, oder mit einer menschlichen Haltung der Zuversicht und Ähnlichem. Aber dabei ist dann doch kaum mehr kenntlich zu machen, daß und warum es sich hier gerade um Gott handelt. Mag auch die christliche Sprachtradition problematisch geworden sein - soviel läßt sich doch aus ihr entnehmen, daß man hier nicht Gott sagt, um einen bestimmten innerweltlichen Sachverhalt zu benennen. Gott ist vielmehr gerade nicht Welt. Darum kann der Verweis auf innerweltliche Sachverhalte als Beantwortung der Frage nach Gott nicht genügen, stellt allenfalls einen möglichen Ansatz für christliches Reden von Gott dar. Wenn von Gott richtig geredet werden soll, dann muß in solchem Reden das Ganze der durch ihn bestimmten Welt mit zur Sprache kommen.

Lesen Sie dazu G.Ebeling, Profanität und Geheimnis, ZThK 65, 1968, S.70 - 92, insbesondere den einleitenden Abschnitt S.71 - 77.

Worin findet die Wahrheit des Redens von Gott ihren Ausdruck?

Welche Modifikationen der Grundunterscheidung nennt Ebeling?

+ Inwiefern genügt die eben angedeutete Position, die von Gott reden will, indem sie innerweltliche Sachverhalte mit Gott identifiziert, dieser Forderung Ebelings nicht?

+ Hingewiesen werden soll noch darauf, daß in der neuesten Wendung der theologischen Frage nach dem richtigen Reden von Gott sich eine Abkehr von den Versuchen abzeichnet, zu begrifflichen Bestimmungen im weitesten Sinne zu kommen. Man versucht vielmehr, durch Erzählung auf mögliche Erfahrung Gottes hinzuweisen. Dazu vgl. Heinz Zahrnt, Religiöse Aspekte gegenwärtiger Welt- und Lebenserfahrung. Reflexionen über die Notwendigkeit einer neuen Erfahrungstheologie, ZThK 71, 1974, S.94 - 122. Ich gebe die Grundthese in der Formulierung Zahrnts:

   "Theologie als kritische Erzählkunst des Glaubens - so können wir die neue zeitgenössische Erfahrungstheologie, die uns vorschwebt, charakterisieren. Für sie gilt die Regel: Gott läßt sich nicht abstrakt definieren; von Gott kann man nur konkret erzählen. Was nicht erzählbar ist von Gott, das zählt nicht in der Theologie" (a.a.O. S.110f).

Beurteilen Sie diese These Zahrnts in Hinsicht auf die eben genannte Problematik:

Die grundlegenden Problemaspekte sind also erst erfaßt, wenn klargeworden ist: Von Gott kann nur sachgemäß geredet werden, wenn seine Unterscheidung von welthafter Wirklichkeit zugleich mit seiner Beziehung zu solcher welthaften Wirklichkeit ausgesagt werden kann. Wir erfragen zu dieser Problematik wieder die Grundlinien des traditionellen Lösungsversuches, und versuchen dann, uns über die Verschiebung des Problems im Gefolge der Aufklärung Rechenschaft zu geben.

4.2.1.1 Traditionelle Bestimmungen Gottes

Auf die konservative Tendenz des 1.Vatikanischen Konzils wurde schon hingewiesen (4.1.1.1). Der dort definierte Gottesbegriff kann darum als repräsentativ für die Tradition vor der Aufklärung genommen werden, trotz der zeitlichen Stellung ein Jahrhundert nach der Aufklärung:

Sancta catholica apostolica Romana Ecclesia credit et confitetur, unum esse Deum verum et vivum, creatorem ac Dominum caeli et terrae, omnipotentem, aeternum, immensum, incomprehensibilem, intellectu ac voluntate omnique perfectione infinitum; qui cum sit una singularis, simplex omnino et incommutabilis substantia spiritualis, praedicandus est re et essentia a mundo distinctus, in se et ex se beatissimus, et super omnia, qua praeter ipsum sunt et concipi possunt, ineffabiliter excelsus (Ds 3001).

Tragen Sie hier die Übersetzung ein (Neuner-Roos 315):

Welche Lehrgegenstände folgen in der Constitutio dogmatica de fide catholica auf diese Bestimmung des Gottesbegriffs?

1.   2.

Gegen welche Irrtümer richtet sich die vatikanische Bestimmung (achten Sie auf die zugehörigen Canones):

1.   2.

3.   4.

Welches Moment der im vorgehenden genannten Problemaspekte Unterscheidung und Beziehung von Gott und Welt betont die vatikanische Bestimmung Gottes?

Eine entsprechende Formulierung entnehme ich dem Compendium locorum theologicorum von Leonhard Hutter (1610):

Deus est essentia spiritualis, intelligens, aeterna, verax, bona, pura, iusta, misericors, liberrima, immensae potentiae et sapientiae. (Vgl. Melanchthon, St.A.II,1, S.177)

Übersetzung:

Welche Momente betonen Hutter und die vatikanische Definition gemeinsam?

Mit welchen Sachverhalten wird die Antwort auf die Frage "Quid igitur est DEUS?" bei Hutter fortgeführt?

Welches Moment der im Vorgehenden (4.2.1) genannten Problemaspekte betont die Bestimmung
Hutters?

Beachten Sie, daß hier bei Hutter die Beziehung Gottes zur Welt trinitarisch ausgeführt wird!

4.2.1.2 Das Problem eines analogischen Redens von Gott

Die dogmatische Tradition hat sich über die Bedingungen und Möglichkeiten eines zutreffenden
Redens von Gott sehr genau Rechenschaft abgelegt. Wie kann zutreffend von Gott geredet werden,
nämlich so, daß seine Weltunterschiedenheit nicht aufgehoben und trotzdem sinnvoll von ihm geredet wird? Man kann ja von Gott nicht wie von einem welthaften Gegenstand reden. Schon wenn
die Bezeichnung gewählt wird: Gott ist eine essentia oder substantia spiritualis, ergibt sich
eine solche Problematik. Denn man kann auch (im Zusammenhang der damaligen Metaphysik) sagen:
der Mensch ist, sofern er nicht nur Leib, sondern in erster Linie unsterbliche Seele ist, auch
substantia spiritualis, und die Engel, die guten wie die gefallenen, sind auch substantiae
spirituales.

Nun ist es so, daß die zuletzt genannten substantiae spirituales, die menschlichen Seelen wie
die Engel, ohne Zweifel eben zur Welt gehören. Wenn Gott gleich ihnen unter den Oberbegriff
der substantia oder essentia spiritualis eingeordnet wird, macht man ihn dann nicht zu einem
Stück Welt?

Das gilt im Grunde schon, wenn von Gott nur ausgesagt wird, daß er ist, ohne daß noch näher bestimmt wird, was er ist. Denn was das heißt, daß etwas ist, das haben wir an welthaften Gegenständen gelernt. Und in einer solchen Weise kann von Gott nicht gesagt werden, daß er ist,
wenn man ihn nicht mit einem welthaften Gegenstand verwechseln will. Darum kann man schon formulieren: Einen Gott, den es gibt, gibt es nicht (D.Bonhoeffer), oder, etwas wissenschaftlicher ausgedrückt: "Es ist ebenso Atheismus, die Existenz Gottes zu behaupten, wie es Atheismus
ist, sie zu leugnen. Gott ist das Sein-selbst, nicht ein Seiendes" (P.Tillich, STh I, S.280).

Hier scheint sich ein für das christliche Reden von Gott - das streng an einer Unterscheidung
von Gott und Welt festhält - kennzeichnendes Dilemma aufzutun:

Entweder wird Gott in seiner Unterscheidung von der Welt gedacht (und angesprochen). Dann kann
er im Grunde gar nicht gedacht werden. Denn unser Denken und Reden erfaßt nur welthaft Seiendes.

Oder Gott wird doch wie ein welthaftes Seiendes gedacht. Dann kann er aber gerade nicht in
seiner Unterschiedenheit von der Welt gedacht werden, sondern wird zu einem Stück Welt gemacht
(zudem zu einem sehr problematischen Stück Welt!). Dann aber wird er gerade nicht als Gott gedacht.

Um diesem Dilemma zu entgehen, hat die dogmatische Tradition eine besondere Weise des Redens
von Gott behauptet, nämlich das analogische Reden. Analogie ist dabei ein Mittleres zwischen
Univokation (derselbe Ausdruck dient zur Bezeichnung   gleicher Gegenstände oder Sachverhalte) und Aequivokation (derselbe Ausdruck dient zur Bezeichnung verschiedener Sachverhalte).

Ich führe eine Bestimmung Quenstedts an (H.Schmid S.76), die geeignet ist, die hier vorliegende Problematik zu verdeutlichen (Übersetzung bei F.Mildenberger, Gotteslehre, S.134):

Essentia, substantia, spiritus et consequenter reliqua attributa, quae Deo et creaturis simul
tribuuntur, de Deo et creaturis rationalibus non συνωνύμως, univoce, nec ὁμονύμως, aequivoce, sed ἀναλόγως, analogice praedicantur, ita ut Deo πρώτως et absolute, creaturis δευτέρως et per dependentiam conveniant, quae analogia proprie dicitur attributionis intrinsecae. - Univoce proprie et stricte loquendo conveniunt, quae et nomen et rem nomine illo deno-
tatam communem habent aequaliter, nulla ob dependentiam unius ab altero inaequalitate inter-
veniente. Aequivoce conveniunt, quae nomen habent commune, sed non rem nomine significatam.
Analogice conveniunt, quae et nomen et rem, nomine designatam, communem habent sed inaequali-
ter, cum nomen et res alteri πρώτως et absolute, alteri δευτέρως et per dependentiam conve-
niat.

Eine Erklärung des Ausdrucks analogia attributionis intrinsecae finden Sie bei Horst G.Pöhl-
mann, Analogia entis oder Analogia fidei? Die Frage der Analogie bei Karl Barth, 1965, S.11-
13. Danach handelt es sich hier um eine Analogie, bei der das Analogon vom Hauptanalogat dem

anderen Analogat so mitgeteilt ist, daß es diesem innerlich zu eigen ist. Verstehen Sie das
nicht, dann braucht Sie das nicht groß zu kümmern. Singen Sie EKG 217,6.7 - da liegt zwar eine
analogia attributionis extrinsecae vor, aber nur die ist dogmatisch richtig.

Die hier ausgebildete Redeweise ist deutlich orientiert an dem Sachverhalt, der mit ihr bewältigt werden soll: eben dem Reden von Gott. Andere treffende Beispiele für eine analogia attributionis intrinsecae aufzuweisen, als solche, die das Verhältnis von Schöpfergott und Geschöpf
betreffen, wird darum schwerfallen. Das bedeutet aber umgekehrt: Solches analogische Reden von
Gott setzt die Geltung des Schöpfungsgedankens voraus. Nur unter dieser Voraussetzung leistet
es, was es leisten soll, nämlich ein Reden von Gott zu ermöglichen, das einerseits sinnvoll
und verständlich ist, das aber andererseits Gott nicht zu einem welthaften Gegenstand macht.

Erich Przywara hat für diesen Sachverhalt, der längst schon eine entscheidende Rolle im theologischen Denken spielte, den Ausdruck analogia entis wieder eingeführt, unter dem die Diskussion gegenwärtig läuft. Vor allem in der römisch-katholischen Diskussion zur analogia entis
spielt dabei eine Bestimmung des IV.Laterankonzils von 1215 eine wichtige Rolle: ... inter
creatorem et creaturam non potest similitudo notari, quin inter eos maior sit dissimilitudo
notanda (DS 806).

Bei solcher analogischen Redeweise ist also die Erschaffung der Welt und insbesondere der Menschen insoweit die Ermöglichung des Redens von Gott, als das geschaffene Sein am Sein des
Schöpfers teil hat. Solche Teilhabe verbindet - unbeschadet dessen, daß Gott gerade nicht Welt
ist - göttliches und welthaftes Sein. Darum erlaubt es die Denkbarkeit des welthaften Seins
(wie sie vor allem die abendländische Metaphysik ausgearbeitet hat), auch Gott zu denken, ist
damit aber auch die Voraussetzung für die Denkbarkeit Gottes.

Man kann hier von einer noëtischen Abhängigkeit Gottes vom welthaften Sein reden, die darum
unbedenklich erschien, weil ja nicht nur das Sein der Welt als Geschaffenes von Gott abhängig

Gott   Gott   gedacht wurde, sondern weil es auch seine Rationalität, Denkbar-
                      keit, wie sein Denkvermögen, nur kraft Mitteilung durch Gott be-
ontisch   noëtisch   saß. Der ontischen Abhängigkeit der Welt von Gott entspricht al-
                      so in dieser Konzeption eine noëtische Abhängigkeit Gottes von
Welt   Welt   Welt (ein unter dem Vorzeichen des modernen antimetaphysischen

Denkens dann außerordentlich problematischer Sachverhalt). Es ist darum verständlich, daß dort,
wo solche Tradition analogischen Redens von Gott als eine Möglichkeit vernünftigen Menschseins
festgehalten werden soll, auch der Schöpfungsgedanke als Vernunftwahrheit behauptet werden muß.

4.2.1.3 Die Lehre von Gottes Eigenschaften

Es geht bei solchem analogischen Reden von Gott nicht nur darum, das Sein Gottes zu bestimmen,
ohne es doch mit welthaftem Sein zusammen unter einen Oberbegriff zu subsumieren (daher die
Behauptung der Tradition: Deus non est in genere bzw. Deum definiri nequit). Zugleich soll damit Gott genauer angesprochen werden in dem, was er ist. Man redet dabei dann von den proprietates, attributa, perfectiones, den Eigenschaften Gottes.

Dabei ergibt sich nun ein Problem, dessen traditionelle dogmatische Formulierung uns fremdartig erscheint, weil sie das griechische Seinsdenken voraussetzt, das aber als religiöses Problem geläufig ist: Wie lassen sich die verschiedenen Eigenschaften Gottes zusammendenken?
Wenn Gott barmherzig ist und den Sünder begnadet - wie kann er dann zugleich der heilige Gott
sein, der den straft, der seinen Willen übertritt?

Wenn Gott allmächtig ist - und also alles, was in der Welt geschieht, letztlich auf seinen
Willen zurückgeht oder mindestens von ihm zugelassen wird, wie kann er dann gut sein? (so das
sog. Theodizeeproblem, in seiner kürzesten Formulierung: si Deus, unde malum?).

Diese religiöse Problematik wird freilich bei der dogmatischen Bearbeitung der Frage nach den
Eigenschaften Gottes weniger bedacht als das ontologische Problem, das sich aus der gedachten
Einheit des göttlichen Wesens ergibt: Was Gott ist, das ist er ganz. Sein Wesen ist nicht aus
verschiedenen Eigenschaften zusammengesetzt, sondern einheitlich oder einfach - simplex omnino,
wie es in der vatikanischen Definition heißt. Denn wäre Gott aus verschiedenen Eigenschaften
zusammengesetzt, dann bedeutete das einen Mangel an Sein: Wo er allmächtig ist, da ist er nicht
gut, und wo er barmherzig ist, da ist er nicht heilig usw. Das aber darf nicht sein, wenn Gott

als in seinem Sein vollkommen gedacht werden soll.

Man behilft sich damit, daß man einerseits das einfache Wesen Gottes behauptet, aber andererseits feststellt, dieses einfache Wesen könne von uns nur in unterschiedlichen Attributen erfaßt werden: die Beschränktheit, die mit der Unterscheidung verschiedener göttlicher Attribute
gegeben ist, liegt nicht im Wesen Gottes, sondern in unserer diskursiven Denkweise. So z.B.
Hollaz (zit. nach H.Schmid, S.82):

Attributa divina ab essentia divina et a se invicem distinguuntur non nominaliter neque rea-
liter sed formaliter, secundum nostrum concipiendi modum, non sine certo distinctionis fundamento.

Übersetzung:

Die verschiedenen Attribute bezeichnen also nicht bloß denselben Sachverhalt mit verschiedenen
Worten. Andererseits bezeichnen sie aber auch nicht verschiedene Sachverhalte in Gott. Vielmehr soll da etwas dazwischen gedacht werden (Analogie!) - das absolut einfache, in sich ganze
und einheitliche Wesen Gottes begegnet uns in so verschiedener Weise, daß wir nicht umhin können, es mit den verschiedenen Attributen anzusprechen.

Die traditionelle Lehre von den Eigenschaften Gottes ist schwer zu systematisieren. Am ehesten

läßt sich noch angeben, wie man zur Ableitung göttlicher Eigenschaften kommen kann (die ja,

wie Gott selbst, in Unterscheidung von welthaftem Sein, aber doch so, daß sie ihre Denkbarkeit

von diesem welthaften Sein herleiten, gedacht werden müssen). Gewiß hat man auch einfach bi-

blische Attribute Gottes aufgegriffen. Andererseits hat man (diese Denktradition geht auf Dio-

nysius Areopagita zurück), drei Wege einer solchen Ableitung unterschieden: die via eminentiae,

die via negationis, die via causalitatis.

Geben Sie eine Beschreibung dieser drei Wege (vgl. H.Schmid) und Beispiele göttlicher Eigenschaften, die auf je einem dieser Wege gewonnen worden sind:

1. Die via eminentiae:

2. Die via negationis:

3. Die via causalitatis:

Man sollte sich die Disparatheit der hier aufgeführten Eigenschaften klarmachen. Dazu gebe ich

eine Synopse verschiedener Eigenschaften und Einteilungsmöglichkeiten, wie sie bei den Luthe-

ranern Baier (nach H.Schmid), König (nach Ratschow) und bei dem Reformierten Heidegger (nach

Heppe-Bizer) vorkommen. Charakteristisch ist dabei, daß die göttlichen Attribute jeweils in

zwei Reihen eingeteilt werden. Obwohl die Einteilungsschemata verschiedenen Gesichtspunkten

folgen - bei Baier negative Eigenschaften, durch die bei Gott Unvollkommenheiten des welthaf-

ten Seins negiert, und positive, bei denen Vollkommenheiten behauptet werden, bei König Eigen-

schaften, die sich auf Gottes Wesen in sich selbst beziehen, und solche, die sein Handeln auf

die Welt hin bezeichnen, bei Heidegger Eigenschaften, die Gott allein zukommen, und solche,

die auch den Kreaturen mitgeteilt werden können - zeigen sich deutlich Übereinstimmungen.

4.2.1.3

Baier		König		Heidegger	
negativa	positiva	absoluta	quae ad ἐνέργειαν referuntur	incommunicabilia	communicabilia
A	B	A	B	A	B
unitas		unitas		0	
simplicitas		simplicitas		simplicitas	
immutabilitas		immutabilitas		immutabilitas	
infinitas		0		infinitas	
immensitas		immensitas		immensitas	
aeternitas			immortalitas	aeternitas	
0		veritas		0	
	bonitas	bonitas			bonitas
0		independentia		independentia	
0		incomprehensi-bilitas		0	
	perfectio	perfectio		0	
	vita		vita		vita
	scientia		omniscientia		intellectus
	sapientia		omnisapientia		0
	sanctitas		sanctitas		0
	iustitia		iustitia		iustitia
	veracitas		veracitas		0
	potentia		potentia		potentia
	0		voluntas		voluntas
	0		benignitas		0
	0		0		libertas
	0	beatitudo			beatitudo

Mit O wurde vermerkt, wenn das betreffende Attribut bei dem jeweiligen Dogmatiker nicht vertreten ist.

Unterstreichen Sie alle die Attribute, die nicht gleichmäßig unter A oder unter B vorkommen.

Lassen sich irgendwelche Beziehungen zu den drei viae der Ableitung göttlicher Eigenschaften feststellen?

Welche der Reihen A oder B gibt nach Ihrem Empfinden die biblische Weise des Redens von Gott besser wieder?

Das hat seinen Grund darin, daß sich der metaphysische, durch das griechische Seinsdenken geprägte Gottesbegriff mit dem biblischen Gottesdenken nicht einfach vereinigen läßt. Gerade in der Durchführung der Lehre von den Attributen Gottes erweist sich, wie das Gottesdenken - ohne daß das beabsichtigt ist oder bemerkt wird - in das biblische und das metaphysische Element zerfällt!

Die Lehre von den göttlichen Eigenschaften hat in der Moderne kaum erhellende Weiterbildungen erfahren. Immerhin gehört sie mit zur Systematik einer regulären Dogmatik.

Wie ordnet Schleiermacher die Lehre von Gottes Eigenschaften in den Aufriß seiner Glaubenslehre ein (vgl. S.37)? Beachten Sie dabei einmal die Einteilung der dogmatischen Sätze, und zum anderen den zwei- bzw. dreiteiligen Gesamtaufriß.

1.

2.a.

2.b.

c.

Karl Barth hat in seiner Gotteslehre (KD II,1) ein Schema der göttlichen Vollkommenheiten
vorgelegt, das die Eigenschaften Gottes aus seiner Liebe und Freiheit ableitet. Geben Sie dieses Schema wieder:

A.		B.	
1.	2.	7.	8.
3.	4.	9.	10.
5.	6.	11.	12.

4.2.2 Neuzeitliche Probleme der Gotteslehre

Auch die neuzeitliche Theologie muß die Aufgabe lösen, Gott in seiner Unterscheidung von der Welt
und zugleich in seiner Beziehung auf die Welt auszusagen. Da aber eine wichtige Voraussetzung
für das traditionelle analogische Reden von Gott weggefallen ist, ergeben sich gewichtige Pro-
blemverschiebungen: Der christliche Schöpfungsgedanke gehört nicht mehr zum plausiblen Wissen
der Neuzeit. Wo aber Gott und Welt nicht mehr von vornherein klar als Schöpfer und Geschöpf
unterschieden sind, macht sich eine Tendenz zur Univokation des göttlichen und des welthaften
Seins geltend.

Sein Gottes und Sein der Welt werden identifiziert. Die Seinsnotwendigkeit (vgl.o.S.81) wird
nicht mehr dem besonderen Seienden Gott zugedacht, sondern der Wirklichkeit als ganzer. Das
führt zum Pantheismus (idealistisch gedachtes Einheitsprinzip) oder zum Atheismus (materialistisch gedachtes Einheitsprinzip).

Eine ausführliche Darstellung der modernen Problematik kann hier nicht gegeben werden. Dazu
vgl. F.Mildenberger, Gotteslehre 1975, S.128 - 157.

Wir verfolgen die sich aus der Tendenz zur Univokation ergebenden Probleme an der Frage der
Gegenständlichkeit, der Persönlichkeit und der Transzendenz Gottes.

4.2.2.1 Die Gegenständlichkeit Gottes

Gott als Gegenstand menschlichen Wissens - das besagt eine noëtische Abhängigkeit Gottes von
welthaftem Sein (vgl. 4.2.1.2), die solange erträglich sein konnte, als umgekehrt die ontische
Abhängigkeit welthaften Seins von Gott als zugestanden vorausgesetzt werden konnte. Im modernen Denken ist das nicht mehr der Fall. Auch hat sich hier gegenüber der traditionellen Metaphysik eine Verschiebung im Verständnis von Gegenständlichkeit vollzogen: Gegenstand ist nicht
mehr Substanz, ein für sich bestehendes Seiendes, das dann auch als solches erkannt werden
kann. Gegenstand ist vielmehr Objekt für den Menschen als erkennendes und handelndes Subjekt.
Objekt eines Subjekts sein - das ist konstitutiv für das moderne Verständnis von Gegenständlichkeit.

Das verbietet aber, von Gott als von einem Gegenstand, Objekt menschlicher Erkenntnis zu reden. Damit würde Gott ja prinzipiell in die Menge möglicher menschlicher Erkenntnisgegenstände
eingeordnet, er würde verweltlicht. Man darf darum Gott nicht objektivieren. Gott ist nicht
objektivierbar.

Vgl. dazu das über den moralischen Gottesbeweis Gesagte (4.1.1.3 A.5.). Gott darf nicht mehr
als"Gegenstand für sich" angesprochen werden, sondern nur noch so, daß das durch Gott bestimmte Menschsein expliziert wird.

"Wenn gefragt wird, wie ein Reden von Gott möglich sein kann, so muß geantwortet werden: nur
als ein Reden von uns" (R.Bultmann, GV I, S.33)

4.2.2.1 / 4.2.2.2

Wie soll man aber anders von Gott reden als so, daß er dann doch
wieder wie ein Gegenstand angesprochen wird?

Von Interesse ist auch hier die Beobachtung, wie Schleiermacher
die moderne Problematik zu bewältigen suchte. Geben Sie dazu an,
was nach Schleiermacher mit dem Ausdruck "Gott" eigentlich gemeint ist (Glaubenslehre § 4,4.):

+ Sind Ihnen Kennzeichnungen Gottes bekannt, die in derselben
  Weise gebildet worden sind?

+ Inwiefern unterscheidet sich eine solche Bestimmung Gottes als
  des "Woher" von Rückschlüssen mittels des Kausalitätsprinzips,
  wie sie etwa im kosmologischen Gottesbeweis vorgenommen wurden?

Karl Barth geht in dieser Frage der Gegenständlichkeit Gottes wie oft seinen eigenen Weg, indem er weder alte metaphysische Denkformen zu repristinieren sucht, noch auch sich den Bedingungen modernen Verstehens fügt. Er fragt also nicht, wie man von Gott "nichtobjektivierend"
reden könne, sondern geht davon aus, daß Gott auf jeden Fall für den Glauben Gegenstand seines
Erkennens sei, und zwar deshalb, weil Gott sich ihm gegenständlich zu erkennen gibt. Freilich
ist es dann die Aufgabe des Theologen, hier von der besonderen Gegenständlichkeit Gottes zu
reden (analogisch!).
Lesen Sie dazu KD II,1, S.12 - 18.
Was ist primäre Gegenständlichkeit Gottes?

Wie ist Gott uns gegenständlich?

Wodurch ist sekundäre Gegenständlichkeit befähigt, wahre Gotteserkenntnis zu vermitteln?

Warum ist "nichtgegenständliche" Gotteserkenntnis nicht Gotteserkenntnis?

Wenn man diese Fragen durchdenkt, kann man zu einem ersten Einblick in die Besonderheit der
Barthschen Analogielehre kommen!

4.2.2.2 Die Persönlichkeit Gottes

Zur Terminologie bemerke ich, daß häufig dieselbe Frage als Frage nach dem Personsein Gottes,
oder auch als Frage nach dem persönlichen Gott diskutiert wird. Gemeint ist dabei immer ein
Zweifaches: Ist Gott Selbstbewußtsein, ein Ich, das sich zu sich selbst und zu anderer Wirklichkeit verhält? Und ist Gott persönliches Gegenüber, der mit uns redet, und mit dem wir so
reden können (im Gebet), daß er uns hört?

Für die dogmatische Tradition ist es selbstverständlich, daß Gott als Person angesprochen werden kann und muß. Dort aber, wo Gottes Sein nicht mehr als das notwendige Sein von dem zufälligen, geschaffenen Sein der Welt unterschieden werden soll, sondern Wirklichkeit als das eine,
notwendige Sein gedacht wird, das alles umfaßt, wird eine solche Redeweise problematisch.
Außergöttliche Wirklichkeit, zu der sich Gott als Selbstbewußtsein verhielte, würde Gott begrenzen und bedingen. Dann aber wäre er nicht als Gott, als der Unbedingte, Absolute, alles
Umfassende gedacht.

Zum Auswendiglernen der Vers von Goethe:

   Was soll mir euer Hohn über das All und Eine? Der Professor ist eine Person. Gott ist keine.

Scharf hat das Problem Fichte formuliert, und die dogmatische Auseinandersetzung wird sich
diesem Einwand gegenüber zu behaupten haben. Lesen Sie aus dem schon angeführten Aufsatz
(4.1.1.4 A.5.) den Abschnitt Gesamtausgabe V,187, bzw. Medicus III,131.

Was geschieht mit Gott, wenn er als Persönlichkeit gedacht wird?

Warum muß dieser Versuch, den persönlichen Gott zu denken, so enden?

Heinrich Ott, Wirklichkeit und Glaube, 2.Band, Der persönliche Gott, 1969, hat eine ausführliche Auseinandersetzung mit dem modernen Einwand gegen die Persönlichkeit Gottes versucht, wobei er sich sehr stark an die personalistische Philosophie, insbesondere Martin Buber, anlehnt.

Lesen Sie in "Die Antwort des Glaubens. Systematische Theologie in 50 Artikeln, 1972" Artikel 9 C. Wie begründet hier Ott das Personsein Gottes?

+ Welche Voraussetzung ist dabei von Ott gemacht worden?

+ Inwiefern unterscheidet sich Ott in dieser Voraussetzung von der metaphysischen Tradition analogischen Gottesdenkens?

Eine Variante dieser Antwort, die aus dem Personsein des Menschen ein verursachendes Personsein Gottes erschließt, hat Pannenberg vorgelegt (vgl. 2.2.2.6).

4.2.2.3 Die Transzendenz Gottes

Metaphysisches Denken hat die Jenseitigkeit Gottes, seine Unterschiedenheit von der Welt, streng betont. Es kann nicht einen kontinuierlichen Übergang von welthaftem Sein zu Gott geben - etwa so, daß der Raum über uns kontinuierlich in den Himmel als den Raum Gottes übergeht, wie das ein naives Vorstellen annehmen konnte. Solches Vorstellen ist als mythologisch verpönt.

R.Bultmann, Neues Testament und Mythologie, in: Kerygma und Mythos I, 4.Aufl. 1960, formuliert (S.22 A.2): "Mythologisch ist die Vorstellungsweise, in der das Unweltliche, Göttliche als Weltliches, Menschliches, das Jenseitige als Diesseitiges erscheint, in der z.B. Gottes Jenseitigkeit als räumliche Ferne gedacht wird".

Soll freilich eine derartige strenge Transzendenzvorstellung nicht der Anfang einer endgültigen Verabschiedung Gottes sein, muß zugleich deutlich gemacht werden, wie dieser jenseitige Gott innerweltlich anzutreffen ist.

Hatte die traditionelle Metaphysik den transzendenten Gott mit der Weltwirklichkeit durch den Gedanken der Schöpfung und Vorsehung in Beziehung gesetzt, so ist nun die Beziehung Gottes auf die Welt, die seiner Transzendenz entsprechende Immanenz neu zu denken. Man kann von Gottes Transzendenz ja nur reden, wenn man zugleich anzugeben vermag, wo der transzendente Gott innerweltlich anzutreffen ist.

Dietrich Bonhoeffer hat eine Lösungsmöglichkeit angedeutet, die in den letzten Jahren stark diskutiert worden ist: "Das 'Jenseits' Gottes ist nicht das Jenseits unseres Erkenntnisvermögens! Die erkenntnistheoretische Transzendenz hat mit der Transzendenz Gottes nichts zu tun. Gott ist mitten in unserem Leben jenseitig" (Widerstand und Ergebung, 11.Aufl. 1962, S.182).

Suchen Sie den Kontext dieses Zitats auf.
In welchen Zusammenhängen möchte Bonhoeffer von Gott nicht sprechen?

In welchen Zusammenhängen möchte er dagegen von Gott sprechen?

+ Welches Problem des Redens von Gott ist in diesen Reflexionen nicht oder doch nicht genügend berücksichtigt?

John A.T.Robinsons Äußerung "Honest to God", 1963, dtsch. Gott ist anders, 1963, faßt moderne Versuche, Gottes Transzendenz unmetaphysisch zu denken, in einer populären, darum oft auch etwas unklaren und verflachenden Weise zusammen. Seine Gewährsleute sind dabei Tillich, Bonhoeffer und Bultmann.

Lesen Sie aus "Gott ist anders" S.31 - 34.
Welche von Tillich gebrauchte Metapher für Gottes Transzendenz hat Robinson so beeindruckt, daß er davon in der Topik eines Bekehrungserlebnisses spricht?

+ Suchen Sie sich die ontologische Bestimmung der Transzendenz Gottes durch Paul Tillich klarzumachen. Vgl. STh I,S.273 - 276.

Tillich identifiziert die Unterscheidung von Gott und Welt mit der sog. ontologischen Diffe-

4.2.2.3
renz zwischen dem Sein-selbst und dem Seienden.
Welche Lösung des Problems von Immanenz und Transzendenz Gottes ergibt sich dann?

Wie ist die Bezeichnung des Seins-selbst als schöpferisch zu verstehen?

Wie ist seine Bezeichnung als abgründig zu verstehen?

Auf modernistische Lösungsversuche des Transzendenzproblems,
die statt von dem transzendenten Gott von dem wesensmäßig
transzendierenden Menschen reden, sei hier nur hingewiesen.
Dogmatisch ist das nur dann geredet, wenn gesagt werden kann,
daß solches Transzendieren des Menschen auch wirklich bei
einem transzendenten Gott ankommt. Wird dieser Gedanke nicht
riskiert, dann bedeutet solcher Verweis einmal mehr das Verfahren, Problemlösung durch Problemamputation zu ersetzen.

Dagegen muß in diesem Zusammenhang noch auf einen Sachverhalt
hingewiesen werden, der auch das moderne dogmatische Denken
je länger desto mehr beschäftigt: In welcher Richtung wird der
transzendente Gott gesucht? Die Transzendenzvorstellung der
traditionellen Metaphysik hat sich dabei am Raum orientiert.
Gottes Transzendenz ist ein Jenseits unseres Raumes. Dagegen
werden nun immer stärker Versuche einer Orientierung an der
Zeit erkennbar: Gottes Transzendenz ist ein Jenseits unserer
Zeit. Gott ist der Zukünftige. Will man mit dieser an der Zeit
orientierten Transzendenzvorstellung arbeiten, dann ist zweierlei zu beachten: Einmal kann solche Zukünftigkeit Gottes nicht in Kontinuität zu unserer Zeit gedacht werden (genausowenig wie
die räumlich vorgestellte Jenseitigkeit Gottes in Kontinuität zu unserem Raum steht).

Lesen Sie dazu von J.Moltmann, Antwort auf die Kritik der Theologie der Hoffnung, in: Hg.W.D.
Marsch, Diskussion über die "Theologie der Hoffnung", 1967, S.209 - 215.
Welche Begriffe für den Ausdruck "Zukunft" führt Moltmann hier ein, um die notwendige Unter-
scheidung zu ermöglichen?

Wie ist das futurum mit der Gegenwart verknüpft?

Wie der adventus?

+ Wie möchte Moltmann futurum und adventus christologisch vermitteln?

Weiter muß bei einem solchen Denkversuch klar sein, wie der transzendent-zukünftige Gott in
der Gegenwart als wirksam erfahren werden kann. Durch die Richtungsänderung in der Vorstellung
der Transzendenz ist ja das Problem von Transzendenz und Immanenz Gottes noch nicht gelöst.

+ Lesen Sie dazu die Überlegungen von Pierre Teilhard de Chardin, Der Mensch im Kosmos, Sonder-
  ausgabe 1965, insbesondere seine Ausführungen über den Punkt Omega (S.264 - 281).
  Was bezeichnet Teilhard als Ziel der Evolution?

Welche Kraft soll die Konvergenz des Universums vollenden?

Welche Attribute werden Omega zugeschrieben?

4.3 Die Trinitätslehre

Die Tradition trinitarischen Redens von Gott ist fest in der kirchlichen Sprache verankert -
erinnert sei an das trinitarisch gegliederte Glaubensbekenntnis und an die Liturgie mit ihren
vielfältigen trinitarischen Formeln. Dieser trinitarischen Redeweise entspricht nicht eine
klare Verarbeitung im kirchlichen Glaubensbewußtsein. Ich vermute, daß die trinitarische Redeweise dort, wo man sie religiös akzeptiert, in der Regel zu einem naiven Tritheismus führt.

Karl Barth und die von ihm beeinflußten Dogmatiker haben sich freilich intensiv um eine Interpretation der Trinitätslehre bemüht. Für Barth ist die Dreieinigkeit Gottes der Grund dafür,
daß sich Gott in Jesus Christus wirklich offenbart hat. Trinitätslehre ist darum die Entfaltung des Sachverhalts, daß die faktische Offenbarung Gottes in Jesus Christus in dem dreieinigen Wesen Gottes ermöglicht ist. Lesen Sie dazu die Leitsätze zu den §§ 8 - 12, KD I,1.
Weil Gott zuvor in sich selber der Vater des Sohnes, der Sohn des Vaters und der Geist der Liebe des Vaters und des Sohnes ist, darum ist Gott unser Vater, der zu uns gekommene Sohn und
der Heilige Geist, durch dessen Empfang wir Gottes Kinder werden.
E.Jüngel, Gott als Geheimnis der Welt, 1977, geht insbesondere im letzten Abschnitt auf die
Tradition trinitarischen Denkens ein und gibt einen Vorschlag für die Neuformulierung der Trinitätslehre. J. Moltmann, Trinität und Reich Gottes. Zur Gotteslehre, 1980, setzt die Trinitätslehre ein, um vorgegebene Wertungen zu begründen. Es gehe hier um Gottes Einigkeit (167),
die dann in freier Gemeinschaft der Menschen nachvollzogen werden soll. Gemessen an den dogmatischen Denkregeln der Tradition handelt es sich dabei um einen kaum verhüllten Tritheismus.

Eine dogmatische Erörterung der Trinitätslehre als Grundwissen wird im wesentlichen darin bestehen, die traditionelle Sprachregelung verständlich zu machen und auf die Probleme hinzuweisen, die einmal durch das trinitarische Dogma beantwortet wurden. Vorschläge, die darüber hin-
ausgehen, haben zunächst noch den Charakter des Heterodoxen im Sinne Schleiermachers (vgl.
1.1.2), sollen darum hier nicht weiter erörtert werden.

4.3.1 Die trinitarische Sprachregelung

Gott ist einer - das ist eine Grundvoraussetzung des christlichen Glaubens. Zugleich aber wird
Jesus Christus als Gott bezeichnet, und auch dem Heiligen Geist kommt göttliche Verehrung zu,
auch er ist also Gott. Wie kann man das so sagen, daß das Bekenntnis zur Einheit Gottes nicht
verletzt wird? (Man wird hier unterscheiden müssen wie man das sagen kann und wie man es
denken kann - dazu vgl. 4.3.3).

Eingeübt wird eine korrekte trinitarische Sprechweise im Athanasianum. Lesen Sie die trinitarischen Passagen dieses Symbols.
Was darf man laut Sprechanweisung des Symbols nicht tun (4)?

Wie läßt sich das durchführen?

+ Wie werden hier die Personen unterschieden?

In der Frage nach der Unterscheidung der göttlichen Personen (zum trinitarischen Personbegriff
vgl. CA I) sind zwei Möglichkeiten gegeben.
1. Die Personen der Trinität werden nach ihren Werken unterschieden. Gott der Vater ist der
Schöpfer, Gott der Sohn ist der Versöhner, der Heilige Geist ist der Heiligende. Diese Unterscheidung der Personen legt sich durch das Symbol nahe. Mindestens das Apostolicum ist ja
dreigliedrig, entsprechend den drei göttlichen Personen und ihren Werken. Da sich die Glau-
bensunterweisung der Kirche sehr stark am Symbol orientiert hat, ist diese Unterscheidung der
göttlichen Personen sicher zu allen Zeiten der Kirche die geläufige und religiös wirksame gewesen. Man nennt diese Unterscheidung der göttlichen Personen nach ihren Werken die ökonomi-

sche Trinität.

Muß aber eine solche Unterscheidung der göttlichen Personen nicht zum Tritheismus führen? Und tritt nicht in seinen Werken immer der dreieinige Gott in Erscheinung - wie umgekehrt die religiöse Verehrung allen drei Personen zugleich gilt (vgl. etwa die Schöpfung durch Wort und Geist, oder das Gloria patri). Daher gilt nach der traditionellen abendländischen Sprachregelung: opera trinitatis ad extra sunt indivisa.

Das hieße dann, daß die ökonomische Trinität, die Unterscheidung der göttlichen Personen nach ihren Werken, wie sie anhand des Symbols eingeübt wird, eigentlich trinitätstheologisch nicht korrekt ist und allenfalls als uneigentliche Redeweise (vgl. unten "Appropriation") durchgehen kann.

2. Die göttlichen Personen werden nach ihren innergöttlichen Relationen unterschieden. Diese Relationen in Gott sind das personbildende Moment im göttlichen Wesen. Man nennt diese Unterscheidung der Personen nach ihren innergöttlichen Relationen die immanente Trinität, spricht statt von Relationen auch von opera ad intra.

Solche opera ad intra sind die Zeugung des Sohnes durch den Vater und die Hauchung des Geistes durch Vater und Sohn, so in der abendländischen Tradition mit ihrer Erweiterung des Nizänum durch das filioque - setzen Sie hier den Satz ganz ein:

Es werden also innergöttliche Hervorgänge, processiones, benannt, Ursprungsverhältnisse, in die das eine göttliche Wesen gegliedert ist. Das ist eine für unser Denken beschwerliche Sache, da wir solche Ursprungsverhältnisse kaum anders als zeitlich vorstellen können - erst ist da der Vater, dann zeugt er den Sohn, erst ist da Vater und Sohn, dann hauchen sie den Geist. Gerade solche zeitliche Vorstellung ist uns aber verboten, da ja alle drei Personen gleich ewig sind; sonst wären sie nicht in gleicher Weise Gott.

+ Wie hat Karl Barth das Verhältnis von immanenter und ökonomischer Trinität bestimmt?

+ Wie versucht er die immanente Trinität denkbar zu machen?

Als weitere Redefiguren der trinitarischen Tradition seien erwähnt:
Perichorese, circumincessio: Die trinitarischen Personen durchdringen sich gegenseitig. Die religiöse Zuwendung zu einer der Personen begegnet darum den anderen Personen mit.

Appropriation: Der ganzen Gottheit zukommende Attribute oder Handlungen werden einer Person zugeeignet. Wichtig ist diese Redefigur deshalb, weil sie eine Verbindung von immanenter und ökonomischer Trinität ermöglicht: Obwohl die opera ad extra Werke der ganzen Trinität sind, wird doch die Schöpfung dem Vater, die Versöhnung dem Sohn, die Heiligung dem Geist appropriiert.

Zum Auswendiglernen wird hier die trinitarische Terminologie der Tradition zusammengefaßt. Sind Ihnen Begriffe unklar, schlagen Sie bei Diekamp-Jüssen nach.

I.   In Gott ist ein Wesen, substantia.
II. In Gott sind zwei Hervorgänge, processiones: Die generatio des Sohnes durch den Vater und die spiratio des Geistes durch Vater und Sohn, denen zwei missiones entsprechen, Inkarnation des Sohnes und Ausgießung des Geistes.
III. In Gott sind drei Personen, mit ihren proprietates personales, den personbildenden Eigenheiten der innascibilitas, der filiatio und der spiratio passiva bzw. processio (samt den drei hauptsächlichen Appropriationen der Schöpfung, der Versöhnung und der Heiligung).
IV. In Gott sind vier Relationen: generatio activa und passiva und spiratio activa und passiva (nicht sechs, denn die Hauchung des Geistes durch Vater und Sohn ist ein einziger Akt).

V.   In Gott sind <u>fünf Notionen</u>, Kennzeichen: Innascibilitas, paternitas, spiratio activa,
     filiatio, spiratio passiva.

Ordnen Sie diese notiones den einzelnen Personen zu:

Vater:

Sohn:

Geist:

Ist diese Sprachregelung eigentlich eine Denkmöglichkeit? Diese Frage ist angesichts der problematischen Stellung der Trinität im kirchlichen Glaubensbewußtsein wie in der Dogmatik durchaus angebracht.

4.3.2   Die Notwendigkeit eines trinitarischen Gottesdenkens

Die trinitarische Sprachregelung tendiert, vor allem in der abendländischen Tradition, zum
Denkunmöglichen hin. Darum besteht hier die Neigung, die Trinität als Mysterium zu bezeichnen.
Die Ehrfurcht vor dem unergründlichen Geheimnis wird dabei nur zu leicht zum Alibi für ein
Übergehen der trinitarischen Problematik.
Lesen Sie dazu bei P.<u>Althaus</u> § 71. 3., S.696 - 700.
Was zeugt nach Althaus für die Wahrheit der trinitarischen Aussa-
gen?

Die Nötigung zur trinitarischen Reflexion liegt darin, daß hier
die <u>Weltimmanenz des transzendenten Gottes</u> zu denken ist, und
zwar <u>seine besondere Anwesenheit in Jesus Christus</u> wie dann in
den Glaubenden (vgl. etwa 2.Kor 5,19).

Was diese besondere Anwesenheit Gottes für das Verstehen Jesu
Christi bedeutet, das bedenkt die <u>Christologie.</u> Was sie für
ein Verstehen Gottes bedeutet, das bedenkt die <u>Trinitätslehre.</u>
Beides muß deutlich unterschieden werden.

<u>Zwei Momente</u> der trinitarischen Problematik sollen hier erwähnt
werden.

1. Die besondere Immanenz des transzendenten Gottes bedeutet, daß er in dieser Welt eine Geschichte hat. Man kann hier vom <u>Namen</u> Gottes reden, sofern eben in den mit Gott verbundenen
Namen die besondere Geschichte Gottes erinnert wird: Er ist der Gott Abrahams, Isaaks und Ja-
kobs, der Gott Israels; er ist der Vater Jesu Christi.

2. Sie bedeutet, daß Gott als in sich selbst unterschieden gedacht werden muß (zum Beispiel
ist der Gott, der nach dem Amselmschen Typus der Versöhnungslehre, 7.3.1, die satisfactio leistet, von dem Gott zu unterscheiden, dem die satisfactio geleistet wird, obwohl hier nicht
zwei Götter, sondern eben der eine Gott wirksam ist).

(Vgl.dazu F.<u>Mildenberger</u>, Gotteslehre, II. Gott als Name, S.54 - 126). Weil so das trinitarische Problem im Ansatz christlichen Gottesdenkens mitgegeben ist, kann die Dogmatik auf die
trinitarische Reflexion nicht verzichten. Das gilt, auch wenn die Denkmittel des trinitarischen Dogmas nicht mehr die unsrigen sind, die altkirchliche Lösung der trinitarischen Problematik also von uns nicht direkt übernommen werden kann.

4.3.3   Zum Verständnis des trinitarischen Dogmas der Alten Kirche

Man sollte sich wenigstens soweit in das fremdartige Denken der Alten Kirche einarbeiten, daß
man versteht, warum die dort getroffenen dogmatischen Entscheidungen unter den Voraussetzungen
des damaligen Denkens richtig gewesen sind, warum also nicht ebensogut auch der Arianismus
oder irgendeine Form von Modalismus sich durchsetzen konnte.

4.3.3

Welche Stellung nimmt in dieser Frage <u>Schleiermacher</u> in seiner Glaubenslehre ein? Lesen Sie dazu den § 172, insbesondere 3.

Voraussetzung der eigentlichen trinitarischen Lehrbildung ist die Durchsetzung der Logoschristologie, d.h. die Bestimmung Jesu als Logos. Dieser Logos wurde hellenistisch als die Vermittlung zwischen dem welttranszendenten Gott und der Weltwirklichkeit gedacht. Gott ist dieser hellenistischen philosophischen Spekulation das notwendige Sein (vgl. 4.1.1.3 A.1.). Dieses welttranszendente Sein muß zum Sein der Welt hin vermittelt werden. Darum braucht es hier den Logos als das Mittlere zwischen Gott und Welt.

Die Vermittlung vom Sein Gottes zum Sein der Welt leistet in der christlichen Tradition der Schöpfungsgedanke. Hier kann und darf es kein Zwischenwesen geben. Entweder ist hier Gott, der Schöpfer zu denken, oder aber es ist hier Welt, Geschöpf zu denken.

Lesen Sie dazu das Symbol und die Anathematismen des Konzils von Nizäa 325 DS 125.126. Es handelt sich dabei bekanntlich nicht um das im kirchlichen Gebrauch stehende Nizänum!

Welche Formulierung in der entscheidenden Frage, ob der Logos als Schöpfer oder als Geschöpf zu denken ist, gebraucht dieses Symbol?

1. In der Bestimmung des Verhältnisses des Sohnes zum Vater?

2. In der Bestimmung des Verhältnisses des Sohnes zur Welt?

Das berühmte Stichwort der athanasianischen Partei in dem nun folgenden Ringen um eine Rezeption bzw. Korrektur der Entscheidung von Nizäa, der Sohn ist ὁμοούσιος τῷ πατρί , kann als <u>wesenseins</u> interpretiert werden: Gott ist eine einzige Subsistenz. Achten Sie dazu auf den Gebrauch der später zur Unterscheidung des einen Wesens Gottes und der drei Personen gebrauchten Ausdrücke οὐσία und ὑπόστασις Sie werden in den Anathematismen gleichgesetzt!

Hier ist darum die Gefahr gegeben, daß das nizänische ὁμοούσιος modalistisch interpretiert wird (Gott wird dabei streng als der numerisch Eine gedacht. Er erscheint der Welt gegenüber in verschiedenen modi, als der Schöpfer, als der Inkarnierte, als der Geist). Darum konnte es zu einer breiten Rezeption der nizänischen Entscheidung erst kommen, als - vorwiegend durch die Arbeit der sog. großen Kappadozier, Basilius, Gregor von Nyssa und Gregor von Nazianz - sich eine Interpretation von ὁμοούσιος als wesens<u>gleich</u> durchgesetzt hatte. Nun wurde das eine Wesen als οὐσία bezeichnet, von der man die ὑποστάσεις Vater, Sohn und Geist unterschied. Diese Terminologie beschwor freilich wieder die Gefahr eines Tritheismus herauf.

Ihr begegnete man mit einem subtilen <u>Subordinatianismus</u> , der eine Denkbarkeit der Trinität ermöglichen sollte:

Der Vater ist der Grund, die Quelle der Gottheit. Darum wird im Vater zugleich die Einheit

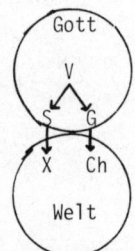

Gottes anschaubar. Wird der eine, transzendente Gott gedacht, dann wird er als die Hypostase des Vaters gedacht. Er ist der verursachende Gott - freilich in einer von uns nicht vorstellbaren zeitlosen Verursachung (vgl.4.3.1). Die Zeugung des Sohnes setzt sich dann fort in der Inkarnation. Im Inkarnierten wird darum die zweite Hypostase der Gottheit anschaubar. Ebenso geht vom Vater als dem verursachenden Gott der Geist aus, dessen Ausgang sich in seiner Sendung in die Welt fortsetzt. Dieser Geist wird anschaulich in seiner Wirksamkeit im Charismatiker. So kann zugleich die Einheit Gottes gedacht werden wie seine Unterschiedenheit in den drei göttlichen Hypostasen.

Gleichsam die Probe darauf, ob hier verstanden wurde, kann dann gemacht werden, indem man fragt, warum das abendländische "filioque" für dieses trinitarische Denken nicht akzeptabel gewesen ist.

Warum mußte es diese Denkbarkeit der Trinität aufheben, wenn man behauptete, daß der Geist vom Vater und vom Sohn ausgehe?

Das abendländische Trinitätsdenken geht stärker von der Einheit Gottes aus. Das zeigt sich schon in der Terminologie: hier vertritt das sprachliche Äquivalent von ὑπόστασις , nämlich substantia, den griechischen Ausdruck οὐσία. Man sagt also: una substantia, tres personae. Das besagt, daß hier die Subsistenz Gottes in dem einen Wesen gedacht wird. Um nun doch die Dreiheit in dieser Einheit denken zu können, werden in der Tradition Augustins "Relationen" in Gott unterschieden, und zwar Ursprungsrelationen: Der Vater ist der Ursprung des Sohnes, wie er auch der Ursprung des Geistes ist. Damit nun aber für das Denken auch Sohn und Geist unter-

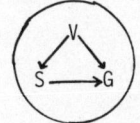

schieden werden können, muß auch hier eine Ursprungsrelation angesetzt werden. Darum ist hier vom Ausgang des Geistes a patre filioque zu reden (vgl. Thomas, S.th. 1, q.36 a2).

5. Die Lehre von der Schöpfung und Vorsehung

Wir haben uns grundsätzlich für eine Darbietung entschieden, die den traditionellen Stoff der Dogmatik Locus für Locus aneinanderreiht. Doch ergeben sich auch dabei von Fall zu Fall Probleme, die nicht einfach willkürlich entschieden werden können, da solche Entscheidungen wichtige Hinweise für das Ganze einer Dogmatik geben. Wie soll der Übergang von der Gotteslehre zur Schöpfungslehre vor sich gehen? Werden Theologie und Ökonomie (vgl. 1.2.2) deutlich voneinander abgehoben, kann es zu einer einheitlichen Behandlung von Gottes- und Schöpfungslehre kommen (dazu vgl. den Aufbau von Schleiermachers Glaubenslehre, 1.3.9). Auf jeden Fall muß hier von Gottes Verhalten zur außergöttlichen Wirklichkeit insgesamt gesprochen werden. Ich mache dazu auf einen nicht unwichtigen Unterschied in der Denkweise der reformierten und der lutherischen Orthodoxie aufmerksam.

Die reformierte Orthodoxie spricht hier de decretis Dei (vgl. Locus VII bei Heppe-Bizer). Es handelt sich dabei um Gottes ewigen, inneren Willensakt, in dem das, was in der Zeit geschehen soll, von Gott in seiner Freiheit von Ewigkeit her festgesetzt wird. Man muß dabei das decretum generale (den Entschluß zu Schöpfung und Vorsehung überhaupt) und das decretum speciale oder decretum praedestinationis (den Entschluß über Rettung und Verdammnis der intelligenten Geschöpfe) unterscheiden. Dabei wird Gottes Dekret außerzeitlich gedacht (auch wenn sich die Entscheidung über Rettung oder Verdammnis nicht auf den zu erschaffenden Menschen überhaupt - "Supralapsarismus" - , sondern auf den gefallenen Menschen - "Infralapsarismus" - bezieht).

Die lutherische Orthodoxie handelt von der Prädestination im Zusammenhang der principia salutis (vgl. 7.0). Ihre Überlegungen beim Übergang von der Gotteslehre zur Schöpfungslehre betreffen das Wirken Gottes überhaupt; darum muß hier noch einmal die ganze trinitarische Problematik durchdacht werden. Sehen Sie sich bei Ratschow die graphische Darstellung der opera divina an (II,157) und beachten Sie die jeweiligen Distinktionen. Uns interessieren hier in erster Linie die opera ad extra externa essentialia. Welche weitere Unterscheidung führt König zu diesen opera ad extra externa essentialia ein?

1.   2.   3.

Die opera potentiae - Schöpfung, Vorsehung und Vollendung der Welt (die Tradition von der Vollendung als annihilatio mundi ist lutherische Sondertradition, der wir widersprechen müssen, vgl. 11.2.1) - stehen miteinander zur Verhandlung, auch wenn die Vollendung ihren besonderen Ort in der Eschatologie hat. Es handelt sich hier um Anfang, Dauer und Ziel der nichtgöttlichen Wirklichkeit in Gottes Wirken, wobei Schöpfung den Anfang und Vorsehung die Dauer bezeichnet.

5.1 Die Erkennbarkeit der Schöpfung

Die schon in der Gotteslehre angedeutete Problematik setzt sich in der Schöpfungslehre fort: Weil der Schöpfungsgedanke nicht mehr als quasi-selbstverständlich vorausgesetzt werden kann, ist das analogische Reden von Gott durch die moderne Tendenz zur Univokation von göttlichem und welthaftem Sein bedroht. Umgekehrt zeigt sich in diesem Sachverhalt des modernen Denkens eine Problematisierung des Schöpfungsgedankens an.

Suchen Sie die Probleme zu benennen, indem Sie erfragen, wogegen sich die dogmatische Konstitution de fide catholica des 1.Vaticanums (vgl. 4.1.1.1 und 4.2.1.1) abgrenzt. Dazu ist noch einmal auf die Canones zu achten, bei denen die Frontstellung der Definitionen besonders klar herauskommt (DS 3022 - 3025).

+ Warum wird hier neben dem Materialismus und verschiedenen Ausformungen des Pantheismus auch die Lehrmeinung verworfen, Gott habe die Welt mit derselben Notwendigkeit geschaffen, mit der er sich selbst liebt?

5.1.1 "Natürliche" Erkenntnis der Schöpfung?

Theologie darf die Möglichkeit einer "natürlichen", jedem Menschen aufgrund seiner Vernunft zugänglichen, Erkenntnis der Schöpfung nicht nur behaupten (vgl. zur allgemeinen Problematik natürlicher Gotteserkenntnis 4.1 und zur traditionellen Durchführung 4.1.1.3). Bei einer Durchführung dieser natürlichen Erkenntnis entstehen aber in der modernen Situation Schwierigkeiten, die sich die Dogmatik nicht verschleiern darf, indem sie traditionelle Formeln wiederholt. Insbesondere handelt es sich um zwei eng miteinander verbundene Probleme.

Einmal macht es die strengere Fassung von Kausalität nahezu unmöglich, die Schöpfung als Verursachung der Welt durch Gott zu denken. Ich erinnere an die Struktur der Gottesbeweise, vor allem des kosmologischen Gottesbeweises. Hier muß ja vorausgesetzt werden, daß die postulierte erste Ursächlichkeit mit dem Schöpfer des christlichen Glaubensbekenntnisses identisch ist. Damit aber vollzieht sich ein Überschritt aus dem Bereich welthaften Seins zu dem unweltlichen Sein Gottes. Begrifflich ist das nur möglich als analogisches Denken: Gott ist in anderer Weise Ursache als die Ursachen, die im Rückschluß bis hin zur ersten Ursache gedacht werden. Das nicht nur in dem Sinne, daß hier die prima causa gedacht wird. Sondern auch so, daß die Verursachung hier anders ist: nicht notwendig die Wirkung verursachend, sondern wirksam in der göttlichen Freiheit.

Man darf sich diese Schwierigkeit nicht verschleiern, die deutlich wird, wenn man den Gedanken einer Verursachung der Welt durch Gott streng zu denken sucht. Entweder verfährt solches Denken in dem alten Modell der analogischen Redeweise, die den Schöpfungsgedanken schon voraussetzt. Dann handelt es sich hier um einen (in diesem Fall nicht unbedenklichen!) Zirkel, der das Ergebnis schon als Voraussetzung in den Gedanken einbringt. Oder aber Verursachung wird entweder univok gedacht. Dann wird Gott in solchem Denken zwangsläufig zu einem welthaften Gegenstand gemacht. Oder es wird die Andersartigkeit der göttlichen Verursachung betont, also Verursachung aequivok genommen. Dann wird solches Reden sinnlos.

Lesen Sie unter dem Aspekt dieser Problematik W.Elert, Der christliche Glaube (0.2.1.B.),§ 44, insbesondere 2. S.253f.
Mit welcher Terminologie will Elert das Problem bewältigen?

+ Was ist Voraussetzung für das von Elert postulierte Verständnis in der Anwendung der "anthropomorphen Begriffe Schaffen, Machen, Gründen,Rufen" auf die Welt?

Elert ist in seinen Ausführungen insofern typisch modern (ohne sich darüber klar Rechenschaft zu geben), als er den Schöpfungsgedanken ("Gott hat die Welt aus nichts geschaffen") in der personalen Beziehung des Glaubenden zu Gott vermittelt sieht. Das kann man tun - wahrscheinlich kann christlicher Schöpfungsglaube heute kaum anders gedacht werden. Aber man muß wissen, was man da im Unterschied zur dogmatischen Tradition tut.

Mit dieser problematischen Anwendung des Kausaldenkens auf das Verhältnis Gott - Welt bzw. Schöpfer - Geschöpf ist eng verknüpft die Problematik, einen ersten Anfang der Welt zu denken, und damit ihr Nichtsein als das Vorher ihres Seins anzunehmen. Dieses Problem bestand sicher schon für das antike Seinsdenken, weshalb ja Origenes eine mit Gott gleich ewige Schöpfung postulierte. Läßt die Plausibilität des Schöpfungsgedankens nach, muß die Anfrage, sei es auch in neuer Form, wieder auftauchen.

+ Berühmt ist der Einwand, den J.G.Fichte gegen den Schöpfungsgedanken erhoben hat (Anweisung zum seligen Leben, 1806, 6.Vorlesung. WW Gesamtausgabe V, S.479ff, Medicus V, S.191 - 193). Fichte entfaltet diesen Einwand in einer spekulativen Auslegung der ersten Sätze des Johannesprologs.Gott ist nicht nur sein inneres Sein, sondern zugleich sein Dasein (als Logos, d.h. Wissen), in welchem Welt wirklich ist. Behauptet wird also eine,durch den Logos (Wissen, an dem jedes menschliche Bewußtsein partizipiert) vermittelte, Identität von Gott und Weltwirklichkeit.

Warum verdirbt nach Fichte der Schöpfungsgedanke den Begriff von Gott?

Was ist die Voraussetzung alles wirklichen Daseins?

Man kann Karl Barths Lehre von der Gnadenwahl im Zusammenhang dieser modernen Problematik sehen. Meditieren Sie dazu den Leitsatz zu § 32 der KD, II,2 S.1.

+ Wie bestimmt Barth im Unterschied zu Fichte den Grund aller Wirklichkeit in Gott?

+ Wie ist hier die Vermittlung zwischen Gott und Weltwirklichkeit gedacht?

Zum anderen besteht hier die Schwierigkeit, Schöpfung als den Inbegriff der geschaffenen Dinge zu denken, also Kreatur überhaupt.

Schöpfung bedeutet ja in unserem Sprachgebrauch nicht nur die Wirksamkeit Gottes, in der er den Anfang der nichtgöttlichen Wirklichkeit setzt.Sie bedeutet auch den Inbegriff dieser nichtgöttlichen Wirklichkeit überhaupt. Beide Bedeutungsmomente liegen in dem einen Ausdruck, und nur aus dem Kontext heraus läßt sich festlegen, welches Bedeutungsmoment hier (vorwiegend) gemeint ist.

Bewußt reflektierte moderne Dogmatik wird sich dieser Frage stellen. Das zeigt sich dann in Überlegungen, inwiefern die Welt überhaupt als Ganzheit erfaßt werden kann und worin sie ihre Ganzheit gewinnt. Dazu aus dem § 30 der Dogmatik von Wilhelm Herrmann (Veröffentlichung der Diktate Herrmanns, 1925, S.49) eine kennzeichnende Aussage:

"Für den Glauben ist die Welt anders wie für den Menschen, der Gott nicht kennt. Wenn der Glaube in uns erwacht, sehen wir eine völlig verwandelte Welt (2.Kor.5,17). Denn der sich uns offenbarende Gott macht uns damit die Welt zu einem Ganzen. Vorher ist sie für uns eine Vielheit, die in ihrer grenzenlosen Ausbreitung uns völlig unverständlich ist".

Herrmann hebt diesen Glaubensgedanken von der Welt als Ganzem ab gegen die wissenschaftliche Sicht der Welt." ... in der positiven Auffassung der Welt bleiben der Glaube und das wissenschaftliche Denken grundverschieden. Denn die Wissenschaft als solche kennt natürlich überhaupt kein Ganzes der Welt, sondern nur ein in Raum und Zeit grenzenloses Geschehen" (ebd.).

Mit dem Problem der Verursachung der welthaften Wirklichkeit durch Gott unmittelbar verbunden ist also das andere Problem, wie denn diese welthafte Wirklichkeit überhaupt als die Ganzheit erfaßt werden kann, als die sie vom Schöpfungsgedanken vorausgesetzt ist. Die traditionelle Metaphysik konnte diese Ganzheit denken, weil sie Welt primär als Gegenstand des göttlichen Intellektes verstand. An der so konstituierten Wahrheit konnte dann auch der menschliche Intellekt partizipieren. Ich führe dazu Thomas v. Aquin,De veritate q.1 a.2c an:
Res ergo naturalis inter duos intellectus constituta, secundum adaequationem ad utrumque vera dicitur; secundum enim adaequationem ad intellectum divinum dicitur vera, in quantum implet hoc ad quod est ordinata per intellectum divinum ... Secundum autem adaequationem ad intellectum humanum dicitur res vera, in quantum nata est de se formare veram aestimationem.

Übersetzung:

Die adaequatio an Gottes schöpferisches Erkennen macht hier also die Welt wahr, gerade im Sinne ihrer Ganzheit, in die menschliches Erkennen der res dann einbezogen ist.

Gott
↓ ↑
res
↓ ↑
Mensch

Im modernen Denken dagegen geht die Aktivität des Erkennens ganz vom Menschen aus. Er versteht

S ⟶ 0   sich als Subjekt der Erkenntnis, durch das alle möglichen Objekte konstitu-

iert sind. In diesem Schema kann aber gerade
nicht Welt im ganzen als Objekt eingezeichnet
werden, sofern ja der Mensch als erkennendes
Subjekt selbst zur Welt dazugehört. Darum genügt es nicht, nur die "natürliche" Erkenntnis
der Schöpfung aufzugeben, und dann die alten
Sätze, nun als Offenbarungserkenntnis etiket-
tiert, zu wiederholen. Der Schöpfungsgedanke
verlangt in der modernen Situation mehr Interpretation.

5.1.2 Vermittlung durch die Subjektivität

Welt als Schöpfung in ihrer Verursachung durch Gott, den Schöpfer, ist nicht mehr auf der Ebe-
ne des gegenständlichen Erkennens zu denken (vgl. 4.2.2.1. Die Problematik kehrt hier leicht
modifiziert wieder). Dazu ist es vielmehr notwendig, daß die Subjektivität den Subjekt-Objekt-
Gegensatz gleichsam in sich aufnimmt und so sich selber als Inbegriff der Welt erfaßt. Eine

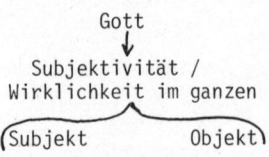

Ganzheit wird die Welt also gerade nicht im gegenständlichen Erkennen, sondern in der Selbsterfahrung der modernen Subjektivität, die
den Subjekt-Objekt-Gegensatz in sich aufgenommen hat. Ich rede hier
vom Reflexionsschema der Subjektivität. Es geht also um eine "nichtgegenständliche" Erkenntnis der Schöpfung, die allein dem modernen

Denken angemessen erscheint (vgl. aber das zum Problem der Gegenständlichkeit Gottes bei Barth
Erarbeitete, 4.2.2.1. Barth hat auch hier seine eigentümliche Lösung, die die Bedingungen des
modernen Denkens aufnimmt, indem sie ihnen widerspricht).

Zwei Modelle dieses Reflexionsschemas bestimmen die Diskussion:

A. Schleiermacher sieht im Gefühl der schlechthinnigen Abhängigkeit die Subjektivität auch
die Objektwelt mit umgreifen. In diesem Erleben wird die Wirklichkeit im ganzen in ihrer Ge-
wirktheit durch Gott erfahren. Man muß dabei beachten, daß diese Bestimmung der Frömmigkeit
durch Schleiermacher nicht das Gefühl als einen Zustand der Subjektivität behauptet, der Wissen oder Tun ablöst. Er kann sie auch begleiten, und wird das in der Regel sogar tun.

Lesen Sie dazu in der Glaubenslehre § 3, 2.3 und den ganzen § 4, und versuchen Sie, die recht
abstrakt anmutenden Bestimmungen Schleiermachers mit Ihrer Selbsterfahrung zu verbinden.

Wie wird bei Schleiermacher die Bestimmung des Gefühls als "unmittelbares Selbstbewußtsein"
begründet?

Welche doppelte Erfahrung des unmittelbaren Selbstbewußtseins unterscheidet Schleiermacher?

Warum wird das Fühlen von Schleiermacher als ein gänzliches Insichbleiben bestimmt?

Welche Elemente, die im zeitlichen Selbstbewußtsein zusammen sind, entsprechen im Subjekt dessen Empfänglichkeit und Selbsttätigkeit?

Was ist den Bestimmtheiten des Selbstbewußtseins, die überwiegend ein Irgendwohergetroffensein der Empfänglichkeit aussagen, gemeinsam?

Was ist denjenigen gemeinsam, die überwiegend Selbsttätigkeit aussagen?

Was folgt daraus, wenn nicht nur das Subjekt des Freiheits- und Abhängigkeitsgefühls, sondern auch das darin mitgesetzte andere in beiden dasselbe ist?

Wie ist unser Selbstbewußtsein als Bewußtsein unseres Seins in der Welt zu bestimmen?

Warum kann es im menschlichen Selbstbewußtsein kein schlechthinniges Freiheitsgefühl geben?

Warum wäre ein schlechthinniges Abhängigkeitsgefühl ganz ohne Freiheitsgefühl nicht möglich?

Warum kann das Woher des schlechthinnigen Abhängigkeitsgefühls nicht die Welt, und muß es also die transzendente Ursache der Welt sein?

Das Reflexionsschema der Subjektivität wird hier also so durchgeführt, daß die Wissen wie Handeln begleitende Gestimmtheit des Subjektes analysiert wird. Dabei zeigt sich eine doppelte Struktur dieser Gestimmtheit: Sie ist einmal affiziert durch die gegenständliche Weltwirklichkeit, mit der das Subjekt in Wissen und Tun in Wechselwirkung steht. Sie ist in dieser Hinsicht immer zugleich Gefühl der Abhängigkeit und der Freiheit, mag auch je nachdem das Abhängigkeitsgefühl oder auch das Freiheitsgefühl stark überwiegen. Doch ist dieses durch die Wechselwirkung von Subjekt und Objekt bestimmte Selbstbewußtsein selbst wieder, wenigstens der Möglichkeit nach, die sich auch immer wieder verwirklicht, gestimmt als Gefühl der schlechthinnigen Abhängigkeit. Diese Gestimmtheit umgreift gerade den Gegensatz, sofern hier nicht bloß das jeweilige Subjekt, sondern auch die Gegenständlichkeit, auf die sich sein Wissen und Tun richtet, in ihrem Dasein als gewirkt erfahren wird. Frömmigkeit ist hier dann von vornherein Kreaturgefühl. Traditionell ausgedrückt: Der Schöpfungsglaube steht nicht neben dem Heilsglauben, als besonderer Glaubensgegenstand, womöglich gar als bloße Voraussetzung des Heilsglaubens (das legte das alte Schema von der doppelten Gotteserkenntnis in seiner Anwendung auf den Schöpfungsgedanken nahe; da brauchte es ja zu der Natur noch die Gnade, zum Gesetz noch das Evangelium). Vielmehr verwirklicht sich Gottesbeziehung gerade als dieser einheitliche Bezug der glaubenden Subjektivität auf Gott, der sich im Schöpfungsgedanken ganz aussprechen kann (sofern dabei alle drei opera potentiae, 5., in eins zusammengeschlossen sind). Das durch Christus beschaffte und in der kirchlichen Gemeinschaft zugeeignete Heil ist dann die Ermöglichung solchen Schöpfungsglaubens.

Als zeitgenössische Vertreter dieses Modells A. seien Friedrich Gogarten und Gerhard Ebeling genannt. Lesen Sie von Friedrich Gogarten, aus einem seiner Hauptwerke, das den bezeichnenden Titel trägt: "Der Mensch zwischen Gott und Welt" (Reflexionsschema der Subjektivität!) 1952, S.317 - 319, die Anfangspassagen des Abschnittes "Wissenschaft" im 3. Kapitel des II.Teils. Lassen Sie sich dabei nicht verwirren durch die umstrittene These Gogartens, daß Folge des

christlichen Glaubens sei, was wir hier als modernes Denken bezeichnet haben, die Gegenüber-
stellung von Subjekt und Objekt, die eine übergreifende gegenständliche Erkenntnis unmöglich
macht.

Woraus hat die Welt ihre Einheit und Ganzheit?

Vor welcher Alternative steht der Mensch nach Christus?

Die Bestimmung des anthropologischen Ortes, an welchem diese Ganzheit erfahren wird, ist variabel. Gogarten redet in diesem Zusammenhang nicht vom Gefühl, wie Schleiermacher, sondern vom
Glauben bzw. der Verantwortlichkeit des Menschen. Ähnlich bestimmt G.Ebeling diesen Ort, von
dem aus die Subjektivität den Gegensatz von Subjekt und Objekt umgreift, als Gewissen.

B. Hegel will den Gegensatz von Subjekt und Objekt im Begreifen überwinden. Das kann natürlich nicht so geschehen, daß das Subjekt ein von ihm endgültig und grundsätzlich geschiedenes
und unterschiedenes Objekt begreift. Vielmehr muß gerade dies begriffen werden, daß der Gegensatz von Subjekt und Objekt nicht etwas Endgültiges, sondern daß er aufzuheben ist. Ziel des
Begreifens ist es, daß im "Geist" das sich Entgegenstehende sich als Eines begreift - die Substanz ist das Subjekt.

Solches Begreifen ist nicht die bloße Behauptung einer Identität von Substanz und Subjekt.
Vielmehr muß diese Identität begreifend vollzogen werden. Und sie wird dann vollzogen, wenn
die Wirklichkeit dem Denken nicht als etwas ihm Fremdes, Äußerliches erscheint, wenn diesem
Denken vielmehr in der Wirklichkeit, die es zu begreifen sucht, seine eigene, vernünftige
Struktur entgegentritt.

Lesen Sie dazu die Vorrede Hegels zu seinen Grundlinien der Philosophie des Rechts, insbesondere die letzten fünf Seiten dieser Vorrede (Theorie-Werkausgabe, 1970 Bd.7, S.23 - 28). Hegel
vollzieht hier die berühmte Gleichsetzung des Wirklichen mit dem Vernünftigen: "Was vernünftig
ist, das ist wirklich; und was wirklich ist, das ist vernünftig".

+ Was ist hier nach Hegels Ausführungen unter dem Vernünftigen zu verstehen?

+ Was wird als das Wirkliche bezeichnet?

Inwiefern ist es die Aufgabe der Philosophie, das, was ist, zu begreifen?

Welche Deutung der Lutherrose  gibt Hegel hier an?

+ Welches ist die Versöhnung der Wirklichkeit, die die Philosophie gewährt?

Wie bestimmt Hegel die Einheit von Form und Inhalt?
1. Welches ist die Form in ihrer konkretesten Bedeutung?

2. Welches ist der Inhalt?

Vgl. dazu F.Mildenberger, Geschichte der deutschen evangelischen Theologie, 42-46.

Auf unsere Frage nach dem Reflexionsschema der Subjektivität bezogen bedeutet das, daß Hegel,
indem er die Gegenstellung von Subjekt und Objekt im Begreifen übersteigt, zugleich den Gegen-

satz von Welt und Gott aufhebt. Der Schwung des Begreifens, in dem hier Subjektivität den Gegensatz von Subjekt und Objekt überwindet, der als ein Moment des Geistes aufgehoben wird, treibt weiter (ich überspringe dabei die Stufe von Selbstbewußtsein und Sittlichkeit) dahin, daß schließlich der Gegensatz Gottes zur Welt auch nicht bestehenbleiben kann, sondern die Subjektivität sich als das Subjekt der Substanz begreift.

Sicher erscheint eine solche Spekulation recht fremdartig, zumal sie religiösen Selbstverständlichkeiten - "ich bin doch nicht Gott" - widerspricht. Was selbstverständlich ist, das muß darum noch lange nicht wahr sein; es lohnt sich, wenn man sich in Hegel hineindenkt! Das nicht nur, um das moderne Denken kennenzulernen, auf das wir einzugehen haben, sondern auch, um die Sache besser zu verstehen, um die es der Dogmatik gehen muß.

Das Modell Hegels ist der christlichen Tradition fremder als das Schleiermachersche. Darum ist auch die Verwendung dieses Modells in der gegenwärtigen Situation des dogmatischen Denkens seltener. Es muß zudem viel stärker variiert werden. Immerhin ist in diesem Zusammenhang beispielsweise Wolfhart Pannenberg zu nennen, der in immer neuen Ansätzen das Hegelsche Modell einer begreifenden Überwindung des Subjekt-Objekt-Gegensatzes variiert (freilich ohne den Schwung, der die Hegelsche Subjektivität schließlich im absoluten Geist auch den Gegensatz von Gott und Welt aufheben läßt).

+ Lesen Sie dazu aus: Wissenschaftstheorie und Theologie, 1973, S.215 - 224. Wie läßt sich die
  - für Pannenberg selbst problematische - Unterscheidung von Sinn und Bedeutung bestimmen?

Inwiefern sind alle Wissenschaften auf umfassende Sinnzusammenhänge bezogen?

Wie ist die Bewegung der philosophischen Bedeutungsanalyse zu bestimmen?

Wie verhält sich in dieser Hinsicht Theologie zur Philosophie?

Das Reflexionsschema der Subjektivität ermöglicht es, Welt als Ganzheit doch noch zu denken, obwohl sie nicht mehr gegenständlich faßbar ist, und eben darin ihre ganzheitliche Bestimmtheit durch Gott zu erfassen. Daraus folgen aber weitere Fragen, die den Schöpfungsgedanken betreffen.

5.1.3 Schöpfung und Weltentstehung

Zur Begriffserklärung muß darauf hingewiesen werden, daß Welt in unserem Sprachgebrauch, insbesondere auch in der theologischen Tradition, nicht einfach mit Natur gleichzusetzen ist, wie sie den Gegenstand der modernen Naturwissenschaften ausmacht. Welt hat immer auch das Bedeutungsmoment der menschlichen Umwelt, und damit einer durch Menschen gestalteten (vielleicht auch verunstalteten) Natur. Welt umfaßt auch die menschliche Gesellschaft, ist diese Gesellschaft in ihrer Aneignung der Natur.

Oben (5.1.1) wurde schon darauf hingewiesen, daß moderne Dogmatiken fast selbstverständlich Weltentstehung und Schöpfung insofern unterscheiden, als der Vorgang der Weltentstehung vom Schöpfungsgedanken getrennt wird. Sache der Wissenschaft ist es, Theorien aufzustellen, die den Vorgang der Weltentstehung betreffen (wobei man dann wieder eine Reihe von Bereichen der Theoriebildung unterscheiden könnte, Theorien über die Entstehung der Welt in ihren kosmischen Dimensionen, dann Theorien über Entstehung und Evolution des Lebens auf unserer Erde, schließlich Theorien über die Entstehung und die Bedingungen der menschlichen Gesellschaft). Das ist insoweit konsequent, als die moderne Bestimmung von Gegenständlichkeit eine objektive Erkenntnis der Weltentstehung im ganzen nicht mehr zuläßt, sondern allenfalls einzelne Momente der Weltentstehung in bestimmten Theorien fassen kann. Der Schöpfungsgedanke dagegen denkt die Begründung der Welt insgesamt in Gott, kann das darum nicht in Art einer Kosmogonie tun.

Nicht nur die biblischen Schöpfungsberichte, sondern auch die Dogmatik bis hin zur Aufklärung macht diese Unterscheidung nicht. Hier wird vielmehr Schöpfung als Weltentstehung gedacht, der Schöpfungsgedanke wird in der Form einer Kosmogonie vorgetragen. Damit tritt dieser Schöpfungsgedanke deutlich in Konkurrenz zu kosmogonischen Mythen. Indem diese die Entstehung der Welt erzählen, beschreiben sie ein Anfangsgeschehen, das die gegenwärtige Wirklichkeit trägt, das die Ordnung gesetzt hat, die jetzt Welt als die Bedingung menschlichen Lebens ermöglicht. Vgl. dazu Schöpfung I.RGG 3.Aufl.Bd.V.Sp.1469 - 1472 von C.M.Edsman, und C.F. von Weizsäcker, Die Tragweite der Wissenschaft 1.Band, Schöpfung und Weltentstehung. Die Geschichte zweier Begriffe, 2.Auflage 1966, S.20 - 37 über "Kosmogonische Mythen".

Scheinbar ermöglicht diese Trennung ein schiedlich-friedliches Nebeneinander von Theologie, die den Schöpfungsglauben über das Reflexionsschema der Subjektivität entfaltet, und Wissenschaft, die für die verschiedenen Bereiche und Aspekte unserer Welt ihre Weltentstehungstheorien aufstellt. Doch besteht dabei die Gefahr, daß dann solche Weltentstehungstheorien mindestens partiell die Funktion kosmogonischer Mythen übernehmen: in der Erhellung des Gewordenseins bestimmen sie zugleich das Weltverhalten der Gegenwart, indem sie den Menschen an eine Ordnung verweisen, die aus diesem Gewordensein heraus Gegenwart bestimmen will.

Beispielsweise sei dazu an die heftige Diskussion von Aggressionstheorien zwischen Ethologie (Verhaltensforschung) und Psychologie (Tiefen- und Sozialpsychologie) erinnert, die die Wechselwirkung aktueller Probleme und Strategien zur Problemlösung mit Entstehungstheorien gut verdeutlichen kann.
Vgl. zu dieser Problematik J.Track, Theologie und Naturwissenschaft, KuD 21 (1975), S.99 - 119, insbesondere den Schlußabschnitt 3., Grundlinien einer neuen Verhältnisbestimmung.
In welchen Hinsichten bedarf es nach Track eines interdisziplinären Dialogs zwischen Naturwissenschaften und Theologie?

1.

2.

3.

4.

5.1.4 Teleologie

Der Schöpfungsgedanke erfaßt die geschaffene Wirklichkeit teleologisch: sie hat ihr Telos im Willen des Schöpfers. Zugleich ist diese Wirklichkeit anthropozentrisch gesehen: Der Mensch ist da als der von Gott geliebte, der wiederum Gott lieben und loben soll. Und die Welt ist da, diesem Menschen den Lebensraum zu bieten. Die moderne wissenschaftliche Weltsicht dagegen ist kausal bestimmt, kennt keine vorbedachte Zweckmäßigkeit (als Vorstellung: Der Prozeß des Weltgeschehens schiebt sich von den Ursachen hin zu den Wirkungen, er wird nicht zu einem vorbestimmten Ziel hingezogen, wie das eine teleologische Weltanschauung annimmt). Eine Verabsolutierung dieser wissenschaftlichen Betrachtungsweise muß dazu führen, Menschsein als determiniert zu verstehen und zugleich eine anthropozentrische Weltanschauung als unsachgemäß zu bestreiten.

Lesen Sie dazu von Jacques Monod, Zufall und Notwendigkeit. Philosophische Fragen der modernen Biologie, dtv-TB 1069, S.146 - 151.
Worin sieht Monod den Grund für teleologische Welterklärungen?

Was ist nach Monod die einzige Quelle authentischer Wahrheit?

Wie kann die Zerrissenheit unserer Kultur diagnostiziert werden?

Eine Antikritik scheint hier nicht allzu schwierig zu sein: Wird in einer derartigen Gesamt-schau der Wirklichkeit nicht die moderne wissenschaftliche Haltung unangemessen verabsolu-tiert, ohne daß man die Implikationen dieser Wissenschaft bedenkt? Doch sollte man nicht ver-gessen, daß die Thesen Monods ihre Plausibilität darin haben, daß hier auf die unbestreitbaren Erfolge moderner wissenschaftlicher Welterklärung und auf ihr basierender Weltbeherrschung verwiesen werden kann (vgl. auch 5.3.2).

Müssen derartige kausal-deterministische Weltanschauungen notwendig mit dem Schöpfungsglauben in Konflikt liegen? Sind umgekehrt teleologische Weltanschauungen natürliche Verbündete des Schöpfungsglaubens? Das entscheidende Problem liegt auch hier m.E. darin, wie das mit dem Schöpfungsgedanken gegebene teleologische Weltverständnis aus der Subjektivität heraus in eine gemeinsame verbindliche Fassung kommen kann. Solange der Schöpfungsgedanke nur im Reflexions-schema der Subjektivität vollzogen werden kann, liegt ja gerade hier die entscheidende Proble-matik in der Auseinandersetzung mit dem modernen Denken.

5.2 Der christliche Schöpfungsgedanke

Wir reden vom Schöpfungsgedanken, um deutlich zu machen, daß hier nicht einfach ein Kreaturge-fühl oder Ähnliches in Frage steht, sondern ein bestimmter Inhalt des Glaubens - "Gott hat die Welt aus nichts geschaffen".

5.2.1 Die metaphorische Redeweise

Die Rede von Werken oder Handlungen Gottes hat teil an der Problematik des Redens von Gott (vgl.4.2.1.2 und 4.2.2). Das heißt, daß es sich in gleicher Weise um ein analogisches Reden handelt (vgl.5.1). Wir können hier die Problematik eines solchen Redens nicht aufheben. Aber sie sollte klar erkannt sein, damit wir wenigstens nicht leichtfertig die traditionelle Spra-che gebrauchen.

Lesen Sie 2.Macc 7,28f, Röm 4,17 und Hb 11,3, die als die biblischen dicta probantia für den Schöpfungsgedanken gelten können, wobei hier dessen strenge Form als creatio ex nihilo vor-ausgesetzt wird; Gen 1 kann dann in diesem Zusammenhang kaum angeführt werden. Zwei dieser Texte verbinden den Schöpfungsgedanken mit dem Glauben an eine Auferwek-kung der Toten (2 Macc 7,28f und Röm 4,17; vgl. dazu auch 2.Bene-diktion des jüdischen Achtzehn-Bitten-Gebetes: "... der die Leben-den versorgt und die Toten lebendig macht ..."). Gerade diese Ver-bindung kann dazu helfen, die metaphorische bzw. analogische Rede-weise zu durchschauen und einzuüben. Auch Auferstehung bzw. Aufer-weckung der Toten ist Metapher:

Auferweckung vergleicht das erwartete Handeln Gottes mit dem Auf-wecken eines Schlafenden. Aber wir wissen genau, daß der Tod kein Schlaf ist.

Schöpfung bzw. Schaffen vergleicht das Handeln Gottes mit dem Schaffen eines Handwerkers oder Künstlers. Aber alles menschliche Schaffen ist an ein vorgegebenes Material gebunden; es ist damit in seinen Möglichkeiten durch dieses vorgegebene Material be-grenzt. Gott aber schafft aus nichts.

5.2.2 Die creatio ex nihilo

Auf die Schwierigkeit, einen Anfang zu denken, wurde schon hinge-wiesen. Das gilt gerade für die Behauptung einer creatio ex nihi-lo. Schöpfung als Veränderung eines Urzustandes, also beispielsweise die Ordnung eines Chaos, ist viel leichter zu denken. Ein derartiger Vorgang wird darum in aller Regel von kosmogoni-schen Mythen beschrieben. Auch Gen 1 macht hier - folgen wir der historischen Auslegung - kei-ne Ausnahme.

Wie legt J.F.König (Ratschow II, S.163, § 161 und 164) Gen 1 aus?
Achten Sie auf die hier eingeführten Unterscheidungen.

Der von den Dogmatikern angezeigte Sinn dieser Präzisierung des göttlichen Schaffens durch das "ex nihilo" liegt darin, die völlige Freiheit des göttlichen Schaffens zu betonen. Gott ist nicht an irgendwelche vorgegebenen Möglichkeiten gebunden (eine materia - mütterliches Prinzip). Das göttliche Schaffen geschieht vielmehr vollkommen frei. Das wird noch betont durch den Hinweis, daß dieses Schaffen durch das Wort geschieht. Indem Gott ausspricht, was er will, geschieht sein Wille. Dieser Gedanke einer creatio ex nihilo wird freilich, wenn die Schöpfung im Reflexionsschema der modernen Subjektivität gedacht werden soll, nahezu undenkbar. Das zeigt sich insbesondere dort, wo die Freiheit Gottes gegenüber der Welt in der Vorsehungslehre durchgeführt wird (5.3.2).

Lesen Sie in Schleiermachers Glaubenslehre den Zusatz zu § 41.
Was bemerkt Schleiermacher hier zur Frage der Freiheit Gottes?

+ Warum verbietet Schleiermacher eine Fragestellung wie die, ob Gott die Welt notwendig geschaffen habe (vgl. dazu DS 3025, 5.1), oder ob er die Wahl gehabt habe, die Welt auch nicht zu schaffen?

Karl Barth bestimmt die Schöpfung als den äußeren Grund des Bundes, und den Bund als den inneren Grund der Schöpfung. In der ihm eigentümlichen Denkweise zeigt er damit zugleich die Freiheit des göttlichen Schaffens - das ist die Freiheit des Gottes, der sich den Menschen (Jesus!) zum Partner erwählt hat, wie seine Beständigkeit, die in Gottes ewiger Wahl gründet - Gott müßte sich selbst verleugnen, wollte er seinen Bund verleugnen.

5.2.3 Die geschaffene Wirklichkeit

Wo wir die geschaffene Wirklichkeit im ganzen aussagen wollen, geraten wir sofort wieder in die Problematik des Reflexionsschemas der modernen Subjektivität hinein, in welchem allein noch das Ganze der Wirklichkeit als faßbar erscheint. Hier kann die geschaffene Wirklichkeit nur noch so angesprochen werden, daß sich die reflektierende Subjektivität als Schöpfung Gottes bekennt. In diesem Zusammenhang pflegt man auf Luthers Erklärung zum ersten Glaubensartikel zu verweisen: Ich glaube, daß mich Gott geschaffen hat samt allen Kreaturen ...

Unter welcher Voraussetzung wäre dieser Verweis auf Luther legitim?

Wir achten in der Frage nach der geschaffenen Wirklichkeit auf den Sprachgebrauch der Tradition. Die Bibel redet, wenn sie das Ganze der Schöpfung ansprechen will, von Himmel und Erde (Gen 1,1), ein Sprachgebrauch, den das Apostolicum wieder aufnimmt. Erde - das ist Welt, in der der Mensch zuhause ist (auch wenn diese Welt von Unheimlichem umgeben ist, das in diese Welt hineinragt). Der Himmel dagegen ist der dem Menschen entzogene Bereich des Göttlichen (die Götter sind die Himmlischen, im Unterschied zu den Menschen als den Irdischen). Werden Himmel und Erde zusammengefaßt als Schöpfung, so wird hier der Himmel verweltlicht.

Im Nizänum wird diese Formel erweitert: Gott ist ποιητὴς οὐρανοῦ καὶ γῆς, ὁρατῶν τε πάντων καὶ ἀοράτων. Das Unsichtbare - das ist die der Wahrnehmung entzogene Welt des Wesens, des ewigen Seins. Wenn daher Gott als der bezeichnet wird, der auch dieses Unsichtbar-Wesentliche geschaffen hat, dann wird dieses mit dem Sichtbar - Vergänglichen zusammengenommen. Es wird seiner Göttlichkeit entkleidet, wird wiederum verweltlicht. Man sollte diese Funktion der dualistischen Formeln in unseren Symbolen sehen. Wir stehen eher in der umgekehrten Gefahr, wenn wir etwa "das All" sagen: entsprechend der modernen Tendenz zur Univokation (4.2.2) gerät uns ein solcher Sprachgebrauch leicht in einen Bereich der Mystifikation, in welchem dann Gott und Welt in solchem All verschwimmen (τὸ ἓν καὶ πᾶν).

Zu diesem Problem ein Hinweis: Wir werden gut daran tun, gerade in diesem Zusammenhang der Frage, wie die Schöpfung sachgemäß anzusprechen ist, nicht die Frage nach der "neuen Schöpfung", nach der Vollendung, aus dem Auge zu verlieren. Ich halte es für möglich, daß gerade unter dem Vorzeichen des Anstehenden und des Ausstehenden als Werk Gottes sich Sagbarkeit der Kreatur insgesamt wieder finden läßt. Das verlangt aber aufmerksames Hinhören und harte Arbeit der Interpretation!

5.2.4 Gottes Geschöpfe

Daß der Schöpfungsgedanke teleologisch und anthropozentrisch durchgeführt werden muß, wurde schon vermerkt (5.1.4). Ausdruck dieses Sachverhaltes ist es, daß in der traditionellen Schöpfungslehre die creatura rationalis einen besonderen Platz einnimmt.Es sind ja gerade die vernünftigen Kreaturen, Menschen und Engel, die Gott eben in ihrer Vernünftigkeit in besonderer Weise entsprechen. Welt als Schöpfung wird hier repräsentiert durch die Geschöpfe, die zu einer freien, persönlichen Beziehung zum Schöpfer bestimmt und einer solchen Beziehung fähig sind.

Da die Anthropologie in einem eigenen Abschnitt behandelt wird, sollen hier nur einige Gedanken zur Angelologie wiedergegeben werden. Die Vorstellung von Engeln ist freilich für uns problematisch.Wir sollten nicht meinen, weil Schrift und Tradition von Engeln reden, müßten wir auch annehmen, daß es Engel gebe. Eine solche Annahme oder Behauptung bleibt Willkür, wenn sie nicht zugleich angibt, wo und wie Engel erfahren werden können!

Dazu muß daran erinnert werden, daß eine solche Erfahrung gerade der angeli mali ein bestimmendes Kennzeichen der beginnenden Neuzeit bis ins achtzehnte Jahrhundert hinein gewesen ist. Man redet zwar gerne vom "mittelalterlichen" Hexenwahn, Hexenglauben etc. Warum wohl - obwohl doch in der Regel schon das sechzehnte Jahrhundert zur Neuzeit gerechnet wird? Diese Vergangenheit belastet - darum ist eine große Zurückhaltung der zeitgenössischen Dogmatik (die Ausnahme ist wieder einmal Barth) in der Frage der Angelologie verständlich.

Wie urteilt Schleiermacher in der Frage nach der Erfahrbarkeit von Engeln?

Welchen Gebrauch der Vorstellung des Teufels hält er für am unbedenklichsten (§ 45, Zusatz)?

Zwei Momente der traditionellen Angelologie sollen hervorgehoben werden. Das geschieht, um hier ein Problem offenzuhalten, das einmal durch die Angelologie beantwortet wurde, das aber jetzt nicht einfach ganz in die Anthropologie hinein verschwinden sollte:

Einmal sind die Engel wie die Menschen freie Geschöpfe. Diese ihre Freiheit wird anschaulich in der irreparablen Trennung in gute und böse Engel, in Engel, die ihre schöpfungsmäßige Bestimmung verwirklichen, und in Engel, die sich dieser Bestimmung definitiv versagt haben.

Weiter ist zu sehen, wie die (guten) Engel zugleich die Freiheit Gottes in seiner Wirksamkeit in die Welt hinein darstellen: sie sind seine Diener, durch die er in einer Weise in die Welt hineinwirkt, die nicht durch die Gesetzmäßigkeiten der materiellen Welt vermittelt ist.

Die Vorstellung der Engel repräsentiert also die Freiheit, die Gott seiner Schöpfung gibt, wie die Freiheit, mit der er in dieser Schöpfung wirkt. Wo haben wir eine solche Repräsentation der Freiheit des Schöpfers und des Geschöpfes, wenn wir die Vorstellung der Engel aufgeben?

5.3 Die göttliche Vorsehung

Mit der Schöpfung Gottes als dem Werk des Anfangs ist die Welt nicht einfach so fertig eingerichtet, daß sie nun Gottes Wirksamkeit entbehren könnte (so der "Deismus"). Vielmehr muß zugleich mit dem Werk des Anfangs die bleibende Wirksamkeit Gottes in der Welt gedacht werden, wie das in der Lehre von der Vorsehung geschieht. Eine gesonderte Problemanzeige erübrigt sich hier. Unter den Bedingungen des modernen Denkens verschwindet sowieso die Grenze von Schöpfung und Vorsehung, sofern hier ein zeitlicher Anfang der Welt nurmehr uneigentlich gedacht werden kann, und also das gegenwärtige Verhältnis der Subjektivität zu Gott das eigentliche Interesse auf sich zieht.

Was sagt Schleiermacher zum Verhältnis von Schöpfung und Erhaltung (§ 36,1.)?

5.3.1 Die Vorsehungslehre der altprotestantischen Orthodoxie

Die Vorsehungslehre der Altprotestanten soll dazu dienen, den Begriff der Vorsehung und den damit verbundenen problematischen Sachverhalt zu erarbeiten. Es geht hier um die Frage, wie die bleibende Weltwirksamkeit Gottes so zu denken ist, daß zugleich die Selbständigkeit der Kreatur gewahrt bleibt. Problematisch ist insbesondere die Frage, wie Gottes bleibende Wirksamkeit, in der alle geschaffene Wirklichkeit ihren Bestand hat, zusammenzudenken ist mit der als Entscheidung gegen Gott und für das Böse verwirklichten Freiheit der Geschöpfe. Die Methode dieses dogmatischen Denkens, Probleme mit der Unterscheidung einander zugeordneter Sachverhalte anzugehen, mußte auch dazu helfen, diese Frage zu bewältigen.

Suchen Sie mögliche Einteilungsschemata der providentia Dei bei den Orthodoxen auf.
Wie wird unterschieden in Hinsicht auf die Geschöpfe, denen sich die Vorsehung zuwendet?

Wie wird unterschieden in Hinsicht auf die Mittel, deren sich die Vorsehung bedient?

Wie wird innerhalb der göttlichen Vorsehung selbst unterschieden?
1.   2.   3.

Man wird sich diese Unterscheidungen nur dann verstehend aneignen können, wenn man die dahinterstehende Ontologie (Lehre vom Sein) mit bedenkt. Grundgedanke dieser Ontologie ist, wie schon mehrfach in anderem Zusammenhang bemerkt worden ist (4.1.1.3 A.1. und 2., 4.2.1.2), die Unterscheidung des notwendig und des zufällig Seienden - die Seinsnotwendigkeit wird dem Seienden Gott zugedacht, die Kontingenz (Zufälligkeit, verstanden als Veränderlichkeit, als die Möglichkeit des Werdens und Vergehens) dem Seienden Welt. Das bedeutet aber, daß Welt als das zufällig Seiende nur dann in ihrem Sein Bestand haben kann, wenn sie ständig von dem notwendigen Sein Gottes gehalten und durchwaltet wird. Dabei ist dieser Einfluß deshalb, weil das notwendige Sein als der persönliche Gott gedacht wird, ein persönlicher Einfluß.

A. Conservatio: Entsprechend der aristotelisch bestimmten Ontologie werden die einzelnen Seienden als durch eine bestimmte Form gestaltete Materie verstanden. Die göttliche conservatio ist die Erhaltung der Formbestimmtheit der geschaffenen Dinge. Der Gedanke bezieht sich insbesondere auf den Bereich der lebendigen Substanzen und ihre Ordnung wie den Sachverhalt ihrer artgleichen Reproduktion.

B. Concursus: Alles Seiende hat die Fähigkeit, selbst als Ursache von Veränderungen wirksam zu werden. Diese Ursächlichkeit wird hier aber nicht als Alleinwirksamkeit gedacht. Vielmehr wirkt Gott selbst als die prima causa mit den causae secundae zusammen. Sein concursus ist seine wirksame omnipraesentia, Weltimmanenz des transzendenten Gottes.

Dieser concursus Gottes ist dort unproblematisch, wo es sich um eine dem schöpferischen Willen Gottes entsprechende Wirksamkeit der Kreatur handelt. Er wird aber äußerst problematisch dort, wo die freie Kreatur gegen den Willen Gottes wirksam wird. Gerade hier muß ja deutlich gemacht werden, daß Gottes Mitwirkung weder als Determination des geschaffenen Seins noch als bloße Zulassung verstanden werden darf, die die Fähigkeit zur wirksamen Aktivität ganz der das Böse wirkenden Kreatur zusprechen würde. Gott wirkt hier mit, sofern er die wirksame Handlung ermöglicht, nicht aber in der Bestimmung des sündigen Wollens.

C. Gubernatio: Hier handelt es sich um den Sachverhalt, den wir gewöhnlich allein mit dem Begriff der Vorsehung bezeichnen: Die Lenkung allen Geschehens durch den Willen Gottes. Auch hier ist natürlich der Sachverhalt des malum problematisch (man unterscheidet dabei noch ein malum naturale, Übel, von einem malum morale, dem Bösen).

Mit welchen Begriffen ist die göttliche gubernatio in Hinsicht auf das Böse zu erfassen?
1.   2.   3.   4.

Diese lebendig gedachte Weltgegenwart Gottes ermöglicht es, in welthaftem Geschehen Gottes Wirksamkeit zu erfahren. Man muß die Voraussetzung sehen, die solche Erfahrung ermöglicht - den Bestand der zufälligen Weltwirklichkeit in dem notwendigen Sein Gottes. Diese Voraussetzung ist geschwunden. Sie ist jedenfalls nicht mehr für das allgemeine Bewußtsein bestimmend. Das ist der Wahrheitsgehalt der Rede vom Tod Gottes: Die Seinsnotwendigkeit der Welt wird nicht mehr Gott zugedacht. Wenn sie überhaupt noch gedacht wird, dann so, daß sie der Welt selbst zugedacht wird (Materialismus, Idealismus).

Lesen Sie dazu von Friedrich Nietzsche, Die fröhliche Wissenschaft, 3.Buch 125.
Mit welchen Bildern beschreibt Nietzsche die Lösung von dem Gedanken Gottes als des notwendig Seienden?

Wie muß sich das auf das Lebensgefühl auswirken?

Sieht Nietzsche diese Wirkung schon eingetreten?

5.3.2 Vorsehungsglaube und Weltbild

Für die Vorsehungslehre der Altprotestanten ist kennzeichnend, wie behutsam hier die Bedingtheit des welthaften Seins - das sind insbesondere die Menschen! - durch Gott gedacht wird. Freiheit soll gerade nicht unmöglich werden. Es ist der freie Gott, der frei in die Welt hineinwirkt. Und seiner Freiheit entspricht die Selbstbestimmung des freien Menschen, die sich auch gegen Gott verwirklichen kann, freilich ohne sich bei einer solchen widergöttlichen Bestimmung doch ganz von Gott lösen und gar den Bestand der Schöpfung gefährden zu können.

Diese Lösung läßt sich in der Moderne nicht mehr durchhalten. Die Seinsnotwendigkeit wird nicht mehr über die Freiheit Gottes mit der Weltwirklichkeit vermittelt, sondern ihr unmittelbar zugedacht. Wird aber so Verursachung als durchgehend und notwendig erfaßt, ergibt sich daraus ein Determinismus, dem das Bewußtsein der Freiheit als falsch erscheinen muß.

Lesen Sie dazu F.H.Jacobi, Über seine Gespräche mit Lessing (in: Lessings Werke, Hg. P.Rilla Bd.8, S.616 - 634 = F.H. Jacobi, WW IV, 1.2 S.50 - 81), die sehr gut die weltanschauliche Problematik im Umbruch zum modernen Denken wiedergeben.
Was wird nach Jacobi aus dem denkenden Vermögen, wenn es nur wirkende Ursachen (Kausalität) und keine Endursachen (Finalität) gibt?

+ Lessing beruft sich bei der Debatte (wohl eher scherzhaft) auf die lutherische Lehre von der Unfreiheit des Willens (vgl. 6.2.4). Warum geschieht das zu Unrecht?

5.3.2

Aus welchem Grund wollte Lessing die traditionelle Vorstellung Gottes als eines persönlichen schlechterdings unendlichen Wesens nicht akzeptieren?

Der Gedanke von Welt als durchgehend verursachtem Geschehenszusammenhang hat die Moderne lange Zeit fasziniert (bis hin z.B. zu Monod, 5.1.4). Er hat freilich nicht nur fasziniert, sondern auch erschreckt und Reaktionen heraufbeschworen, die versuchen, gegenüber dieser durchgehenden Verursachung die menschliche Freiheit zu behaupten.

Von großem Gewicht ist hier die Lösung Kants, der behauptet, die durchgehende Verursachung sei nicht eine an sich bestehende Eigenheit der Wirklichkeit, vielmehr erscheine uns aufgrund unseres Erkenntnisvermögens die Wirklichkeit als dieser durchgehend verursachte Zusammenhang. Im Gewissen aber (dem moralischen Gesetz) haben wir einen Zugang zu unserer eigenen Wirklichkeit, der Menschsein nicht faßt, wie es dem objektivierenden Denken erscheint - nämlich als durch den kausalen Zusammenhang der erscheinenden Welt bedingt. Vielmehr zeigt sich hier eigentliches Menschsein in seiner Freiheit als der determinierten Welt schlechthin überlegen.

Lesen Sie dazu I.Kant, Kritik der Praktischen Vernunft, Beschluß (St.A.IV,S.300 - 302).

Was bewirkt der Anblick des gestirnten Himmels?

Was bewirkt die Erfahrung des moralischen Gesetzes?

Einen besonderen Rang nimmt das hier angesprochene Problem im dogmatischen System Albrecht Ritschls ein, der versuchte, in einer Zeit der Herrschaft eines mechanistischen Weltbildes, entworfen von einer rein positivistisch vorgehenden Naturwissenschaft, Freiheit des Menschen in Beziehung zum persönlichen Gott, und ein Ziel der Geschichte zu behaupten. Ritschl hat dabei nicht einfach den Kantischen Ethizismus (eine Begründung des geistigen Menschseins allein auf seine sittliche Beanspruchung) aufgenommen, wie ihm häufig vorgeworfen wird; er hat sich freilich in seiner Konzeption insofern stark an Kant angelehnt, als er dem Positivismus widersprach (und in seiner Lehre von den "Werturteilen" auf die Interessenbestimmtheit alles Erkennens hinwies!).

++ Lesen Sie aus Ritschls Hauptwerk, Rechtfertigung und Versöhnung, Bd.3, den Abschnitt 63 über den Glauben an die väterliche Vorsehung Gottes.

Wie wird die religiöse Herrschaft über die Welt ausgeübt?

+ Inwieweit kommt Ritschl mit seinen Aufstellungen zum Vorsehungsglauben, in dem "sich der Einzelne seiner besonderen Stellung zu dem Ganzen der Welt bemächtigen" will, über das Reflexionsschema der Subjektivität hinaus?

Wie erklärt Ritschl den scheinbaren Widerspruch, daß sich mit einer Leugnung der Vorsehung doch zugleich das Gefühl des persönlichen Wertes und eine zuversichtliche Stimmung im Weltverhalten verbinden kann?

Stimmt die Aufstellung Ritschls, daß sich der reformatorische Heilsglaube als "Vorsehungsglaube" verwirklicht? (Vgl. dazu CA XX; bei Ritschl vgl. a.a.O.25., S.158f, und Bd.I,26., insbes. S.183 - 185).

Von besonderer Bedeutung ist der Zusammenhang von Vorsehungsglauben und Weltbild in der Frage nach Bittgebet und Wunder. Nimmt man hier eine durchgehende Bestimmtheit der Welt durch kausale Verknüpfung an, dann kann das Bittgebet nicht gut anders verstanden werden als so, daß dem Bittenden die Kraft werde, das durch den Weltzusammenhang festgelegte Geschehen als gottgewirkt anzunehmen. Und das Problem des Wunders löst sich dann leicht, sofern hier jede den angenommenen geschlossenen Weltzusammenhang durchbrechende Wirksamkeit Gottes ausgeschlossen wird. Was also die Altprotestanten mit ihrer distinktiven Zuordnung einer providentia ordinaria und extraordinaria auszusprechen versuchten, hat nun einer durchgehenden Vermittlung der Wirksamkeit Gottes durch ein verabsolutiertes Kausaldenken Platz gemacht (wobei schließlich nicht mehr einzusehen ist, warum man überhaupt noch von Gott und seiner Vorsehung redet).

Tragen Sie hier aus Schleiermachers Glaubenslehre den Leitsatz zu § 47 ein:

Was sagt Schleiermacher in diesem Zusammenhang (§ 47,1.) über Gebetserhörung?

Lesen Sie dazu auch R.Schäfer, Gott und Gebet,
ZThK 65, 1968, S.126f.
Was geschieht im Bittgebet?

Wie bestimmt Schäfer "Ergebung"?

Was hat sich durch das Bittgebet zu ändern?

+ Inwiefern kommt Schäfer, trotz gegenteiliger Versicherung, nicht zum Konkreten, sondern bleibt in der Abstraktion des Reflexionsschemas der Subjektivität (Typ A.) stecken?

6. Der Mensch als Geschöpf und Sünder
    =====================================

In der dogmatischen Anthropologie begegnet noch einmal die Einordnungsproblematik, hier unter einem speziellen Aspekt des dogmatischen Gegenstandes. Denn so wenig bestritten werden kann, daß die Lehre vom Menschen zu den traditionellen Gegenständen der Dogmatik gehört, so klar ist auch, daß der Mensch als Gegenstand nicht etwas der Dogmatik Eigentümliches ist. Alle Wissenschaft hat es in bestimmter Hinsicht mit dem Menschen zu tun. Das gilt nicht nur für die Wissenschaften, die die Hinsicht auf den Menschen ausdrücklich thematisieren, Philosophie, Geschichte, oder auch die sog. empirischen Humanwissenschaften (Soziologie, Psychologie), die in den letzten Jahren und Jahrzehnten eine steigende Bedeutung auch im Gesamtzusammenhang der Theologie gewonnen haben (vgl. 2.3.1). Es gilt z.B. auch für die Physik. Denn diese kann - das haben die Entwicklungen der letzten Jahrzehnte gezeigt - nicht Natur so beschreiben, wie sie an sich ist, sondern nur so, wie sie sich bestimmten menschlichen Fragestellungen zeigt. Insoweit implizieren also auch physikalische Theorien immer zugleich Aufstellungen über den fragenden und erkennenden Menschen.

Wenn alle Wissenschaft sich mit dem Menschen befaßt, was macht dann das spezifisch Theologische einer Beschäftigung mit dem Menschen aus? Diese Frage deutet das Grundproblem dogmatischer Anthropologie an.

6.1 Der Mensch als Gegenstand der Dogmatik

Thomas erörtert STh 1 q.1 a.7 die Frage, ob Gott der eigentliche Gegenstand der Theologie sei, da doch Theologie auch von anderem handle als von Gott, etwa von den Geschöpfen oder auch von menschlicher Ethik. Und er beantwortet diesen Einwand so, daß er feststellt, quod omnia alia quae determinantur in sacra doctrina, comprehenduntur sub Deo; non ut partes vel species vel accidentia, sed ut ordinata aliqualiter ad ipsum.

Übersetzung:

Damit ist die übliche Antwort der Dogmatik genannt: Gegenstand der Dogmatik ist der Mensch in seinem Gottesverhältnis. Freilich ist damit die Fragestellung erst angezeigt, die dann präzisiert werden muß, wenn dogmatische Anthropologie gelingen soll. Was heißt das - der Mensch in seinem Gottesverhältnis? Ist das eben der religiöse Mensch, was dann, modern gedacht, bedeutete, daß hier noch einmal der Mensch erörtert werden müßte, dessen Gottesbeziehung im Reflexionsschema der Subjektivität (5.1.2) sich verwirklicht - samt natürlich den Voraussetzungen und Bedingungen solcher Verwirklichung? Das hieße dann, daß eine so entworfene Anthropologie Schöpfung und Versöhnung in sich aufnehmen und sich als das Ganze der Theologie darstellen müßte (Schleiermachers Glaubenslehre beispielsweise kann so aufgefaßt werden) - getreu dem Motto der Feuerbachschen Religionskritik: "Was nämlich in dieser Schrift sozusagen a priori bewiesen wird, daß das Geheimnis der Theologie die Anthropologie ist, das hat längst a posteriori die Geschichte der Theologie bewiesen und bestätigt ... Die Theologie ist längst zur Anthropologie geworden" (Vorwort zur ersten Auflage von "Das Wesen des Christentums", a.a.O. - o.S. 47 - S.9f).

Wird die Aufgabe der dogmatischen Anthropologie nicht in dieser umfassenden Weise gesehen, in der die oben angeführte Bestimmung des Thomas gleichsam umgekehrt ist - also nicht der Mensch deshalb dogmatischer Gegenstand ist, weil auch er in Beziehung zu Gott gesehen werden muß, sondern Gott dogmatischer Gegenstand ist, weil er Bedingung der Möglichkeit menschlicher Selbstverwirklichung ist (wo wurde dieser Sachverhalt schon angesprochen? Notieren Sie:
          ), dann muß hier erst recht genauer gefragt werden.

6.1.1 Der ganze Mensch

Eine Möglichkeit, die dogmatische Fragestellung nach dem Menschen zu präzisieren, ist der Verweis auf den Menschen in seiner Ganzheit. Es läßt sich nicht bestreiten, daß moderne Wissenschaft immer nur Aspekte des Menschseins erfaßt. Andererseits aber geht der Mensch in seine Beziehung zu Gott nicht mit einem Aspekt seines Menschseins ein. Vielmehr ist der Mensch hier ganz beansprucht. Mit einer solchen Behauptung ist freilich noch nicht viel gewonnen, wenn nicht gezeigt werden kann, wie solche Ganzheit aufzufassen ist.

Gehört er überall dazu? Mi 75

Lesen Sie dazu bei H.Ott (o.S.97) Artikel 14,C., S.148 - 151. Zu welchem Aspekt des Menschseins hat die theologische Anthropologie immer etwas zu sagen?

Inwiefern kann damit Theologie zum Ganzen der Wirklichkeit des Menschen etwas sagen?

Noch konsequenter, als das im Programm Otts geschieht, hat W.Pannenberg, Was ist der Mensch? Die Anthropologie der Gegenwart im Lichte der Theologie, 2.Auflage 1964, in dieser Richtung gearbeitet. Hier wird die moderne Anthropologie in der Weise aufgenommen, daß die dort erarbeiteten Aspekte des Menschseins jeweils auf die Gottesbeziehung des Menschen hin interpretiert werden und darin ihre Einheit finden sollen.

Lesen Sie dazu den ersten Vortrag "Weltoffenheit und Gottoffenheit", S.5 - 13.

Welche Aufstellung über die Unterschiedenheit von Mensch und Tier wird hier aufgenommen?

Wie interpretiert Pannenberg diese Aufstellung moderner Anthropologie?

+ Beurteilen Sie dieses Vorgehen danach, inwieweit hier die moderne, in 5.1.1 und 5.1.2 erarbeitete Problematik berücksichtigt ist!

Es fragt sich freilich, ob der Mensch, der in seiner Ganzheit in Beziehung zu Gott steht, in derartigen Überlegungen erfaßt werden kann. Wird hier nicht die theologische Hinsicht auf den Menschen unzulässig mit anderen Hinsichten vermischt?

Lesen Sie dazu bei R.Prenter § 20, insbesondere S.236.
Welche Gefahr sieht Prenter, wenn die Theologie versucht, Beiträge zu einer Phänomenologie des Menschseins zu liefern?

6.1.2 Der Mensch in seiner Geschichte mit Gott

Wir haben bisher - und wollen das auch in diesem Abschnitt tun - den Ausdruck "Mensch" als eine Gattungsbezeichnung verwandt. Auf die Problematik dieser Verwendung gehe ich im nächsten Abschnitt ein (6.1.3). Sie zeigt sich freilich schon in dem Thema, das jetzt anzugehen ist. Inwiefern kann der Mensch als Gattung eine Geschichte mit Gott haben? Diese - wieder durch das moderne Denken aufgegebene - Frage muß bewußt bleiben, wenn wir uns jetzt an der Problemstellung der Tradition orientieren.

In der Überschrift des Kapitels zur Anthropologie ist die theologische bzw. dogmatische Hinsicht auf den Menschen schon angedeutet: Der Mensch als Geschöpf und Sünder - das heißt: der Mensch in der Geschichte seiner Beziehung zu Gott. Gewiß ist es sehr abstrakt geredet, wenn die Geschichte des Menschen mit den Stichworten "Geschöpf" und "Sünder" beschrieben wird.Aber man muß die grundsätzliche Unterscheidung sehen, die damit angedeutet wird: Es geht hier nicht um ein (mindestens für die metaphysische Ontologie unveränderliches) Wesen des Menschen, sondern um einen die ganze Befindlichkeit des Menschen betreffenden Wandel seiner Gottesbeziehung.

Dazu Quenstedt (nach H.Schmid S.155f. Beachten Sie, welche Stellung das subjectum theologiae in dem Aufriß dieser Dogmatik einnimmt, vgl. 1.3.8):

Subjectum theologiae est homo, de primo felici suo statu deturbatus in miseriam, ad Deum et aeternam salutem perducendus. - Non agitur hic de homine, ratione essentiae suae, et prout creatura est, ... sed ut talis vel talis creatura est, et ratione status sui, qui ante lapsum integer fuit et felicissimus, post lapsum vero corruptus et miserrimus.

Übersetzung:

Exkurs: Traditionelle Probleme der Anthropologie

Auch wenn dabei nicht der theologische Aspekt der Anthropologie in Frage steht, soll doch knapp über zwei Probleme der traditionellen Anthropologie informiert werden:

1. Ist Menschsein dichotomisch (Geistseele - Leib) oder ist es trichotomisch aufzufassen (Geist-Seele-Leib)?

Die Entscheidung ist hier für die Dichotomie gefallen (vgl.Constantinopolitanum IV, DS 657).

2. Gilt für die Entstehung der einzelnen menschlichen Seelen der Kreatianismus (jede einzelne menschliche Seele wird von Gott in einem unmittelbaren schöpferischen Akt geschaffen) oder der Traduzianismus (die Seele wird wie der Leib in der Zeugung von den Eltern an die Kinder weitergegeben)?

Argument für den Kreatianismus (die katholische wie die reformierte Lösung): Die Seele ist eine Geistsubstanz, also unteilbar (metaphysisches Argument).

Argument für den Traduzianismus (überwiegend bei den Lutheranern): Die ererbte Sündhaftigkeit des Menschen ist nicht nur im Leib, sondern gerade in seiner Geistseele zu finden, die darum ererbt sein muß (theologisches Argument).

Die traditionelle Unterscheidung des Wesens und der Stände des Menschen macht freilich einige Schwierigkeiten, gerade weil die menschliche Sündhaftigkeit alle Menschen und jeden Menschen ganz betrifft, und darum die Hinsicht auf den Menschen in seiner Geschichte mit Gott und die Hinsicht auf das Wesen des Menschen in seiner faktischen ganzheitlichen Befindlichkeit sich leicht überlagern.

+ Lesen Sie dazu die Thesen der Disputation Luthers de homine, WA 39, I, S.174 - 176.

Wie verbindet Luther hier Ontologie und Geschichte des Menschen mit Gott? Dazu der Hinweis: forma und materia sind Grundbegriffe der aristotelischen Ontologie. Materia bezeichnet die Möglichkeit, forma die Verwirklichung.

Die dogmatische Tradition weist uns also an, den spezifisch theologischen Aspekt der Anthropologie darin zu finden, daß hier der Mensch in seiner Geschichte mit Gott gesehen werden muß. Damit aber ist ein Problem gegeben, das unter dem Vorzeichen des modernen Denkens kaum gelöst werden kann.

6.1.3 Adam und Christus - die geschichtliche Einheit der Menschheit in ihrer Beziehung zu Gott

Vgl. zu diesem Abschnitt bei O.Weber, Bd.1, S.587 - 591, sowie F. Mildenberger, Adam IV. Systematisch-theologisch, TRE I, S.431 - 437.

Wenn die dogmatische Tradition von dem Menschen redet, der aus der Herrlichkeit des Urstandes in das Elend der sündhaften Verderbtheit gefallen sei, dann hat sie nicht nur abstrakt die Gattung Mensch im Blick. Vielmehr ist hier konkret der Protoplast gedacht, Adam als der Ersterschaffene bzw. die Stammeltern der Menschheit, Adam und Eva. Wie alle Menschen von Adam abstammen, so haben sie alle teil an seiner Verderbtheit. Vom Ursprung her wird hier also die geschichtliche Einheit der Menschheit gedacht.

Diese Anschauung setzt voraus, daß die biblische Geschichte den Rahmen für die Geschichtsanschauung überhaupt abgibt. Nun ist aber der zeitliche und räumliche Rahmen der biblischen Geschichte in der Neuzeit gesprengt worden. Wir können heute Geschichte nicht mehr in dem zeitlichen Rahmen der ca. 4000 Jahre von Adam bis Christus unterbringen, den die biblische Geschichte vorgibt. Und wir können ebensowenig Geschichte in dem Mittelmeerraum unterbringen, den die Bibel als ihre Welt voraussetzt. Menschsein beginnt für uns im Tertiär, und Menschen sind schon in vorgeschichtlicher Zeit über die ganze Erde verbreitet.

Wie muß sich die dogmatische Anschauung der geschichtlichen Einheit der Menschheit wandeln, wenn sie auf diese Situation eingehen will? Die herkömmliche Denkform kann ja nicht einfach festgehalten werden, will der Glaube nicht in Obskurantismus absinken. Drei Möglichkeiten liegen hier in der dogmatischen Diskussion vor.

A. Man versucht, nur die unbedingt notwendigen Konzessionen an die veränderte geistige Situation zu machen und im übrigen die herkömmliche Konzeption beizubehalten. So etwa in der katholischen Dogmatik, die dazu verpflichtet ist, am Monogenismus festzuhalten.

Unter Monogenismus versteht man die Abstammung aller Menschen von einem Menschenpaar, im Unterschied zum Polygenismus (der z.B. das moderne Verständnis der Evolution beherrscht, sofern hier immer in Populationen gedacht wird, innerhalb derer sich die Evolution vollziehe).

Mit welcher Begründung lehnt die Enzyklika "Humani generis" Pius XII. vom 12. August 1950 den Polygenismus ab? (DS 3897 = Neuner-Roos 363).

Will man hier doch auf die Moderne mit ihrem Geschichtsbild eingehen, so rückt Adam in eine solche Ferne, daß die geschichtliche Einheit der Menschheit, die in ihm angeschaut werden sollte, gerade völlig abstrakt wird. Denn die Kontinuität zu diesem Adam (biblisch in den Stammbäumen, die bis auf Adam zurückgeführt werden, festgehalten), verschwindet in dem Nebel vorgeschichtlicher Hypothesen.

Vgl. dazu die Behauptung von K.Rahner, Theologisches zum Monogenismus, in: Schriften zur Theologie I, 1954, S.257 A.1:"Adam war der erste Mensch, und dort, wo im metaphysischen und theologischen Sinn zum erstenmal ein Mensch gegeben ist, dort ist Adam zu suchen, und selbst wenn dies im späten Tertiär wäre". Die Unzuträglichkeit derartiger Aufstellungen liegt auf der Hand. Sie werden weder den modernen Theorien über Hominisation noch der Intention der herkömmlichen Adamtradition gerecht.

Ob das endlich Adam ist?

B. Man versucht, die Adamtradition so zu interpretieren, daß Schöpfung und Fall als ein Geschehen verständlich werden, das die ganze Menschheit betrifft, weil es sich in jedem Menschen ereignet.

Lesen Sie dazu R.Prenter, S.237 - 244.
Wie bezeichnet Prenter Urzustand und Sündenfall?

Ähnliche Positionen finden sich bei den meisten Dogmatikern, so daß man hier fast von einem Konsens reden kann. Freilich wird bei dieser Anschauung die Einheit der menschlichen Geschichte in ihrer Beziehung auf Gott nicht festgehalten. Die Einheit der Menschheitsgeschichte, in Adam angeschaut, löst sich hier auf in viele - allerdings gleichartige, weil jeweils von Urstand und Sündenfall bestimmte - Geschichten einzelner Menschen.

C. Man versucht, was die Tradition in Adam dachte, nun in Christus als dem neuen Adam zu denken (nicht ohne exegetischen Anhalt, vgl. die Adam-Christus-Typologie Röm 5; 1 Ko 15). Das bedeutet, daß die geschichtliche Einheit der Menschheit nicht mehr in ihrer Herkunft, auch nicht in einem Zustand gesucht wird, der im einzelnen Menschen dem Heilshandeln Gottes vorhergehend gedacht wird. Vielmehr wird diese geschichtliche Einheit in der Zukunft gesucht - in der durch Christus bestimmten eschatologischen Vollendung der Menschheit. Die geschichtliche Einheit der Menschheit vor Gott steht also noch aus. Aber sie ist doch zugleich in Christus angebrochen und in der Wirksamkeit Christi anschaulich.

Lesen Sie dazu in Schleiermachers Glaubenslehre § 89, 1.2.
Wie wird hier Christus bezeichnet?

Wie kann man das durch die Erscheinung Christi gestiftete Gesamtleben bezeichnen?

Unter welchem Gesetz sieht Schleiermacher die Wirksamkeit Christi als des zweiten Adam?

Für diese Position wird die Herkunft des Menschen von dem dogmatischen Gewicht entlastet, das sie in der alten Adamtradition tragen mußte. Das ist sicher für die Auseinandersetzung mit der Moderne ein nicht unbeträchtlicher Gewinn, zumal dabei der Gedanke einer geschichtlichen Einheit der Menschheit in ihrer Gottesbeziehung neu, nämlich in Hinsicht auf die Zukunft, denkbar wird. Problematisch ist hier allerdings, im Gegensatz zu Position A und B, wie die allgemeine Sündhaftigkeit der Menschheit noch gedacht werden kann. Ist hier Sünde nicht nur ein entwicklungsbedingtes Durchgangsstadium?

Welche methodische Konsequenz für die Anthropologie zieht Karl Barth (der eine modifizierte Fassung von C. vertritt) für die dogmatische Darstellung der Anthropologie (vgl. § 43, KD III, 2)? Da Barth mit Gründen die These vertritt, daß der sündige Mensch nicht der wirkliche Mensch ist, kommt er hier zu einer m.W. in der Geschichte der Dogmatik so noch nicht vertretenen Haltung (KD III,2, S.47ff).

6.2 Geschöpflichkeit und Sündhaftigkeit des Menschen

Das eben in seinen verschiedenen Lösungsmöglichkeiten vorgestellte Problem muß die folgenden Überlegungen begleiten: Theologischer Gegenstand ist der Mensch in seiner Geschichte mit Gott. Dabei besteht für uns die Schwierigkeit, daß wir uns diese Geschichte nicht als die Geschichte vom Urstand und Fall des Protoplasten vorstellen können. Es muß sich hier um eine wirkliche Geschichte handeln, mit unserer Erfahrungswelt unmittelbar verbunden, also nicht um die Geschichte eines postulierten Adam irgendwo in dem nebulosen Tier-Mensch-Übergangsfeld der modernen Paläontologie. Es muß sich aber auch um eine Geschichte handeln, die nicht zerfällt in die unzähligen Geschichten der unzähligen Individuen der Gattung Mensch. Inwieweit es hier weiterhelfen kann, statt auf die eine Herkunft der Menschen aus Gott - und zugleich aus dem Widerspruch gegen Gott - nun auf die eine Zukunft der Menschen in Gott - und im Gehorsam Jesu Christi - hinzuweisen, ist eine offene Frage. Denn die geschichtliche Einheit der Gattung Mensch in Jesus Christus steht ja gerade aus! Und inwieweit kann denn die Vorwegnahme dieser Einheit die gegenwärtige Faktizität des Menschen erhellen - die wir mit der traditionellen Begrifflichkeit als das Ineinander von Geschöpflichkeit und Sündhaftigkeit bezeichnen?

Ein Hinweis zu dieser Frage: K.Barth versucht, das hier auftretende Problem so zu lösen, daß er auf die Geschichte Israels verweist, die in der Geschichte der Menschheit gerade die Adamsgeschichte repräsentiert. "Was ist die ganze Geschichte Israels Anderes als eine einzige Entfaltung des Zusammenseins Gottes mit Adam, Adams mit Gott? Und was ist die Adamsgeschichte Anderes als eine gewissermaßen auf einen Moment kontrahierte Darstellung der Geschichte Israels? Und was geschieht in dieser Geschichte hier genau so wie dort? Es geschieht dies, daß der Mensch durch die Stimme des Fremden sich verlocken läßt, neben den ihm gewiesenen Weg hinaustritt, Gott ungehorsam und damit des Todes schuldig wird" (Christus und Adam nach Röm.5. Ein Beitrag zur Frage nach dem Menschen und der Menschheit, 2.Aufl., in: Rudolf Bultmann, Christus und Adam. Zwei theologische Studien, dritte resp. zweite Auflage 1964, S.97). Der Vorschlag Barths verzichtet so gerade nicht auf eine Anschauung der menschheitlichen Geschichte mit Gott. Dazu braucht es Gottes Offenbarung in Israel. Nicht Gott in der Geschichte - Weltgeschichte ist unter den Voraussetzungen modernen Denkens zu einem wissenschaftlich unlösbaren Problem und gerade darum zum Tummelplatz der reflektierenden Subjektivitäten geworden - offenbart die Geschichte des Menschen mit Gott. Sondern Gottes Geschichte mit Israel repräsentiert die Geschichte des Menschen.

6.2.1 Die Notwendigkeit einer Unterscheidung von Geschöpflichkeit und Sündhaftigkeit

Die Bestimmtheit des Menschseins durch die Faktizität seiner Geschichte mit Gott ist total und universal - alles Menschsein ist theologisch in dieser Hinsicht zu erfassen, und zugleich ist so nicht ein Teilaspekt am Menschen, sondern der ganze Mensch (vgl. aber die 6.1.1 aufgezeigte Abgrenzung) bestimmt. Das heißt, daß die Bestimmtheit des Menschseins durch die Sünde total und universal zu denken ist - wollen wir der theologischen Tradition folgen. Eben daraus ergibt sich nun aber die Problematik einer Unterscheidung von Geschöpflichkeit und Sünde: die Universalität der Bestimmtheit des Menschseins durch die Sünde darf nicht dazu führen, die Sünde im Wesen des Menschen zu suchen, sie also zu einer ontologischen Bestimmung zu machen.

Im Zusammenhang der sog. flacianischen Streitigkeiten ist diese Frage im Luthertum des 16. Jahrhunderts debattiert worden. Flacius (ein Vorkämpfer des reinen Luthertums gegen dessen Verfälschung durch einen melanchthonisch bestimmten Lehrtypus) hatte sich, um die Tiefe der menschlichen Sündhaftigkeit zu betonen, zu der Aussage hinreißen lassen, die Erbsünde sei Substanz, oder wenigstens die forma substantialis des Menschen.Vgl. dazu H.E.Weber, Reformation, Orthodoxie,Rationalismus I,2, S.6 - 21. Diese ontologische Begrifflichkeit brachte ihm, entgegen seiner Aussageintention, die allein die Tiefe der faktischen Verderbnis des Menschseins betonen wollte, den Vorwurf der Häresie ein. In der Tat darf man so nicht sagen; sonst wird entweder Gott zum Schöpfer des sündigen Wesens des Menschen, oder es wird dem Satan eine schöpferische Macht zuerkannt. FC I "Von der Erbsünde" hat die Streitfrage entschieden.

Lesen Sie diesen Artikel, insbesondere SD 34 - 47 (BSLK S.855 - 859). Welche Gründe werden hier für die Notwendigkeit einer Unterscheidung von Geschöpflichkeit und Sündhaftigkeit aufgeführt?

1.

2.

3.

4.

++ Die Nötigung, Geschöpflichkeit und Sünde des Menschen zu unterscheiden, ist der Dogmatik bleibend aufgegeben. Gerade die Christologie nimmt dabei eine Zentralstellung ein. Man kann freilich die Argumentation etwa der FC umkehren, und behauptet dann, wenn Christus wahrer Mensch gewesen sei, müsse er auch unter der Sünde gewesen sein. Dazu vgl. R.Schäfer, Der Evangelische Glaube, 1973. Lesen Sie dazu das 3.Kapitel, S.55 - 80, insbesondere § 11,68ff. Weil Schäfer Menschsein auch in seiner Gottesbeziehung zunächst allgemein fassen will, kann er Jesus nur als eine Besonderung dieses allgemeinen Menschseins ansehen. Suchen Sie die exegetisch-historische Argumentation Schäfers auf ihre Schlüssigkeit hin zu beurteilen. Weshalb hat Jesus das Vaterunser mitsamt der 5. Bitte angeblich für sich selber gebetet und dann weitergereicht?

Achten Sie darauf, wie Schäfer seine Behauptung als Voraussetzung in die Argumentation einführt - Jesus habe,"so wahr er ein Mensch gewesen ist" (71), dieses Gebet selbst gebetet.

Der Mensch bleibt auch nach dem Fall Geschöpf - Christus ist wahrer Mensch, aber er ist deswegen nicht Sünder -, Gottes erlösendes Handeln heiligt den Sünder nicht so, daß hier die Sünde geheiligt, sondern so, daß der Mensch von der Sünde getrennt wird - die zukünftige Vollendung betrifft uns in unserem Menschsein, aber gerade als Freiheit von der gegenwärtigen Sündhaftigkeit: das sind Gründe, die zur Unterscheidung von Geschöpflichkeit und faktischer Sündhaftigkeit des Menschen nötigen.

Diese Unterscheidung darf nicht als eine Unterscheidung am Wesen des Menschen vorgenommen werden, die gut und böse auf verschiedene Schichten des Menschseins verteilt, wie das dualistische Anthropologien immer wieder versucht haben.

Erinnert sei hier an die anthropologische Unterscheidung von Geist und Fleisch, spätantikes Denken weithin bestimmend und von daher auch in der christlichen Tradition recht einflußreich (Erbsünde als concupiscentia carnis! - nur unter dieser Voraussetzung ist der Kreatianismus, vgl. Exkurs zu 6.1.2, eine sinnvolle Möglichkeit). Böse ist hier das Fleisch, Erlösung aus der Sündhaftigkeit ist Erlösung des Geistes vom Fleisch. Die ethische Folgerung ist klar: der Geist soll das Fleisch asketisch beherrschen.

Wirksamer ist der stärker ethische Dualismus idealistischer Konzeptionen: Vernunft als das Vermögen des Allgemeinen, der Sittlichkeit, ist das Gute, das Triebleben, das dem vereinzelten Wollen folgt, ist das Böse - auch hier natürlich mit der Folgerung, daß eben Vernunft das menschliche Handeln bestimmen soll (und das auch kann!).

Eine Spielart solcher ontologischen Bestimmung der Sünde scheint mir auch in der zeitgenössischen Fragestellung zu liegen, die Sünde entweder im Individuum oder in der Gesellschaft festmachen will. Angeborene Aggression bestimmt den Menschen je als Individuum - so versucht das der Ethologe nachzuweisen (vgl. Konrad Lorenz, Das sogenannte Böse. Zur Naturgeschichte der Aggression, dtv-TB Bd.1000). Dagegen läßt sich nichts machen, da kann man im Grunde nur an die vernünftige Selektion glauben, die dieses Menschsein so verändern wird, daß es unter neuen Bedingungen lebensfähig bleibt.

Oder aber die Gesellschaft ist böse, ihre Ordnung, insbesondere die herrschende (sexuelle) Moral verformt den Menschen. Man muß darum die gesellschaftliche Ordnung verändern, damit das Böse verschwindet und der Mensch sich in seiner Güte verwirklicht (vgl. dazu etwa Arno Plack, Die Gesellschaft und das Böse. Eine Kritik der herrschenden Moral, 1967).

6.2.1 / 6.2.2 / 6.2.3

Kennzeichnend für alle diese dualistischen Theorien ist ihre Erlösungslehre: der gute Teil des Menschseins kann und wird den bösen überwinden. Ontologische Unterscheidung von gut und böse setzt nicht nur die Fähigkeit voraus, diese Unterscheidung zu erkennen. Vielmehr ist der gute Teil des Menschen imstande, sich selbst vom Bösen zu lösen oder mindestens entscheidend dazu mitzuwirken. Die scheinbare ontologische Vertiefung der Sündhaftigkeit führt wie ihre Verharmlosung zu einer synergistischen Erlösungslehre.

6.2.2 Die Unterscheidung der menschlichen Stände als Denkmodell der Tradition

Die dogmatische Tradition hat unser Problem so bewältigt, daß sie von den verschiedenen status, den Ständen des Menschen redete - dem Urstand, dem Sündenstand, dem Gnadenstand. Mit diesen Ständen werden jeweils Etappen der Geschichte des Menschen mit Gott bezeichnet, die die menschliche Befindlichkeit entscheidend bestimmen. Dabei ist darauf zu achten, wie Urstand und Gnadenstand in einer engen Beziehung zueinander gedacht werden. Auch wenn der Gnadenstand nicht einfach den Urstand wiederherstellt (auch die eschatologische Vollendung wird nicht als mit dem Urstand identisch gedacht), orientiert sich doch die Beschreibung des Urstandes am Gnadenstand - naheliegenderweise, denn der Urstand ist ja keiner Erfahrung zugänglich!
Welche status des Menschen lassen sich unterscheiden?

Warum werden in der Anthropologie der Altprotestanten nur zwei dieser status, nämlich der status integritatis (Stand der ursprünglichen Vollkommenheit) und der status corruptionis (Stand der sündhaften Verderbnis) behandelt? Achten Sie dabei auf den Aufbau der Dogmatik nach der analytischen Methode und die Stellung der Anthropologie in diesem Aufbau (vgl. 1.3.8 und 2.3.2.2).

Eine Unterscheidung der beiden Stände, die theologisch in der Regel behandelt werden, also Urstand und Sündenstand, ist nur so möglich, daß Veränderungen aufgeführt werden, die den Menschen hier und dort charakterisieren. Dabei werden vor allem zwei Merkmale des Menschseins genannt, die Gottebenbildlichkeit des Menschen als der anthropologische Sachverhalt, an dem die Sünde manifest wird, und der freie Wille als der Sachverhalt, der soteriologisch von entscheidendem Gewicht ist. Denn dort, wo der Mensch als Sünder gedacht wird, muß ja beides gedacht werden, seine Erlösungsbedürftigkeit und seine Erlösungsfähigkeit.

Schleiermacher hat aus dem eigentümlichen Wesen des Christentums als Erlösung durch Christus die natürlichen, d.h. die mit diesem Wesen gegebenen und immer wiederkehrenden, Ketzereien am Christentum abzuleiten versucht (§ 22 der Glaubenslehre).
Wie bezeichnet er die anthropologischen Häresien?

Was ist das Kennzeichen der manichäischen Häresie?

Was ist das Kennzeichen der pelagianischen Häresie?

Mit welchen christologischen Häresien pflegen sich Manichäismus bzw. Pelagianismus zu verbinden?

Wenn Sie Schleiermachers Argumentation nachprüfen wollen, nehmen Sie sich noch einmal R.Schäfer, Der Ev.Glaube (o.S.123) vor. Die ebionitische Christologie zieht eine pelagianische Soteriologie nach sich!

6.2.3 Die Gottebenbildlichkeit des Menschen

Die hier in Frage stehenden Sachverhalte der Tradition sind kontroverstheologisch von Gewicht. Wir müssen die beiden Positionen, die katholische und die evangelische, jeweils gegeneinander stellen. Sie bilden die Voraussetzung für die Kontroverse, die dann in der Frage der Rechtfertigung anzuzeigen ist.

Ein Hinweis auf die exegetische Problematik soll vorausgehen: So gewiß der Begriff der Gottebenbildlichkeit biblisch ist, so wenig lassen sich doch exegetisch genauere Bestimmungen über die Gottebenbildlichkeit erheben. Das liegt einmal daran, daß die Hauptbelegstelle Gen 1,26.27 nicht das ganze dogmatische Gewicht tragen kann, das man ihr im Laufe der Zeit aufgeladen hat. Es liegt zum anderen daran, daß neutestamentlich ein doppeltes, nämlich ein anthropologisches und ein christologisches Verständnis von Gottebenbildlichkeit vorliegt, das sich nicht harmonisieren läßt: Entweder wird Gottebenbildlichkeit als eine Bestimmung des Menschseins überhaupt aufgefaßt (1 Kor 11,7), oder aber sie ist Kennzeichen des Christus (und der durch ihn Erlösten, sofern diese in sein Bild verwandelt werden, z.B. 2 Kor 3,18), wobei der letztere Sprachgebrauch überwiegt.

Dieser Sachverhalt weist darauf hin, daß dogmatische Probleme zwar sicher schriftgemäß behandelt und gelöst werden sollen - aber das kann gerade nicht heißen, daß sie exegetisch lösbar sind. Wo man sich vor dogmatischen Problemlösungen drückt und die Fragen der Exegese zuschiebt, da bedeutet das, daß man auf Problemlösungen überhaupt verzichtet. Wo umgekehrt die Exegese vorgibt, sie könne dogmatische Probleme lösen, da steckt in aller Regel dahinter eine Pseudomorphose exegetischer Fragestellungen.

6.2.3.1 Die Unterscheidung von imago Dei und similitudo Dei

Soll Menschsein in Urstand und Fall beschrieben werden, dann ist dabei der Wandel zu vermerken, der sich am Menschsein durch den Fall vollzogen hat. Es ist aber zugleich auch zu vermerken, inwieweit in diesem Wandel die Geschöpflichkeit des Menschen bestehen bleibt. Die katholische Tradition sucht das durch eine Unterscheidung auszudrücken, die (seit Irenäus!) an die doppelte Bezeichnung der Gottebenbildlichkeit in Gen 1,26 als צֶלֶם und דְּמוּת, εἰκών und ὁμοίωσις, imago und similitudo angeschlossen wird. Daß diese Unterscheidung exegetisch aus Gen 1,26 nicht zu begründen ist, das ist heute auch in der konservativen katholischen Theologie anerkannt. Selbstverständlich ist damit die dogmatische Unterscheidung, die ganz andere als exegetische Gründe hat, nicht hinfällig geworden.

Es geht hier um die anthropologische Seite des Schemas Natur / Gnade, wobei imago Dei die Natur des Menschen bezeichnet, similitudo Dei dagegen die übernatürliche Gnadenausstattung des Menschen bezeichnen kann (hier ist die Terminologie sehr viel schwankender, auch wenn eine deutliche Übereinstimmung in der Sache zu finden ist).

Suchen Sie die Beschreibungen bei Diekamp-Jüssen auf (Bd. 2, 2.Abschnitt, 3.Kapitel).
Was am Menschen ist die imago Dei?

Was ist die übernatürliche Ausstattung des Menschen?

Was bewirkt diese heiligmachende Gnade?

Inwiefern war von der übernatürlichen Ausstattung des Menschen im Urstand auch seine Natur betroffen?

Welche dona integritatis werden aufgezählt?
1.
2.
3.
4.
5.
+ Warum wird die Möglichkeit, daß Gott den Menschen im reinen Naturzustand hätte schaffen können, behauptet?

Diese Konzeption ermöglicht eine elegante Lösung des Problems, wie die durch die Sünde eingetretene Veränderung des menschlichen Zustandes mit der bleibenden Geschöpflichkeit zusammen -

6.2.3.1 / 6.2.3.2

	Sünde /	
Urstand	Fall	Gnadenstand

similitudo Dei ——————

imago Dei
——————————∿∿∿∿——————

gedacht werden kann: die natürliche Gottebenbildlichkeit des Menschen repräsentiert hier die bleibende Geschöpflichkeit, während sich die Sünde im Verlust der
heiligmachenden Gnade auswirkt (die dann im Gnadenstand wieder zu der Natur des Menschen hinzutritt).
Dabei ist die Natur freilich insofern mit betroffen,
als auch die dona integritatis mit verloren werden.

6.2.3.2 Gottebenbildlichkeit als Relation

Gegenüber dieser denkerisch eleganten Lösung des Problems in der katholischen Tradition hebt
sich die reformatorische Lösung deutlich ab. Hier wird die Gottebenbildlichkeit als die iustitia originalis, als die urständliche Gerechtigkeit bestimmt. Diese ist, genau genommen, keine
am Menschen vorhandene Befindlichkeit, sondern seine Beziehung zu Gott in Gottesfurcht und
Gottvertrauen.

Dieser Ansatz - im Grunde wie der katholische auch von der Soteriologie und der mit dieser zusammenhängenden Sündenlehre her konzipiert - bringt außerordentliche gedankliche Schwierigkeiten mit sich. Das zeigt sich schon in den Versuchen, solche Gottebenbildlichkeit nun näher zu
bestimmen. Dabei läßt sich ja kaum vermeiden, daß man dann doch statt auf die Gottesbeziehung
auf den urständlichen Menschen und seine Beschaffenheiten blickt.

Vgl. Quenstedt (nach H.Schmid, S.154): Imago Dei est perfectio naturalis, in excellente con-
formitate cum Dei sapientia, justitia, immortalitate et majestate consistens, concreata homini primo divinitus, ad Deum creatorem perfecte agnoscendum, diligendum et glorificandum.
Übersetzung:

Beschreibt Quenstedt hier eigentlich eine justitia originalis, oder beschreibt er eine menschliche Beschaffenheit, die eine solche urständliche Gerechtigkeit ermöglicht?

+ Warum wird hier nicht die faktische Gottesbeziehung des urständlichen Menschseins genannt?

Erst recht zeigt sich diese Schwierigkeit aber in der Beschreibung des status corruptionis.
Konsequenterweise muß man ja sagen: der Mensch hat seine Gottebenbildlichkeit - die justitia
originalis - durch den Fall völlig verloren.

Lesen Sie die Beschreibung der Erbsünde in CA II (lat.Fassung).
Welche drei Elemente werden genannt (... homines ... nascantur)?
1.
2.
3.

Gilt das für alle Menschen?

Dann muß aber doch gefragt werden, ob nicht das Wesen des Menschen, der doch als Gottes Ebenbild geschaffen wurde, sich durch den Fall verändert hat. Das darf nicht sein - also, das
ist dann die fast unausweichliche, wenn auch für die Schlüssigkeit der reformatorischen Konzeption fatale, Folgerung, muß doch noch etwas von der ursprünglichen imago Dei auch beim gefallenen Menschen zu finden sein!

So schreibt schon die FC (SD II, § 9, BSLK S.874) der menschlichen Vernunft "ein tunkel Fünk-
lein der Erkenntnus, daß ein Gott sei, wie auch, Ro.1., von der Lehr des Gesetzes" zu, ob-
gleich dann sofort ganz energisch bestritten wird, daß damit das Evangelium zu fassen sei.

126

Der Sachverhalt ist in seiner Problematik schon in der Lehre von der doppelten Gotteserkenntnis (4.1) behandelt worden. Hier sollte man die Schwierigkeit sehen, zwischen den Intentionen
der Schöpfungslehre und der Soteriologie zu einer ausgewogenen Darstellung zu kommen.

Man muß hier eine Relation quantitieren - die Gottesbeziehung ist durch den Fall völlig verändert worden; aber andererseits ist doch noch ein Rest der ursprünglichen Gottesbeziehung
übrig geblieben. Unter dieser gedanklichen Unzuträglichkeit leidet die reformatorische Konzeption von der Gottebenbildlichkeit als Relation.

6.2.3.3 Die moderne Problematik

Die Schwierigkeit für das Verstehen der Gottebenbildlichkeit als Relation, als justitia originalis, verschärft sich unter den Voraussetzungen der Moderne noch (6.1.3), da nun die ursprüngliche Gottebenbildlichkeit erst recht nicht mehr als faktische gedacht werden kann, weil
der Mensch des Urstands nicht mehr als der wirkliche geschichtliche Adam vorgestellt werden
kann. Eben darum muß hier fast zwangsläufig in verstärktem Maße auftreten, was wir schon in
den Bestimmungen Quenstedts beobachtet haben: In der Reflexion wird die Gottebenbildlichkeit ontologisiert. Gefragt wird nun nach Möglichkeiten oder Fähigkeiten des Menschseins, in
denen diese Gottebenbildlichkeit gefunden werden kann.

Lesen Sie dazu bei E.Brunner, Dogmatik Bd. II, S.67 - 73, den Abschnitt über die Gottebenbildlichkeit (der sehr viel vorsichtiger formuliert ist als die entsprechenden Ausführungen in
"Natur und Gnade", 1934, in: Dialektische Theologie in Scheidung und Bewährung, Hg. W.Fürst,
ThB 34, 1966, S.169 - 207, die K.Barths Nein!, ebd. S.208 - 258, provozierten). Achten Sie dabei darauf, wie häufig hier von dem die Rede ist, was der Mensch kann, wozu er fähig ist bzw.
sein muß etc.

Welche Unterscheidung führt Brunner ein, um die bleibende geschöpfliche und die verlorene urständliche Gottebenbildlichkeit zu unterscheiden?

Vergleichen Sie diese Konzeption mit der katholischen Unterscheidung einer natürlichen und
einer übernatürlichen Gottebenbildlichkeit. Wo sehen Sie einen gravierenden Unterschied?

Wie wird die formale Gottebenbildlichkeit bestimmt?

Wie wird die inhaltliche Gottebenbildlichkeit bestimmt?

+ Setzen Sie nun die von Brunner keineswegs bestrittene, sondern vielmehr energisch behauptete Verbindung von Verantwortung gegenüber Gott und gegenüber dem Mitmenschen, von Liebe zu
Gott und zum Nächsten. Kann dann die Behauptung einer nur defizienten Struktur der formalen
Gottebenbildlichkeit streng aufrechterhalten werden - angesichts des Sachverhaltes, daß jeder Mensch - hoffentlich! - doch nicht nur verantwortungslos, sondern auch verantwortlich
handelt, nicht nur sich selbst, sondern doch auch den Nächsten liebt? Oder ist, genau genommen, die von Brunner behauptete formale Gottebenbild-
lichkeit des sündigen Menschen nicht doch mehr als nur
formal - so daß er im Grunde auch von einem materialen
Rest von Gottebenbildlichkeit redet, auch wenn er sich
das nicht eingesteht?

Wollen Sie dieselbe Problematik bei einem anderen Autor
noch einmal studieren, dann lesen Sie bei H.Ott (o.S. 97)
Artikel 16 C. Ott betont vielleicht noch etwas stärker
die faktische Verwirklichung der Gottebenbildlichkeit =
Personsein des Menschen in der zwischenmenschlichen Beziehung, kann aber darum auch noch weniger die reformatorische Sündenlehre in ihrer Schärfe aufnehmen.

Nur formal? 9/i.75

Man sollte diesen Zusammenhang sehen: je deutlicher Gottebenbildlichkeit als eine allgemeine

menschliche Möglichkeit oder Fähigkeit (ontologisch) behauptet und dann doch auch in ihrer

mindestens partiellen Verwirklichung (ontisch) aufgewiesen wird, desto problematischer wird
die Aufnahme der radikalen reformatorischen Sündenlehre.

Wenigstens kurz soll auf die Lösung hingewiesen werden, die K.Barth in unserer Frage anzubieten
hat: Im Duktus seines Denkens ist es verständlich, daß hier gerade nicht zuerst und allgemein
von einer Fähigkeit oder Möglichkeit des Menschen die Rede ist, die sich dann in der Erlösung
durch Gott (faktisch kann es ja für modernes Denken keinen Urstand gegeben haben) bei den Glaubenden verwirklicht. Vielmehr geht Barth konsequent von der Faktizität der Gottebenbildlichkeit in Jesus Christus aus - die nicht nur ratio cognoscendi (die Ermöglichung des Erkennens),
sondern auch ratio essendi (die Ermöglichung des Seins) der Gottebenbildlichkeit des Menschen
überhaupt ist, so, wie wiederum dieses gottebenbildliche, ihm in Wirklichkeit und Wahrheit
entsprechende Sein Jesu Christi im Sein Gottes vorgebildet ist.

Studieren (= sich ernstlich um etwas bemühen) Sie dazu KD III, 2, § 45, insbesondere S.390f.
Vgl. dazu E.Jüngel, Die Möglichkeit theologischer Anthropologie auf dem Grunde der Analogie.
Eine Untersuchung zum Analogieverständnis Karl Barths, EvTh 22,1962, S.535 - 557.

Versuchen Sie, ein Schema der hier vorkommenden Entsprechungen (Analogien) aufzustellen, wobei
hier Gottebenbildlichkeit eben als solche Entsprechung verstanden ist.

++ Warum ist es, gerade im Sinne des Barthschen Denkens, problematisch, wenn er Gottebenbildlichkeit schließlich in der Differenzierung des Menschseins in Mannsein und Frausein und
   der darin gegebenen gegenseitigen Angewiesenheit sieht?

6.2.4 Das theologische Problem der Willensfreiheit

Die Lösung dieses Problems der theologischen Anthropologie ist noch stärker als die Beantwortung der Frage nach der Gottebenbildlichkeit direkt abhängig von der jeweiligen soteriologischen Konzeption. Darum ist die hier vorliegende Frage kontroverstheologisch von großer Bedeutung, solange die Rechtfertigungslehre kontrovers ist (das ist doch wohl noch der Fall,
auch wenn sich eine gewisse Annäherung der Konfessionen an diesem Punkt nicht bestreiten läßt).

a) Die römisch-katholische Position, die im Tridentinum dogmatisiert ist, faßt den Ertrag der
mittelalterlichen Entwicklung zusammen und trägt ihn in Frontstellung gegen die reformatorische, insbesondere lutherische Position in dieser Frage vor.

Lesen Sie dazu die Canones 4 und 5 des tridentinischen Dekrets de iustificatione (DS 1554
und 1555, Neuner-Roos 822 und 823).
In welcher Hinsicht steht hier die Freiheit des Willens in Frage?

Von wem stammt die in C.5 verworfene Meinung (vgl. DS 1486)?

Geben Sie eine kurze Zusammenfassung der Lehrmeinung, die durch die Verwerfung geschützt werden soll:

Beachten Sie bei dieser ganzen Kontroverse: Hier steht nie ein grundsätzlicher Determinismus
(5.3.2) zur Debatte, auch wenn manche Formulierungen so klingen können. Es geht allein um die
Frage, wie weit der Sünder durch seinen freien Entschluß zum Heil mitwirken kann.

b) Die lutherische Position darf nicht einfach mit Luther gleichgesetzt und dann womöglich aus
Luthers Schrift De servo arbitrio erhoben werden (dazu vgl. u. S.133ff).

Das Luthertum grenzt das Thema der Willensfreiheit durch zwei Unterscheidungen ein. Einmal ist
zu unterscheiden Freiheit in äußeren, weltlichen Angelegenheiten von der Freiheit Gott gegenüber. Daß der Wille in äußeren Dingen frei sei, ist nie bestritten worden und war nie das Thema einer Kontroverse um den freien Willen. Zum anderen ist die Freiheit Gott gegenüber in den
verschiedenen Ständen verschieden bestimmt. In Frage steht hier nur, wie weit der Wille im
status corruptionis Gott gegenüber frei ist (vgl. dazu den Eingang von FC II). Hier nun wird
die Freiheit des menschlichen Willens bestritten. Das muß so sein, soll die Alleinwirksamkeit

Gottes im Rechtfertigungsgeschehen festgehalten werden (dazu vgl. 8.2.2). Diese aber ist wieder die Voraussetzung der Heilsgewißheit.

Heilsgewißheit bedingt also die Bestreitung der Willensfreiheit, während umgekehrt die Behauptung der Willensfreiheit die Heilsgewißheit ausschließt.

Lesen Sie dazu cap.9 und die Canones 12. und 13. des tridentinischen Dekrets de iustificatione (DS 1533.1534.1562.1563, Neuner-Roos 804.830.831).

Welcher lateinische Ausdruck wird hier für Heilsgewißheit gebraucht, und mit welchen Prädikaten wird gewertet?

Sieht man die Kontroverse um die Willensfreiheit im Zusammenhang mit der reformatorischen Frage nach der Heilsgewißheit,dann läßt sie sich begreifen, und es lassen sich für die reformatorische Position in dieser Frage gewichtige Gründe angeben. Doch muß hier nun auch die Schwierigkeit der reformatorischen Position in dieser Frage genannt werden. So gut begründet die Behauptung erscheint, daß der Wille in Hinsicht auf das Heil nichts vermöge, sondern daß in der Rechtfertigung des Menschen Gott allein handle - diese Behauptung widerspricht der unmittelbaren Selbsterfahrung.

Es geht hier um zwei unmittelbar miteinander zusammenhängende Sachverhalte: Ich habe das Bewußtsein der Freiheit in meinen religiösen Entscheidungen doch genauso wie in allen anderen Entscheidungen, die ich zu treffen habe. In der Selbsterfahrung läßt sich die Unterscheidung einer Freiheit in äußeren Dingen und einer Unfreiheit Gott gegenüber jedenfalls nicht antreffen.

Zugleich wird diese Unterscheidung ja auch nicht sprachlich vollzogen. Vielmehr ist der Imperativ: Glaubet, du sollst glauben etc. völlig geläufig, also der Appell zur Entscheidung für das von Gott angebotene Heil. Es ist nicht leicht nachzuvollziehen, wenn man einerseits den Menschen auffordert, sich für das Angebot des Evangeliums zu entscheiden, und ihm dann im zweiten Satz erklärt, daß er zu einer solchen Entscheidung nicht fähig sei.

Aus diesem Widerspruch erklärt sich wohl, daß trotz der guten Gründe, die um der Heilsgewißheit willen gegen die Willensfreiheit vorgebracht werden, sich doch auch immer wieder Fürsprecher für die Willensfreiheit - natürlich eine sehr eingeschränkte - gefunden haben. In der Tat liegt hier ein Problem vor, das in der dogmatischen Diskussion beachtet werden muß. Nur wenn die behauptete Unfreiheit des Willens mit der Selbsterfahrung der Freiheit wie mit dem üblichen Appell an die religiöse Entscheidung ausgeglichen ist, wird sich hier die dogmatische Behauptung durchhalten lassen.

Lesen Sie unter dieser Fragestellung FC SD II, S.48 - 57 (BSLK S.891 - 894).

Wie wird hier der Appell zur religiösen Entscheidung mit der behaupteten Unfreiheit des Willens ausgeglichen?

+ Läßt sich hier noch ein sachlicher Unterschied zu der Entscheidung des tridentinischen Dekrets feststellen?

6.3 Die Erbsünde

Die anthropologische Bestimmung der Sündhaftigkeit des Menschen verlangt nach einer dogmatischen Begründung. Man kann nicht einfach behaupten, daß alle Menschen sündhaft seien, muß vielmehr angeben, warum das so ist. Dabei steht

hier nicht die ratio cognoscendi dieser allgemeinen Sündhaftigkeit in Frage (der Erkenntnisgrund für diese Behauptung). Werden wir nach diesem Erkenntnisgrund gefragt, dann wird jedenfalls eine besonnene Dogmatik nicht auf irgendwelche Phänomene des Menschseins verweisen, aus
denen diese allgemeine Sündhaftigkeit ersichtlich werden könne, sondern vielmehr auf Gottes
heilsame Zuwendung in Jesus Christus (die Vermittlung dieser Offenbarung muß dabei immer mitgedacht werden). In Frage steht vielmehr die ratio essendi der menschlichen Sündhaftigkeit, der
Grund, warum diese Sündhaftigkeit alle Menschen umfaßt und die faktische Beziehung des Menschen zu Gott durchgehend negativ qualifiziert.

In diesem Zusammenhang spricht man gemeinhin von Erbsünde und unterscheidet diese Erbsünde von
den Tatsünden.

Wie lauten die lateinischen Begriffe?

Die katholische Theologie kennt auch innerhalb der Tatsünden noch eine Unterscheidung, die
insbesondere für die Beichtpraxis von Gewicht ist. Geben Sie auch diese Unterscheidung an
(vgl. z.B. DS 1680):

6.3.1 Die Erbsünde - peccatum originale

Der traditionelle Gedanke der Erbsünde ist für das moderne Denken kaum mehr nachzuvollziehen.
Hier zeigt sich dann verschärft die schon zur Frage der Gottebenbildlichkeit angedeutete Problematik, daß eine geschichtliche Einheit der Menschheit in ihrer Beziehung zu Gott für dieses
Denken nicht mehr erschwinglich ist. Eben das aber ist der Kern der Erbsündenlehre, auch wenn
dort durch den Gedanken, daß diese Erbsünde durch Zeugung weitergegeben werde, dieser Gedanke
der geschichtlichen Einheit naturalisiert worden ist.

Die inhaltlichen Bestimmungen dessen, was unter Erbsünde zu verstehen ist, wurden schon zu den
Stichworten Gottebenbildlichkeit und Willensfreiheit (6.2.3 und 6.2.4) gegeben. So müssen hier
nur noch zwei Momente der traditionellen Erbsündenlehre hervorgehoben werden, die dann insbesondere in der Moderne infrage gestellt worden sind: die Weitergabe der Erbsünde durch Zeugung,
und ihre Schuldhaftigkeit. In beiden Fragen besteht keine gewichtige evangelisch-katholische
Kontroverse, so daß wir hier die Tradition zusammennehmen können.

a) Man betont, daß die Erbsünde wirklich vererbt, also durch Zeugung weitergegeben werde. Sie
ist nicht etwas, was der Mensch lernt, sondern was er als Merkmal mit auf die Welt bringt.

Hier besteht eine enge Verbindung zwischen Erbsündenlehre und dem kirchlichen Brauch der Kindertaufe. "Dicimus distinguendum, quod peccatum est duplex: originale scilicet et actuale:
originale, quod absque consensu contrahitur, et actuale, quod committitur cum consensu. Originale igitur, quod sine consensu contrahitur, sine consensu per vim remittitur sacramenti; actuale vero, quod cum consensu contrahitur, sine consensu minime relaxatur ..." (DS 780).

Vgl. auch DS 223, wiederholt DS 1514. Hier wird die Säuglingstaufe zum Argument für die Erbsünde. Bringen Sie die Argumentation in eine schlüssige Form:

1. Obersatz:

2. Untersatz:

3. Folgerung:

130

b) Man betont, daß die Erbsünde nicht nur sündige Anlage des Menschen ist, sondern wirkliche Schuld.

Tragen Sie die betreffende Formulierung aus CA II (Lat.) hier ein:

6.3.2 Einwände gegen die Erbsündenlehre

Man kann sicher auch heute noch zu einer verständnisvollen Interpretation der traditionellen Erbsündenlehre kommen (dazu vgl. etwa die Ausführungen bei O.Weber, Band 1, S.670 - 677). Andererseits aber hat gerade die traditionelle Erbsündenlehre viel Widerspruch gefunden. Wir greifen die hauptsächlichen Einwände auf, die sich gegen die Behauptung einer Erblichkeit der Sünde und gegen die Behauptung der Schuldhaftigkeit dieser ererbten Sünde richten.

a) Die Behauptung, die Erbsünde werde propagatione non imitatione übertragen (DS 1513), postuliert einen Gegensatz, der zwar einmal in den pelagianischen Streitigkeiten um Sünde, Willensfreiheit und Gnade von Gewicht war, der aber modernem Denken so nicht mehr einleuchten will, gerade wenn beachtet wird, daß die Intention theologischer Anthropologie nicht einfach auf die genetische, sondern auf die geschichtliche Einheit der Menschheit geht.

Lesen Sie dazu Schleiermacher, § 69,1.
Entscheidet sich Schleiermacher dafür, die Sündhaftigkeit, in der der einzelne sich immer schon vorfindet, als angeboren oder als erlernt zu bezeichnen?

Konsequent hat dem Gedanken einer ererbten Sünde A.Ritschl widersprochen. Lesen Sie in "Unterricht in der christlichen Religion" (1875), Neudruck, Hg. G.Ruhbach 1966, §§ 34 - 42, S.35 - 39.
Was sagt Ritschl über die Sündenerkenntnis?

Wie bezeichnet er den sündigen Gesamtzusammenhang im Gegensatz zum Reich Gottes?

Gibt es nach Ritschl eine Notwendigkeit, zu sündigen?

Wie erhält sich das Reich der Sünde?

b) Die Behauptung, daß die Erbsünde Schuld sei, trifft auf den Widerspruch, daß doch nur als Schuld zugerechnet werden könne, wofür einer verantwortlich ist. Daß eine naturalistische Vorstellung von der Übertragung der Erbsünde gerade hier Probleme mit sich bringt, wurde beispielsweise von Hollaz damit zugestanden, daß er von einer besonderen Zurechnung der Sünde an die Nachkommen Adams redet (imputatio lapsus Adamici in culpam et poenam posterorum) und Gründe für die Billigkeit (aequitas) dieser Zurechnung durch Gott anführt. Erst recht konnte natürlich der Gedanke einer ererbten Schuld von der Aufklärung nicht mehr akzeptiert werden.

Lesen Sie dazu die Bestimmungen Kants in "Die Religion innerhalb der Grenzen der bloßen Vernunft" (1793, 1.Stück, II. Von dem Hange zum Bösen in der menschlichen Natur, St.A.IV, S.675-680.
Was versteht Kant unter der Bösartigkeit des menschlichen Herzens?

Was allein ist sittlich- (d.i. zurechnungsfähig-) böse?

Inwiefern kann der Hang zum Bösen Tat sein?

Was versteht Kant unter einer intelligiblen Tat?

Auch wenn die allgemeine Sündhaftigkeit dem einzelnen vorgegeben ist, wird er doch durch seine Teilhabe an dem sündigen Lebenszusammenhang an diesem mit schuldig. Dabei ist nicht seine Billigung oder Mißbilligung ausschlaggebend, die sich immer nur auf bestimmte einzelne Sachverhalte in diesem Zusammenhang beziehen kann. Vielmehr ist hier auf die vorgegebene und grundsätzlich bejahte Abhängigkeit von diesem Lebenszusammenhang zu verweisen.

7. Christologie

7.0 Die Prädestinationslehre

Der Ausdruck "Prädestination" bezeichnet die göttliche Bestimmung des sündigen Menschen zum Heil, der logisch (ob das auch theologisch gilt, steht in Frage!) ein Übergehen bzw. Verwerfen der nicht zum Heil bestimmten Menschen entspricht (deshalb oft gemina praedestinatio, die doppelte Vorherbestimmung zum Heil oder zur Verdammnis). Man muß den Gedanken der Prädestination darum von dem allgemeineren Gedanken der Vorsehung Gottes unterscheiden, auch wenn die Prädestinationslehre sich mit der Vorsehungslehre verbinden kann (etwa so, daß die providentia specialissima Gottes die Glaubenden, die zum Heil bestimmten Menschen begleitet, vgl. 5.3.1. o.S. 114). Die Prädestination muß gedacht werden, wenn es richtig ist, daß der Mensch von sich aus keinen freien Willen hat, sein Heil anzunehmen, wenn er vielmehr sein Heil im Glauben der Bestimmung Gottes über ihn verdankt. Doch steht die Prädestinationslehre in der Gefahr, der Konsequenz ihres Gedankens folgend sich dahin zu verlieren, wo ihr nicht Gottes Heilswille gegenübersteht, sondern das undurchdringliche Rätsel eines göttlichen Ja und Nein.

Bei der Prädestinationslehre handelt es sich um eine zwar unumgängliche, aber außerordentlich problembeladene theologische Gedankenbildung. Die Problematik beginnt schon damit, daß für diese Lehre im dogmatischen Lehrganzen kein voll befriedigender Ort gefunden werden kann. Drei Möglichkeiten stehen zur Wahl.

1. Die Prädestinationslehre wird dort behandelt, wo der Übergang von der Gotteslehre zur Schöpfungslehre ansteht. Sie gehört dann in den Zusammenhang der "Theologie" als der Konstitution der Wirklichkeit in Gott: Gottes Entschluß zur Erschaffung einer Welt setzt den Willen Gottes zur heilsamen Gemeinschaft mit dem Menschen oder mit einer bestimmten Zahl zum Heil erwählter Menschen voraus.

2. Die Prädestinationslehre wird dort behandelt, wo der Übergang von der Anthropologie zur Christologie und Soteriologie ansteht. Sie gehört dann in den Zusammenhang der "Ökonomie" als der Restitution der Wirklichkeit durch Gott. Gottes Heilsratschluß kann durch die menschliche Sünde nicht aufgehoben werden; Gott setzt dem verkehrten menschlichen Willen seinen Heilswillen entgegen.

3. Die Prädestinationslehre wird dort behandelt, wo vom Glauben des Menschen die Rede ist. Sie gehört dann zur Soteriologie, der Lehre von der Zueignung des Heiles, und unterstreicht hier: Nicht die menschliche Glaubensentscheidung ist der Grund für die Zueignung des Heiles, sondern Gottes Wille, den er in der Wirksamkeit des Hl. Geistes realisiert.

Alle drei Ortszuweisungen für die Prädestinationslehre lassen sich begründen. Schlagen Sie in zeitgenössischen Dogmatiken nach, welcher Ort hier bevorzugt gewählt wird:

+ Warum wird in den zeitgenössischen Dogmatiken bevorzugt die Prädestinationslehre im Zusammenhang der Soteriologie behandelt?

Lesen Sie den Abschnitt über die Prädestinationslehre in der Dogmatik von Hans-Georg Fritzsche (II,1967), insbesondere die einleitenden Bemerkungen über Ort und Thema der Prädestinationslehre in der Dogmatik. Wie begründet Fritzsche seine Stellung der Prädestinationslehre im Zusammenhang der Gotteslehre?

Was ist die besondere Problematik der Prädestinationslehre?

Welchen Lösungsvorschlag für das Problem, daß der Erwählung eine Verwerfung korrespondiert, bietet Fritzsche an (S.213ff)?

Wir stellen hier die Prädestinationslehre weder in den Zusammenhang der Gotteslehre noch der Soteriologie, sondern behandeln sie als Auftakt zur Christologie. Auch das ist eine gewisse Verlegenheitslösung, schon deshalb, weil damit die Prädestination nicht als eigenes Lehrstück erscheint, und zugleich der sowieso schon recht umfangreiche christologische Abschnitt noch ausführlicher gerät. Doch halten wir es für sinnvoll, gerade die Prädestinationslehre als Brücke von der Anthropologie zur Christologie zu gebrauchen. In etwa folgen wir damit auch der lutherisch-orthodoxen Dogmatik, sofern diese die analytische Methode (vgl. 2.3.2.2, o.S. 53) anwendet. Hier werden im dritten Hauptteil die principia salutis trinitarisch entfaltet. Versuchen Sie, anhand der Inhaltsverzeichnisse von Quenstedt und Hollatz diese Gliederung zu erfassen (vgl. auch H.Schmid):

1. Vater:

2. Sohn:

3. Geist:

Nur dann läßt sich auch das schwierige Denkproblem der Prädestination angehen, wenn es eingebettet ist in das heilsame Wirken des dreieinigen Gottes. Einige Überlegungen und Anstöße zu diesem Problem aus der Tradition des dogmatischen Denkens sollen hier vorgelegt werden, ohne daß eine umfassende Behandlung der schwierigen Frage vorgesehen ist.

7.0.1 Der unfreie Wille und der allwirksame Gott

Die Freiheit bzw. Unfreiheit des Willens gehört zu den Kontroverspunkten der Reformationszeit, die sich faktisch durch eine Annäherung der Standpunkte erledigt haben, obwohl verbal der Unterschied weiter tradiert worden ist (vgl. 6.2.4, o.S.128f). Das nötigt dazu, gerade hier zurückzufragen nach Luther selbst und seiner von ihm hochgeschätzten Schrift vom unfreien Willen, De servo arbitrio (WA 18, 597-787, BoA 3,94-293. Übersetzung von Justus Jonas in Münchner A Erg.R. 1.Bd).

Üblicherweise hat man auch in der evangelischen Theologie das schwierige Problem der Freiheit bzw. Unfreiheit des Willens eingegrenzt auf die Frage nach der Freiheit zum Ergreifen des Heiles. Für den weltlichen Lebensvollzug dagegen wurde die Freiheit des Willens zugestanden. (So schon CA XVIII. Lesen Sie den Text nach!). Luther jedoch faßt die Unfreiheit des Willens grundsätzlicher, so daß sich eine deterministische Interpretation seiner Ausführung nahelegt. Man darf Luthers Gedanken freilich auf keinen Fall im Sinne eines modernen Determinismus verstehen (dazu vgl. 5.3.2, o.S.115f). Denn er denkt die Bestimmung des Weltgeschehens durch Gottes Freiheit; moderner Determinismus dagegen denkt die durchgängige notwendige Verknüpfung des Weltgeschehens, also eine der Welt immanente Notwendigkeit. Darum ist nach Luther der freie Wille, der Möglichkeiten aus sich heraus realisiert, allein von Gott auszusagen. Sequitur nunc, lib. arb. esse plane divinum nomen, nec ulli posse competere quam soli divinae maiestati, Ea enim potest et facit (sicut Psal. canit) Omnia quae vult in coelo et in terra (WA 636 = BoA 127).

Übersetzung:

Gottes Allmacht darf dabei nicht als eine bloße Möglichkeit oder Fähigkeit gedacht werden, sondern ist wirksam in allem, was geschieht. Das hält Luther für ein mindestens latentes Wissen aller Menschen, das sogar ohne Schrift zugestanden werden müsse. "Denn alle Menschen finden diese Meinung in ihre Herzen geschrieben, erkennen und anerkennen sie (sei es auch unwillig), wenn sie hören, wie sie abgehandelt wird: Erstens, Gott sei allmächtig, nicht nur der Möglichkeit nach, sondern in seiner Wirksamkeit (wie ich gesagt habe), andernfalls wäre er ein lächerlicher Gott. Weiter, er kenne alles und wisse es voraus, könne sich nicht irren oder täuschen. Wenn diese beiden Sätze in aller Herz und Sinn zugegeben sind, werden sie gezwungen, mit unausweichlicher Konsequenz zuzugeben, daß so, wie wir nicht durch unseren Willen werden, sondern aus Notwendigkeit, daß wir so auch nicht irgendetwas tun aufgrund eines freien Willens, sondern weil Gott vorausweiß und handelt mit unfehlbarem und unveränderlichem Rat und Kraft" (WA 719 = BoA 215).

Die Anschauung der freien, unermüdlichen Wirksamkeit Gottes nötigt also, ein liberum arbitrium zu bestreiten, eine im Menschen liegende Fähigkeit, nach der er so oder auch anders handeln kann. Denn das menschliche Handeln ist bestimmt durch die ihm von Gott vorgegebenen Gelegenheiten, auf die es eingeht; aber es schafft sich diese Gelegenheiten nicht. Gottes Allwirksamkeit darf also nicht so gedacht werden, wie wenn er einen Gott widerstrebenden menschlichen Willen zwingen würde. Vielmehr kann der Mensch nicht anders, als willentlich auf die ihm von Gott gebotene Gelegenheit einzugehen. In diesem Sinn eines Eingehens auf Gottes schöpferische Wirksamkeit ist dann durchaus von einer Mitwirkung, cooperatio, des Menschen mit Gott zu reden. Zwar erschafft und erhält sich der Mensch nicht, aber er ist von Gott geschaffen und erhalten, damit er mit ihm zusammenwirke. "Ehe der Mensch erneuert wird zur neuen Kreatur im Reich des Geistes, tut er nichts, probiert er nichts, wodurch er zubereitet würde zu solcher Erneuerung und Reich; wenn er dann neugeschaffen ist, tut er nichts, probiert er nichts, wodurch er im Reich verharrte, sondern beides wirkt allein der Geist in uns, der uns ohne uns neuschafft und als Neugeschaffene bewahrt (nos sine nobis recreans et conservans recreatos), wie auch Jakobus sagt: Er hat uns willentlich gezeugt durch das Wort seiner Kraft, daß wir der Anfang seiner Schöpfung wären. Aber er wirkt nicht ohne uns (non operatur sine nobis), die er dazu neugeschaffen hat und bewahrt, daß er in uns wirke und wir mit ihm zusammen wirken. So predigt er durch uns, erbarmt sich der Armen, tröstet die Angefochtenen" (WA 754 = BoA 253).

Göttliches und menschliches Wollen, die schöpferische und die kreatürliche Wirksamkeit, werden hier also nicht in einer Art Konkurrenz gesehen, so daß Gottes Wollen sich gleichsam zurücknehmen müßte, um ein freies Wollen des Menschen zu ermöglichen. Vielmehr ist gerade die göttliche Wirksamkeit, die dem Menschen eine Gelegenheit nach der anderen anbietet, die Ermöglichung menschlichen Handelns. Damit ist freilich das Rätsel noch nicht gelöst, daß Gott dem einen Menschen die Gelegenheit zum Bösen vorlegt, und dem anderen die Gelegenheit zum Guten, daß er den Pharao verstockt, um an ihm seine göttliche Macht zu erweisen. Aber es ist doch der Hinweis auf ein Verständnis des Willens gegeben, das diesen aus der abstrakten Unwirklichkeit seiner (falschen) Selbstinterpretation als liberum arbitrium - als So-oder-auch-anders-Können - herausholt. Das gilt dann gerade auch vom Glauben, der sich nicht selbst als Nicht-glauben-wollen-Können und also auch als Glauben-wollen-Können interpretieren kann, sondern der das gehörte Wort als Gelegenheit zum Glauben wahrnimmt. Nicht aus sich selbst, von innen heraus, bestimmt sich der Mensch zum Handeln, zum Glauben oder Tun. Von außen her, durch die Gelegenheit, die Gott gibt, gewinnt er seine Lebendigkeit, in der er auf diese Gelegenheit eingeht. Das zu erfahren leitet Luthers Schrift vom unfreien Willen an. Sie weist damit in eine Richtung, in der das Problem der scheinbaren Konkurrenz göttlichen und menschlichen Wollens eine Lösung finden könnte.

In der Frage nach Gottes Gerechtigkeit,der Menschen zum Guten oder zum Bösen, zum Heil oder zur Verdammnis bestimmt, kann Luther dagegen nur einmal raten, sich an den erklärten Heilswillen Gottes in Christus zu halten, und zum anderen auf die eschatologische Beantwortung der unlösbaren Frage verweisen: Die eschatologische Erkenntnis (lumen gloriae) wird Gott, dessen Urteile uns noch unbegreiflich sind, in seiner gerechtesten und offenkundigsten Gerechtigkeit zeigen (WA 785 = BoA 291).

7.0.2 Doppelte Prädestination?

Luthers strenge Anschauung vom unfreien Willen hat sich in der reformatorischen Theologie nicht durchgesetzt. Sie verlangt eine Neuorientierung der üblichen Selbstinterpretation: der Mensch versteht sich als wollend, sieht in seinem Willen den primären Faktor, und in der Gegenständlichkeit, auf die sich der Wille richtet, die sekundäre Bestimmung des Handelns. Gilt diese übliche Selbstinterpretation, dann ist freilich die Problematik der Prädestination erst recht nicht gelöst. Vielmehr bleibt die grundlegende Frage danach bestehen, warum die einen Menschen glauben und die anderen Menschen nicht glauben, da doch nach gemeinsamer Anschauung der reformatorischen Theologie solches Glauben nicht einem Vermögen des Menschen entspringt. Der Sünder - das macht sein Sündersein gerade aus - hat keine Glaubensfähigkeit, in der er sich auf Gottes Heil richten könnte, ist vielmehr ganz und gar von Gott abgewandt (vgl. die Bestimmungen der Erbsünde nach CA II). Weil sich nicht der Sünder zum Glauben entscheiden kann, darum ist der Glaube Gottes Werk. Er erwählt Menschen zum Heil, indem er sie zum Glauben beruft und im Glauben erneuert. Doch Erwählung schließt immer ein Übergehen der Nicht-Erwählten ein. Mit dieser Überlegung verbindet sich für diese biblisch orientierte Theologie ein Achten auf die biblischen Erwählungsaussagen, wobei insbesondere Röm 9-11 eine wichtige Rolle spielt (Was steht dort? Lesen Sie den Text!).Bei der Behandlung des Themas kommt es zwischen Lutheranern und Reformierten zu erheblichen Differenzen.

7.0.2.1 Erwählung in Jesus Christus

Über die Erwählung - und womöglich dann Verwerfung - nachzudenken, kann gefährlich werden. Das wissen die Theologen, die sich mit dieser Frage befassen. Darum sind sie sich auch darüber einig, daß man von der Erwählung in Christus zu reden hat.

Melanchthon formuliert zur Behandlung des Themas drei Grundsätze (Loci, 3.Fassung, StA II,2, 594): Prima est: Nec ex ratione nec ex Lege iudicandum est de electione, sed ex Evangelio. Altera est: Totus numerus salvandorum propter Christum electus est. Quare nisi complectamur agnitionem Christi,non potest de electione dici. Tertia est: Non aliam iustificationis, aliam electionis causam quaeramus. Ideo Petrus est electus, quia est membrum Christi, sicut ideo iustus est, id est, Deo placens, quia fide factus est membrum Christi.

Übersetzung:

Entsprechend kann der in der Durchführung der Erwählungslehre von Melanchthon weit entfernte Calvin sagen (Institutio 1559, Buch 3, XXIV,5): Proinde quos Deus sibi filios assumpsit, non in ipsos eos dicitur elegisse, sed in Christo suo /Ephes.1.a.4/: quia nonnisi in eo amare illos poterat, nec regni sui haereditate honorare nisi eius consortes ante factos. Quod si in eo sumus electi, non in nobis reperiemus electionis certitudinem: ac ne in Deo quidem Patre, si nudum illum absque Filio imaginamur. Christus ergo speculum est in quo electionem nostram contemplari convenit, et sine fraude licet.

Übersetzung:

Lesen Sie dazu auch den 10.Artikel der Confessio Helvetica posterior (1566), und beachten Sie die Stellung dieses Artikels im Zusammenhang des Bekenntnisses.

7.0.2.2 Der Grund der Verwerfung (reprobatio)

So sehr über die Erwählung in Christus ein Konsens der reformatorischen Theologen besteht, so sehr ist die Frage nach der Verwerfung umstritten. Zunächst muß freilich auch hier auf eine Übereinstimmung hingewiesen werden: Erwählung und Verwerfung können nicht als die zwei Seiten eines Sachverhaltes gleich behandelt werden. Ist die Erwählung in Christus als solche der Grund für das Heil der Erwählten, so ist andererseits die Verwerfung nicht der Grund der Verdammnis. Dieser Grund ist vielmehr die Sünde derer, die Gott zurecht mit dieser Verdammnis bestraft. Geradedort, wo in der reformierten Schultradition streng die gemina praedestinatio gelehrt wird, muß die Unterscheidung zwischen Gottes decretum reprobationis und decretum damnationis festgehalten werden. Die Verwerfung besteht in Gottes Entschluß, den und den sündigen Menschen nicht zu begnaden. Die Verdammnis dagegen ist die Folge des gerechten Urteils Gottes über den Sünder. Die Gedanken, die hier anzuführen sind, betreffen also nicht den Grund der Verdammnis, sondern den Grund der reprobatio bestimmter Menschen durch Gott.

Hier kommt es zu Aporien des theologischen Denkens. Gott wird dabei ja nicht in jener lebendigen Allwirksamkeit gedacht, auf die Luthers Schrift vom unfreien Willen hinweist. An die Stelle der Erfahrung dieser Allwirksamkeit tritt die Vorstellung eines Gottes, der vor aller Zeit Heil oder Verdammnis für jeden einzelnen Menschen vorausplant. Dabei scheiden sich dann die Denkwege dort, wo dieses Vorausplanen nicht die Erwählung bestimmter Menschen zum Heil in Jesus Christus betrifft. Die lutherische Tradition will diesem Vorausplanen dort den Charakter eines wirksamen Wollens und tatsächlichen Vorausbestimmens nehmen, wo es ein Übergehen bestimmter Menschen, ein Versagen der Gnade und damit als Folge das gerechte Verdammungsurteil über den Sünder betrifft.

Lesen Sie dazu Epit XI, Von der ewigen Versehung und Wahl Gottes. Mit welcher Unterscheidung sucht die Konkordienformel das Problem zu lösen?

Wodurch unterscheiden sich Vorsehung und ewige Wahl Gottes?

+ In welcher Hinsicht unterscheidet sich dieser Versuch einer Problemlösung von den Bestimmungen, die Thomas zur Prädestination und insbesondere zur reprobatio gibt (vgl. Sth 1 q.23,ins-
bes.a.3)?

Dadurch, daß zwischen Gottes Vorausbestimmen und Gottes Vorauswissen unterschieden wird, sucht
man dem Vorausplanen Gottes den Charakter eines schicksalhaften Verhängnisses zu nehmen: Gott
hat vorausgesehen, welche Menschen das im Evangelium angebotene Heil ausschlagen werden. Sie
übergeht er mit seiner Gnadenwahl und überläßt sie so der selbstgewählten und selbstverschulde-
ten Verdammnis.

So sehr hier der Versuch unternommen wird, in der Abschwächung bzw. Zurücknahme eines Verwer-
fungswillens zugleich den verwerfenden Gott von Schuldvorwürfen zu entlasten und die Freiheit
des Menschen zum Bösen und also die Gerechtigkeit Gottes, der ihn zur ewigen Verdammnis verurteilt, festzuhalten, so wenig kann diese Lösung doch das theologische Denken befriedigen. Nicht
nur nimmt sie Gottes Plan auf ein bloßes Vorauswissen zurück, das auf ein Wirken verzichtet, um
dem sündigen Menschen einen Freiraum zu sichern. Sondern damit ist zugleich die Position der
electio problematisiert. Kann der Glaube denn Gottes Alleinwirksamkeit zum Heil gewiß festhalten, wenn andererseits die vorausgesehene Ablehnung des Gnadenangebotes eben gerade nicht als
Wirksamkeit Gottes gelten darf, sondern dem Menschen zugeschrieben wird? So sehr es richtig ist,
daß electio und reprobatio nicht gleichgewichtig gedacht werden dürfen, so sehr muß doch die
als Voraussetzung der reprobatio von Gott vorausgesehene Ablehnung des Gnadenangebotes sich dahin auswirken, daß der Erwählte als der gedacht wird, der das Gnadenangebot gerade nicht ablehnt,
sondern annimmt. Damit aber gerät diese Lehrform in einen problematischen Gegensatz zur Rechtfertigungslehre.

Die reformierte Lehrform verbietet sich diesen Ausweg. Es sei unverständig und kindisch, wenn
man, um Gott zu entlasten, zwar die Erwählung bekenne, aber die Verwerfung bestreite, meint
Calvin (Inst. 3,XXIII,1); "denn die Erwählung selbst hätte ohne die ihr gegenüberstehende Verwerfung keinen Bestand." Darum definiert Calvin so: "Praedestinationem vocamus aeternum Dei decretum, quo apud se constitutum habuit, quid de unoquoque homine fieri vellet. Non enim pari
conditione creantur omnes: sed aliis vita aeterna, aliis damnatio aeterna praeordinatur" (a.a.O.
XXI,5).
Übersetzung:

Als Grund (finis) der reprobatio nennen die reformierten Dogmatiker die Ehre Gottes; die Ursache (causa) aber liegt allein im freien Willen Gottes.

Die möglichen Einwände gegen diese Lehrform stellt die FC zusammen. Suchen Sie dazu die Negati-
va in Epit XI auf.Wie läßt sich der Haupteinwand zusammenfassen?

Auch diese Gründe leuchten ein: Die Lehrform einer gemina praedestinatio, die die Verwerfung

auf den Willen Gottes zurückführt, läßt sich nicht denken, ohne mit anderen unaufgebbaren theologischen Sätzen in Widerspruch zu geraten. Insbesondere kann dann die Universalität des Heilswillens Gottes und die Bedeutung des Werkes Christi als Heilsangebot für alle Menschen nicht
mehr festgehalten werden.

Suchen Sie auf, wie die Leuenberger Konkordie (vgl. 0.2.2, o.S. 15) die traditionelle Kontroverse zu lösen sucht. Wie wird hier von Erwählung geredet?

Was wird im Blick auf die Verwerfung gesagt?

Diese Bestimmungen der Leuenberger Konkordie sind gewiß keine befriedigende Problemlösung. Verwiesen sei hier darum auf die Umgestaltung der Prädestinationslehre durch Karl Barth (als erste
Einführung vgl. F.Mildenberger, Geschichte der deutschen ev. Theologie, 229 - 232).

7.1 Die Wirklichkeit Jesu Christi

Der christliche Glaube hat seine Bestimmtheit als Glaube an Jesus Christus. Darum muß die Dogmatik gerade hier besondere kritische Sorgfalt aufbringen, um das Dogma (vgl. 1.1.3, o.S.25) von
Jesus Christus zu bearbeiten. Die Probleme sind dabei besonders groß. Das mag damit zusammenhängen, daß sich die verschiedensten Glaubensaussagen über Jesus Christus vom Neuen Testament bis
zur Gegenwart in der kirchlichen Sprache übereinandergeschoben haben und das Glaubensbewußtsein
bestimmen, ohne klar miteinander ausgeglichen zu sein.

Überlegen Sie sich, welche christologischen Aussagen in einem Gottesdienst zum Christfest neben-
einanderstehen: die biblischen Lesungen Luk 2,15-20 und Titus 3,4-8a (schlagen Sie die Texte
nach!). Liturgische Stücke, die die altkirchliche Christologie widerspiegeln ("Fleisch geworden
ist das ewige Wort, was von der Welt her verborgen war, ist heute erschienen, und das neue Licht
deiner Herrlichkeit hat unsre Augen erleuchtet", Präfation zum Christfest). Choräle, etwa "Gelo-
bet seist du, Jesus Christ" (EKG 15; beachten Sie die dichten christologischen Aussagen in diesem Lied). Eine Predigt, die versucht, zeitgemäß zu sein. Schließlich die Abendmahlsfeier, die
als solche schon eine Interpretation Jesu Christi und seines Werkes darstellt. Die Vielfalt und
recht disparate Fülle der christologischen Tradition in einem solchen Gottesdienst ist freilich
nicht nur Problem und Verlegenheit, sondern auch Reichtum und das Angebot vielfältiger Möglichkeiten, Jesus Christus zu erfassen.

Wir haben uns nun zunächst moderne Versuche eines Zugangs zur Wirklichkeit Jesu Christi klarzumachen. Dazu eine Vorbemerkung: Es handelt sich bei diesen Überlegungen zur Wirklichkeit Jesu
Christi um ein Reflexionsproblem. Wenn hier nach der Wirklichkeit Jesu Christi und nach dem Zugang zu dieser Wirklichkeit gefragt wird, dann heißt das nicht, daß dieser Zugang erst gesucht
werden müßte. Vielmehr ist eine Beziehung zu Jesus Christus schon vorausgesetzt. Er hat Menschen
erfaßt, bestimmt sie. Und nun wird nach der Möglichkeit einer solchen Bestimmtheit zurückge-
fragt: Wie muß die Wirklichkeit Jesu Christi beschaffen sein, damit sie in der Weise, wie das
faktisch geschieht, Menschen bestimmen kann?

Das bedeutet: Die Versicherung, man glaube an Jesus - oder man liebe ihn, oder wie immer die
Formulierungen lauten mögen - braucht bei solchen Überlegungen nicht in Zweifel gezogen zu werden. Sie kann aber noch nicht darüber entscheiden, ob hier dogmatisch richtige Aussagen über
die Wirklichkeit Jesu gemacht werden oder nicht. Danach fragt die dogmatische Diskussion, nicht
nach dem persönlichen Engagement für Jesus. Dieses Engagement ist vielmehr zu unterscheiden von
der Frage nach den zureichenden und zutreffenden Aussagen über die Wirklichkeit Jesu Christi
und dem Zugang zu dieser Wirklichkeit. Wir machen uns in der gegenwärtigen Diskussion vorgeschlagene Möglichkeiten dieses Zugangs klar.

7.1.1 Der historische Jesus

Im Nachlaß von G.E.Lessing hat sich u.a. das folgende Fragment gefunden (hier angeführt nach
GW, Hg.P.Rilla, 8,538f):
DIE RELIGION CHRISTI

Denn der Vater will auch haben, die ihn also anbeten St.Johannes.
§ 1
Ob Christus mehr als Mensch gewesen, das ist ein Problem. Daß er wahrer Mensch gewesen,wenn
er es überhaupt gewesen; daß er n i e aufgehört hat, Mensch zu sein: das ist ausgemacht.
§ 2
Folglich sind die Religion Christi und die christliche Religion zwei ganz verschiedene Dinge.
§ 3
Jene, die Religion Christi, ist diejenige Religion, die er als Mensch selbst erkannte und
übte; die jeder Mensch mit ihm gemein haben kann; die jeder Mensch um so viel mehr mit ihm gemein zu haben wünschen muß, je erhabener und liebenswürdiger der Charakter ist, den er sich von
Christo als bloßen Menschen macht.
§ 4
Diese, die christliche Religion, ist diejenige Religion, die es für wahr annimmt, daß er
mehr als Mensch gewesen, und ihn selbst als solchen zu einem Gegenstande ihrer Verehrung macht.
§ 5
Wie beide diese Religionen, die Religion Christi sowohl als die christliche, in Christo als
in einer und eben derselben Person bestehen können, ist unbegreiflich.
§ 6
Kaum lassen sich die Lehren und Grundsätze beider in einem und ebendemselben Buche finden.
Wenigstens ist augenscheinlich, daß jene, nämlich die Religion Christi, ganz anders in den Evangelisten enthalten ist als die christliche.
§ 7
Die Religion Christi ist mit den klarsten und deutlichsten Worten darin enthalten;
§ 8
Die christliche hingegen so ungewiß und vieldeutig, daß es schwerlich eine einzige Stelle
gibt, mit welcher zwei Menschen, so lange als die Welt steht, den nämlichen Gedanken verbunden
haben.

Welche Unterscheidung macht Lessing?

Wie wird die Unterscheidung zwischen der Religion Christi und der christlichen Religion begründet?

Mit welcher Begründung wird die christliche Religion problematisiert?

Welche (formale) Charakterisierung der Religion Christi gibt Lessing?

Charakteristisch für diese Fragestellung ist, daß die dogmatische Beschreibung der Wirklichkeit
Jesu Christi problematisiert wird. Diese Beschreibung war nach längeren Auseinandersetzungen
(vgl. 7.2.1) in der Formulierung der Zweinaturenlehre festgelegt worden: Jesus Christus ist wahrer Gott und wahrer Mensch in der Einheit der Person. Nun wird die menschliche Wirklichkeit Jesu zwar zugestanden. Zugleich damit wird aber mindestens in Zweifel gezogen, was die dogmatische
Tradition darüber hinaus über die Wirklichkeit Jesu aussagte.

Diese Frontstellung gegen jede vorgängige dogmatische (bzw.biblische bzw. kerygmatische) Bestimmung der Wirklichkeit Jesu ist für die Frage nach dem historischen Jesus charakteristisch.

Zur Terminologie: Hier besteht einige Verwirrung, die ein Verstehen oft fast unmöglich macht.
Denn auch wer die Frontstellung der historischen Frage nach Jesus gegen jede dogmatische oder
bekennende oder kerygmatische Beschreibung der Wirklichkeit Jesu nicht teilt, muß doch von Jesus reden in der Unterscheidung seiner gegenwärtigen Wirklichkeit, die mit der Auferweckung anhebt, und seines vergangenen Lebens und Sterbens. Häufig wird, um diese Unterscheidung zu kennzeichnen, auch dort vom "historischen Jesus" gesprochen, wo das vergangene Leben und Sterben
Jesu gemeint ist. Wird auch eine solche Verwendung des Ausdrucks "historischer Jesus" zugelassen, dann besteht die Gefahr von durch Aequivokation bedingten Mißverständnissen.
Ich schlage (im Anschluß an H.Diem) vor, sich streng der folgenden Terminologie zu bedienen:

1. Der historische Jesus ist Jesus, wie er sich der historischen Rekonstruktion erschließt.
   Jesus wird hier also als Gegenstand historischer Forschung genommen, d.h. aber so, wie er
   sich unter den allgemeinen Bedingungen historischer Gegenständlichkeit zeigt.

2. Für das vergangene Leben Jesu von der Geburt bis zum Tod (u. zur Auferstehung) gebrauchen
   wir dagegen den Ausdruck "der irdische Jesus".

Natürlich sind hier nicht zwei verschiedene Menschen gemeint. Es sind aber verschiedene Weisen
gemeint, die Wirklichkeit des einen Jesus zu erfassen. Die eine Weise ist charakterisiert durch
die Voraussetzungen, die die moderne Historie für die Konstitution historischer Gegenstände

überhaupt macht. Wird Jesus nicht unter diesen Bedingungen gesehen, dann sollte man auch nicht vom historischen Jesus reden. Die Evangelien erzählen vom irdischen Jesus. Aber sie kennen nicht den historischen Jesus, weil sie Jesus nicht unter den allgemeinen Bedingungen moderner Historie zu ihrem Gegenstand haben.

Die Frontstellung gegen die dogmatische Beschreibung der Wirklichkeit Jesu Christi heißt nicht, daß Jesus damit jede Gegenwartsbedeutung abgesprochen würde. Nur selten verbindet sich mit der Kritik am dogmatischen Christus auch eine Kritik an Jesus selbst (eher schon eine Kirchenkritik, die den historischen Jesus gegen die Berufung der Kirche auf den dogmatischen Christus ausspielt). Die Frage nach dem historischen Jesus setzt ja ein Interesse an Jesus voraus. Und dieses Interesse ist in der Regel ein religiöses Interesse an Jesus selbst. Jesus beeindruckt, und die historische Frage nach Jesus geht danach, die beeindruckende Wirklichkeit Jesu besser kennenzulernen, ihn selbst so zu sehen, wie er wirklich gewesen ist, ehe die kirchliche Tradition und die dogmatische Interpretation seine Wirklichkeit entstellte.

Lesen Sie als ein Zeugnis eines durch Polemik kaum beeinflußten Interesses an dem historischen Jesus bei Adolf Harnack, Das Wesen des Christentums (1900), den Schlußteil der achten Vorlesung (Siebenstern-TB 27, S.91 - 96).
In welchen Merkmalen ist das Evangelium erschöpft?

Umfaßt das Evangelium, wie es Jesus verkündete, auch eine Christologie?

Wie bestimmt Harnack das Verhältnis Jesu zum Evangelium?

Was ist Inhalt des Bekenntnisses?

Warum bleibt das Evangelium auch für uns in Kraft?

Gewiß sind die Andeutungen Lessings über die Religion Christi oder die Harnacksche Interpretation des Evangeliums Jesu nur ein ganz schmaler Ausschnitt aus einer Fülle von Versuchen, die Wirklichkeit des historischen Jesus zu erfassen und zugleich seine Gegenwartsbedeutung deutlich zu machen. Aber eine umfassende Darstellung aller historischen Jesusbilder kann hier nicht gegeben werden.

Für die ältere Forschung verweise ich auf das Standardwerk von A.Schweitzer, Geschichte der Leben-Jesu-Forschung (Siebenstern-TB 77/78 und 79/80). Nach dem durch die Formgeschichte und die Bultmannsche Kerygmatheologie bedingten Zurücktreten der Fragestellung brachten die letzten Jahre wieder eine ganze Reihe von Versuchen zum historischen Jesus, die nach anfänglichem Zögern deutlich wieder in die alte Struktur der Fragestellung einmündeten.

Man kann, freilich stark typisierend, drei Strukturelemente nennen, die für den Versuch kennzeichnend sind, die Wirklichkeit Jesu Christi als die Wirklichkeit des historischen Jesus zu erfassen:

A. Die Wirklichkeit Jesu wird begrenzt durch die Rekonstruktion im Medium der Geschichte überhaupt. Man kann dieses Medium bestimmen als einen gleichartigen Geschehenszusammenhang. Was Menschsein heißt, wissen wir aus unserer Erfahrung, und diese Erfahrung leitet uns wieder bei der kritischen Rekonstruktion vergangenen Menschseins. Gegenwärtige Erfahrung lehrt zwischen Möglichem und Unmöglichem zu unterscheiden. Insoweit bestimmt sie auch die kritische Bearbeitung der Jesusüberlieferung. Nur so kann diese "objektiv" (vgl. S.50) erfaßt werden.

Suchen Sie bei G.Ebeling, Die Frage nach dem historischen Jesus und das Problem der Christologie, Wort und Glaube (I), 1960, S.300 - 318, die Bestimmungen Ebelings darüber auf, welche drei Elemente der Begriff des historischen Jesus insbesondere ausschließe, die für die dogmatische Überlieferung wesentlich sind.
Warum können die scheinbar historischen Berichte über Auferstehung, Erscheinungen und Himmelfahrt nicht als historische Berichte in Betracht kommen?

Auf welche Instanz beruft sich Ebeling bei seinem Urteil?

B. Der so rekonstruierte historische Jesus ist von gegenwärtigem Interesse wegen bestimmter Werte, die er verkörpert. Weil der Wert oder die Werte, die Jesus verkörpert, gegenwärtig betreffen, darum ist gegenwärtige Betroffenheit durch Jesus möglich und wirklich. Die christologische Reflexion, die sich durch Jesus betroffen sieht und nun nach der Wirklichkeit fragt, die da betrifft, unterscheidet Jesus als den Menschen der Vergangenheit und die gegenwärtige Bedeutung des Wertes, den er verkörpert.

Für Harnack ist dieser Wert Jesu Evangelium in seinen zeitlos gültigen Momenten, für Lessing ist er die Religion Jesu, die jeder mit ihm gemeinsam haben kann. Die große Variabilität in den Darstellungen des historischen Jesus hat wohl weniger in der unsicheren Quellenlage ihren Grund als in der Vielfalt der Werte, die man in Jesus wiedergefunden hat - man machte ihn zu einem Utopisten oder Sozialisten, zu einem Revolutionär oder einem Hippie und Narren usw.

Lesen Sie dazu von D.Sölle, Phantasie und Gehorsam. Überlegungen zu einer künftigen christlichen Ethik, 1968, S.56 - 71.

Welchen Wert sieht D.Sölle in Jesus insbesondere verkörpert?

Wie will D.Sölle den Zusammenhang von Gnade, Rechtfertigung des Sünders und Heiligung der Welt ausdrücken?

In welchem Verhältnis steht der Sachzusammenhang zwischen dem Glück, dem Ich und seiner Phantasie zu Jesus?

Zu den Menschen insgesamt?

+ Inwiefern kann bei den Ausführungen von D.Sölle von Kirchenkritik gesprochen werden, die unter Berufung auf Jesus artikuliert wird?

C. Wie die Betroffenheit durch Jesus interpretiert wird als die Betroffenheit durch Werte, die Jesus verkörpert, so kann die Bedeutung Jesu nur darin gesehen werden, daß er die gegenwärtige Verwirklichung dieser Werte ermöglicht. Solche Ermöglichung kann in mehrfacher Hinsicht gefunden werden: Er kann als der Entdecker dieser Werte gesehen werden, als der, der diese Werte exemplarisch verkörpert hat, als Lehrer wie als Vorbild.

Der historische Jesus hat in der Moderne fasziniert. Ermöglicht er doch eine Unterscheidung von freier christlicher Religiosität, die sich unmittelbar an Jesus gebunden weiß, und Kritik an der Kirche und ihren autoritativen Ansprüchen, denen man sich nicht fügen will. Die in der Aufklärung vollzogene Wandlung im Religionsverständnis (2.2) gewinnt so ihre christologische Konkretion. Freilich ist das hier aufgezeigte Denkschema dogmatisch (insbesondere im Zusammenhang der regulären Dogmatik) unzureichend. Es wird dogmatisch aufgenommen und weitergeführt als Prinzipchristologie (7.4.1) und Urbildchristologie (7.4.2).

7.1.2 Jesu Gegenwart im Glaubenszeugnis

Man kann gerade der Bestimmung der Wirklichkeit Jesu, die unter der Bezeichnung "historischer Jesus" geläufig ist, den Vorwurf machen, daß sie die Wirklichkeit Jesu ungeschichtlich sehe. Dazu sei erinnert an die Feststellung Harnacks, die wesentlichen Elemente des Evangeliums seien "zeitlos", und auch der Mensch, an den sich das Evangelium richte, sei "zeitlos". Das muß so sein, wo die Gegenwartsbedeutung Jesu in den Werten gesucht wird, die er eingeführt und beispielhaft verkörpert hat. Bei einem solchen Vorgehen muß die Wirklichkeit Christi von seiner geschichtlichen Wirksamkeit getrennt werden. Denn geschichtlich wirksam wurde Jesus ja nicht als Lehrer und Vorbild. Geschichtlich wirksam wurde er als der Christus der Kirche und der Bibel. Nur weil Menschen an ihn als den Christus glaubten - mit Lessing zu reden: nur aufgrund der christlichen Religion - gibt es eine Evangelienüberlieferung, die nun auch die Rekonstruktion eines historischen Jesus erlaubt. Und die Betroffenheit durch Jesus ist kaum, wie es die Struktur der Frage nach dem historischen Jesus postuliert, die Betroffenheit durch Jesus selbst als den vergangenen Menschen. Sie ist jedenfalls unmittelbar Betroffenheit durch die Bezeugung des christlichen Glaubens an Jesus als den Christus in Lehre und Leben der Glaubenden.

Wir formulieren mit diesen Einwänden gegen den Versuch, die Wirklichkeit Jesu Christi im Denkschema des historischen Jesus zu erfassen, schon die Grundgedanken der Gegenposition, die man am treffendsten als Kerygma-Christologie bezeichnen könnte.

Will man diese Kerygma-Christologie theologiegeschichtlich einordnen, so sind hier insbesondere die Namen Martin Kähler und Rudolf Bultmann zu nennen, wobei letzterer wieder stark auch durch die Konzeption von Sören Kierkegaard beeindruckt ist. Die Fragestellung der Kerygma-Christologie ist lange nicht so verbreitet wie die des Denkschemas "historischer Jesus". Zudem ist die sog. "Neue Frage nach dem historischen Jesus" in der Bultmannschule aufgebrochen (insbesondere sind hier Ernst Fuchs und Ernst Käsemann zu nennen), was zu mancherlei Mischformen geführt hat.

Lesen Sie von Martin Kähler, Der sogenannte historische Jesus und der geschichtliche, biblische Christus, neu hrsg. von E.Wolf, 2. erw. Aufl. ThB 2, 1956, S.15 - 18.

Welche Stellung zum dogmatischen Christus nimmt Kähler ein?

Welche Stellung zum historischen Jesus der modernen Leben Jesu nimmt Kähler ein?

Lesen Sie nun a.a.O. S.54 - 68.

Welches ist der Heiland, mit dem der Christ lebt?

Wie tritt uns die Wirklichkeit Jesu entgegen?

Warum hat die Kirche bis zur modernen Zeit den Abstand zwischen der geschichtlichen Darbietung der Evangelien und der dogmatischen Predigt nicht empfunden?

Die Kerygma-Christologie sieht die Wirklichkeit Jesu in seiner gegenwärtigen Bezeugung, in der er selbst dem Menschen, vermittelt durch das Christuszeugnis - das Christusbild des Neuen Testaments und die Predigt, die sich auf dieses Christusbild bezieht - entgegentritt. Entscheidend ist hier also gerade nicht die Vergangenheit des irdischen Jesus, sondern seine Gegenwart als gepredigter Christus.

Lesen Sie dazu von R.Bultmann, Das Verhältnis der urchristlichen Christusbotschaft zum historischen Jesus, SHAW, Phil.-hist. Klasse, 1960, 3.Abh., 2.Aufl. 1961, insbesondere S.26f. (auch in: Exegetica, 1967, S.445 - 469).

In welchem Verhältnis sieht Bultmann das Kerygma und den historischen (in der oben vorgeschlagenen Terminologie: den irdischen) Jesus?

Inwiefern ist christlicher Glaube Glaube an die Kirche?

Wie umschreibt Bultmann den Osterglauben?

Unter welcher Voraussetzung will Bultmann den Satz akzeptieren, daß Jesus ins Kerygma auferstanden sei?

Entscheidend für dieses christologische Reflexionsmodell ist also die Gegenwart Jesu Christi. Nicht in der Vergangenheit, und also durch historische Rekonstruktion, erfassen wir die Wirklichkeit Jesu Christi, sondern dort, wo wir durch diese Wirklichkeit unmittelbar betroffen sind: in der gegenwärtigen Anrede der Christusverkündigung. Diese ist das Mittel der Wirksamkeit Jesu, und also für uns die Vermittlung seiner Wirklichkeit.

Welche Bedeutung hat in diesem Modell dann aber die Vergangenheit, der irdische Jesus? Ist er einfach in sein gegenwärtig wirksames Bild hinein aufgegangen, wie das bei Kähler der Fall zu sein scheint, ins Kerygma hinein auferstanden, wie das Bultmann als zutreffende Formulierung der Kerygma-Christologie zugesteht? So soll das nicht sein. Doch darin, die bleibende Bedeutung auch der Wirklichkeit des irdischen Jesus und also nicht nur der Gegenwart, sondern auch der Vergangenheit Jesu Christi zu verdeutlichen, liegt die große Schwierigkeit dieser zunächst so einleuchtenden Konzeption. Gelingt dieser Nachweis nicht, dann besteht die Gefahr,daß der gegenwärtige Christus sich sozusagen verselbständigt: die Zeugen und der durch sie Bezeugte lassen sich nicht mehr deutlich unterscheiden. Die wirksame Gegenwart Christi kann nicht mehr als die wirksame Gegenwart Christi ausgewiesen werden. Denn sie hat keine kenntlichen Konturen mehr.

Die Vergleichgültigung des Historischen zeigt sich schon bei Sören Kierkegaard, der in seinen scharfsinnigen Reflexionen über die Möglichkeit, zum Glauben zu kommen, gerade auch die Frage des geschichtlichen Abstandes zu Jesus Christus, und damit verbunden die Frage, wie weit wir, um zum Glauben zu kommen, auf andere angewiesen sind, eingehend reflektiert hat (vgl.o.S. 57).

wer agiert da? Ph.75

+ Lesen Sie dazu in Kap.V der "Philosophischen Brosamen (Brocken)" "Der Schüler zweiter Hand", insbesondere § 2, "Die Frage nach dem Schüler zweiter Hand".

Wann wäre es ein Vorteil, mit dem den Glauben weckenden Faktum gleichzeitig zu sein oder sich mindestens der Zuverlässigkeit der Gleichzeitigen in ihrer Berichterstattung über dieses Faktum zu versichern?

Warum wäre es ein Widerspruch, wenn das Verhältnis zu jenem Faktum durch die Zeit je verschieden bestimmt werden könnte?

Welche zwei Momente gehören dazu, um "Schüler" zu werden?

Entscheidend ist dabei die "Bedingung", die einer von dem Gott selbst erhält, also die gegenwärtige Wirksamkeit des Christus.

Inwiefern sind für den Glauben historische Details nicht von Belang?

Was genügte als Inhalt der Nachricht, die die Gleichzeitigen von dem Faktum hinterlassen mußten, damit Spätere zum Glauben kommen konnten?

Welche Folgerung zieht K. für den Schüler zweiter Hand?

Was müßte der Schüler, wenn er sich recht verstünde, wünschen?

Das Interesse an der geschichtlichen Wirklichkeit Jesu ist hier also reduziert auf das Interesse daran, daß der gegenwärtig wirkende, die "Bedingung" gebende Gott wirklich einmal als Mensch dagewesen ist. Wie er dagewesen ist, was er gelehrt hat,ist hier nicht von Belang. Die Nachricht der Gleichzeitigen ist darum in derselben Weise wie die Erscheinung des Gottes in der Knechtsgestalt wichtig nur als Hinweis auf die Paradoxie des Glaubens. Ein entsprechendes Desinteresse an der Historie Jesu zeigt sich bei Kähler und erst recht bei Bultmann, der meint, als historischer Anhalt des Kerygmas an Jesus genüge das "bloße Daß" seines Gekommenseins und die Tatsache seiner Kreuzigung.

Insbesondere bei der in der Bultmannschule aufgekommenen "neuen" Frage nach dem historischen Jesus hat der Widerspruch gegen diese Behauptung Bultmanns eine große Rolle gespielt, für das Kerygma habe nur das "Daß" des Lebens Jesu überhaupt Bedeutung. Der Anlaß des Kerygma sei ein geschichtliches, auch historisch faßbares Geschehen. Das müsse aber genügen. Einen historischen Ausweis, daß das Leben und erst recht die Kreuzigung Jesu das "eschatologische" Ereignis gewesen sei, könne es nicht geben. Unter "eschatologisch" versteht Bultmann dabei das Ereignis, das endgültig und für jeden Menschen, den das Kerygma erreicht, die Ermöglichung des Heils bedeutet.

In der Tat liegt hier eine Frage vor, die beachtet werden muß. Nur wenn die Konturen des irdischen Jesus deutlich genug sind, so daß er in der Christusverkündigung der Kirche kenntlich bleibt als der, der er gewesen ist, kann sich diese Verkündigung zu recht auf ihn berufen. Nur dann besteht auch die Möglichkeit, daß eine Verkündigung, die sich von dieser konkreten Kontur des irdischen Jesus entfernt hat, zu ihm selbst zurückgerufen wird. Das Kerygma, das den irdischen Jesus vertritt, soll ihn ja nicht ersetzen, und der Glaube an die Wirksamkeit Jesu in der gegenwärtigen Christusverkündigung der Kirche darf nicht zu einem blinden Vertrauen in die Autorität der lehrenden Kirche entarten.

7.1.3 Christologie von oben - Christologie von unten?

Weder der "historische Jesus" noch der "kerygmatische Christus" können dem Anspruch einer zureichenden dogmatischen Bearbeitung der Christologie genügen. Das gilt vor allem dann, wenn das traditionelle Dogma von Jesus Christus in die Reflexion mit einbezogen wird: Er ist wahrer Gott und wahrer Mensch in der Einheit der Person ("Zweinaturenlehre", vgl. 7.2)."Historischer Jesus" wie "kerygmatischer Christus" verwerfen das Dogma der Zweinaturenlehre, ohne sich mit seinem Wahrheitsanspruch auseinanderzusetzen. Auch wenn dieses Dogma nicht einfach übernommen werden kann, weil seine metaphysischen Denkmittel nicht mehr die unsrigen sind, gibt es doch der zeitgenössischen Dogmatik das Ziel ihres Nachdenkens vor: Jesus Christus muß so gedacht werden, daß die besondere Anwesenheit Gottes in ihm kenntlich wird (vgl. die trinitarische Problemformulierung in 4.3.2).

Hier läßt sich dann eine Alternative aufstellen: Setzt das Denken bei Gott ein, um dann seine besondere Anwesenheit in Jesus Christus zu denken? Oder setzt es bei dem Menschen Jesus, dem historischen Jesus, ein, um dann zu denken, daß in ihm Gott in besonderer Weise anwesend ist? Dieser Denkweg ist von einigen Dogmatikern (P.Althaus, S.424; W.Pannenberg, Grundzüge der Christologie, 1964, 26-31) als Christologie "von unten nach oben"bestimmt und polemisch gegen die Methode einer Christologie "von oben" abgegrenzt worden. Die Formulierung ist freilich recht unscharf. Besser ist der in der älteren dogmatischen Diskussion übliche Gegensatz einer "theozentrischen" und einer "anthropozentrischen" Christologie. Als Christologie "von oben", gegen die man sich absetzt,gilt das christologische Denken der Alten Kirche, aber auch beispielsweise das Vorgehen Karl Barths, insbesondere in der Christologie der Prolegomena (KD I,2, 1-49).

Die angeführte methodische Alternative ist nur dann sinnvoll, wenn sie so formuliert wird: Christologie "von oben" denkt die besondere Anwesenheit Gottes in Jesus Christus primär theologisch, d.h. als durch das Gottsein Gottes ermöglicht. Christologie "von unten" denkt die besondere Anwesenheit Gottes in Jesus Christus primär anthropologisch, d.h. als durch das Menschsein des Menschen ermöglicht. Freilich wird diese notwendige Präzisierung des methodischen Einsatzes selten beachtet. In der Regel benutzt man die Formel zur polemischen Abweisung der "metaphysischen" Denkweise des Dogmas. Im Gebrauch dieser Formel ist darum Zurückhaltung zu empfehlen.

In diesem Zusammenhang erinnere ich an die bekannte Vexierfrage Rudolf Bultmanns aus "Das christologische Bekenntnis des Ökumenischen Rates", GV II, S.252:"Hilft er mir, weil er der Sohn Gottes ist, oder ist er der Sohn Gottes, weil er mir hilft?"

Bultmann will hier, darin ganz in der christologischen Tradition der Ritschlschen Schule stehend, suggerieren: Weil ich seine Hilfe erfahre, darum bezeichne ich Jesus Christus als den Sohn Gottes. Die Bestimmung seiner Person durch das Prädikat der Gottheit ist sekundär gegenüber der Wirkung, die ich von ihm erfahre. Dann stehen hier die Möglichkeit der Wirkung Jesu auf den Menschen und die Möglichkeit des Menschen, diese Wirkung Jesu zu erfahren, in direkter Korrelation; das heißt: die Ermöglichung der Gottmenschheit (als Prädikation, die in

der erfahrenen Wirksamkeit Jesu gründet) im Menschsein Jesu und die Ermöglichung der Erfahrung dieser Gottmenschheit (als Erfahrung der Wirksamkeit Jesu) fallen in eins.

7.2 Das christologische Dogma der Alten Kirche und seine Rezeption in der lutherischen Dogmatik

Wir setzen bei unserer Einführung in die Tradition des christologischen Denkens die Unterscheidung der Lehre von der Person und vom Werk Christi voraus, wie sie in der altprotestantischen Dogmatik üblich geworden ist. Daß diese Unterscheidung in der Moderne dann gerade aufgehoben worden ist, darauf muß bei der Darstellung der modernen christologischen Typen eingegangen werden (7.4).

7.2.1 Die Christologie der Alten Kirche

Nicht historisches Interesse nötigt, genau wie bei der Trinitätslehre, die Dogmatik dazu, sich mit der Lehrbildung der Alten Kirche zu befassen. Vielmehr ist diese Lehrbildung, worauf schon am Beispiel der Weihnachtsliturgie hingewiesen wurde (7.1), in der kirchlichen Sprache noch gegenwärtig und bestimmt so mit das kirchliche Glaubensbewußtsein. Erst recht gehört diese Lehrbildung zu den hervorgehobenen Zeugnissen der kirchlichen Bekenntnistradition, die wir bei unserer Formulierung der dogmatischen Kriterien mit zu beachten haben (3.2.4.2).

Für den historischen Verlauf der Lehrbildung sei auf die Lehrbücher der Dogmengeschichte verwiesen. Für die dogmatische Überlegung sollte man allerdings wenigstens grob den Verlauf der altkirchlichen Lehrbildung in drei Phasen unterscheiden können:

1. eine christologische Phase der Lehrbildung (zur Unterscheidung von "christologisch" und "trinitarisch" vgl. 4.3.2) bis zur Durchsetzung der Logoschristologie (ca. 2.Hälfte des 3.Jahrhunderts).

2. die trinitarische Phase der Lehrbildung, an diese christologische Phase anschließend, bis zur Rezeption des Nizänums in seiner jungnizänischen Interpretation (Konstantinopel 381).

3. eine zweite christologische Phase, die das Nizänum voraussetzt und unter dieser Voraussetzung Christologie zu denken versucht, mit den Streitigkeiten um Apollinaris von Laodicea einsetzend, also noch vor dem Abschluß der trinitarischen Phase. Das Ende kann etwa mit dem zweiten Konzil von Konstantinopel 553 angesetzt werden, das einen gewissen Abschluß der Streitigkeiten um die Interpretation der chalzedonensischen Formel markiert.

Unsere Bemerkungen beziehen sich auf diese dritte Phase der Lehrbildung, Christologie unter der Voraussetzung der Homousie des Logos bzw. Gottessohnes. Dabei sind nun zwei Denkmodelle zu unterscheiden, zwischen denen vornehmlich die Auseinandersetzung stattfand, das (vorwiegend alexandrinische) Inkarnationsschema und das (vorwiegend antiochenische) Assumptionsschema (vgl. A.Grillmeier, Jesus der Christus im Glauben der Kirche. Bd.1. Von der apost. Zeit bis zum Konzil von Chalcedon, 1979).

7.2.1.1 Inkarnation

Die Grundstruktur dieses christologischen Denkschemas läßt sich so kennzeichnen: Der Logos ist Fleisch geworden. Der entscheidende anthropologische Ausdruck "Fleisch" ist dabei in seiner Bedeutung schwebend - er bezeichnet sowohl das individuelle Menschsein Jesu wie die kollektive Befindlichkeit des Menschseins überhaupt: Fleisch ist das der Vergänglichkeit und Sünde verhaftete Menschsein, das von dem göttlichen, ewigen, unsterblichen Sein getrennt ist.

Indem nun der Logos Fleisch wird, eröffnet er den Weg aus dem Fleisch in die Unvergänglichkeit des göttlichen Seins (durch das Sakrament einerseits, durch ein den Weisungen des Logos entsprechendes Leben andererseits). Soteriologisch ist für dieses Denkschema entscheidend, daß der Logos einerseits wirklich ganz das göttliche Sein ist (darum muß die volle Homousie des Logos mit Gott behauptet werden), und daß andererseits dieser Logos auch wirklich ins Fleisch kommt: Nur so kann er den heilsamen Weg aus dem Fleisch zum göttlichen Sein eröffnen. Daß es der wahrhaftige Gott ist, der Fleisch wird, und daß er wirklich Fleisch wird, das ist hier entscheidend.

Die gottmenschliche Einheit kann dabei so gedacht werden, daß sich der göttliche Logos als Concretum (wirklich existierendes Einzelwesen) mit dem Fleisch als einem Abstractum (allgemeine Wesenheit) verbindet, also die Bestimmungen des Fleisches annimmt, sich der Vergänglichkeit unterwirft.

Die Problematik dieses alexandrinischen Logos-Fleisch-Schemas zeigte sich freilich rasch, als Apollinaris von Laodicea den Versuch unternahm, dieses Schema zu rationalisieren, das Miteinander von Logos und Fleisch anthropologisch begreiflich zu machen (übrigens in einem Schema, in dem schon die arianische Christologie entworfen war): Der Logos nimmt in Jesus Christus die Stelle des menschlichen Selbstbewußtseins ein (der ψυχὴ λογικὴ ; es ist dabei nicht von Belang, ob die apollinaristische Anthropologie und ihr folgend die Christologie dichotomisch oder aber trichotomisch gedacht wird). Fleisch bezeichnet dann die individuelle Leiblichkeit des Gottmenschen, dessen Selbstbewußtsein eben der göttliche Logos ist.

Durch diese Rationalisierung wird das alexandrinische Schema in zweifacher Hinsicht zerstört: Einmal wird die Bedeutung von Fleisch so festgelegt, daß hier nicht mehr die ganzheitliche Befindlichkeit des Menschseins mitgedacht werden kann, in die der Logos gekommen ist und aus der er den Weg zu Gott eröffnet hat. Und zum anderen zwingt diese Rationalisierung zu christologischen Präzisierungen, die genauer angeben müssen, was denn nun das Fleisch sei, in das der Logos gekommen ist, und wie das Beieinander von Logos und Fleisch zu denken sei.

Lesen Sie dazu aus dem Brief des Kyrill an Nestor, der beim Konzil von Ephesus 431 als orthodox akzeptiert wurde (DS 250.251; Neuner-Roos 172 nur als Übersetzungshilfe!) .
Welche Mißverständnisse des alexandrinischen Schemas werden von Kyrill zurückgewiesen?
1.
2.
Welche Präzisierung ist durch die apollinaristischen Streitigkeiten erzwungen?

+ Sehen Sie einen entscheidenden Unterschied zum Chalzedonense? (Beantworten Sie diese Frage, wenn Sie den betreffenden Abschnitt 7.2.1.3 bearbeitet haben).

7.2.1.2 Assumption

Das dem alexandrinischen konkurrierende antiochenische Schema läßt sich so kennzeichnen: Der Logos hat einen Menschen angenommen. Dabei ist hier die volle und ganze Menschlichkeit des vom Logos angenommenen Menschen Jesus vorausgesetzt. Gegen die Rationalisierung des Inkarnationsschemas durch Apollinaris konnte man hier einwenden: τό γὰρ ἀπρόσληπτον ἀθεράπευτον, was nicht angenommen ist, das ist auch nicht geheilt (die Formel selbst stammt von Gregor von Nazianz, nicht aus der antiochenischen Schule). Hier ist das durch den Logos angenommene Menschsein ebenfalls als Concretum gedacht. Damit aber wird die Denkbarkeit der Einheit im Grunde unmöglich. Denn zwei Concreta sind und bleiben eben zwei.

Wie soll dann die Gemeinschaft des Logos mit dem angenommenen Menschen Jesus gedacht werden? Kann die Einheit des Menschen Jesus mit dem Logos anders gedacht werden denn als eine Einheit, die einerseits der Einheit des Logos mit anderen Menschen vergleichbar ist, andererseits aber durch ihre Vollkommenheit dann doch etwas anderes, Besonderes und Einmaliges sein soll: Die Gemeinsamkeit der Einsicht und des Wollens ist so stark, daß diese Gemeinsamkeit als Habitus Jesu gelten kann und man darum von einer habituellen Einheit, einer ἕνωσις σχετικὴ reden kann? Dann aber ist der Christus ja nicht Einer, sondern zwei. Darum muß hier eine weitergehende Einheit behauptet werden.

Da sich solche Einheit nicht an Entsprechungen, die man sonst für eine solche Einheit namhaft machen könnte, verdeutlichen läßt, da man vielmehr nur sagen kann, wie hier nicht gedacht werden darf, sucht man sich habhaftere Kennzeichen von Orthodoxie oder Heterodoxie (vgl. dazu als Analogien etwa die theopaschitische Formel, 7.2.1.4, oder die Frage nach der manducatio impii 9.4.3.1). Hier geht es darum, ob man Maria zu recht als Gottesmutter, als θεοτόκος, bezeichnen kann. Für die Alexandriner ist diese Bezeichnung kein Problem, sondern religiös wie theologisch unabdingbar.

Welche Näherbestimmung der Voraussetzungen dieser Bezeichnung gibt Kyrill in seinem Brief an Nestor   (DS 251)?

Nestor dagegen, als Patriarch von Konstantinopel einflußreicher Vertreter der antiochenischen Christologie - der dann seinen Namen zur Bezeichnung der christologischen Häresie des Nestorianismus hergeben mußte -, konnte sich dazu nicht bequemen. Doch ist die sicher auch kirchenpolitisch mitbedingte Verurteilung des Nestor nicht zugleich der Sieg des alexandrinischen Schemas geworden. Vielmehr hat sich das Assumptionsschema im Chalzedonense durchgesetzt.

7.2.1.3 Die chalzedonensische Formel

Die im Konzil von Chalzedon 451 angenommene christologische Formel, die seither als die Formulierung christologischer Orthodoxie gilt, zeigt deutlich die Problematik des Assumptionsschemas, das ihr zugrundeliegt: Sie kann zwar beschreiben, was alles zu dem Gottmenschen gehört. Sie vermag aber nicht auszusagen, inwiefern es in Christus als eine Einheit zu denken ist.

Lesen Sie die Formel DS 301.302; Neuner-Roos 178).
Welche Aussagen werden hier über die Gottheit Christi gemacht?

Welche Aussagen werden über die Menschheit gemacht?

Beachten Sie, wie hier die Formel von Maria als der θεοτόκος deplaziert wirkt!

Dagegen finden sich über die Einheit nur negative Bestimmungen. Man sollte nicht zu rasch mit dem Hinweis auf das christologische Paradox kommen, das hier besonders deutlich angesprochen werde. Fassen Sie die Formel einmal als ein Denkgebot auf und versuchen Sie, diesem Denkgebot zu folgen. Dann erst zeigt sich die Schwierigkeit:

Wir dürfen nirgends die Unterscheidung der Naturen um der Einheit willen aufheben, andererseits sollen wir ihn aber als den einen Christus denken. Geht das? Muß nicht, wenn wir der Anweisung nachkommen, daß die Unterschiede der Naturen nicht um der Einheit willen aufgehoben, vielmehr ihre Eigenheiten bewahrt werden sollen, eben Gottheit und Menschheit je für sich gedacht werden? Die Einheit wäre dann das Abstractum, die unterschiedenen Naturen das Concretum, in dem der Christus zu denken ist.

Eine solche Interpretation des Chalzedonense legt sich nahe im Blick auf den berühmten Lehrbrief des Papstes Leo an Flavian, der in Chalzedon ausdrücklich als rechtgläubig bestätigt wurde (zusammen übrigens mit Kyrills Schreiben an Nestor,mit dem er sich nun wirklich nicht verträgt! Schon das zeigt, wie man hier auf Kosten der Denkbarkeit den Kompromiß suchte).

7.2.1.3 / 7.2.1.4

Lesen Sie diesen Lehrbrief (DS 290 - 295; Neuner-Roos 173-177). Achten Sie darauf, wie hier in der Beschreibung Christi die konkreten Aussagen immer Aussagen über die göttliche oder die menschliche Natur sind, aber nicht über die Person Jesu Christi. Das wird besonders deutlich dort, wo im Schlußabschnitt von der Wirksamkeit des irdischen Jesus die Rede ist.

Wer ist hier Subjekt des Handelns (forma=natura)?

Welche Werke werden dem Logos zugeschrieben?

Was ist dagegen Sache der menschlichen Natur?

Nennen Sie nun die berühmten vier privativen Bestimmungen des Chalzedonense:

1.   2.   3.   4.

Inwiefern wird der Lehrbrief Leos dem hier ausgesprochenen Denkgebot - nicht - gerecht?

Daß schon die authentische Interpretation der chalzedonensischen Formel deren Denkgebot nicht gerecht werden kann, zeigt deutlich die Problematik dieser Festlegung. Anders als das nizänische Homousios hat sich das Chalzedonense auch nicht durchgesetzt, sondern brachte bedeutende Abspaltungen monophysitischer und nestorianischer Kirchen, die bis heute bestehen.

7.2.1.4 Die Interpretation des Chalzedonense durch die theopaschitische Formel und den Enhypostasiegedanken

Zum Folgenden vgl. insbesondere Werner Elert, Der Ausgang der altkirchlichen Christologie. Eine Untersuchung über Theodor von Pharan und seine Zeit als Einführung in die Alte Dogmengeschichte, 1957.

Eine einheitliche Anschauung des handelnden Christus ist schon von der biblischen Erzählung her eine religiöse Notwendigkeit. Die auf Chalzedon folgenden Lehrstreitigkeiten (monotheletischer und monenergistischer Streit) wollen dem Chalzedonense eine Interpretation abringen, die eine solche einheitliche Anschauung des handelnden Christus ermöglichte. Eine solche Anschauung verhinderte das chalzedonensische Denkgebot, das auf die Vollkommenheit der Bestandteile, aus denen sich der Christus zusammensetzt, und nicht auf die Anschaulichkeit der Einheit Wert legt. Denkt man von der Vollständigkeit des Menschen und des Gottes her, dann muß natürlich sowohl der Gott wie der Mensch einen eigenen Willen und eine eigene ἐνέργεια, eine eigene Spontaneität oder Tätigkeit haben. Wie der eine Christus dann wollen und handeln kann, bleibt dabei dunkel.

Zwei Interpretationen machen schließlich das Chalzedonense religiös erträglich (und können darum als der Abschluß der altkirchlichen Lehrbildung betrachtet werden):

a) Die theopaschitische Formel - unus ex trinitate passus est carne. Diese Formel setzt sich zuerst im Osten, dann auch im Westen durch. Damit ist die chalzedonensische "Trennungschristologie" an einem entscheidenden Punkt durchbrochen. Zugleich hat hier das religiöse Interesse die Metaphysik zurückgedrängt, die von Gott die Apathie behaupten muß - d.h. Gott kann nur selbst auf das nichtgöttliche Sein wirken, er kann aber nicht Wirkungen dieses nichtgöttlichen Seins erfahren.

b) Die Enhypostasie der Menschheit Jesu Christi in der Person des Logos wird behauptet, um eine Anschauung der einen Person zu gewinnen. Man muß hier freilich darauf achten, daß Hypostase nicht einfach mit dem modernen Verständnis von Person identisch ist. Es bezeichnet vielmehr die selbständige Subsistenz. Unter Subsistenz versteht man dabei eine individuelle, selbständige Existenz, die Träger von Eigenschaften und Ausgangspunkt eigener Wirksamkeit sein kann (= Concretum). Danach ist dann die Menschheit Jesu anhypostatisch zu denken. Sie hat keine eigene Subsistenz, abgesehen von ihrer Verbindung mit der Hypostase des Logos. Sicher kann man gerade darin einen doketischen Zug sehen. Aber der ist in Kauf zu nehmen, wenn dadurch eine religiöse Anschauung des einen Christus ermöglicht wird.

7.2.2 Die lutherische Weiterbildung der Christologie

Seit Ritschl pflegt man Melanchthon zu zitieren, um nachzuweisen, daß die Reformation nicht am christologischen Dogma, sondern nur an der soteriologischen Wirksamkeit Christi interessiert gewesen sei.

Ich gebe die Stelle aus der Einführung in die erste Fassung der Loci communes in einem etwas weiteren Kontext (St.A.II,1, S.7):

Reliquos vero locos, peccati vim, legem, gratiam, qui ignorarit, non video quomodo christianum vocem. Nam ex his proprie Christus cognoscitur, siquidem hoc est Christum cognoscere beneficia eius cognoscere, non, quod isti docent, eius naturas, modos incarnationis contueri (die "isti", auf die sich Melanchthon hier bezieht, sind die scholastici theologistae). Ni scias, in quem usum carnem induerit et cruci affixus sit Christus, quid proderit eius historiam novisse?

Übersetzung:

Man kann dieses unbestreitbare soteriologische Interesse nicht gegen das dogmatische Interesse an der Christologie, der zutreffenden Beschreibung der Person Christi, ausspielen. Gerade hier ist die lutherische Reformation zur eigenen Weiterbildung gekommen.

Diese ging sehr deutlich in der Richtung des alexandrinischen Denkens. Dazu ein Hinweis: Man hat der Konkordienformel einen Catalogus testimoniorum angefügt (BSLK S.1103 - 1135), um die eigene Christologie als übereinstimmend mit der Alten Kirche zu erweisen.

Welcher Kirchenvater ist hier weitaus am häufigsten zitiert (in diesem Fall ist gut geraten auch richtig!)?

7.2.2.1 Ubiquität und Idiomenkommunikation

Unter "Ubiquität" versteht man die Spekulation Luthers, daß kraft der unio hypostatica (umschreiben Sie den Ausdruck:)
auch die Menschheit Christi an der göttlichen Allgegenwart teil hat. Luther hat diese Spekulation in der Auseinandersetzung mit Zwingli um die Realpräsenz Christi im Abendmahl ausgebildet.

Lesen Sie dazu bei Hirsch, Hilfsbuch (0.3.2) die unter 10. angeführten Äußerungen Luthers aus den Schriften zum Abendmahlsstreit (S.34 - 39).

Wie bestimmt Luther die "Rechte Gottes", wo sich nach dem Symbol Christus befindet?

Was sagt Luther zu dem Axiom von der Leidensunfähigkeit Gottes?

+ Welches sind die drei Weisen, an einem Ort zu sein?

1.

2.

3.

Nach welcher dieser drei Weisen ist die Gegenwart Christi zu denken? (Geben Sie Beispiele!).

Mit der behaupteten Ubiquität auch der Menschheit Christi ist im Grunde zu viel bewiesen: Nicht nur die Möglichkeit einer realen Gegenwart des Leibes Christi im Abendmahl, sondern vielmehr die Allgegenwart der Menschheit Christi. Darum ist Luther hier zu einer weiteren Unterscheidung

7.2.2.1

gezwungen. Welche Unterscheidung führt Luther ein, um diese Schwierigkeit zu beheben?

Die Ubiquitätsspekulation Luthers (m.E.mehr als bloß eine Hilfskonstruktion der Abendmahlslehre) ist in der lutherischen Orthodoxie übernommen und mit der Tradition christologischen Denkens verbunden worden in Gestalt der Lehre von der Idiomenkommunikation - d.h. der Mitteilung der Eigenschaften. Welche genera der communicatio idiomatum werden genannt?

1.

2.

3.

Welches der genera ist das sog. genus majestaticum?

+ Mit welcher Begründung behauptet man, daß nur die menschliche Natur realen Anteil an den göttlichen idiomata bekommt, nicht aber umgekehrt die göttliche an den menschlichen?

Läßt sich dieser Gedanke der Mitteilung der göttlichen Eigenschaften an die menschliche Natur wenigstens dem Wortlaut nach mit dem Chalzedonense vereinen?

Vorsicht: Die lutherische Orthodoxie kennt nur drei genera der communicatio idiomatum, genus idiomaticum, genus majestaticum und genus apotelesmaticum.

P.Althaus redet - in Aufnahme einer Überlegung von Gottfried Thomasius, der selbst wieder den Ausdruck von D.F.Strauß (Die christliche Glaubenslehre in ihrer geschichtlichen Entwicklung und im Kampfe mit der modernen Wissenschaft, II, 1841,134) übernommen und dabei den kritischen Einwand von Strauß als Konsequenz lutherischer Theologie positiv gewandt hat, - in seiner Kritik dieser Lehre davon, daß man eigentlich als Gegenstück zum genus majestaticum auch noch ein "genus tapeinoticon" annehmen müsse,das angeblich durch Luthers christologische Aussagen gedeckt sei. Damit hebe sich die Lehre von der communicatio idiomatum als metaphysische Theorie auf und weise auf die Paradox-Christologie (S.459).

Man kann die spekulative Konsequenz des Luthertums bewundern, mit der hier metaphysische Axiome aus religiösen Motiven heraus übergangen werden (z.B. "omne corpus est in loco" oder "finitum non capax infiniti"). Die reformierte Dogmatik ist diesen Weg jedenfalls nicht mitgegangen, was nicht nur die konfessionelle Differenz in der Abendmahlslehre, sondern auch in der Christologie begründete. Man hielt sich an die metaphysische Axiomatik seiner Zeit. Darum sah man die Menschheit Christi - seine verklärte Leiblichkeit - an einem bestimmten Ort im Himmel. Folgerung daraus war das sog. Extra Calvinisticum.

Wer ist hier "außerhalb" - und was ist dann "innerhalb"?
Lesen Sie dazu den Heidelberger Katechismus, Frage 47 und 48.

Beachten Sie, wie hier verschiedene Lösungen der Kohärenzproblematik (vgl. 0.3.3, o.S.22) vorliegen: Für die reformierte Denkweise hat die einheitliche metaphysische Anschauung solches Gewicht, daß sie ihre religiösen Aussagen von daher bestimmen läßt. Umgekehrt widerspricht die lutherische Lehrform bewußt dieser einheitlichen Metaphysik, um das eigene religiöse Interesse zum Zug zu bringen - auf Kosten der einheitlichen Weltanschauung. Man sollte hier zunächst einmal die jeweiligen Vorentscheidungen sehen. Dann kann man gerade an diesen Auseinandersetzungen lernen, wie sorgsam ein dogmatisches "richtig" oder "falsch" abgewogen werden muß. Ist es richtig gewesen, daß die Lutheraner - Luther voran - sich gerade in der Christologie den Widerspruch gegen die Vernunft, gegen eine vernünftige Einheit der Wirklickeit, so leicht gemacht haben, wie das ihre Ubiquitätsspekulation zeigt? Ist es richtig gewesen, daß sich die Reformierten hier so sehr gebunden sahen, daß auch religiöse Motive diese Bindung nicht überwinden konnten?

Übertragen Sie diese Fragen auf die heutige Diskussion. Vielleicht läßt sich hier dann auch manches sehr viel ruhiger diskutieren.

7.2.2.2 Die Unterscheidung der Stände Christi

Die Ubiquitätsspekulation ist von dem gegenwärtig wirksamen erhöhten Christus aus entwickelt worden. Hier hat sie auch ihr begrenztes religiöses Recht. Wie wenig sie aber insgesamt zu einer zutreffenden Beschreibung der Person Jesu Christi kommen konnte, zeigt sich sofort, wenn man fragt, inwieweit eine solche Christologie eine Anschauung des irdischen Jesus überhaupt noch ermöglicht. Mit dem johanneischen Jesus kann man zwar hier noch einigermaßen zu Rande kommen. Aber man hat ja auch die Synoptiker intensiv gelesen und gepredigt. Um die hier vorliegende Anschauung des irdischen Jesus mit der eigenen Christologie in Einklang zu bringen, hat man die Lehre von den Ständen Christi entwickelt.

Wie werden die beiden status Christi bezeichnet?

1.

2.

Wer ist im status exinanitionis Subjekt der Entäußerung?

Darin unterscheidet sich die alte dogmatische Unterscheidung der Stände Christi fundamental von der Kenosis-Lehre des 19. Jahrhunderts (Geß, Thomasius u.a.), bei der der Logos als dieses Subjekt gedacht ist.

Gehört die Höllenfahrt Christi zum status exinanitionis oder zum status exaltationis?

Wie wenig durch diese dogmatische Unterscheidung für eine wirkliche Anschauung des Menschseins Jesu zu gewinnen war, das zeigt sich deutlich an dem Streit der Tübinger und der Gießener Theologen über den Stand der Erniedrigung. Was ist hier der Gegenstand des Streites?

+ Unter welchen Voraussetzungen waren in diesem Streit die Tübinger im Recht?

   Unter welchen Voraussetzungen die Gießener?

7.3 Die Lehre vom Werk Christi

Zu diesem Abschnitt zwei Vorbemerkungen:

A) Die Unterscheidung von Person und Werk Christi bedeutet nicht, daß die beiden Lehrstücke unabhängig voneinander abgehandelt werden könnten. Man hat in der Alten Kirche, wenn man versuchte, die Person Christi zutreffend zu beschreiben, immer auch die soteriologische Funktion dieser Person mitbedacht. Umgekehrt ist die Bestimmung des Werkes Christi, wie sie etwa von der Anselmschen Satisfaktionslehre gegeben wird, im Zusammenhang des Werkes "Cur Deus homo" dazu da, die Notwendigkeit der Menschwerdung Gottes rational zu deduzieren. Eine klare Trennung der beiden Lehrstücke von der Person und vom Werk Christi ist also nicht möglich. Die Unterscheidung kann aber einer klareren Auffassung des traditionellen christologischen Denkens dienen. Dazu muß freilich noch bemerkt werden, daß mit der beginnenden Moderne diese Trennung bewußt aufgegeben wird (man kann hier von einer funktionalen Christologie reden, die primär an der Funktion Christi interessiert ist, und die Aussagen über sein Sein als durch diese Funktion bedingt ansieht: Weil er mir hilft, ist er der Sohn Gottes).

b) In der Terminologie ist es üblich, zwar generell von dem Werk Christi zu sprechen. Die traditionelle Durchführung aber gliedert dann nach dem Schema vom dreifachen Amt (munus bzw. officium). Diese praktische Einteilung findet sich auch in der katholischen Dogmatik. Ritschl und seine Schule redet statt dessen vom Beruf - man kann diese Beobachtungen als einen Hinweis darauf nehmen, wie der ethische Zentralgedanke sich nicht nur in der christologischen Terminologie, sondern in der ganzen Auffassung Christi spiegelt.

Beobachten Sie diese Sachverhalte auch bei modernen Vorschlägen zur Christologie!

7.3.1

7.3.1 Drei Typen der Versöhnungslehre

Wir redeten schon gelegentlich (4.3.1) von dem Sohn als dem Versöhner. Will man versuchen, die Problematik des Werkes Christi zu erfassen, ohne sich gleich an das Dreiämterschema zu halten, empfiehlt es sich darum, Möglichkeiten einer Versöhnungslehre zu erörtern.

Vgl. zum Folgenden A.Ritschl, Die christliche Lehre von der Rechtfertigung und Versöhnung, 1.Band. Die Geschichte der Lehre. Gustaf Aulén, Die drei Haupttypen des christlichen Versöhnungsgedankens, ZSTh 8,1930, S.501 - 538.

Ein Vergleich der beiden häufig angeführten Arbeiten zeigt eine erste Schwierigkeit insofern, als Ritschl die altkirchliche Lehrbildung nicht unter dem Stichwort der "Versöhnung", sondern der "Erlösung" faßt, während Aulén, der diese altkirchliche Form, das Werk Christi zu beschreiben, bei Luther wiederfindet und sie als klassischen christlichen Lehrtyp neu zur Geltung bringen möchte, diese Lehre als einen Typ des Versöhnungsgedankens mit aufführt.

Wir legen uns hier so fest: Zusammenfassende Bezeichnung für das Werk Christi ist "Versöhnung". Sofern der altkirchliche Typ (Aulén 1.) dieses Werk zu fassen versucht, ist er also mit unter den Oberbegriff der "Versöhnung" - freilich dann in einem abgeblaßten Sinn - zu rechnen. Typ 2. und 3. lassen sich dann durch die Namen von Anselm und Abaelard bezeichnen (Aulén sieht in Typ 3. eine Reaktion des 19.Jahrhunderts gegen die Anselmsche Satisfaktionslehre).

Man muß hier beachten, daß alle solchen Lehrbildungen nicht nur das Faktum des Kreuzestodes Jesu voraussetzen, sondern auch die christliche Wertschätzung dieses Faktums als der entscheidenden Station des Werkes Christi. Der Kreuzestod Jesu ist für das Heil von entscheidender Bedeutung - das ist vorausgesetzt. Die christliche Versöhnungslehre fragt nun so: Inwiefern ist Jesu Kreuzestod von dieser entscheidenden Heilsbedeutung? Bei einer solchen Fragestellung wird es sich immer um den Versuch handeln, nachträglich möglichst einsichtige Gründe für eine solche Wertschätzung anzuführen. Darum muß die Versöhnungslehre, will sie leisten, was sie leisten soll, einen rationalistischen Grundzug haben. Sie wird zugleich immer hinter dem Faktum und seiner religiösen Wertschätzung zurückbleiben und kann darum auch immer als unangemessen bezeichnet werden. Man muß dann freilich zugleich betonen, daß die Aufgabe, solche Gründe für die Heilsbedeutung des Kreuzestodes Christi zu nennen, notwendig ist, und nicht deshalb unterlassen werden kann, weil man damit ja doch nicht zu Ende kommt.

A. Der erste Typ der Versöhnungslehre sieht in Jesus Christus den Sieger über Tod und Teufel. Durch seinen eigenen Tod hat er die wegen ihrer Sünde dem Tod/Teufel verfallenen Menschen befreit. Unter Umständen kann man sogar so sagen, daß das Leben des Gottmenschen der Kaufpreis gewesen ist, durch den Gott die sündigen Menschen aus der Gewalt des Teufels freigekauft habe (das Unangemessene einer solchen Rationalisierung liegt auf der Hand).

Lesen Sie dazu das Lutherlied EKG 76.
Wer wird hier als der Feind bezeichnet, über den Christus siegte?

Warum waren die Menschen dem Tod verfallen?

Wodurch hat Christus dem Tod die Gewalt genommen?

Beachten Sie: Vers 5 - 7 des Liedes bringt eine neue Deutung des Todes Christi, der hier vom Passah her interpretiert wird.

B. Die Satisfaktionslehre Anselms hat die abendländische Tradition nachhaltig beeinflußt. Die strenge Form der Durchführung in "Cur Deus homo?" ist freilich durch die apologetische Abzwekkung bedingt: es geht darum - und zwar durch eine rein rationale Argumentation - remoto Christo ... quasi nihil sciatur de Christo (Praefatio) -, die Notwendigkeit des heilsamen Sterbens des Gottmenschen einsichtig zu machen. Sicher ist sich Anselm hier über die Voraussetzungen seines Spekulierens selbst nicht völlig klar gewesen.

Man kann sich gerade an diesem Programm übrigens recht gut die Fragestellungen einer theologischen Spekulation klarmachen: In Frage steht die Faktizität - in diesem Fall des Kreuzestodes Jesu. Diese Faktizität soll nun so begriffen werden, daß ihre Notwendigkeit einsichtig wird - monstratur ex necessitate omnia qua de Christo credimus fieri oportere (Praefatio). Dazu aber werden alternative Möglichkeiten erwogen, und dann entschieden, warum nur eine dieser Möglichkeiten realisiert werden konnte. Damit wird Faktizität in den Rang der Notwendigkeit erhoben - ein Verfahren, das gerade in der Frage nach Christi Kreuzestod von Anfang an das christliche Nachdenken bestimmt hat (wobei dem Schriftbeweis eine entscheidende Rolle zukam, vgl. Lk 24,25 - 27).

Die Fragestellung ist damit gegeben, daß die Faktizität des Kreuzestodes des Gottmenschen als Heilsgeschehen problematisiert wird: Quam quaestionem solent et infideles nobis simplicitatem Christianam quasi fatuam deridentes obicere, et fideles multi in corde versare: qua scilicet ratione vel necessitate deus homo factus sit, et morte sua, sicut credimus et confitemur, mundo vitam reddiderit, cum hoc aut per aliam personam, sive angelicam sive humanam, aut sola voluntate facere potuerit (I,I).

Übersetzung:

Formulieren Sie selbst die doppelte Alternative, die in dieser Explikation der Fragestellung durch Anselm mitgegeben ist:

1. Entweder

   oder

2. Entweder

   oder

Die Antwort kann natürlich nicht so gegeben werden, daß zuerst die eine und dann die andere Alternative entschieden wird. Beides steht miteinander in Frage. Aber es ist wichtig, hier zu unterscheiden.

1. Warum konnte Gott nicht einfach durch einen Willensakt - durch die Vergebung der menschlichen Sünde - das Heil des Menschen verwirklichen?

Die traditionelle Antwort, daß das Recht des Teufels an der sündigen Menschheit durch den Tod des Gottessohnes abgelöst werden mußte, läßt Anselm als nicht schlüssig hier nicht zu (I,VII). Lesen Sie nun Buch I, Kapitel XII und XIII.

Welches ist der einer angenommenen göttlichen Freiheit zur bloßen Vergebung der Sünde übergeordnete Gesichtspunkt, der solche Vergebung nicht zuläßt?

Inwiefern kann Gottes Freiheit überhaupt als begrenzt gedacht werden, ohne doch der Göttlichkeit Gottes zu nahe zu treten?

2. Wir setzen nun voraus, daß der honor Dei in der Anerkennung der göttlich gesetzten Ordnung der Welt durch die vernünftige Kreatur besteht, und daß Gott darum einen Verstoß gegen diese Anerkennung nicht zulassen konnte. Andererseits kann er aber den Menschen, der ihn durch sein Sündigen unendlich verletzt hat, nicht strafen, weil sonst sein Heilswille nicht zum Ziel käme (die an Augustin sich anlehnende Spekulation über den Plan Gottes, die Zahl der gefallenen Engel durch Menschen zu ersetzen, erschwert unser Verständnis, ist auch nicht unbedingt notwendig, um den Anselmschen Gedankengang zu verstehen).

Die Alternative, ut omne peccatum aut satisfactio aut poena sequatur, ist damit entschieden. Es bleibt also die Frage, ob eine andere Möglichkeit denkbar ist als die, daß der Gottmensch die satisfactio leistet.

Lesen Sie dazu Buch II, Kapitel VI und VII.
Warum muß der Gott sein, der die Genugtuung leistet?

Warum muß er Mensch sein?

+ Wie begründet Anselm, daß der die Satisfaktion leistende Gottmensch den Bestimmungen des Chalzedonense genügen muß?
  Führen Sie zunächst die Bestimmungen auf, die II, VII genannt werden:

Inwiefern ist gerade diese durch das Dogma formulierte Beschaffenheit des Gottmenschen notwendig, um die Satisfaktion zu vollziehen?

Die Satisfaktionslehre des Anselm ist in die dogmatische Tradition wenigstens ihrem Grundgedanken nach eingegangen: Es ist Gott, der durch den Kreuzestod Jesu Christi versöhnt wird (wobei man freilich nicht vergessen darf, daß es auch Gott ist, der versöhnt!).

C. Der dritte Typ der Versöhnungslehre ist vor allem in der Moderne, die weder die mythologische Denkform von Typ A noch das Gottesbild von Typ B übernehmen konnte, wirksam geworden, obwohl er bis auf Abaelard, den jüngeren Zeitgenossen des Anselm, zurückzuführen ist. Wird nach Typ B im Kreuzestod Christi Gott durch den Gottmenschen mit dem sündigen Menschen versöhnt, so hier der Mensch mit Gott. Dafür kann man sich auf Paulus berufen.

Lesen Sie dazu 2 Kor 5,18.19.
Wer wird hier mit wem durch wen versöhnt?

Lesen Sie nun von Albrecht Ritschl, Unterricht in der christlichen Religion, § 42 - 52.
Was bezeichnet Ritschl als die eigentliche Strafe Gottes?

Was bedeutet im Christentum die Erlösung?

Nach welcher Analogie deutet Ritschl den Tod Christi?

Wodurch gewinnt der Tod Christi den Wert des Bundesopfers?

+ Inwiefern sieht Ritschl die versöhnende Wirksamkeit Christi durch die Gemeinde vermittelt?

Die eigentliche Wirkung des Kreuzestodes Christi wird hier also darin gesehen, daß dieser Tod uns der Liebe Gottes versichert und der Mensch dadurch aus der durch die Sünde bedingten Trennung von Gott in die Gottesgemeinschaft zurückgeholt wird.

++ Lesen Sie zur Vertiefung von G.Aulén a.a.O. S.532 - 538.
   Wie charakterisiert Aulén die Grundstruktur der von ihm verglichenen Typen des Versöhnungsgedankens?

   Wie sieht die jeweilige Christologie aus?

   Wie steht es mit der Beteiligung Gottes an der Versöhnung?

7.3.2 Die Lehre vom munus triplex Christi

Die Lehre vom Werk Christi ist in der Lehre von seinem dreifachen Amt systematisiert worden (Historisches über die Entstehung dieser Lehrform braucht uns hier nicht zu beschäftigen. Der Hinweis soll genügen, daß nach allerhand Vorformen Calvin im Genfer Katechismus, 1542, Fr.34 - 39, und dann der Catechismus Romanus so systematisieren, während z.B. Luther in "Von der Freiheit eines Christenmenschen", 1520, nur das Priestertum und das Königtum Christi erörtert). Dabei geht es darum, den Christustitel zu interpretieren: Jesus Christus hat in sich die Ämter

<u>der Gesalbten</u> des Alten Bundes, der Propheten, Priester und Könige vereinigt.

<u>Beachten</u> Sie: Christus hat nicht drei verschiedene Ämter sozusagen in Personalunion zusammenge-faßt, auch wenn die dogmatische Beschreibung seiner Wirksamkeit natürlich nacheinander munus propheticum, sacerdotale und regium abhandelt. Vielmehr ist die Wirksamkeit Christi <u>eine</u> in einem dreifachen Amt, munus (bzw. officium) triplex. Dieses Amt muß dabei sowohl im status exi-nanitionis wie im status exaltationis gedacht werden. (z.Folgenden vgl.H.Schmid III.B.224-243)

7.3.2.1 <u>Das prophetische Amt Christi</u>

Die Systematisierung hat hier immer einige Schwierigkeiten gehabt. Man kann ja schlecht von einem Amt Christi, oder von einem gesondert aufzuführenden Aspekt seines Amtes behaupten, daß er mit dem Tod Jesu aufgehört habe bzw. in der Wirksamkeit des erhöhten Christus erloschen sei!

Welche Tätigkeit versteht man unter dem prophetischen Amt Christi?

Wie sucht man die Unterscheidung zwischen der Ausübung dieses Amtes durch den irdischen und durch den erhöhten Jesus Christus begrifflich durchzuführen?

Die Schwierigkeit einer Systematisierung wird erst deutlich, wenn danach gefragt wird, inwie-fern sich eigentlich dieses vermittelte, durch das kirchliche Lehramt in Wort und Sakrament aus-geübte munus propheticum des Erhöhten von seinem munus regium, sofern es auf das regnum gratiae bezogen ist, unterscheidet.

7.3.2.2 <u>Das priesterliche Amt Christi</u>

Man kann sich fragen, ob nicht die ganze Versöhnungslehre unter diesen Aspekt der Wirksamkeit Jesu Christi zu subsumieren ist. Andererseits kann gerade auch eine solche Frage auf die Schwie-rigkeiten hinweisen, die in einer solchen dogmatischen Systematisierung liegen.

In der Beschreibung des priesterlichen Amtes Christi werden traditionell zwei Momente unter-schieden:
1.   2.
Welches Moment des priesterlichen Amtes gehört in den Stand der Erniedrigung, welches in den Stand der Erhöhung?

Hier muß auf einen Sachverhalt aufmerksam gemacht werden, der den Zusammenhang von Christologie und Rechtfertigungslehre in der lutherischen Lehrtradition verdeutlichen kann: Die Frage, in-wiefern Christus unsere Gerechtigkeit genannt werden kann, wird hier so entschieden, daß nicht nur auf die einheitliche Wirksamkeit des Gottmenschen verwiesen wird, durch die er die Genugtu-ung leistete. Diese Genugtuung wird auch nicht auf den Kreuzestod, also das stellvertretende Strafleiden Christi beschränkt, sondern die vollkommene Gesetzeserfüllung des irdischen Jesus wird mit in dieses genugtuende Werk einbezogen. Man redet hier von der <u>oboedientia activa</u> und von der <u>oboedientia passiva</u> Jesu Christi (vgl. FC III. Von der Gerechtigkeit des Glaubens).

Diese Unterscheidung (die wie alle solchen theologischen Unterscheidungen nicht trennt, sondern zusammenfaßt!) soll klarstellen, daß Christus in seinem Gehorsam nicht nur die Sündenschuld be-seitigt, sondern zugleich positiv den Willen Gottes erfüllt hat, so daß die Zueignung seines Gehorsams im Glauben nicht nur als Sündenvergebung, sondern als Zurechnung der Gerechtigkeit Christi verstanden werden kann, die nicht mehr durch eine eigene, den Menschen erst gerechtma-chende Heiligung ergänzt zu werden braucht.

7.3.2.3 <u>Das königliche Amt Christi</u>

Wie die traditionelle Lehrbildung für das prophetische Amt eigentlich nur beim irdischen Jesus, in dessen status exinanitionis, Platz hat, so hat sie für das königliche Amt eigentlich nur im status exaltationis Platz. Sicher läßt sich von der persönlichen Vereinigung von Gottheit und Menschheit her auch für den irdischen Jesus behaupten, daß er die Gott gebührende Herrschaft ausgeübt habe. Aber das war auf jeden Fall keine volle Ausübung dieser Herrschaft. Die hat Christus erst mit seiner Erhöhung angetreten.

Wie unterscheidet man innerhalb des regnum Christi in bezug auf den Herrschaftsbereich?

Wie unterscheidet man in bezug auf die Zeit?

Man sollte sich die Problematik gerade dieser Lehrbildung nicht verdecken. Einmal ist es sicher sinnvoll, wenn man mit den Reformierten und den frühen Lutheranern vom regnum Christi nur in bezug auf die Kirche, also auf das regnum gratiae redet.

Vor allem aber erscheint es problematisch, wenn hier die Herrschaft Christi von einem allgemeinen Begriff von göttlicher Machtausübung her gedacht wird. Das bedeutet ja dann umgekehrt, daß die Königsherrschaft Christi für Unternehmungen in Anspruch genommen wird, die allenfalls äußerlich als christlich ausgewiesen werden können. Ich erinnere dazu nur beispielsweise an die Kreuzzüge. Aber auch anderes bis hin zur jüngsten Gegenwart könnte hier angegeben werden.

+ Inwiefern läßt sich ein Zusammenhang zwischen diesem Sachverhalt einer mißbräuchlichen Inanspruchnahme der Herrschaft Christi und dem Sachverhalt, daß das königliche Amt nicht von dem irdischen Jesus ausgesagt wird, vermuten?

7.4 Moderne christologische Bildungen

Auch wenn die Grundstruktur des christologischen Dogmas der Alten Kirche das Nachdenken über Christus mitbestimmt, kann sie doch nicht mehr als für die christologischen Bemühungen der Moderne kennzeichnend angesehen werden. Hier hat sich vielmehr eine Verschiebung der Fragestellung vollzogen (weshalb auch die Alternative "Christologie von oben oder Christologie von unten", vgl. 7.1.3, nur einen begrenzten Ausschnitt moderner christologischer Bemühungen fassen kann). Ging es bei der Reflexion im Schema der Zweinaturenlehre darum, die Einheit von Gottheit und Menschheit unverkürzt zu denken, so will die moderne Christologie die Einheit von Sein und Funktion des Christus erfassen (so kann man besser bezeichnen, was die traditionelle Unterscheidung von Person und Werk auch aussagte).

Dabei ist der moderne Ansatz bei der wirklichen Menschheit Christi vorgegeben (Ausnahmen gibt es selbstverständlich auch hier; aber die müssen dann ausdrücklich begründet werden, während normal und fast selbstverständlich der Ausgangspunkt bei der Menschheit Jesu genommen wird). Die Frage nach dem historischen Jesus (7.1.1) ist also der bevorzugte Zugang zur Wirklichkeit Jesu Christi. Sein und Funktion des Christus miteinander werden so bestimmt, daß sich in ihm die Wahrheit des Menschseins so verwirklicht hat, daß diese Wirklichkeit des wahren Menschseins selbst wieder Verwirklichung wahren Menschseins ermöglicht.

Vgl. dazu F.Mildenberger, Probleme der Lehre von Christus seit der Aufklärung, in: Was heißt: Ich glaube an Jesus Christus. Zweites Reichenau-Gespräch der Evangelischen Landessynode Württemberg, 1968, S.9 - 37.

Die in dieser Grundstruktur angedeutete Gemeinsamkeit der Fragestellung geht freilich nicht so weit, daß man von einem einheitlichen modernen christologischen Schema reden könnte. Wir unterscheiden in der Durchführung Prinzipchristologie und Urbildchristologie, wobei freilich wieder Überschneidungen vorkommen können. Eine solche Typologie läßt sich nun einmal nur durch Vereinfachung und Reduktion historischer Bildungen auf einige wenige, als wesentlich angesehene Strukturen gewinnen.

7.4.1 Die Prinzipchristologie

Zunächst erinnere ich noch einmal an das, was schon oben zu der Frage nach der Wirklichkeit Jesu ausgeführt worden ist: Christologie fragt aus der Betroffenheit durch Jesus Christus heraus danach, wie sich solche Betroffenheit begründen läßt. Wenn wir Prinzipchristologie und Urbildchristologie nebeneinanderstellen, dann als verschiedene Wege einer solchen Begründung.

Prinzipchristologie sieht die Wahrheit des Menschseins Jesu Christi, durch das sie sich betroffen sieht, in einem bestimmten allgemeinen Prinzip (statt dieses Ausdrucks "Prinzip" wird auch häufig der Ausdruck "Idee" gebraucht). Dieses Prinzip bzw. diese Idee ist im vernünftigen Nachdenken des Menschen über sein Menschsein zu erfassen. Ihre geschichtliche Realisierung muß freilich von dieser Denkbarkeit unterschieden werden. Und in dieser geschichtlichen Realisierung hat Christus eine Funktion von entscheidender Wichtigkeit, sofern er das Prinzip in besonderer Weise (erstmalig, einmalig) realisiert hat und damit die Voraussetzung gibt für eine Durchsetzung dieses Prinzips in der Geschichte der Menschheit.

Lesen Sie als Beispiel für eine solche Prinzipchristologie von Immanuel Kant, Die Religion innerhalb ... , 2.Stück, 1.Abschnitt, a) und b), St.A.IV, S.712 - 719.

Was ist der Zweck der Schöpfung?

Was bestimmt Kant als den Stand der Erniedrigung des Sohnes Gottes?

Es geht hier nicht darum, Jesus Christus zu denken, also die geschichtliche Wirklichkeit! Kant beschreibt die Idee, die wir uns als vernünftige Menschen von der Verwirklichung des Gott wohlgefälligen Menschseins machen müssen (unter der Voraussetzung der im ersten Stück der Kantischen Religionslehre entfalteten Bestimmtheit des faktischen Menschseins durch das radikale Böse!).

Als Erniedrigung des Sohnes Gottes kann Kant unsere vernünftige Erkenntnis dieser Idee insofern bezeichnen, als wir als die faktisch schuldigen Menschen uns doch in unserer Gesinnung mit dieser Idee identifizieren: dieses hier gedachte ideale, moralisch vollkommene Menschsein ist nicht etwas uns Fremdes, sondern eben unser Menschsein in seiner idealen Wahrheit, der freilich unsere Wirklichkeit nur soweit entspricht, als wir uns selbst die Realisierung dieser Idee in unserer moralischen Gesinnung vornehmen.

Inwiefern kann der Mensch im praktischen Glauben an diesen Sohn Gottes hoffen, Gott wohlgefällig zu werden?

Warum braucht es kein Beispiel für die Realisierung dieser Idee in unserer Erfahrung (der geschichtlichen Wirklichkeit), damit diese Idee uns verpflichtendes, wirksames Vorbild ist?

Warum kann es kein adäquates Beispiel für diese Idee in unserer Erfahrung geben?

Inwiefern darf ein Mensch, der das Beispiel eines Gott wohlgefälligen Menschen gibt und dadurch die geschichtliche Verwirklichung der Idee der Menschheit in Gang gebracht hat (Kant redet davon als vom Reich Gottes), nicht anders als rein menschlich gedacht werden?

Inwieweit ist die Realität der Idee erfahrbar, auch wenn das Innere der Gesinnung verborgen bleibt?

Die spekulative Form der Darlegungen Kants ist nicht nur dadurch bedingt, daß er sich als Philosoph mit einer historischen Schriftauslegung nicht befassen wollte und durfte. Sie gehört zu dieser Art von christologischer Reflexion mit dazu, wie sie uns, freilich ganz anders argumentierend, schon bei Anselm begegnet ist.

Lesen Sie nun weiter den 2.Abschnitt dieses Stückes (a.a.O. S.734 - 740).

An welchen Typ des Versöhnungsgedankens lehnt sich Kant hier in seinen Ausführungen an? (vgl. G.Aulén und oben 7.3.1).

Inwiefern kann der Tod Christi als Befreiung von der Macht des Bösen verstanden werden?

Die geschichtliche Wirklichkeit Jesu Christi ist in diesem Konzept einer Prinzipchristologie sicher von Bedeutung. Aber doch nur insofern, als hier an einem Beispiel die Verwirklichung der Idee gezeigt wird. Ganz kann sie in diesem einen Beispiel sich nicht verwirklichen, eben weil hier die Wahrheit des Menschseins überhaupt gedacht wird, die sich darum auch nicht in dem einzelnen, Jesus Christus, sondern nur in der Menschheit überhaupt ganz verwirklichen kann.

7.4.1

Man kann hierin eine Schwäche dieser Konzeption einer Prinzipchristologie sehen, einen diesem Denkschema innewohnenden Zug
zum Doketismus. In der Tat kann die geschichtliche Erscheinung
Jesu Christi nicht mit der Verwirklichung des wahren Menschseins überhaupt identifiziert werden. Sie ist nur denkbar als
die exemplarische Verwirklichung der vernünftigen, d.h. der
allgemein einsichtigen Wahrheit der Idee.

Die an Kant verdeutlichte Struktur läßt sich bei einer ganzen
Reihe gewichtiger christologischer Konzeptionen der Moderne
wiederfinden. Insbesondere ist hier an die Christologie Hegels
zu erinnern.

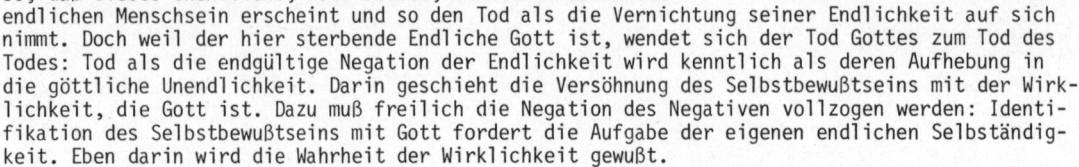

Ich gebe kurz die Grundgedanken wieder:

In Christus wird das Prinzip der (geschichtlichen) Wirklichkeit überhaupt kenntlich und von hier aus dann auch bestimmend
für das Bewußtsein. Dieses Prinzip ist die gottmenschliche Einheit. Der Gegensatz der endlichen Individualität, des Selbstbewußtseins, zum Unendlichen muß aufgehoben werden. Das geschieht
so, daß dieses Unendliche, Gott selbst, in einem bestimmten
endlichen Menschsein erscheint und so den Tod als die Vernichtung seiner Endlichkeit auf sich
nimmt. Doch weil der hier sterbende Endliche Gott ist, wendet sich der Tod Gottes zum Tod des
Todes: Tod als die endgültige Negation der Endlichkeit wird kenntlich als deren Aufhebung in
die göttliche Unendlichkeit. Darin geschieht die Versöhnung des Selbstbewußtseins mit der Wirklichkeit, die Gott ist. Dazu muß freilich die Negation des Negativen vollzogen werden: Identifikation des Selbstbewußtseins mit Gott fordert die Aufgabe der eigenen endlichen Selbständigkeit. Eben darin wird die Wahrheit der Wirklichkeit gewußt.

Versuchen Sie, die Struktur einer solchen Prinzipchristologie an zeitgenössischen christologischen Bildungen wiederzuentdecken!

1. wird hier vorlaufend die Wahrheit des Menschseins als Prinzip oder Idee gedacht.

2. wird Christus verstanden als ein Beispiel (u.U. das erste oder das höchste oder das tref-
   fendste Beispiel) für die Verwirklichung dieses Prinzips.

3. wird dieses Beispiel als Anlaß (u.U. Ursache) dafür angesehen, daß sich die Wahrheit des
   Menschseins allgemein durchzusetzen beginnt.

Ich gebe als Anregung für das Nachdenken einen kennzeichnenden Abschnitt aus der "Theologie der
Hoffnung", 1964, von Jürgen Moltmann (S.192):

"Es wird dann weiter verständlich, daß in Jesu Auferstehung nicht ein privates Ostern für seinen privaten Karfreitag gesehen wurde, sondern der Anfang und der Ursprung der Aufhebung des
universalen Karfreitags, jener Gottverlassenheit der Welt, die in der Tödlichkeit des Todes am
Kreuz herauskommt. Darum wurde die Auferstehung Christi nicht nur als der erste Fall der allgemeinen Totenauferstehung und als Anfang der Offenbarung der Gottheit Gottes am Nichtsein verstanden, sondern auch als Ursprung des Auferstehungslebens aller Glaubenden und als bestätigte
Verheißung, die sich an allen erfüllen und sich an der Tödlichkeit des Todes selber als unwi-
derstehlich erweisen werde.

Die Wahrnehmung des Auferstehungsgeschehens Christi ist darum eine hoffende und erwartende Erkenntnis dieses Geschehens. Sie nimmt die Latenz des ewigen Lebens, das aus Negation des Negativen, aus der Erweckung des Gekreuzigten und der Erhöhung des Verlassenen, sich im Lobpreis
Gottes erhebt, in diesem Geschehen wahr. Sie nimmt die Tendenz zur Auferstehung der Toten in
diesem Geschehen der Auferweckung des einen an. Sie folgt der Intention Gottes, indem sie sich
in die Dialektik des Leidens und Sterbens in Erwartung des ewigen Lebens und der Auferstehung
hineingibt ..."

Welches der drei genannten Strukturmomente einer Prinzipchristologie findet sich in diesen Ausführungen Moltmanns nicht?

Nehmen Sie sich D.Sölle, Stellvertretung, 1965, vor. Von welcher Frage geht Sölle aus?

Mit welcher anderen Frage sucht sie diese Frage, wie ein Mensch mit sich selbst identisch werden könne, zu verbinden?

Suchen Sie in dem Schlußabschnitt über "Die Ohnmacht Gottes in der Welt" die Grundsätze der Prinzipchristologie:

1. Was ist hier als die Wahrheit des Menschseins behauptet?

2. Welche Rolle spielt Christus (auch wörtlich!)? Blättern Sie dazu in dem Buch ein paar Seiten zurück.

3. Wie ist hier die Verwirklichung der Wahrheit des Menschseins als Menschwerdung Gottes gedacht?

Man erinnere sich: Wir fragen hier nach typischen Denkstrukturen, in denen sich christologische Reflexion vollzieht. Ist diese Reflexion der vorausgesetzten Betroffenheit durch Christus angemessen - das wäre dabei allenfalls zu beurteilen!

7.4.2 Die Urbildchristologie

Wir reden hier von "Urbild"-Christologie, indem wir einen hervorgehobenen christologischen Terminus Schleiermachers aufnehmen. Zwar begegnet der Ausdruck "Urbild" auch schon bei Kant. Doch ist er dort mit "Idee" austauschbar, während für Schleiermacher die christologische Würdebezeichnung darin liegt, daß Christus als die geschichtliche Verwirklichung des Urbildlichen angesprochen wird.

Die Urbildchristologie ist mit der Prinzipchristologie in zwei Hinsichten vergleichbar: Auch hier wird die Würde Christi nicht darin gesucht, daß ihm gottheitliche Prädikate zuerkannt werden. Seine Würde besteht vielmehr darin, daß er die Wahrheit des Menschseins verwirklicht hat. Und eben deshalb läßt sich dann auch nicht Person und Werk wie in der christologischen Tradition unabhängig voneinander beschreiben. Beides ist vielmehr ineinander zu sehen.

Diese christologische Bestimmung, die die Würde Jesu darin sucht, daß er die Wahrheit des Menschseins verwirklicht hat, schließt ein, daß Menschsein als solches religiös - von seiner Gottbezogenheit her - aufgefaßt wird. Dann kann die vollkommene Verwirklichung des Menschseins, in der man die besondere Würde Jesu sucht, als seine vollkommene Gottesbeziehung dargestellt werden.

Im Unterschied zur Prinzipchristologie legt aber die Urbildchristologie alles Gewicht auf die geschichtliche Verwirklichung. Sie will nicht zuerst die Wahrheit des Menschseins als Idee denken, und dann in Christus ein Beispiel, vielleicht auch das erste und vollkommenste Beispiel eines solchen idealen Menschseins sehen. Vielmehr ist die Wahrheit des Menschseins in Christus ganz verwirklicht - und diese geschichtliche Verwirklichung ist die Bedingung für die Möglichkeit weiterer Verwirklichung.

Wir haben hier also zwei Momente zu beachten:

1. In Christus ist die Wahrheit des Menschseins in geschichtlicher Verwirklichung erschienen.

2. Diese geschichtliche Verwirklichung ermöglicht (in einem historisch aufweisbaren Zusammenhang) die weitere Verwirklichung dieser Wahrheit.

Versuchen Sie nun, sich den christologischen Entwurf Schleiermachers klarzumachen. Dazu sollten Sie mindestens die Leitsätze der einzelnen Paragraphen lesen. Sie bemerken dann rasch, wie ein Großteil der Schleiermacherschen Ausführungen kritische Auseinandersetzung mit der christologischen Tradition ist. Das Eigentümliche Schleiermachers findet sich vor allem in den §§ 91 - 94 und 100.101.

Ein Grundgedanke der Schleiermacherschen Christologie liegt in der engen Verbindung der Lehre von Person und Werk Christi - Schleiermacher redet von Tätigkeit und Würde.

Inwiefern ist eine Lehre von Christus unzusammenhängend, die nicht eine wesentliche Gleichheit von Würde und Wirksamkeit Christi aussagt?

Was meint Schleiermacher, wenn er von dem "neuen Gesamtleben" redet, das von Christus ausgeht? (Beachten Sie dazu §§ 87 - 90).

7.4.2

Tragen Sie hier den Leitsatz von § 93 ein:

Wie muß die Würde des Erlösers gedacht werden?

+ Wodurch will Schleiermacher Vorbild und Urbild unterscheiden? (§ 93,2.)

Schleiermacher hat in seiner Sündenlehre (§§ 66 - 68) die Sünde als einen Widerstreit des Fleisches gegen den Geist bestimmt, d.h. als die Hemmung des Gottesbewußtseins, oder, positiv bestimmt, als ein Überwiegen des Selbstgefühls gegenüber dem Kreaturgefühl. Dieses Überwiegen kann
sich so äußern, daß das Kreaturgefühl in bestimmte Zustände gar nicht eintreten kann, oder aber
so, daß sein Eintreten Unlust erregt: Ich lebe, wie wenn ich selbst Herr meiner Welt (und meiner Mitmenschen wäre), oder aber ich empfinde es als schlecht, daß ich doch dieser Herr nicht
bin. Dieser Zustand ist in der menschlichen Entwicklung mitgesetzt, sofern Selbstgefühl in seinem Gegensatz zur Welt leichter und schneller gelernt wird als Kreaturgefühl. In der persönlichen Entwicklung Jesu darf es so etwas nicht gegeben haben (§ 93,4).

Wie läßt sich das Postulat einer unsündlichen Entwicklung Jesu mit der Behauptung vereinen, daß
der Erlöser allen Menschen gleich ist vermöge der Selbigkeit der menschlichen Natur?

Beachten Sie: Hier werden historische Sachverhalte dogmatisch postuliert. Weil Jesu Wirksamkeit
seine urbildliche Würde voraussetzt, muß sich seine kindliche Entwicklung in der angegebenen
Weise vollzogen haben!

Wie sagt Schleiermacher den Unterschied zwischen Jesu Gottesbewußtsein und dem Gottesbewußtsein
aller anderen Menschen aus?

Kann aus derartigen quantitierenden Bestimmungen eigentlich auf eine qualitative Besonderheit
des Gottesbewußtseins Jesu geschlossen werden, wie das der Ausdruck "ein eigentliches Sein Gottes in ihm" nahelegt? Muß nicht eher gesagt werden, daß Gott auf dieselbe - eigentliche oder
uneigentliche - Weise in jedem Glaubenden ist?

Oben wurde auf einen doketistischen Zug in der Prinzipchristologie hingewiesen. Hier müßte man
eher von einem "ebionitischen" Zug reden, der dieser Urbildchristologie anhaftet. Doch liegt
nicht allein an dieser Stelle die Problematik des Denkmodells. Nur dann ist ja die behauptete
urbildliche Würde Christi im Gleichgewicht mit seiner Wirksamkeit, wenn diese Wirksamkeit die
ganze Menschheit erfaßt hat. Eine nur partielle Wirksamkeit könnte der Jesus zugelegten Würde
nicht gerecht werden. Damit aber gerät die Frage nach der Würde Jesu hinein in die Strittigkeit der zukünftigen Entwicklung der Menschheit. Wird sich in der geschichtlichen Entwicklung
des Menschseins das urbildliche Menschsein Jesu durchsetzen? Wenn es sich nämlich nicht durchsetzt, dann ist Jesus zu Unrecht die urbildliche Würde beigelegt worden!

NB! Diese gedankliche Schwäche der Urbildchristologie könnte auch eine Stärke sein, sofern sich
hier der Glaubende nicht damit beruhigen darf, daß sich die endgültige Herrschaft Jesu Christi
schon einmal herausstellen werde, wenn Christus zum Gericht wiederkommt, sondern sich genötigt
sieht, in seinem Lebensvollzug die Würde Jesu mit zu vertreten.

Wie beschreibt Schleiermacher die erlösende Tätigkeit Christi?

Worin besteht seine versöhnende Tätigkeit?

Heil ist in dieser Konzeption kein nur eschatologischer Begriff. Es realisiert sich innergeschichtlich, sofern und soweit die Wirksamkeit Jesu reicht und also wirkliches Menschsein durch
Jesus in seine Wahrheit als Gottes Geschöpf kommt. Auch dieser Zug liegt im Duktus der Gedanken-
führung der Urbildchristologie und ihres Drängens auf geschichtliche Beschreibung Jesu und seines Wirkens.

Fassen wir zusammen, was als Grundzug der Urbildchristologie gelten kann:

160

1. Die geschichtliche Wirksamkeit Christi, durch die wir selbst erreicht sind und deren Erfahrung wir machen können, erweist die Würde Jesu.

2. Weil diese Wirksamkeit unvergleichlich ist, muß auch die Würde Christi unvergleichlich sein.

3. Diese Würde muß aber als Verwirklichung des wahren Menschseins ausgesagt werden, kann also das, was allgemein als verwirklichte Bestimmung des Menschseins gilt, nicht überbieten; darum wird das urbildliche Menschsein Christi, die ihm beigelegte Würde, notgedrungen in quantitierenden Bestimmungen ausgesprochen.

Diese Struktur der Urbildchristologie ist in modernen Christologien noch stark wirksam. Allerdings ist der Ausdruck "Urbild" dabei nicht gebräuchlich, so daß derartige Bildungen nicht schon von der Terminologie her identifiziert werden können.

Friedrich Gogarten hat in der Theologie der fünfziger und sechziger Jahre mit seiner Säkularisationshypothese ziemlich viel Beifall gefunden (jetzt ist es um diese These wesentlich stiller geworden). Diese Hypothese behauptet, daß das moderne Weltverhältnis eine Folge des christlichen Glaubens sei. Gesetzt den Fall, daß Gogarten christologisch in der Struktur einer Urbildchristologie denkt (was in der Tat zutrifft) - welche christologische Relevanz hätte es dann, wenn sich Gogartens Hypothese als historisch unzutreffend erweisen ließe?

Lesen Sie nun von Gerhard Ebeling, "Leitsätze zur Christologie", in: Theologie und Verkündigung, HUTh 1,1962, S.83 - 92, und versuchen Sie hier die Denkstruktur einer Urbildchristologie aufzuweisen.

Welche Terminologie gebraucht Ebeling, um die von Jesus ausgehende geschichtliche Wirkung zu beschreiben?

Was ist die Grundfrage des Menschen (von der her dann Jesus in seiner urbildlichen Verwirklichung des Menschseins erfaßt werden muß)?

Inwiefern wird die Relation zu Jesus als Vorbild in Frage gestellt?

Mit welchen quantitierenden Bestimmungen sucht Ebeling die Gewißheit Jesu gegenüber sonstiger Erfahrung von Gewißheit abzuheben?

Findet sich bei Ebeling eine Terminologie, die die Einzigartigkeit Christi in ähnlicher Weise zu beschreiben sucht, wie das bei Schleiermacher durch den Terminus der Urbildlichkeit geschieht?

Anhangsweise zwei Fragen

Die erste als Anstoß zur Weiterarbeit:

Ist die Christologie des "Neuen Seins", die Paul Tillich entwickelt (STh II), als Urbildchristologie oder als Prinzipchristologie konzipiert, oder stellt sie einen eigentümlichen Typ moderner Christologie dar?

Die zweite als Arbeitsaufgabe:

Inwieweit paßt sich Karl Barth in seiner Kirchlichen Dogmatik der modernen Nötigung an, die Lehre von Person und Werk Christi enger zu verbinden, als das in der dogmatischen Tradition geschehen ist?

Erstellen Sie dazu ein Schema des Aufrisses von KD IV, 1 - 3:

	IV,1	IV,2	IV,3
Thema des Bandes:			
Natur u. christolog. Schema (7.2.1.1 u.2.)			
Stand Christi:			
Amt Christi:			

Führen Sie dazu auch die betreffenden soteriologischen Themen auf:

Sünde:	!		
Erlösung:			
Kirche:			
Christliches Leben:			

Worauf läßt die Dreiteilung des Gesamtaufrisses schließen?

Ein Hinweis: Karl Barth nimmt zwar die dogmatische Tradition gerade auch in der Christologie stärker auf als andere moderne Christologie der verschiedenen Typen. Aber das schließt nicht aus, daß es zu einer sehr starken Umbildung dieser traditionellen Christologie kommt. Achten Sie etwa darauf, wie hier Erniedrigung und Erhöhung interpretiert werden!

8. Soteriologie

Soteriologie ist die Lehre von der Zueignung des Heils durch Gottes erlösendes Handeln.

Gerade in diesem Lehrstück bietet die Frage nach einem sachgemäßen Aufbau große Probleme. Einerseits besteht mindestens darüber ein breiter Konsens, daß diese Zueignung des Heils nicht unvermittelt geschieht. Wenn von der Zueignung des Heils geredet werden soll, dann muß also von diesen Vermittlungen des erlösenden Handelns Gottes geredet werden: Von Wort und Sakrament, auch von Kirche und Amt - also von dem, was die altlutherischen Dogmatiker als die media salutis bezeichnet haben (vgl. 1.3.8). Andererseits muß aber auch hier deutlich gemacht werden, daß es um die Wirksamkeit Gottes geht, und zwar um jenes Werk Gottes, das insbesondere der Person des Heiligen Geistes appropriiert wird.

Was bedeutet der Ausdruck "Appropriation" im trinitätstheologischen Sprachgebrauch? (4.3.1)

Wie können beide Sachverhalte so berücksichtigt werden, daß weder der Eindruck eines unvermittelten Handelns Gottes im Menschen entsteht, noch das besondere Werk Gottes in der Zueignung des Heils in die Vermittlungen hinein verschwindet? Damit ist eine Frage angedeutet, die nicht damit erledigt ist, daß festgestellt wird, es gebe sowieso keine zwingende Anordnung des dogmatischen Stoffes (1.2.3). Hier geht es schon in der Frage nach dem Aufbau darum, wie die beiden Aspekte des Sachverhaltes unverkürzt zur Darstellung kommen können.

8.1 Der Heilige Geist und die Erlösung

Wir entscheiden uns dafür, zunächst den Aspekt der Wirksamkeit Gottes ins Auge zu fassen. Nur so kann verhindert werden, daß die Lehre vom Heiligen Geist über Gebühr zurücktritt, wie das in vielen Dogmatiken üblich ist. Dort verschwindet die Wirksamkeit des Heiligen Geistes fast völlig in die Vermittlungen hinein. Auch wenn nicht Heiliger Geist und Kirche nahezu identifiziert werden (dazu vgl. 8.1.3), wird doch die Lehre vom Heiligen Geist   von der Ekklesiologie so aufgesogen, daß nicht mehr deutlich wird, warum die Kirche von der Dreipersönlichkeit Gottes redet.

Suchen Sie die Stellung der Lehre vom Werk des Heiligen Geistes in den dogmatischen Lehrbüchern von Althaus,Elert und Prenter auf.
Unter welchem übergeordneten Gesichtspunkt ist die Lehre vom Heiligen Geist jeweils untergebracht?

Bei Althaus:

Bei Elert:

bei Prenter:

Lesen Sie nun bei H.Graß, Christliche Glaubenslehre II, 1974, S.73 - 80 den Abschnitt 22 . über "Das Problem des Heiligen Geistes".

Warum braucht nach Graß keine besondere Lehre vom Heiligen Geist entfaltet zu werden?

+ Welche Lösung des trinitarischen Problems kommt bei dieser dogmatischen Position heraus?

Die reformierte Tradition wird vom Luthertum gerne des Spiritualismus beschuldigt, worunter man, wenn der Ausdruck überhaupt sinnvoll gebraucht werden soll, ein Zurücktreten der Vermittlung und also die Behauptung einer unvermittelten oder doch nahezu unvermittelten Wirksamkeit des Geistes verstehen muß.

Ist auch bei dem Reformierten Otto Weber die Lehre vom Heiligen Geist in die Ekklesiologie oder doch in die Lehre vom erlösten Menschen einbezogen, oder erscheint sie unter anderen übergeordneten Gesichtspunkten?

Man sollte hier freilich keine vorschnellen Folgerungen ziehen oder gar Eigentümlichkeiten der konfessionellen Schulen suchen. Die reformierte Dogmatik von Emil Brunner beispielsweise bezieht genauso wie die Lutheraner Althaus und Elert die Lehre vom Heiligen Geist mit in die Ekklesiologie ein, freilich in eine spiritualistische Ekklesiologie.

Die Unsicherheit darüber, wo und wie das Werk des Heiligen Geistes in der Dogmatik zu behandeln ist, verrät schon die Schwierigkeit dieses Lehrstücks. Es ist nicht in gleicher Weise streng durchgebildet wie einerseits die Schöpfungslehre, andererseits Christologie und Versöhnungslehre. Gottes Werk im Menschen läßt sich ja nicht gut anders beschreiben, als daß hier von dem geredet wird, was im Menschen geschieht. Darum ist gerade hier dann die zentrale Frage die, wie Gottes Wirksamkeit und die durch diese Wirksamkeit ermöglichte menschliche Spontaneität unterschieden werden können. Dieser Frage entgeht man nicht dadurch, daß man sich auf die Vermittlung dieser Wirksamkeit konzentriert und hier die wirksame Gegenwart Gottes unterbringen möchte.

Es ist darum von Gewicht, daß die lutherischen Dogmatiker dort, wo sie die media salutis von den principia salutis unterschieden haben, die gratia spiritus sancti applicatrix bei den principia und nicht bei den media salutis eingeordnet haben.

Prüfen Sie die Behauptung von W.Elert nach, der von der "bei den alten lutherischen Dogmatikern gebräuchlichen Zusammenordnung der Lehre von der Kirche und von der gratia spiritus s.applicatrix, worunter sie die Geistwirkungen an den einzelnen verstehen", redet (S.397).

Suchen Sie dazu auf, wo die altlutherischen Dogmatiker (z.B. Quenstedt und Hollaz 1.3.8) die gratia spiritus sancti applicatrix, und wo sie die Lehre von der Kirche behandeln. Sind die beiden Sachverhalte unter einer Einteilung zusammengefaßt? Sind sie unmittelbar nebeneinander behandelt? Welche Sachverhalte werden zwischen der gratia spiritus sancti applicatrix und der Ekklesiologie behandelt?

Formulieren wir das Problem, das hier zunächst ansteht: Wie läßt sich das Werk Gottes im Menschen so beschreiben, daß es zugleich als Gottes Werk vom Werk des Menschen unterschieden bleibt?

8.1.1 Der Geist und die eingegossene Gnade

Die katholische Gnadenlehre scheint hier eine klare Unterscheidung zu ermöglichen: Die Wirkung Gottes im Menschen ist die Gnade. Diese Gnade wiederum befähigt den Menschen, nun seinerseits wirksam zu werden, Werke hervorzubringen.

Vgl. zu der ganzen Problematik des katholischen Gnadenverständnisses auch 8.2.1.

Petrus Lombardus (vgl. 1.3.4) hat in Hinsicht auf die in unsere Herzen eingegossene Liebe Gottes (Röm 5,5 - der wichtigste biblische Beleg für die gratia infusa) behauptet, diese Liebe sei der Heilige Geist selbst. Der in uns wirkende Gott und seine Wirkung wären dann identisch.

Supra dictum est, quod Spiritus sanctus charitas est Patris et Filii, qua se invicem diligunt et nos; et ipse idem est charitas quae diffunditur in cordibus nostris, Rom 5, ad diligendum Deum et proximum (Buch I, Dist. XVII, 11).

Übersetzung:

An diesem Punkt ist die katholische Dogmatik dem Lombarden nicht gefolgt. Suchen Sie die Argumentation nachzuvollziehen, mit der Thomas diese Annahme des Magister sententiarum widerlegt (2 - 2, q.23 a.2).

Thomas präzisiert zunächst die Meinung des Lombarden. Er wolle nicht den motus dilectionis, den Liebesakt, mit dem wir Gott lieben, mit dem Heiligen Geist identifizieren. Er wolle nur behaupten, daß dieser Liebesakt unmittelbar vom Heiligen Geist komme, ohne die Vermittlung eines dem Menschen eignenden habitus, also einer menschlichen Liebesfähigkeit. Damit wolle er einen besonderen Vorzug der Liebe vor den anderen Tugenden, dem Glauben und der Hoffnung bezeichnen.

In Wirklichkeit bedeute das aber eine Abwertung der Liebe, da diese dann nicht mehr als Willensakt des Menschen gedacht werden könne. Darum müsse hier die Wirksamkeit Gottes im Menschen und das Werk des Menschen selbst als durch eine von Gott geschenkte Liebesfähigkeit des Menschen vermittelt gedacht werden.

Der Verweis auf die eingegossene Gnade ermöglicht es, die Wirksamkeit Gottes und das menschliche Wirken zu unterscheiden: Wirkung Gottes ist die dem Menschen eingegossene Gnade, die Fähigkeit zu glauben, zu hoffen und zu lieben. Aber diese Wirkung Gottes ist sozusagen schon von Gott abgelöst, eben darum die Ermöglichung eines klar von Gottes Wirksamkeit unterschiedenen menschlichen Wirkens, in dem nun die eingegossene Gnade in den betreffenden Akten der Liebe, des Glaubens, der Hoffnung betätigt wird. Das bedeutet aber zugleich, daß die Wirksamkeit Gottes im Menschen zurückgenommen wird auf diese von Gott ablösbare Wirkung, gratia creata, die geschaffene Gnade.

Die Folgerung dieser Konzeption liegt auf der Hand: Gottes Wirksamkeit in uns, der Heilige Geist, wird ersetzt durch die Wirkung, die eingegossene Gnade als Gabe Gottes. Entscheidend wird dann die Frage danach, wie man diese Gnade empfangen kann: Gnadenlehre ersetzt die Lehre vom Werk des Heiligen Geistes, und an die Stelle einer Vermittlung des Geistes durch das Wort (8.1.2) tritt hier die Gnadenmitteilung im Sakrament. Der Ersatz der Wirksamkeit Gottes im Menschen durch die Wirkung führt zur entscheidenden Gewichtung der diese Wirkung Gottes verwaltenden und vermittelnden Kirche und des Sakramentes, durch das die Wirkung Gottes in das Innere des Menschen kommt.

8.1.2 Der Geist und das Wort

Die reformatorische Position mußte gerade hier die Differenz markieren. Zwar hatte man in CA I, wo man sich gegen die These abgrenzte, der Heilige Geist sei "erschaffene Regung in Kreaturen", und statt dessen die Personalität des Geistes im Sinne der trinitarischen Sprachregelung behauptete, sicher nicht die katholische Position im Auge, die faktisch den Heiligen Geist als die Wirksamkeit Gottes im Menschen durch die geschaffene Wirkung Gottes im Menschen ersetzt, sondern antitrinitarische Spiritualisten. Aber jene katholische Vermittlung von Gottes Wirksamkeit und dem menschlichen Werk durch die göttlich gewirkte Fähigkeit des Menschen, den Gnadenhabitus, konnte es hier nicht geben.

Lesen Sie dazu CA V.
Was wird hier durch Wort und Sakrament vermittelt?
Was ist die Wirkung des Heiligen Geistes, also Gottes im Menschen?

Indem so der Glaube als die unmittelbare Wirkung Gottes im Menschen behauptet wird, läßt sich natürlich nicht mehr unterscheiden, was hier als Werk Gottes und was als Werk des Menschen zu gelten hat. Die Wirkung des Geistes ist ja nicht eine Fähigkeit, ein Glauben-Können, das dann erst noch vom Menschen aktualisiert werden müßte. Weil die Vermittlung der göttlichen Wirkung und des menschlichen Werkes in der gnadenhaften, aber nun doch von Gott selbst unterscheidbaren und unterschiedenen Fähigkeit, das Kernstück der katholischen Gnadenlehre, hier ausfällt, wird die Unterscheidung von Gott und Mensch an diesem Punkt in der Tat nahezu unmöglich.

Man muß sich diese für unser Begreifen nicht ganz einfachen Sachverhalte einmal klargemacht haben. Man wird dann mindestens das verstehen, daß eine Verständigung zwischen dieser reformatorischen Position und einem durch die tridentinische Gnadenlehre (die ja von der reformatorischen Polemik vorausgesetzt wird, auch wenn die Fixierung dieser Position in Trient zeitlich später ist als etwa die CA) bestimmten Katholizismus kaum möglich war. Dazu sind die jeweiligen Voraussetzungen zu verschieden. Erst der historische Abstand kann hier - wenn das überhaupt möglich sein sollte - zu einer Würdigung führen, die dem Kontrahenten nicht schon anlastet, daß er eine andere Terminologie gebraucht!

Der Glaube ist unmittelbare Wirkung des Heiligen Geistes, der Wirksamkeit Gottes im Menschen. Andererseits - darauf machen die katholischen Argumente zu Recht aufmerksam - soll ja nicht nur Gottes Wirksamkeit kenntlich bleiben, sondern zugleich dies, daß der Mensch hier dabei ist: so gewiß der Glaube Wirkung der Wirksamkeit Gottes in diesem Menschen ist (man kann hier nur konkret von je diesem und diesem Menschen, nicht abstrakt vom Menschen überhaupt reden), so gewiß ist er doch Glaube dieses Menschen. Dabei besteht nun ein vitales Interesse der reformatorischen Theologie daran, trotz dieser unvermittelten Einheit dessen, was die Wirksamkeit Gottes im Menschen bewirkt, mit dem Glauben dieses Menschen, gerade hier die Grenze zwischen göttlichem und menschlichem Werk nicht zu verwischen. Nur so kann Heilsgewißheit (vgl. 6.2.4 b) bestehen, die sich ganz auf Gottes Wirksamkeit und gar nicht auf irgendeine menschliche Mitwirkung zum Heil verläßt.

Hier genügt es noch nicht, daß der Glaube sich selbst als von Gottes Geist gewirkt bekennt, obwohl das eine klare Folgerung aus der eben angedeuteten Auffassung von der Wirksamkeit Gottes im Menschen ist.

Rekapitulieren Sie dazu Luthers Erklärung zum 3.Glaubensartikel im Kleinen Katechismus. Wenn sie Ihnen nicht mehr aus Ihrem Konfirmandenunterricht geläufig ist, lernen Sie den Text neu auswendig. Er ist für die Fragen der Soteriologie von großem Gewicht. Beachten Sie dabei, wie die im Apostolicum koordinierten Sachverhalte in der Erklärung Luthers dem wirkenden Geist subordiniert werden.

Vielmehr muß diese behauptete Wirksamkeit Gottes im Menschen als Gottes Wirksamkeit kenntlich bleiben. Dazu wird hier auf die Vermittlung dieser Wirksamkeit durch das Evangelium verwiesen. Diese Vermittlung macht sich nicht selbst überflüssig, so daß man sagen könnte: Wenn der Geist durch Wort und Sakrament in den Menschen gekommen ist und dort seine Wirksamkeit begonnen hat, dann braucht es das Evangelium nicht mehr. Vielmehr besteht die Wirksamkeit des Geistes im Menschen gerade darin, den Glauben an das Evangelium zu wirken. Das äußere Wort, verbum externum (merken Sie sich diesen Ausdruck!), muß also diese Unterscheidung der Wirksamkeit Gottes von einem menschlichen Werk, mindestens von menschlicher Mitwirkung, anzeigen. Das nicht nur so, daß es verdeutlicht: wie ich mir das Wort nicht selber sagen kann, so kann ich auch nicht selber den Glauben an dieses Wort aufbringen. Sondern so, daß der Glaube dieses Menschen in diesem äußeren Wort steht. Es sagt ja: Dein Glaube an das Evangelium ist nicht das Werk, das Du aufbringen kannst oder aufbringen mußt und dann vielleicht doch nicht aufbringen kannst, sondern Dein Glaube ist die Wirksamkeit Gottes in Dir. Er besteht eben darin, daß Du dieses Dein eigenes Nicht-Können bejahst!

Man wird nicht bestreiten wollen, daß derartige Überlegungen eine Zumutung sind. Das nicht nur an eine Bemühung des Verstehens. Die sollte man als Theologe schon aufbringen! Aber eine Zumutung an die Selbsterfahrung, die das Ich nur in sich selbst wahrnehmen und finden kann.

Vgl. zu dem ganzen Problemkreis W.Joest, Ontologie der Person bei Luther, 1967, insbesondere § 8 und 9, S.233 - 319. Die Arbeit von Joest ist nicht nur für die historische Fragestellung der Lutherinterpretation äußerst erhellend, sondern kann in die hier vorliegende dogmatische Problematik sehr sorgfältig einführen. Dazu braucht es freilich ein intensives Bemühen, der subtilen Lutherinterpretation Joests zu folgen und zugleich die dabei behandelten systematischen Fragen zu erfassen.

Weil hier gerade auch Gottes Wirken im Menschen als ein Wirken Gottes selbst erfaßt werden soll, braucht es also das äußere Wort, in das hinein sich der durch Gott gewirkte Glaube stellen läßt. Darum muß der Glaube als psychische Bestimmtheit des Menschen vom rechtfertigenden Glauben unterschieden werden. Vgl. dazu Matthias Hafenreffer (1561 - 1619), Loci Theologici, 3.Aufl. Tübingen 1603, 672f:

At certe Fides qualitas in nobis est, per quam nos iustificamur? Fides dupliciter consideratur:

I. Vt qualitas in nobis, nimirum, vt notitia quadam in mente, aut assensus in voluntate. Sed hoc respectu Fides nequaquam iustificat.

1. Quia imperfecta et infirma est.
2. Si maxime Perfecta foret, praecepta tamen est a Domine; atque hinc non meritoria. Quia si omnia fecerimus, sumus tamen inutiles servi.
3. Vnius tantum esset Praecepti impletio. Cum tamen totius Legis impletio requiratur.

II.Relate: Quatenus Christum respicit, eumque cum omni sua Obedientia et Iustitia apprehendit. Joan. 3.16. Sic DEVS dilexit Mundum, vt Filium suum vnigenitum daret, vt omnis, qui credit IN EVM, non pereat, etc. Rom. 3.26. Vt sit ipse iustus, et iustificans eum, qui ex Fide est JESV. Quibus et aliis id genus plurimis testimoniis aperte patet; Fidem non quatenus est qualitas in nobis, sed quatenus Christum respicit, qui solus nostra Iustitia est, iustificare.

Übersetzung:

Die Unterscheidung des Glaubens als menschliche Qualität und als Relation soll dem Mißverständnis wehren, als ob der rechtfertigende Glaube selbst ein Werk wäre.

Beachten Sie: Hafenreffer erfaßt den Glauben, der als qualitas in nobis zu beobachten ist, als ein durch das Gesetz gebotenes gutes Werk; eben darum muß er von der Rechtfertigung ausgeschlossen werden. Nur der Glaube, der im verbum externum Fuß gefaßt hat, ist rechtfertigender Glaube; denn er steht nicht in der Macht des Menschen.

Suchen wir die Unterscheidung zur tridentinischen Gnadenlehre als anschaulichen Vorgang zu formulieren (weil es um ein Handeln Gottes geht, kann diese Formulierung immer nur metaphorisch sein), wäre etwa so zu sagen: Hier gibt Gott nicht seine Wirkung in den Menschen hinein, die ihn dann dazu befähigt, selbst zu seinem Heil tätig zu werden. Vielmehr holt ihn Gott aus seiner Unfähigkeit und Sünde heraus und versetzt ihn in ein Leben mit Gott, in dem er selbst nicht in sich selbst (im Selbstbewußtsein, Ichbewußtsein der Selbsterfahrung), sondern außer sich in Gott lebt. Dieses "in Gott" aber ist konkret da als verbum externum, das er hört.

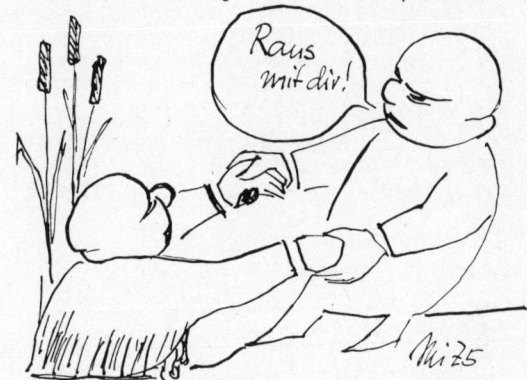

8.1.3 Der Geist und die Kirche

Schon die Stellung der Lehre vom Werk des Heiligen Geistes in modernen Dogmatiken hat auf die Nähe dieser Lehre zur Ekklesiologie verwiesen. Auch wenn wir hier anders vorgehen, muß die Frage doch erörtert werden, inwieweit dabei nicht nur der Außen- und Innenaspekt der Vermittlung des Werkes Christi gedacht werden. Das gilt insbesondere dann, wenn die Vermittlung des Werkes Christi streng und ausschließlich geschichtlich gedacht werden soll, wie das in den modernen christologischen Konzeptionen, insbesondere der Urbildchristologie (7.4.2), der Fall ist. Eine besondere Wirksamkeit Gottes in uns braucht hier insofern nicht gedacht zu werden, als die Wirksamkeit Christi auf uns, und zwar in ihrer geschichtlichen Vermittlung, gedacht wird. Indem jeder einzelne nur im Gesamtzusammenhang dieser geschichtlichen Vermittlung, in ihr aber bestimmt, am Werk Christi teil hat, erfährt er Christi Werk im Zusammenhang dieser Vermittlung.

Die Wirksamkeit Gottes im Menschen, der Heilige Geist in seinem eigentümlichen Werk, kann nicht von der Vermittlung (durch Wort, Sakrament, Kirche) getrennt werden. Darin besteht Einverständnis. Würde hier getrennt, dann würde ja eine Wirksamkeit Gottes im Menschen behauptet, die nicht mit Christus kenntlich und nachweislich verbunden wäre - Enthusiasmus (vgl. 3.2.2), der sich eben durch die Behauptung solcher Gottunmittelbarkeit ohne Christus außerhalb der christlichen Gemeinschaft stellte. Dann fragt es sich allerdings, inwieweit solche Wirksamkeit Gottes im Menschen noch von der Vermittlung (Kirche) unterschieden werden kann und darf.

Tragen Sie hier den Leitsatz zu § 123 der Glaubenslehre Schleiermachers ein:

Man wird beachten müssen, was Schleiermacher hier unter "Gesamtleben" versteht. Dabei handelt es sich um die von Christus ausgehende Wirkung, die unmittelbar zur Christologie gehört, sofern sie nicht nur die ratio cognoscendi der Würde Christi ist, sondern zu seinem Sein als Erlöser insofern mit dazugehört, als dieses urbildliche Sein darauf angelegt ist, die ganze Menschheit mit zu bestimmen, und sich erst dadurch als urbildlich bewährt.

8.1.3

Lesen Sie den § 123 der Schleiermacherschen Glaubenslehre. Wie schränkt Schleiermacher die
Reichweite des Ausdrucks "Heiliger Geist" ein, wie ihn die These des Leitsatzes verwendet?

Die dem Heiligen Geist von Anfang an in der Kirche zugeschriebenen Kräfte sind nach den weiteren Bestimmungen Schleiermachers weder etwas, das sich ohne göttliche Einwirkung entwickelt,
noch etwas, das auf eine andere göttliche Veranstaltung zurückzuführen wäre als auf die Erscheinung Christi. Das wird so begründet, daß sonst in beiden Fällen Christus überflüssig wäre.

Warum kann dieser Geist nicht etwas Übernatürliches und Geheimnisvolles sein?

Inwiefern muß hier von einer inneren Wirkung die Rede sein?

Für die Argumentation Schleiermachers ist nun die Feststellung von Gewicht, daß es sich bei dieser Verbindung des Göttlichen mit der menschlichen Natur nicht um die gleiche Verbindung handelt, wie sie die Würde des Erlösers ausmachte. Darum kann dieses hier wirksame Göttliche nur
als Gemeingeist beschrieben werden, unterschieden vom je persönlichen Selbstbewußtsein der
Gläubigen.

+ Versuchen Sie hier die Argumentation Schleiermachers frei nachzuzeichnen, und achten Sie dabei auf die Frage nach der Kontinuität des Lebens in der Bestimmtheit durch die Wiedergeburt
  einerseits und auf die Gemeinsamkeit des neuen Gesamtlebens andererseits.

Voraussetzung für die Wirksamkeit Gottes im Menschen, die hier als die Fortwirkung Christi in
der geschichtlichen Entwicklung des auf ihn zurückgehenden neuen Gesamtlebens beschrieben wird,
ist die Empfänglichkeit des Menschseins für diese Einwirkung des Göttlichen. Diese Empfänglichkeit ist allerdings bei jedem einzelnen immer schon gestört - wir kommen ja aus der Sünde bzw.
aus dem alten sündigen Gesamtleben in dieses neue Gesamtleben, in den Wirkungsbereich des Geistes.

Der einzelne steht also zwischen dem alten Gesamtleben der Sünde und dem neuen Gesamtleben der
Gnade. Dabei ist die Wiedergeburt der Übergang, ein Übergang, der freilich nicht in einem einzigen Akt völlig realisiert werden kann, sondern der sich so realisieren muß, daß die Wirklichkeit des Reiches Gottes als der Ort des je eigenen Lebens sich immer mehr als bestimmend erweist: wenn diese Bestimmung durch einen sündigen Akt verloren wurde, so ist hier die Möglichkeit gegeben, durch Reue sich dem Reich Gottes wieder einzugliedern.

Lesen Sie dazu § 111,3. Inwiefern kann das Gesamtleben hier als unsündlich gelten, auch wenn
die Menschen, die zu diesem Gesamtleben gehören, immer wieder sündigen?

Kirche wird hier also in Analogie zur Christologie konstruiert. Freilich ist die Empfänglichkeit,
die hier ein stetiges und kräftiges Gottesbewußtsein ermöglicht, nicht individuelle Empfänglichkeit. Die Individuen sind ja gerade in ihrem Gottesbewußtsein unstetig und teilweise unkräftig.
Nur als Gesamtleben ist diese Stetigkeit und Kräftigkeit denkbar - so muß sie aber auch gedacht
werden. Denn nur unter dieser Voraussetzung ist ja denkbar, daß dieses neue Gesamtleben die
Wirksamkeit Christi weiter vermittelt.

Versuchen Sie die Folgerung Schleiermachers in die Form eines logischen Schlusses zu bringen.
Die eine Prämisse gebe ich vor:

1. Ich erfahre die Wirksamkeit Christi vermittelt durch die Kirche.

2.

3.

Der hier in seiner bei Schleiermacher vorliegenden Gestalt angezeigte Sachverhalt muß als Problem auftauchen, sobald Wirksamkeit des Geistes nicht mehr unterschieden wird von der Vermittlung, sobald also die Pneumatologie in die Ekklesiologie aufgeht. Dann muß die Empfänglichkeit des Menschseins für die Wirkung des Göttlichen ein selbständiges dogmatisches Gewicht bekommen. Hier nähern sich in der Tat neuprotestantische und katholische Dogmatik aneinander an, wie das von Barth in seiner Kirchlichen Dogmatik behauptet wird.

Die katholische Dogmatik behandelt diesen Sachverhalt insbesondere in der Mariologie.

Lesen Sie dazu von G.Ebeling, Zur Frage nach dem Sinn des mariologischen Dogmas, in: Wort Gottes und Tradition, 1964, S.175 - 182.

Was behauptet Ebeling hier über das Verhältnis von Maria und Kirche?

Was bedeutet ekklesiologisch das Dogma von der leiblichen Himmelfahrt der Maria?

Inwiefern spiegeln sich in Maria Person und Werk Christi in vollkommener Weise?

Lesen Sie nun die Bestimmungen des 2.Vaticanums zur Mariologie. (Einige Äußerungen zu diesem Text finden Sie bei Ch.Hampe, Die Autorität der Freiheit I, 1967, S.476 - 498). Fragen Sie sich dabei, inwiefern die theologische Interpretation der Mariologie durch Ebeling (1950, im Jahr der Dogmatisierung der leiblichen Himmelfahrt der Maria verfaßt), durch diesen Text bestätigt oder auch desavouiert wird.

In welchem Kontext hat das 2.Vaticanum die Mariologie behandelt?

Inwiefern ist Maria in der Ordnung der Gnade Mutter der Gläubigen?

Man könnte hier also - sinnvoller noch als bei der christologischen Methodendiskussion, eine Soteriologie von oben und eine Soteriologie von unten danach unterscheiden, ob die göttliche Wirkung im Menschen theologisch in ihrer Ermöglichung durch die göttliche Wirksamkeit oder durch die menschliche Empfänglichkeit reflektiert wird!

8.2 Die Rechtfertigung des Menschen

Mit dem Stichwort "Rechtfertigung" ist das zentrale Thema mindestens der abendländischen Soteriologie genannt. Nicht nur ist es über der Frage nach der Rechtfertigung des Menschen zu der großen Kirchenspaltung gekommen, deren Folgen bis heute unabsehbar sind. Die Frage nach der Rechtfertigung des Menschen hat auch die Struktur der Kirche außerordentlich stark geprägt (vgl. dazu 9.2 und 10.1.2).

Nun ist allerdings die Relevanz der Rechtfertigungsproblematik für den modernen Menschen vielfach bestritten worden. Aber es kommt hier doch wohl auf die Formulierung der Fragestellung an.

Lesen Sie dazu von G.Gloege "Die Grundfrage der Reformation - heute", in: Verkündigung und Verantwortung, Theologische Traktate 2.Band, 1967, S.11 - 26.

Warum kann man nicht sagen, die Frage, ob Gott überhaupt existiert, sei eine radikalere Frage als die Frage "Wie kriege ich einen gnädigen Gott"? (Geben Sie hier nicht die von Gloege zitierte Polemik Karl Barths, sondern Gloeges Präzisierung).

Welche Erfahrung hat Luther mit seiner Frage "Wie kriege ich einen gnädigen Gott?" gemacht?

Wonach fragt der Mensch heute?

8.2.1 Die tridentinische Rechtfertigungslehre

Es geht nicht an, die Kontroverse zwischen katholischer und evangelischer Dogmatik einfach auf dem Stande des 16.Jahrhunderts festzuhalten. Andererseits wird aber die Problematik der katholischen wie der evangelischen Lösung der Frage nach Gottes Wirksamkeit in der Rechtfertigung des Menschen gerade an der "klassischen" Gestalt der Kontroverse besonders deutlich.

Lesen Sie, ehe Sie die Texte des tridentinischen Dekrets de iustificatione bearbeiten, Karl Barths Geleitbrief zu dem Buch von Hans Küng, Rechtfertigung. Die Lehre Karl Barths und eine katholische Besinnung, 1957. Man wird freilich, gerade wenn die Schwierigkeiten des katholischen wie des evangelischen Rechtfertigungskonzeptes bewußt sind, nicht einfach von einer Einheit reden können, die sich hier zeige.

Lesen Sie nun den Text des tridentinischen Dekrets im Zusammenhang (DS 1520 - 1583; Neuner-Roos 790 - 851. Wer mit dem Latein Mühe hat, kann hier zunächst ausnahmsweise den Text nur nach Neuner-Roos durchlesen).

Wir müssen, wenn wir diesen dogmatischen Text verstehen wollen, nicht nur versuchen, uns in seine Terminologie hineinzudenken, sondern zugleich immer fragen, inwieweit sich das Gesagte in Vorgänge des religiösen Lebens umsetzen läßt. Es ist die Stärke dieses tridentinischen Rechtfertigungsdekrets, daß es nicht nur dogmatisch beschreibt, was Rechtfertigung ist und wie sie geschieht, sondern daß hier diese Übertragung in das religiöse Leben leicht möglich ist.

Grundlegend ist die Feststellung:
Rechtfertigung ist ein Vorgang, der sich am Menschen so vollzieht, daß als seine Folge eine kenntliche Veränderung entsteht.
Wie wird Rechtfertigung insgesamt beschrieben (DS 1524)?

Dabei sind die Voraussetzung, die Vorbereitung und die Rechtfertigung selbst zu unterscheiden.

A. Die Voraussetzung

Sie muß genannt werden, damit hier kein falsches Bild entsteht. Dabei geht es um die zwei sich ergänzenden Behauptungen:

1. Weil alle Menschen im Fall Adams ihre Unschuld verloren haben, sind sie so unter die Macht der Sünde und des Todes geraten, daß sie sich daraus aus eigenen Kräften nicht befreien können (DS 1521).

2. Die Sendung Christi ist die Voraussetzung der Rechtfertigung. Nur der kann gerechtfertigt werden, dem am Verdienst des Leidens Christi Anteil gegeben wird (DS 1522.1523).

B. Die Vorbereitung

Man redet hier im Dekret von der praeparatio ad iustificationem, gebraucht aber auch den Ausdruck dispositio (z.B. DS 1527). Sie nimmt ihren Anfang in der zuvorkommenden Gnade. Ohne diese zuvorkommende Gnade kann sich der Mensch nicht auf die Rechtfertigung vorbereiten. Andererseits bleibt der Mensch dabei nicht ganz untätig, da er ja sich von Gottes Geist anrühren läßt und diese Inspiration aufnimmt, die er doch auch ablehnen könnte (DS 1525).

Suchen Sie nun auf, was als modus dieser praeparatio genannt wird (DS 1526):
1.
2.
3.

Was ist der Inhalt der hier genannten fides ex auditu?

Wozu führt die Einsicht in die eigene Sündhaftigkeit?

Worin äußert sich die anfangende Gottesliebe?

Was ist das Ergebnis der praeparatio?

Das tridentinische Dekret orientiert sich in seiner Beschreibung <u>am Modell der Bekehrung eines erwachsenen Heiden</u>, der durch die Vorbereitung zur Taufe geführt wird. Dieser Vorgang ist zwar geläufig, aber eigentlich untypisch. Denn zur Taufe kommen ja Säuglinge, die zu solcher Vorbereitung nicht fähig sind, bei denen sie auch nicht erforderlich ist. Andererseits aber ist hier nicht erwähnt, was im religiösen Leben des Katholiken von entscheidendem Gewicht ist: das <u>Buß-sakrament</u>, durch welches die verlorene Gnade neu mitgeteilt wird (DS 1542.1543). Auch hier ist natürlich eine praeparatio notwendig, die sich in dem Entschluß vollendet, das kirchliche Buß-sakrament in Anspruch zu nehmen. In der Grundstruktur lassen sich die beiden Vorgänge verglei-chen.

Lesen Sie dazu Cap. 14 und 15 des Dekrets (DS 1542 - 1544).

Die Bestimmungen sind hier durch die Polemik gegen reformatorische Aufstellungen mitgeprägt: Daß die Buße etwas ganz anderes sei als die Taufe oder eine bloße Reue, richtet sich gegen eine Deutung, die Buße und Taufe nahezu ineins fallen läßt. "Und hie siehest Du, daß die Taufe bei-de mit ihrer Kraft und Deutunge begreift auch das dritte Sakrament, welchs man genennet hat die Buße, als die eigentlich nicht anders ist denn die Taufe. Denn was heißet Buße anders, denn den alten Menschen mit Ernst angreifen und in ein neues Leben treten?" (GrKat, BSLK S.705f). Und die Behauptung, man könne auch durch andere Sünden als den Unglauben aus der Gnade fallen, und der Glaube könne zwar da sein, aber der Mensch doch nicht in der Gnade stehen, richtet sich ge-gen den reformatorischen Glaubensbegriff, der sich freilich in dieser Beschreibung nicht fassen läßt.

Hier in der tridentinischen Beschreibung der praeparatio ad iustificationem werden die Sachver-halte genannt, die nach reformatorischem Verständnis die Rechtfertigung des Menschen durch Gott ausmachen - freilich mit einer anderen Gewichtung: Da ist der Glaube, der aus der Predigt kommt, da ist die Hoffnung auf Gottes Verheißung, er werde den Sünder um Christi willen rechtfertigen, da ist die Liebe gegen Gott um dieses in Christus ergehenden Gnadenangebotes willen.

<u>C. Die Rechtfertigung selbst</u>

Tragen Sie hier zunächst die Beschreibung der iustificatio ipsa ein (DS 1528).

Die Beschreibung der iustificatio benutzt dann das Schema der aristotelischen causae, freilich nicht streng schulmäßig.

Was ist die causa finalis der iustificatio?

Was ist die causa efficiens?

Was ist die causa meritoria?

Was ist die causa instrumentalis?

Was ist die causa formalis?

Wie übersetzt Neuner-Roos causa formalis?

Hier, wo es um die Beschreibung der Verwirklichung geht (forma ist ja die Verwirklichung einer bestimmten Möglichkeit, materia), zeigt sich deutlich wieder die Differenz im Ansatz des Recht-

fertigungsdenkens: so sehr betont wird, daß es Gottes Gerechtigkeit ist, die den Menschen rechtfertigt, so sehr wird doch zugleich darauf Wert gelegt, daß diese Gerechtigkeit Gottes nun auch
wirklich aus der Gerechtigkeit Gottes zur Gerechtigkeit des Menschen wird, aus der Wirksamkeit
Gottes zu einer dem Menschen eignenden Wirkung: jeder von uns hat seine eigene Gerechtigkeit.
Daß diese Gerechtigkeit vom Geber wirklich auf den Empfänger übergegangen ist, das erweist sich
besonders deutlich daran, daß man unterscheiden kann zwischen der Gerechtigkeit dieses und dieses Menschen - secundum mensuram, quam "Spiritus Sanctus partitur singulis prout vult", et secundum propriam cuiusque dispositionem et cooperationem.

Man mag ein solches Quantitieren merkwürdig finden, wenn man nur in der Alternative zu denken
gewohnt ist: Der Mensch ist entweder Sünder oder gerecht, Sünder, wenn Gott ihm zürnt, gerecht,
wenn er im Glauben die gnädige Zuwendung Gottes in Jesus Christus empfängt. Aber so denkt das
tridentinische Dekret gerade nicht. Vielmehr blickt es auf den Vorgang der Veränderung, die dem
Menschen in der Rechtfertigung widerfährt - einer realen Gerechtmachung, die eben darum von den
unterschiedlichen Voraussetzungen und Bedingungen solchen Menschseins nicht absehen kann und
will. Darum muß hier auch die jeweilige dispositio und cooperatio mit in das Ergebnis solcher
Veränderung eingehen!

Diese Veränderung besteht nicht nur in der Sündenvergebung (darin besteht Einverständnis zwischen der reformatorischen und der tridentinischen Position). Sie ist vielmehr eine positive
Gerechtmachung. Diese positive Gerechtmachung wird hier beschrieben als Eingießung der Gnade
bzw. der "theologischen" Tugenden fides, spes und caritas. Diese sind also zu unterscheiden von
den Wirkungen der gratia praeveniens (und der dort stattfindenden cooperatio), die ja auch als
Glaube, Hoffnung und Liebe beschrieben werden. Hier, bei der infusio gratiae, die zur wesentlichen Gerechtmachung des Menschen führt, kann man nicht von einer cooperatio sprechen, sondern
hat allein Gott in der Eingießung der Gnade als wirksam zu sehen. Diese Wirksamkeit Gottes hat
ihre Wirkung darin, daß sie den Menschen zu dem befähigt, wozu er - als Sünder wie als Mensch
in puris naturalibus, wenn er so gedacht werden kann - aus sich selbst nicht fähig ist: zu
glauben, zu hoffen, zu lieben. Eben im Blick auf diese Fähigkeit läßt sich dann von einem mehr
oder weniger, zugleich auch von einem Wachstum (iustitiae incrementum, DS 1535) reden.

Die Auseinandersetzung mit der reformatorischen Position, die naturgemäß weite Partien des tridentinischen Rechtfertigungsdekrets bestimmt (etwa Cap. 8 und 9, DS 1532 - 1534 in der Frage,
wie die iustificatio per fidem verstanden werden muß und wie sie nicht verstanden werden darf),
übergehen wir hier (vgl. aber 6.2.4; 8.1.1 und 8.1.2; 8.3.1). Wichtig ist die Feststellung: die
hier behauptete göttliche Wirksamkeit ist als solche nicht erfahrbar. Erfahrbar ist der Entschluß, zum Sakrament zu gehen, und die Ausführung dieses Entschlusses. Darum muß mit einer inneren Notwendigkeit auf den Empfang der Gnade (noch einmal: das ist die übernatürliche Befähigung zu glauben, zu lieben und zu hoffen) die Aufforderung folgen, diese Befähigung nun auch
zu aktualisieren.

Zwei Momente sind dabei zu beachten: Einmal kann eine solche Aktualisierung zur Erfahrbarkeit
der gnadenhaften Befähigung führen: Der gerechtfertigte Mensch kann glauben, hoffen und lieben
und wird solches Können im Tun erfahren. Zugleich wird durch eine solche Übung die Fähigkeit
vertieft, die Gerechtigkeit wächst - mit ihr auch der Lohn. In diesem Zusammenhang wird der Gedanke verdienstlicher guter Werke eingeführt. Diese können nicht die Rechtfertigung verdienen.
Es ist auch nicht so, daß das eigene Verdienst nun in Konkurrenz zu dem Verdienst Christi gesehen werden müßte, durch das wir Gottes Gerechtigkeit als unsere Gerechtigkeit eingegossen bekommen (DS 1547). Vielmehr ist der Hinweis auf den Verdienstcharakter der guten Werke als Motiv
zu sehen, die gnadenhafte Fähigkeit durch Aktualisierung zu vertiefen und zu vermehren.

Welche Kapitel des tridentinischen Rechtfertigungsdekretes behandeln die genannten Sachverhalte?

+ Welche Funktion haben im Duktus des Dekrets die Kapitel über Prädestination und Perseveranz
(DS 1540.1541)?

Die tridentinische Rechtfertigungslehre imponiert durch die Art und Weise, wie hier religiöse Vorgänge in einen theologischen Zusammenhang gebracht sind, der es erlaubt, sowohl die göttliche Wirksamkeit in der Rechtfertigung aufzuweisen wie der Erfahrung menschlicher Spontaneität entgegenzukommen. Der entscheidende Sachverhalt der Eingießung der Gnade im Sakrament ist freilich - notwendig, weil sich hier der Mensch ganz passiv verhält und allein das Handeln Gottes behauptet wird - unanschaulich, der unmittelbaren Erfahrung entzogen. Aber er ist so von einer erfahrbaren menschlichen Aktivität umgeben, einerseits der Kooperation mit der zuvorkommenden Gnade, die in dem Entschluß manifest wird, das Sakrament zu empfangen, andererseits der Aktualisierung der gnadenhaften Fähigkeit in guten Werken, daß die Unanschaulichkeit der göttlichen Wirkung dahinter nahezu verschwindet.

Zu dieser Berücksichtigung menschlicher religiöser Erfahrung gehört auch dies, daß der Zweifel an der eigenen Gerechtigkeit, das Moment der Unsicherheit, mit berücksichtigt ist - Zweifel zwar nicht an Gottes Wirksamkeit, aber doch an der eigenen Disposition, die hier doch auch vorausgesetzt werden muß (DS 1534). So kann es dem religiösen Leben, Sakramentsempfang wie guten Werken, nie an genügender Motivation fehlen!

Man kann freilich auch in diesem Miteinander von unanschaulicher göttlicher Wirksamkeit und erfahrbarem religiösem Verhalten die Problematik dieser Konzeption sehen. So ausgewogen auch die dogmatische Konstruktion erscheinen mag - es ist nun doch nicht nur die protestantische Polemik, die hier mit dem Vorwurf der Werkgerechtigkeit kommt. Vielmehr sind die Momente des religiösen Verhaltens von einem solchen Gewicht, daß durch sie die unanschauliche göttliche Wirksamkeit verdrängt zu werden droht, jedenfalls von minderem Interesse ist als die erfahrbaren Akte der eigenen Spontaneität. Diese kritische Frage ist hier nicht nur eine Anfrage konfessioneller Polemik. Sie kehrt in einer gewissen Modifikation auch als Anfrage an protestantische Positionen wieder (8.3.1), soll hier einschärfen, daß soteriologische Konzeptionen nur dann tragfähig sind, wenn es ihnen gelingt, die Frage nach der Erfahrbarkeit des Heilsempfangs so zu berücksichtigen, daß damit die behauptete Unanschaulichkeit der göttlichen Wirksamkeit im Menschen nicht beeinträchtigt wird.

8.2.2 Die reformatorische Rechtfertigungslehre

Ein ähnlich kompakter dogmatischer Text zur Rechtfertigungslehre wie das tridentinische Dekret de iustificatione läßt sich auf protestantischer Seite nicht angeben. Schon das zeigt eine gewisse Schwierigkeit an: der articulus stantis et cadentis ecclesiae (0.3.1) ist ohne Zweifel der Kern des protestantischen Dogmas. Aber sein Verständnis und damit auch die Möglichkeit, hier zu einem klaren Einverständnis zu kommen, ist nicht unproblematisch. Als gewichtige Texte sollen hier genannt werden AC IV (dazu als eine Einführung in die Grundgedanken dieses Kernstücks der melanchthonischen Apologie Gerhard Gloege, Zur Rechtfertigungslehre der Augsburgischen Apologie. 67 Leitsätze zu ihrem Verständnis, in: Verkündigung und Verantwortung. Theologische Traktate 2.Band, 1967, S.27 - 39) und FC III, Von der Gerechtigkeit des Glaubens (auch wenn dieser Text nicht alle Aspekte der Rechtfertigung in gleicher Weise behandelt, sondern insbesondere dem christologischen Aspekt gewidmet ist, vgl. 7.3.2.2).

Läßt sich das Rechtfertigungsverständnis Luthers überhaupt lehrbar machen? Das ist eines der Grundprobleme der protestantischen Theologie (seit es eine solche Theologie gibt). Hier bei einer ersten Einführung in die dogmatischen Probleme kann es nicht um historische Fragen gehen, sondern darum, auf einen tradierbaren Konsens von Sätzen zu verweisen, wobei die Schwierigkeiten, die sich dabei zeigen, nicht verschwiegen werden sollen.

8.2.2

An die tridentinische Konzeption der Rechtfertigungslehre ist die kritische Frage zu richten:
Drängen sich nicht die Momente psychischer Erfahrbarkeit, die den unanschaulichen Akt der Gnadeneingießung umgeben, unangemessen in den Vordergrund? Sicher wird in der Lehre die entscheidende Bedeutung dieser Eingießung der Gnade festgehalten, so daß man im Blick darauf durchaus
sagen kann, der Mensch werde sola gratia gerechtfertigt. Aber das religiöse Interesse konzentriert sich dann doch auf die vorlaufende und vor allem nachfolgende Spontaneität des Menschen;
diese wird ja durch den Gedanken einer Verdienstlichkeit der guten Werke ausdrücklich motiviert.
Umgekehrt wird man die reformatorische Rechtfertigungslehre von der Intention her verstehen
müssen, gerade diese Unanschaulichkeit der göttlichen Wirksamkeit bewußt festzuhalten.

Ich halte mich bei der folgenden Darbietung einiger Grundzüge der reformatorischen Rechtfertigungslehre an das Compendium von Leonhard Hutter (1610), das der Reformation noch relativ nahe-
steht, andererseits von seiner Funktion als Schulbuch her gerade das berücksichtigen muß, was
als eingängige und lehrbare Form des Lehrstücks tradierbar ist. Wenn Ihnen das Lateinische nicht
zu große Schwierigkeiten macht, lesen Sie zunächst den Locus de iustificatione hominis peccatoris coram Deo (XII) im Zusammenhang, achten Sie dabei auch darauf, wie hier im wesentlichen
die Lehre der Konkordienformel reproduziert wird (Nachweis der Zitate!).

Um das Eigentümliche der reformatorischen Anschauung zu erfassen, achten wir also darauf, wie
versucht wird, die Unanschaulichkeit der göttlichen Wirksamkeit festzuhalten. Nur so kann Rechtfertigung des Sünders allein Gottes Werk bleiben, nur so kann darum der Sünder seines Heils gewiß sein - das kann als religiöse Intention dieser Lehrgestalt bezeichnet werden.

A. Rechtfertigung ist forensisch zu verstehen. Es geht um die Gerechtsprechung des Menschen
durch Gott selbst (Forum - Gerichtshof - ist das jüngste Gericht, das im Zuspruch des Evangeliums ergehende und im Glauben angenommene Urteil Gottes nimmt die eschatologische Entscheidung
vorweg).

Lesen Sie dazu die Begriffserklärung der Konkordienformel, SD III,17, BSLK 919.
Wie wird hier das Wort iustificare erklärt (deutsch und lateinisch)?

Hutter definiert folgendermaßen:
Iustificatio est opus Dei, quo hominem peccatorem, credentem in Christum, ex mera gratia, sive
gratis a peccatis absolvit: eique peccatorum remissionem donat, Iustitiamque Christi ita imputat, ut plenissime reconciliatus, et in Filium adoptatus, a peccati reatu ac supplicio libere-
tur, et aeternam beatitudinem consequatur.

Übersetzung:

Während das tridentinische Dekret allen Wert darauf legt, daß Gottes Gerechtigkeit beim Menschen auch ankommt und erfahrbare Veränderungen bewirkt, daß also Gottes Gerechtigkeit zu der
je eigenen Gerechtigkeit des Gerechtfertigten wird, bleibt hier die Rechtfertigung bewußt in
der Unanschaulichkeit des göttlichen Wirkens, das nicht am Menschen feststellbar ist.

B. Dabei werden nun zwei Momente dieses rechtfertigenden = den Menschen gerechtsprechenden Handelns Gottes unterschieden: Einmal die Sündenvergebung. Hutter bezeichnet diese als die pars
privativa. Gott nimmt weg, was in uns ist - eben die Sünde. Weiter die Zurechnung der Gerechtigkeit Christi. Hutter bezeichnet diese Zurechnung als die pars positiva der Rechtfertigung.

Deus enim donat nobis id, quod nobis non inest, sive inhaeret: hoc est, imputat nobis iustitiam
obedientiae Christi.

174

Übersetzung:

Hier wird also unterschieden, um die alleinige Wirksamkeit Gottes zu verdeutlichen. Nicht nur
die Sündenvergebung ist sein Werk, sondern die Zuerkennung der Gerechtigkeit Christi. Unsere
Gerechtigkeit kann darum iustitia imputativa genannt werden.

Man spricht dann auch davon, Gottes rechtfertigendes Urteil, das den Menschen gerecht spricht,
sei nicht ein analytisches Urteil, das eine vorhandene Gerechtigkeit feststellt, sondern ein
synthetisches Urteil, das dem Menschen die bei ihm nicht vorhandene Gerechtigkeit hinzubringt.

Es zeigt sich hier in der Abgrenzung gegen eine dem Menschen eigene, sei es auch gnadenhaft
eigene Gerechtigkeit die Intention, ganz in Gottes Wirksamkeit zu bleiben. Anschauung der Gerechtigkeit, die unsere Rechtfertigung durch Gott begründet, ist nicht unser menschliches Tun
(sei es auch ganz allein in der Befähigung durch Gott ermöglicht), sondern der Gehorsam Christi.
Nicht nur als Voraussetzung oder causa meritoria ist hier Christus zu nennen, sondern auch und
zuerst als die Gestalt des Gerechtfertigten.

C. Auch Hutter nennt Gründe, causae, unserer Rechtfertigung, freilich nicht in Anlehnung an
die schulmäßige Metaphysik. Diese Gründe sind:
I. Gratia Dei. II. Meritum Christi. III. Fides, quae haec ipsa beneficia Dei, in promissione
Evangelii amplectitur.
Übersetzung:

Dabei grenzt er sich ab von einem Verständnis der Gnade als infusus charitatis habitus. Gnade
ist favor - also Gottes Zuwendung selbst, Gottes Liebe, die ihn zur Rechtfertigung des Sünders
motiviert.

Christi Verdienst ist sein Gehorsam, der das ganze Leben umfaßt. Das muß hier so sein, wenn
nicht die Unanschaulichkeit auf die Spitze getrieben werden soll. In der Gerechtigkeit Christi
ist Gottes Wirksamkeit zu unserem Heil anschaulich geworden.Sie ist hier nicht innere Wirkung,
die der Mensch dann selbst in seinen Akten, in guten Werken äußern müßte (vgl. aber die zu
8.3.1 aufzuführende Fragestellung). Sie ist vielmehr im Evangelium da als Anhalt für den Glauben, der sich nicht auf eigene Befindlichkeiten oder Fähigkeiten, sondern auf Christus bezieht.

Der Glaube schließlich wird hier bezeichnet als Geschenk Gottes. Dabei handelt es sich um die
schwierigste Stelle dieser ganzen Konzeption. Man muß hier den Glauben als Wirksamkeit und Wirkung Gottes im Menschen bestimmen können - es ist mein Glaube, von dem da die Rede ist, aber
zugleich ist dieser Glaube die Wirksamkeit Gottes selbst. Die Bezeichnung als donum erinnert
nicht nur an die katholische Konzeption. Sie zeigt eben damit auch die Gefahr an, daß sich die
Gabe vom Geber löst und in dem Beschenkten sozusagen ihr Eigengewicht entfaltet.

Lesen Sie die von Hutter hier übernommene Formulierung aus FC Epit. III,6, S.783 (4. der Affir-
mativa).

Wie wird hier der rechtfertigende Glaube bezeichnet? Geben Sie zunächst die adjektivische Be-
stimmung in der lateinischen Fassung an:
Worauf zielt die Bestimmung als "tale donum" - im deutschen Text ist nur von "eine solche Gabe
Gottes" die Rede?

Die Folgerung ist, daß hier Glaube nicht abgesehen von seinem Gegenstand, nämlich der im Evangelium angebotenen Rechtfertigung um Christi willen, gesehen werden darf. Er ist das Erkennen
und Vertrauen, in welchem sich der Mensch dieses Angebot aneignet - und zwar, wie dazugesetzt
werden muß: dieses Erkennen und Vertrauen als Gabe Gottes selbst.

Nimmt man diese Gründe zusammen, zeigt sich nicht nur die Intention, Rechtfertigung streng und
ganz als ein Werk Gottes zu bestimmen. Man wird auch sagen müssen, daß diese Intention so

durchgeführt worden ist, daß sie nicht von der Unanschaulichkeit des göttlichen Wirkens im Menschen auf eine am Menschen nun doch anschaubare Wirkung ausweicht, sondern zurückverweist auf die Anschauung Christi im Evangelium als den Grund der göttlichen Wirksamkeit.

D. Um der göttlichen Alleinwirksamkeit im Heilsgeschehen der Rechtfertigung willen - die wieder Voraussetzung der Heilsgewißheit ist - muß man hier in der Unanschaulichkeit bleiben, die es sich verbietet, die göttliche Wirksamkeit an einer am Menschen feststellbaren und von diesem Menschen erfahrbaren Veränderung aufzuweisen. Andererseits wird aber nicht bestritten, und kann ja auch nicht bestritten werden, daß sich am Menschen, der glaubt, eine Veränderung vollzieht, die auch wahrnehmbar und erfahrbar ist.

Inwiefern ist also die Rechtfertigung nicht bloß forensisch zu verstehen - imputatio iustitiae Christi als unanschaulicher Vorgang - sondern auch effektiv?

Diese Frage zeigt die Problematik der reformatorischen Konzeption an: Die tridentinische Rechtfertigungslehre schließt ja an die unanschauliche Wirksamkeit Gottes in der Eingießung der gnadenhaften Gerechtigkeit den Prozeß des Wachstums an, in dem der Mensch durch Betätigung der ihm übertragenen gnadenhaften Fähigkeit selbst an seiner Heiligmachung mitarbeitet. Die reformatorische Anschauung dagegen kann hier keinen Prozeß annehmen, will sie nicht quantitieren und eben damit die Heilsgewißheit gefährden.

Nun läßt sich freilich sagen, daß der Glaube sich nicht nur die fremde Gerechtigkeit Christi zurechnen läßt, sondern eben darin selbst die Gerechtigkeit ist, die Gott gelten läßt.

Dazu aus AC IV einige Belege (vgl. dazu auch G.Gloege. Lesen Sie die Thesen Gloeges zu II.B. zusammen mit dem Text der AC, indem Sie mindestens einige der angegebenen Belege nachschlagen. Die Ziffern bei Gloege beziehen sich auf die Abschnitte, die in BSLK jeweils am Rand angegeben sind).

Nam, ut saepe dictum est, fides non tantum notitia est, sed multo magis velle accipere seu apprehendere ea, quae in promissione de Christo offeruntur. Est autem et haec obedientia erga Deum, velle accipere oblatam promissionem, non minus λατρεία quam dilectio. Vult sibi credi Deus, vult nos ab ipso bona accipere, et id pronuntiat esse verum cultum (228, BSLK S.203).

Übersetzung:

Fides recte est iustitia, quia est obedientia erga evangelium. Constat enim obedientiam erga edictum superioris vere esse speciem distributivae iustitiae (308, BSLK S.219f).

Übersetzung:

Doch handelt es sich hierbei um einen Gedanken, der sich in der Tradition der Rechtfertigungslehre nicht durchgesetzt hat. Daß der Glaube selbst die effektive Gerechtigkeit sei, hat man als Gegenthese gegen die katholische Lehre von der Heiligmachung nicht durchgehalten. Dafür lassen sich auch Gründe nennen. Man müßte dann ja auf jeden Fall aufweisen, wie mit dem Glauben selbst die Früchte des Glaubens, Liebe gegen Gott und den Nächsten, so unmittelbar verbunden sind, daß an ihnen dieser Glaube aufweisbar ist - und wäre damit genau in der Problematik, der man doch entkommen will. Man hat sich darum hier mit Unterscheidungen beholfen, die wenigstens ein Stück weit auch tragen.

Lesen Sie dazu FC SD III, 30 - 32.

Welche doppelte Gerechtigkeit der Glaubenden wird hier unterschieden?
1.
2.

Man hat die strenge, aber in ihrer Eigentümlichkeit kaum tradierbare Fassung des "Zugleich gerecht und Sünder", simul iustus et peccator, nicht als Schulterminologie fortgeführt. Sie ist zu mißverständlich, auch wenn sie geeignet ist, die Grundtendenz noch einmal zu verdeutlichen: Gottes unanschauliche Wirksamkeit allein ist es, die den Menschen rechtfertigt. Was man aber streng festhält, ist das Absehen von der am Menschen feststellbaren Veränderung zum Guten hin, der "anfangenden Gerechtigkeit". Denn mit dieser anfangenden Gerechtigkeit kommt der Mensch nicht zu Ende, weil er in diesem Leben Sünder bleibt, und darum allein auf Gottes Gerechtigkeit in Christus sein Vertrauen setzen soll. Nicht diese anfangende Gerechtigkeit ist es, durch die der Mensch vor Gott gerecht ist, sondern allein die imputierte Gerechtigkeit Jesu Christi. Freilich hat man sich mit dieser Unterscheidung dann ein Problem aufgehalst, das die weitere Entwicklung der Lehre belastet, die Frage nach Rechtfertigung und Heiligung (8.2.4).

E. Um die Alleinwirksamkeit Gottes zu betonen, legt die reformatorische Tradition allen Wert auf die sogenannten particulae exclusivae.

Lesen Sie dazu SD III, 36 - 39 (BSLK S.926f).
Welche particulae exclusivae werden dort genannt?

Wie lassen sie sich zusammenfassen?

Was soll durch diese Redeweise angezeigt werden?
1.

2.

3.

Die Dogmatik kann diese Redeweise vom "sola fide" erweitern durch andere Bestimmungen mittels der particula exclusiva: Sola scriptura, solus Christus, sola gratia, die alle miteinander das "protestantische Prinzip" (Tillich)umschreiben, Gottes Alleinwirksamkeit dort, wo es um das Heil des Menschen geht.

Man kann gerade im Vergleich zur tridentinischen Rechtfertigungslehre die protestantische Tradition als den Versuch verstehen, die Unanschaulichkeit des Handelns Gottes so festzuhalten, daß seine Alleinwirksamkeit zum Heil des Menschen nicht gefährdet wird. Aber diese Stärke der reformatorischen Position ist zugleich ihre Schwäche: Weil diese Wirksamkeit Gottes im Menschen in der Unanschaulichkeit gehalten wird, reduziert sich Erfahrbarkeit dieser göttlichen Wirksamkeit auf das Hören der Predigt und den Empfang des Sakraments, während die religiöse Selbsterfahrung in psychischen Akten hier gerade ausgeschlossen werden muß (falls nicht, entgegen der Intention der Lehrbildung, der Glaube selbst zu einem solchen beobachtbaren psychischen Akt gemacht wird).

Zum reformatorischen Rechtfertigungsverständnis vgl. F.Mildenberger, Theologie der Lutherischen Bekenntnisschriften, 1983, II., 29-45 und IV., 66-86.

8.2.3 Glaube und ordo salutis

Wir nehmen unter diesem Stichwort Lehrbildungen zusammen, die so in der Systematik der altlutherischen Orthodoxie nicht zusammengefaßt werden. Es handelt sich aber um analoge Bildungen, die am leichtesten verständlich werden, wenn man sie als Folge dieser Grundintention der reformatorischen Soteriologie sieht: Die Unanschaulichkeit der göttlichen Wirksamkeit in Rechtfertigung und Glauben soll hier zwar nicht aufgehoben werden. Aber sie wird - wobei man sich vor allem auch an biblische Ausdrücke anlehnt - immer reichhaltiger verbalisiert.

A. Der systematische Ort des Glaubens im Zusammenhang der Soteriologie ist problematisch. Gehört der Glaube zu den principia salutis, also zur Wirksamkeit Gottes zum Heil des Menschen? Oder gehört er zu den media salutis, also zu der erfahrbaren Vermittlung dieser Wirksamkeit? Das hieße dann aber, daß man von Gottes Wirksamkeit im Menschen reden müßte, ohne den Glauben ausdrücklich zu behandeln.

In welchem Zusammenhang wird der Glaube bei Quenstedt und Hollaz behandelt?

Wie begründet H.Schmid, daß er bei seiner Darstellung der Lehre von der gratia spiritus s. applicatrix zuerst von Glauben und Rechtfertigung handelt und dann erst von den anderen im ordo salutis zusammengefaßten Ausdrücken?

Welche einzelnen Momente des Glaubens werden unterschieden?

1.   2.   3.

Diese Bestimmungen versuchen, Gottes Wirksamkeit im Menschen nach der Seite möglicher Erfahrbarkeit so weit aufzuschlüsseln, wie das ohne Schaden für die Gesamtkonzeption gehen kann. Aber ist solche Reflexion nicht doch der Versuch, hinter die Unanschaulichkeit des göttlichen Wirkens und also zu einer Erfahrung zu kommen, die Gottes Wirksamkeit in ein identifizierbares menschliches Erleben verwandelt? (vgl. dazu die Distinktion von Hafenreffer, 8.1.2.o.S.166f).

B. Vor allem die Späteren unter den orthodoxen Dogmatikern haben versucht, Gottes Wirksamkeit im Menschen mit einer ganzen Reihe von Ausdrücken zu beschreiben, die dann in einen Zusammenhang gebracht worden sind, den man als den ordo salutis bezeichnet. Seine am weitesten ausgebaute Gestalt hat dieser ordo salutis bei Hollaz, dem letzten der orthodoxen Dogmatiker am Übergang zu Pietismus und Aufklärung.

Welche Begriffe zählt Hollaz im ordo salutis auf?

1.   2.
3.   4.
5.   6.
7.   8.
9.

Eine Würdigung dieser Lehrbildung ist nicht einfach. Man kann die Vorform dieses ordo salutis in Luthers Auslegung des 3.Glaubensartikels im Kleinen Katechismus sehen. Geht es darum, das Wirken Gottes im Menschen in eine Ordnung zu zwängen, die einen zeitlichen Ablauf bildet, der so und nicht anders durchlaufen werden muß? Sollen gerade um der Unanschaulichkeit des Handelns Gottes im Menschen willen Momente des erfahrbaren Vorher und Nachher mit diesem Handeln Gottes zusammengebunden werden, um ähnlich wie im tridentinischen Rechtfertigungsdekret den Heilsweg soweit als möglich in erfahrbare Vorgänge umzusetzen?

Eines ist zunächst einleuchtend: Gerade um der Alleinwirksamkeit Gottes in der Rechtfertigung willen braucht es die klare Unterscheidung von Rechtfertigung und Erneuerung oder Heiligung.

Lesen Sie dazu SD III, 40.41, BSLK S.927f. Ist hier das Vorher der Rechtfertigung vor der Heiligung bzw. des Glaubens vor den Werken als Zeitablauf gedacht? Oder geht es um eine sachliche Vor- bzw. Nachordnung?

Welche Folgerung ließe sich von daher für ein Verständnis des ordo salutis ziehen?

Tauchen in der Aufzählung von Hollaz auch Elemente auf, die nur von der Ordnung eines zeitlichen Ablaufs als Strukturprinzip des ordo salutis her verständlich sind?

Man darf also nicht verkennen, daß der ordo salutis eine Reihe disparater Elemente zusammenfügt. Es kann hier nicht um eine strenge, auch zeitliche Reihenfolge gehen, so, wie nach der tridentinischen Rechtfertigungslehre die praeparatio der iustificatio ipsa vorausgehen muß. Die vocatio vertritt das verbum externum als erfahrbaren äußeren Anhalt der Wirksamkeit Gottes im Menschen. Die dann folgenden Ausdrücke illuminatio, conversio, regeneratio, iustificatio und unio mystica bezeichnen die Wirksamkeit Gottes im Menschen, die als solche unanschaulich bleiben muß und eben darum nicht in einen zeitlichen Ablauf gebracht werden oder mit erfahrbaren psychischen Sachverhalten identifiziert werden kann. Renovatio und conservatio beziehen sich auf die Dauer des Lebens in der Wirksamkeit Gottes. Sie stehen also zu dem, was vorher beschrieben wird, in dem Verhältnis sachlicher Abhängigkeit, die aber als solche nicht zeitlich festgelegt werden darf. Glorificatio schließlich bezeichnet das eschatologische Ziel der göttlichen Wirksamkeit im Menschen. Die unanschauliche Wirksamkeit Gottes im Menschen wird also im ordo salutis nicht einfach in einen erfahrbaren Ablauf religiöser Widerfahrnisse und Handlungen gebracht. Vielmehr wird eine möglichst detaillierte Beschreibung dieses unanschaulichen Handelns Gottes versucht, die sich insbesondere biblischer Ausdrücke bedient. Daß sich das Verständnis eines zeitlichen Nacheinanders aber nahelegt, zeigt, daß das Problem der Erfahrbarkeit der göttlichen Wirksamkeit im Menschen hier nicht gelöst ist.

8.2.4 Rechtfertigung und Heiligung

Indem die beiden Stichworte miteinander verbunden werden, wird noch einmal an die Problematik der reformatorischen Rechtfertigungslehre erinnert: Wie kann es gelingen, hier nicht nur das unanschauliche Handeln Gottes zu betonen, seine Alleinwirksamkeit im Menschen zu dessen Heil, sondern auch der Selbsterfahrung gerecht zu werden, die nicht diese Wirksamkeit Gottes wahrnimmt, sondern Widerfahrnisse und Akte beobachten kann, eine religiöse Lebendigkeit des eigenen Verhaltens?

Indem Rechtfertigung und Heiligung unterschieden werden, kann man versuchen, beiden Nötigungen gerecht zu werden. Allerdings besteht dabei dann eine doppelte Gefahr: einmal die, daß Gottes Handeln doch in die religiöse Aktivität der Heiligung hinein verschwindet, als Erlebnisinhalt, als Begabung, als Befähigung, die in bestimmten Handlungen und Verhaltensweisen dann von dem Gläubigen nachgewiesen werden muß. Zum anderen kann diese Unterscheidung dazu führen, daß die Einheit der göttlichen Wirksamkeit wie die Einheit des Lebensvollzugs problematisiert wird, wie sich das schon in der Unterscheidung einer zugerechneten Gerechtigkeit Christi und einer anfangenden Gerechtigkeit des neuen Gehorsams andeutet. Sind das zwei Gerechtigkeiten und dann auch zwei verschiedene Wirkungen Gottes? Aber muß nicht der Versuch einer einheitlichen Zusammenordnung mindestens in die Nähe der tridentinischen Anschauung führen?

Man kann, über diese Problemanzeige hinaus, hier allenfalls zu einem möglichst ausgewogenen Kompromiß kommen.

Lesen Sie dazu von Adolf Köberle "Rechtfertigung, Glaube und neues Leben", 1965, S.182 - 187. Inwiefern besteht ein organischer Zusammenhang zwischen Rechtfertigung und Heiligung?

Welche doppelte Wirkung kommt dem Rechtfertigungsglauben von der als Frucht der Rechtfertigung geübten Heiligung aus zugute?

1.

2.

Eine Problemlösung kann man freilich einen solchen Kompromiß kaum nennen.

8.3 Glauben und Werke

Die Dogmatik muß die Frage nach dem Verhältnis von Glauben und Werken genauso behandeln wie die Ethik, die hier nach ihrer Grundlegung zu fragen hat. Bei dieser Verhältnisbestimmung geht es um die Problematik, die uns schon bei der Behandlung der Rechtfertigungslehre durchweg beschäftigt hat: Wie kann Gottes Wirksamkeit im Menschen zur erfahrbaren Wirklichkeit dieses Menschen werden? Diese Frage wird hier noch einmal aufgenommen. Als Handelnder, als der Täter seiner Werke, erfährt sich der Mensch ja besonders intensiv. In seinen Werken kann er sich gegenständlich werden, und was er selbst bewirkt hat, kann ihm in den Auswirkungen seines Tuns wieder entgegenkommen. Darum ist hier auch die Frage nach der Erfahrbarkeit der göttlichen Wirksamkeit besonders dringlich gestellt.

Dabei kommt noch einmal die ganze soteriologische Problematik in den Blick, und die hier auftretenden Gegensätze zwingen zu Unterscheidungen, die freilich nicht einfach mit konfessionellen Positionen identifiziert werden können. Zudem zeigt sich auch hier, wie Stärke und Schwäche der verschiedenen Positionen sehr nahe beieinanderliegen.

Wir machen uns die dogmatische Problematik klar, indem wir zwei Modelle, Glauben und Werke aufeinander zu beziehen, gegeneinanderhalten.

8.3.1 Das Reflexionsmodell

Wir reden hier von Reflexionsmodell (nicht zu verwechseln mit dem Reflexionsschema der modernen Subjektivität, 5.1.2), weil das Verhältnis von Glauben und Werken durch das Reflexions-Ich vermittelt ist: wie Ich Subjekt meines Glaubens bin, so bin Ich auch Subjekt meiner guten Werke.

Diese Möglichkeit einer Vermittlung ist außerordentlich einflußreich. Ihr ist nicht nur das tridentinische Modell zuzurechnen, sondern auch die verschiedensten Gestalten protestantischer Verhältnisbestimmung von Glauben und Werken. Sie ist besonders naheliegend, weil sie der "normalen" menschlichen Selbsterfahrung entspricht. Ihre Problematik zeigt sich sofort, wenn danach gefragt wird, warum Ich gute Werke tun soll. Ja, die Frage nach der Motivation des christlichen Handelns ist hier so kennzeichnend, daß man statt von Reflexionsmodell auch von Motivationsmodell reden könnte. Ich, reflektierend meiner - wenigstens scheinbar - mächtig, frage nach der Motivation meines Handelns.

Lesen Sie dazu im Heidelberger Katechismus Frage 86. Man versucht hier, der Verfänglichkeit der gestellten Frage nach der Motivation der guten Werke (wohl unbewußt) doch noch auszuweichen, indem zunächst das "Verursachungsmodell" (8.3.2) anklingt: "Damit Christus, nachdem er uns mit seinem Blut erkauft hat, uns auch durch seinen heiligen Geist erneuert zu seinem Ebenbild". Aber dieser Gedanke steht dann doch nur als Überschrift über der eigentlichen Motivationsproblematik.

Welche Motive für die guten Werke nennt der Heidelberger?
1.
2.
3.
Man kann hier sehr gut beobachten, wie Glauben und gute Werke im Reflexions-Ich vermittelt werden.

1. Ich weiß mich durch Gott im Glauben gerechtfertigt. Dafür muß Ich Gott dankbar sein. Diese Dankbarkeit muß sich so äußern, daß Ich nun auch ein Gottes Willen entsprechendes Leben führe, also Gottes Gesetz beachte und so gute Werke tue.

2. Ich weiß, daß allein der Glaube um Christi willen rechtfertigt. Da Ich diese Rechtfertigung suche, muß Ich mich dessen vergewissern, daß Ich auch wirklich glaube. Schon diese Frage, ob

Ich wirklich glaube, zeigt ja, daß mein Glaube problematisch ist. Darum braucht es die Selbstvergewisserung in den guten Werken.Denn Ich weiß ja, daß diese guten Werke nur dort sind, wo der Glaube ist, und Ich kann diese Relation umkehren.

3. Ich weiß, daß Ich Zeuge des Herrn sein soll, und werde darum in einem entsprechenden Verhalten für meinen Nächsten zu einem solchen Zeugen werden.

Das Ich ist hier der Punkt, auf den der Glaube wie das Handeln bezogen wird, in dem sie beide zusammenkommen. Diese ganz normale Feststellung zeigt sich erst dann in ihrer Problematik, wenn man sie auf den Sachverhalt der göttlichen Wirksamkeit im Menschen bezieht. Kann diese Wirksamkeit mit einem derartig stabilen Ich eigentlich zusammengedacht werden?

Tragen Sie hier den Liedervers EKG 242,8 ein:

Zeigt sich hier dasselbe Reflexionsmodell? Wer ist es, der hier aus den Werken den Glauben merkt?

Man redet von der Selbstvergewisserung des Glaubens aus seinen Früchten auch als vom Syllogismus practicus, der für die reformierte Tradition deshalb von besonderem Gewicht ist, weil hier die Prädestination Voraussetzung des Glaubens wie der Werke ist, weil also die Unanschaulichkeit des göttlichen Wirkens zum Heil bis in den ewigen Ratschluß Gottes zurückgenommen ist und nicht in Jesus Christus angeschaut werden kann. Denn dessen Heilswerk gilt nur denen, die nach Gottes ewigem Ratschluß erwählt sind. Aber es gilt nicht unbedingt und allgemein. Das Reflexionsmodell in der Verhältnisbestimmung von Glauben und Werken läßt sich umsetzen in den Imperativ: Willst du deines Glaubens gewiß werden, dann tu die guten Werke. Aber auch hier ist dann wieder die Umkehrung möglich: Weil ich die guten Werke nicht aufbringe, darum habe ich auch den Glauben nicht, darum bin ich verdammt. D.h. hier kommt die ganze Gewißheitsproblematik wieder auf, die doch durch den Verweis auf das alleinige Wirken Gottes zum Heil gelöst werden sollte. Und die Frage nach dem gewissen Heil wird zum Motiv der guten Werke - trotz einer im Ansatz anderen Denkstruktur zeigt sich hier eine große Nähe zum tridentinischen Denkmodell, die sicher nicht von ungefähr kommt. Auch dort ist ja das stabile Ich der Selbsterfahrung die Vermittlung der göttlichen Wirkung und der menschlichen Werke.

8.3.2 Das Verursachungsmodell

Die lutherische Tradition hat sich gegen das Reflexionsmodell in der Verhältnisbestimmung von Glauben und Werken gewehrt. Hier versucht man eine andere Bestimmung, indem man betont, daß der Glaube notwendig die guten Werke mit sich bringe. Man hat dabei den Vergleich mit dem guten Baum, der die guten Früchte bringt, vielleicht etwas über Gebühr strapaziert. Aber den Gedanken, daß durch den Glauben die Person vor Gott gut werde und daß allein diese gute Person gute Werke tun könne, hat die lutherische Lehrtradition immer festgehalten.

Von Luther stammt der Satz: "Also bleibt der Glaube der Täter, und die Liebe bleibt die Tat." So in der Fastenpostille von 1525 in der Epistel auf den 4.Sonntag nach Epiphanias zu Rö. 13, 8ff, vgl. WA 17/II, S.98, Z.25 (Lesen Sie auch den Kontext dieses Satzes!). Das heißt dann, daß nicht das Ich, sondern der Glaube das eigentliche Subjekt der guten Werke ist.

Das ist nicht einfach zu denken. Wie soll solcher Zusammenhang vermittelt werden - da doch die Erfahrung je die eigene Spontaneität als die Voraussetzung des Handelns kennt und die Erfahrung solcher Spontaneität nicht ausgelöscht werden kann, sondern mit in die theologische Reflexion eingebaut werden muß?

Lesen Sie dazu CA XX (möglichst nicht nur den deutschen, sondern auch den lateinischen Text, der hier wie oft präziser ist).

Warum ist es notwendig, gute Werke zu tun ?

Inwiefern ist es möglich, daß der Glaubende gute Werke tut?

Wozu hat die Predigt der Werke die Menschen getrieben?

Man versucht hier, den neuen Affekt des Gerechtfertigten Gott gegenüber mit ins Spiel zu bringen, aber nicht so, daß Dankbarkeit als Motiv der guten Werke erscheint, sondern so, daß dieser neue Affekt Gott gegenüber selbst schon als Ermöglichung des guten Werkes bestimmt werden muß:

Hinc facile apparet, hanc doctrinam non esse accusandam, quod bona opera prohibeat, sed multo magis laudandam, quod ostendit, quomodo bona opera facere possimus. Nam sine fide nullo modo potest humana natura primi aut secundi praecepti opera facere. Sine fide non invocat Deum, nihil a Deo exspectat, non tolerat crucem, sed quaerit humana praesidia, confidit humanis praesidiis (CA XX, 35.36).

Übersetzung (nicht der entsprechende Abschnitt der deutschen Fassung):

Aber auch wenn hier um der Heilsgewißheit willen von der Selbstbeobachtung abgesehen werden soll, wenn zugleich behauptet wird, daß der Glaube notwendig gute Werke hervorbringe, wie der gute Baum gute Früchte trage, läßt sich Reflexion ja nicht verbieten. Hier liegt die Schwäche der Verhältnisbestimmung über das Verursachungsmodell. Immerhin läßt sich hier hinweisen darauf, daß gute Werke ja ein sinnvolles Tun sein sollen, das dem Nächsten nützt - nicht die puerilia et non necessaria opera, die die Gegner der CA einst gepredigt hätten. Damit wird die Aufmerksamkeit nach außen gewiesen, auf die, denen die Werke zugute kommen sollen. Sicher entgeht man damit nicht einfach der Reflexion. Aber es besteht doch die Möglichkeit, aus dieser Selbstbezogenheit des religiösen Lebens auszubrechen.

Lesen Sie dazu Luthers Schrift "Von der Freiheit eines Christenmenschen" (1520). Achten Sie insbesondere auf den Schlußsatz (zum XXX.), wo Luther die ekstatische Existenz des Christen in Glauben und Liebe formuliert.

9. Die Gnadenmittel

Wir folgen mit dieser Bezeichnung des Abschnitts der gängigen Übersetzung des orthodoxen Terminus media salutis. Freilich ist der Ausdruck in seiner Reichweite gegenüber dem Terminus der Orthodoxie stark eingeschränkt. Ist Ihnen nicht mehr geläufig, was dort unter "media salutis" verstanden wurde, dann schlagen Sie die Inhaltsverzeichnisse von Quenstedt und Hollaz noch einmal nach (1.3.8). Im Folgenden werden nur die Wortverkündigung und die Sakramente als Gnadenmittel behandelt. Die Lehre von der Kirche muß in einem eigenen Abschnitt folgen.

9.1 Vorfragen

Ein Blick auf die Stellung und Gewichtung des in Frage stehenden Sachverhaltes in den verschiedenen dogmatischen Lehrbüchern kann auch hier als erster Hinweis auf die Problematik des Lehrstücks dienen.

Nennen Sie hier zunächst Dogmatiken, in denen die Lehre von den Gnadenmitteln (der Gebrauch des speziellen Ausdrucks ist dabei nicht maßgebend) im Zusammenhang der Ekklesiologie behandelt wird:

In welcher Dogmatik findet sich die bei den Orthodoxen vorgegebene Reihenfolge: Wort, Sakrament, Kirche? Oder läßt sich wenigstens eine Annäherung an diese Reihenfolge auffinden?

Wie ist die Stellung der Lehre von den Gnadenmitteln bei Diekamp-Jüssen?

+ Läßt sich bei Emil Brunner aus dem Aufbau seines III.Bandes etwas über das Verhältnis von Kirche und Gnadenmitteln erfassen?

Wo behandelt Karl Barth die Lehre vom verkündigten Wort Gottes außer in den dogmatischen Prolegomena?

Läßt sich aus dem geplanten Aufbau der KD auch etwas über seine Absicht die Sakramente bzw. Taufe und Abendmahl betreffend entnehmen?

Der Überblick zeigt, daß sich in der Stellung der Lehre von den Gnadenmitteln kein Konsens findet. Am ehesten ist man noch geneigt, sie in den Zusammenhang der Ekklesiologie zu verweisen. Wir haben aber auch hier, wie in der Lehre vom Werk des heiligen Geistes, Gründe, die Anordnung der alten Dogmatiker beizubehalten, auch wenn solche Fragen der Anordnung nur Akzente setzen, nicht schon in der Sache vorentscheiden.

9.1.1 Vorordnung der Lehre von den Gnadenmitteln vor die Ekklesiologie

Hier muß an Sachverhalte erinnert werden, die schon im letzten Abschnitt behandelt wurden (8.1.3). Erscheint Kirche als Ermöglichung des Glaubens, dann wird die Frage nach der Ermöglichung von Kirche in der Empfänglichkeit des Menschseins für die göttliche Wirksamkeit das Interesse auf sich ziehen. Will man diesen Weg des Denkens nicht gehen, muß Ermöglichung von Kirche in Gottes Wirksamkeit gesucht werden. Diese Wirksamkeit ist aber selbst nicht unvermittelt. Darum erscheint dann Kirche als creatura verbi (vgl. 3.3), und eine Behandlung der Gnadenmittel Wort und Sakrament vor der Ekklesiologie ist geeignet, diesen Sachverhalt zu unterstreichen.

Beachten Sie dazu den Aufbau der CA von Artikel IV - XV.
Geben Sie die Artikel mit ihrer lateinischen Überschrift an:

IV.	V.
VI.	VII.
VIII.	IX.
X.	XI.
XII.	XIII.
XIV.	XV.

Was ist hier unter dem ministerium ecclesiasticum verstanden?

Daß in Artikel XIV noch einmal ausdrücklich vom ordo ecclesiasticus, vom kirchlichen Amt, die Rede ist, zeigt an, daß das ministerium ecclesiasticum von CA V nicht einfach mit dem Pfarramt bzw. mit einer kirchlichen Hierarchie identifiziert werden darf (die Auslegung ist freilich im Neuluthertum umstritten). In CA V geht es um die Notwendigkeit des verbum externum als Ermöglichung des rechtfertigenden Glaubens (vgl. 8.1.2 und 8.2.2 C.), das sicher nicht ohne Indienstnahme der Kirche ergeht (darum ministerium ecclesiasticum). Aber sachlich ist dieses ergehende Wort der Kirche vorgeordnet, sofern sie selbst erst durch dieses Wort konstituiert wird.

Kirche ist also nicht selbst das "Ursakrament", das alle Vermittlung des Heils in sich schließt (der Terminus ist in der neueren katholischen Theologie geläufig). Vielmehr ist sie selbst erst ermöglicht durch die Vorgegebenheit des Heils in Jesus Christus, wie sie in den Gnadenmitteln dargeboten wird.

Man darf hier - die Frage wurde schon einmal dort angesprochen, wo das Verhältnis von Kanon und Kirche zu erörtern war (3.3.2) - also nicht die aufweisbare (historische, als Zeitfolge kenntliche) Verursachung und die theologische Ordnung verwechseln. Das gilt für das verkündigte Wort Gottes (das die Sakramente mit umfaßt) in gleicher Weise wie für das geschriebene Wort Gottes (vgl. dazu 3.1.4). Um diese Vorordnung anzuzeigen, empfiehlt es sich darum, die Lehre von den Gnadenmitteln nicht innerhalb der Ekklesiologie, sondern in einem eigenen Locus vor der Ekklesiologie abzuhandeln.

9.1.2 Theologie des Wortes Gottes

Wir hatten schon anläßlich der einführenden Bemerkungen zur Anthropologie (6.1) darauf hinzuweisen, wie moderne Dogmatik ganz als Anthropologie konstruiert werden konnte, weil die fromme Subjektivität sozusagen die ganze Gottes- und Heilswirklichkeit in sich selbst versammelte und dann wieder - auf ihren religiösen Status reflektierend - auszubreiten vermochte. Im Gegensatz zu dieser Anthropologisierung hat sich bekanntlich die "dialektische Theologie" als eine Theologie des Wortes Gottes verstanden.Auch hier besteht dann die Möglichkeit, Dogmatik ganz von dieser einen Frage nach dem Wort Gottes her zu konstruieren. Hier findet man das entscheidende Problem, durch das sich die theologische Reflexion durchgehend bestimmen läßt.

Welche der unter 0.2.1 genannten Dogmatiken ist in ihrem Gesamtaufriß als Theologie des Wortes Gottes konstruiert?

Lesen Sie dazu von K.Barth "Das Wort Gottes als Aufgabe der Theologie", (1922), in: Hg. J.Moltmann, Anfänge der dialektischen Theologie 1, ThB 17, 1962, S.197 - 218.

Wie bestimmt Barth die Bedrängnis der Theologen?

Wegen welcher Unklarheiten hält Barth Schleiermacher nicht für einen guten theologischen Lehrer?
1.

2.

3.

Welche drei Wege kann der Theologe versuchen, um dem Menschen in seiner Not die Antwort auf die Frage zu geben, die er selbst ist?

Was weiß dabei der echte Dialektiker, und wie wird er sich darum verhalten?

Inwiefern bedeutet dies, daß das Wort Gottes die Aufgabe der Theologie ist, die sichere Niederlage aller Theologie und aller Theologen?

Hier wird also durch die Feststellung, daß Gott selbst es ist, der sich durch sein Wort mitteilt, Theologie insgesamt problematisiert. Die Vermittlung - z.B. eine Predigt, die der Pfarrer zu halten hat - und das Vermittelte - nämlich der Gott, der selbst in Jesus Christus zu uns
redet - werden so unterschieden, daß von dieser Unterscheidung her das menschliche Tun - also
etwa das Predigen - in dieser Vermittlung in seiner Angewiesenheit darauf kenntlich wird, daß
Gott selbst verwirklicht, was sonst nichts ist.

Man muß freilich sehen, daß diese Unterscheidung nun nicht bedeutet, daß damit der Anspruch der
Vermittlung, Wort Gottes zu sein, erweicht würde. Er wird im Gegenteil dadurch gerade behauptet. Denn so wenig der Theologe es in der Hand hat, daß das, was er tut, sein Reden von Gott,
dadurch zu Gottes Wort wird, daß Gott selbst sich dieses Redens bedient, so wenig kann das Gegenteil behauptet werden, nämlich dies, daß es sich hier bloß
um menschliches Reden handle und also für dieses Reden nur
der Anspruch erhoben werden könne, den man eben für menschliches Reden allenfalls erheben kann. Eben weil die Theologie des Wortes Gottes mit der Möglichkeit rechnet, die nicht
ihre eigene, sondern die Möglichkeit Gottes selbst ist, muß
sie den absoluten Anspruch des Wortes Gottes vertreten.

Die "Theologie des Wortes Gottes" ist darum nicht nur als
"Neoorthodoxie" klassifiziert worden (insbesondere im angelsächsischen Sprachraum). Es wurde ihr gerade auch ihre
Berufung auf die Autorität des Wortes Gottes zum Vorwurf
gemacht.

Lesen Sie dazu W.Pannenberg, Stellungnahme zur Diskussion,
in Hg. James M.Robinson und John B.Cobb Jr., Theologie als
Geschichte, Neuland in der Theologie Bd.3, 1967, S.288-295.
In welchem Sinne war die christliche Theologie bis zur Aufklärung Offenbarungstheologie?

Wo hat die Worttheologie unseres Jahrhunderts das Wort Gottes gesucht?

Bultmann:

Barth:

Welche Formen von Gottesglauben läßt die durch die Aufklärung begründete Mündigkeit des Menschen unglaubwürdig werden?

+ Inwiefern könnten die Bemühungen von G.Ebeling und E.Fuchs um eine Theologie des Wortgeschehens zu einer Möglichkeit hinführen, die Rede vom "Wort Gottes" auf ihr phänomenales Wahrheits-
  moment hin zu interpretieren?

Die Theologie des Wortes Gottes wie auch ihre Bestreitung (die in den letzten Jahren sehr viel
breiter erfolgte als nur durch Pannenberg) weist auf die Schwierigkeit hin, die schon in der
altprotestantischen Dogmatik angelegt ist: Man muß in zweierlei Hinsicht vom Wort Gottes reden.
Einmal in den Prolegomena,   wo es als die Erkenntnisquelle bzw. mindestens als das Kriterium
der Theologie auftritt. Zum anderen dort, wo es um die Vermittlung des Heils geht. Dabei kommt
es nur zu leicht zu einer Verschiebung der Argumentation. Statt von der Wirksamkeit des Wortes
in der Vermittlung des Heils auszugehen, die dann auch seine Autorität begründet, wird die Frage der Autorität isoliert und gerät dann in das Zwielicht unbegründbarer Ansprüche.

Mit welcher Unterscheidung hat man in der Orthodoxie dieses Problem zu bewältigen versucht (vgl. 3.1.1)?

9.2 Wort und Sakrament

Wir reden ganz selbstverständlich von Wort und Sakrament als den Gnadenmitteln. Das ist typisch für die reformatorische, genauer noch für die lutherische Dogmatik. Schon im Sprachgebrauch zeigt sich hier eine konfessionelle Position. Die katholische Dogmatik, die die Wirksamkeit Gottes im Menschen (die Gnade) sehr viel differenzierter beschreibt, muß auch bei den Gnadenmitteln eine ganze Reihe von Abstufungen vollziehen. Nicht nur so, daß Predigt und Sakrament eine unterschiedliche Bedeutung haben, sondern auch so, daß dann wieder bei den Sakramenten verschiedene und verschiedenartige Gnadenwirkungen genannt werden.

Vergleichen Sie dazu zunächst CA IV.V. einerseits und das tridentinische Rechtfertigungsdekret andererseits.

Was wird durch Wort und Sakrament nach CA V vermittelt?

Was ist die Wirkung Gottes im Menschen?

Wo hat die "fides ex auditu" im tridentinischen Dekret ihren Ort?

Durch welche Art der Gnade wird sie bewirkt?

Was ist die causa instrumentalis der Rechtfertigung?

Bei einem solchen Vergleich zeigt sich deutlich die konfessionelle Unterschiedenheit in der Lehre von den Gnadenmitteln, die wieder abhängt von der Differenz in der Rechtfertigungslehre. Man sollte diese Differenz aber auch nicht überbewerten. In Hinsicht auf die kirchliche Struktur kommt diese Differenz kaum zum Tragen. Hier wie dort ist ein besonderer Stand, der die Gnadenmittel verwaltet, wie auf der anderen Seite eine Gemeinde, der das Heil ausgeteilt wird.

9.2.1 Die Austeilung der Gnade durch die Sakramente

Wir nehmen die römisch-katholische Sakramentslehre vorweg. Daß hier das Sakrament höher geschätzt wird als das Wort, zeigt sich schon an der Stellung von Wortwirkung und Sakramentswirkung im Rechtfertigungsvorgang. Das Wort ist Information und Appell, das Sakrament dagegen wirksame Vermittlung der Gnade. Darum erfordert ja die Wirkung des Wortes in der Dispositio ad gratiam die Mitwirkung des Menschen, während die Gnadeneingießung durch das Sakrament wirksam erfolgt, wenn der Mensch dem nicht bewußt widersteht.

Die römisch-katholische Sakramentslehre ist im Decretum pro Armenis des Konzils von Florenz (1439) und in der Sessio VII des Trienter Konzils (DS 1600 - 1613) definiert (das Tridentinum hat dann noch weitere Bestimmungen zu einzelnen Sakramenten).

Die theologische Systematik der Sakramentslehre gibt eine Reihe von Unterscheidungen an, die man wenigstens einmal zur Kenntnis genommen haben sollte. Bekanntlich zählt man (seit der Mitte des 12.Jahrhunderts) 7 Sakramente.

Zählen Sie diese Sakramente mit ihrer lateinischen Bezeichnung auf (folgen Sie dabei am besten dem Decretum pro Armenis, DS 1310 - 1327):

1.   2.   3.

4.   5.   6.

7.

Dabei wird hier jeweils unterschieden die materia, die forma, der minister und der effectus des Sakraments. Diese Systematik läßt sich freilich nicht streng durchführen. Sie zeigt aber doch etwas von der unterschiedlichen Wirkung, die den einzelnen Sakramenten zugeschrieben wird.

Führen Sie diese 4 Bestimmungen der einzelnen Sakramente auf (die forma, das jeweils das Sakrament bewirkende Wort, brauchen Sie nur durch ein Stichwort zu kennzeichnen):

	materia	forma	minister	effectus
1. Taufe				
2. Firmung				
3. Eucha- ristie				
4. Buße				
5. Letzte Ölung				
6. Weihe				

Die Ehe, obwohl als siebtes Sakrament gezählt, paßt nicht in diese Systematik. Was ist ihre causa efficiens?

Was ist ihr triplex bonum?

Man kann verschiedene Einteilungsschemata der Sakramente anführen:

Nach der Voraussetzung beim Empfänger: Es gibt Sakramente, die den Gnadenstand bewirken, und Sakramente, die ihn voraussetzen.

Den Gnadenstand bewirken:

Den Gnadenstand setzen voraus:

Es gibt Sakramente, die man nur einmal empfängt, weil sie einen character indelebilis verleihen (DS 1609):

Man kann nach dem minister unterscheiden, je nachdem, ob die Sakramente vom Priester oder vom Bischof gespendet werden. Auch hier fällt freilich die Ehe aus der Systematik.
Wer ist hier der Spender des Sakraments (vgl. Diekamp-Jüssen 3.Bd., S.388ff)?

Gerade die Bestimmungen über die Ehe zeigen deutlich, wie eng die Sakramentslehre mit dem Kirchenrecht verbunden ist. Dieses Kirchenrecht setzt die Bedingungen fest, unter denen ein Sakrament gültig gespendet und empfangen werden kann.

9.2.2 Die reformatorische Gleichordnung von Wort und Sakrament

Während für die katholische Anschauung die Differenzierung in der Bestimmung der Gnade und dann auch innerhalb der Gnadenmittel kennzeichnend ist (das zeigt sich nicht nur in der Stellung der Wortverkündigung innerhalb der praeparatio, sondern auch in dem jeweils unterschiedlichen effectus der einzelnen Sakramente), ist die reformatorische Anschauung bestimmt durch die Konzentration auf das Evangelium bzw. die göttliche Verheißung, die durch die Gnadenmittel dargereicht und im Glauben empfangen wird. So Luther (De captivitate ..., WA 6, S.516 = BoA 1, S.448):

Neque enim Deus (ut dixi) aliter cum hominibus unquam egit aut agit quam verbo promissionis. Rursus, nec nos cum deo unquam agere aliter possumus, quam fide in verbum promissionis eius. Opera ille nihil curat, nec eis indiget, quibus potius erga homines et cum hominibus et nobisipsis agimus. Indiget autem, ut verax in suis promissis a nobis habeatur, talisque longanimiter sustineatur, ac sic fide, spe et charitate colatur.

9.2.2

Diese <u>Konzentration auf</u> das Evangelium und den Glauben, <u>promissio et fides</u>, bringt natürlich Probleme mit sich, etwa in der Frage der Kindertaufe. Sie ist aber zunächst und zuerst geeignet, die reformatorische Bestimmung der Wirksamkeit Gottes im Menschen durch die entsprechende Lehre von der Vermittlung dieser Wirksamkeit zu unterstreichen: da es nicht um eine dem Empfänger zugestellte Gnadenwirkung geht, sondern um das durch Christus bestimmte Evangelium als die Zusage Gottes, kann es auch nicht eine differenzierte Wirkweise dieser Zusage geben, sondern nur differenzierte Weisen, wie die eine Zusage Gottes dem Menschen vermittelt wird.

Lesen Sie dazu ASm, aus dem 3. Teil der Artikel, den Abschnitt über das Evangelium BSLK S.449 - 456).

Was ist das eigentliche Amt des Evangeliums?

Welche Weisen, das Evangelium darzureichen, werden genannt?

+ Rechnet Luther das mutuum colloquium fratrum zum Amt der Schlüssel, oder sehen Sie einen anderen Grund, warum hier nicht eine eigene Ziffer gesetzt wird wie bei den anderen Weisen der Austeilung?

In Zusammenfassung dieses Abschnitts handelt Luther von der Abwehr des Enthusiasmus. Welchen Ausdruck gebraucht er hier, um die verschiedenen Weisen der Austeilung des Evangeliums zu bezeichnen?

Die Folgerung aus dieser Anschauung ist klar: Das mündliche, gepredigte Evangelium ist in gleicher Weise wirksame Darbietung der göttlichen Gnade wie das sakramentale Zeichen, an das in Taufe und Abendmahl die promissio Gottes gebunden ist.

In diesem Zusammenhang wird gerade in reformatorischen Schriften häufig Augustin zitiert, um die Verbindung von Element und Wort im Sakrament zu kennzeichnen. Geben Sie das betreffende Augustinzitat, das auch in dem genannten Abschnitt der ASm vorkommt:

Umgekehrt ist das Sakrament nicht eine wirksamere Darbietung des Evangeliums als das gepredigte Wort. Damit wird eine entscheidend wichtige Bestimmung der katholischen Sakramentslehre umgestoßen: Die Behauptung, das Sakrament wirke ex opere operato - also dadurch, daß der Ritus korrekt vollzogen wird (wozu selbstverständlich auch die Beachtung der kirchenrechtlichen Bestimmungen gehört).

In welchem der Canones des tridentinischen Decretum de sacramentis (DS 1601ff) taucht der Terminus "ex opere operato" auf?

Auf welche Sakramente bezieht sich die Behauptung einer Wirksamkeit ex opere operato?

Gibt es eigentlich auch noch andere als die novae legis sacramenta?

Eine solche Wirksamkeit der Sakramente ex opere operato muß von der reformatorischen Anschauung der Wirksamkeit Gottes im Menschen her bestritten werden. Denn diese Wirksamkeit ex opere operato kann sich dort ja nur auf die Übertragung der göttlichen Wirkung beziehen, die als habitus infusus den Menschen mit den "theologischen" Tugenden Glaube, Hoffnung, Liebe begabt, die dann wieder in den entsprechenden Akten sich äußern müssen. In der reformatorischen Anschauung dagegen kann die menschliche Spontaneität nicht von der göttlichen Wirksamkeit im Sakrament getrennt werden. Gerade weil die Spontaneität, die sich auf das Evangelium richtet, als Glaube an die göttliche Verheißung selbst die Wirksamkeit Gottes im Menschen ist, kann hier die Wirksamkeit Gottes nicht nur in dem opus operatum des Sakramentsvollzugs gefunden werden. Das äußere Wort Gottes als verbum promissionis und die innere Wirksamkeit Gottes als Glaube müssen sich entsprechen. Nur dann kann von der Wirksamkeit des Sakraments geredet werden.
Luther (De captivitate ... WA 6, S.533 = BoA 1, S.467).

Nos ergo aperientes oculum discamus, magis verbum quam signum, magis fidem quam opus seu usum signi observare, Scientes, ubicunque est promissio divina, ibi requiri fidem, Esseque utrunque tam necessarium, ut neutrum sine utro efficax esse possit. Neque enim credi potest, nisi assit promissio, nec promissio stabilitur, nisi credatur, ambae vero, si mutuae sint, faciunt veram et certissimam efficatiam sacramentis. Quare efficatiam sacramenti citra promissionem et fidem quaerere, est frustra niti et damnationem invenire.

Übersetzung:

Wort und Sakrament interpretieren sich gegenseitig als wirksame Vermittlung des Evangeliums. Dabei hängt aber alles daran, daß hier dann wirklich Evangelium ist. Man kann nicht von einem sakramentalen Verständnis des Wortes oder von einem worthaften Verständnis des Sakraments reden, wenn nicht immer die Hinsicht auf das Evangelium gewahrt bleibt.

9.2.3 Die Frage nach dem "Proprium" des Sakraments

Die dogmatische Gleichordnung von Wort und Sakrament hat sich faktisch als eine Abwertung des Sakraments gegenüber dem Wort ausgewirkt. Zwar gibt es, vor allem im Luthertum, auch eine praktische Hochschätzung des Sakraments und eine Sakramentsfrömmigkeit, aber die Regel ist doch eine fast selbstverständliche Vorordnung des Wortes. Der sonntägliche Hauptgottesdienst evangelischer Gemeinden ohne Predigt ist fast undenkbar - ohne Abendmahlsfeier ist er die Regel.

Liturgiegeschichtlich interessant sind hier die Differenzen zwischen der oberdeutsch-reformierten Ordnung, die den Hauptgottesdienst seit der Reformation als reinen Predigtgottesdienst hält und das Abendmahl nur an bestimmten Sonntagen im Jahr anhängt (so auch das lutherische Württemberg und Frankfurt), während man sonst eine umgestaltete Meßliturgie beibehielt, die freilich heute in der Regel vor der Sakramentsfeier abbricht.

Diese Praxis führt dann wieder zu der Frage, warum man das Sakrament überhaupt braucht. Daß es zur Interpretation des Wortes als wirksamer Vermittlung des Evangeliums notwendig ist, das ist zwar eine naheliegende Auskunft. Doch begegnet sie kaum. Vielmehr wird die Frage so gestellt, daß schließlich doch wieder nach einem Überschießenden gefragt wird, das das Sakrament über das Wort hinaus habe. Hier interessieren Fragestellungen, die sich gegen eine materialistische Deutung des Sakraments (Verdinglichung der Sakramentsgabe und damit verbunden Entpersonalisierung des Sakramentsempfangs) wehren, aber doch eine Eigentümlichkeit des Sakraments im Unterschied zum Wort herausstellen möchten.

Lesen Sie dazu bei H.Stephan, Glaubenslehre, 1921, S.186 (2.Aufl. 1928, S.222f).
Wie will Stephan die Besonderheit der Wirkweise des Sakraments begründen?

Welche Gründe werden dabei angeführt?

Welche Erkenntnis findet im Sakrament ihre Verstärkung?

Vergleichen Sie damit die Überlegungen bei W.Trillhaas, Dogmatik, S.357f. Worin findet Trill-
haas das Überschießende der Handlung?
1.
2.
3.

Die Dogmatik wird freilich gegenüber derartigen Überlegungen sehr zurückhaltend sein. Die Fragestellung ist problematisch, darum können hier die Antworten kaum überzeugend ausfallen. Die
beste Begründung für die Notwendigkeit der Sakramente ist immer noch die Berufung auf die Positivität der kirchlichen Tradition und damit verbunden auf den ökumenischen Charakter der Taufe
und des Abendmahls.

9.3 Das Wort als Gnadenmittel

Das Wort Gottes ist hier als das verkündigte bzw. mündliche Wort Gottes (vgl. 3.2.2) Gegenstand
der dogmatischen Überlegungen. Das bedeutet, daß es nicht von seiner Beziehung zum persönlichen
und geschriebenen Wort Gottes gelöst werden kann, wenn es nicht zu Verzeichnungen kommen soll.

9.3.1 Verkündigung als wirksames Wort Gottes

Oben wurde hingewiesen auf die Polemik gegen eine Theologie des Wortes Gottes (9.1.2). Hier
komme es zu autoritären Ansprüchen, die für den durch die Aufklärung mündig gewordenen Menschen
nicht mehr akzeptabel seien. Ist das Wort der Verkündigung als die wirksame promissio Gottes
gedacht, kann es über seine Notwendigkeit keine Diskussion geben. Insofern dabei das mündliche
Wort an Entscheidung appelliert ("Du sollst dem Evangelium glauben"), hat es in der Tat autoritative Struktur, was allerdings nicht ausschließt, daß für diese Entscheidung Gründe angegeben
werden und auf Erfahrungen verwiesen wird, in denen sich das Evangelium bewährt hat.

Für die Reformation ist dabei kennzeichnend die Erfahrung, daß sich das Evangelium als Trost und
Hilfe für die geängsteten Gewissen bewährt hat. Ein Beispiel aus der Apologie (BSLK S.163,20):

Sed tota haec res (sc. die Unterscheidung von meritum de congruo und meritum de condigno - wenn
Sie nicht wissen, was das ist, informieren Sie sich darüber in der RGG über deren Registerband)
conficta est ab otiosis hominibus, qui non norant, quomodo contingat remissio peccatorum et
quomodo in iudicio Dei et terroribus conscientiae fiducia operum nobis excutiatur. Securi hypocritae semper iudicant se de condigno mereri, sive adsit habitus ille, sive non adsit, quia
naturaliter confidunt homines propria iustitia; sed conscientiae perterrefactae ambigunt et
dubitant, et subinde alia opera quaerunt et cumulant, ut acquiescant. Hae nunquam sentiunt se
de condigno mereri, et ruunt in desperationem, nisi audiant praeter doctrinam legis evangelium
de gratuita remissione peccatorum et iustitia fidei.

Übersetzung:

Man sollte also die autoritative Struktur des verkündigten Wortes Gottes nicht bestreiten; aber man sollte sie differenziert sehen. Nur so kann man den dogmatischen Sachverhalt hier genügend klar erfassen.

Lesen Sie dazu in der Confessio Helvetica posterior im ersten Artikel den Absatz mit dem Thema: Praedicatio verbi Dei est verbum Dei (Niesel S.223).

Diese Ineinssetzung von verkündigtem Wort und Wort Gottes muß hier freilich gegen eine Reihe von möglichen Bestreitungen abgeschirmt werden. Führen Sie die Einwände auf, die sich aus der Argumentation des Textes erschließen lassen:

1.

2.

+ Welche Behauptung könnte von der lutherischen Position aus als Enthusiasmus bezeichnet werden?

Die Begründung für die hier angeführte Gleichsetzung von Predigt und Wort Gottes wird mit dem Verweis auf die Bibel gegeben. Allein die Positivität der Offenbarung ist also maßgeblich. Ohne einen konfessionellen Gegensatz konstruieren zu wollen, kann hier doch eine Eigentümlichkeit der reformierten Schule gesehen werden. Für die lutherische Tradition dagegen ist kennzeichnend, daß man so gerade nicht von Wort Gottes geredet hat.

9.3.1.1 Wort Gottes als Gesetz und Evangelium

Die lutherische Tradition redet dort, wo sie das Wort Gottes als Gnadenmittel bedenkt, immer schon von Gesetz und Evangelium in ihrer Unterscheidung.

Suchen Sie dazu noch einmal die Inhaltsangaben von Quenstedt und Hollaz auf.

Wo werden in den lutherischen Bekenntnisschriften Gesetz und Evangelium in ihrer unterschiedlichen Wirkweise ausdrücklich zum Thema gemacht?

1.
2.
3.

Was wird über die Unterscheidung von Gesetz und Evangelium SD V. gesagt (BSLK S.951,1)?

Wozu soll diese Unterscheidung dienen?

Warum darf man Gesetz und Evangelium nicht vermischen?

Oben (4.1.1.2) wurde schon darauf hingewiesen, daß das Schema von Gesetz und Evangelium im Zusammenhang der Theorie einer natürlichen Gotteserkenntnis in der lutherischen Tradition von großer Bedeutung ist. Es entspricht hier in gewisser Hinsicht dem katholischen Schema von Natur/Gnade, sofern über dieses Schema insbesondere natürliche Gotteserkenntnis und die Heilsoffenbarung in Jesus Christus vermittelt werden.

Exkurs: Zur Lehre vom Gesetz

Die Funktion des Gesetzes in diesem Zusammenhang, in dem es um die Unterscheidung von Gesetz und Evangelium geht, betrifft nur einen Ausschnitt dessen, was zur Lehre vom Gesetz zu sagen ist. Darum soll hier, ehe auf diese Funktion des Gesetzes eingegangen wird, die ganze Lehre vom Gesetz in ihrer Systematik dargestellt werden.

9.3.1.1

A. Zur Unterscheidung verschiedener Arten von Gesetz

Lesen Sie dazu in den Loci Melanchthons von 1559 den Abschnitt über die divisio legum (St.A.II, 1, S.280f).

Welche Arten (species) von Gesetz unterscheidet hier Melanchthon?

1.   2.   3.

Wie werden die leges divinae bestimmt?

Wo finden sie sich?

Was ist die lex naturae?

Was ist der Grund für die Kundgabe des Gesetzes in Israel?

Hier verwendet Melanchthon eine Unterscheidung, die für die christliche Auslegung des Alten Testamentes von Gewicht ist, sofern nämlich innerhalb des alttestamentlichen Gesetzes Unterscheidungen getroffen werden.

Welche unterschiedlichen Gesetze gibt es im AT?

1.   2.   3.

Warum muß man diese Unterscheidung genau beachten?

Hier zeigt sich an einem bestimmten Punkt eine Historisierung biblischer Gesetzesbestimmungen. Diese Hermeneutik soll die Verbindlichkeit der leges ceremoniales und iudiciales auf Israel, für das sie erlassen wurden, einschränken.

Warum gilt das nicht auch für die leges morales?

In diesen Unterscheidungen innerhalb des Gesetzesbegriffs, wie dann innerhalb der leges divinae gibt Melanchthon nicht eigene Bestimmungen wieder. Die von ihm genannten Unterscheidungen sind schon in der Scholastik üblich.

Lesen Sie dazu bei Thomas STh 1-2 q.91, De legum diversitate. Thomas führt hier außer den von Melanchthon genannten drei Arten von Gesetz zwei weitere Arten auf. Welche sind das?

1.   2.

Auch die Unterscheidung zwischen praecepta moralia, caeremonialia und iudicialia des alttestamentlichen Gesetzes kennt Thomas. Lesen Sie dazu a.a.O. q.99. Thomas zitiert dort a.5, wo die Frage behandelt wird, ob es außer diesen praecepta moralia, iudicialia und caeremonialia auch noch andere praecepta geben könne, als Gegenargument (SED CONTRA, vgl. 1.3.5) Dt 6,1: Haec sunt praecepta et caeremoniae atque iudicia quae mandavit Dominus Deus vobis. Die Unterscheidung dieser drei Arten des alttestamentlichen Gesetzes ist also exegetisch begründet worden.

B. Zur Unterscheidung der usus legis

Die Zählung macht hier einige Schwierigkeiten. Man unterscheidet in der Regel drei usus legis. Die lutherische Orthodoxie kennt aber vier solche usus.

Suchen Sie zunächst wieder den entsprechenden Abschnitt in den Loci Melanchthons auf. Wie bezeichnet Melanchthon die drei von ihm aufgeführten usus legis?

1.

2. (Geben Sie eine inhaltliche Umschreibung, da sich bei Melanchthon hier kein Fachausdruck findet).

3.

Suchen Sie nun die Darstellung bei H.Schmid auf.
Welche vier usus legis werden hier genannt?

1.   2.   3.   4.

Stimmen die angegebenen Bezeichnungen mit denen Melanchthons überein, oder sind hier Bezeichnungen ausgetauscht worden?

Lesen Sie nun in der Institutio Calvins, II Cap. VII, 6.ff.
Wie wertet hier Calvin den tertius usus legis (12.)?

Warum schätzt er diesen usus so hoch ein?

+ Warum ist der tertius usus legis in der lutherischen Tradition gelegentlich umstritten gewesen? Die dazu nötige Information findet sich u.a. in SD VI.

Mittels der Lehre von den usus legis gelingt es hier, Weltwirklichkeit und Heilswirklichkeit
zusammenzuschließen. Das freilich nur unter der Voraussetzung der kenntlichen Wirksamkeit Gottes in beiden Bereichen (Zwei-Reiche-Lehre). Gott ist wirksam durch die staatliche Rechts- und
Zwangsordnung, er ist wirksam durch die Gesetzespredigt, er ist wirksam in der spontanen Gesetzeserfüllung der Glaubenden. In allen drei usus legis ist also Gott als der zu denken, der das
Gesetz gebraucht.

Im Zusammenhang der Lehre vom Wort Gottes als Gnadenmittel interessiert nun allein der zweite
Brauch des Gesetzes (usus elenchticus und paedagogicus der Orthodoxen zusammengenommen), den
man auch als den usus theologicus bezeichnen kann. Er ist nach der lutherischen Tradition der
praecipuus usus. Hier dient das Gesetz dazu, den Menschen seiner Sünde zu überführen und ihn
dadurch auf Christus als auf die einzige Möglichkeit des Heils hinzuweisen.

Lesen Sie dazu aus den ASm die Abschnitte "Vom Gesetze" und "Von der Buße" (BSLK S.435 - 438).
Wozu ist das Gesetz von Gott gegeben?

Was ist aus dieser von Gott beabsichtigten Wirksamkeit des Gesetzes bei den Menschen geworden?
1.

2.

Was ist das vornehmste Amt des Gesetzes?

Luther verweist hier darauf, daß auch das Neue Testament dieses Amt des Gesetzes beibehalten
habe und es weiter treibe. Achten Sie darauf: Hier ist vom gepredigten Gesetz die Rede. Diesen
Sachverhalt muß man sich genau merken, um gegenüber allerlei überdehnten Verwendungen des Theo-
logumenons von Gesetz und Evangelium im Neuluthertum seine ursprüngliche Gestalt klar zu erfassen.
Was geschieht dort, wo das Gesetz sein Amt allein treibt?

Welche biblischen Beispiele nennt Luther?

Entsprechend argumentiert auch die Konkordienformel.
Lesen Sie dazu SD V,10 - 26 (BSLK S.954 - 961).
Was macht Christus mit dem Gesetz?
Worin besteht diese geistliche Auslegung?

Was ist das opus alienum des Geistes Christi?

Worin besteht sein opus proprium?

Die Konkordienformel behauptet, die Predigt von Gesetz und Evangelium sei von Anfang an in der
Kirche Gottes mit der gehörigen Unterscheidung, aber zugleich doch nebeneinander, getrieben
worden.
Welchen Inhalt hatte bei den Patriarchen die Gesetzespredigt?

Welche Texte werden für die Evangeliumspredigt genannt?

In dieser Predigt von Gesetz und Evangelium ist die Autorität des verkündigten Gotteswortes
nicht nur formal behauptet, sondern sie wird dann begründbar, wenn vorausgesetzt werden kann,
daß das Gesetz den Menschen im Gewissen trifft und das Evangelium das erschreckte Gewissen

wieder tröstet. Es handelt sich dabei nicht um eine evangelistische Predigtmethode, die den Menschen zuerst erschreckt, um ihn dann wieder durch den Trost des Evangeliums aufzurichten. Es geht vielmehr einmal um ein weitreichendes hermeneutisches Prinzip, das die Grundlehre der Reformation von der iustificatio impii propter Christum per fidem auf die Schriftauslegung anwendet (Beispiele z.B.in AC IV, Responsio ad argumenta adversariorum, BSLK S.196ff). Es geht zum anderen um die Beschreibung der Grunderfahrung, in der sich in der Reformation (nicht nur bei dem einen Luther!) das Wort Gottes als wirksam erwiesen hat.

9.3.1.2 Gesetz und Evangelium - oder Evangelium und Gesetz?

Auch wenn die lutherische Orthodoxie die Unterscheidung von Gesetz und Evangelium im Zusammenhang ihrer Dogmatik tradiert hat, kann man nicht sagen, daß die Unterscheidung von Gesetz und Evangelium hier zu einem konfessionellen Prinzip des Luthertums gemacht worden wäre. Daß es sich bei der Unterscheidung von Gesetz und Evangelium um ein Grunddatum - womöglich das Grunddatum - der reformatorischen Theologie handle, hat erst das zwanzigste Jahrhundert (wieder) entdeckt.

Bei den Versuchen, das Denkmodell von Gesetz und Evangelium neu in den Mittelpunkt theologischer Reflexion zu rücken, muß beachtet werden, daß die Tradition immer stärker Gesetz und natürliche Gotteserkenntnis zusammengesehen hat. Demgegenüber trat der Gedanke der Predigt des Gesetzes in den Hintergrund. Das hatte bei den modernen Versuchen einer Erneuerung der reformatorischen Lehre von Gesetz und Evangelium (insbesondere der Lehre Luthers selbst) die Folge, daß als Gesetz die natürliche Verfaßtheit des Menschseins ohne das Evangelium und vor dem Evangelium verstanden wurde. Daß beide als Predigt zusammengefaßt sind, trat demgegenüber stark zurück.

Die unerfreulichen politischen Implikationen der lutherischen bzw. neulutherischen Lehre von Gesetz und Evangelium, die über den Begriff des Gesetzes und die mit ihm verbundenen Ordnungen bzw. Schöpfungsordnungen die politischen Vorstellungen der völkischen Bewegung und dann wenigstens anfänglich auch des Nationalsozialismus als Gottes Gesetz zu rechtfertigen versuchten, sollen hier nicht ausführlich bearbeitet werden. Suchen Sie dazu eine erste Information, dann vergleichen Sie die Barmer Theologische Erklärung und den Ansbacher Ratschlag von 1934 miteinander (beide u.a. in Hg. K.D.Schmidt, Die Bekenntnisse und grundsätzlichen Äußerungen zur Kirchenfrage, Band 2: Das Jahr 1934). Der Sachverhalt muß allerdings deshalb erwähnt werden, weil er mit zur Vorgeschichte von K.Barths Evangelium und Gesetz gehört.

Karl Barth hat den Zusammenhang von Evangelium und Gesetz als Zuwendung Gottes darin provozierend deutlich herausgestellt, daß er die übliche Reihenfolge "Gesetz - Evangelium" umkehrte. Das hat wenig Verständnis und viel unnötige Polemik hervorgerufen, über der kaum beachtet worden ist, worum es Barth eigentlich ging: Die Zusammengehörigkeit von Gesetz und Evangelium unter dem Oberbegriff des Wortes Gottes wieder in Erinnerung zu rufen.

+ Lesen Sie den Barthschen Aufsatz (ThEx 32, 1935, neu abgedruckt in dem Sammelband Hg.E.Kinder und K.Haendler, Gesetz und Evangelium. Beiträge zur gegenwärtigen theologischen Diskussion, WdF Band CXLII, 1968, S.1 - 29).

Karl Barth redet in seinem Vortrag zunächst "von der Wahrheit des Evangeliums und des Gesetzes in ihrem gegenseitigen Verhältnis" (S.13). Diese Wahrheit kann nicht erkannt werden, wenn man zunächst einmal das Gesetz für sich ins Auge faßt. Denn dann wird man es gewiß nicht als das Gesetz Gottes erfassen. Als dieses Gesetz Gottes erfassen wir es nur, wenn wir es eingeschlossen in das Evangelium erfassen.

Inwiefern erzwingt sich das Evangelium Priorität vor dem Gesetz?

Inwiefern ist das Gesetz die notwendige Form des Evangeliums, dessen Inhalt die Gnade ist?

Barth entfaltet also in dem ersten Teil seiner Ausführungen zu Evangelium und Gesetz, was die erste und zweite Barmer These besagt: Der Anspruch der Kirche, Gottes Wort zu verkündigen, und die Bindung der Kirche an dieses Wort Gottes sind legitim nur, wenn sie als Bindung an Jesus Christus ausgewiesen werden können. Andere absolute Ansprüche und Bindungen ("Gottes Gesetz") kann es für die christliche Kirche nicht geben.

In einem zweiten Teil seiner Ausführungen (III. und IV.) behandelt Barth dann die Wirklichkeit von Evangelium und Gesetz.

Worauf ist dabei zu achten?

Aus dem Gesetz als dem Anspruch Gottes wird dabei der eigene Anspruch, der "Anspruch nämlich, daß man dem von Gott Geforderten selber genügen wolle und könne" (S.16). Mit solcher Verderbnis der Form des Evangeliums - aus dem Gesetz, das Gottes Gnade in Jesus Christus anzunehmen fordert, ist ja nun die Selbstrechtfertigung der je eigenen Existenz geworden - verdirbt auch das Evangelium selbst. "Jesus Christus, der große Kreditgeber, der gerade gut genug ist, uns zu unseren eigenen Gerechtigkeitsunternehmungen immer wieder die nötige Deckung zu geben! Dies ists, was hier aus der Gnade, aus dem Evangelium wird" (S.20).

Was wird also aus dem Gesetz Gottes in unseren Händen?

Wie steht es hier aber mit dem Evangelium?

Warum erweist sich die Reihenfolge "Gesetz und Evangelium" als legitim und sinnvoll?

Inwiefern ist die Reihenfolge "Gesetz-Evangelium" uns als Reihenfolge ganz uneinsichtig?

Beachten Sie diese Ausführungen! Es geht Barth <u>nicht</u> darum, die reformatorische Erfahrung mit dem Wort Gottes umzustoßen, oder eine biblische Hermeneutik vorzuschlagen, die menschliches Tun als Bedingung oder Teilmoment in den Rechtfertigungsvorgang mit hineinnimmt. Aber es geht ihm darum, hier Erfahrung mit dem Wort Gottes auszuführen und nicht irgendwelche erhebenden oder auch bedrängenden Erfahrungen, die einer machen kann, unbesehen deshalb, weil sie doch so erhebend oder auch bedrängend sind, als Betroffenheit durch Gottes Gesetz auszugeben!

<u>Barth versucht also in "Evangelium und Gesetz" die Bedeutung der reformatorischen Unterscheidung von Gesetz und Evangelium dort, wo es um die Rechtfertigung des Sünders geht, neu ins Licht zu rücken.</u> Freilich schließt dieser Versuch ein, daß Barth sich von der geläufigen Inbeziehungsetzung von Gesetz und natürlicher Gotteserkenntnis absetzt. Seine Kritiker an diesem Punkt streiten darum nur scheinbar für die traditionelle Reihenfolge "Gesetz und Evangelium" gegen eine diese verfälschende Neuerung. Sie streiten in Wahrheit für eine natürliche Erkenntnis Gottes gegen die Barthsche Offenbarungstheologie (je nachdem versuchen sie, die alte Zuordnung von natürlicher und offenbarter Gotteserkenntnis zu repristinieren, oder aber die christliche Tradition in den Strukturen der natürlichen Theologie zu interpretieren, vgl. 4.1.4). Man sollte hier wissen, was man tut!

Gesetz in seiner Beziehung auf das Evangelium zu sehen und zugleich so von diesem zu unterscheiden, daß deutlich wird, wie in der Rechtfertigung des Menschen allein Gott wirksam ist, das ist unter den Bedingungen des modernen Denkens (für das die Identität der lex naturae und der lex divina moralis nicht mehr vorausgesetzt werden kann, schon weil dieses Denken eine lex naturae im alten Sinn kaum mehr kennt) ein schwieriges Unternehmen.

Als repräsentative Beispiele dieses Unternehmens sollen W.Elert und G.Ebeling genannt werden.
Lesen Sie bei W.Elert § 21, "Das Gesetz Gottes", aus dem Kapitel über Gesetz und Evangelium in der Elertschen Dogmatik.

Was bezeichnet Elert als das Wesentliche am Gesetz?

Inwiefern ist der Zweck des Gottesgesetzes der Absicht menschlicher Gesetzgeber gerade entgegengesetzt?

+ Was bedeutet dieser Gesetzesbegriff für das Gottesverständnis? (Geben Sie Elertsche Formulierungen und versuchen Sie eine eigene Beurteilung).

Elert versucht dann (§ 23, S.138 - 143), Gesetz und Evangelium in Beziehung zu setzen. Kann er Gesetz und Evangelium als Wort Gottes zusammenfassen?

Nur in der Person Christi, so behauptet Elert, könne die Lösung des Widerstreits von Gesetz und Evangelium erfolgen. Hier muß sich Elert freilich eine Inkonsequenz leisten, weil er von ihm nicht nur sagt, er habe das Gesetz vollkommen erlitten, sondern auch, er habe es vollkommen erfüllt (S.143). Dann aber ist wenigstens hier das Gesetz nicht bloß Verhängnis, das den ohnehin schuldigen Menschen seiner Sünde überführen soll. Hier ist es vielmehr dazu da, daß es erfüllt wird, daß also der Mensch den im Gesetz ausgesprochenen Willen Gottes tut. Eben deshalb ist dann aber auch der Zweck des Gottesgesetzes, der darin liegen soll, die Menschen schuldig zu machen, jedenfalls hier überwunden: Gottes Gesetz hat den ganz "normalen" Sinn, daß der Mensch sich in seinem Tun daran hält (erinnern Sie sich: das war der Grund, warum Calvin den tertius usus legis als den praecipuus usus bezeichnete, weil hier das Gesetz diese Funktion hat, daß es in dem durch das Gesetz bestimmten Handeln des Menschen erfüllt wird). Die Christologie zwingt also Elert zu der (glücklichen!) Inkonsequenz, die allerdings sein Verständnis des Gesetzes und damit sein Verständnis von Gesetz und Evangelium problematisiert.

Die Elertsche Konzeption von Gesetz und Evangelium zeigt den Versuch, eine moderne Schicksalserfahrung (das übermächtige Schicksal zerschlägt alle Versuche einer sittlichen, ja auch einer physischen Selbsterhaltung und Selbstbehauptung des Individuums wie dann der das Individuum tragenden Gemeinschaften, Familie, Volk) als Propaedeutik des Evangeliums anzusetzen. Allerdings geht dieser Versuch zu Lasten nicht nur eines Dualismus im Gottesverständnis, sondern auch zu Lasten des Gesetzes selbst, das hier in seiner Funktion so verfremdet wird, daß es aus einer sinnvollen Anweisung zum guten menschlichen Leben zu einem undurchsichtigen Verhängnis wird, das den Namen Ordnung (Todesordnung) nur noch zu Unrecht führt, weil es Repräsentant einer undurchsichtigen göttlichen Willkür geworden ist. Daß Elert sich dabei mit einem gewissen Recht auf den usus elenchticus legis der lutherischen Tradition, insbesondere Luthers selbst, berufen kann, sollte davor warnen, sich allzu vollmundig gerade auf diesen usus legis als den eigentlichen, hauptsächlichen und theologischen zu berufen.

Ungeprügelt kommt er nicht? M. 75

Gerhard Ebeling hat sich sehr intensiv mit der Frage nach Gesetz und Evangelium als hermeneutischer Grundstruktur, in der heute die christliche Tradition verständlich interpretiert werden könne, bemüht. Dabei geht es ihm um eine Interpretation des Evangeliums, die dessen Geltung und Bedeutung dem modernen Menschen einsichtig macht, ohne ihm doch unannehmbare Autoritätsansprüche zuzumuten. Es legt sich nahe, hier dann an die reformatorische Unterscheidung und Beziehung von Gesetz und Evangelium anzuknüpfen als an die Erfahrung, die den Anspruch des Evangeliums begründen konnte.

Problematisch ist es freilich, wenn hier aus solcher Möglichkeit der Erfahrung ein umfassendes hermeneutisches Prinzip gemacht wird, bei dem die Betroffenheit des Menschen durch das Gesetz - und zwar eine allgemeine, mindestens in der Reichweite und der Möglichkeit nach jeden Menschen umfassende Betroffenheit - als Voraussetzung des Evangeliums genannt und dann doch auch expliziert werden soll.

++ Lesen Sie dazu "Verantworten des Glaubens in Begegnung mit dem Denken M.Heideggers. Thesen zum Verhältnis von Philosophie und Theologie", ZThK BH 2,1961, S.119 - 124 = Wort und Glaube 2, 1969, S.92 - 98.

  In welcher Hinsicht wird das Denken Heideggers für Theologie im reformatorischen Sinn, die an der Grundunterscheidung von Gesetz und Evangelium interessiert ist, bedeutsam?

  Mit welcher Begründung bezeichnet Ebeling das Denken Heideggers als Gesetzesauslegung?

Die Schwierigkeit dieses Konzeptes, das Wirklichkeitserfahrung überhaupt als Gesetzeserfahrung interpretieren möchte, liegt darin, daß hier in einer Abstraktion von Erfahrung und erfahrener Wirklichkeit geredet wird, die sich im Reflexionsschema der modernen Subjektivität hält und darum nur solche Erfahrung als theologisch relevant gelten lassen will, die in dieser Reflexion gemacht wird. Darum gelingt es ihm kaum, zu der notwendigen Konkretion vorzudringen.

Suchen Sie dazu den Schluß von Ebelings Aufsatz "Erwägungen zur Lehre vom Gesetz", in: WuG I, 1960, S.255 - 293, auf.

Was ist nach Ebeling die brennendste Frage einer theologischen Lehre vom Gesetz?

Die Begründung dafür, daß Wort der Verkündigung Wort Gottes ist, wird also in der Lehre von Gesetz und Evangelium diskutiert. Die entscheidende Differenz zeigt sich dort, wo nach der Erfahrung der Betroffenheit gefragt wird, mit der sich die Behauptung, das gepredigte Wort sei Wort Gottes, begründen läßt. Kann und muß sich hier das gepredigte Wort (Evangelium) auf eine Erfahrung beziehen, die der Mensch immer schon macht bzw. gemacht hat (Gesetz)? So versucht das eine Hermeneutik, die das lutherische Denkmodell von Gesetz und Evangelium als hermeneutisches Grundprinzip anzuwenden sucht. Oder ist diese Erfahrung eine in dem Sinn, daß die Betroffenheit durch das verkündigte Wort zwar in Teilmomenten expliziert, aber gerade nicht in einer vorgängigen, "allgemeineren" Gesetzeserfahrung abgestützt werden kann?

9.3.1.3 Moderne Begründungen der Wirksamkeit des verkündigten Wortes

Schon verhandelt wurde die hierher gehörige Hermeneutik von Gesetz und Evangelium. Nun läßt sich an das zuletzt zu Ebeling Gesagte anknüpfen. Für die Reformation ist Wirksamkeit des Wortes streng an das (christologische) Evangelium gebunden (9.2.2). Das bedeutet, daß die autoritative Struktur der Verkündigung hier nicht problematisiert wird.An diesem Punkt haben sich bekanntlich die modernen Einwände entzündet (vgl. z.B. Pannenberg, 9.1.2). Dem sucht man durch den Verweis auf die allgemeine Struktur des wirksamen Wortes zu entgehen.Denn mit solchem Verweis auf Allgemeines (auf Strukturen, Ontologie oder Ähnliches) glaubt man dem Verdikt einer Berufung auf Autorität zu entgehen. Solche Strukturen müssen ja eigentlich einsichtig sein.

Lesen Sie dazu von G.Ebeling, Wort Gottes und Sprache, Anhang zu "Das Wesen des christlichen Glaubens", 1959, S.243 - 256.

Es ist für das Denken Ebelings bezeichnend, daß er das von ihm angeschlagene Thema "Wort Gottes und Sprache" im Laufe seiner Ausführungen verläßt, um das Verhältnis von Wort und Sprache überhaupt zu erörtern (S.248).

Worin besteht nach Ebeling die Macht des Wortgeschehens?

Mit welcher Frage erreicht man das Wesen des Wortes?

Wie wird das Verhältnis von Sprache und Wortgeschehen bestimmt?

Mit der allgemeinen Bestimmung des außerordentlichen Wortgeschehens als sprachschöpferisch hat Ebeling nun die Möglichkeit gewonnen, "Wort Gottes" einzuordnen. Es ist "Wort schlechthin: reines, wahres Wort, in dem das, was das Wort eigentlich sein und wirken soll, zur Erfüllung kommt und geschieht" (S.253).

Beachten Sie: hier verbinden sich nun Ebelings Konzeption einer Urbildchristologie und die "reformatorische" Hermeneutik von Gesetz und Evangelium: Gesetz des Menschseins ist es, daß jeder Mensch Wort Gottes in diesem Sinn des guten Wortes, das wir einander schuldig sind, sagt. Und Evangelium als das von Jesus ausgehende Wortgeschehen ist die Ermöglichung solchen Wortes.

Was ist demnach die Gewißheit des christlichen Glaubens?

Die Behauptung, Wort Gottes sei wirksames Wort, wird hier also so verständlich gemacht, daß auf die allgemeine Möglichkeit wirksamen Wortes verwiesen wird, die dann freilich wieder in Jesus Christus als dem urbildlichen Sprecher wahren Wortes theologisch begründet ist. Freilich gerät eine solche Argumentation in Widerspruch zu dem alten Axiom: Deus (und also auch verbum Dei) non est in genere. Verzichtet man auf diese Begründung, hat man die Möglichkeit, mit Hilfe bestimmter sprachanalytischer Feststellungen darauf hinzuweisen, daß es auch einen solchen Charakter wirksamen Sprechens gebe. In der Regel redet man dabei von <u>performativem Sprechen</u>, das heißt von Sprachhandlungen, die das dabei Gesagte selbst unmittelbar vollziehen (z.B. "ich versprcche Dir ..." oder "ich warne Dich ..."). In der dogmatischen Diskussion sind diese Fragestellungen freilich noch nicht weit durchgedrungen. Sie bedürfen zudem einer begrifflichen und sachlichen Klärung, ehe mit ihnen wirklich gearbeitet werden kann.

Vgl. dazu J.<u>Track</u>, Sprachkritische Untersuchungen zum christlichen Reden von Gott, 1977.

9.3.2 <u>Wort als Erzählung und Anrede</u>

"Das Wort tut, was es sagt" - das ist die gängige Bestimmung des wirksamen Wortes der Verkündigung, gleich, ob das nur eben behauptet wird oder ob man Gründe für diese Behauptung vorzubringen sucht. Hier soll nun auf eine Entwicklung hingewiesen werden, die sich neuerdings anzubahnen scheint: daß gerade auch theologisch auf das erzählende Moment in der Verkündigung hingewiesen wird.

Dogmatisch ist dieser Sachverhalt insbesondere von Karl <u>Barth</u> bedacht worden, für den ja das Wort Gottes in eins fällt mit der besonderen Geschichte Jesu Christi. Nur so kann uns diese Geschichte erreichen, daß sie erzählt wird!

Vgl. dazu auch H.Zahrnt, in dem 4.2.1 genannten Aufsatz von 1974, und F.<u>Mildenberger</u>, Theologie für die Zeit, 1969, S.161ff.

Damit kommen Bestimmungen in die dogmatische Lehre vom Wort der Verkündigung hinein, die auch das Sakramentsverständnis nicht unberührt lassen können. Abendmahl ist ja - folgen wir etwa 1 Ko 11,25.26 - nicht einfach sakramentale Gegenwart des erhöhten Christus, sondern Erinnerung an sein Leiden und Sterben und Verkündigung seines Todes. Das kann einmal mehr auf die gegenseitige Interpretation von Wort und Sakrament verweisen, wie sie Kennzeichen des evangelischen Verständnisses der Gnadenmittel ist.

9.4 <u>Das Sakrament</u>

Während für die katholische Anschauung mit ihrer Siebenzahl der Sakramente der Oberbegriff Sakrament geläufig und relativ unproblematisch ist, tritt in der evangelischen Dogmatik immer wieder die Frage auf, ob man eigentlich Taufe und Abendmahl unter diesem Oberbegriff des Sakraments zusammenfassen solle, was ja dann leicht zu allerhand systematischen Unzuträglichkeiten führen kann. Doch folgen wir hier trotz dieser Erinnerung der traditionellen Anordnung und handeln zunächst von den Sakramenten allgemein und dann erst von Taufe und Abendmahl je für sich.

Zu diesem ganzen Abschnitt braucht es aber noch eine Vorbemerkung: Gerade in der Sakramentslehre zeigt sich eine charakteristische Schwäche der dogmatischen Erörterung. Diese dogmatische Erörterung kann die <u>Sakramentspraxis</u> kaum bestimmen. Diese folgt viel eher ihren eigenen Gesetzmäßigkeiten als den Versuchen dogmatischer Normierung. Man sollte ja etwa annehmen, daß eine reformierte Abendmahlslehre auch zu einem rationalen Verhältnis zu den Elementen und ihrer Austeilung führen müßte. Der Habitus der Kommunikanten ist aber häufig keineswegs anders als der in lutherischen oder auch in katholischen Gemeinden durch die Scheu vor dem Heiligen, das da gegessen werden soll, bestimmt. Erst recht wird die kirchliche Praxis der Säuglingstaufe immer auch die Tauflehre mitbestimmen.

Zur Sakramentspraxis zwei Literaturhinweise:

Paul <u>Schempp</u>, Die Verweltlichung der Taufe. Die Verkirchlichung des Abendmahls, in: Gesammelte Aufsätze, ThB 10,1960,S.146 - 170.

Werner <u>Jetter</u>, Werde ich Christ durch die Taufe? Bleiben wir Christen durchs Abendmahl, ZThK 60, 1963, S.370 - 391.

9.4.1 De sacramentis in genere

Die Nötigung, zu Bestimmungen über das zu kommen, was als Sakrament nach evangelischem Verständnis zu gelten hat, liegt in der kontroverstheologischen Polemik: Um die katholische Sakramentslehre und Praxis mit ihrer Siebenzahl der Sakramente zu bestreiten, braucht es eine eindeutige Bestimmung des Sakramentes, also dessen, worin sich Taufe und Abendmahl (ob die Buße als drittes Sakrament zu zählen sei, darüber war man sich in der Anfangszeit der Reformation nicht im klaren) treffen und worin sie sich zugleich von den anderen fünf katholischen Sakramenten unterscheiden.

Dazu Luther in De captivitate ... (WA 6, S.572 = BoA 1, S.510):

Proprie tamen ea sacramenta vocari visum est, quae annexis signis promissa sunt. Caetera, quia signis alligata non sunt, nuda promissa sunt. Quo fit, ut, si rigide loqui volumus, tantum duo sunt in Ecclesia dei sacramenta, Baptismus et panis, cum in his solis et institutum divinitus signum et promissionem remissionis peccatorum videamus. Nam poenitentiae sacramentum, quod ego his duobus accensui, signo visibili et divinitus instituto caret, et aliud non esse dixi, quam viam ac reditum ad baptismum.

Übersetzung:

Die Buße konnte sich also deshalb nicht als drittes evangelisches Sakrament durchsetzen, weil hier das sichtbare, göttlich eingesetzte Zeichen der Verheißung fehlte.

Welche Voraussetzungen müssen also für das Sakrament gegeben sein? (Halten Sie sich hier an die Bestimmungen der luth. Orthodoxen):

1.

2.

Hier kommt es dann freilich zu einer recht problematischen Aufstellung: Durch das zum Element hinzutretende Wort wird nach der (durch eine antikalvinistische Polemik bedingten) Anschauung der lutherischen Orthodoxie eine unsichtbare, himmlische Sache mit dem Element verbunden. Die materia terrestris ist verbunden mit der materia coelestis.

Man kann dieser Behauptung allenfalls beim Abendmahl noch einen gewissen Sinn abgewinnen, wo als diese materia coelestis Leib und Blut Christi angegeben werden kann. Bei der Taufe dagegen weiß man dann nicht so recht, was diese materia ist, schwankt hier in seinen Angaben zwischen der ganzen allerheiligsten Trinität (die allerdings nur analogice als diese materia coelestis bezeichnet werden kann), dem Blut Christi, das die Sünde abwäscht, und dem Hl. Geist, der insbesondere in Gestalt der Taube bei der Taufe Christi vom Himmel herabkam.

Man sollte sich die Problematik solcher Aufstellungen klarmachen: Hier wird zwar nicht einfach die promissio des Sakramentes ersetzt durch die heilige Sache. Aber es wird doch die wirksame Gegenwart dieser göttlichen Zusage verbunden mit einer heiligen Sache, die durch die Konsekration des Elementes (Wasser bzw. Brot und Wein) mit Hilfe der Einsetzungsworte hergestellt wird.

Erinnern Sie sich an den üblichen liturgischen Brauch beim Abendmahl. Zu wem werden eigentlich die verba testamenti gesagt?

Eine Frage an den Liturgiker: Wenn die Einsetzungsworte gesungen werden - sollte man dann einen Gebetston oder einen für die Evangelienlesung bestimmten Ton benutzen?

9.4.1 / 9.4.2

Fragen nach dem richtigen Verständnis des Sakraments lassen sich auf keinen Fall von der Frage nach dem richtigen Gebrauch des Sakraments trennen, also von der Frage, wozu es gebraucht wird und wie es gefeiert wird. Nur dort ist das Sakrament wirksam, wo es stiftungsgemäß gebraucht wird!

Dazu aus dem (insgesamt lesenswerten!) Sakramentskapitel der Institutio Calvins (Buch IV,XIIII, Opera selecta ed. P.Barth V, 1962, S.259f):

Praedicatione Evangelii aliud affine est fidei nostrae adiumentum in Sacramentis: de quibus certam aliquam doctrinam tradi, magnopere nostra refert, unde nos et quem in finem instituta fuerint, et quis eorum nunc usus sit, discamus.

<u>Übersetzung:</u>

Welche zwei Funktionen des Sakraments hebt Calvin in seiner Definition hervor (XIIII,1.)?

1.

2.

Was meint Calvin zur Funktion des Wortes im Sakrament (4.)?

Welche Vergleiche wählt er,um die Aufgabe der Sakramente neben dem Wort zu verdeutlichen (5.6.)?

+ Die Differenz zu der etwa von Luther in De captivitate ... entfalteten Sakramentsanschauung ist hier, was die Ausdrucksweise anbetrifft, minimal. Allenfalls unterscheidet Calvin schärfer zwischen der inneren Wirksamkeit des Heiligen Geistes, die erst die heilsame Wirksamkeit des Sakraments ausmacht, und dem durch diese Wirksamkeit gewirkten Glauben. Daß hier dann Probleme auftauchen müssen, wurde schon oben (8.1.2) vermerkt. Die dort verhandelte Problematik läßt sich leicht auf die hier vorliegende Konzeption übertragen. Doch hat die Konzeption Calvins deutlicher als die Theorien der lutherischen Orthodoxie über materia coelestis etc. die These festgehalten, daß erst dort das Sakrament recht in Kraft ist, wo der Verheißung der Glaube korrespondiert!

Quamobrem fixum maneat, non esse alias Sacramentorum quam verbi Dei partes: quae sunt offere nobis ac proponere Christum, et in eo caelestis gratiae thesauros: nihil autem conferunt aut prosunt nisi fide accepta (17., a.a.O. S.274).

<u>Übersetzung:</u>

9.4.2 <u>Die Taufe</u>

Wir haben bei der Frage nach einer heute akzeptablen Sakramentslehre die Interpretationen zu beachten, die das Sakrament durch die volkskirchliche Praxis erfährt.Sicher soll die dogmatische Sakramentslehre diese Praxis nicht unkritisch akzeptieren. Aber gerade wenn Fragen an diese Praxis zu stellen sind - und das muß in der Sakramentslehre sehr dringlich geschehen -, muß zugleich die Beharrungskraft der durch die Praxis immer wieder eingeschärften gängigen Interpretationen beachtet werden.Das gilt für Taufe und Abendmahl in gleicher Weise. Doch ist die Bestimmtheit des Abendmahls durch eine problematische Praxis nicht ganz so gravierend, wie die der Taufe.

Dazu ein kurzer <u>exegetischer Hinweis:</u> Taufe wie Abendmahl sind eschatologische Zeichen. Taufe bezeichnet das Gericht über die Sünde als Voraussetzung der Teilhabe am zukünftigen Heil (sei es, daß der Ritus dabei als Waschung, sei es daß er als Sterben und Auferstehen verstanden wird). Das Abendmahl ist Vorwegnahme des eschatologischen Heiles (das ja häufig im Bild des Festmahls vorgestellt wird), die durch Jesu Sterben ermöglicht ist, sofern dieses die heilsame Zukunft der Glaubenden eröffnet. Auf Einzelheiten brauchen wir dabei nicht einzugehen. Genug, wenn der eschatologische, d.h. auf das zukünftige Heil verweisende Charakter der Sakramente zugestanden wird. In der Praxis haben sich aber mit Taufe (und Abendmahl, sofern dieses als Bestandteil des Konfirmationsritus gesehen wird) gänzlich uneschatologische Sachverhalte verbunden. Taufe ist zu einem Initiationsritus geworden, der religiös-sozialen Einführung eines Kindes in die Gesellschaft.

Beachten Sie dazu die normale Zusammensetzung einer Taufgesellschaft - nicht die christliche Gemeinde feiert da, sondern die Familie und Freundschaft. Auch die Funktion der Taufe als Namensgebung gehört mindestens teilweise hierher. Von daher hat sich ja dann sekundär die Bedeutung von "taufen" = "einen Namen geben" herausgebildet, verbunden mit aus der christlichen Taufe entlehnten Riten. Denken Sie etwa an die Taufe eines Schiffes durch Zerschlagen einer Flasche Sekt am Bug.

Sicher versucht die Liturgie wie die Taufunterweisung, zugleich den eschatologischen Bezug der Taufe festzuhalten, nicht nur in der Taufe auf den dreieinigen Namen Gottes, sondern auch in der Beziehung der Taufe auf die Sündenvergebung.

Aber nicht nur der Täufer, der sich der Stimmung dieser Feier überläßt, wird es schwer haben, diesen eschatologischen Bezug wenigstens neben der religiös-sozialen Funktion der Taufe zur Geltung zu bringen.

Tauftheologie ist also von vornherein in ihrem Spielraum außerordentlich eingeengt durch die fast durchgängige Praxis der Kindertaufe - besser sagte man: Säuglingstaufe, um klarzumachen, daß es sich hier um das frühe Stadium des kindlichen Lebens handelt, in dem der Taufritus vollzogen wird. Das ist unnormal. Sowohl Tauftheologie wie Taufliturgie unserer Tradition orientierten sich an dem Modell der Taufe eines Erwachsenen, mündigen Menschen, auch lange nachdem sich die Praxis der Säuglingstaufe fast lückenlos durchgesetzt hatte, die Taufe eines Erwachsenen jedenfalls nicht die Regel, sondern die Ausnahme darstellte.

Ich erinnere dazu an das tridentinische Decretum de iustificatione. Welcher Vorgang wird hier als Rechtfertigung beschrieben?

Lesen Sie dazu auch Luthers Taufbüchlein (im Anhang zum KlKat), insbesondere den Taufritus selbst mit den Fragen an den Täufling.

Neuere liturgische Formulare haben sich hier an die Praxis angepaßt. Auch eine Tauftheologie kann nicht umhin, diese Praxis zu berücksichtigen, wird also in aller Regel eine solche Tauflehre entwickeln, die auch die Praxis der Säuglingstaufe deckt. Daß es hier freilich Schwierigkeiten gibt, zeigt sich daran, daß in aller Regel zunächst die Tauftheologie entwickelt wird, und man dann in einem besonderen Gedankengang auch noch das Recht der Kindertaufe begründen muß.

Überzeugen Sie sich davon durch einen Blick auf das Inhaltsverzeichnis moderner Dogmatiken.

9.4.2.1 Taufe und Glaube

Evangelische Sakramentstheologie wird immer die Beziehung der drei Größen zu beachten haben, die für das Sakrament konstitutiv sind: Das Zeichen (der Ritus, der als Sakramentshandlung vollzogen wird), das Wort, in dem die Verheißung des Sakraments verkündigt wird, der Glaube, der das Sakrament empfängt.

9.4.2.1

Suchen Sie die Verbindung dieser drei Größen in der Tauflehre auf, die Luther im Kleinen Katechismus entwickelt. Hier werden zwei Evangelientexte zitiert, Mt 28 und Mk 16. Einsetzung und
Verheißung sind also nicht in einem Wort beieinander.

Was macht hier die Wirksamkeit des Ritus aus?

Wie wird dieser Ritus in seinem symbolischen Gehalt erklärt?

Weil hier der Glaube ein Moment der Taufe selbst ist, muß die Frage nach der Säuglingstaufe
Schwierigkeiten machen. Zwar kann nicht der Glaube als Bedingung für die Taufe genannt werden.
Aber Gottes Wirksamkeit im Menschen soll dem verbum externum korrespondieren, damit hier wirk-
lich Taufe ist.

Welche Auskunft in dieser Frage gibt Luther im GrKat (BSLK S.700ff)? Beachten Sie: Luther gibt
hier zwei Überlegungen an, zunächst einen recht sophistischen Gedanken (für die Einfältigen),
dann eine eher akzeptable Überlegung:

1.

2.

Sicher ist dabei nicht die Integrität des jeweils einen Taufvollzugs kenntlich. Denn der Säugling, der gerade getauft wird, ist jedenfalls nicht als Glaubender zu identifizieren. Dazu müßte er ja den Gehorsam gegen Gottes Wort bewähren, indem er zum Sakrament geht, indem er Gott
bittet, ihm den Glauben zu gewähren, indem er diesen Glauben bekennt - alles Handlungen, zu denen der Säugling nicht imstande ist.Wird aber dieser Taufvollzug nicht isoliert vom Glauben,
vom Bekenntnis und vom Gehorsam aller derer, die die Taufe erbitten (für ihre Kinder), vollziehen und auf sie hin glauben, läßt sich ein prinzipieller Einwand - die Grundanschauung Luthers
einmal vorausgesetzt, der Taufe als solche unmittelbar im Gebot und in der Verheißung Christi
begründet sein läßt - gegen einzelne Taufen von einzelnen Säuglingen nicht aufrechterhalten
(was aber nicht zu heißen braucht, daß damit die gegenwärtige Praxis pauschal gerechtfertigt
wäre).

+ Was sagen Sie zu der Argumentation: Das Sakrament setzt den Glauben nicht voraus, sondern
  schafft ihn. Darum haben die getauften Kinder ihren Kinderglauben, auch wenn wir uns nicht
  vorstellen können, was das für ein Glaube ist?

Johann Gerhard (nach H.Schmid,S.404f): Nos non de modo fidei solliciti sumus, sed in illa
simplicitate acquiescimus, quod infantes vere credant.

Übersetzung:

Erinnern Sie sich an die Beschreibung des Glaubens als notitia, assensus und fiducia. Das hat
seinen guten Sinn: Nur dort, wo sich der Glaube an das Evangelium hält, ist er wirklich Glaube.
Sollte sich eine besonnene Dogmatik nicht gerade hier an diese Bestimmungen erinnern und sich
also nicht mit einer simplen Behauptung beruhigen?

Die Schwierigkeit liegt hier sicher mit daran, daß man mit dieser Behauptung des Kinderglaubens
die Vollständigkeit des je einzelnen Taufvollzugs behaupten will. Sie zeigt aber vor allem die
Unsicherheit einer Praxis gegenüber, die man doch nur schwer mit der eigenen Grundanschauung
vereinen kann.

9.4.2.2   <u>Zur Frage des Taufgeschehens</u>

Erschöpft sich das Taufgeschehen im Taufritus (einschließlich des dabei verkündigten Evangeliums, daß der, der getauft wird und glaubt, selig werde)? Oder muß hier theologisch mehr gesagt
werden? Etwa so: Indem die Taufe hier von uns vollzogen wird, handelt Christus - oder der dreieinige Gott - so und so an dem Täufling!

Wie sagt dazu die Leuenberger Konkordie (14) ? Tragen Sie den Text hier ein:

Läßt sich der hier genannte Sachverhalt auch umdrehen: Der Mensch, der nicht getauft wird, wird
von Jesus Christus auch nicht in seine Heilsgemeinschaft aufgenommen? Die Folgerung wäre dann
klar: die Taufe darf unter keinen Umständen versäumt werden, ist vielmehr in jedem Fall, wenn
irgend möglich,zu vollziehen.

Hier ist die Praxis der sog. Nottaufe - und der Jähtaufe - zu nennen, mit der Praxis der Säuglingstaufe verbunden, aber deshalb besonders problematisch (Jähtaufe ist die Taufe eines Kindes
in Todesgefahr durch einen Geistlichen, Nottaufe die durch einen Laien).

Wie urteilt O.<u>Weber</u> in dieser Frage?

Lesen Sie "Taufe IV.dogmatisch" in der RGG. Warum ist der Artikel zweigeteilt?

Wie urteilt der lutherische Vf. (Ernst <u>Sommerlath</u>) in der Frage der Nottaufe?

Wie urteilt der reformierte Vf. (Walter <u>Kreck</u>) in dieser Frage?

In dem Artikel von <u>Sommerlath</u> werden bestimmte Wirkungen der Taufe über den Ritus hinaus behauptet (Die Taufe <u>ist nicht</u> nur ... sondern auch ...). Geben Sie diese hier vorliegenden Formulierungen an:
1.

2.

Die Frage nach dem Taufgeschehen zeigt die Problematik einer Tauflehre, die den Taufritus und
seine behauptete Wirkung isoliert betrachtet, noch einmal ganz deutlich. Das wird besonders dort
klar, wo man fragt, ob die Taufe "bloß" kognitiv oder auch noch effektiv zu verstehen sei. Dabei wird ja die erfahrbare menschliche Spontaneität (eines Hörens, Verstehens, Handelns und Emp-
fangens) isoliert und dann danach gefragt, ob sich hier nicht doch noch eine (dann freilich jeder Erfahrung entnommene) göttliche Wirksamkeit zuaddieren lasse. Diese zu behaupten, ist genauso sinnlos, wie sie zu bestreiten. Denn es läßt sich ja nicht angeben, worin diese Wirksamkeit
sich äußert. Mindestens das unterscheidet sie von dem habitus infusus der tridentinischen Gnadenlehre.

9.4.2.3 <u>Die Bestreitung des Sakramentscharakters der Taufe durch Karl Barth</u>

Karl Barth ist in der letzten Fassung seiner Tauflehre bewußt über die eben genannte Fragestellung (von ihm selbst in "Die kirchliche Lehre von der Taufe", 1943, aufgenommen und im Sinne
einer Bestreitung der zuzuaddierenden göttlichen Wirksamkeit durchgeführt), hinausgegangen. Er
hat den Sakramentscharakter der Wassertaufe ("das Verständnis der Taufe als verborgenes Gottes-
werk und Gotteswort und so als Mysterium, Sakrament und Gnadenmittel" KD IV,4,S.113) überhaupt

bestritten.

Das geschieht in dem einzigen fertigen Paragraphen von IV,4 der KD über "Die Taufe als Begründung des christlichen Lebens". Diesem sollte (IV,4 S.IX) am Leitfaden des Vaterunsers eine Artikulation der verschiedenen praktischen Aspekte des christlichen Lebens folgen, abschließend mit der Lehre vom Abendmahl. "Also auf der ganzen Linie: das christliche (menschliche!) Werk in seinem korrespondierenden und also eigenständigen Charakter gegenüber dem IV/1-3 umrissenen göttlichen Versöhnungswerk". Einiges noch von Barth Erarbeitete wurde aus dem Nachlaß veröffentlicht, Gesamtausgabe II,7,1976.

Vgl. dazu auch E.Jüngel, Karl Barths Lehre von der Taufe. Ein Hinweis auf ihre Probleme, ThSt (Basel) 98,1968.

Man sollte diese Barthsche Tauflehre nicht zu rasch als reformiert abstempeln. Sicher hebt sie als Deutung der Wassertaufe den von Calvin als zweiten genannten Aspekt (9.4.1) des Sakraments in einseitiger Weise hervor: den Charakter als öffentliches Bekenntnis des Glaubens. Aber hier zeigt sich doch wohl eine typisch moderne Anfrage (ausgerechnet bei dem als orthodox und konservativ geltenden Karl Barth):

1. Darf Gottes Beziehung zum Menschen anders als so gedacht werden, daß Gott den Menschen in dieser Beziehung zur freien Partnerschaft ermächtigt und befähigt?

2. Darf darum die Vermittlung solcher Beziehung anders gedacht werden als so, daß sie die Freiheit des Menschen respektiert und ihn nicht in Abhängigkeiten von vermittelnden Instanzen versetzt?

Lesen Sie dazu den Leitsatz zu IV,4.

Wie unterscheidet Karl Barth Gottes Wirksamkeit im Menschen und den von Menschen vollzogenen Taufritus?

Wer ist das eigentlich handelnde Subjekt in der Taufe mit Wasser? (Lesen Sie dazu S.45-48).

Dabei ist sicher die taufende Gemeinde nicht außer acht gelassen. Aber sie handelt nicht an dem (passiv vorgestellten) Täufling, sondern zusammen mit dem Täufling. "Miteinander von zwei - einem taufenden und einem von ihm zu taufenden Menschen - wird die Taufe vollzogen - von jenem als einem schon anerkannten, von diesem als einem eben in dieser Handlung zu anerkennenden Glied der Gemeinde. Ein Unterschied der Würde des Handelns des Einen und des Andern dürfte theologisch nicht einsichtig zu machen sein: sie sind in dem , was sie in der Taufe miteinander tun, beide nicht souverän, sondern beide im Dienst des gemeinsamen Herrn handelnde Menschen" (S.143).

Vielleicht liegt hier sogar die eigentliche Spitze dieser Barthschen Tauflehre: In der radikalen Bestreitung einer Amtskirche, die die Gnade verwaltet und durch die Gnadenmittel austeilt. Denn damit würde ja die freie Partnerschaft von Gott und Mensch durchkreuzt durch eine Abhängigkeit derer, denen Gottes Gnade vermittelt wird von denen, die diese Gnade vermitteln können (kraft ihres kirchlichen Amtes).

9.4.3 Das Abendmahl

Hier ist die Praxis nicht so problematisch wie bei der Taufe (wenn man von der Konfirmation einmal absieht). Der eschatologische Charakter steht also nicht in der unmittelbaren Konkurrenz mit einer religiös-sozialen Interpretation, die sich durch die Praxis aufdrängt. Doch tritt gerade darum das Abendmahl in seiner Bedeutung zurück (sein "bloß" eschatologischer Charakter hindert eine breite Verankerung in der volkskirchlichen Struktur. Wo eine feste Sitte besteht, da jedenfalls nicht die, daß jeder Gottesdienst zugleich Abendmahlsgottesdienst sein müßte. Man geht dann einmal im Jahr zur Kommunion, selten häufiger).

Solches Zurücktreten der Bedeutung des Abendmahls steht in einem gewissen Kontrast zu der Behauptung der Sakramentsgabe. Was wird im Altarsakrament empfangen? (Geben Sie die Formulierung aus KlKat)

Beachten Sie, wie hier in den Katechismusformulierungen im Unterschied zur Taufe Einsetzung und Verheißung des Sakraments in einem biblischen Text, eben den verba testamenti, zusammenfallen!

Es ist problematisch, angesichts der Praxis, in der das Abendmahl so stark zurücktritt, zu einer besonders überschwenglichen Beschreibung der Sakramentsgabe in der Abendmahlslehre und Verkündigung zu kommen. Doch das Zurücktreten des Abendmahls in der Frömmigkeit kann auch andere Gründe haben als eine Mißachtung des Abendmahls und seiner Gabe. Es könnte sich hier z.B. auch um eine Scheu vor dem Heiligen handeln, die mit der Grund für dieses Zurücktreten des Abendmahls in der gottesdienstlichen Praxis der Gemeinden ist.

Beachten Sie dabei einmal das Problem des "würdigen" Abendmahlsempfangs.
Welche Würdigkeit bzw. Unwürdigkeit ist 1 Ko 11,27-29 gemeint?

Was bezeichnet Luther (KlKat) als diese Würdigkeit?

Wie wird diese Würdigkeit im Tridentinum bestimmt (DS 1647)?

Wird nicht ein ähnliches Verständnis wie hier durch die liturgische Übung nahegelegt, die entweder in zeitlicher Nähe (Samstag abend oder Sonntag früh) oder in unmittelbarer Verbindung mit der Abendmahlsfeier für die Kommunikanten eine Beichtfeier vorsieht? Man wird aber auch gegen andere Bestimmungen der Würdigkeit des Kommunikanten Bedenken haben.Der Glaube (womöglich an die Realpräsenz) kann hier ja auf keinen Fall zur Bedingung gemacht werden, auch wenn das nach Luthers Bestimmungen im Kleinen Katechismus so aussehen könnte. Die einzige Bedingung kann doch nur der Wunsch sein, am Abendmahl teilzunehmen!

Weiter sollte man auf die Art und Weise der Kommunion achten. Diese hat sich in aller Regel recht weit von normalem Essen und Trinken entfernt. Werden erwachsene Menschen im Abendmahl gefüttert und getränkt, dann muß der Eindruck entstehen, es handle sich hier um die Begegnung mit einer so hochheiligen Sache, daß damit nur der austeilende Pfarrer richtig umgehen kann. Auch das mag mit ein Grund dafür sein, daß Menschen aus Scheu vor dem Heiligen nur selten oder gar nicht zum Abendmahl gehen.

Auch hier gilt wie bei der Taufe: die primäre Interpretation des Abendmahls ist die Abendmahlspraxis. Darum wird die Abendmahlslehre der Dogmatik nicht an dieser Praxis vorbei wirksam werden können.

9.4.3.1 Die Gegenwart Jesu Christi im Abendmahl

Nur scheinbar handelt es sich hier um den zentralen Punkt in der dogmatischen Behandlung des Abendmahls. Dieser Anschein wird dadurch erweckt bzw. aufrechterhalten, daß sich die aus der Reformation hervorgegangenen Kirchen über dieser Lehrfrage entzweit haben. Darum ist ihr auch immer besondere Aufmerksamkeit geschenkt worden. Wir behandeln die Frage dogmatisch so, daß wir unterscheiden:

Wie wird die Gegenwart Christi im Abendmahl vorgestellt?
Wie wird die Vergegenwärtigung Christi im Abendmahl vorgestellt?

A. Die traditionelle Fragestellung ist die nach der Gegenwart Christi im Abendmahl. Von dieser Frage aus (neben anderem) konnte sich das Verständnis des Luthertums (bzw. Neuluthertums) als Mitte der Konfessionen begründen.

Katholisch wird die Gegenwart Christi mit der Theorie einer Transsubstantiation der Elemente des Abendmahls begründet.

Die Bestimmung des IV. Laterankonzils von 1215 lautet:
Una vero est fidelium universalis Ecclesia, extra quam nullus omnino salvatur, in qua idem ipse sacerdos est sacrificium Iesus Christus, cuius corpus et sanguis in sacramento altaris sub speciebus panis et vini veraciter continentur, transsubstantiatis pane in corpus, et vino in sanguinem potestate divina: ut ad perficiendum mysterium unitatis accipiamus ipsi de suo, quod accepit ipse de nostro (DS 802).
Übersetzung:

Hier wird behauptet: Durch die Konsekration der Elemente verändert sich deren Wesen (substantia) vollkommen. Was nun auf dem Altar da ist und in der Kommunion genossen wird, sieht nur noch so aus wie Brot und schmeckt wie Brot etc. (die species, äußere Gestalt, bleibt). In Wirklichkeit aber handelt es sich hier um den Leib und das Blut Christi - man redet gerne von dem sakramentalen Christus.

Lutherisch hat man diese Theorie der Transsubstantiation abgelehnt, gleichwohl aber eine Realpräsenz Christi im Abendmahl behauptet (Konsubstantiation).

Welche Ausdrucksweise gebraucht Luther im KlKat, um die Gegenwart Christi zu beschreiben?

Man hat der Formulierung auf lutherischer Seite Gewicht zugemessen, weil durch sie die Abgrenzung sowohl gegen die katholische Transsubstantiation wie gegen ein reformiertes Verständnis der Gegenwart Christi (Brot und Wein bezeichnen den abwesenden Leib und das Blut Christi) vollzogen werden mußte.

Suchen Sie die Beschreibung des status controversiae in dieser Frage durch FC Epit auf. Worin meint man hier die wesentliche Gegenwart besonders klar bestimmen zu können?

Daß Christus "unter" Brot und Wein anwesend sei, wird durch die Einführung weiterer Präpositionen ausgeführt. Man redet als korrekter Lutheraner davon, daß Christus in, mit und unter Brot und Wein im Abendmahl gegenwärtig sei.

Suchen Sie diese Formulierung auf (FC SD VII, BSLK S.983f).
Wogegen richtet Sie sich?

Welche Präposition gebraucht die Leuenberger Konkordie?

Um sich der korrekten Lehre in dieser Frage zu versichern, pflegt man nach der manducatio impii zu fragen: Empfängt auch der Ungläubige wirklich Leib und Blut Christi (er natürlich zum Gericht, nicht zum Heil, vgl. oben Epit). Wie stellt sich die Leuenberger Konkordie zu dieser Frage?

Reformiert muß man hier von dem Vorgang des Essens und Trinkens ausgehen, wenn man nicht eine falsche Fragestellung an die dortige dogmatische Tradition herantragen will: wie der Leib mit Brot und Wein gespeist und getränkt wird, so wird die Seele mit Leib und Blut Christi gespeist und getränkt. Der leibliche Vorgang ist Repräsentation des geistlichen Vorgangs, wobei der Heilige Geist in Christus wie in den Glaubenden die Verbindung bildet.

Lesen Sie dazu im Heidelberger Kat Frage 75 - 79.
Wie werden Brot und Wein in ihrer Beziehung zu Leib und Blut Christi bezeichnet (der Ausdruck findet sich Fr.75 und 79)?

B. Die hier zunächst gebrauchte Fragestellung nach der Gegenwart Christi im Abendmahl erweist sich gegenüber der reformierten Lehre als unangemessen. Sie heute noch als konfessionelles "Schibboleth" (vgl. Ri 12,5f) zu nehmen,ist darum kaum angebracht. Zudem lenkt diese erstgenannte Frage ab von der viel wichtigeren Frage, wie denn eigentlich die Vergegenwärtigung Christi im Abendmahl gedacht wird. Dazu muß noch einmal an die katholische Transsubstantiationslehre erinnert werden. Für diese Lehre geschieht in der Wandlung eine neue, wunderbare Hervorbringung des Leibes Christi. Sicher ist Gott selbst der, der dieses Wunder der Verwandlung vollbringt (da es ja nicht etwas Menschenmögliches ist). Andererseits aber ist doch die Bindung dieses Wunders an den Ritus so eng, daß fraglos angenommen wird, das Wunder ereigne sich dort, wo der Ritus korrekt vollzogen, wo also die Konsekrationsworte von dem dazu befugten Priester über den richtigen Elementen (Weizenbrot und Rebenwein) gesprochen werden.Wo das geschieht, dort ist der sakramentale Christus da.

Auf reformatorischer Seite wird statt dessen auf die Verheißung Christi als auf den Grund seiner Gegenwart verwiesen und diese Gegenwart nicht als die quasi dingliche Gegenwart des verwandelten Christus vorgestellt, sondern als seine persönliche Gegenwart (weshalb die Vorstellung einer materia coelestis im Abendmahl reformatorischer Anschauung nicht angemessen ist). Der entscheidende Unterschied liegt darin, daß nach der dinglichen Vorstellung der Gegenwart diese erst mit der Zerstörung der Brotgestalt bzw. Weingestalt des sakramentalen Christus aufhört, während die reformatorische Anschauung die (persönliche) Gegenwart an den usus sacramenti gebunden sieht.

In dieser Anschauung von der persönlichen Selbstvergegenwärtigung Christi im Gebrauch des Sakraments treffen sich die reformatorischen Kirchen, und zwar in einem entschiedenen Gegensatz zur katholischen Anschauung.

9.4.3.2 Der Gebrauch des Altarsakraments

Die reformatorischen Kirchen haben immer darauf Wert gelegt, daß entscheidend wichtig der stiftungsgemäße Gebrauch des Sakraments ist.

Hier muß bis heute die konfessionelle Polemik aufrechterhalten werden, einmal gegen den Opfercharakter, den die katholische Kirche dem Abendmahl zuerkennt (Meßopfer), zum anderen gegen weitere Manipulationen, die mit dem sakramentalen Christus vollzogen werden (seine Einschließung und Verehrung im Tabernakel, seine Ausstellung in der Monstranz, die Fronleichnamsprozession).

Soll das Abendmahl stiftungsgemäß gefeiert werden, ist hier an die Funktion des Ritus zu erinnern. Nicht eine heilige Sache wird hier vergegenwärtigt, sondern die heilige Geschichte, der für uns gegebene Leib, das für uns vergossene Blut. Es geht also um Verkündigung (1 Ko 11,26) und Zueignung des Todes Christi. Darin sind sich die reformatorischen Kirchen einig.

Ob eine hier bei konservativen Lutheranern immer noch behauptete Uneinigkeit nicht ihren Grund darin hat, daß alt- oder auch neulutherisches Sakramentsverständnis sich von der reformatorischen Position entfernt hat?

10. Ekklesiologie
=============

Warum die Lehre von der Kirche erst nach der Lehre vom Werk des Heiligen Geistes und nach der Lehre von Wort und Sakrament als den Gnadenmitteln behandelt werden soll, darüber wurde schon ausfürlich Rechenschaft gegeben (8.1 und 9.1.1). Damit sind freilich noch nicht alle Probleme des dogmatischen Aufrisses in der Frage der Ekklesiologie gelöst. Wie soll gegliedert werden? Eine solche Gliederung verrät schon den grundlegenden Aspekt, unter dem jeweils Kirche verhandelt werden soll.

Unter welchen Stichworten behandelt K.Barth im Zusammenhang seiner Versöhnungslehre die Ekklesiologie?

1.   2.   3.

Welche Stichworte nennt Emil Brunner als Thema seiner Ekklesiologie?

Wie gliedert Althaus in seinen vier Paragraphen der eigentlichen Ekklesiologie?

1.   2.
3.   4.

Mit welchem Stichwort setzt die Elertsche Ekklesiologie ein?

Wie gliedert Otto Weber?

1.   2.
3.   4.

10. / 10.1 / 10.1.1

Welche Einteilung hat Hans Küng, Die Kirche, 1967, gewählt?

A.   B.

C.   D.

E.

Eine solche Übersicht - die sich beliebig durch andere Einteilungsversuche der Ekklesiologie
vermehren ließe - weist darauf hin, wie auch hier das dogmatische Problem der Vollständigkeit
nicht leicht gelöst werden kann. Wir bleiben im bisherigen Duktus unserer Überlegungen, wenn
wir nach einer einleitenden Erörterung zum Problem dogmatischer Bestimmungen in ihrem Verhältnis zur kirchlichen Praxis zunächst die Frage nach Kirche und Glaubenaufnehmen, sozusagen den
Innenaspekt der Ekklesiologie. Dann soll die Frage nach Kirche und Amt, schließlich die Frage
nach Kirche und Welt erörtert werden. Jeder solche Aufriß weist andere, auch plausible Möglichkeiten ab. Doch werden die wichtigsten Probleme in jedem Aufriß zur Sprache kommen.

10.1 Dogmatische Bestimmungen und kirchliche Praxis in ihrer Bedeutung für das Verstehen

Was schon zu den Sakramenten gesagt wurde, gilt auch für die Ekklesiologie: Ein Verstehen dessen, was Kirche ist, wird eingeübt durch die Erfahrung, die man mit der Kirche und in der Kirche macht. Will Dogmatik in ihrer Ekklesiologie das richtige Verständnis von Kirche vortragen,
so muß sie doch zugleich darauf achten, wie dieses Verständnis auf das durch die Erfahrung mit
der Kirche bestimmte Verständnis stößt, mit diesem unter Umständen auch in Konflikt geraten
kann. Und in einem solchen Konflikt ist ein durch gemeinsames Handeln eingeübtes Verständnis
im Zweifelsfall von größerem Gewicht als noch so ausgewogene dogmatische Vorschläge.

Weil es sich hier um Erfahrungen handelt, die man in gemeinsamen Vollzügen einübt, sind die dadurch geschaffenen Verstehensvoraussetzungen stabiler als vorwiegend verbal vermittelte Glaubensinhalte. Der Dogmatiker wird diesem Sachverhalt gegenüber zwar nicht von vornherein kapitu-
lieren. Er muß sich aber klar sein über die hier vorliegenden Verstehensbedingungen und ihre
Wirksamkeit.

Darum sollen hier zunächst einige Sachverhalte der kirchlichen Organisationsstruktur genannt
werden, die für solches Verstehen von Kirche bestimmend werden können, und zwar in solchem Ausmaß, daß demgegenüber dogmatisch vielleicht "richtigere", d.h. schriftgemäßere und zeitgemäße-
re, Bestimmungen von Kirche keine Chance haben, sich durchzusetzen.

10.1.1 Die kirchliche Organisationsstruktur

Dazu eine Vorbemerkung: Je detaillierter wir uns auf die faktische Gestalt der Kirche einlassen, desto begrenzter ist die Reichweite der dabei getroffenen Feststellungen. Das muß hier
freilich in Kauf genommen werden; denn ein höherer Abstraktionsgrad müßte die vorliegende Problematik gerade verschleiern.

Grundlegend für das durch Erfahrung eingeübte Verstehen von Kirche ist die parochiale Organisationsstruktur. Sie wurde bei uns in der karolingischen Zeit
eingeführt und durch die Reformation insofern noch vertieft, als
in den reformatorischen Kirchen mit dem Wegfall des Bischofs-
amtes (mindestens als einer übergeordneten geistlichen Funktion)
auch die bischöfliche Diözese wegfiel. Als übergeordnete Organisation trat an deren Stelle bekanntlich über die Konstruktion
des landesherrlichen Summepiskopats das jeweilige Staatswesen.

Erfahrung mit der Kirche ist in der Regel Erfahrung mit dem
Pfarrer. Er ist in der jeweiligen Parochie Repräsentant der
Kirche. An ihn wendet man sich, wenn man mit der Kirche zu tun
hat. Was man von der Kirche erwartet, das ist konkret Erwartung,
die man an den Pfarrer hat (das gilt auch von dem, was man von
der Kirche nicht erwartet).

208

Lesen Sie dazu einmal den Artikel über Parochialrecht in der RGG. Was ist "Pfarrzwang"?

In älteren Biographien findet sich immer wieder einmal die Angabe, daß ein Mann "Diakonus" geworden sei (z.B. war Johann Valentin Andreä 1614 - 1620 Diakonus in Vaihingen an der Enz). Das ist natürlich nicht so etwas wie heute die Stellung eines Gemeindediakons. Was aber dann? (Hin und wieder gebraucht man auch den deutschen Ausdruck "Helfer").

Ähnlich wird noch heute in der katholischen Kirche zwischen einem Pfarrer und einem Kaplan unterschieden. Worin besteht dieser Unterschied?

Die Kirche ist das gottesdienstliche Versammlungsgebäude der jeweiligen Parochie, in das man sich bei bestimmten Anlässen begibt. Die Kirche ist der Pfarrer, mit dem man es dabei, wie auch bei anderen Anlässen zu tun bekommt. Das ist die Erfahrung, die jeder macht, und die das Verständnis von Kirche bestimmt, auch wenn die Unterweisung über das, was Kirche ist, ganz anders lautet.

Sehen Sie einmal nach, welche Einträge sich im Telefonbuch unter "Kirchen" finden!

10.1.2 Grundlinien eines durch die Organisationsstruktur nahegelegten Verstehens von Kirche

Wenigstens zwei eng miteinander verbundene Interpretationen von Kirche, die sich aus diesem Sachverhalt der kirchlichen Organisationsstruktur ergeben, sollen genannt werden.

Einmal wird hier der Dual Amt - Gemeinde eingeschärft. Kirche ist hiernach nicht zuerst die Gemeinschaft der Glaubenden, der Leib Christi, das Volk Gottes, oder wie immer man Kirche beschreiben mag. Kirche ist vielmehr einerseits das Amt, der Pfarrer und die ihn tragende Organisation, andererseits die durch dieses Amt betreute Gemeinde.

Dabei kann dann Kirche als die Organisation verstanden werden, die ein bestimmtes religiöses Angebot garantiert, wobei man Modelle, wie sie die Organisationssoziologie entwickelt hat, auch auf die Kirche anwenden kann. Dazu vgl. Yorick Spiegel, Kirche als bürokratische Organisation, ThEx 160, 1969.

Bei einer solchen Betrachtungsweise erscheint Kirche primär als die in bestimmter Weise strukturierte Gesamtheit der in der Kirche hauptberuflich Tätigen (ob man hier theologisch von "Amtsträgern" reden kann und soll, ist dabei freilich strittig). Das mag einem gewissen Aspekt der faktischen Gestalt von Kirche entsprechen, wie ihn soziologische Fragestellungen zeigen. Es entspricht aber sicher nicht dem Selbstverständnis derer, die in dieser Weise in der Kirche tätig sind.

Die Unterscheidung zwischen Amt und Gemeinde innerhalb der Kirche wird dabei mit dem (wenigstens für das ausdrückliche Selbstverständnis der Kirche) zentralen Auftrag der Evangeliumsverkündigung durch Wort und Sakrament begründet. Darauf sei ausdrücklich aufmerksam gemacht: die hier auf die Erfahrung mit der kirchlichen Organisationsstruktur zurückgeführte Interpretation von Kirche wird in der Regel ganz anders begründet.

Als ein Beispiel solchen kirchlichen Selbstverständnisses führe ich Artikel 4 der 1972 in Kraft getretenen Verfassung der Evangelisch-Lutherischen Kirche in Bayern an:

(1) In der Evangelisch-Lutherischen Kirche in Bayern sind unter dem Auftrag zur öffentlichen Wortverkündigung und zur Sakramentsverwaltung Gemeinde und Amt einander zugeordnet und aneinander gewiesen.

(2) Die Gemeinde ist die Gemeinschaft der Menschen, die durch Wort und Sakrament zur Einheit des Glaubens, der Liebe und der Hoffnung gesammelt werden und dazu berufen sind, Jesus Christus als Herrn und Heiland vor der Welt zu bezeugen.

(3) Die öffentliche Wortverkündigung und die Sakramentsverwaltung obliegen den dazu ordnungsgemäß berufenen Kirchengliedern.

Versuchen Sie sich in der Interpretation dieses Artikels, der deutlich als ein Kompromiß zwischen verschiedenen Auffassungen von Amt und Gemeinde kenntlich ist.

Ist die Gemeinde hier selbst als Träger des Amtes verstanden?

10.1.2

Wer ist Träger des Auftrags zu öffentlicher Wortverkündigung und Sakramentsverwaltung?

Ist das Amt oder die Gemeinde für die Berufung der Satz 3 genannten Kirchenglieder zuständig?
(Interpretieren Sie den Text nach dem, was faktisch geschieht).

Zum anderen wird durch diese Organisationsstruktur das Verständnis der Kirche als "Heilsanstalt"
nahegelegt. Dabei muß dann freilich mit starken Differenzen zwischen dem, was die Kirche nach
ihrem Selbstverständnis anbietet, und dem, was als Bedarf da ist, gerechnet werden. Dabei brauchen diese Differenzen gar nicht offen bewußt zu werden. Kirche bietet etwa das eschatologische
Sakrament der Taufe an. In Anspruch genommen wird aber der religiös-soziale Initiationsritus,
nach dem Bedarf besteht.

Soziologische Analysen versuchen solche Bedürfnisse nachzuweisen, indem sie nach der Funktion
von Religion und Kirche fragen.

Lesen Sie dazu Wolf-Dieter Marsch, Institution im Übergang. Evangelische Kirche zwischen Tradition und Reform, 1970, S.125 - 130.

Welche Funktion kommt der Kirche aufgrund einer funktionalstrukturellen Analyse im Gefüge der
Gesellschaft zu?

Welche Sozialfunktionen erfüllt die Kirche de facto?

Es ist klar, daß derartige Bestimmungen der Funktion von Kirche in Konkurrenz, mindestens teilweise auch in Konflikt zu der Auffassung stehen, die in der Kirche selbst, insbesondere unter
den Pfarrern und den anderen kirchenleitenden Personen, von Auftrag und Zielsetzung der Kirche
besteht. Wie soll man sich hier verhalten? Die Ergebnisse soziologischer Analysen, die durch
Primärerfahrung eher bestätigt als widerlegt werden, können ja nicht einfach ignoriert werden.

Lesen Sie dazu von Karl Wilhelm Dahm "Beruf Pfarrer. Empirische Aspekte", 1971, insbesondere
S.303 - 309, "Aspekte einer funktionalen Theorie des kirchlichen Handelns".

Welche beiden Funktionsbereiche des kirchlichen Handelns sieht Dahm?

A.

B.

Inwiefern ist die Kirche in diesen Funktionsbereichen in ihrer Zuständigkeit anerkannt?

Sie bemerken, wie hier die traditionelle Parochialstruktur die Anerkennung der Kirche als für
diese Funktionen zuständig begünstigt: Im Pfarrer ist seit eh und je der zuständige Mann kenntlich und erreichbar.

Wie stellt sich Dahm zu den hier an die Kirche herangetragenen Aufgaben?

Wie will er der Gefahr entgehen, daß dadurch eine passive Konsumentenhaltung gefördert und die
Gemeinde unmündig gehalten wird?

Man kann derartige Analysen zurückweisen. Sie sind ja auch so stark
formalisiert, daß sich unter Umständen traditionelle Bestimmungen
des kirchlichen Auftrags hier eintragen lassen: Kirche ist dazu da,
dem Menschen das in Jesus Christus angebotene Heil Gottes zu vermitteln. Aber auch dann ist hier die Austeilungsstruktur in der Bestimmung der Kirche kennzeichnend: Da ist das Amt, das bestimmte
Dienste anbietet, für die der Mensch Bedarf hat, und zugleich erwartet, daß diese Dienste (Predigt, Unterweisung, Seelsorge, Sakramentsfeier) auch in Anspruch genommen werden. Die "Kirchlichkeit"
wird dann nach der Intensität bemessen, in der einer diese Dienstleistungen in Anspruch nimmt. Ein guter Christ ist der, der das
Angebot der Kirche regelmäßig gebraucht.

Guter Hund!

10.1.3 Theologische Kritik dieses Kirchenverständnisses

Selbstverständlich können hier nicht alle kritischen Einwände genannt werden, die sich im Laufe der Zeit gegen diese kirchliche Struktur erhoben haben. Zwei typische Einwände greifen wir auf, um mit ihrer Hilfe das hier vorliegende Problem zu verdeutlichen. Der eine Einwand richtet sich gegen die Monopolisierung der kirchlichen Aktivität durch ein besonderes Amt. Der andere richtet sich gegen das mit der Parochialstruktur gegebene Zurücktreten der besonderen kirchlichen Gemeinschaft.

A. Charismatische Gemeinde.

Mit diesem Stichwort läßt sich besser noch als mit einem Verweis auf das allgemeine Priestertum aller Gläubigen der theologische Protest gegen das Monopol eines kirchlichen Amtes auf religiöse Aktivitäten kennzeichnen, das der Gemeinde allenfalls Raum für karitative, und natürlich dann ethische Verwirklichung christlichen Handelns läßt.

Lesen Sie dazu von Ernst Käsemann "Amt und Gemeinde im Neuen Testament", in: Exegetische Versuche und Besinnungen 1, 1960, S.109 - 134.

Was heißt ein Charisma haben?

Mit dieser Bestimmung von Charisma kann Käsemann - exegetisch-historisch, aber das bedeutet bei ihm ja zugleich im Geltendmachen der Norm des Christlichen - den paulinischen Gemeindeaufbau als dadurch charakterisiert zeigen, daß hier jeder Christ als Charismatiker Verantwortung für die Erbauung der Gemeinde hat, daß es hier weder Uniformität und Gleichmacherei geben darf, noch auch ein Herausstellen einzelner Glieder, das andere zur Passivität verurteilen müßte. Fast schon explizit wird dann gegen lutherische Thesen polemisiert, nach denen zwar alle Getauften das allgemeine Priestertum haben und es auch in ihrem privaten Bereich wahrnehmen, aber die öffentliche Ausübung dieses Priestertums an die dazu bestimmten Amtsträger abtreten. "Doch kann sich nach göttlichem Recht kein Christ selber davon entbinden oder durch andere davon entbinden lassen, Amtsträger Christi und seines Leibes mit seinem Wort und seinem Handeln zu sein. Denn dazu hat die Gnade selbst ihn seit seiner Taufe gefordert" (S.124).

Käsemann zeigt dann zwar auf, wie sich diese charismatische Verfassung der paulinischen Gemeinden nicht durchhielt, sondern einer "frühkatholischen", durch Amt, Traditions- und Legitimitätsprinzip bestimmten Gemeindeordnung Platz machte. Aber mit dieser historischen Feststellung ist die Anfrage an die gegenwärtige Gestalt der Kirche ja noch nicht erledigt.

Wie formuliert Käsemann seine aktuelle Anfrage an die kirchliche Organisationsstruktur?

Läßt sich diese Anfrage dadurch abweisen, daß man darauf verweist, mit der Proklamation des allgemeinen Priestertums aller Gläubigen müsse man alsbald dem religiösen Individualismus verfallen?

Die Käsemannsche Anfrage hinterläßt wohl aus zwei Gründen einen zwiespältigen Eindruck: Einmal wird die normative Absicht immer wieder in historische Deskription zurückgenommen. Zum anderen ist hier die Norm nicht mit der gegenwärtigen Realität vermittelt, weder historisch in einem Aufweis der Wirksamkeit des charismatischen Modells, noch sachlich in einer Übertragung des paulinischen Ansatzes in die gegenwärtige Situation.

Daß sich gegen das durch die kirchliche Organisationsstruktur nahegelegte Modell eines Amtes, das alle religiöse Aktivität an sich gezogen hat, und einer durch dieses Amt in die passive Haltung des Empfängers und Konsumenten gedrängten Gemeinde allerhand einwenden läßt, kann kaum bestritten werden. Wie aber sollen solche Einwände eigentlich in einer Reform der kirchlichen Struktur wirksam werden?

B. Geistliche Gemeinschaft

Die parochiale Struktur unserer kirchlichen Organisation lehnte sich - und tut das auch heute noch, soweit das in der mobiler gewordenen Gesellschaft möglich ist - an vorgegebene gesell-

10.1.3

schaftliche Gruppen (Stadt, Dorf) an. Eine spezifisch kirchliche Gemeinschaft gab es dabei nicht, sondern eben den religiösen Aspekt einer in der Regel alle Lebensgebiete umfassenden Gemeinschaft. Die Bildung solcher religiösen Gemeinschaft vollzog sich neben der parochial organisierten Kirche, unter Umständen auch im Gegensatz zu ihr (katholisch vor allem in Gestalt von Ordensgemeinschaften, evangelisch etwa im pietistischen Zirkel, der freilich immer die Tendenz hat, sich sektiererisch von der Großkirche abzusondern).

Ist Kirche aber damit nicht mißverstanden, daß man sie als Organisation zur religiösen Versorgung des Volkes versteht und ihr eine dazu dienliche Verfassung gibt, ohne doch darauf zu achten, daß sie in erster Linie geistliche (= vom Heiligen Geist gewirkte, in Liebe bestehende, ganzheitlich leibhafte) Gemeinschaft ist, wie sich das im Bild der neutestamentlichen Christengemeinden darstellt?

Damit ist die kritische Anfrage Emil Brunners formuliert (vgl. dazu seine Ekklesiologie, Band 3 der Dogmatik, 1.Hauptstück, und die monographische Darstellung "Das Mißverständnis der Kirche", 1951).

Für Brunner ist die Urzeit der Kirche Norm für alle spätere Gestaltung: "Die Verkündigung der Apostel in ihrer Abgeschlossenheit gegenüber aller späteren Verkündigung, der Geist und das Leben der Ekklesía der Urzeit gegenüber allem späteren Leben, soll die Richtschnur sein, nach der alle künftige Verkündigung zu gestalten, und an der alles künftige Leben der Kirche zu normieren ist" (Dogmatik III, S.18). Darum wird die Kirche als "Institution" (der Begriff ist hier von Brunner im Sinne von "Organisation" gebraucht, wie das in der älteren Literatur üblich ist, die den modernen soziologischen Institutionsbegriff noch nicht rezipiert hat) radikal in Frage gestellt.

Lesen Sie dazu Dogmatik III, 2.Kapitel, Abschnitt 3. und 4., S.43 - 53.

Wie versuchte die Reformation die Kluft zwischen der Kirche als Anstalt und der Ekklesía des Neuen Testaments zu schließen?

Brunner sagt zu Recht, daß dieser doppelte Kirchenbegriff dem NT völlig fremd sei. Woraus ergab sich der Sozialcharakter der neutestamentlichen Ekklesía?

Dabei polemisiert Brunner gegen die vor allem in der dialektischen Theologie beliebte These, daß sich die Kirche sichtbar in der gottesdienstlichen Versammlung konstituiere als "Kirche unter dem Wort". Vielmehr gehe es um die Durchdringung des Alltags mit dem Geist Christi.

Wie ist von daher die Ekklesía zu definieren?

Beachten Sie, welche Rolle für Brunner der urchristliche Liebeskommunismus spielt. Hier muß er mindestens an einer Stelle doch die Realität gegen die als Norm angeführte urchristliche Gemeindegestalt anerkennen. Andererseits behilft sich Brunner damit, daß er diese Ekklesía als ein soziologisches Paradoxon bezeichnet. Worin besteht diese Paradoxie?

Welche drei Sachverhalte müssen heute insbesondere erfaßt werden?
1.
2.
3.

Hier zeigen sich bei Brunner Tendenzen, die (10.4.1) noch einmal aufzunehmen sind.

Auch diese Anfrage an den anstaltlichen Charakter der kirchlichen Organisation weist deutlich auf Mangelerscheinungen in der herkömmlichen Gestalt der Kirche hin (denen freilich kaum durch organisierte Kleingruppenarbeit beizukommen ist!). Aber auch hier wird die Norm nicht vermittelt, weshalb sich eine derartige Anfrage selbst zur Unwirksamkeit verurteilt.

10.1.4 Das Problem von Faktizität und Norm im Kirchenverständnis

Hier kann nur ein kurzes Fazit aus dem gegeben werden, was wenigstens an einigen Beispielen
andiskutiert worden ist. Eine durch Erfahrung mit der Kirche bestimmte Interpretation von Kirche ist der dogmatischen Reflexion vorgegeben und verlangt Beachtung. Freilich bestehen dann
sehr verschiedene Möglichkeiten, sich mit diesem Sachverhalt auseinanderzusetzen. Sie sollen
hier aufgeführt werden, ohne weiter Stellung zu nehmen.

1. Eine im Sinne der traditionellen Kriterien korrekte Ekklesiologie wird so ausgearbeitet,
daß sie mit der faktischen Gestalt der Kirche nicht in Konflikt kommt, vielmehr geeignet ist,
diese Gestalt zu legitimieren (Ekklesiologie als Alibi). Dazu brauchen ja nur die Grunddaten,
der Dual Amt - Gemeinde und die Austeilungsstruktur, berücksichtigt zu werden.

2. Die Ekklesiologie wird der empirisch erhobenen Funktion von Kirche soweit als möglich angepaßt (wobei auf jeden Fall zu beachten wäre, daß auch solche "Empirie" ihre Voraussetzungen
hat, die die Ergebnisse empirischer Untersuchungen mitbestimmen und auch in von hier aus gewonnene Zielsetzungen und Handlungsanweisungen eingehen).

3. Normative Aufstellungen, die mit der Organisationsstruktur und dem von daher geprägten Verständnis von Kirche in Konflikt stehen, werden kirchenkritisch eingesetzt. Legt man nicht darauf Wert, daß diese normativen Aufstellungen über eine Kirchenreform zum Tragen kommen, dann
haben auch derartige theologische Äußerungen Alibifunktion. Der Versuch, eine Verwirklichung
zu erzwingen, muß dagegen zu sektenähnlichen Modellen von Kirche führen, bei denen mindestens
die Frage der kirchlichen Einheit äußerst problematisch wird.

10.2 Kirche und Glaube

Die Erörterungen zur Stellung der Soteriologie und der Lehre von den Gnadenmitteln haben schon
auf das hier vorliegende Problem verwiesen. Einerseits geht es darum, den Glauben als Werk Gottes kenntlich zu machen. Von daher ist die Vorordnung der genannten Lehrstücke vor die Ekklesiologie geboten. Andererseits wirkt Gott nicht unvermittelt. Sobald aber auf die Vermittlungen
geachtet wird, tritt die Kirche als Trägerin dieser Vermittlungen ins Blickfeld. Auch wenn wir
uns dafür entschieden haben, in der Anordnung das besondere Gewicht der göttlichen Wirksamkeit
zu betonen, müssen wir hier den genannten Sachverhalt berücksichtigen, der viele Dogmatiker dazu veranlaßt hat, Soteriologie oder mindestens die Lehre von den Gnadenmitteln im Gesamtzusammenhang der Ekklesiologie zu behandeln.

10.2.1 Kirche als Voraussetzung des Glaubens

Die Frage, ob der Glaube (des einzelnen) Kirche immer schon voraussetzt oder ob Kirche durch
den Zusammenschluß der (einzelnen) Glaubenden entsteht, muß dogmatisch entschieden werden. Dabei steht in Frage, inwieweit Glaube selbst als eine verfügbare oder mindestens feststellbare
Bestimmtheit des Menschseins gesehen werden kann. Wer den Glauben hat oder gläubig ist, kann
dann eine solche Gläubigkeit in die Gemeinschaft gegenseitiger Erbauung und eines gemeinsamen
Zeugnisses an die Welt einbringen.

Diese Theorie über eine Entstehung der Kirche aus dem Zusammentritt der Gläubigen (praktiziert
wird sie etwa bei Freikirchen und erweckten Gemeinschaften) findet sich z.B. bei Schleiermacher.
Tragen Sie hier den Leitsatz zu § 115 der Glaubenslehre ein:

Man darf sich hier freilich nicht auf eine zeitlich-kausale Bestimmung einlassen. Denn selbstverständlich kann sich Glaube nur an Glauben entzünden. Insofern muß es Gemeinschaft der Glaubenden, muß es den Heiligen Geist als Gemeingeist der christlichen Kirche immer schon geben
(vgl. 8.1.3), damit Wiedergeburt möglich ist. Aber umgekehrt ist hier Kirche doch nur wirklich
unter der Voraussetzung der Gläubigkeit ihrer Glieder.

Welches Modell von Kirche ergibt sich aus der Schleiermacherschen Aufstellung, je freier eine
Gemeinde auf ihrem Gebiet sei, desto strenger werde sie darauf achten, daß derjenige, gegen

dessen Wiedergeburt sich wohlbegründete Zweifel erheben, auch
nicht aufgenommen werde?

Wird die menschliche Empfänglichkeit als Voraussetzung der
Erlösung in der Weise gedacht, wie das bei Schleiermacher
geschieht (8.1.3), ist diese Wendung in der Ekklesiologie
nur konsequent, sofern hier die einzelnen Glaubenden ihre
Erlösungsfähigkeit in die Gemeinschaft einbringen.

Das traditionelle Kirchenverständnis denkt hier anders. Sofern Glaube als Wirkung Gottes gedacht wird (tridentinisch
oder reformatorisch), die einer geordneten Vermittlung
(Gnadenmittel) bedarf, ist hier Kirche (ministerium ecclesiasticum, CA V) Voraussetzung des Glaubens. Für die Kirche
ist dann nicht konstitutiv eine Feststellung der Wirkung
Gottes an dem einzelnen Kirchenglied, die dieses zur kirchlichen Gemeinschaft befähigte, sondern die Teilhabe an der
Vermittlung dieser Wirkung.

Lesen Sie dazu CA VII und VIII.
Wie wird hier Kirche definiert (geben Sie den lateinischen Text)?

Was ist über die Einheit der Kirche ausgesagt?

Warum braucht es zusätzlich zu den Bestimmungen von CA VII noch die in CA VIII vollzogenen Ab-
grenzungen?

Sicher ist dabei vorausgesetzt, daß die Vermittlung der göttlichen Wirksamkeit nicht unwirksam
ist, daß also dort, wo die Predigt gehört und das Sakrament gefeiert wird, auch Glaube ist.
Aber weil diese Wirkung als die unanschauliche Wirksamkeit Gottes weder an den bloßen Vollzug
der Gnadenmittel gebunden ist (der Geist wirkt den Glauben, ubi et quando visum est Deo, nicht
ex opere operato), noch einfach an feststellbaren Verhaltenskriterien abgelesen werden kann
(hypocritae admixti!), kann die versammelte hörende und feiernde Gemeinde nicht mit der Versammlung aller Glaubenden und Heiligen, also mit Kirche im strengen Sinn, identifiziert werden.

10.2.2 Die notae ecclesiae

Mit dieser Abgrenzung gegen ein Verständnis der Kirche sowohl als Sammlung der Geheiligten wie
auch als Gemeinschaft derer, die am durch bloßen Vollzug wirksamen Sakrament teilhaben, wird
die Frage nach der Sichtbarkeit der Kirche dringlich. Man hat der CA vorgeworfen, hier ver-
schwinde die Kirche in die Unsichtbarkeit hinein, werde zur civitas Platonica, zum unwirklichen
Idealbild.

Lesen Sie dazu AC VII, insbesondere 1 - 8. Melanchthon wehrt sich hier gegen den Vorwurf, daß
der Kirchenbegriff der Confessio Augustana die Ungläubigen und Heuchler aus der äußeren Gemein-
schaft der Kirche ausschließen wolle - was ja in der Konsequenz auf den Versuch einer reinen
Darstellung der Heilsgemeinde hinausliefe, wie er in der Reformationszeit von den sog. Schwär-
mern zum Teil unternommen wurde. Andererseits aber will Melanchthon auch nicht zugeben, daß
Ungläubige mit zur Kirche gehören (wie das die katholische Lehre insofern tut, als sie von den
Getauften, die sich nicht im Gnadenstand befinden, als von den toten Gliedern der Kirche redet).
Darum kommt es hier dann zu einer doppelten Bestimmung:

At ecclesia non est tantum societas externarum rerum ac rituum sicut aliae politiae, sed prin-
cipaliter est societas fidei et spiritus sancti in cordibus, quae tamen habet externas notas,
ut agnosci possit, videlicet puram evangelii doctrinam et administrationem sacramentorum con-
sentaneam evangelio Christi. Et haec ecclesia sola dicitur corpus Christi, quod Christus spiritu suo renovat, sanctificat et gubernat (5, BSLK S.234f).

Übersetzung:

Was sind hier die notae ecclesiae?

Warum ist die Kirche gerade an diesen notae kenntlich?

Diese wahre Kirche existiert wirklich, obwohl sie sich als Personengemeinschaft nicht rein darstellen läßt. Kenntlich ist aber die Evangeliumspredigt und Sakramentsverwaltung.

Diese Bestimmung wird sofort problematisch, wenn sich das Gewicht von der Evangeliumspredigt,
also dem mündlichen Wort Gottes, auf eine kodifizierte Lehrnorm verlagert. Dann wird Konfession
im Sinne einer bestimmten Lehrtradition zum Kennzeichen der wahren Kirche.

Man kann sich die Dialektik dieses Verständnisses von Kirche so klarmachen, daß man eine Antwort auf die Frage versucht: Ist die wahre Kirche unsichtbar?

Die Antwort muß dann lauten:

Als Personengemeinschaft der Glaubenden ist die wahre Kirche unsichtbar. Sichtbar aber ist sie
als die Gemeinschaft, die am Evangelium in Predigt und Sakrament teilhat.

Dieser Verweis auf das Evangelium als die nota bzw. auf Predigt und Sakrament als die notae
ecclesiae ist eine für die evangelische Kirche (die nicht umsonst sich so bezeichnet!) typische
Lösung der Frage danach, woran die Kirche kenntlich sei. Man kann diese Lösung dann sekundär
als Frage an andere Konfessionen stellen - eine für die gegenwärtige ökumenische Phase der Kirche naheliegende und wohl auch notwendige Frage.

Mit der reformierten Konfession oder Schule wird es hier keine Schwierigkeiten geben. Zwar war
man dort versucht, auch eine schriftgemäße Kirchenordnung mit zum notwendigen Kennzeichen von
Kirche zu machen. Aber diese konfessionelle Tradition hat sich nicht streng durchgesetzt, und
die Leuenberger Konkordie konnte darum von dem Evangelium als entscheidendem Kennzeichen von
Kirche ausgehen und hier den notwendigen Konsens feststellen. Allenfalls wäre zu vermerken, daß
die reformierte Tradition neben Predigt und Sakrament auch ein Leben im Gehorsam gegen das Evangelium zu den notae ecclesiae zählen kann.

Problematisch wird die Frage dort, wo eine bestimmte Verfassung der Kirche, nämlich ihre Leitung durch das Bischofsamt apostolischer Sukzession, als ein unaufgebbares Kennzeichen der wahren Kirche gilt, also bei der griechisch-orthodoxen, der katholischen und der anglikanischen
Kirche.

In der ökumenischen Debatte fragt man dann, ob eine solche Verfassung zum esse der Kirche gehö-
re, zu ihrem Wesen, oder nur zum bene esse, zu ihrer normalen und geordneten Existenz.
Lesen Sie dazu in der dogmatischen Konstitution über die Kirche des zweiten Vaticanums das dritte Kapitel, insbesondere 18.- 20.
Wie wird hier die Funktion des Petrus bestimmt?

Was ist zu allen Zeiten der Ursprung allen Lebens in der Kirche?

Mit dem Verweis auf das Evangelium wird hier also das Bischofsamt apostolischer Sukzession begründet. Es muß immer dauern. "Aus diesem Grunde lehrt die Heilige Synode, daß die Bischöfe
aufgrund göttlicher Einsetzung (ex divina institutione) an die Stelle der Apostel als Hirten
der Kirche getreten sind. Wer sie hört, hört Christus,und wer sie verachtet, verachtet Christus und ihn, der Christus gesandt hat (vgl. Lk 10,16)."

Das bedeutet aber, daß hier die Kirche im bischöflichen Amt sichtbar wird, die Einheit der Kirche sich als Gemeinschaft der Bischöfe darstellt.

10.2.2.1 Die Distinktionen der altprotestantischen Orthodoxie

Man kann es als die ekklesiologische Folgerung aus der Unanschaulichkeit von Gottes Handeln in der Rechtfertigung bezeichnen, daß die Kirche als die congregatio sanctorum et vere credentium nur in den notae Wort und Sakrament sichtbar wird. Von dieser Bestimmung her wird dann auch die Problematik bewältigt, die sich in dem faktischen Nebeneinander von Kirchen und Konfessionen zeigt (sofern hier nicht schon die Einordnung durch den Religionsbegriff als Problemlösung angesehen werden kann, vgl. 2.2.2.2).

Grundlegend ist dabei die Unterscheidung in ecclesia stricte dicta und ecclesia late dicta.

Kirche im strengen Sinn (stricte dicta) ist die Gemeinschaft der Glaubenden (die die ecclesia militans und triumphans umfaßt). Dieser Kirche kommen die Prädikate des nizänischen Glaubensbekenntnisses zu.

Führen Sie diese Prädikate hier auf:

Der Unterscheidung von ecclesia stricte dicta und ecclesia late dicta entspricht die Unterscheidung von ecclesia invisibilis und ecclesia visibilis.

Mit dieser Distinktion verbunden ist die andere Unterscheidung in ecclesia universalis und ecclesia particularis. Die eine Kirche kommt in einzelnen Partikularkirchen zur Erscheinung. In diesen Partikularkirchen wird Kirche sichtbar, freilich damit auch in ihrer wesentlichen Bestimmung problematisiert: die Partikularkirche läßt sich nicht eindeutig als Gemeinschaft der Glaubenden bestimmen. Sie ist coetus vocatorum, Versammlung derer, die durch das Evangelium zum Heil berufen sind. Aber so gewiß in dieser Versammlung das Evangelium wirksam ist, und daher vere credentes und sancti in dieser Kirche sind, so wenig kann hier doch die ganze sichtbare Versammlung mit der Kirche im strengen Sinn identifiziert werden.

Für solche Partikularkirchen kann dann auch die Unterscheidung von wahrer und falscher Kirche getroffen werden. Die wahre Kirche ist die, in der das Evangelium richtig gepredigt und die Sakramente stiftungsgemäß verwaltet werden.

An welchen Sachverhalten wird also die Unterscheidung von wahrer und falscher Kirche getroffen?

Was ist das Kriterium einer solchen Unterscheidung?

Dabei soll hier nicht ein kontradiktorischer Gegensatz behauptet werden, vielmehr geht es um ein komparatives Verhältnis - ecclesia falsa est falsata, vitiata, corrupta, impura. Die Intention ist die, den Gegensatz zur katholischen Kirche zwar in aller Schärfe festzuhalten, aber doch nicht dem katholischen Christen die Möglichkeit des Heils völlig zu bestreiten.

So Hollaz (nach H.Schmid S.439):

In ecclesia falsa, ... quatenus in eadem verbum Dei publice praelegitur et baptismus in substantialibus integer administratur, datur regeneratio et salus, at non sine ingenti periculo animarum: quippe quae dogmatibus falsis sic obtenebrari possunt, ut vel non accendatur lux fidei vel in baptismo accensa erroribus obruatur et extinguatur.

Übersetzung:

Wie kann mit Hilfe dieser Distinktionen (zu denen dann noch die Unterscheidungen von ecclesia docens und audiens, ecclesia synthetica und repraesentativa treten, also die mit dem Dual Amt - Gemeinde zusammenhängenden Unterscheidungen) nun die faktische Kirche - also die lokal abgegrenzte Parochie - erfaßt werden? Versuchen Sie die Anwendung auf die Beschreibung einer beliebigen lutherischen Ortsgemeinde:

Wo kann sich hier das allgemeine Priestertum aler Gläubigen manifestieren?

Wie kann eine Einheit über die lokale Versammlung hinaus kenntlich werden?

Das bedeutet, bezogen auf die gegenwärtige ökumenische Problematik, daß gerade lutherische Kirchen es besonders schwer haben, in eine größere Einheit der Kirche hineinzufinden. Denn das, worin sich nach lutherischer Tradition eine solche Einheit manifestieren müßte, die evangeliumsgemäße Verkündigung, ist mindestens in der kodifizierten Gestalt des Lehrbekenntnisses gerade das, was trennt. Mit der Forderung einer expliziten Lehrvereinbarung als Voraussetzung der kirchlichen Gemeinschaft sind kaum Fortschritte auf eine größere kirchliche Einheit hin zu machen. Denn wenn eine solche Lehrvereinbarung den Kompromiß sucht, wird sich immer die Gruppe der Perfektionisten finden, die mit Separation drohen, da hier die wahre Lehre schon verlassen sei.

Beobachten Sie diese Sachverhalte an der Aufnahme der Leuenberger Konkordie in den verschiedenen lutherischen Landeskirchen und an der Haltung, die hier konservative, sog. bekenntnistreue Kreise einnehmen.

Eine Ekklesiologie, die mit den genannten Unterscheidungen (explizit oder gegenwärtig häufig auch nur implizit und ohne die begriffliche Schärfe der altlutherischen Orthodoxie) arbeitet, kann einerseits das (in seiner Problematik schon aufgewiesene) Grundanliegen der lutherischen Rechtfertigungslehre, nämlich die Unanschaulichkeit der Wirksamkeit Gottes im Menschen, aufnehmen. Sie kann andererseits den Konflikt mit der bestehenden kirchlichen Organisationsstruktur vermeiden.

10.2.3   Kirchliche Autorität und Glaube

Unter diesem Stichwort soll auf ein Problem wenigstens aufmerksam gemacht werden, das so in dogmatischen Lehrbüchern kaum erörtert wird. Hält sich der Glaube an Gottes Wort, so hält er sich faktisch damit zugleich an kirchliches Wort. Dieser Sachverhalt darf weder verschwiegen noch als eine für den modernen Menschen nicht akzeptable Autoritätsbindung abgetan werden. Wo Entscheidung im Spiel ist - und das ist beim Glauben immer der Fall, auch wenn er für seine Entscheidung Gründe angeben und auf Erfahrungen verweisen kann (J.Track) -, da ist immer auch Autorität im Spiel, wenn solche Entscheidung nicht nur ein Akt vereinzelter Willkür sein soll, sondern auch emotional durch Gemeinschaft in dieser Entscheidung gestützt wird.

Zwei Aspekte des Themas "Kirchliche Autorität und Glaube" sollen hier wenigstens genannt werden: einmal Kirche als Glaubens- und Bekenntnisgemeinschaft; weiter Kirche als Zeugnis und Vorbild des Glaubens.

A. Ich erinnere an den Begriff von Dogma, katholisch wie protestantisch, der hier wieder aufzunehmen ist: Glaube hat seinen Gegenstand. Und dieser Gegenstand ist zwar sicher einerseits als das ganz persönliche Gegenüber Gottes anzusprechen. Doch andererseits ist gerade hier auf den (verbalisierten) Glaubensgegenstand zu achten, der die Gemeinsamkeit des kirchlichen Glaubensbewußtseins ausmacht.

10.2.3

Von diesem Glaubensgegenstand als Dogma ist zu sagen: Er ist immer umfassender als die individuelle Aneignung.

Wie ist in der katholischen Lehre die Glaubenspflicht gegenüber den Dogmen definiert? (vgl. 1.1.1 und DS 3011).

Dabei ergibt sich freilich das Problem, wie eine immer weiter entfaltete Glaubenswahrheit von dem einzelnen Gläubigen noch angeeignet werden kann. Im Grunde verlangte das ja entweder, däß alle Glaubenden Theologen werden, die sich um eine solche Aneignung bemühen, oder die Theologen mit ihrer vollständigeren Kenntnis der Glaubenswahrheit wären als die besseren Glaubenden anzusprechen.

In dieser Problematik kommt es zu Hilfskonstruktionen. Die katholische Tradition unterscheidet hier fides explicita und fides implicita. Gegen letztere gab es in der Tradition der evangelischen Theologie - nicht ganz zu Recht - eine heftige Polemik.
Was bedeutet die Unterscheidung? (Vgl. dazu Diekamp-Jüssen I, § 4,II).

Kann das ganze Dogma implizit geglaubt werden, so daß nur noch das Vertrauen darauf, daß die Kirche mit ihrem Glauben recht habe, explizit geglaubt wird ("Köhlerglaube")?

Welche Unterscheidung trafen die Altprotestanten, um sich in dieser Problematik, die bei ihnen ja mutatis mutandis auch vorlag, zu helfen? (Vgl. S. 17)

Moderne protestantische Theologie und Frömmigkeit steht weniger in der Gefahr (obwohl es hier bekanntlich nichts gibt, was es nicht gibt), den Glaubensgegenstand zu weit auszubauen, und als Glaubenswahrheit auszugeben, was allenfalls theologischen Scharfsinn interessieren darf, als in der umgekehrten Gefahr, hier unangemessen zu reduzieren. Was sich gläubige Subjektivität nicht aneignen kann, das darf nicht als Glaubenswahrheit gelten!

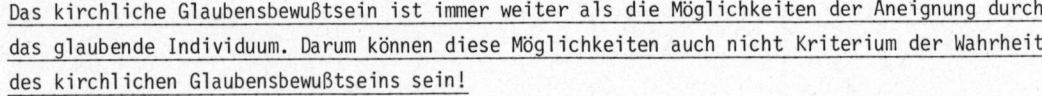

Der Rest ist leider ungenießbar!

Mi 75

Derartige Reduktion beruft sich häufig auf den Wert der "intellektuellen Redlichkeit". Man sollte hier freilich vorsichtig sein. Wo handelt es sich um unbestreitbare intellektuelle Verbindlichkeiten?
(Vgl. dazu das zur Kohärenz Gesagte, 0.3.3).
Wo handelt es sich um kurzschlüssige Identifikation der reflektierenden Subjektivität mit dem modernen Bewußtsein und seinen Verbindlichkeiten?

Das kirchliche Glaubensbewußtsein ist immer weiter als die Möglichkeiten der Aneignung durch das glaubende Individuum. Darum können diese Möglichkeiten auch nicht Kriterium der Wahrheit des kirchlichen Glaubensbewußtseins sein!

Das gilt auch für das Bekenntnis, sofern dieses Bekenntnis Formulierung des Glaubens ist. Die glaubende Gemeinschaft nimmt den einzelnen in die Gemeinschaft ihres Bekenntnisses auf, indem sie ihm dieses Bekenntnis als Formulierung seines Glaubens vorgibt.

Man sollte diese Formulierungen nicht abwerten, weil sie ein mindestens intellektuell distanziertes Mitsprechen verlangen.Diese Distanz ist notwendig, wo die in der Formulierung angezeigte Gemeinsamkeit mit decken soll, was uns in vieler Hinsicht fremd ist.
Achten Sie hier auf die Distinktion zwischen fides quae creditur und fides qua creditur (vgl. H.Schmid, S.265,1).
Die fides, qua creditur ist fides subjectiva, fides proprie dicta, qua inest homini credenti tanquam subjecto. Die fides, quae creditur ist doctrina fidei, quae improprie dicitur fides, quia est objectum fidei.

B. Kirche ist nicht nur in dem Sinn Autorität für den Glauben, daß sie ihm die Formulierungen des Glaubensgegenstandes vorgibt, sondern auch so, daß sie durch ihr Zeugnis und Vorbild zum Glauben bewegt.

Versuchen Sie diesen Sachverhalt einmal für sich selbst biographisch zu konkretisieren. Denken Sie dabei nicht unbedingt an die amtliche Kirche, sondern an Glaubende, die Ihnen imponiert haben, an Gruppen, zu denen Sie gehört haben und gehören wollten, an Erfahrungen mit Menschen, die für Sie so eindrücklich waren, daß sie Ihre Glaubensentscheidung mit bestimmt haben.

Kirche ist selbst motivum credibilitatis.So wird das im ersten Vatikanischen Konzil ausgesprochen (DS 3013):

Ad solam enim catholicam Ecclesiam ea pertinent omnia, quae ad evidentem fidei christianae credibilitatem tam multa et tam mira divinitus sunt disposita. Quin etiam Ecclesia per se ipsa, ob suam nempe admirabilem propagationem, eximiam sanctitatem et inexhaustam in omnibus bonis foecunditatem, ob catholicam unitatem invictamque stabilitatem magnum quoddam et perpetuum est motivum credibilitatis et divinae suae legationis testimonium irrefragabile.

Übersetzung:

Lesen Sie dazu von H.Küng, Die Kirche, 1967, S.37 - 54 ("Die Gebrochenheit des Kirchenbildes"). Wie muß aus dem Glauben heraus Bewunderung der Kirche aussehen?

Wie Kritik?

Wie bestimmt Küng das Verhältnis des Glaubens (des einzelnen!, einen anderen Glauben kann es im strengen Sinn nicht geben) und der Kirche?

1.

2.

Inwiefern ist die wirkliche Kirche unsichtbare Kirche?

Es geht hier um die Frage, wie es zu einer sichtbaren Lebensgestalt des Glaubens kommen kann. Das bedeutet dann aber, daß Kirche aus der Unanschaulichkeit des Glaubensvollzuges herauskommen müßte. Denn Anschauung der Kirche kann nicht Anschauung des Pfarrers oder der Korporation der kirchlichen Amtsträger sein. Reformatorische Tradition gibt dazu wenigstens insoweit einen Hinweis, als sie das "Kreuz" als diese Lebensgestalt der Kirche anzeigt. Inwieweit es zu solcher Gestaltwerdung faktisch gekommen ist, und unter dem Vorzeichen der gegenwärtigen Organisationsstruktur überhaupt kommen kann, ist nicht nur ein dogmatisches Problem.

10.3 Das Amt in der Kirche

Wir haben hier auf den Sprachgebrauch sorgfältig zu achten. Amt der Kirche ist eine konfessionell lutherische Prägung, die wohl mit CA V und der Betonung des Predigtamtes überhaupt eng zusammenhängt.

Die katholische Kirche redet nicht vom Amt, sondern von der Hierarchie. Wie ist der betreffende Abschnitt in der Constitutio dogmatica de Ecclesia des 2.Vaticanums (Caput III) überschrieben (lat.)?

Reformierter Tradition entspricht es, nicht vom Amt in der Einzahl,sondern von verschiedenen Ämtern zu reden. So beginnt die Genfer Kirchenordnung von 1561 nach einem Präskript mit der Feststellung:

Premierement il y a quatre ordres ou especes d' offices, que nostre Seigneur a institué pour le gouvernement de son Eglise: assavoir les Pasteurs, puis les Docteurs, apres les Anciens, quartement les Diacres (Niesel S.43).

Wenn also vom Amt der Kirche oder vom Amt in der Kirche die Rede ist, dann handelt es sich immer schon um eine konfessionelle, nämlich lutherische Akzentuierung des Problems. Diese kann selbstverständlich theologisch begründet werden mit dem Verweis auf das Evangelium, dessen geordnete Ausrichtung in Wort und Sakrament (9.2.2) dieses eine Amt fordert, aber nur dieses eine Amt. Zugleich aber entspricht diese Betonung des einen Amtes der faktischen kirchlichen Struktur mit ihrer beherrschenden Stellung des Pfarramtes, die keineswegs schon damit relativiert ist, daß es neben den Pfarrern auch noch andere hauptamtliche und nebenamtliche Bedienstete in der Kirche gibt.

Dazu noch ein Hinweis: Man sollte nicht den Sachverhalt, daß mit dem kirchlichen Amt Ausübung von Herrschaft verbunden ist, sprachlich dadurch kaschieren, daß man vom Amt als von einem Dienst spricht!

Dazu aus der Verfassung der Evangelisch-Lutherischen Kirche in Bayern:

Artikel 5: In der Evangelisch-Lutherischen Kirche in Bayern ist Leitung der Kirche zugleich geistlicher und rechtlicher Dienst.

Artikel 11: Das der Kirche von Jesus Christus anvertraute Amt gliedert sich in verschiedene Dienste. Die in diese Dienste Berufenen arbeiten in der Erfüllung des kirchlichen Auftrages zusammen.

Das entscheidende Problem ist in der Formulierung "Das Amt in der Kirche" schon in bestimmter Hinsicht entschieden. Konstituiert sich die Kirche als Amt im Gegenüber zur Gemeinde? Oder überträgt die Gemeinde bestimmte ihr eigene Aufgaben (Funktionen) an ein Amt?

Im ersten Fall ist das Amt Voraussetzung für die Kirche (die dann selbstverständlich Amt und Gemeinde umfaßt). Im zweiten Fall ist die Kirche Voraussetzung des Amtes, sofern sie bestimmte Funktionen eben durch ein solches Amt wahrnehmen läßt.

Man kann auch so formulieren: Ist das Amt (des Pfarrers, Bischofs etc.) iure divino konstituiert oder iure humano?

10.3.1 Die Hierarchie im römischen Katholizismus

Um hier Mißverständnissen vorzubeugen, muß man eine doppelte Hierarchie unterscheiden lernen: Weihehierarchie und Jurisdiktionshierarchie.

Die Weihehierarchie umfaßt Bischof, Priester, Diakon, Subdiakon (und die vorhergehenden niederen Weihen), die Jurisdiktionshierarchie hat ihre Spitze im Papst und ihr Fundament in der bischöflichen Jurisdiktion (die teilweise dann an die Pfarrer delegiert ist). Zentral ist hier die Stellung der Bischöfe.

Was ist eigentlich ein Weihbischof?

Lesen Sie nun das Kapitel III der Constitutio dogmatica de Ecclesia des 2.Vatikanischen Konzils. Welchem Grad der Hierarchie kommt hier der Titel Pastor zu?

Welche Verhältnisbestimmung zwischen Bischof und Christus wird hier gegeben (z.B. 21.27.28.)?

Welche drei Aspekte des bischöflichen Amtes (man sagt auch hier betont ministerium) werden aufgeführt (25.26.27.)?

1.

2.

3.

Man kann von dieser dreifachen Aufgabe der Bischöfe auch als von ihrer potestas magisterii, potestas ordinis und potestas iurisdictionis reden. Vergleichen Sie diese Bestimmungen mit dem dreifachen Amt Christi!

Schwierig ist die Verhältnisbestimmung zwischen Episkopat und Papsttum. Denn hier besteht - wenn das beschönigende "Dienst" durch das zutreffendere "Herrschaft" ersetzt wird, ein natürlicher Interessenkonflikt.

Woher leitet sich die potestas iurisdictionis der Bischöfe (27.) ?

Betont wird, daß die Bischöfe nicht als vicarii des Papstes ihr Amt führen. Welches Verhältnis zwischen bischöflicher und päpstlicher Gewalt besteht daher (27.)?

Worin besteht dann das Besondere der päpstlichen Gewalt (22.)?

Bei dieser Konstruktion des Amtes versteht es sich von selbst, daß dieses als iure divino bestehend bezeichnet wird (d.h. daran kann von Menschen nichts geändert werden. Ein Konzil kann also nicht beschließen, daß das Bischofsamt oder der päpstliche Primat abgeschafft wird und an seine Stelle eine andere Kirchenverfassung tritt).

... docet Sacra Synodus Episcopos ex divina institutione in locum Apostolorum successisse (20.).
Übersetzung:

Wie wird man nun Bischof?

Die Antwort muß mit dem Verweis auf das Weihesakrament gegeben werden, durch das nicht nur das munus sanctificandi (potestas ordinis), sondern auch das munus docendi und regendi übertragen wird; die Ausübung dieser Ämter ist freilich an die Gemeinschaft mit dem Haupt und den anderen Mitgliedern des Bischofskollegiums gebunden, unterliegt also in ihrer Geltung rechtlichen Voraussetzungen.

Entscheidend wichtig aber ist: Das Bischofskollegium ergänzt sich selbst. Der von Christus den Aposteln übertragene Geist wird dabei in der Bischofsweihe bis heute weitergegeben (21.).

In welchem Verhältnis stehen die Presbyter zum Bischof (28.)?

Welche priesterlichen Aufgaben werden den Diakonen nicht übertragen, sind also Priestern und Bischöfen vorbehalten (29.)?

Das kennzeichnende Merkmal dieser Bestimmung der kirchlichen Hierarchie ist, daß sie in sich selbständig ist. Sicher ist das Kirchenvolk insofern an der Konstitution dieser Hierarchie beteiligt, als diese ja um der geistlichen Versorgung dieses Kirchenvolkes willen da ist. Aber sie ist diesem Kirchenvolk streng vorgeordnet: Zuerst ist da Christus, dann die apostolische Sendung, dann die Gläubigen.

10.3.2 Das Predigtamt der Kirche

Damit ist das Problem des Amtes genannt, wie es sich für die lutherische Kirche stellt. Predigtamt, ministerium ecclesiasticum (CA V) ist hier Ausgangspunkt der Überlegungen zum Amt. Weil der Geist, der den Glauben an das Evangelium wirkt, durch Wort und Sakrament gegeben wird, darum muß es Wort und Sakrament geben, wenn es den Glauben an das Evangelium geben soll.

Eine kurze Erinnerung an das hierarchische Modell des Amtes in der Constitutio dogmatica de Ecclesia des 2.Vaticanums: Auch hier ist die Notwendigkeit des Amtes darin begründet, daß das Evangelium als Lebensprinzip der Kirche bis ans Ende der Tage dauern soll:

20. Missio illa divina, a Christo Apostolis concredita, ad finem saeculi erit duratura (cf. Matth.28,20), cum Evangelium, ab eis tradendum, sit in omne tempus pro Ecclesia totius vitae principium. Quapropter Apostoli, in hac societate hierarchice ordinata, de instituendis successoribus curam egerunt.
Übersetzung:

Die Notwendigkeit der Evangeliumsverkündigung ist unbestritten. Bedeutet das aber, daß dem Gegenüber von verbum externum und Glauben ein Gegenüber von Amt und Gemeinde entsprechen muß?

10.3.2

Das wäre ein dem hierarchischen Modell der katholischen Kirche entsprechendes Verständnis, freilich mit dem gewichtigen Unterschied, daß hier das Amt nicht im Bischof sein Fundament hätte, sondern im Pfarrer, und daß die Legitimität des Amtes sich nicht iuristisch-sakramental, an der apostolischen Sukzession der Weihe wie an der Gemeinschaft mit dem Bischof von Rom und dem Kollegium der Bischöfe, sondern an der Schrift auszuweisen hätte.

Faktisch ist die Entwicklung in dieser Richtung gelaufen, wobei das Schwergewicht der kirchlichen Organisationsstruktur sicher das Seine dazu beigetragen hat. Man hat dabei freilich nicht einfach einen geistlichen Stand postuliert, sondern mit dem Modell einer ständischen Gliederung der Kirche gearbeitet. Kirche ist dabei die christliche Gesellschaft.

Es gibt nach dieser (Ekklesiologie als Sozialethik durchführenden) Theorie drei Stände (status, hierarchiae).

Welches sind diese drei Stände?

1.

2.

3.

Es wird hier also nicht eine Scheidung in Geistliche und Laien intendiert, sondern vielmehr die notwendige Gliederung des gesellschaftlichen Organismus (die sich an die Gliederung des platonischen Staates anlehnt; hier werden alte Traditionen antiker Tugendlehre aufgenommen).

Ich führe Johann Gerhard an (nach H.Schmid S.447):

Status sive ordines in ecclesia a Deo instituti numerantur tres, videl.ecclesiasticus, politicus et oeconomicus, quos etiam hierarchias appellare consueverunt. Oeconomicus ordo inservit generis humani multiplicationi, politicus ejusdem defensioni; ecclesiasticus ad salutem aeternam promotioni. Oec.ordo oppositus est a Deo vagis libidinibus, polit.tyrranidi ac latrociniis; eccles.haeresibus ac doctrinae corruptelis.

Übersetzung:

Innerhalb dieser Gesamtkonzeption hat dann das kirchliche Amt seinen Platz. Seine Notwendigkeit ist die Notwendigkeit von Wortverkündigung und Sakramentsverwaltung, seine selbstverständliche Gestalt ist das Pfarramt.

Der ordo, das Amt in der Kirche, wird nicht durch eine besondere Weihe übertragen. Entscheidend ist der "ordentliche Beruf".

Wo findet sich dieser Ausdruck?

Geben Sie die lateinische Formulierung des ganzen Satzes:

Der Auftrag zum Amt wird also von der Kirche erteilt, die dann umgekehrt dem Amt, sofern es evangeliumsgemäß ausgerichtet wird, Gehorsam schuldet.

Welche Konstruktion für die Kirchenleitung (Kirche hier als Verband der Einzelgemeinden genommen) haben die altlutherischen Dogmatiker vorgetragen? Beachten Sie dazu die Distinktion von ecclesia synthetica und ecclesia repraesentativa.

Lesen Sie den Artikel von S.Grundmann, Geschichte der ev.Kirchenverfassung, Kirchenverfassung VI., RGG III, Sp.1570 - 1583.

Sind die Konsistorien (bis 1918) staatliche oder kirchliche Einrichtungen?

Wie ist die Verbindung zwischen dem ius episcopale des Landesherrn und dem Konsistorium iuristisch konstruiert?

+ Was besagt die Unterscheidung von ius in sacra und ius circa sacra? (vgl. dazu auch die Bestimmungen der Orthodoxie, H. Schmid, S.389 u. 390).

Wie hat der Landesherr im evangelischen Bereich seine iura in
sacra ausgeübt?

Faktisch hat sich also anstatt einer synodalen Kirchenleitung
durch die ecclesia repraesentativa die Kirchenleitung durch
Konsistorien durchgesetzt, die bis heute besteht, freilich ergänzt und begrenzt durch die weiteren kirchenleitenden Organe
der Synoden und Kirchenpräsidenten (Landesbischöfe).

Papst oder Hut ? Mitis

Die Frage nach dem Amt als Frage nach der Begründung des Pfarramtes ist dann im 19.Jahrhundert erneut diskutiert worden. Ist
dieses Amt unmittelbar auf die Stiftung Christi zurückzuführen
(und besteht darum iure divino)? So z.B. J.Stahl, A.Vilmar,
Th.Kliefoth und andere.

(Wenn Ihnen die Namen unbekannt sind, versuchen Sie sich kurz
über die betreffenden Personen zu informieren).

Die Alternative zu dieser Position (die sich der katholischen
annähert, indem sie CA V und CA XIV zusammenfaßt und also die
Notwendigkeit des Predigtamtes auf die ordentlich berufenen
Amtsträger der Kirche überträgt) sieht das Predigtamt der ganzen Kirche übertragen (unter Berufung auf das allgemeine Priestertum aller Gläubigen). Das Pfarramt ist dann von der Kirche eingerichtet als eine zweckmäßige Ausübung dieses der ganzen Kirche übertragenen Amtes (so z.B.
der Erlanger W.Höfling).

Lesen Sie dazu Theodosius Harnack, Die Kirche, ihr Amt, ihr Regiment, 1862, Neudruck 1934 und
1947, S.37 - 54.

Harnack geht davon aus, daß die Kirche zugleich Subjekt und Objekt ihrer Selbsterbauung in dem
Herrn ist. Aber gerade darum muß unterschieden werden zwischen der allgemeinen christlichen
Berufung (zum Glauben) und der besonderen Berufung der Kirche zu Predigt und Sakramentsverwaltung. In dieser besonderen Berufung der Kirche als ganzer sieht Harnack das Wesen des Amtes begründet.

Welche Unterscheidung führt Harnack nun ein, um zugleich ius divinum und ius humanum des Amtes
festhalten zu können?

Hat die Kirche eine Priorität vor dem Amt?

Ist das Amt von Christus besonderen Personen in der Kirche übertragen?

Woher haben die Amtsträger ihren Auftrag und ihre Vollmacht?

Wogegen grenzt sich Harnack in seinen Ausführungen zum Amt ab?

10.3.3 Die Herrschaft Christi in der Kirche und das Amt

Wir haben schon darauf hingewiesen, daß es die faktische Ausübung von Herrschaft durch das Amt nur kaschiert, wenn man statt dessen von "Dienst" redet. Der Papst als servus servorum Dei (offizieller Titel) ist durchaus autokratischer Herr und übt auch heute noch diese Herrschaft aus, soweit seine Macht reicht. Nicht Herrschaft des Amtes in der Kirche kann hier das Problem sein. Gefragt ist vielmehr danach, wie sich diese Herrschaft des Amtes zu der Herrschaft Christi über die Kirche verhält.

A. Für die hierarchische Lösung ist diese Frage leicht zu beantworten: Christus wird durch das Amt repräsentiert. Er übt seine Herrschaft durch das Amt aus (vgl. 10.3.1).

Wie übt Christus aber seine Herrschaft auch dem Amt gegenüber aus? Das ist eine Frage, die im Grunde nicht mehr beantwortet werden kann. Allenfalls könnte man hier noch auf die potentia Christi hinweisen und sagen, daß diese Herrschaft ebenso unvermittelt geschehe, wie die göttliche Vorsehung überhaupt. Freilich ist diese Antwort nicht befriedigend.

B. Die evangelische Theologie wird hier anders urteilen. Th.Harnack äußert sich zu dieser Frage in dem eben angegebenen Abschnitt so:

"Für die Wahrheit und Wirkungskräftigkeit ihres (sc. der Diener der Kirche) Tuns bürgt weder die persönliche Christlichkeit noch die Amtlichkeit, sondern lediglich die Schriftgemäßheit desselben.
Ob aber die Diener des Amts dasselbe nach dem Willen Christi und Vorbild der Apostel, d.h. schriftmäßig führen, darüber hat die Kirche zu urteilen. Denn auch sie ist Christo für diejenigen mit verantwortlich, die kraft des ihr eigenen Sonderberufs und in ihrem Auftrag das Amt Christi in ihrer Mitte verwalten. Darum steht die Kirche nicht über dem Amt, wohl aber über den Dienern desselben" (a.a.O.S.46).
Worin muß sich also ausweisen, daß das Amt im Sinne Christi geführt wird?

Wem steht das Urteil über die Schriftgemäßheit der Amtsführung zu?

Danach wird also die Herrschaft Christi auch über das Amt - genauer müßte man hier sagen: über die Amtsträger - konkret darin, daß sie einerseits in ihrer Amtsführung an die Schrift gebunden sind und andererseits das Urteil über diese Schriftgemäßheit der Amtsführung nicht ihnen selbst überlassen ist, sondern der sie berufenden Kirche.

Insoweit ist diese Konstruktion durchaus einleuchtend. Problematisch wird freilich die Frage nach der praktischen Handhabung dieser Beurteilung der Amtsführung auf ihre Schriftgemäßheit. Wird diese faktisch zur Sache des Konsistoriums, dann zeigt das einmal mehr die Problematik evangelischer Kirchenverfassungen!

10.4 Kirche und Welt

Mit dieser Frage nach Kirche und Welt werden der ethische und der eschatologische Aspekt der Ekklesiologie angesprochen. Die Frage ist dort dogmatisch nicht von besonderem Gewicht, wo Kirche allein oder doch vorwiegend als die religiöse Verfaßtheit einer christlichen Gesellschaft im Blick ist. Man kann darum in der Frage nach dem Verhältnis von Kirche und Welt ein typisch modernes Problem sehen, obwohl es auch ältere Problemaspekte gibt.

10.4.1 Einheit von Kirche und Welt als eschatologische Zielsetzung

Schon in der Anthropologie wurde die Frage nach der geschichtlichen Einheit der Menschheit in ihrer Gottesbeziehung genannt (6.1.3), und darauf hingewiesen, daß diese Einheit unter den Voraussetzungen des modernen Welthorizontes eher als Einheit der menschheitlichen Zukunft in Christus denn als Einheit der menschheitlichen Herkunft von Adam gedacht werden kann. Diese Einheit der Menschheit in Christus hat aber als Voraussetzung die Einheit der Kirche, und zwar nicht nur als Einheit einer ecclesia invisibilis. Dieser einheitlichen ecclesia invisibilis entspricht als eschatologische Leitvorstellung die jenseitige Einheit der Vollendeten, nicht aber die sichtbare Einheit der Menschheit!

Die dogmatische Konstitution über die Kirche des 2.Vaticanum hat in ihrem 2.Kapitel über "Das Volk Gottes" insbesondere diesen Aspekt hervorgehoben, wonach die Kirche in ihrer Einheit die Einheit der von Gott zum Heil berufenen Menschheit repräsentiert und auf diese Einheit hinführt.

Lesen Sie dieses Kapitel. Warum muß das neue Gottesvolk eines sein und bleiben (13.)?

In welcher Beziehung steht die Einheit des Gottesvolkes zum eschatologischen Heil (pax universalis)?

Es gibt nach den Bestimmungen des Konzils verschiedene Weisen der Zuordnung zu dieser katholischen Einheit, die auf die eschatologische Einheit hin ausgerichtet ist, je nachdem, ob es sich um katholische Christen, um Getaufte oder um Nichtchristen handelt (unter denen die Juden sowie die Moslems besonders erwähnt werden).

Von dogmatischem Gewicht ist an dieser Konzeption, daß hier nicht eine Abgrenzung von Kirche und Welt unter dem Vorzeichen des eschatologischen Heils praktiziert wird, sondern eine Öffnung der Kirche zur Welt hin unter dem Vorzeichen dieses Heiles.

Diese Gedanken sind der protestantischen Tradition des 19.Jahrhunderts geläufig. Wie muß der genannte Sachverhalt bei Schleiermacher behandelt werden? Denken Sie dabei an die Struktur der Urbildchristologie.

Freilich macht Schleiermacher dabei eine bezeichnende Einschränkung: Bei der Vorstellung einer Vollendung der Kirche handelt es sich um ein "Vorbild, welchem wir uns nähern sollen" (Leitsatz zu § 157), wir würden heute sagen: um eine Utopie.

Warum kann die Kirche auf Erden niemals ganz vollendet werden?

Lesen Sie dazu bei F.Mildenberger, Geschichte der deutschen evangelischen Theologie, § 6, Die christliche Gesellschaft, insbesondere den Abschnitt über Richard Rothe, S.87ff.

Der Gedanke, daß die kirchliche Einheit Wegbereiter der menschheitlichen Einheit sein soll, wird in der ökumenischen Bewegung neuerdings mit großem Nachdruck vertreten, hat freilich auch allerhand Widerspruch gefunden. Dogmatik wird hier um ein klares Urteil bemüht sein müssen. Dazu gehört vor allem genügend Information, die den engen Horizont der eigenen Tradition überschreitet!

10.4.2 Die bleibende Unterschiedenheit von Kirche und Welt

Schon darin, daß die eschatologische Einheit von Kirche und Welt als utopisch angesehen wird, ist eine bleibende Unterschiedenheit von Kirche und Welt mit gesetzt. Doch liegt nicht hier das eigentliche Motiv einer Abgrenzung. Welt ist vielmehr bestimmt durch Sünde. Darum setzt Heil eine Trennung von der sündigen Welt voraus (ein Motiv, das sich in vielfältiger Weise durch die ganze Geschichte der Kirche hindurchzieht).

Lesen Sie dazu als ein bezeichnendes Dokument aus der jüngsten Auseinandersetzung um die Ökumene die am 23.5.1974 von der "Konferenz Bekennender Gemeinschaften in den Evangelischen Kirchen Deutschlands" beschlossene "Berliner Ökumene-Erklärung", EvKomm 7,1974,S.432f.

Gegen welche Tendenzen der ökumenischen Bewegung wendet sich diese Erklärung als gegen Verfälschungen des Evangeliums?

1.

2.

Die hier ausgesprochene Abgrenzung gegen Versuche, dem kommenden Reich Gottes durch menschliches Tun entgegenzuarbeiten, hat eine lange Tradition. Erinnert sei hier nur an das bekannte Diktum von Gottfried Menken: "Alle Revolutionen sind wider das Reich Gottes!" Damit wandte sich Menken gegen die französische Revolution und ihren Versuch, Freiheit, Gleichheit und Brüderlichkeit zu verwirklichen, und zwar mit der Begründung, daß sich hier menschliches Tun das anmaße, was allein Sache Gottes sei: das endzeitliche Heil zu verwirklichen. Vgl. dazu Ziffer 9. der Berliner Ökumene-Erklärung.

Sicher sind die dogmatischen Begründungen für eine notwendige und bleibende Unterschiedenheit von Kirche und Welt vielfältig. Doch sollte man auf jeden Fall sehen, daß der eigentliche Grund darin liegt, daß die notwendige Unterscheidung von der Sünde nicht als menschliches Tun geschehen kann, sondern allein von Gott bewirkt wird. Jede andere Begründung solcher Unterschiedenheit als die von der reformatorischen Zentrallehre her ist kurzschlüssig und nicht genügend. Achten Sie aber darauf, daß der Gegensatz gegen die Sünde die Solidarität mit der durch die Sünde verfälschten Schöpfung nicht aufheben darf.

10.4.3 Kirche für die Welt

Das Verhältnis von Kirche und Welt ist nicht nur unter den Aspekten einer eschatologischen Einheit von Kirche und Welt und einer bleibenden Abgrenzung von der sündigen Welt zu sehen, sondern zugleich unter dem Gesichtspunkt der Sendung der Kirche. Weil Gott selbst sein Gottsein nicht gegen die Welt verwirklicht, sondern sich in Christus als Gott für die Welt offenbart hat, kann und darf sich Kirche nicht allein aus dem Gegensatz zur Welt verstehen, sondern muß ihre Zielsetzungen als Dienst an der Welt ausarbeiten.

Das hier vorliegende Problem läßt sich so formulieren: Wie kann bei diesen Zielsetzungen zwischen den artikulierten Bedürfnissen der Welt (die selbstverständlich sehr differenziert gesehen werden müssen) und dem kirchlichen Auftrag vom Evangelium her so vermittelt werden, daß man in der Welt das Entgegenkommen der Kirche versteht und umgekehrt der Auftrag des Evangeliums die Aktivitäten der Kirche bestimmt.

11. Eschatologie

Der Ausdruck "Eschatologie" und erst recht das Adjektiv "eschatologisch" werden sehr verschiedenartig gebraucht. Zunächst einmal handelt es sich dabei um die Bezeichnung für den traditionellen dogmatischen Locus De Novissimis, als dessen Themen Tod, Auferstehung, jüngstes Gericht etc.zu nennen wären (vgl. 11.2.1). Weiter wird damit eine bestimmte religionsgeschichtliche Erscheinung bezeichnet (ungefähr = Apokalyptik), die im Judentum zur Zeit Jesu lebendig war und auch Jesus und das Urchristentum in ihrer Gedankenwelt entscheidend geprägt habe (wie weit dieser Einfluß ging, ist allerdings umstritten). Schließlich handelt es sich hier um eine in der Theologie des 20.Jahrhunderts beliebte Bezeichnung für die letztgültige Wirklichkeit, mit der der Mensch dort konfrontiert ist, wo er Gott begegnet.

Das außerordentlich breite Bedeutungsfeld des Ausdrucks muß beachtet werden. Dabei besteht die Schwierigkeit, daß sich die Bedeutungen häufig noch überschneiden, daß also Aequivokationen ganz selten eindeutig zu erkennen sind.

Hier kann darum kein Vorschlag für eine eindeutige Bestimmung des Ausdrucks gegeben werden. Wo er begegnet, muß vielmehr gefragt werden, welche der genannten Bedeutungsmöglichkeiten oder welche Kombination solcher Möglichkeiten jeweils im Spiel ist.

Ich gebe dazu ein berühmtes Diktum von Karl Barth:

"Christentum, das nicht ganz und gar und restlos Eschatologie ist, hat mit Christus ganz und gar und restlos nichts zu tun" (Römerbrief, 2.Auflage 1922, S.300).

Was versteht Karl Barth hier unter Eschatologie?
Versuchen Sie die Antwort so zu geben, daß Sie zunächst den Kontext des Diktums aufsuchen. Welchen paulinischen Text kommentiert Barth?

In der ersten Auflage seines Kommentars verbindet Barth in der Auslegung des betreffenden Abschnitts den Ausdruck Eschatologie als Fazit der Auslegung mit drei anderen Sachverhalten. Welche sind das?

1.   2.   3.

Achten Sie nun genauer auf den Wortlaut bei Barth. Der zitierte Satz ist der mittlere von drei Sätzen, die im Duktus der Barthschen Rhetorik anscheinend denselben Sachverhalt ansprechen.

Welches sind diese beiden Entsprechungen zu dem genannten Satz?

1.

2.

Achten Sie nun auf die "Ortsbestimmung" für die Hoffnung, von der Barth in der Auslegung von Röm 8,20.21 redet.

Wo ist solche Hoffnung?

Wo ist Erkenntnis der Freiheit?

Formulieren Sie nun, was Barth hier unter Eschatologie verstehen könnte, in freier Paraphrase. Achten Sie dabei auf zweierlei: Barth will den paulinischen Text auslegen, formuliert sein Verständnis von Eschatologie also nicht ohne Paulus - auch wenn es sich, da Barth hier anwendende Auslegung treibt, um eine Übertragung aus dem Damals des Textes ins Heute des Auslegers handelt. Und Barth bestimmt Eschatologie von Christus her, wie er umgekehrt Christus eschatologisch versteht.

Eine derartige Überlegung kann mindestens zeigen, wie schwierig das Verstehen des Ausdrucks "Eschatologie" bzw. "eschatologisch" und erst recht des dadurch bezeichneten Sachverhalts unter den Voraussetzungen modernen theologischen Denkens ist.

Wir haben hier primär den traditionellen Locus De Novissimis zu erarbeiten. Freilich kann das nur so geschehen, daß dessen Problematik im Kontext modernen eschatologischen Denkens verständlich gemacht wird. Dazu braucht es aber einmal einige Hinweise dazu, wie die exegetische (ursprünglich rein religionsgeschichtliche) Bestimmung des eschatologischen Charakters weiter Teile des Neuen Testaments aktuell angewandt wurde. Und es braucht die Konfrontation der traditionellen, individualistisch und metaphysisch (im Sinne einer Metaphysik der räumlich vorgestellten Transzendenz) gedachten Eschatologie mit der modernen Eschatologie einer menschheitlichen Entwicklung zum Reich Gottes (oder Reich der Freiheit etc.) hin.

11.1 Die Problematik einer Anwendung der neutestamentlichen Eschatologie

Das Thema der Eschatologie ist neben dem Interesse, das es wegen des behandelten Sachverhaltes verdient, zugleich auch ein Schulbeispiel für die Problematik einer historischen Exegese, die zwar die Auslegung des Textes in seinem Damals und Dort, dem historisch-zeitgeschichtlichen Kontext zu erarbeiten vermag, aber die Anwendung nicht mehr normiert (vgl.3.3.2). Achten Sie auch auf diesen lehrreichen Sachverhalt.

Vgl. zum Folgenden Walter Kreck, Die Zukunft des Gekommenen, 2.1966, Teil A, S.14 - 76, sowie Grundfragen der Dogmatik, Exkurse 27.28 S.279 - 281.

11.1.1 Reich Gottes als religiös-ethisches Leitbild

Reich Gottes, einer der eschatologischen Zentralbegriffe, war für die vom Idealismus bestimmte Richtung in der Theologie des 19. Jahrhunderts ein Begriff von zentraler Bedeutung. In diesem Begriff war nicht nur die eigene Konzeption einer religiösen und ethischen Orientierung zusammengefaßt, sondern zugleich diente dieser Begriff als Legitimation: Handelte es sich dabei doch um den Zentralbegriff der Verkündigung Jesu. Indem man selbst an der Durchsetzung des Reiches Gottes arbeitete, sah man sich als durch Jesus selbst und seine Wirksamkeit bestimmt. Voraussetzung solcher Legitimation war natürlich, daß "Reich Gottes" in der Verkündigung Jesu dieselbe Bedeutung hatte, die man ihm in der eigenen Konzeption zumaß.

Lesen Sie dazu Albrecht Ritschl, Unterricht in der christlichen Religion, I. Die Lehre vom Reiche Gottes (Neuausgabe von G.Ruhbach,1966, S.15 - 33).

11.1.1 / 11.1.2

In welche Hauptteile gliedert Ritschl seine Darlegungen?

A.

B.

Inwiefern ist Jesus der ursprüngliche Gegenstand der Liebe Gottes?

Was behauptet Ritschl von der durch ihn vorgetragenen Beurteilung Christi?

In welchem Verhältnis steht das Reich Gottes als der gemeinschaftliche Zweck der christlichen Gemeinde zu den natürlich-sittlichen Gemeinschaften?

Inwiefern ist das Reich Gottes nicht nur übernatürlich, sondern auch überweltlich (eschatologisch im strengen Sinne als die Bedingungen der gegenwärtigen Welt transzendierend)?

Die Ritschlschen Darlegungen sind kennzeichnend für eine Anwendung biblischer Gedanken, die sich selbst in der geschichtlichen Gestalt Jesu wiederfindet. Darum protestiert Ritschl auch gegen die Meinung, man müsse, um zu einem richtigen historischen Verständnis Jesu zu kommen, zuerst das religiöse Interesse an Jesus ablegen. "Man erreicht eine völlige Verschiebung der Aufgabe und bringt es nur zur Zerrüttung des beabsichtigten Verständnisses, wenn man den Grundsatz befolgt, daß die geschichtliche Erkenntnis Christi erst in dem Maße möglich sei, als man sich der religiösen Pietät gegen ihn entzieht".

Reich Gottes ist hier also die durch Jesus eingeführte und sich nun geschichtlich entwickelnde christliche Glaubens- und Liebesgemeinschaft, die dazu bestimmt ist, einmal die ganze Menschheit zu umfassen.

11.1.2 Die religionsgeschichtliche Verfremdung (konsequente Eschatologie)

Noch die Ritschlsche Aneignung der Reich-Gottes-Verkündigung Jesu hatte diese zwar im Zusammenhang mit der prophetischen Verkündigung des Alten Testaments gesehen. Aber sie hatte den Zusammenhang mit der jüdischen Apokalyptik nicht wahrgenommen oder nicht beachtet. Im Zuge der religionsgeschichtlichen Erforschung der Bibel (als "Religionsgeschichtliche Schule" bezeichnet man eine bestimmte Phase der historisch-kritischen Erforschung der Bibel, die versucht, die biblischen Aussagen aus ihrer Übereinstimmung mit religiösen Vorstellungen ihrer Umwelt verständlich zu machen) wurde nun aber gerade die Übereinstimmung neutestamentlicher Vorstellungen (insbesondere bei Jesus und Paulus) mit der jüdischen Apokalyptik herausgestellt.

Lesen Sie dazu bei Werner Georg Kümmel, Das Neue Testament. Geschichte der Erforschung seiner Probleme, 2.Aufl.1970, den Abschnitt über "Die konsequente Eschatologie".

Welche Namen nennt Kümmel hier als Vertreter einer konsequent eschatologischen Interpretation der Verkündigung Jesu und des Paulus?

Warum kann nach J.Weiß von einer innerweltlichen Entwicklung des Reiches Gottes im Gedankenkreis Jesu nicht die Rede sein?

In welcher Beziehung sieht sich Jesus selbst zum kommenden Reich Gottes?

Welche Stimmung ist bei uns an die Stelle der eigentlich eschatologischen getreten?

J.Weiß hat hier die eschatologische Priorität des je eigenen Todes gegenüber dem Ende der Welt sicher richtig diagnostiziert. Eben darum aber ist dann die Übereinkunft mit dem Neuen Testament für eine solche Exegese mindestens problematisch.

Nicht nur exegetisch, sondern auch im Hinblick auf die kirchengeschichtlichen und dogmatischen Konsequenzen hat sich die (kleine und theologisch insgesamt nicht sehr wirksame) Richtung der "konsequenten Eschatologie" mit dieser Frage einer eschatologischen Deutung des urchristlichen Denkens befaßt. In erster Linie geht es dabei um die Person Jesu. Aber die Urchristenheit,auch Paulus, hat von Jesus die Grundzüge seiner apokalyptischen Erwartung übernommen: Das Reich Gottes ist eine zukünftige Größe, die Gott auf wunderbare Weise herbeiführen wird. Das Reich Gottes wird bald kommen (Naherwartung). Dabei ist dann der Schlüssel zum Verständnis Jesu wie der urchristlichen Entwicklung, daß die Naherwartung des Reiches enttäuscht worden ist.

Wenn Sie der historischen Konstruktion Albert Schweitzers nachgehen wollen, lesen Sie in der Geschichte der Leben-Jesu-Forschung Kap.XXX "Die Lösung der konsequenten Eschatologie". Achten Sie dabei darauf, wie die enttäuschte Naherwartung zum Schlüssel für das (psychologisierende) Verständnis des historischen Jesus wird.

Bei Martin Werner erscheint dann die Dogmenbildung als durch die Umformung des ursprünglichen eschatologischen Denkens beim Ausbleiben der Parusie bedingt. Aber ist enttäuschte Naherwartung wirklich ein so entscheidendes Problem? Haben nicht die Zeugen Jehovas oder die Neuapostolische Kirche einige enttäuschte Naherwartungen ohne große Krisen überstanden? Diese Analogien machen gegenüber der historischen Behauptung von der entscheidenden Bedeutung der enttäuschten Naherwartung skeptisch.

Sicher hat die konsequente Eschatologie darin recht: Wenn, wofür einiges spricht, die eschatologische Erwartung Jesu und der Urchristenheit durch eine apokalyptische Vorstellungsweise geprägt war, dann können wir diese urchristliche Eschatologie nicht einfach in unsere Gegenwart übertragen. Was aber soll dann die Eschatologie Jesu und der Urchristenheit für uns bedeuten?

Es liegt auf der Hand, daß hier nun die jeweilige Wertentscheidung von entscheidendem Gewicht ist. Für Albert Schweitzer gibt es dort eine Verbindung mit Jesus, wo der Wille sich mit Jesus eins weiß - auch über das verschiedene Vorstellungsmaterial hinweg. "Nur darauf kommt es an, daß wir den Gedanken des durch sittliche Arbeit zu schaffenden Reiches mit derselben Vehemenz denken, mit der er den von göttlicher Intervention zu erwartenden in sich bewegte, und miteinander wissen, daß wir imstande sein müssen, alles dafür hinzugeben" (Geschichte der Leben-Jesu-Forschung, S.639).

Lesen Sie dazu von Fritz Buri, Die Bedeutung der neutestamentlichen Eschatologie für die neuere protestantische Theologie, 1935, S.166 - 172. Buri behauptet, die Wirklichkeit, wie wir sie kennen, sei im höchsten Maße uneschatologisch. Wir müßten vielmehr von der ewig gegenwärtigen Schöpfungswirklichkeit des lebendigen Gottes reden - eine merkwürdige Philosophie, zumal Buri diese Schöpfungswirklichkeit als ethisch indifferent behauptet. Im Grund wird hier Gott mit der Lebendigkeit des Wirklichen und der Wirklichkeit des Lebendigen identifiziert.

Warum geht es dann aber bei der "Ehrfurcht vor dem Leben" doch um Eschatologie?

Soll die Bindung an die maßgebenden Zeugnisse des christlichen Ursprungs bei einer solchen Konzeption doch noch festgehalten werden - was von vornherein nur in einer abgeschwächten Form möglich ist -, dann muß hier eine Gemeinsamkeit sehr mühsam gesucht werden. Denn im religiösen Denken kann solche Gemeinsamkeit kaum gefunden werden. Hier hat vielmehr die religionsgeschichtliche Auslegung der neutestamentlichen Eschatologie eine scheinbar nicht mehr zu überbrückende Kluft aufgerissen.

11.1.3 Endgeschichtliche Eschatologie (Heilsgeschichte)

Man kann dagegen einwenden, daß eine solche radikale Abwendung von dem eschatologischen Denken des Neuen Testaments doch gar nicht notwendig sei. Zwar die Naherwartung, wie sie sich an einigen Stellen finde, könne nicht übernommen werden. Aber diese Naherwartung sei auch nicht das entscheidende Kennzeichen der neutestamentlichen Eschatologie, sondern vielmehr der Glaube an eine durch Gott herbeigeführte wunderbare Verwandlung und Vollendung der Welt. Eine solche Auffassung darf nicht einfach mit der traditionellen kirchlichen Eschatologie (vgl. 11.2.1) identifiziert werden, für die das Ende deshalb sein Gewicht weitgehend verloren hat, weil hier der je individuelle Tod eschatologisches Grunddatum geworden ist. Endgeschichtliche Eschatologie wird dagegen versuchen, die universale, weltgeschichtliche Dimension des neutestamentlichen eschatologischen Denkens zu aktualisieren.

11.1.3 / 11.1.4

Lesen Sie dazu von Oscar Cullmann "Christus und die Zeit. Die urchristliche Zeit- und Ge-schichtsauffassung", 3·1962, S.84 - 94.

Welches ist nach Cullmann die biblische Dreiteilung der Zeitlinie?

Welches ist die jüdische Zweiteilung, die mit dieser Dreiteilung verbunden wurde?

Wo liegt dagegen nach urchristlicher Auffassung die Mitte der Zeit, mit der der neue Aeon anbricht?

Warum stellen A.Schweitzer und M.Werner das NT in eine falsche Perspektive?

Was ist der Grund für die neutestamentliche Naherwartung?

Wodurch ist die zeitliche Spannung gegeben, in der wir uns befinden?

Die Konzeption einer solchen endgeschichtlichen Eschatologie ist rational durchsichtig, und kann mindestens mit dem Großteil der eschatologischen Gedanken des Neuen Testaments so verbunden werden, daß Bedeutungsunterschiede kaum auffallen. Scheinbar ist hier also die Verfremdung der neutestamentlichen Eschatologie durch die religionsgeschichtliche Deutung zurückgenommen. Doch fragt es sich, ob die Nähe zum Neuen Testament nicht doch geringer ist, als das zunächst den Anschein hat (wegen dieser scheinbaren Nähe war die Cullmannsche Konzeption ja recht erfolgreich).

Dazu zwei Hinweise: Einmal handelt es sich hier um ein typisch biblizistisches Konzept, das die dogmatische Tradition und damit eschatologische Fragestellungen übergeht, die sich doch wohl nicht von ungefähr herausgestellt haben. Zum anderen ist zwar die gedankliche - besser noch die vorstellungsmäßige - Nähe zu neutestamentlichen Konzeptionen nicht zu verkennen. Doch fragt es sich, ob die hier vorliegende rationale Konzeption die emotionale Gestimmtheit der neutestamentlichen Eschatologie nicht ebenso verfehlt, wie die Willensmystik der konsequenten Eschatologie das tut.

Merke: Die Schrift ist nicht direkt Quelle der Dogmatik (1.2.1.2).

11.1.4 Präsentische Eschatologie

"Mitten in der Endlichkeit Eins werden mit dem Unendlichen und ewig sein in einem Augenblick, das ist die Unsterblichkeit der Religion".

+ Versuchen Sie, dieses Zitat nach Verfasser, Text und genauem Fundort zu bestimmen:

Hier ist eine moderne Bestimmung der Eschatologie gegeben, die sich nicht auf eine ungewisse Zukunft vertrösten lassen will, sondern im Jetzt das Eschaton erfährt.Wir bezeichnen diese Interpretation der Eschatologie mit einem gängigen Ausdruck als "präsentische" Eschatologie - den Versuch, das Eschaton (verstanden als das Letzte, das Absolute, das Unbedingte, letztlich als Gott selbst) als gegenwärtig zu erfassen.

Lesen Sie von Paul Althaus "Die letzten Dinge. Entwurf einer christlichen Eschatologie", 1922 (1.Auflage benutzen!), die religionsphilosophische Einleitung S.16 - 27.

Welche Formen von Eschatologie unterscheidet Althaus hier?

Worin sieht er das Problem der teleologischen Eschatologie?

Althaus hat übrigens in späteren Auflagen seiner "Letzten Dinge" die genannte Terminologie aufgegeben, weil sie christliche und idealistische Gedanken zu friedlich nebeneinandergestellt habe. Auch verlagert sich das Gewicht seiner Ausführungen immer mehr auf die Erwartung der Vollendung, ohne daß doch die Gegenwartskomponente ganz ausfiele (vgl. dazu die eschatologischen Partien seiner Dogmatik).

Wirksam ist die präsentische Eschatologie vor allem in der Gestalt der Bultmannschen existentialen Interpretation. Hier insbesondere ist das Problem von Geschichte und Eschatologie durchdacht und in der Richtung gelöst worden, daß Eschatologie sich innergeschichtlich so realisiert, daß innerhalb der Geschichte eschatologische Existenz möglich wird.

Für Bultmanns Denken ist dabei kennzeichnend, daß er die Auseinandersetzung in zwei Richtungen führt: Einmal geht es um exegetische Sachverhalte, die in Anlehnung an die religionsgeschichtliche Interpretation der neutestamentlichen Eschatologie bearbeitet werden. Dabei versucht freilich Bultmann schon bei Paulus und dann bei Johannes den Typ von Eschatologie zu finden, den er selbst dann übernimmt. Vor Paulus und Johannes und dann wieder nach ihnen ist dieses kennzeichnende eschatologische Selbstverständnis dagegen nicht durchgehalten worden. Einerseits war man in apokalyptischer Endzeiterwartung befangen, die dann bekanntlich enttäuscht wurde, andererseits wich man aus in eine endgeschichtliche Eschatologie, die kaum mehr Bedeutung hatte, und suchte statt dessen die Heilsgegenwart im Sakramentalismus.

Weiter steht Bultmann in einer durch die philosophische Diskussion mit bestimmten Auseinandersetzung mit dem Historismus, der zwar einerseits die Bedeutung der Geschichtlichkeit für das Menschsein durchaus anerkennt, der aber andererseits versucht, Geschichte in objektivierenden Gesamtentwürfen zu erfassen und so geschichtsphilosophisch zu bewältigen, was nicht möglich sei, weil damit die eigentliche Geschichtlichkeit des Menschseins gerade verfehlt werde.

Für die exegetisch-religionsgeschichtliche Auseinandersetzung verweise ich auf die Zusammenfassung in dem Aufsatz "Geschichte und Eschatologie im Neuen Testament", GV III, S.91 - 106 (1954), für die mehr geschichtsphilosophische Argumentation auf "Geschichte und Eschatologie", 1958. Daß beide Richtungen der Auseinandersetzung auf dieselbe, nicht nur theoretische, sondern existentielle Position verweisen, zeigt sich daran, wie jeweils in den Schlußabschnitten dieselbe Lösung entwickelt wird - einmal als die Lösung des Paulus und Johannes bezeichnet, das andere Mal als die Lösung des christlichen Glaubens.

Lesen Sie die betreffenden Schlußpassagen (GV III,S.105f; Geschichte und Eschatologie S.178 - 184).

Wie wird hier Christus übereinstimmend bezeichnet?

Wie ist das Verhältnis von Geschichte und Eschatologie zu bestimmen in Hinsicht auf das eschatologische Ereignis?

Wie ist es zu bestimmen in Hinsicht auf die eschatologische Existenz?

"Entweltlichung" durch das eschatologische Ereignis, das die Existenz jeweils in der Anrede der christlichen Verkündigung betrifft, und für das sie sich dann zu entscheiden vermag, bedeutet dabei Freiheit für die Zukunft, über die der Mensch nicht verfügt, die er sich aber auch nicht verfügbar zu machen braucht. Solche Freiheit realisiert sich als Freiheit für den Nächsten.

Was bedeutet solche Freiheit in Hinsicht auf die Frage nach dem Sinn der Geschichte?

Ich erinnere dazu an die Ausführungen Kierkegaards über den "Augenblick" (vgl. 7.1.2), die Bultmanns Auffassung von der eschatologischen Gegenwart stark mitbestimmen.

Diese präsentische Eschatologie sucht also die Anwendung der neutestamentlichen Eschatologie so zu gewinnen, daß sie zeigt, wie die Bestimmtheit durch das Eschaton (Gott in Christus, der in der Verkündigung begegnet) die menschliche Existenz so qualifiziert, daß demgegenüber Zeit und Welt zurückbleiben: "Die Geschichte des Menschen als Person ... liegt jenseits der Weltgeschichte" (R.Bultmann, GV III, S.106).

Erkauft ist diese Anwendbarkeit freilich mit einer Individualisierung des Heils. Welt im Sinne des menschlichen Miteinanderlebens kann mit dem Heil Gottes in Christus nur noch vermittelt werden über die glaubende Existenz (Reflexionsschema der Subjektivität, 5.1.2) und über deren sittliche Verantwortung in der Welt und für die Welt. Die Kritik aller endgeschichtlichen Eschatologie, von Althaus 1922 postuliert, hat sich hier durchgehalten: Modernes Denken kann die opera potentiae Dei (5.), zu denen neben Schöpfung und Vorsehung auch die Vollendung gehört, nicht anders als über die Subjektivität vermittelt erfassen.

Achten Sie darauf: Der Hinweis auf dieses Reflexionsschema ist meine Interpretation des vorliegenden Sachverhaltes einer präsentischen Eschatologie. So begründen weder Althaus noch Bultmann unmittelbar ihre Denkvorschläge!

11.1.5 Kritisch-ethische Eschatologie

Wir werden zu den von Kreck aufgeführten drei Typen modernen eschatologischen Denkens noch einen vierten Typ hinzunehmen müssen, den ich als "kritisch-ethische" Eschatologie bezeichnen möchte. Repräsentiert ist dieser Typ durch Jürgen Moltmann, Theologie der Hoffnung, und ihm nahestehende theologische Konzeptionen.

Sind Ihnen Namen und Stichworte aus dieser jüngsten Entwicklung eschatologischen Denkens bekannt?

Zwei Momente sind in dieser Ausprägung eschatologischen Denkens miteinander wirksam: Einmal die intensive Berührung mit modernen säkularen Eschatologien, insbesondere einem unorthodoxen, humanistisch geprägten Marxismus. Zum anderen die Einsicht in die "Welthaltigkeit" biblischer, insbesondere auch alttestamentlicher Zukunftserwartung, die sich stark gegenüber der abstrakten Zukunftshoffnung reflektierender Subjektivität abhebt (Moltmann zitiert dazu Luthers "spes purissima in purissimum Deum", Theologie der Hoffnung S. 107 und A 56).

+ Von vornherein legt sich hier die Vermutung nahe, daß Luther nicht im Reflexionsschema der modernen Subjektivität gedacht habe. Suchen Sie das Zitat auf (operationes in Psalmos, WA 5, 166).
  Worauf hoffen die Heiligen nicht bzw. worauf hoffen sie?

Bei Luther ist also etwas ganz anderes gemeint als die "reine Zukünftigkeit Gottes", in welche sich im Reflexionsschema der modernen Subjektivität Eschatologie verwandelt (der Ausdruck findet sich z.B. bei F.Gogarten, Der Mensch zwischen Gott und Welt, 1952, S.452, in dem Abschnitt über Geschichte und Zukünftigkeit). Für ihn geht es um die Frage, ob der Mensch auf seine Verdienste oder aber allein auf Gottes Gerechtigkeit hoffen solle.

Ein Hinweis dazu: Man sollte es vermeiden, scheinbar passende Ausdrücke in einen unpassenden Kontext zu versetzen, weil dadurch leicht ein falscher Eindruck von dem zitierten Autor entstehen kann.

Wir bezeichnen das eschatologische Modell als kritisch-ethisch. Kritisch, weil es sich gegen jede Vorwegnahme der Zukunft in utopischen Entwürfen im Namen des "Novum ultimum", auf das sich christliche Hoffnung richtet, kritisch verhält. Ethisch, weil zugleich die christliche Hoffnung als die Zukunft bewältigende Kraft mobilisiert werden soll.

Lesen Sie dazu die "Meditation über die Hoffnung", mit der J.Moltmann seine Theologie der Hoffnung eingeleitet hat.

Warum wanderte nach Moltmanns Meinung die Hoffnung aus der Kirche aus und kehrte sich in verzerrter Gestalt gegen die Kirche?

Warum kann sich das Denken der Hoffnung den Vorwurf des Utopischen nicht gefallen lassen?

Wie wird Gott (mit einem Ausdruck von E.Bloch) von Moltmann mehrfach bezeichnet?

Inwiefern macht die Erwartung das Leben gut?

Warum zerstört die christliche Hoffnung die Vermessenheit der Zukunftsbewegungen?

Von welchem Horizont aus kann das geschehen?

Was geschieht mit den theologischen Begriffen im Medium der Hoffnung?

Zwei Anfragen an dieses Konzept christlicher Eschatologie sollen hier formuliert werden: Gelingt es dieser Eschatologie, wirklich konkret zu werden? Das hieße ja, daß sie die Abstraktion der modernen Subjektivität mit ihrem Reflexionsschema überwindet und Gottes Wirksamkeit so anzusagen vermag, daß sie kenntliche Gegenständlichkeit gewinnt.
Der Versuch, hier zu klaren Aussagen zu kommen, ist nicht zu verkennen. Doch fragt es sich, ob die Gegenständlichkeit nicht aus dem säkularen utopischen Denken geborgt ist, während die Theologie dort, wo sie ihr eigenes Thema zu formulieren sucht, doch wieder in dieses Reflexionsschema gerät - Novum ultimum als die abstrakte Ganzheit zukünftiger Wirklichkeit und Hoffnung als die Gestimmtheit der Subjektivität, die sich auf dieses Novum ultimum richtet. Das hieße dann, daß hier das Konzept der präsentischen (transzendentalen) Eschatologie nur scheinbar überwunden wäre, sofern allenfalls die ethische Konkretion ausgewechselt, aber nicht die Verankerung des eschatologischen Denkens in der reflektierenden Subjektivität gelöst wäre.

Und wird - das die zweite Anfrage - hier wirklich die biblische Eschatologie aufgenommen? Oder handelt es sich nicht um eine Modernisierung, die zwar anderes Vorstellungsmaterial gebraucht als die liberal-bürgerliche Reich-Gottes-Idee Ritschls, aber im Grunde wieder derselben selbstverständlichen Adaption biblischer Ausdrucksweise an modernes Denken verfallen ist?

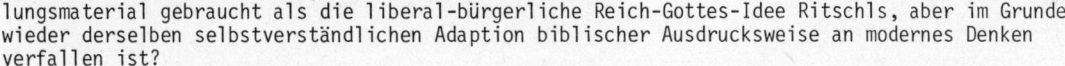

Ein solcher Durchgang durch das eschatologische Denken moderner Theologie zeigt nicht nur die inhaltlichen Schwierigkeiten der Eschatologie, sondern verweist zugleich auf die Problematik, die dort entstehen muß, wo die biblische Eschatologie modern angewandt werden soll. Besonders stark tritt diese Problematik deshalb ins Auge, weil es sich hier um eschatologische Entwürfe handelt, die allenfalls kritisch auf die traditionelle dogmatische Eschatologie Bezug nehmen. Man sollte aber auch dann, wenn die traditionelle Eschatologie als ungenügend empfunden wird, die Erfahrungen, die sich in dieser dogmatischen Tradition niedergeschlagen haben, nicht unbeachtet lassen.

11.2 Aporien des eschatologischen Denkens

Gelegentlich der Besprechung verschiedener Typen modernen eschatologischen Denkens wurde schon darauf hingewiesen, daß Eschatologie nicht unberührt von der Problematik der modernen Subjektivität bleiben kann, die reflektierend das Ganze der Wirklichkeit erschwingen muß, weil dieses Ganze nicht mehr gegenständlich gedacht werden kann. Man muß diese Problematik sehen, obwohl sie nur einen Teilaspekt im Problem des eschatologischen Denkens darstellt. Wenn Eschatologie - und das ist dort unumgänglich, wo die Kontinuität zur christlichen Tradition festgehalten werden soll - Gottes vollendendes Handeln zu denken sucht, ist sie mit einer analogen Problematik konfrontiert, wie sie auch das Denken der Schöpfung bestimmt. Anfang und Ende entsprechen sich auch in der Problematik, die sie dem theologischen Denken aufgeben!

Schleiermacher hat das hier vorliegende Problem scharf formuliert. Lesen Sie dazu den Zusatz zu den prophetischen Lehrstücken im Anschluß an § 163 der Glaubenslehre.

Welche beiden Elemente sind mit vollkommener Wahrheit in unser christliches Bewußtsein aufgenommen?

Erinnern Sie sich daran: Vollendung der Kirche bedeutet bei Schleiermacher, daß sich das von Jesus ausgehende Gesamtleben der Erlösung in der ganzen Menschheit durchsetzt!

Was geschieht, wenn man beide Elemente zusammenfassen und aufeinander beziehen will?

Was sagt   Schleiermacher bei der Erörterung
dieser Frage zu den eschatologischen Vorstellungen der Schrift?

Darum meint er schließlich, in der Eschatologie
könne es überhaupt nicht zu einer Erkenntnis im
eigentlichen Sinne kommen, sondern nur dazu,
schon erkannte Prinzipien "anregend" zu gestalten, das heißt so, daß durch sie das religiöse
Gefühl geweckt wird - das man in diesem Zusammenhang dann als Gestimmtheit der Hoffnung qualifizieren müßte.

Eschatologisches Denken muß, wenn es die Vollen-
dung denkt, Kontinuitäten denken. Nicht irgend etwas soll sich ja vollenden, sondern dieser
Mensch und/oder diese Welt.Auch wenn die Andersartigkeit der Vollendung gegenüber dem gegenwärtigen Zustand betont wird (totaliter aliter), muß doch die Identität des Vollendeten ausgesagt
werden.

Tragen Sie hier V.5 und 6 von Lied EKG 330 ein:

An diesen Versen läßt sich die Grundstruktur eschatologischen Denkens gut beobachten.
Wie wird hier die Identität des vollendeten Menschen bestimmt?

Mit welchen Gegensatzpaaren wird die Vollendung betont?

Dabei besteht aber die Schwierigkeit, daß nur entweder die Kontinuität der Welt oder die Kontinuität des Selbst hin zur Vollendung klar gedacht werden kann. Denkt man die Kontinuität der
Welt hin zur Vollendung, dann verschwimmt die Kontinuität des Ich, denkt man die Kontinuität
des Selbst, verschwimmt die Kontinuität der Welt.

Biblisch stellt sich das dar in dem Gegensatz von Chiliasmus als dem Vollendungszustand der
Welt, der aber nur von den dann Lebenden in seiner Beglückung erfahren wird, und Apokalyptik,
die zwar mit der Totenauferweckung die Kontinuität des Selbst postuliert, aber eine Kontinuität
der Welt nicht zu denken vermag.

Diese Aporie eschatologischen Denkens wird dann deutlich, wenn man erfaßt hat, wie die traditionelle dogmatische Eschatologie ganz auf die Kontinuität des Selbst hin gedacht ist. Eben darum
ist die Welt dem christlichen eschatologischen Denken entglitten, und moderne, liberale und sozialistische Zukunftsvorstellungen haben sich dieser Vollendung der Welt angenommen.

Ritschl hat versucht, die liberale Zukunftserwartung aufzunehmen, Moltmann und andere die sozialistische. Daß es dabei wirklich zu einer Heimholung der Welt in die christliche Eschatologie
gekommen wäre, läßt sich nicht behaupten. Dazu haben die genannten Konzeptionen viel zu wenig
das Glaubensbewußtsein bestimmt, das weiter (sich dabei auch auf die Hauptlinie der biblischen
Eschatologie berufend) die Kontinuität des Selbst zur Vollendung hin einseitig betont.

11.2.1 Die traditionelle Lehre De Novissimis

Daß diese Lehre "ein eigentümlich steriles Dasein am Ende der Dogmatik" geführt habe (J.Molt-
mann, Theologie der Hoffnung S.11), ist nicht wahr. Durch den Gedanken des jüngsten Gerichtes
ist sie unmittelbar mit der Rechtfertigungslehre verbunden. Und der Tod, mit welchem sie einsetzt, ist eine unübersehbare Erfahrung.

Welche einzelnen Stücke gehören zu der traditionellen Lehre?
(Geben Sie die lateinischen Ausdrücke an!)

1.   2.

3.   4.

5.

A. Der Tod

Wie wird der Tod bestimmt?

Was geschieht mit der Seele nach dem Tode?

Dabei werden in der protestantischen Tradition nur zwei Orte für die Seelen genannt, coelum und infernus. Die katholische Tradition dagegen kennt fünf solche Orte (neben Himmel und Hölle noch den limbus patrum, den limbus infantium und - für die Frömmigkeit von außerordentlichem Gewicht - das Fegfeuer, purgatorium).

Die Konzentration der traditionellen Eschatologie auf die Kontinuität des Selbst hin zur eschatologischen Vollendung zeigt sich hier deutlich an dem Gedanken der Seelenunsterblichkeit: das Selbst hört mit dem Tode nicht auf, sondern erleidet schon, mindestens anfangsweise, sein endgültiges Schicksal!

Das Selbst wird hier als unsterbliche Seele metaphysisch gedacht, um ja die Kontinuität zum Eschaton hin festhalten zu können. Dabei treten dann neben den Schriftbeweis auch Vernunftgründe, was zeigt, wie allgemein sich diese Anschauung durchgesetzt hat.

B. Die Auferstehung der Toten

Die biblische Eschatologie fordert, daß nicht nur von Seelenunsterblichkeit die Rede ist, sondern vielmehr die Auferstehung der Toten gelehrt wird. Hier wird die durch den Tod vollzogene Trennung von Leib und Seele rückgängig gemacht. Dies ist freilich insofern problematisch, als der Leib eigentlich nur noch bei den Verdammten eine Funktion hat - sofern die Leiber der Verdammten zwar auch unzerstörbar und unsterblich sind, aber nicht leidensunfähig, sondern ewigen Qualen unterworfen. Man sollte derartige Überlegungen zur Kenntnis nehmen und dann am besten stillschweigend übergehen (schön ist das nicht!).

C. Das jüngste Gericht

Dieses Gericht ist insofern überflüssig, als das ewige Schicksal der Menschen ja schon mit dem Tode feststeht, und jeder sein ewiges Schicksal aus dem Zustand nach dem Tod schon kennt. So kann es sich eigentlich nur noch um eine öffentliche und feierliche Bestätigung des Urteils über jedes menschliche Leben handeln.

Was ist die Norm, nach der Christus am jüngsten Tage richten wird?

Inwiefern kommt hier die Besonderheit der lutherischen Lehre vom Wort Gottes noch einmal zum Zug?

Welche Hand willst? Mi 75

D. Die consummatio mundi

Wie wird in der lutherischen Orthodoxie die consummatio mundi bestimmt?

Vgl. dazu Konrad Stock, annihilatio mundi. Johann Gerhards Eschatologie der Welt, FGLP 10,XLII, 1971, der sehr sorgfältig der Verbindung dieses Gedankens mit den verschiedenen Lehrstükken nachgeht und ihn als Konsequenz aus Gotteslehre und Christologie nachzuweisen sucht.

11.2.1 / 11.2.2

Die Vollendung der Welt als ihre Vernichtung zu denken, ist hier ganz konsequent, da ja die Kontinuität zur Vollendung hin an der leiblosen Seele festgemacht ist. Immerhin ist es von Gewicht, daß man sich hier nicht, wie bei der Auferstehung der Toten, an die biblische Vorstellungsweise gebunden sieht.

E. Ewiges Heil und ewige Verdammnis

Auf eine detaillierte Anführung der ewigen Verdammnis verzichte ich.

Wie wird die ewige Beseligung der Frommen geschildert?

+ Welche Fähigkeiten werden in dieser Beseligung benötigt (achten Sie auf die Anführung von Hollaz bei H.Schmid, S.410,8)?

Bei dieser Vorstellung von der ewigen Seligkeit wird noch einmal deutlich, daß diese Eschatologie leiblos gedacht ist: Nur der Intellekt und der Wille haben in der Ewigkeit zu tun, der Leib dagegen ist hier unnütz!

Lesen Sie dazu von Ludwig Thoma: Der Münchner im Himmel.

Insgesamt zeigt sich bei dieser Eschatologie deutlich das ganz einseitige Interesse an der Kontinuität der Person hin zur Vollendung. Und es zeigt sich weiter, wie diese Vollendung als eine geistige Vollendung des Menschseins vorgestellt wird, Angleichung an einen Gott, der als reiner Intellekt und Wille gedacht wird.

Sicher hat die Frömmigkeit mehr Farbe in dieses eschatologische Gemälde gebracht, das hier doch als eine recht blasse Skizze erscheint. Aber die Grundstruktur ist auch in der Frömmigkeit gegeben. Die dualistische Anthropologie (der Mensch als aus Leib und Seele zusammengesetztes Wesen) führt in der Eschatologie zur Ausscheidung der Leiblichkeit, die funktionslos wird und nur noch aus Pietät der Tradition gegenüber verbal mitkommt.

11.2.2 Die moderne Eschatologie der Welt

Für das moderne Verhältnis zur Zukunft ist ein Denken bestimmend, das die Zukunft der Welt denkt als eine fortschreitende Aneignung der Natur durch den Menschen wie als eine fortschreitende Humanisierung der modernen Gesellschaft. Nicht die Kontinuität des Individuums hin zu einer jenseitigen Vollendung wird hier gedacht, sondern die Kontinuität dieser Welt hin zu einem diesseitigen Vollendungszustand. Wir unterscheiden die beiden Aspekte, die hier gedacht werden müssen, als die technische Utopie und die moralische Utopie.

A. Die technische Utopie ist die für unsere moderne Weltgesellschaft bestimmende Macht geworden. Wir verstehen darunter die Zielsetzung, die Möglichkeiten der Natur so weit in die Verfügung des Menschen zu bringen, daß dessen Abhängigkeit von der Natur nahezu aufgehoben und seine Herrschaft über die Natur nahezu vollständig ist.

Zur Verdeutlichung führe ich ein charakteristisches Diktum von Johann Gottlieb Fichte an (Das System der Sittenlehre, 1798, WW Hg. I.H.Fichte IV, S.229 = Hg. F.Medicus II,S.623):

"Die Selbständigkeit, unser letztes Ziel, besteht, wie oft erinnert worden, darin, dass alles abhängig ist von mir,und ich nicht abhängig von irgend etwas; dass in meiner ganzen Sinnenwelt geschieht, was ich will, schlechthin und bloss dadurch, dass ich es will, gleichwie es in meinem Leibe, dem Anfangspuncte meiner absoluten Causalität, geschieht. Die Welt muss mir werden, was mir mein Leib ist.Nun ist dieses Ziel zwar unerreichbar, aber ich soll mich ihm doch stets annähern, also alles in der Sinnenwelt bearbeiten, dass es Mittel werde zur Erreichung dieses Endzweckes. Diese Annäherung ist mein endlicher Zweck."

Zur Illustration sei nur an einen Sachverhalt erinnert: Mein Leib ist unter anderem Mittel für mich, um mich von einem Ort zum anderen zu bewegen. Denken Sie daran, wie stark unsere moderne Welt dadurch geformt ist, diese Möglichkeit zur Fortbewegung technisch zu vervollkommnen.

Wir sehen in der gegenwärtigen Situation freilich auch und gerade die negativen Begleiterscheinungen dieser technischen Utopie, sofern sich erweist, daß die Herrschaft des Menschen über die Möglichkeiten der Natur nicht übersehen darf, daß der Mensch selbst Natur ist und bestimmte

236

natürliche Bedingungen seines Daseins nicht ungestraft verändern kann. Das ändert aber nichts an dem Sachverhalt, daß diese technische Utopie ein ganz entscheidendes, wahrscheinlich das am stärksten wirksame Motiv unserer modernen Weltgesellschaft ist.

B. Die moralische Utopie ist mit der technischen Utopie notwendig verknüpft. Die Aneignung der Natur durch den Menschen ist ja nie die Aneignung durch das Individuum.

Denken Sie an Robinson. Er kann sich die Möglichkeiten, die ihm die Natur auf seiner Insel bietet, nur aneignen, weil ihm bestimmte Kulturgegenstände aus dem Schiffbruch geblieben sind und weil er zudem ein Wissen um Möglichkeiten der Aneignung der Natur mitgebracht hat.

Aneignung der Natur durch den Menschen ist also immer gesellschaftliche Aneignung. Dabei aber stellt sich dann die Frage, wie diese gesellschaftliche Aneignung der Natur so geordnet werden kann, daß nicht einzelne oder auch Gruppen auf Kosten anderer Menschen diese Aneignung vollziehen. Daß das faktisch geschehen ist und geschieht, ist die Ursache für die politischen und wirtschaftlichen Probleme unserer gegenwärtigen Weltgesellschaft. Doch gerade hier ist auch zu beachten, daß modernes Zukunftsdenken Entwürfe für eine gerechte gesellschaftliche Ordnung anbietet (wobei wir die Frage nach einer möglichen Verwirklichung hier anstehen lassen).

Ich führe aus der Grundlegung zur Metaphysik der Sitten von Immanuel Kant die inhaltlich bestimmte Fassung des kategorischen Imperativs an (St.A.IV, S.61):

"Handle so, daß du die Menschheit, sowohl in deiner Person, als in der Person eines jeden andern, jederzeit zugleich als Zweck, niemals bloß als Mittel brauchest".

Man kann eine derartige Formulierung als die liberale Fassung der moralischen Utopie bezeichnen: Die Aneignung der Natur durch den Menschen hat dort ihre Grenze, wo die Menschenwürde es verbietet, den Menschen selbst in gleicher Weise zu gebrauchen, wie irgendwelche nichtmenschlichen Möglichkeiten der Natur. Kant redet im Kontext unserer Stelle von der moralischen Utopie als der Vorstellung eines Reiches der Zwecke, wobei es um die Übereinstimmung aller vernünftigen Wesen in dem gemeinsamen Zweck geht. "Denn das Subjekt, welches Zweck an sich selbst ist (und das ist jeder Mensch als vernünftiges Wesen, F.M.), dessen Zwecke müssen, wenn jene Vorstellung bei mir alle Wirkung tun soll, auch, so viel möglich, meine Zwecke sein" (a.a.O.63).

Für einen weiten Teil unserer gegenwärtigen Weltgesellschaft ist aber nicht diese liberale Fassung der moralischen Utopie bestimmend, sondern ihre sozialistische Fassung. Lesen Sie dazu das Manifest der kommunistischen Partei von Karl Marx und Friedrich Engels, insbesondere den ersten Teil "Bourgeois und Proletarier".

Wie bestimmen Marx und Engels das Ergebnis der kaum hundertjährigen Klassenherrschaft der Bourgeoisie, was die Aneignung der Natur, also die technische Utopie betrifft?

Was ist die Bedingung, unter der allein die Proletarier sich die gesellschaftlichen Produktivkräfte erobern können?

Entscheidend ist für uns nicht die Frage, ob die Prognose von Marx und Engels über den notwendigen Untergang der Bourgeoisie stimmt. Von Interesse ist die sich hier äußernde Gewißheit einer besseren Zukunft, die die unmoralische Aneignung der Natur durch eine moralische Aneignung im Kommunismus ersetzen wird.

Unsere moderne Welt ist bestimmt durch die Zukunfterwartung, die sich in der technischen und moralischen Utopie Ausdruck verschafft hat und von da aus menschliches Handeln motiviert. Diese Zukunftserwartung steht unverbunden neben der Zukunfterwartung für den einzelnen, wie sie die christliche Eschatologie in ihrer traditionellen Gestalt anbietet. Versuche, hier zu einer Verbindung der Erwartungen zu kommen (vgl. 10.4.1 und 11.1.5), haben sich bisher nicht durchgesetzt. Doch muß auf jeden Fall die offene Problematik gesehen werden, die das eschatologische Denken außerordentlich belastet.

11.2.3 Das Problem einer konkreten Eschatologie

Christliche Eschatologie wird sich nicht dabei beruhigen können, daß sie nur die Kontinuität des Individuums hin zu einer zukünftigen jenseitigen Vollendung denkt, aber die Frage nach einer Zukunft der Welt Eschatologien überläßt, die das Thema der technischen und moralischen Utopie variieren. Doch besteht hier die Schwierigkeit, die widersprüchlichen Inhalte zusammenzudenken. Denn genausowenig, wie die christliche Eschatologie des Individuums, die von der - womöglich durch die Lehre von der Seelenunsterblichkeit noch besonders stabilisierten - Kontinuität des Individuums hin zur Vollendung ausgeht, die eschatologische Vollendung der Welt mitzudenken vermag, sowenig kann umgekehrt die moderne Eschatologie der Welt eine für das Individuum befriedigende Lösung des Zukunftsproblems anbieten. Hier muß vielmehr eine Vollendung der Menschheit eben auf Kosten der Individuen, die das endgültige Ziel nicht erreichen, gedacht werden.

Zu der Frage, wie sich beides vermitteln lasse, verweise ich auf zwei zwar gegensätzliche, aber doch die Problematik verdeutlichende philosophische Lösungsversuche.

Lessing hat bekanntlich die religiös-sittliche Entwicklung des Menschengeschlechts als eine Erziehung zur Wahrheit hin geschildert. Dabei taucht dann natürlich das Problem auf, ob nicht die Menschen, die in einem der frühen Stadien gelebt haben und also nur Anfänge, aber nicht die voll entwickelte Wahrheit kennengelernt haben, gegenüber den später lebenden benachteiligt sind.

Lesen Sie dazu von Lessing "Die Erziehung des Menschengeschlechts", insbesondere §§ 91 - 100.

Welche Lösung des Problems schlägt Lessing hier vor?

Lessing denkt also eine kontinuierliche Entwicklung der Menschheit und versucht, in diese Entwicklung dann die Vollendung der einzelnen Individuen einzuzeichnen (wobei, wie oft bei Lessing, nicht ganz klar ist, wie ernsthaft er den Gedanken einer Reinkarnation der Individuen vertritt).

Anders Fichte. Für ihn kann die Utopie der modernen Welt kein endgültiges Ziel sein. Vielmehr muß dieses Ziel als Durchgangsstadium der geistigen Individuen gesehen werden, die sich hier in der Freiheit ihres Willens bewähren. Aber nicht das, was durch diese Freiheit gewirkt wird, ist entscheidend. Entscheidend ist vielmehr, daß dieser freie Wille dauert und in neuen Welten sich neuen Aufgaben stellt und sich aufs Neue betätigt, wie es seinem Wesen angemessen ist.

Ich verweise dazu auf Fichtes Schrift "Die Bestimmung des Menschen", 1800, Drittes Buch. Glaube, III (WW Hg I.H.Fichte II, 278ff, Hg F.Medicus III, 374ff). Insgesamt ist diese Schrift für Fichtes Denken recht kennzeichnend und als Einführung nicht ungeeignet. Hier bei Fichte ist also die Kontinuität des Individuums für die eschatologische Vorstellung entscheidend. Daß dabei die Entwicklung dieser Welt mitgedacht werden kann, ist ein Nebenergebnis, wichtig nur deshalb, weil es die Tätigkeit der freien Individuen anzeigt.

Die hier vorliegenden metaphysischen Theorien bleiben abstrakt. Sie können allein das Problem verdeutlichen. Aber sie bieten keine befriedigende Lösung an. Dogmatik wird also nach neuen Möglichkeiten suchen müssen, wenn sie Eschatologie nicht in der Gespaltenheit zwischen Individuum und Welt verkommen lassen will.

Ob der mal
Ruhe gibt?
Mi 75

Lösungen für die Arbeitsaufgaben

Vorbemerkung

1. Lösungen werden hier nicht gegeben, wo nur bestimmte Texte ins Arbeitsbuch eingetragen werden müssen oder Übersetzungen von Texten gefordert werden, bei denen eine deutsche Fassung
leicht zugänglich ist (z.B. DS im Neuner-Roos).

2. Die hier angegebenen Lösungen haben eine Reihe von Funktionen:

   a) Kontrolle - wurde das Erfragte richtig beantwortet?

   b) Formulierungshilfe - wie läßt sich der erfragte Sachverhalt knapp ausdrücken, damit der
   Text nicht zu ausführlich wird?

   c) Verständigungshilfe - ist die Frage deutlich genug formuliert und klar aufgefaßt worden?
   Falls es hier Schwierigkeiten gibt, kann ein Blick auf die erwartete Lösung weiterhelfen.

Benutzen Sie die Lösungen in der hier angegebenen Reihenfolge der Funktionen. Versuchen Sie
also zunächst selbst mit den angegebenen Hilfen, in der Regel Texten, eine Lösung zu erarbeiten, und schlagen Sie erst dann zur Kontrolle nach. Falls Ihnen die Formulierung der von Ihnen
gefundenen Lösung Schwierigkeiten macht, können Sie dann von der hier vorgegebenen Lösung in
einzelnen Formulierungen oder auch im ganzen Gebrauch machen. Nur dann, wenn es Ihnen schwer
fällt, das Erfragte zu erfassen oder in einem angegebenen Text aufzufinden, sollten Sie im Lö-
sungsteil schon nachsehen, ehe Sie selbst Ihre Lösung gefunden haben.

Dagegen sollten Sie auf keinen Fall einfach die vorgegebenen Lösungen in den Textteil übertragen (etwa, wenn ein Text momentan nicht auffindbar ist oder Sie gerade wenig Zeit haben).
Lassen Sie lieber bestimmte Aufgaben ungelöst. Vielleicht ergibt sich zu einem anderen Zeit-
punkt die Gelegenheit, was übergangen wurde, nachzuholen. Sie wollen ja lernen, und nicht sich
selbst etwas vormachen!

Die Lösungen werden hier mit der Seitenzahl vermerkt und in der auf der betreffenden Seite vorliegenden Reihenfolge gegeben.

15 1. Hier trennen nicht Häresien, sondern Irrtümer.
    2. Es geht nicht um sich widerstreitende, sondern um sich widersprechende Lehren.
    3. Es geht um den Gegensatz von Schulen oder Richtungen in derselben Kirche.

    Eine Lehrvereinbarung zwischen lutherischen und reformierten Kirchen.

    1. Abendmahl, 2. Christologie, 3. Prädestination.

16 1. Die Religion.
    2. Die konfessionellen Schriftverständnisse.
    3. Die Aufklärung (bzw. den Fragmentenstreit).

    Die lebendige Religion ist das Wesentliche, nicht die dogmatische Norm, die er dieser
    Religion setzen will.

17 Aus dem IV.Artikel der CA.

    1. ... deren Kenntnis und Anerkennung heilsnotwendig ist (z.B. Gottes Heilsratschluß, die
    Erlösung in Christus, die Glaubensgerechtigkeit).
    2. ... deren Kenntnis nicht heilsnotwendig ist, die aber nicht bestritten werden dürfen
    (z.B. immanente Trinität, Idiomenkommunikation, Erbsünde).
    3. ... die man nicht zu kennen braucht, oder die man sogar bestreiten kann (z.B. Fall und
    Verdammnis von Engeln, Unsterblichkeit Adams vor dem Fall, Antichrist, Traduzianismus,
    Kreatianismus).

19 Die Unterscheidung zwischen der Religion, die Jesus selbst als Mensch hatte und ausübte,
    und dem Christentum.

    Lessing entscheidet sich gegen das (vieldeutige und unverständliche) Christentum für die
    Religion Christi.

    Historischer Jesus - dogmatischer bzw. kerygmatischer Christus.

20 Sie sind nicht frei und offen für die Konsequenzen ihrer Ergebnisse. Zudem desavouieren
    sie sich gegenseitig.

    Weil auch historisch gesehen letztlich alle Wege nach Rom führen.

21 1500ff ; 3000ff.

22 In der Kirchenordnung der Kurpfalz.

23 Auf die Bestimmtheit, mit der das Lehramt eine Glaubenswahrheit vertritt.

24   Auf die Heilsnotwendigkeit der betreffenden Wahrheit.

Das Dogma ist in seiner Conception und in seinem Ausbau ein Werk des griechischen Geistes auf dem Boden des Evangeliums.

Es bricht sich die Auffassung Bahn, die Dogma und Evangelium nicht identifiziert.

Eine reine Erkenntnis der Geschichte des Evangeliums wird dazu dienen, den Prozeß zu beschleunigen, in dem sich das Evangelium aus den Formen herausarbeitet, die es einst annehmen mußte.

25   1. Gloege, Elert, Barth; 2. Althaus, Weber.

orthodox; heterodox

26   1. Nur der Buchstabe der Schrift, nicht aber ihr Geist wird hier gelernt.
2. Man betreibt theologische Kontroversen, statt das Positive hervorzuheben.
3. Unnützes Schulgezänk verdrängt das, was für ein christliches Leben und das geistliche Amt nötig wäre.
4. Statt einer biblischen Theologie hat sich eine neue Scholastik breit gemacht.

27   Freie, nämlich in Gott freie Wissenschaft ist die Theologie nur dann, wenn eben das, was den Christen zum Christen macht, sein in ihm selbständiges Verhältnis zu Gott, in wissenschaftlicher Selbsterkenntnis den Theologen zum Theologen macht, wenn ich der Christ mir dem Theologen der eigenste Stoff meiner Wissenschaft bin.

28   Das einzige, eigentümliche, angemessene und ordentliche Erkenntnisprinzip der Theologie und der ganzen christlichen Gottesverehrung ist die göttliche Offenbarung, in den heiligen Schriften enthalten; bzw. was dasselbe besagt, allein die heilige kanonische Schrift ist das uneingeschränkte Prinzip der Theologie, nämlich aus der allein Glaubenssätze zu begründen und abzuleiten sind.

1. Gott als der allmächtige Schöpfer. 2. Jesus Christus in seinem Weg von der Präexistenz bis zur Wiederkunft. 3. Der Hl.Geist, Kirche, Sündenvergebung, Auferstehung und ewiges Leben.

Die drei göttlichen Personen in ihren jeweiligen Werken.

Eher vierteilig - Credo in ... et in ... et in ... et ...

32   1. Buch: De Dei unitate et Trinitate (einschließlich Theologie).
2. Buch: De rerum creatione et formatione corporalium et spiritualium et aliis pluribus eo pertinentibus (auch Sünden- u. Gnadenlehre).
33   3. Buch: De incarnatione verbi et humani generis reparatione (Hier erscheint auch die Ethik als Beschreibung des Verhaltens Christi!).
4. Buch: De doctrina signorum: Sakramente und Eschatologie.

Weil deshalb die hauptsächliche Absicht dieser heiligen Lehre ist, Gottes Erkenntnis zu überliefern, und nicht allein so, wie er in sich ist, sondern auch so, wie er Ursprung und Ziel der Dinge ist, und insbesondere der vernünftigen Kreaturen, wie aus dem Gesagten offenkundig ist; so handeln wir, zur Ausführung dieser Lehre kommend, zunächst von Gott; dann von der Bewegung der vernünftigen Kreatur auf Gott hin; schließlich von Christus, der nach seiner Menschheit für uns der Weg zu Gott hin ist.

1. Videtur quod - das thema probandum wird negiert.
2. Argumente für diese Negation - meist mehrere.
3. Sed contra: Ein oder mehrere Argumente aus Schrift und Tradition für das thema probandum.
4. Respondeo: Das Corpus der Darlegung (zit: c), das das thema probandum argumentierend entfaltet.
5. Ad primum etc. (zit: ad 1 ...): Widerlegung der Gegenargumente.

34   1. In der Lehre von Gott.
2. In der Aufnahme der Schöpfungslehre.
3. In der Eschatologie.

Soteriologie allein reicht dort nicht zu, wo eine schulmäßige Dogmatik getrieben werden soll.

35   Soteriologie und Ekklesiologie sind die eigentlich unumstrittenen Themen. Außerdem liegt hier das besondere kirchliche und organisatorische Interesse Calvins.

36   Vom Menschen ist die Rede in 1, XII u. in 2. Die Eschatologie erscheint in 1, XIV als finis formalis und noch einmal in 4, XVII - XX.

In Gott selbst als dem finis theologiae sind Theologie und Ökonomie zusammengefaßt. Zugleich wird in seiner benevolentia universalis und specialis das Heil noch einmal mit dem Schöpfergott trinitarisch vermittelt.

37   1. Der finis formalis ist nur das ewige Heil der Menschen, nicht auch die mors aeterna.
2. Der ordo salutis ist hier deutlich weiter ausgebaut.
3. Kirche und Sozialethik erscheinen nicht mehr unter den media salutis, sondern in einem eigenen Hauptteil (der Stoff sprengt die Methode!).

38 Im 2.Hauptteil werden zuerst jeweils die Beschaffenheiten der Welt, dann erst die entsprechenden göttlichen Eigenschaften aufgeführt.

Das Mißverständnis der jetzigen Anordnung, bei der die Kritiker die Antiklimax voraussetzen. Auch hätte diese Anlage dem eigentümlichen christlichen Bewußtsein entsprochen, und es wäre klar gewesen, daß dessen Darstellung der eigentliche Zweck des Buches ist.

1. Eine starke Abneigung Schleiermachers gegen die Antiklimax. 2. Die Bedrohung des Glaubens durch die moderne Wissenschaft, sowohl Naturwissenschaft wie Historie, die eine neue Behandlung gerade der Theologie verlangt, die bei der Umstellung zu kurz gekommen wäre.

40 Daß sie bewußt auf die jeweilige Situation eingeht.

Die Methode der Korrelation.

Hier werden die Fragen aus der Situation und die Antworten aus der Botschaft in Korrelation gesetzt.

1. Der evangelische Glaube.
2. Die evangelische Glaubenserkenntnis.
3. Die evangelische Weltanschauung.

41 Den Charakter eines konfessionellen Beitrages zur ökumenischen Debatte über die dogmatische Autorität (konfessionell-ökumenische Autoritätskritik).

1. sola scriptura.
2. sola fide.

1. ... die spekulative Darstellung der Vernunft in ihrer Gesamtwirklichkeit.
2. ... eine kritische Darstellung der verschiedenen frommen Gemeinschaften, sofern sie in ihrer Gesamtheit die vollkommene Erscheinung der Frömmigkeit in der menschlichen Natur sind.
3. ... die Untersuchungen über das eigentümliche Wesen des Christentums und ebenso des Protestantismus.

1.a. theologia catechetica seu rudior,für alle Christen	b. acroamatica seu accuratior für die ministri verbi
2.a. theologia exegetica	b. theologia didactica (systematica)
c. theologia thetica und polemica	d. theologia homiletica
e. theologia casualis (kasuistische Ethik)	f. theologia regiminis ecclesiastici.

42 Die theologischen Fakultäten werden als selbständige Einheiten in die philosophischen Fakultäten eingegliedert.

Das Reich Gottes, das ist die Glückseligkeit der vernünftigen Wesen, verbunden mit ihrer Sittlichkeit,als der Würdigkeit, glücklich zu sein.

Weil das höchste Gut nur möglich ist, wenn eine oberste Ursache der Natur angenommen wird, die eine der moralischen Gesinnung gemäße Kausalität hat.

43 Frömmigkeit.

Gefühl der schlechthinnigen Abhängigkeit.

1. die dogmatische, 2. die historische, 3. die praktische.

Er fragt zunächst nach Gemeinsamkeiten und Anknüpfungspunkten, sucht dann einen Überblick über das Phänomen der Religion, um schließlich den Gegensatz von Christentum und Fremdreligionen zu markieren.

Sie müßte nach der im religiösen Leben erfahrenen Wirklichkeit fragen.

44 Sie liefert den Bezugsrahmen für die der Erforschung und Interpretation des Christentums gewidmeten Disziplinen.

Die christliche Religion ist die Art und Weise, den wahren Gott zu verehren durch den Glauben an Christus und die Liebe zu Gott und dem Nächsten, die dem geschriebenen Wort gemäß ist,damit der von Gott abgefallene Mensch wieder mit Gott vereint werde.

45 Der wahren Religion wird einmal die falsche Religion, zum anderen der Atheismus bzw. die Gottlosigkeit entgegengesetzt. Die falsche Religion ist die, durch die falsche Götter verehrt werden oder der wahre Gott nicht richtig verehrt wird. Gottlosigkeit ist das Verhalten, durch das unfromme Menschen alle Religion der Verachtung anheimgeben, um sich unter Verleugnung der Vorsehung Gottes und der strafenden Gerechtigkeit herauszunehmen, alles ungestraft und selbstherrlich durchzuführen.

Es ist eine falsche Weise, den wahren Gott zu verehren.

Auch die anderen Konfessionen lassen sich als falsche Religionen einordnen, die den wahren Gott, aber nicht richtig, verehren.

46   Die jeweilige religiöse Überlieferung.

Nein - alle religiösen Überlieferungen sind gleich zu beurteilen.

Die religiöse Verwirklichung des Menschseins.

Sie sollen sich nicht auf eine wunderbare Wirksamkeit der jeweiligen religiösen Überlieferung verlassen, sondern in vernünftigem Wettstreit die allgemeine Wahrheit der natürlichen Religion für sich verwirklichen.

Schriftstellen, die theoretische Lehren enthalten, die die Vernunft übersteigen, dürfen zum Vorteil der praktischen Vernunft ausgelegt werden.

Schriftstellen, die der praktischen Vernunft widersprechen, müssen zu deren Vorteil ausgelegt werden.

47   Sie hat keine Individualisierung und persönliche Gestalt, wird nur gelegentlich und tropfenweise abgeschieden. Sie darf keine eigene Geschichte haben. Im Grunde ist sie das Abstrakt-Unwirkliche, das erst noch auf konkrete Verwirklichung wartet.

Sie muß bestimmt und wirklich sein, mit einem Faktum beginnen, kann nicht Religion überhaupt, sondern muß diese oder jene Religion sein.

Teils eins (Monotheismus als Entwicklung), teils zwei.

1. Nach seinem Verhältnis zur religiösen Entwicklung gehört es zu den monotheistischen Religionen.
2. In seinem Verhältnis zu Gott sind die natürlichen den sittlichen Zuständen untergeordnet.

Wolfhart Pannenberg.

Den Inbegriff der menschlichen Gattung, der alle individuellen Verwirklichungen übergreift.

48   Opium des Volkes, die imaginären Blumen an der Kette, der Heiligenschein des Jammertals.

Die Kritik der Erde, des Rechts, der Politik.

1. wird die Verbindlichkeit des theologischen Redens damit begründet, daß es die Antwort auf die Fraglichkeit des menschlichen Daseins ist.
2. wird behauptet, daß die Fraglichkeit des Menschseins Gott als Antwort immer schon voraussetze.
3. wird die Personalität des tragenden Grundes als Unverfügbarkeit und konkreter Anspruch wie schließlich die besondere Personalität des biblischen Gottes aus der geschichtlichen Erfahrung erwiesen.

Christus ist nicht nur, wie alle Menschen, religiös empfänglich, auch nicht nur, wie die Propheten, religiös produktiv,sondern wird zugleich selbst zum Objekt der Divination.

49   Barth wende den Begriff der Religion nur auf andere an; das Christentum dagegen sei keine Religion.

Auch Ratschow suggeriert die Behauptung eines ausschließenden Gegensatzes von Christentum und Religion. Religion sei nur anthropologisch zu verstehen, einzig das Christentum sei zur Theologie imstande.

51   A. 1. das Satzpostulat, 2. das Kohärenzpostulat, 3. das Kontrollierbarkeitspostulat.
B. 1. das Unabhängigkeitspostulat, 2. das Konkordanzpostulat.
C. Die Höchstforderung, die an eine Wissenschaft gestellt werden kann, ist, daß sie nur aus Axiomen (deren Wahrsein vorausgesetzt ist) und aus daraus abgeleiteten Theoremen zusammengesetzt ist.

52   Die reine Erkenntnis ihres Gegenstandes.

Sie unterscheidet sich nicht.

Gegen Zeugenschaft.

Weil hier die normative Fragestellung der Dogmatik und die anwendungsorientierte Fragestellung der Praktischen Theologie als unwissenschaftlich ausgeschieden werden.

53   Möglichkeit D.
A. zB 1. - 1.4, B. 1.4.1 und 2.1, C 3.7.3.

Die Musik, die ihre Axiome von der Arithmetik übernimmt.

Von der scientia Dei et beatorum.

Die Geschichten dienen hier nur als Beispiele oder zur Beglaubigung der Autorität von Zeugen.

54 Gott selbst ist der finis objectivus, die fruitio Dei beatifica ist der finis formalis.

Der homo peccator ad Deum reducendus.

Die benevolentia Dei, die fraterna Christi redemtio, die gratia spiritus s. applicatrix.

Wort, Sakrament, Kirche sind die media causalia, die eschatologischen Ereignisse die media executiva.

Eine Wissenschaft, deren Elemente ihre Zusammengehörigkeit nur haben, sofern sie zur Lösung einer praktischen Aufgabe erforderlich sind.

Der zusammenstimmenden Leitung der christlichen Kirche.

1. Philosophische Theologie, 2. Historische Theologie, 3. Praktische Theologie.

Weil es sich hier um eine Beschreibung (Historia) des gegenwärtigen Zustandes handelt.

55 Sie hat einmal die Funktion der Einordnung, sowohl in Hinsicht auf das Christentum als Religion wie in Hinsicht auf die jeweilige Konfession (Apologetik), sowie dann die Funktion, das aufzuweisen, was von der so gewonnenen Norm abweicht (Polemik).

Die Kirche als ganze bedarf der wissenschaftlichen Selbstbesinnung des Glaubens.

Darin, daß sie sich allein von ihrem Thema bestimmen läßt, wie alle rechte Erkenntnisarbeit ihren Sinn und Zweck in sich selbst hat.

Hier handelt es sich um eine nicht begründete Beteuerung, da Althaus nicht angibt, was er unter "bedingungsloser wissenschaftlicher Wahrhaftigkeit" versteht.

Möglicherweise auf die kritisch-historische Erforschung der Bibel und des kirchlichen Dogmas.

Den Gegensatz von Wissen und Glauben, die doppelte Wahrheit, das Übergehen unbequemer philosophischer Richtungen, die Preisgabe immer nur des Unwesentlichen an die Kritik.

56 Sie ist Gotteserkenntnis. Darum sind Glaube und Theologie ein- und dasselbe.

Er ist der Mensch, der im glaubenden Verstehen am Wirken Gottes selbst teilnimmt.

Das Ereignis, in dem die theologische Subjekt-Objekt-Spaltung theologisch überwunden wird.

Den Mut des Vertrauens, daß der Geist die Wahrheit ist, die Wahrheitsfrage zugleich aufwirft und beantwortet.

Die historischen Disziplinen gestatten, ja muten zu, sich zu der Sache, um die es geht, in Distanz zu begeben. In der dogmatischen Theologie dagegen identifiziert sich der Theologe mit der Sache der Theologie.

Die Einheit der Theologie wird damit so stark problematisiert, daß die enzyklopädische Frage unlösbar wird.

57 Das Angebot der Sündenvergebung in Jesus Christus.

Diese entfalten und durchdenken den im Glauben gegebenen Lehrinhalt unter Anleitung der prophetischen und apostolischen Schriften.

Kirchentrennend ist der Unterschied im Lehrinhalt, nicht in der Lehrmeinung. Leugnung des Lehrinhaltes ist Häresie, Bestreitung von Lehrmeinungen Heterodoxie. Unterschiede im Lehrinhalt des Glaubens scheiden Kirchen, in der Lehrmeinung Schulen.

Weil es sich darum handelt, den Lernenden erst umzuschaffen.

Es ist die Fülle der Zeit.

Indem er die Bedingung der Wahrheit empfängt, wird er wiedergeboren.

Allgemeine Wahrheiten wollen abgesehen von der Situation immer gelten, die Anrede dagegen setzt die Situation (den "Augenblick") voraus.

Sie gehören zu den allgemeinen Wahrheiten.

Indem sie in einer konkreten Situation das Jetzt des Angeredeten qualifizieren.

Gesetz und Evangelium.

58 Weil diese nicht in der Antithetik von Gesetz und Evangelium unterzubringen sind. Das zeigt aber die Problematik des ganzen von Bultmann entwickelten Konzepts.

Gib dich ganz hin an den Text, die Sache bezieh ganz auf dich.

59 Die Notwendigkeit der Reformation wegen falscher Lehre.

Der dreißigjährige Krieg.

Anrede desselben Gottes durch seine Gemeinde.

Als die Wendung von der Schrift zum mündlichen Wort.

Sie ist Ausführung des Textes .

59 Daß der Text durch die Predigt zur hermeneutischen Hilfe im Verstehen gegenwärtiger Erfahrung wird.

1. Gemeinschaftliche Lehrverkündigung des Papstes und der Bischöfe.
2. Bezeichnung einer bestimmten Lehre als endgültig verpflichtend.
3. Enthaltensein dieser Lehre im depositum fidei (Offenbarungsquellen).

Sie ist Folge, keineswegs Bedingung.

Nein. Den Definitionen des Lehramtes kann die Zustimmung der Kirche niemals fehlen.

Als die Autorität der Bitte als Eingeständnis der Armut.

In der einsichtigen Zustimmung fehlbarer Menschen.

60 Insofern sie das primäre Zeugnis von der Offenbarung Gottes in Jesus Christus ist.

61 Weil Christus selbst, den wir nur durch den Bericht und die Lehre der Apostel vermittelt haben, doch über ihnen steht.

Weil ein letztgültiger Rekurs auf eine Schriftaussage unmöglich ist.

Nur durch eine Verständigung über Glaubensinhalte.

1. Er wird menschliche Selbstverständnisse sammeln.
2. Er wird ihnen das Zeugnis von Jesus Christus entgegenhalten.

Gesetz und Evangelium.

62 Es ist ein Wort Jesu, das nur außerhalb der vier kanonischen Evangelien überliefert wird.

Jeremias behauptet das.

1. Solche, die die Apostel von Christus selbst mündlich empfingen (ab ipsius Christi ore ab Apostolis acceptae).
2. Solche, die den Aposteln durch ein Diktat des Hl. Geistes übergeben wurden (ab ipsis Apostolis Spiritu Sancto dictante quasi per manus traditae ad nos usque pervenerunt).

a) Sie ist zeitlich früher.
b) Sie ist vollständiger, weil sie auch das geschriebene Wort umfaßt.
c) Sie ist selbständiger.

a) Ihre wörtliche Inspiration und ihr urkundlicher Charakter.
b) Ihre größere Klarheit und Greifbarkeit.

Im Wesentlichen hat sich nichts geändert.

Als der einig Richter, Regel und Richtschnur.

63 Er bestreitet die kanonische Dignität des Alten Testaments (§ 132 GL).

64 Er war an diesem Punkt noch religiös gebunden.

Dem AT eignet die Autorität der Uroffenbarung.
Seine Autorität ist der des Neuen Testamentes subordiniert.

Hier ist die Zeit des Zeugnisses vom Ereignis der Offenbarung als Zeit der Erwartung (AT) und als die Zeit der Erinnerung (NT).

Unter dem überlieferungsgeschichtlichen Gesichtspunkt.

Ein christlicher Theologe dürfe den masoretischen Kanon niemals gutheißen; denn der Kontinuität zum NT hin werde hier in bedeutendem Maße Abbruch getan.

Den Leser zu unterrichten, was er in diesem Buch erwarten solle, nämlich Evangelium und nicht Gesetz.

Er soll nicht aus Christus einen Mose und aus dem Evangelium ein Gesetz machen, sondern auf die Stimme achten, die Christus zueignet mit allem, was er ist und hat.

Joh., 1.Joh.; die Paulusbriefe, insbesondere Röm., Gal., Eph; 1.Petr.

65 Kritik innerhalb der Schrift vom Evangelium her.

Weil sonst die Gefahr besteht, daß die urchristliche Botschaft mit dem Geist der Kirche, mindestens mit dem Geist der Gemeinden identifiziert oder aus ihm abgeleitet wird.

Die Rechtfertigung des Gottlosen als Werk des Christus.

Sie ist der durch das Evangelium bestimmte Kampfplatz zwischen Gott und Abgott, Christus und Antichrist, Glaube und Aberglaube, Kirche und Gegenkirche.

1. Das offenbarte Wort Gottes, das geschriebene Wort Gottes, das verkündigte Wort Gottes.

66 2. Das geschehene Wort, das bezeugte Wort, das verkündigte Wort.

3. Das fleischgewordene Wort Gottes, das geschriebene Wort Gottes, das verkündigte Wort Gottes.

66 Der fleischgewordene Logos ist diese Offenbarung, der Ruf - und nicht die Antwort.

Die Verkündigung ist nicht selbst die Offenbarung, sondern führt hin zur Offenbarung.

Sie muß selbst die Hinführung zum Wort Gottes leisten.

Müntzer, das Papsttum und Mohammed.

Weil hier angeblicher Geistbesitz ohne Ausweis durch das äußere Wort selbst das Wort Gottes haben will.

67 Insofern nach Jüngel die unfehlbare Wahrheit Gottes so vermittelt werden soll, daß sie das Einverständnis derer braucht, an die sie vermittelt wird.

Als Aberglaube an die anstaltlich verbürgte Tradition und ihren ausschließenden Anspruch auf die Bibel.

Als Selbstauslegung der Schrift nach dem Unmißverständlichen und gemeinsam Grundlegenden.

In die Richtung auf das Verständnis (historisch-zeitgeschichtlich) und in die Richtung auf die Anwendung.

68 Arcanum testimonium Spiritus, interior Spiritus testimonium.

Die Wendung von der Schrift als Quelle zur Schrift als Norm.

69 Der vom Hl. Geist selbst beabsichtigte Sinn.

Wenn der Hl. Geist selbst einen Tropus (Metapher, Gleichnis) in den Worten der Schrift beabsichtigte.

Dabei handelt es sich um die tiefere Bedeutung des durch den sensus literalis bezeichneten Sachverhalts. Modern: Typologie.

Weil das NT selbst typologische Auslegung des AT übt.

Daß Christus, der Gottessohn, Mensch geworden sei, daß Gott dreifaltig und einer sei, daß Christus für uns gelitten habe und ewig regiere.

Er will die allgemeine Möglichkeit eines Verstehens der Schrift festhalten und zugleich die Alleinwirksamkeit des Geistes, der das Herz zum Glauben erleuchtet, behaupten.

70 Der Vollzug der Auslegung ist historisch-kritische Wissenschaft. Der Gegenstand sind Texte der Vergangenheit.

Insoweit als die christlichen Dogmen und die christliche Tradition durch die Texte kritisiert werden.

71 Jakobus rede hier von den guten Werken der Gerechtfertigten, setze dabei aber den allein rechtfertigenden Glauben gerade voraus.

Das Gesetz des eigenen Verstehens (Enthusiasmus) wird hier der auszulegenden Schrift auferlegt.

72

Mt 40	Mk 10	Lk 43	Jh 25	Apg 10	Röm 22	1Ko 13	2Ko 3
Gal 3	Eph 13	Phil 5	Kol 3	1Th 2	2Th 1	1Tim 5	2Tim 3
Tit 2	Phlm 0	1Pt 4	2Pt 1	1Jh 6	2Jh 0	3Jh 0	Hb 7
Jak 3	Jud 0	Offb 5	Alttestamentl. Texte: 3 x Deuterojesaja.				

Markus ist der kirchlichen Anwendung gegenüber spröder als Matthäus oder Lukas, die ja Markus selbst schon in Hinsicht auf eine bestimmte kirchliche Anwendung überarbeitet haben.

Dagegen, daß man den Kanon im Kanon zum Kanon macht. Genau das tat Marcion, der angebliche Erfinder des christlichen Kanongedankens.

73 Sie sind Zeugnis und Erklärung des Glaubens, wie jederzeit die Hl. Schrift in streitigen Artikeln von den damals Lebenden verstanden und ausgelegt, und widersprechende Lehren verworfen worden sind.

Es geht hier um ein Zeugnis, das auch für die Nachlebenden gelten soll als bleibende Lehrmeinung der lutherischen Kirchen.

Der Glaube ist ein heilsnotwendiges Werk des Fürwahrhaltens.

Sie sind aus Gottes Wort genommen und können darum als Norm dienen.

Das gilt nur dann,wenn die Schriftgemäßheit des Bekenntnisses nicht mehr in Frage gestellt werden darf.

Sie ist Ausdruck der Barth'schen theologischen Schule. Sie ist inhaltlich vom lutherischen Bekenntnis her zu beanstanden. Ihre Stunde ist vorübergegangen.

Hier wird gerade nicht von der Schrift her argumentiert, was den Verdacht nahelegt, daß das lutherische Bekenntnis für Althaus doch fraglose Norm ist.

74 Sie entscheidet nicht über eine strittige Anwendung der Schrift, sondern formuliert nur einen theologischen Konsens.

Derartiges kann es nicht geben, weil dabei der Streit über die Anwendung der Schrift als Situation des Bekenntnisses fehlt.

Letztere sind nicht primäre Gottesdienstbekenntnisse, sondern sekundäre Lehrnormen.

Soweit sie zur gottesdienstlichen Lesung und als Predigttexte dienen, ja.

75 Entweder wird der Ausdruck im strengen Sinn verwendet, sofern sie Wort Gottes ist; dann sagen wir,daß die Schrift älter ist als die Kirche. Oder sofern sie schriftlich niedergelegt ist; dann ist die Schrift jünger als die Kirche. Oder zusammenfassend; dann wird sie als Wort Gottes und in ihrer Schriftlichkeit bedacht.

Mit der Unterscheidung der Schrift qua verbum divinum und qua literis consignatum.

76 Weil sie, geschrieben auf Eingebung des Hl. Geistes, Gott zum Urheber hat und als solche der Kirche übergeben wurde.

Als die Quellen des Heils.

77 Die Kirche konnte sich den Kanon nicht selbst geben, sondern nur nachträglich den ihr gegebenen Kanon feststellen.

Entscheidend ist das testimonium spiritus sancti internum.

	Prolegomena	Spez. Theologie	Andere Stellung
Gotteserkenntnis	Althaus, Weber	Barth	
Lehre von Gott		Barth, Weber, Althaus	Prenter
Trinität	Barth, Prenter	Weber	Althaus

Entweder steht die Trinitätslehre oder die Lehre von der Gotteserkenntnis in den Prolegomena.

79 1. Damit das, was von Gott natürlicherweise erkannt werden kann, unter der Bedingung der menschlichen Sündhaftigkeit leicht, gewiß und irrtumslos erkannt werden kann.
2. Notwendig ist die Offenbarung aber vor allem deswegen, weil Gott den Menschen in seiner Güte zu einem übernatürlichen Ziel bestimmt hat.

80 Der Nutzen der natürlichen Gotteserkenntnis: 1. hinführend, nämlich um den wahren Gott zu suchen, der sich durch die Schrift in der Kirche offenbart hat; 2. erziehend, um die Sitten und die äußere Zucht in- und außerhalb der Kirche zu bestimmen; 3. belehrend, weil sie zur Auslegung und Erläuterung der Schrift beiträgt, wenn sie besonnen angewandt wird.

Ein Glaubenssatz, der nicht nur aus der Schrift, sondern auch vernünftig erkennbar ist.

Insofern er auch aufgrund der Schrift (Offenbarung) feststeht.

81 aliquid, quo nihil maius cogitari possit.

1. ex parte motus.
2. ex ratione causae efficientis.
82 3. ex possibili et necessario.
4. ex gradibus qui in rebus inveniuntur.
5. ex gubernatione rerum.

Insofern alle (moralischen) Handlungen in der Voraussetzung getan werden, daß sie sinnvoll sind, also eine moralische Weltordnung besteht.

Weil er den Schluß von der moralischen Weltordnung auf einen transmundanen Urheber dieser Ordnung nicht zog, sondern Gott mit dieser Weltordnung identifizierte.

83 Sie wird zur Ausarbeitung der Frage nach Gott; sie hört auf, die Antwort auf diese Frage zu sein.

Weil es die Anerkennung eines unbedingten Elementes in der Struktur von Vernunft und Wirklichkeit in sich schließt.

Weil die Drohung des Nichtseins, die der Mensch als Angst erfährt, ihn zur Frage nach dem Sein treibt,das das Nichtsein besiegt, und nach dem Mut, der die Angst besiegt.

1. Deus colendus est. 2. Quia nascimur in quandam vitae societatem, nemo laedendus est. 3. Poscit humana societas, ut omnibus rebus communiter utamur.

1. Die staatliche Zwangsordnung. 2. Das (Privat-)Eigentum.

1. Die Unterscheidung eines doppelten Naturrechts (vor und nach dem Fall) entfällt.
2. Die Darbietung folgt dem Dekalog, um so auf die inhaltliche Übereinstimmung von Naturrecht und Dekalog hinzuweisen.

Weil diese das Vernünftige nur als Übereinkunft im herrschaftsfreien Dialog akzeptiert.

84　Es gibt für die Ordnung von Gesellschaft und Recht solche Wertvorstellungen, die von all-
　　gemeiner Gültigkeit sind.

　　Sie zerstören sich letzten Endes selbst.

　　Die kirchenleitenden Personen bzw. Gremien.

85　Alles, was jeder Mensch notwendig braucht, das ist auch jedem Menschen unmittelbar zu-
　　gänglich.
　　Die Offenbarung ist nicht jedem Menschen zugänglich.
　　Also braucht der Mensch auch keine besondere Offenbarung.

86　Als das Gemeinsame aller frommen Gemeinschaften (abstractum).

　　Als die Möglichkeit verschiedener eigentümlicher Gestaltungen (concretum).

　　Der Untersuchung der allgemeinen Gründe des Seins (Ontologie).

　　Der anerzogene religiöse Glaube an Gott, den Schöpfer Himmels und der Erde.

　　Gottfried Menken.

87　Katholizismus, Neuprotestantismus und die DC als dessen Konsequenz.

　　1. Aus der Tatsache des Verstehens.
　　2. Aus dem Phänomen der Religion.
　　3. Aus dem Phänomen der Philosophie.

　　Die Theologie als aus dem Glauben entspringend vollzieht doch auch bewußt Bewegungen des
　　Unglaubens, so daß natürliche Theologie die theologische Arbeit ständig durchzieht.

　　Er unterscheidet Uroffenbarung und Heilsoffenbarung

　　1. In der Existenz des Menschen.
88　2. Im geschichtlichen Leben.
　　3. Im theoretischen Denken.
　　4. In der Wahrheitsbeziehung des Geistes.
　　5. In der Natur.

　　Dieses Verfahren ist in sich widersprüchlich, weil für eine natürliche Gotteserkenntnis
　　nur durch deren evidente Durchführung argumentiert werden kann.

　　Es ist falsche Lehre, wenn behauptet wird, daß die Kirche neben Jesus Christus auch noch
　　andere Ereignisse und Mächte, Gestalten und Wahrheiten als Gottes Offenbarung anerkennen
　　müsse.

　　Insofern hier Jesus Christus ebenso als Anspruch wie als Zuspruch Gottes bekannt wird,
　　also als Gesetz wie als Evangelium.

89　Wo ist Gott? bzw. Wo geschieht das?

　　Gott ereignet sich, geschieht in unserer Welt; wesentlich in der Mitmenschlichkeit, d.h.
　　zwischen dir und mir.

　　Wenn von Gott a se und per se, im Sinne des absoluten und vorgegebenen ens realissimum
　　geredet wird.

　　In einer Fundamentalunterscheidung.

　　Gott und Welt, Schöpfer und Geschöpf, Richter und Schuldiger, Erlöser und Verlorener.

　　　Insofern hier zwar behauptet wird, Gott gehe in dieser Welt nicht auf, aber die Unter-
　　scheidung von Gott und Welt nicht ausgesagt wird.

　　Auch hier müßte deutlich gemacht werden, inwiefern von Gott erzählt wird. Das bedeutet aber,
　　daß auch ein solches Erzählen unterscheidendes Begreifen voraussetzt.

90　1. Schöpfung.　2. Vorsehung.

　　1. Gegen Atheismus.　　2. Gegen Materialismus.
　　3. Gegen Pantheismus.　4. Gegen pantheisierende Aussagen über Gott und Welt.

　　Die Unterscheidung von Gott und Welt.

　　Gott ist ein geistiges Wesen, selbstbewußt, ewig, wahrhaftig, gut, rein, gerecht, barmher-
　　zig, ganz und gar frei, von unermeßlicher Macht und Weisheit.

　　Gott als substantia bzw. essentia spiritualis; die Prädikate der Ewigkeit, Unendlichkeit
　　und Allmacht.

　　Mit der Trinitätslehre und der Aufzählung der Werke Gottes, Schöpfung, Vorsehung, Samm-
　　lung der Kirche und Gericht.

91　Die Beziehung von Gott und Welt.

93 Die göttlichen Eigenschaften werden vom göttlichen Wesen und gegenseitig voneinander unterschieden nicht dem Ausdruck nach, auch nicht dem Sachverhalt nach, sondern formal, entsprechend der Art unseres Begreifens, nicht ohne einen sicheren Grund der Unterscheidung.

1. Vollkommenheiten, die bei der Kreatur wahrgenommen werden, werden von Gott in der höchsten Steigerung ausgesagt; z.B. Allmacht, Allwissenheit.
2. Unvollkommenheiten des kreatürlichen Seins werden Gott abgesprochen; z.B. Unsterblichkeit, Unendlichkeit.
3. Es werden Gott die Vollkommenheiten zugesprochen, die er aufgrund seiner Urheberschaft an der Schöpfung haben muß; z.B. Weisheit, Gerechtigkeit, Güte.

94 Bei den unter A aufgeführten Eigenschaften dominiert die via negationis deutlich.

Die Reihe B.

1. Die Begriffe von göttlichen Eigenschaften und Handlungsweisen sind eine der drei möglichen Formen dogmatischer Sätze.
2.a. Auf das Bewußtsein des Verhältnisses von Gott und Welt bezogene Eigenschaften: Ewigkeit, Allgegenwart, Allmacht, Allwissenheit.
95 2.b. Auf das Bewußtsein der Sünde bezogene Eigenschaften: Heiligkeit, Gerechtigkeit.
c. Auf das Bewußtsein der Gnade bezogene Eigenschaften: Liebe, Weisheit.

96 Das im unmittelbaren Selbstbewußtsein gesetzte Woher unseres empfänglichen und selbsttätigen Daseins.

"Gott ist das Woher meines Umgetriebenseins durch das 'Ich soll' und 'Ich darf'" (Herbert Braun). "Gott ist das Vonwoher der radikalen Fraglichkeit" (Wilhelm Weischedel).

Man geht hier nicht aus der erfahrenen Wirkung auf eine Ursache zurück, sondern bleibt bei der Wirkung, ohne die Ursache zu vergegenständlichen.

Das ist die Gegenständlichkeit, in der Gott sich selber Gegenstand ist.

Gott ist uns mittelbar gegenständlich.

Weil sie in der primären Gegenständlichkeit Gottes ihre Entsprechung und ihren Grund hat.

Weil Gott sich selbst gegenständlich ist.

Er wird dadurch zu einem Endlichen gemacht.

97 Weil das Endliche die Unendlichkeit nicht umfassen und begreifen kann.

Wäre Gott nicht Person, so wäre er dem menschlichen Personsein unterlegen. Wer die Person als Person konstituiert, muß selbst Person sein.

Daß Gott die Wirklichkeit ist, die die Wirklichkeit des Menschseins begründet.

Inhaltlich besteht kein Unterschied. Ott kann nur die Voraussetzung, die er macht, im Grunde nicht mehr allgemein zumuten.

An den Grenzen, in den Schwächen, also bei Tod und Schuld.

In der Mitte, in der Kraft, im Leben und im Guten des Menschen.

Das Problem der notwendigen Unterscheidung von Gott und Welt.

Gott ist die Tiefe des Seins.

98 Als die Macht des Seins-selbst transzendiert Gott jedes Seiende. Andererseits partizipiert alles Endliche am Sein-selbst und seiner Unendlichkeit.

Im Sinn der Tatsache, daß jedes Ding an der unendlichen Seinsmächtigkeit partizipiert.

So, daß jedes Ding nur in endlicher Weise an der Seinsmacht partizipiert und daß alle Wesen durch ihren schöpferischen Grund unendlich transzendiert werden.

futurum und adventus.

Durch Extrapolation.

Durch Antizipation.

Aufgrund realer Antizipation des Eschaton in der Geschichte Christi kann es zu einer noëtischen Extrapolation aus dieser Geschichte in die Zukunft seiner Erscheinung kommen.

Ein höchstes Bewußtsein, in dem sich alles individuelle Bewußtsein zusammenfindet.

99 Die Liebe.

Eigengesetzlichkeit, allgegenwärtiges Wirken, Irreversibilität, Transzendenz.

Man darf weder die Personen vermischen noch das Wesen trennen.

Man soll die Gottheit mit ihren Prädikaten den Personen je für sich zusprechen, aber das dabei Zugesprochene darf man nicht zählen.

Nach ihrem innergöttlichen Verhältnis.

100 qui a patre filioque procedit.

Als ein Verhältnis der Entsprechung der opera ad intra und der opera ad extra.

Indem er auf die den opera ad extra entsprechenden opera ad intra verweist.

101 Innascibilitas, paternitas, spiratio activa.
Filiatio, spiratio activa.
Spiratio passiva.

Der Widerspruch, das für unsere Logik Unmögliche.

102 Er will die sabellianische Hypothese in gleicher Weise gelten lassen wie die athanasianische.

γεννηθέντα οὐ ποιηθέντα - gezeugt, nicht geschaffen.
δι' οὗ τὰ πάντα ἐγένετο - durch ihn ist alles geschaffen.

103 Dann müßte ein zweiter Gottheit verursachender Gott gedacht werden, und die Einheit Gottes ließe sich nicht mehr in dem einen Gottheit verursachenden Gott (Vater) denken.

1. opera potentiae   2. opera misericordiae   3. opera iustitiae.

104 Weil dadurch die Welt wenigstens indirekt an der göttlichen Seinsnotwendigkeit teil hätte.

Mit der Unterscheidung von Ursache und Urheber.

Das Wissen des Glaubens um seine eigene Herkunft von Gott.

105 Weil er den Begriff der Gottheit mit Willkür ausstattet, indem er die endlichen Dinge durch einen Akt absoluter Willkür aus dem göttlichen Wesen hervorgehen läßt.

Daß es ursprünglich bei Gott und er selbst ist.

Der Grund ist die ewige freie beständige Gnade Gottes.

In Jesus Christus, der in einem der erwählende Gott und der erwählte Mensch ist.

Die natürliche Wirklichkeit also, zwischen zwei Intellekten konstituiert, wird gemäß ihrer Angleichung an jeden von ihnen wahr genannt; gemäß ihrer Angleichung an den göttlichen Intellekt wird sie wahr genannt, sofern sie das ausfüllt, wozu sie durch den göttlichen Intellekt bestimmt wurde ... Gemäß ihrer Angleichung an den menschlichen Intellekt aber wird sie wahr genannt, sofern sie dazu geworden ist, um von sich eine wahre Einschätzung zu bilden.

106 Der Ausdruck Gefühl soll hier nicht auch bewußtlose Zustände umfassen. Andererseits darf das Selbstbewußtsein sich nicht gedachter Gegenstand sein. Darum der Zusatz "unmittelbar".

1. Daß hinter einem irgendwie bestimmten Selbstbewußtsein alles Denken und Wollen zurücktritt.
2. Daß dieselbe Bestimmtheit des Selbstbewußtseins während einer Reihe verschiedener Akte des Denkens und Wollens unverändert fortdauert.

Es ist nicht nur in seiner Dauer als Bewegtgewordensein ein Insichbleiben, sondern es wird auch nicht vom Subjekt bewirkt, kommt vielmehr nur in ihm zustande, indem es ganz und gar der Empfänglichkeit angehört.

107 Sichselbstsetzen und Sichselbstnichtsogesetzthaben = Sein und Irgendwiegewordensein.

Daß wir uns abhängig fühlen.

Daß wir uns frei fühlen.

Das Gesamtselbstbewußtsein ist das der Wechselwirkung des Subjekts mit dem mitgesetzten anderen.

Als eine Reihe von geteiltem Freiheitsgefühl und Abhängigkeitsgefühl.

Weil uns nie unser ganzes Dasein als aus unserer Selbsttätigkeit hervorgegangen zum Bewußtsein kommt.

Weil es nicht in einem einzelnen Moment der Abhängigkeit gegeben sein kann. Es muß also Momente der Tätigkeit mit einschließen.

Das wenngleich begrenzte Freiheitsgefühl, welches wir in bezug auf die Welt haben, teils als ergänzende Bestandteile derselben, teils weil wir immer in der Einwirkung auf Teile derselben begriffen sind, und die uns gegebene Möglichkeit einer Einwirkung auf alle ihre Teile lassen nur ein begrenztes Abhängigkeitsgefühl zu.

108 Aus dem Schöpfersein Gottes.

Die Ganzheit der Welt entweder auf dem Weg ihrer geistigen Inbesitznahme durch sein Tun zu erstreben, oder, völlig unabhängig von seinem Begreifen und Tun, an diese Ganzheit zu glauben.

Das Vernünftige ist die Idee, die Einheit von Subjekt und Objekt.

Als die Substanz, die dem Schein immanent ist, und das Ewige, das gegenwärtig ist.

Insofern das, was ist, die Vernunft ist.

Die Vernunft ist die Rose im Kreuz der Gegenwart.

Die Einsicht in die Vernünftigkeit des Wirklichen, damit die Möglichkeit, einerseits in dem, was substantiell ist (der "objektiven" Notwendigkeit in Natur und Geschichte/Gesellschaft) die subjektive Freiheit zu erhalten, wie umgekehrt mit dieser Freiheit in dem, was an und für sich ist (der Wirklichkeit in ihrer Wahrheit), zu stehen.

Die Vernunft als begreifendes Erkennen.

Die Vernunft als das substantielle Wesen der sittlichen wie der natürlichen Wirklichkeit.

109 Für den Begriff der Bedeutung ist der Gegenstandsbezug spezifisch. Sinn bezeichnet die in sich geschlossene Einheit des Bedeutungszusammenhangs.

Insofern sie durch die Ausgrenzung von Teilaspekten aus den umfassenden Sinnzusammenhängen der Phänomene begründet sind, darum eben durch den Akt der Ausgrenzung auf sie bezogen bleiben.

Als systematische Explikation der ihre Reflexionsbewegung schon leitenden Sinntotalität.

Sie hat es wie die Philosophie mit der Sinntotalität der Erfahrung zu tun.

110 1. Als gegenseitige Vermittlung von Information.
2. Über die Voraussetzungen.
3. Über die ethischen Implikationen der naturwissenschaftlichen Forschung und ihrer Anwendung.
4. Über das heutige Welt- und Menschenverständnis.

In dem Bedürfnis, die soziale Ordnung durch mythische Erklärungen zu begründen und so zu stabilisieren.

Die objektive Erkenntnis

Als Widerstreit zwischen der praktisch in den Wissenschaften anerkannten alleinigen Geltung der objektiven Erkenntnis und den auf dem überlieferten "Animismus" begründeten Wertvorstellungen.

111 Unterschieden wird creatio als productio ex nihilo pure negativo, die Erschaffung der Ma-
112 terie am ersten Schöpfungstag, und als Erschaffung ex materia quidem (Adams aus dem Erdenkloß). Das Werk des ersten Schöpfungstages hat also keine materia ex qua, die Werke der folgenden Tage gehen aus dem Werk des ersten Tages hervor.

Es ist selbstverständlich, daß der schlechthin frei ist, von dem alles schlechthin abhängig ist.

Damit würde Gott dem Gegensatz von Freiheit und Notwendigkeit untergeordnet und also nicht mehr schlechthin frei gedacht.

Nur unter der Voraussetzung, daß Luther selbst hier im Reflexionsschema der modernen Subjektivität denkt.

113 Er rechnet nicht damit, daß "Offenbarungen ihres Daseins" jetzt noch zu erwarten sind (§ 43).

Den dichterischen Gebrauch.

114 Der Begriff der Schöpfung ist eine Ergänzung zum Begriff der Erhaltung.

Die providentia generalis gilt der Welt, die providentia specialis der vernünftigen Kreatur, die providentia specialissima den Glaubenden.

Die providentia ordinaria bedient sich der natürlichen Gesetzmäßigkeit, die providentia extraordinaria ist direktes Eingreifen Gottes (Wunder).

1. conservatio.   2. concursus.   3. gubernatio.

115 1. permissio.   2. impeditio.   3. directio.   4. determinatio.

Das Meer austrinken - den Horizont wegwischen - die Erde von ihrer Sonne losketten.

Es wird kälter, dunkler, die Orientierung geht verloren, die Menschen müssen selbst Götter werden, um darüber wegzukommen.

Dafür ist die Zeit noch nicht reif. Man lebt noch so, wie wenn auch Gott noch lebte.

Es kann nur noch zusehen, den Mechanismus der wirkenden Kräfte begleiten, was sich gerade angesichts geistiger Leistungen nach Jacobi als absurd erweist.

115 Weil Lessing einen Determinismus, also _wesensmäßige_ Unfreiheit, mit der _faktischen_, durch die Sünde bedingten,Unfreiheit des Menschen zur Glaubensentscheidung gleichsetzt.

116 Sie sei für ihn mit der Vorstellung einer unendlichen Langeweile verknüpft.

Er vernichtet meine Wichtigkeit, läßt eine anthropozentrische Weltsicht als absurd erscheinen.

Sie erhebt meinen Wert, als einer Intelligenz, unendlich, indem sie meine Unabhängigkeit von der ganzen Sinnenwelt offenbart.

In dem Glauben an Gottes Vorsehung.

Insoweit, als er konkrete Erfahrungen von Sinn im je eigenen Leben mit einschließt.

Er sieht darin ein Fortwirken des Glaubens als Stimmung.

In gewisser Hinsicht schon, sofern eben durch die Rechtfertigung sich das ursprüngliche Gottesverhältnis verwirklichen kann, das im Wissen um Gottes Führung und in seiner Anrufung besteht.

117 Das Gebet und seine Erfüllung oder Nichterfüllung sind nur Teile derselben ursprünglichen göttlichen Ordnung, darum dies, daß es ohne das Gebet anders gekommen wäre, nur ein leerer Gedanke.

Hier steigert sich unsere Kraft hinauf zur Ergebung.

Ergebung ist die Kraft, den zerstörerisch erscheinenden übermächtigen Willen in die eigene Lebendigkeit aufzunehmen.

Der menschliche, nicht der göttliche Wille (wobei eigentlich diese Wandlung konsequenterweise wie bei Schleiermacher auch determiniert sein müßte).

Insofern, als er Gott nur in seiner Beziehung zur Wirklichkeit im ganzen, aber nicht zu konkreten Situationen und einzelnen Sachverhalten sehen kann.

118 ... daß alle anderen Gegenstände, die in der heiligen Lehre behandelt werden, in Hinsicht auf Gott begriffen werden; nicht als Teile oder Arten oder Eigenschaften, sondern weil sie irgendwie auf ihn hingeordnet sind.

4.1.1.3 5. Moral.Gottesbeweis

Zum ethischen Aspekt.

Weil sie zu jedem Blickwinkel, unter dem andere Wissenschaften den Menschen erfassen, diesen ethischen Aspekt beizutragen hat.

119 Der Mensch ist nicht umweltgebunden, sondern im Gegensatz zum Tier weltoffen.

Die Weltoffenheit wird als grenzenlose Angewiesenheit interpretiert, die ein ihr zugewandtes Gegenüber, nämlich Gott, voraussetzt.

Pannenberg beachtet die mit dem Subjekt-Objekt-Gegensatz gegebene Problematik nicht genügend, verschleiert darum seinen Übergang in das Reflexionsschema der modernen Subjektivität.

Die Gefahr der Pfuscherei.

Der Gegenstand der Theologie ist der Mensch, von seinem ursprünglichen glücklichen Stand herabgestürzt ins Elend, der zu Gott und zum ewigen Heil geführt werden soll. Hier wird nicht vom Menschen gehandelt in Hinsicht auf sein Wesen, und sofern er Geschöpf ist, sondern sofern er so und so bestimmtes Geschöpf ist, und in Hinsicht auf seinen Stand, der vor dem Fall unversehrt und sehr glücklich war, nach dem Fall aber verderbt und sehr elend.

120 Der homo huius vitae, also der Mensch der Sünde, wird als die materia bezeichnet, aus der Gott die zukünftig-jenseitige Verwirklichung schaffen wird. Die aristotelische Ontologie wird hier verfremdet bzw. gesprengt.

Unter seiner Voraussetzung könne die Erbsünde, die aus der wirklichen Sünde des einen Adam hervorging, nicht mehr gedacht werden.

121 Sie sind in ihrer unerklärlichen Gleichzeitigkeit der Widerspruch der Existenz.

Als der zweite Adam.

Als die Vollendung der Schöpfung.

Unter dem Gesetz der geschichtlichen Entwicklung, d.h. sie vollendet sich durch allmähliche Verbreitung.

122 Barth bestimmt Jesus Christus als die Quelle der Erkenntnis des von Gott geschaffenen menschlichen Wesens.

123   1. Der Mensch bleibt auch nach dem Fall Geschöpf,während umgekehrt dem Satan eine schöpferische Potenz nicht zuerkannt werden darf.
      2. Jesus Christus hat die menschliche Natur angenommen, aber gerade nicht die Sünde.
      3. Der Mensch wird von Gott in Gnaden aufgenommen, durch die Taufe geheiligt, selig gemacht, aber nicht die Sünde.
      4. Das Fleisch, also unser menschliches Wesen, wird auferstehen, aber nicht die Sünde.

      Damit die Jünger beten konnten wie er.

124   Status integritatis, status corruptionis, status gratiae (= reparationis), status glorificationis (bzw. damnationis).

      Weil hier der Mensch als subjectum der Theologie in Frage steht, als der gefallene Mensch, dessen Sündhaftigkeit sich gegen seine urständliche Vollkommenheit abhebt. Die anderen Stände werden in Soteriologie bzw. Eschatologie behandelt.

      Als die manichäische und die pelagianische Häresie.

      Sie macht die Erlösungsbedürftigkeit so groß, daß die Fähigkeit,erlösende Einwirkungen zu empfangen, verschwindet.

      Sie macht die Erlösungsfähigkeit so groß, daß darüber die Bedürftigkeit, erlösende Einwirkungen zu empfangen, verschwindet.

      Der Manichäismus mit dem Doketismus, der Pelagianismus mit dem Ebionitismus.

125   Die geistige Natur des Menschen, Vernunft und freier Wille.

      Die heiligmachende Gnade.

      Daß der Mensch vor Gott gerecht und heilig, der göttlichen Natur teilhaftig, ein übernatürliches Ebenbild, Freund und Kind Gottes und Erbe des Himmels ist.

      Zu der übernatürlichen Ausstattung gehören auch die auf die Natur bezogenen dona integritatis.

      1. donum rectitudinis.
      2. donum immortalitatis.
      3. donum impassibilitatis.
      4. donum scientiae.
      5. donum perfecti dominii.

      Um auszusagen, daß die Gnade ungeschuldet ist.

126   Die Gottebenbildlichkeit ist eine natürliche Vollkommenheit, bestehend in einer hervorragenden Übereinstimmung mit Gottes Weisheit,Gerechtigkeit, Unsterblichkeit und Herrlichkeit, die dem ersten Menschen durch Gott anerschaffen war, zum Zweck, Gott den Schöpfer vollkommen zu erkennen, zu lieben und zu ehren.

      Die Beschreibung tendiert auf eine menschliche Beschaffenheit bzw. Fähigkeit hin.

      Weil man den urständlichen Menschen isoliert von Gott betrachtet.

      1. sine metu Dei.
      2. sine fiducia erga Deum.
      3. cum concupiscentia.

      Es gilt für alle natürlich gezeugten Menschen.Jesus ist also ausgenommen.

127   Formal-strukturelle wird von materieller Gottebenbildlichkeit unterschieden.

      Die formale Gottebenbildlichkeit wird als defizienter Modus bestimmt, einen Menschen in puris naturalibus könnte es hier auf keinen Fall geben.

      Als Subjektsein, Freiheit, das, was den Menschen vor den niedrigeren Kreaturen auszeichnet.

      Daß der Mensch wirklich Gott die Antwort gibt, in der Gott geehrt wird und in der er sich völlig mitteilt.

      Anders läßt sich anthropologisch nicht reden, wenn Gottebenbildlichkeit auch in der Beziehung zum Mitmenschen besteht.

128   $\dfrac{\text{Gott}}{\text{Gott}} \triangleq \dfrac{\text{Gott}}{\text{Jesus}} \triangleq \dfrac{\text{Jesus}}{\text{Mitmensch}} \triangleq \dfrac{\text{Mensch (Mann)}}{\text{Mensch (Frau)}}$

      Weil damit die Freiheit Gottes, seine Entsprechung zu schaffen, zu erwählen und zu heiligen, mindestens scheinbar naturalisiert wird.

      In Hinsicht auf die Bekehrung des Sünders zu Gott.

      Von Martin Luther.

      Der menschliche Wille ist dazu frei,an der Vorbereitung zum Empfang der Gnade mitzuwirken.

129　fiducia. Sie ist inanis, vana, ab omni pietate remota.

Wer die Predigt des Evangeliums hört, dem ist die Gnade verheißen. Hören aber ist ein äußerer Vollzug, zu dem der Wille auf jeden Fall frei ist.

Nein. Auch hier wird ein Entschluß des Willens, zu dem dieser frei ist, gefordert; im Entschluß, das Gnadenmittel in Anspruch zu nehmen, bereitet sich der Mensch zum Empfang der Gnade vor.

130　peccatum originale und peccatum actuale.

peccatum mortale und peccatum veniale.

Die Kirche tauft Säuglinge zur Vergebung der Sünden - zu Recht, wie selbstverständlich vorausgesetzt wird.
Eine Taufe zur Sündenvergebung, an Nichtsündern vollzogen, wäre ein Mißbrauch der Taufe (was nicht sein darf).
Darum sind Säuglinge wirklich sündig. Dabei kann es sich nur um die Erbsünde handeln, da Säuglinge noch keine Tatsünde getan haben können.

131　quodque hic morbus seu vitium originis vere sit peccatum, damnans et afferens nunc quoque aeternam mortem his, qui non renascuntur per baptismum et spiritum sanctum.

Auf jeden Fall liegt der Grund der Sünde eines jeden höher hinauf als in seinem eigenen Dasein. Ob nun angeborene oder gelernte Sünde angenommen wird, das macht keinen entscheidenden Unterschied.

Sie ist nur von der Erkenntnis des christlich Guten aus vollständig möglich.

Als Reich der Sünde.

Sünde ist nicht ontologisch-anthropologisch oder aber aus einer Absicht Gottes abzuleiten, also nicht notwendig.

Durch die Macht der gemeinsamen Gewohnheiten und Grundsätze, Unsitten und bösen Institutionen, denen der einzelne erliegt.

Den Hang der Willkür zu Maximen, die Triebfeder aus dem moralischen Gesetz andern, nicht moralischen unterzuordnen.

132　Nur was unsere eigene Tat ist.

Als Gebrauch der Freiheit, wodurch die oberste Maxime in die Willkür aufgenommen wird.

Eine Tat, die bloß der Vernunft ohne alle Zeitbedingung erkennbar ist.

Möglichkeit 3.

So läßt sich die problematische Konsequenz einer doppelten Prädestination am leichtesten abweisen.

Die Prädestinationslehre habe ihr eigenes und besonderes Thema, sei nicht Neuformulierung oder Probe anderer dogmatischer Themen.

133　Sie hat einmal nach einer Art Rangordnung im Welt- und Geschichtsgeschehen zu fragen, und weiter danach, ob es eine Art Rangordnung der an diesem Geschehen beteiligten Personen gibt.

Er redet von einem relativen Verworfensein der am Bösen partizipierenden Personen; es ist ein "Im-Schatten-Stehen"; ein "relatives Abgelehntsein", ein "bloß inaktives Sich-in-Sich-Vollenden" im Unterschied zur "Spezialberufung"; ein "Übergangensein".

De benevolentia patris erga hominem lapsum
De fraterna Christi redemtione
De gratia Spiritus S.applicatrice

135　Der erste ist: Nicht aus der Vernunft und nicht aus dem Gesetz ist über die Erwählung zu urteilen, sondern aus dem Evangelium. Der zweite ist: Die ganze Zahl derer, die gerettet werden, ist wegen Christus erwählt. Darum können wir nur über die Erwählung handeln, wenn wir die Erkenntnis Christi erlangen. Der dritte ist: Wir fragen nicht nach einem anderen Grund der Erwählung als dem der Rechtfertigung. Deshalb ist Petrus erwählt, weil er ein Glied Christi ist, wie er deshalb gerecht ist, das ist Gott gefällig, weil er im Glauben ein Glied Christi geworden ist.

136　Mit der Unterscheidung von praescientia und praedestinatio, Vorsehung und ewiger Wahl Gottes.

Die Vorsehung ist ein Vorauswissen Gottes, das aber die vorausgewußte Sünde und als ihre Folge die Verdammnis nicht verursacht, die ewige Wahl dagegen ist Ursache für die Seligkeit der Erwählten.

137　Thomas bestimmt praedestinatio und reprobatio in gleicher Weise als Teilmomente der göttlichen providentia. Es handelt sich dabei nicht um eine bloße praescientia, da voluntas und intellectus in Gott zusammenfallen.

Daß durch diese Lehrform der Gnadenwille Gottes, der sich auf alle Menschen bezieht, der Ruf zur Buße und zum Glauben an das Evangelium, der sich an alle richtet, und der Ernst der Berufung durch Gott bestritten werde.

138   Über diese kann nur im Blick auf die Berufung zum Heil in Christus gesprochen werden.

Der Glaube achte das Geheimnis von Gottes Wirken. Er bezeuge den Ernst menschlicher Entscheidung wie die Realität des universalen Heilswillens Gottes. Das Christuszeugnis der Schrift verwehre es, einen ewigen Ratschluß Gottes zur definitiven Verwerfung gewisser Personen oder eines Volkes anzunehmen.

139   Die Unterscheidung zwischen der Religion Christi und der christlichen Religion.

Damit, daß der Mensch Jesus sich nicht selbst Glaubensgegenstand gewesen sein kann.

Sie ist in den Evangelien nur ungewiß und vieldeutig enthalten.

Jeder Mensch kann sie mit Jesus gemein haben.

140   Gott und die Seele, die Seele und ihr Gott.

Nein. Nicht der Sohn, sondern allein der Vater gehört in das Evangelium, wie es Jesus verkündigt hat, hinein.

Er ist die persönliche Verwirklichung und die Kraft des Evangeliums gewesen und wird noch immer als solche empfunden - persönliches Leben aus dem Evangelium entzündet sich an ihm.

Nur die selbst erlebte Religion.

Die wesentlichen Elemente des Evangeliums sind zeitlos, und auch der Mensch, an den sich das Evangelium richtet, ist zeitlos.

Weil der Tod die Grenze historischer Aussagen ist, und von dieser Grundregel auch bei Jesus keine Ausnahme gemacht werden darf.

141   Auf das "neuzeitliche Geschichtsverständnis".

Die Tugend der Phantasie.

Als den Sachzusammenhang zwischen dem Glück, dem Ich und seiner Phantasie.

Er wird an Jesu Leben deutlich.

Er gilt für alle Menschen.

Insofern alle großen Kirchen sich auf Gehorsam stützten und ihnen gehorsame Christen lieber waren als solche, die die Phantasie Christi weiter und wieder realisierten.

142   Er bezeichnet ihn als Erzeugnis menschlicher erfindender Kunst.

Er ist nicht besser als der Christus der byzantinischen Christologie.

Das ist der gepredigte Christus, letztlich immer der Christus der Schrift.

Als das aus Glauben und im Glauben gepredigte Bild Christi.

Weil auch die vorliegenden Evangelien Predigten von der Messianität des Gekreuzigten sind.

Das Kerygma vertritt den irdischen Jesus.

Insofern die Kirche Trägerin des Kerygma ist.

Er ist Glaube an die Kirche als Trägerin des Kerygma, Glaube daran, daß im Kerygma Christus präsent ist.

Unter der Voraussetzung, daß das Kerygma selbst eschatologisches Geschehen ist und daß Jesus im Kerygma wirklich gegenwärtig ist.

143   Wenn es ein simples geschichtliches Faktum wäre.

Es ist das absolute Faktum. Darum kann die Zeit das Verhältnis des Menschen zu ihm nicht in entscheidendem Sinn unterteilen, denn was durch die Zeit wesentlich teilbar ist, ist eo ipso nicht das Absolute.

Das Geschichtliche bzw. der Bericht der Gleichzeitigen und die Bedingung.

Weil seine Absurdität die Kleinigkeiten ganz und gar verschlingt.

Wir haben geglaubt, daß Gott sich anno so und so in der geringen Gestalt eines Knechtes gezeigt hat, unter uns gelehrt und gelebt hat und darauf gestorben ist.

Es kann ihn im strengen Sinn gar nicht geben.

Daß die unmittelbare Gleichzeitigkeit als die bloße Veranlassung dadurch aufhöre, daß der Gott die Erde wieder verlasse.

146   1. Daß der Logos durch eine Änderung seiner Natur Fleisch geworden sei.
       2. Daß er sich in einen ganzen Menschen aus Seele und Leib verwandelt habe.

Bei der Inkarnation handelt es sich um eine ἕνωσις καθ' ὑπόστασιν des Logos mit dem durch die ψυχὴ λογικὴ beseelten Fleisch.

Hier ist der Christus ἐξ ἀμφοῖν εἷς.

254

147 Man darf das nicht so verstehen, wie wenn der Logos nach seiner Gottheit seinen Ursprung aus der heiligen Jungfrau hätte, sondern so, daß aus ihr der beseelte Leib geboren wurde, mit dem der Logos persönlich vereint war, so daß man sagen kann, dieser sei nach dem Fleisch geboren.

Sie ist τελεια. Christus ist θεὸς ἀληθῶς, ὁμοούσιος τῷ πατρὶ κατὰ τὴν θεότητα, πρὸ αἰώνων ἐκ τοῦ πατρὸς γεννηθεὶς κατὰ τὴν θεότητα.

Christus ist τέλειος ἐν ἀνθρωπότητι, ἄνθρωπος ἀληθῶς ἐκ ψυχῆς λογικῆς καὶ σώματος, ὁμοούσιος ἡμῖν κατὰ τὴν ἀνθρωπότητα.

Er ist aus der Jungfrau Maria, der Gottesgebärerin, geboren κατὰ τὴν ἀνθρωπότητα.

148 Jede der beiden Naturen, aber gerade nicht die eine Person.

Die Wunder.

Das Leiden.

1. ἀσυγχύτως   2. ἀτρέπτως   3. ἀδιαιρέτως   4. ἀχωρίστως

Insofern er die Naturen in ihrem Wirken gerade trennt.

149 Wer aber die übrigen Sachverhalte, die Macht der Sünde, das Gesetz, die Gnade nicht kennt, von dem weiß ich nicht, wie ich ihn einen Christen nennen soll. Denn aus ihnen wird Christus eigentlich erkannt, sofern nämlich das Christus erkennen ist, sein Werk für uns erkennen, nicht wie jene lehren, seine Naturen, die Weisen seiner Inkarnation betrachten. Wenn du nicht weißt, wozu Christus das Fleisch an sich nahm und gekreuzigt wurde, was sollte es nützen, seine Historie zu kennen.

Kyrill!

Die Einheit von Gottheit und Menschheit in der gottmenschlichen Person.

Die Rechte Gottes ist überall, bezeichnet nicht einen umgrenzten Ort, sondern Gottes wirkende Macht.

Er bejaht es. Aber wegen der persönlichen Vereinigung widerfährt auch der Gottheit alles, was der Menschheit widerfährt.

1. localiter bzw. circumscriptive (wie die Körper im Raum).
2. diffinitive (wie z.B. die Seele im Leib).
3. repletive (wie Gott allgegenwärtig ist).

Sie ist nach allen drei Weisen zu denken. Localiter war der irdische Jesus da (u. wird so wiederkommen), diffinitive ist Christus in den Elementen des Abendmahls, repletive ist er da in seiner gottmenschlichen Einheit.

150 Unterschieden wird seine Gegenwart überhaupt und seine Gegenwart, in der er sich für mich faßbar macht.

1. Comm. id. als Redeform.
2. Comm. id. als Mitteilung der gottheitlichen Eigenschaften an die menschliche Natur.
3. Comm. id. als gemeinsames Wirken.

Das Zweite, Mitteilung der gottheitlichen Eigenschaften an die menschliche Natur.

Weil die göttliche Natur ihrem Wesen nach unveränderlich ist und keinen Zuwachs erfahren kann.

Zur Not schon, wenn man diese Mitteilung nämlich über die Person vermittelt sein läßt.

Die göttliche Natur Christi ist auch außerhalb der angenommenen Menschheit, innerhalb ist also die persönliche Vereinigung der Naturen.

151 1. Status exinanitionis (Stand der Erniedrigung, Entleerung).
2. Status exaltationis (Stand der Erhöhung).

Die gottmenschliche Person Jesu Christi.

Bei den Lutheranern beginnt mit ihr der status exaltationis.

Es geht darum, ob Christus im status exinanitionis dem Gebrauch der gottheitlichen Eigenschaften entsagte oder ihn verborgen übte.

Gilt die Konsequenz des Denkens, haben die Tübinger recht.

Gilt die Intention der Lehrbildung, die Anschauung des irdischen Jesus zu ermöglichen, dann haben die Gießener recht.

152 Der Tod.

Sie waren wegen ihrer Sünde in der Gewalt des Todes.

Dadurch, daß er die Sünde abgetan hat.

153   ... wird das Heil durch den Gottmenschen bewirkt,
         ... durch eine andere Person, Engel oder Mensch.
         ... wird das Heil durch den Tod des Gottmenschen bewirkt,
         ... allein durch einen göttlichen Willensakt.

         Der ordo rerum, also Gottes Schöpfungswerk.

         Gottes Freiheit ist begrenzt durch die Ordnung, die er selbst gesetzt hat. Verstieße er gegen diese Ordnung, würde er seine Gottheit selbst aufheben.

         Die Genugtuung muß größer sein als alles, was nicht Gott ist.

         Weil es der Mensch ist, der durch seine Sünde Gottes Ehre verletzte und also zur Genugtuung Gott gegenüber verpflichtet ist.

154   Gottheit und Menschheit dürfen nicht ineinander verwandelt oder vermischt werden. Ihre Vereinigung muß eine persönliche sein, weil nur so ein- und dieselbe Person vollkommen Gott und vollkommen Mensch sein kann.

         Weil der die Satisfaktion Leistende zugleich vollkommen Gott und vollkommen Mensch sein muß.

         Wir bzw. die Welt wird durch Gott in Christus mit Gott versöhnt.

         Den Bestand des ungelösten Schuldgefühls.

         Die Sündenvergebung oder Verzeihung, durch welche die von Gott trennende Wirkung der Schuld der Sünde aufgehoben wird.

         Nach Analogie des alttestamentlichen Bundesopfers.

         Durch seine freie Zustimmung zum Tod als der durch Gottes Fügung festgestellten Folgerung aus seinem Beruf.

         Sündenvergebung ist nur in der Gemeinde wirksam, da nur in ihr die Getrenntheit der Menschen von Gott in die Gemeinschaft derselben mit Gott als ihrem Vater umgewandelt wird.

         1. betone Gottes Tat, 2. und noch mehr 3. die Tat Christi qua homo.

         1. zeige die Versöhnung als Gottes Werk in Christus, 2. zeige die Tat, die Christus qua homo vollbringe. In 3. verblasse der Gesichtspunkt der Gottestat vollends.

         1. zeige Gott als in Zorn und Liebe beteiligt, 2. zeige ihn abwartend, bei 3. sei er noch weniger beteiligt.

155   Seine Lehre und Verkündigung des Gotteswillens.

         Der irdische Jesus übt das Amt immediate aus, der Erhöhte mediate.

         1. satisfactio   2. intercessio.

         Die satisfactio ist das Amt des irdischen, die intercessio das Amt des erhöhten Christus.

156   regnum potentiae und regnum gratiae.

         regnum potentiae und gratiae einerseits, regnum gloriae andererseits.

         Weil das Verständnis der Herrschaft Christi nicht von der konkreten Wirksamkeit des irdischen Jesus her bestimmt ist, kann es von dem abstrakten Begriff der Allmacht Gottes her verschiedenartig gefüllt werden.

157   Die Menschheit in ihrer moralischen ganzen Vollkommenheit.

         Die Vereinigung dieses Ideals der moralischen Vollkommenheit mit uns, nämlich den faktisch sündigen Menschen.

         Insofern er auf sich selbst das gegründete Vertrauen setzen kann, daß er diesem Urbilde der Menschheit anhängen und seinem Beispiel in treuer Nachfolge ähnlich bleiben werde.

         Weil die Idee als solche schon in unserer Vernunft liegt.

         Weil die äußere Erfahrung das Innere der Gesinnung nicht aufdeckt.

         Weil er sonst uns anderen nicht mehr als Beispiel dienen könnte.

         Insoweit, als das untadelige Verhalten zur Anerkennung der lauteren Gesinnung nötigt, solange man nicht Beweise des Gegenteils hat.

         An den Typ A.

         Insofern sein Beispiel den Weg der Freiheit vom Bösen eröffnet und eine neue moralische Herrschaft als Freistatt gibt.

158   Ein Denken der Wahrheit des Menschseins als allgemeiner Idee.

         Wie ein Mensch mit sich selbst identisch werden könne.

         Mit der Frage, was Christus für unser Leben bedeute.

159 Die Liebe, denn im Sein für andere erübrigt sich die Frage nach der eigenen Identität.

Er spielt die Rolle Gottes, vertritt Gott in Ohnmacht und Leiden der Liebe.

So, daß nun der Mensch die Rolle Gottes zu spielen hat, indem er sich mit dem Nicht-identischen identifiziert und darin glücklich wird.

Insofern aus einem Überschuß an Würde über die Wirksamkeit hinaus nichts erklärt würde, umgekehrt Wirkungen, die sich nicht aus seiner Würde erklären, ihm im Grunde fremd sind.

Er meint damit den Zusammenhang der Erlösung bzw. der vollendeten Schöpfung, an dem wir teil haben, wenn wir durch Christus bestimmt sind.

160 Sie muß der von ihm ausgehenden Wirksamkeit (einschließlich des neuen Gesamtlebens) angemessen sein.

Im Begriff des Urbildes liege die Produktivität, eine Steigerung der Gesamtmenschheit zu bewirken.

Man muß dann eine Abnormität der normalen Entwicklung behaupten, andererseits die Wahrheit des Menschseins eben in der Wirklichkeit Christi sehen.

Als stetige Kräftigkeit (im Gegensatz zu Unstetigkeit und Schwäche).

Als Aufnahme der Gläubigen in die Kräftigkeit seines Gottesbewußtseins.

In der Aufnahme der Gläubigen in die Gemeinschaft seiner ungetrübten Seligkeit.

161 Eine Bestreitung dieser Wirksamkeit zöge natürlich auch eine Bestreitung der Würde Christi nach sich.

Er redet von dem Wortgeschehen, von dem der Glaube lebt.

Die Frage der Gewißheit.

Weil Jesu Gewißheit als nichtpartielle Gewißheit keine analoge Realisierung erlaubt, sondern das Sich-hineinnehmenlassen in diese Gewißheit zumutet.

Diese Gewißheit ist alles Verhalten bestimmend und auf jede Situation bezogen, also nicht-partiell.

Er redet von Existenz in Grund-Gewißheit, bzw. von gewißmachender Gewißheit.

	IV,1 Jesus Christus, der Herr als Knecht	IV,2 Jesus Christus, der Knecht als Herr	IV,3 Jesus Christus, der wahrhaftige Zeuge
162 Thema des Bandes:			
Natur u. christo- log. Schema (7.2.1.1 u. 2.):	Gottheit Inkarnation	Menschheit Assumption	Gottmenschliche Einheit
Stand Christi:	Erniedrigung	Erhöhung	
Amt Christi:	Priester	König	Prophet
Sünde	Hochmut u. Fall	Trägheit u. Elend	Lüge u. Verdammnis
Erlösung:	Rechtfertigung	Heiligung	Berufung
Kirche:	Versammlung	Erbauung	Sendung
Christl. Leben:	Glaube	Liebe	Hoffnung

Daß Barth sich eher an der Lehre vom Werk Christi (munus triplex) als an der Zweinaturenlehre orientiert hat.

Die besondere Zueignung bestimmter, der ganzen Gottheit eignender Werke oder Eigenschaften an eine Person der Trinität.

163 Weil alles, was hier zu sagen wäre, in der Lehre von der Verkündigung, von den gemeindlichen Diensten und vom christlichen Wandel gesagt werden kann.

Graß will den Hl. Geist und die ihm zugeschriebenen Funktionen in Gott zurücknehmen. Das ist Modalismus.

Hier ist dem Werk des Heiligen Geistes ein eigener Abschnitt gewidmet, dem die Erörterung des erlösten Menschen eingeordnet ist.

Bei Quenstedt sind die Gnadenmittel Wort und Sakrament dazwischengestellt. Hollaz behandelt die Kirche in einem eigenen 4. Teil!

164 Oben wurde gesagt, daß der Heilige Geist die Liebe des Vaters und des Sohnes ist, mit der sie sich gegenseitig und uns lieben; und er selbst ist eben diese Liebe, die in unsere Herzen ausgegossen ist, Röm 5, damit wir Gott und den Nächsten lieben.

165   Der Heilige Geist.

      Der Glaube an das Evangelium.

166   Aber der Glaube ist doch gewiß eine Bestimmung in uns, durch die wir gerechtfertigt
      werden? Glaube muß in einer zweifachen Weise betrachtet werden: I. Als eine Bestimmung
      in uns, ohne Zweifel, als eine gewisse Kenntnis im Denken oder eine Zustimmung im Wol-
      len. Aber in dieser Hinsicht rechtfertigt der Glaube keineswegs. 1. Weil er unvollkommen
      und unsicher ist. 2. Wäre er auch höchst vollkommen, ist er doch vom Herrn geboten,
      und daher nicht verdienstlich. Denn wenn wir alles getan haben, sind wir doch unnütze
      Knechte. 3. Er wäre die Erfüllung nur eines Gebotes. Es wird aber doch die Erfüllung des
      ganzen Gesetzes gefordert. II. Als Verhältnis: Sofern er sich auf Christus bezieht und
      ihn mit all seinem Gehorsam und Gerechtigkeit ergreift. Joh. 3,16 Also hat Gott die Welt
      geliebt, daß er seinen einigen Sohn gab, damit jeder, der an ihn glaubt, nicht verloren
      werde etc. Röm. 3,26 Damit er selbst gerecht sei und den gerecht mache, der aus Glauben
      an Jesus ist. Aus diesen und vielen derartigen Zeugnissen ist offenkundig, daß der Glau-
      be nicht rechtfertigt, sofern er eine Bestimmung in uns ist, sondern sofern er sich auf
      Christus bezieht, der allein unsere Gerechtigkeit ist.

168   Es handle sich nicht um den bei der Schöpfung tätigen Geist, auch nicht um den bei der
      Menschwerdung Christi beteiligten Geist oder den,der durch die Propheten redete, sondern
      nur um den Geist in der christlichen Kirche.

      Weil sonst unser eigenes und das Leben aller Gläubigen nicht mehr als menschlich zusam-
      menhängend erschiene.

      Weil eine von innen ausgehende Bestimmung die Einheit unseres Selbstbewußtseins und un-
      serer Selbstbestimmung nicht hindert.

      Weil wir die Bestimmtheit durch die Wiedergeburt diskontinuierlich erfahren, kann die
      Verbindung des Göttlichen mit der Menschheit hier nicht die Verbindung mit einem Indi-
      viduum sein. Die Bestimmung durch das Göttliche kommt jedem von uns aus dem Gesamtleben
      zu, und nur soweit er an diesem teilhat, ist er durch das Göttliche bestimmt. Gott ver-
      mittelt sich durch die Gemeinde.

      Insofern der Mensch sündigt, gehört er noch zum alten Gesamtleben, gibt einer Bestimmung
      durch dieses nach, ist noch nicht wiedergeboren. Daher ist die Sünde dem Individuum zu-
      zurechnen, aber nicht dem neuen Gesamtleben.

      2. Diese Vermittlung ist nur möglich durch eine stetige und kräftige Verbindung des Gött-
         lichen mit der menschlichen Natur, die der Person Christi entspricht.
      3. Darum kann es sich hier nicht um eine Verbindung des Göttlichen mit einer individuel-
         len menschlichen Empfänglichkeit handeln, sondern um diese Verbindung mit dem Gesamt-
         leben menschlicher Empfänglichkeit.

169   Maria ist die mythische Personifikation der Kirche.

      Die Kirche ist schon eschatologisch vollendet, der Rest von eschatologischer Spannung
      aus dem katholischen Kirchenbegriff entfernt.

      Insofern sich in ihr das Wunder der Inkarnation allein in der menschlichen Natur dar-
      stellt und diese zur Übernatur erhöht hat. In ihr ist erst eigentlich die Gnade mensch-
      liche, geschichtliche Wirklichkeit geworden, ist der Mensch der geschichtliche Vermitt-
      ler zum göttlichen Mittler geworden.

      In der dogmatischen Konstitution über die Kirche.

      Weil sie beim Werk des Erlösers in durchaus einzigartiger Weise in Gehorsam, Glauben,
      Hoffnung und brennender Liebe mitgewirkt hat zur Wiederherstellung des übernatürlichen
      Lebens der Seelen.

      Weil das "Ich" aus dieser Frage draußen bleibt, ist sie Theodizee als die Frage nach der
      Rechtfertigung Gottes.

      Die Frage wurde ihm von Gott zerbrochen, ihre falschen Voraussetzungen als Mißverständ-
      nisse entlarvt.

      Er fragt nach der Fragwürdigkeit seines Daseins.

170   Wenn begriffen wird, daß der Mensch, von Gott gefragt, Gottes Antwort zu gewärtigen hat.

      1. Die fides ex auditu.
      2. Die Einsicht in die eigene Sündhaftigkeit und die Hoffnung auf Gottes Gnade.
      3. Die anfangende Gottesliebe.

      Daß Gottes Offenbarung und Verheißung wahr sei, insbesondere daß Gott den Gottlosen aus
      Gnade durch die Erlösung in Jesus Christus rechtfertigen wolle.

171 Zu der Hoffnung, daß Gott den Menschen um Christi willen gnädig sei.

Im Haß und Abscheu gegen die Sünde, und damit in der Buße, die der Taufe vorhergehen soll.

Der Entschluß, sich taufen zu lassen, ein neues Leben zu beginnen und Gottes Gebote zu halten.

Die Ehre Gottes und Christi sowie das ewige Leben.

Der barmherzige Gott.

Jesus Christus, der durch sein Leiden für uns die Rechtfertigung verdient hat.

Das Taufsakrament.

Gottes Gerechtigkeit, mit der er uns gerecht macht.

Als "wesengebende Ursache".

173 C.10 redet vom Wachstum der empfangenen Gerechtigkeit. C.11 behandelt die Frage nach der Möglichkeit und Notwendigkeit für den Gerechtfertigten, Gottes Gebote zu halten. C.16 bestimmt, in welcher Hinsicht man von der Verdienstlichkeit der guten Werke reden kann.

Sie weisen die Forderung einer Heilsgewißheit und Folgerungen aus dieser Heilsgewißheit ab, gehören also zur Polemik gegen das sola fide.

174 Gerecht und ledig von Sünden sprechen und derselben ewigen Strafe ledig zählen = iustum pronuntiare, a peccatis et aeternis peccatorum suppliciis absolvere.

Die Rechtfertigung ist Gottes Werk, durch das er den sündigen Menschen, der an Christus glaubt , aus reiner Gnade, nämlich umsonst von den Sünden lospricht: und ihm die Vergebung der Sünden schenkt, und die Gerechtigkeit Christi so zurechnet, daß er voll und ganz versöhnt und zum Sohn angenommen, von Schuld und Strafe der Sünde befreit wird, und die ewige Seligkeit erlangt.

175 Gott schenkt uns nämlich das, was nicht in uns ist und nicht mit uns verbunden ist: das ist, er rechnet uns die Gerechtigkeit des Gehorsams Christi zu.

I. Die Gnade Gottes. II. Das Verdienst Christi. III. Der Glaube, der diese Gnadengaben Gottes in der Verheißung des Evangeliums ergreift.

Er ist ingens et tale donum.

Damit wird verdeutlicht, daß dieser Glaube mit seinem Gegenstand zusammengehört, in keiner Weise vom Evangelium gelöst werden kann.

177 1. Die zugerechnete Gerechtigkeit des Glaubens.
2. Die anfangende Gerechtigkeit des neuen Gehorsams.

absque operibus, sine lege, gratis, non ex operibus.

"Allein durch den Glauben" werden wir vor Gott gerecht und selig.

1. Daß unsere Werke und also unser Vertrauen auf unser eigenes Verdienst dort ganz ausgeschlossen ist, wo es um die Rechtfertigung vor Gott geht.
2. Daß nur der Glaube das Mittel und Werkzeug ist, wodurch Gottes Gnade und das Verdienst Christi in der Verheißung des Evangeliums angeeignet wird.
3. Daß Erneuerung und Heiligung (also am Menschen feststellbare Veränderungen) nicht als Bedingungen mit Gottes Handeln in der Rechtfertigung verquickt werden dürfen.

178 Im Zusammenhang der media salutis, im Anschluß an Wort und Sakrament und vor den guten Werken.

Er will damit nicht selbst die richtige Ordnung vorschlagen, aber doch in seiner Anordnung die früheren Dogmatiker genauso berücksichtigen wie die späteren.

1. notitia   2. assensus   3. fiducia.

179 Hier ist deutlich eine sachliche Zuordnung angesprochen.

Er bezeichnet nicht einen Zeitablauf, sondern eine Sachordnung.

Mindestens renovatio und conservatio sind Vorgänge, die dauern, glorificatio ein Geschehen jenseits dieser Lebenszeit.

Insofern beide ihren gemeinsamen Ursprung in Jesus Christus haben.

180 1. Die Erfahrung des Ungenügens gerade beim Versuch des Handelns führt dazu, Rechtfertigung als Hilfe in aussichtsloser Bedrängnis anzunehmen.
2. Das religiöse Leben, wie es die Heiligung einübt, kann dem Glauben neuen Auftrieb geben.

1. Dankbarkeit gegen den rechtfertigenden Gott.
2. Vergewisserung des Glaubens aus seinen Früchten.
3. Zeugnis des Lebenswandels.

181 Es muß sich nicht um das Reflexionsmodell handeln. Die den Glauben merken, können auch die Nächsten sein, denen die Werke zugute kommen.

182 Nicht um darauf zu vertrauen und die Gnade damit zu verdienen, sondern um Gottes willen und Gott zu Lob.

Insofern der Glaube den Geist empfangen hat, und, im Herzen erneuert, neue Affekte hat, die gute Werke hervorbringen können.

Sie hat die einen zum Mönchtum getrieben, die anderen haben sich andere Werke erdacht.

Hieraus geht leicht hervor, daß diese Lehre nicht anzuklagen ist, weil sie gute Werke verbiete, sondern viel mehr zu loben, auf welche Art wir gute Werke tun können. Denn ohne Glauben kann die menschliche Natur auf keine Weise die Werke des ersten oder zweiten Gebotes tun. Ohne Glauben ruft sie Gott nicht an, erwartet nichts von Gott, trägt das Kreuz nicht, sondern sucht menschliche Aushilfen, vertraut auf menschliche Auskünfte.

183 Elert, Althaus, Weber, die älteren Dogmatiken der Rischl-Schule (Reischle, Kaftan, Häring, Stephan), auch Luthardt in seinem Kompendium.

Bei Alexander von Oettingen. Prenter hat die Folge: Taufe, Predigt, Abendmahl, Kirche.

Die Sakramentslehre schließt unmittelbar an die Gnadenlehre an. Eine eigens ausgeführte Ekklesiologie findet sich dagegen nicht (vgl. Thomas).

Der spiritualistische Kirchenbegriff (Unterscheidung von Ekklesía und Kirche) wertet die Gnadenmittel als Kennzeichen der Institution ab.

Im 3.Teil der Versöhnungslehre, der vom prophetischen Amt Christi her strukturiert ist: § 71 "Des Menschen Berufung".

Sie eröffnen bzw. beschließen den ethischen Teil der Versöhnungslehre, werden also nicht als Gnadenmittel aufgefaßt, sondern als menschliches Tun.

Evangeliumspredigt und Austeilung der Sakramente als Vorgang.

184 Walter Kreck.

Wir sollen als Theologen von Gott reden. Wir sind aber Menschen und können als solche nicht von Gott reden. Wir sollen beides, unser Sollen und unser Nicht-Können, wissen und eben damit Gott die Ehre geben.

1. Es bleibt bei ihm unklar, daß sich der Mensch in rettungsloser Not befindet.
2. Es bleibt unklar, daß auch die Religion, und wenn es die christliche Religion wäre, an dieser Not teilnimmt.
3. Es bleibt unklar, daß von Gott reden etwas anderes heißt, als in etwas erhöhtem Ton vom Menschen reden.

Den dogmatischen, den kritischen, den dialektischen.

Er weiß, daß die lebendige Mitte unfaßlich und unanschaulich ist. Darum wird er sich darüber möglichst selten zu direkten Mitteilungen hinreißen lassen. Denn diese sind dann doch wieder dogmatisch oder kritisch.

Weil von Gott nur Gott selbst reden kann.

185 Im Sinne einer Berufung auf Offenbarung als übernatürliche Autorität.

Im Geschehen der Christusverkündigung, also im Kerygma der Kirche.

In der ihrerseits als Wort Gottes gedeuteten Geschichte Jesu, die als Offenbarung Ursprung des Bibelwortes wie des Wortes der Verkündigung ist.

Alle diejenigen, die lediglich auf autoritären Offenbarungsansprüchen beruhen und sich den Fragen kritischer Rationalität entziehen.

Insofern sie schon eine Milderung des autoritären Wortverständnisses gebracht und einen Schritt zu einer stärker am Phänomen orientierten Deutung von Wort und Sprache vollzogen haben.

186 Mit der Unterscheidung einer auctoritas causativa und einer auctoritas normativa der Schrift.

Der Heilige Geist.

Der Glaube an das Evangelium.

In der praeparatio.

Durch die gratia praeveniens, mit der der freie Wille zusammenwirkt.

Das Sakrament der Taufe bzw. der Buße.

187 Der mutuus consensus per verba de praesenti expressus.

Nachkommenschaft, die gegenseitige Treue der Gatten, die Unauflöslichkeit.

187 Taufe, Buße, letzte Ölung.

Firmung, Kommunion, Weihe, Ehe.

Taufe, Firmung, Weihe.

Die Eheleute sind gegenseitig Spender und Empfänger dieses Sakramentes.

188 Die Vergebung der Sünden in aller Welt zu predigen.

1. Das mündliche Wort, 2. die Taufe, 3. das heilige Sakrament des Altars, 4. die Kraft der Schlüssel und auch mutuum colloquium fratrum.

a) Anschließend werden 1.-4. besprochen, das mutuum colloquium dagegen nicht. b) 1.-4. ist öffentliche Austeilung durch das kirchliche Amt, das mutuum colloquium ist Wirken des Evangeliums durch das allgemeine Priestertum.

Das mündliche, äußerlich Wort (vocale et externum verbum).

Accedat verbum ad elementum et fit sacramentum.

C.8 (DS 1608).

Auf die novae legis sacramenta.

189 Antiquae legis sacramenta (Beschneidung etc.).

190 Psychologisch, nicht dogmatisch.

Durch die sinnenfällige Spendung wird die Objektivität betont, durch die individuelle Zuwendung die persönliche Teilnahme. Das Sakrament führt von der Intellektualität zum Erleben, verwirklicht die brüderliche Gemeinschaft im Verhältnis zu Gott. Es schiebt die Unterschiede der intellektuellen Begabung, der Zeiten, Stände und Lagen in den Hintergrund.

Daß die Unmittelbarkeit der Gottes- und Jesusgemeinschaft nicht nur im Reich des Gedankens, sondern auch in der Verbindung unseres natürlichen Lebens mit der Vergegenwärtigung Jesu gewonnen wird.

1. Dadurch wird das gelehrte und gepredigte Wort sachlich gebunden.
2. Nicht der Inhalt, sondern die Art der Vergewisserung ist das Überschießende.
3. Die Sakramente haben einen zusätzlichen Symbolgehalt.

191 1. Wenn der Prediger böse und ein Sünder ist, dann sei das von ihm gepredigte Wort nicht Wort Gottes.
2. Entscheidend sei doch die innere Erleuchtung. Darum könne das äußere Wort nicht Wort Gottes sein.

Daß Gott Menschen erleuchten kann, wann und welche er will, auch ohne äußeren Dienst.

1. In der Apologie Melanchthons, IV.Artikel.
2. In den ASm, im 3.Teil der Artikel.
3. In FC Art. V u. VI.

Sie ist ein besonders herrliches Licht.

Um Gottes Wort recht zu teilen und die Schriften der Propheten und Apostel eigentlich zu erklären und zu verstehen.

Damit nicht aus dem Evangelium ein Gesetz gemacht und das Verdienst Christi verdunkelt wird, und die betrübten Gewissen ihres Trostes im Evangelium beraubt werden.

192 1. lex divina   2. lex naturae   3. leges humanae.

Sie sind von Gott zu einer bestimmten Zeit erlassen.

Schriftlich teils bei Mose und in den Evangelienbüchern.

Die natürliche Kenntnis von Gott und von der Sittlichkeit bzw. der Unterscheidung des Ehrenhaften und des Schändlichen, die von Gott dem Menschengeschlecht eingegeben wurde.

Gott wollte mit einem öffentlichen und kenntlichen Zeugnis die Erkenntnis aufrichten, die er dem Geist der Menschen bei der Schöpfung eingab, um sein Urteil gegen die Sünde anzuzeigen.

1. leges morales   2. leges ceremoniales   3. leges iudiciales.

Weil die mosaischen Zeremonial- und Judicialgesetze uns nicht mehr binden.

Sie sind eine ewige Norm Gottes und wandeln sich nicht mit den Zeitumständen.

1. lex aeterna   2. lex peccati (fomitis).

1. usus paedagogicus seu politicus.

2. Paulus hat vornehmlich ihn gepredigt. Seine Funktion ist ostendere peccatum, accusare, perterrefacere et damnare omnes homines in hac corruptione naturae.

3. usus legis in renatis.

192   1. politicus   2. elenchticus   3. paedagogicus   4. didacticus.

Der Ausdruck paedagogicus ist ausgetauscht. Statt usus in renatis heißt es nun usus didacticus.

193   Er bezeichnet ihn als den praecipuus usus legis.

Weil er dem eigentlichen Sinn des Gesetzes am nächsten komme.

Weil die Gläubigen, durch Gottes Sohn frei gemacht, von sich aus ohne Gesetz Gottes Willen tun.

Um der Sünde zu steuern, und zwar mit Strafandrohung und Gnadenverheißung.

1. Es ist zur Feindschaft gegen das Gesetz, das dem eigenen Willen entgegensteht, gekommen.
2. Es gibt auch die Vermessenheit, die meint, sie könne das Gesetz aus eigener Kraft halten.

Die Erbsünde mit ihren Früchten zu offenbaren, um den Menschen zu demütigen.

Da ist Tod und Hölle, und der Mensch muß verzweifeln.

Die Selbstmörder Saul und Judas.

Er legt es geistlich aus.

Sie führt zur Erkenntnis der Sünde.

Daß er die Welt um ihrer Sünden willen strafen muß.

Im Trost und in der Predigt der Gnade.

Die Erinnerung an Urstand und Sündenfall, durch den sich die Menschen Tod und ewige Verdammnis zugezogen haben.

194   Insofern es die Gnade zu seinem besonderen, direkten Inhalt hat, der dann auch den Inhalt des Gesetzes in sich schließt.

Weil Gnade, wenn sie offenbar, wenn sie bezeugt und verkündigt wird, Forderung an den Menschen heißt, Kirche, die es wagt und wagen muß, mit Autorität zu reden.

195   Was es bedeutet, daß das Evangelium wie das Gesetz, also der Inhalt und die Form des Evangeliums, in unsere, der Sünder, Hände gegeben sind.

Das "Gesetz der Sünde und des Todes", der Vollstrecker des göttlichen Zornes.

Es bleibt, was es ist, zeigt sich jetzt erst völlig als das, was es ist, die wirklich frohe Botschaft für wirkliche Sünder.

Weil die Gnade Gottes, Jesus Christus selbst, das Gericht, in das uns das mißbrauchte und doch gültige Gottesgesetz stellt, zu unserer Rechtfertigung macht. Jesus Christus macht lebendig durch das Evangelium, indem er durch das Gesetz tötet.

Weil diese Reihenfolge Gesetz - Evangelium, Sünde - Gerechtigkeit identisch ist mit der Reihenfolge Tod - Leben.

Daß es verhängt wurde. Das Gesetz ist ein Verhängnis, dem keiner entrinnen kann, weder der Wissende noch der Unwissende.

Es zielt nicht auf moralisches Wohlverhalten der Menschen ab, sondern will ihnen unter der Voraussetzung, daß alle ohnehin Sünder sind, jede Entschuldigung vor Gott nehmen. Es will sie geradezu schuldig machen.

196   Der Gott des Gesetzes ist der verborgene Gott, an dem man verzweifeln muß. Hier wird eine solche Spannung im Gottesverständnis angesetzt, daß nicht mehr kenntlich ist, inwiefern dieser Gott des Gesetzes der Vater Jesu Christi ist.

Nein. Er muß hier von zwei sich in ihrem Geltungsanspruch widersprechenden Worten Gottes reden.

Insofern es Interpretation des Gesetzes ist.

Das liegt an seiner Überzeugungskraft und Erfahrungsmacht.

197   Was die "materia legis" heute konkret ist, wie also das Gesetz den gegenwärtigen Menschen eigentlich trifft.

Daß es uns in unserer Existenz zu betreffen und zu verändern vermag.

Mit der Frage, was das Wort wirke, was es anrichte, welche Zukunft es eröffne.

Erstens ist uns durch Sprache der Raum aufgetan, durch den das Wortgeschehen ermöglicht und bestimmt ist. Zweitens ist außerordentliches Wortgeschehen sprachschöpferisch, es schafft neue Möglichkeiten, die uns angehende Wirklichkeit anzusprechen.

Daß das Wort, durch das Gott zum Menschen kommt, geschehen und darum auch weiter sagbar ist, daß also ein Mensch dem andern Gott zuzusagen vermag als den, der sich darin selbst zusagt.

199 1. Ein besonderer göttlicher Wille, demzufolge in der heiligen Handlung ein äußeres Element zur Anwendung kommen soll.
2. Die Verheißung, daß durch die Anwendung dieses Elementes die Heilsgnade vermittelt werden soll.

Zu den Elementen, mindestens in der Hinwendung zum Altar.

Nimmt man den Charakter als promissio und Erzählung ernst, kommt nur ein Evangelienton in Frage.

200 Eine andere der Predigt des Evangeliums nahestehende Hilfe für den Glauben liegt in den Sakramenten: es kommt sehr darauf an, daß wir von ihnen eine feste Lehre weitergeben, durch die wir lernen, wozu sie eingesetzt wurden, und was nun ihr Gebrauch ist.

1. Es ist ein äußeres Zeichen, durch das Gott seine Verheißung für unsere Gewissen versiegelt.
2. Wir dagegen bezeugen dadurch unsere Frömmigkeit ihm gegenüber, vor ihm selbst wie auch vor Engeln und Menschen.

Es ist Verheißungswort, darum deutlich und verständlich zu verkündigen, damit kenntlich wird, was das sichtbare Zeichen besagt.

Es ist Siegel; ein Tafelbild, das uns die Verheißung vor Augen malt; eine Säule, die den Glauben festigt; ein Spiegel, in dem wir den Reichtum der Gnade schauen.

Aus diesem Grund bleibt fest, die Sakramente haben keine anderen Aufgaben als das Wort Gottes; diese sind, uns Christus, und in ihm die Schätze der himmlischen Gnade darzubieten und vorzusetzen: sie bringen aber oder nützen nichts, wenn sie nicht im Glauben empfangen werden.

201 Die Bekehrung und Taufe eines Erwachsenen.

202 Das Wort Gottes, das bei dem Wasser ist, und der Glaube, der solchem Wort Gottes im Wasser traut.

Als Ersäufen (täglich!) des alten Adam und Auferstehen des neuen Menschen.

1. Weil Gott offensichtlich Menschen, die als Säuglinge getauft wurden, den Hl. Geist gegeben hat, zeigt er, daß er die Praxis der Kindertaufe billigt.
2. Wir gehen auf das Wort und nicht auf unseren Glauben hin zum Abendmahl. So tragen wir auch das Kind zur Taufe in der Hoffnung auf seinen Glauben; doch wird die Taufe auf den Befehl Gottes hin vollzogen.

Das ist entweder eine Kapitulation der Theologie vor der Praxis, oder eine Annäherung an den katholischen Gedanken, daß das Sakrament ex opere operato wirke.

Wir sind nicht über die Art des Glaubens in Unruhe, sondern beruhigen uns bei dem einfachen Gedanken, daß die Säuglinge wirklich glauben.

203 Er lehnt mit der ganzen reformierten Tradition die Nottaufe ab, da die Taufe nicht aus einer necessitas absoluta, sondern nur aus einer necessitas praecepti hervorgehe.

Man nimmt hier anscheinend eine schwerwiegende konfessionelle Differenz an.

Die Taufe sei heilsnotwendig, darum die Nottaufe zu bejahen.

Kindertaufe sei nur möglich auf zukünftigen Glauben hin, darum die Nottaufe abzulehnen.

1. Die Taufe ist nicht nur von kognitiver Bedeutung, sondern sie ist auch effektive Gnadenmitteilung.
2. Sie ist nicht nur Zuspruch, sondern auch reale Erneuerung, Wiedergeburt.

204 Als Taufe mit dem Heiligen Geist und als Taufe mit Wasser.

Der Täufling (in Gemeinschaft mit dem Täufer).

Vergebung der Sünden, Leben und Seligkeit.

205 Unwürdig ist, wer das Abendmahl nicht von einem Sättigungsmahl unterscheidet.

Den Glauben daran, daß Christi Leib und Blut für uns gegeben und vergossen ist.

Der Kommunikant darf sich keiner Todsünde bewußt sein, die noch nicht durch die sakramentale Buße vergeben ist.

206 Es ist der wahre Leib und Blut unseres Herrn Jesu Christi, unter dem Brot und Wein uns Christen zu essen und zu trinken von Christus selbst eingesetzt.

In der Behauptung, auch die Unwürdigen, Bösen und Ungläubigen empfingen das Sakrament.

Gegen die Transsubstantiationslehre.

"mit".

Sie bringt eine Formulierung, die zur Not als Behauptung der manducatio impii verstanden werden kann.

Als Wahrzeichen des Leibes und Blutes Jesu Christi.

209 Die Verpflichtung der in einer Parochie beheimateten Christen, kirchliche Leistungen, insbesondere Kasualien, nur von dem zuständigen Parochus in Anspruch zu nehmen.

Ein dem Parochus zur Hilfe bei der Verwaltung des Pfarramts zugeordneter Geistlicher.

Der Kaplan hat keine eigenen parochialen Rechte.

Nach Satz (2) muß man das eigentlich annehmen.

210 Nach Satz (1) Amt und Gemeinde miteinander.

Die Kirchenleitung, nicht die Gemeinde.

Sie hat ein kulturelles System durch die Repräsentation sittlicher Grundwerte zu integrieren.

Es geht dabei um die kultische Repräsentanz des akzeptierten Wertsystems.

A. Darstellung und Vermittlung von grundlegenden Deutungs- und Wertsystemen.
B. Helfende Begleitung in Krisensituationen und an Knotenpunkten des Lebens.

Es gibt dafür eine jahrhundertealte Tradition der Zuständigkeit. Außerdem besitzen die Kirchen einen funktionsfähigen Verteilerapparat.

Er plädiert für eine reflektierte Bejahung und kritische Wahrnehmung dieser Aufgaben.

Durch eine bewußt emanzipatorische Kleingruppenarbeit.

211 Anteil am Leben, an der Gnade, am Geist haben, weil Charisma der spezifische Anteil des einzelnen an der Herrschaft und Herrlichkeit Christi ist und dieser spezifische Anteil am Herrn sich in einem spezifischen Dienst und einer spezifischen Berufung erweist.

Warum selbst der Protestantismus nie ernsthaft versucht habe, eine Gemeindeordnung unter dem Aspekt der paulinischen Charismenlehre zu schaffen.

Sie bleibt mindestens als kritische und die Gewissen schärfende bestehen.

212 Man übernahm die augustinische Unterscheidung von ecclesia invisibilis und ecclesia visibilis.

Aus ihrem pneumatischen Charakter als Menschenverbindung durch den Heiligen Geist.

Sie ist eine durchaus unkultische, unsakrale Bruderschaft, die im Vertrauensgehorsam gegen ihren Herrn Christus und in der von ihm geschenkten Liebe zu den Brüdern lebt und sich als Leib Christi weiß durch den ihr innewohnenden Geist.

Darin, daß sie einerseits ganz intime Gemeinschaft, andererseits weltumspannende neue Menschheit war.

1. Die Zusammengehörigkeit von Christusglauben und Ekklesia.
2. Der Unterschied zwischen Ekklesia und Kirche.
3. Die Not der Zeit, die darin besteht, daß die Menschheit heute vergeblich Gemeinschaft sucht, ohne Christus, aber so, daß hier Schritte in die Nähe der Christusgemeinschaft führen.

214 Das freikirchliche Modell der erweckten Gemeinschaft.

Als congregatio sanctorum, in qua evangelium pure docetur et recte administrantur sacramenta.

Es genügt zur Einheit das Einverständnis über das gepredigte Evangelium und die rechte Sakramentsverwaltung.

Damit wird der Vorwurf abgewiesen, man versuche die reine Glaubensgemeinde darzustellen.

215 Die reine Evangeliumspredigt und die mit dem Evangelium übereinstimmende Sakramentsverwaltung.

Weil durch sie die Wirksamkeit Gottes durch den Hl. Geist im Herzen der Menschen vermittelt wird.

Er ist perpetuum ac visibile unitatis fidei et communionis principium et fundamentum.

Das Evangelium, das die Apostel zu überliefern hatten.

216 Die Kirche ist una, sancta, catholica et apostolica.

An den notae ecclesiae.

Die Reinheit der Lehre und die stiftungsgemäße Sakramentsverwaltung.

In der falschen Kirche, ... sofern in ihr das Wort Gottes öffentlich vorgelesen und die Taufe im wesentlichen unversehrt verwaltet wird, gibt es Wiedergeburt und Heil, wenn auch nicht ohne ungemeine Gefährdung der Seelen: weil diese nämlich durch falsche Lehren so verfinstert werden können, daß entweder das Licht des Glaubens nicht entzündet wird oder das in der Taufe entzündete durch Irrtümer verdunkelt und ausgelöscht wird.

217 Sie ist ecclesia visibilis, late dicta und particularis. Aber in ihr verwirklicht sich die ecclesia invisibilis und universalis, weil das Evangelium in ihr wirksam ist. Sie ist ecclesia vera aufgrund ihres evangelisch-lutherischen Lehrtyps.

Allenfalls in der Hausgemeinde.

Als die Einheit in der Lehre.

218 Sie sind fide divina et catholica zu glauben.

Es gibt "notwendige" Dogmen, die jeder explizit glauben muß. Die nicht notwendigen Dogmen sind so zu glauben, daß hier die Autorität der lehrenden Kirche anerkannt wird.

Das ist allenfalls eine verzerrende Polemik.

Die Unterscheidung von articuli fidei fundamentales primarii und secundarii.

219 Sie ist verwunderte Bewunderung, die nämlich das Unwesen der Kirche sieht und doch auf ihr gutes Wesen vertraut.

Sie ist eine kritisierte Kritik, die nämlich gegen das Unwesen der Kirche angeht und doch mit ihrem guten Wesen rechnet.

1. Daß die Kirche aus Gottes Gnade durch den Glauben wird.
2. Daß der Glaube aus Gottes Gnade durch die Kirche wird.

Insofern sie die im Sichtbaren geglaubte Kirche ist.

220 Ein geweihter Bischof, der aber keine eigene Jurisdiktion hat (Titularbischof einer nicht mehr bestehenden Diözese).

Dem Bischof.

Der Bischof repräsentiert Christus, ist sein Vertreter, nimmt seine Stelle ein.

1. Die Aufgabe, das Evangelium zu verkündigen.
2. Die Aufgabe, kraft seiner Weihegewalt für die Verwaltung der Sakramente zu sorgen.
3. Die Aufgabe der rechtlichen Leitung.

221 Sie ist propria ordinaria und immediata, leitet sich also direkt von Christus her.

Die bischöfliche Gewalt wird durch die päpstliche bestätigt, gestärkt und in Schutz genommen.

Als vicarius Christi und Hirte der ganzen Kirche hat er volle Gewalt über die Kirche und kann sie immer frei ausüben.

Sie sind adiutorium und organum der Bischöfe.

Insbesondere Eucharistiefeier und Bußsakrament.

222 1. status ecclesiasticus (Lehrstand)
2. status politicus (Wehrstand)
3. status oeconomicus (Nährstand).

Man zählt drei von Gott in der Kirche eingerichtete Stände oder Orden, nämlich den geistlichen, den politischen und den ökonomischen, die man auch Hierarchien zu nennen pflegt. Der ökonomische Stand dient der Vermehrung des Menschengeschlechts, der politische seiner Verteidigung, der geistliche seiner Hinführung zum ewigen Heil. Der ökonomische Stand ist von Gott den unsteten Begierden entgegengesetzt, der politische der Tyrannei und Räuberei, der geistliche den Häresien und Verderbnissen der Lehre.

In CA XIV.

Gedacht ist an eine Kirchenleitung durch Konzile, zu denen jeweils die Angehörigen des Lehrstandes zusammentreten (je nachdem Universal- oder Partikularkonzile).

Sie sind staatliche Einrichtungen.

Der Landesherr überträgt sein ius episcopale unwiderruflich an das jeweilige Konsistorium.

223 Das ius circa sacra betrifft die staatliche Ordnung des Rechtszustandes der Kirche innerhalb der Rechtsgemeinschaft. Das ius in sacra betrifft die innerkirchliche Ordnung, insbesondere der Verwaltung der Gnadenmittel.

Durch das jeweilige Konsistorium.

Die Unterscheidung zwischen dem Amt in seiner einheitlichen und gleichbleibenden Wesensbestimmung und seiner mannigfaltigen und wechselnden empirischen Gestaltung - Amt und Amtstum.

Nein. Amt und Kirche sind gleich ursprünglich.

Nein. Es ist von Christus der Kirche in ihrer Totalität, d.h. dem geistlichen Leibe Christi gegeben, und zwar als Recht, dieses Amt zu führen, und als Pflicht, für die Autorisierung geeigneter Personen zur Amtsführung zu sorgen.

223 Sie sind zugleich Diener Christi und der Kirche, handeln zugleich im Namen und Auftrag beider, Christi und seiner Kirche.

Gegen eine hierarchische Verfestigung wie gegen eine kollegialistische Verflüchtigung des Amtes.

224 An der Schriftgemäßheit der Amtsführung.

Der den Diener in das Amt berufenden Kirche.

225 Weil zu ihm alle Menschen gerufen sind, und es Ziel Gottes ist, wie die Menschheit ursprünglich eine war, so seine Kinder wieder zur Einheit zu versammeln.

Sie bezeichnet es vorweg (praesignat) und fördert es (promovet).

Die Kirche muß sich zu der umfassenden menschheitlichen Gemeinschaft hin entwickeln.

Weil sich die Sünde in jedem Geschlecht aufs neue entwickelt und Kirche auf diese Weise immer wieder Welt in sich aufnimmt.

1. Gegen die These, daß Christus in den Befreiungsbewegungen zum Heil der Welt handle.
2. Gegen die These, daß die Einheit der Kirche nur ein Schritt auf dem Weg zur allumfassenden Einheit der Menschheit sei.

226 Röm 8,18 - 25.

1. Gottvertrauen   2. Lösung des Welträtsels   3.Heilsgewißheit.

1. Direkte Mitteilung von Gott ist keine Mitteilung von Gott.
2. Geist, der nicht in jedem Augenblick der Zeit aufs neue Leben aus dem Tode ist, ist jedenfalls nicht heiliger Geist.

227 Jenseits von Optimismus und Pessimismus, dort, wo die "Leerheit" des Kosmos in ihrem Ursprung als der unanschauliche Abfall des Geschöpfs vom Schöpfer begriffen wird.

In Christus, im Geist, weil Gott Gott ist, weil die Wahrheit Schritt, Bewegung und Wendung vom Tod zum Leben ist.

Eschatologie bezeichnet hier die Gewißheit, daß Gott in keiner Weise innerweltlich-gegenwärtig faßbar ist. Nur in der Negation der gegenwärtigen Befindlichkeit von Welt und Mensch - kenntlich in Tod und Auferstehung Christi, kommt mit der Wahrheit des Menschseins die Wirklichkeit der geschöpflichen Welt heraus.

228 Insofern er das Urbild der zum Reich Gottes verbundenen Menschheit ist.

Es handle sich dabei zugleich um ein geschichtliches und ein religiöses Verständnis der Person Jesu (also um die Identität des historischen Jesus und des Christus des Glaubens).

Diese werden durch das Reich Gottes überboten, das insoweit übernatürlich ist.

Weil es aus dem Beweggrund der allgemeinen Liebe kommendes Erzeugnis des Handelns ist, kann es auch fortbestehen, wenn die gegenwärtigen weltgeschichtlichen Bedingungen eines geistigen Lebens verändert werden.

Johannes Weiß, Richard Kabisch, Albert Schweitzer.

Weil es nach der Auffassung Jesu eine schlechthin überweltliche Größe ist, die zu dieser Welt in ausschließendem Gegensatz steht.

Er lebte (aufgrund seines Tauferlebnisses) in der religiösen Überzeugung, daß er zum Richter und Herrscher im Reich Gottes ausersehen sei.

Die Welt wird weiterbestehen, aber wir, die einzelnen, werden sie bald verlassen.

229 Es geht auch hier um den lebendigen Willen nach Lebensvollendung, um eine die Möglichkeiten dieser Welt sprengende Sehnsucht nach Sinnerfüllung des Lebens.

230 1. Zeit vor der Schöpfung. 2. Zeit zwischen Schöpfung und Parusie. 3. Zeit von der Parusie an.

Die Mitte der Zeit liegt hier in der Zukunft, im Kommen der messianischen Heilszeit.

Im Kommen Christi, insbesondere in seiner Auferstehung.

Weil sie als Mitte des Geschehens das zukünftige Kommen der messianischen Zeit ansehen.

Sie wurzelt im Glauben an das schon eingetretene und vollendete Heilsgeschehen, ist von hier aus psychologisch zu erklären.

Weil die Zweiteilung der Zeit durch Christus sich auf die bleibende Dreiteilung bezieht, sie nicht aufhebt.

Schleiermacher, Über die Religion, Schluß der zweiten Rede (1.Aufl.S.133).

Axiologische Eschatologie und teleologische Eschatologie.

In dem Nebeneinander der erwarteten Vollendung des einzelnen und der Menschheit und Welt.

231 Als das eschatologische Ereignis.

Es hat sich in der Geschichte ereignet und ereignet sich weiter so in der Predigt.

Eschatologische Existenz ereignet sich in der Geschichte als Entweltlichung.

Der Sinn der Geschichte liegt je in der Gegenwart, und wenn die Gegenwart vom christlichen Glauben als die eschatologische Gegenwart begriffen wird, ist der Sinn der Geschichte verwirklicht.

232 Richard Shaull, Harvey Cox, Johann Baptist Metz, Gustavo Gutiérrez. Theologie der Revolution, politische Theologie, Theologie der Befreiung.

Nicht auf ihre Verdienste, sondern auf Gottes reine Barmherzigkeit.

Weil der christliche Glaube die ihn tragende Zukunftshoffnung aus seinem Leben ausschied und die Zukunft in ein Jenseits oder die Ewigkeit transponierte, während die von ihm tradierten biblischen Zeugnisse randvoll messianischer Zukunftshoffnung für die Erde sind.

Weil es sich nicht nach dem ausstreckt, was keinen Ort hat, sondern nach dem, was noch keinen Ort hat, aber einen solchen gewinnen kann.

Als ein Gott mit Futurum als Seinsbeschaffenheit.

Insofern der Mensch erwartend seine ganze Gegenwart annehmen kann, Freude auch im Leid, Glück auch im Schmerz finden kann.

233 Um die Keime der Resignation in dieser Hoffnung zu zerstören, die sich spätestens im ideologischen Terror der Utopien zeigt.

Vom Horizont eines Novum ultimum aus - das ist Neuschöpfung aller Dinge durch den Gott der Auferstehung Christi.

Sie werden zu Vorgriffen, die der Wirklichkeit ihre Aussichten und ihre zukünftigen Möglichkeiten aufdecken.

Die Vollendung der Kirche und die persönliche Fortdauer.

Es will sich keine fest begrenzte und wahrhaft anschauliche Vorstellung ergeben.

234 Auch aus ihnen läßt sich derartiges nicht entwickeln.

Durch die bleibende Beziehung des Ich zu Jesus Christus.

Schwachheit und Krankheit - Frische und Herrlichkeit. Irdisch - himmlisch. Natürlich - geistlich.

235 Als Trennung der unsterblichen Seele vom Leib.

Sie kommt je nach ihrem ewigen Schicksal in den Himmel oder die Hölle.

Es ist die himmlische Offenbarung, tota doctrina coelestis.

Sofern die Glaubenden nach der Norm des Evangeliums im strengen Sinn, so, wie es dem Gesetz entgegengesetzt ist, gerichtet werden, die Ungläubigen aber nach der Norm des Gesetzes.

Sie ist annihilatio; die Welt wird nicht verwandelt, sondern ins Nichts zurückgeworfen.

236 Als visio und fruitio Dei.

Intellekt und Wille.

237 Sie hat massenhaftere und kolossalere Produktionskräfte geschaffen als alle vergangenen Generationen zusammen.

Daß sie ihre eigene bisherige Aneignungsweise und damit die ganze bisherige Aneignungsweise abschaffen.

238 Jeder einzelne Mensch muß ebenso die Entwicklung des Geschlechts mitgemacht haben, was Lessing zu der Hypothese einer Reinkarnation der Individuen in den verschiedenen Entwicklungsstadien der Menschheit bringt.

Ertragssicherung

Die "Ertragssicherung" dient der Einprägung grundlegender Sprachmuster, Begriffe und Sachverhalte, die im Hauptteil eingeführt worden sind. Sollte Ihnen gelegentlich ein Ausdruck oder
Sachverhalt nicht ganz klar sein, schlagen Sie im Hauptteil nach. Die Ziffern der Gliederung
deuten an, wo Sie zu suchen haben.

0. Methodische Einführung

01.

1. Wie ist die Zielsetzung der Syst. Theologie bzw. Dogmatik zu beschreiben?

Die Dogmatik will normative Feststellungen treffen.

2. Wie läßt sich die Zielsetzung der Syst. Theologie von der historischen Zielsetzung unterscheiden?

Die Historie sucht zu beschreiben, was faktisch ist oder gewesen ist. Sie arbeitet deskriptiv. Die Syst. Theologie fragt nach dem, was sein soll. Ihre Zielsetzung ist normativ (präskriptiv).

3. Wie verhalten sich Historie und Dogmatik zur Zeit?

Die Historie fragt nach dem, was geworden ist, sieht also die Gegenwart unter dem Aspekt der Vergangenheit. Die Dogmatik fragt danach, wie es weitergehen soll, sieht darum die Gegenwart unter dem Aspekt der Zukunft.

4. Was will die Dogmatik normieren?

Den Glauben im Sinne des gemeinsamen kirchlichen Glaubensbewußtseins.

5. Wie läßt sich diese Intention der Dogmatik umschreiben?

Sie sucht nach Regeln für die gegenwärtige Auslegung und Anwendung der Schrift.

6. Wie muß darum der Gang der dogm. Reflexion beschaffen sein?

Sie hat im Hier und Jetzt anzufangen und muß auf dieses Hier und Jetzt wieder zurückkommen.

7. Welche Grundschritte erfordert diese Zielsetzung?

Problemfindung, Problembearbeitung, Anwendung.

02.

8. Warum sollte zur Problemfindung normalerweise zunächst der Stand der Fachdiskussion erhoben werden?

Weil die Dogmatik in der Regel seit langem erörterte Probleme bearbeitet.

9. Welches sind die verschiedenen Ebenen, auf denen die Fachdiskussion erhoben werden kann?

Lexikonartikel geben eine erste Übersicht, Lehrbücher bieten Vollständigkeit, Monographien und Zeitschriftenaufsätze Aktualität.

10. Wodurch sind unterschiedliche theol. Positionen bestimmt?

Durch ihr Verhältnis zur Tradition.

11. Welche Positionen sollten für eine zureichende Information herangezogen werden?

Konfessionelle Positionen und richtungsbestimmte Positionen.

12. Wie lassen sich richtungsbestimmte Positionen beschreiben?

So, daß hier jeweils das Verhältnis zur dogmatischen Tradition und das bewußte Eingehen auf die Zeitsituation verglichen wird.

13. Warum genügt ein Aufsuchen der Fachdiskussion allein nicht zur dogmatischen Problemfindung?

Weil Dogmatik sich auf die Bedürfnisse der Kirche hin auszurichten hat.

14. Wie müssen die kirchlichen Bedürfnisse erfaßt werden?

Nicht nur als artikulierte und bewußte Bedürfnisse der Kirche, sondern zugleich im Eingehen auf das, was in der jeweiligen Situation recht verstanden ein Bedürfnis der Kirche sein müßte.

15. Über welche Erscheinungen der gesellschaftlichen Situation sollte man sich dabei informieren?

Über die politischen und die damit verbundenen wirtschaftlichen Grundfragen; über die Entwicklung der Wissenschaft, insbesondere der philosophischen Hauptrichtungen; über zeitgenössische Kunst, insbesondere Literatur.

16. Was soll durch eine Korrelation der Probleme in der dogmatischen Fachdiskussion und in der Situation erreicht werden?

Eine Kontrolle der dogmatischen Arbeit, durch die Scheinprobleme ausgeschieden und Mängel im Problembewußtsein behoben werden.

03.

17. Welche methodischen Schritte umfaßt die Problembearbeitung?

1. Klassifikation. 2. Information. 3. Problembeurteilung.

18. Was ist die Aufgabe der Klassifikation?

Sie hat ein Problem in den dogmatischen Gesamtzusammenhang einzuordnen und es zu gewichten.

19. Welche Klassen von verschieden gewichteten Glaubensartikeln unterscheiden die lutherischen Orthodoxen?

1. Articuli fidei fundamentales, unterteilt in primarii und secundarii. 2. Articuli fidei non fundamentales.

20. Welche Stationen der historischen Entwicklung sind für die dogmatische Problembearbeitung von besonderem Gewicht?

Die altprotestantische Orthodoxie als Zusammenfassung der vorhergehenden Entwicklung, und die durch die Aufklärung bedingte Problemverschiebung.

21. Welches dogmatische Werk ist für die Einführung in die moderne Problemsituation unentbehrlich?

Die Glaubenslehre Schleiermachers.

22. Wie kann Erfahrung in die dogmatische Reflexion eingebracht werden?

Über Theorien empirischer Wissenschaften (z.B. Psychologie, Soziologie), und durch das bewußte Aufsuchen von Primärerfahrung.

23. Warum muß zur Problembeurteilung die dogmatische Auslegung der Schrift eingeübt werden?

Weil eine bloß historisch-genetische Betrachtung der Bibel für die normative Fragestellung der Dogmatik nichts hergibt.

24. Wie kann es zu einer einheitlichen Auslegung der Bibel kommen?

Dadurch, daß sich die Dogmatik diese Auslegung durch die Bekenntnisse der Kirche vorgeben läßt.

25. Welches sind die grundlegenden trinitarischen und christologischen Entscheidungen der Alten Kirche?

Das Nicaenum und das Nicaeno-Constantinopolitanum. Das Chalcedonense.

26. Welche Bekenntnisse enthält das Konkordienbuch?

1. Die drei altkirchlichen Bekenntnisse (Apostolicum, Nicaenum, Athanasianum). 2. CA. 3. AC. 4. ASm. 5. Tract. 6. KlKat. 7. GrKat. 8. FC (Epit und SD).

27. Warum hat die Problembeurteilung auf die Kohärenz des Glaubens mit der das Verhalten bestimmenden Gesamtorientierung zu achten?

Entweder gerät der Glaube sonst ins Getto oder es kommt zu einer Gespaltenheit im Denken und Verhalten. Achten auf Kohärenz dagegen zwingt zur Auseinandersetzung mit den bestimmenden Anschauungen der Zeit.

04.

28. Was ist unter "dogmatischer Sprache" zu verstehen?

Nicht nur ein bestimmtes Vokabular, sondern Redefiguren und damit verbundene Denkschemata.

29. Was bezeichnet der Ausdruck "Habitus"?

Eine eingeübte Fähigkeit.

1. Der Aufbau der Dogmatik

1.1.

1. Wie kann "Dogmatik" bestimmt werden?

Es ist nach dem Begriff von "Dogma" zu fragen und dessen Verhältnis zur Dogmatik zu bestimmen.

2. Unter welchen zwei Bedingungen gilt eine Glaubenswahrheit im röm. Katholizismus als Dogma?

Sie muß 1. in den Glaubensquellen, Schrift und Tradition, enthalten und 2. vom Lehramt als solche definiert worden sein.

3. Was ist hier unter "Lehramt" zu verstehen?

Entweder die normale und allgemeine Lehrverkündigung des Episkopats oder das feierliche Urteil des Papstes und des ("ökumenischen") Konzils.

4. Welche Bestimmung von Dogmatik ergibt sich aus diesem Verständnis von Dogma?

Dogmatik hat die Dogmen der Kirche in geordnetem Zusammenhang darzustellen, Schlußfolgerungen (conclusiones theologicae) aus diesen Dogmen zu ziehen sowie dort, wo weder Dogmen noch Schlußfolgerungen aus definierten Dogmen vorliegen, theologische Meinungen (opiniones theologicae) zu diskutieren.

5. Welche Haltung nimmt der liberale Protestantismus gegenüber dem tradierten Dogma ein?

Er strebt ein "dogmenfreies Christentum" an. Darum ist hier die Haltung grundsätzlich dogmenkritisch.

6. Wie setzt sich diese Position mit der Tatsache, daß es kirchliche Dogmen gibt, auseinander?

Das Dogma wird einer überwundenen Entwicklungsstufe des Christentums zugerechnet. Seine Entwicklung wie Überwindung wird historisch beschrieben.

7. Wie sieht unter diesen Voraussetzungen "Dogmatik" aus?

Sie ist allenfalls Glaubenslehre, die die Gedanken der frommen Subjektivität entfaltet.

8. Wie wird dort im Protestantismus, wo man verbindliche Glaubenswahrheiten annimmt, "Dogma" bestimmt?

"Dogma" ist ein Konsens über verbindliche Inhalte der kirchlichen Verkündigung oder des kirchlichen Glaubensbewußtseins.

9. Wie ist unter dieser Voraussetzung Dogmatik zu bestimmen?

Sie ist die kritische Bearbeitung dieses Dogmas in Hinsicht auf seine Begründung in der Christusoffenbarung und seine Verständlichkeit in der gegenwärtigen Situation.

10. Was versteht K.Barth unter regulärer und irregulärer Dogmatik?

Irreguläre Dogmatik behandelt dogmatische Einzelfragen. Reguläre Dogmatik behandelt schulmäßig das ganze Dogma.

1.2.

11. Was sind dogmatische Prolegomena?

Erörterungen über die Voraussetzungen und die Eigenart der dogmatischen Erkenntnis.

12. Welche Probleme sind hier vor allem zu behandeln?

Die Frage, wie das Dogma der Dogmatik vorgegeben ist und nach welchen Kriterien sie es bearbeitet.

13. Wo muß sich Dogmatik über das Dogma informieren, wenn sie sich nicht mit einer Reproduktion der Fachdiskussion begnügen will?

Beim faktischen Konsens in Glauben und Verkündigung der Kirche, wie er sich etwa in der Liturgie, in Liedern, in geläufigen Bibelsprüchen, in Erbauungsliteratur fassen läßt.

14. Warum sind Schriftgemäßheit und Zeitgemäßheit die Kriterien der Dogmatik?

Weil diese das Dogma kritisch zu bearbeiten hat in Hinsicht auf seine Begründung in der biblisch bezeugten Offenbarung Gottes in Jesus Christus wie in Hinsicht auf seine Verständlichkeit in der gegenwärtigen Situation.

15. Warum ist die Schrift als Quelle des Glaubens und die Schrift als Kriterium der Dogmatik zu unterscheiden?

Weil sonst die Dogmatik versucht ist, selbst die Vermittlung von Schrift und Zeit zu vollziehen, statt hier auf das gehörte und geglaubte Evangelium zu achten.

16. Wo findet die Dogmatik die Inhalte des Dogmas vorgegeben?

In den Glaubensbekenntnissen, insbesondere im Apostolicum und im Nicaenum.

17. Zählen Sie die hauptsächlichsten Glaubensinhalte auf, die im Apostolicum vorgegeben sind:

Gott als der allmächtige Schöpfer, Jesus Christus in seinem Weg von der wunderbaren Geburt bis zur Wiederkunft. Geist, Kirche, Sündenvergebung, Auferstehung und ewiges Leben.

18. Welches sind die wichtigsten Erweiterungen und Präzisierungen des Nicaenums gegenüber dem Apostolicum?

Im 2.Artikel die ausführliche Beschreibung des Gott wesensgleichen ewigen Sohnes. Im 3.Artikel die Näherbestimmung des Geistes durch seinen Ausgang vom Vater und seine Anbetung mit Vater und Sohn.

19. Warum muß die (reguläre) Dogmatik auf die Vollständigkeit ihrer Inhalte bedacht sein?

Weil der Glaube eine Gesamtorientierung einschließt, deshalb nicht nur die Frage nach dem Heil, sondern auch die Frage nach der Wirklichkeit, in der sich der Glaubende vorfindet, beantworten soll.

20. Was ist in der Dogmatik unter dem Ausdruck "Theologie" zu verstehen?

Die Konstitution der Wirklichkeit in Gott.

21. Was ist unter dem Ausdruck "Ökonomie" zu verstehen?

Die Restitution der Wirklichkeit durch Gott.

22. Warum ist die Zuordnung von Theologie und Ökonomie in der modernen Dogmatik besonders problematisch?

Weil hier nicht mehr eine vernünftige Metaphysik als "philosophische" Theologie vorausgesetzt werden kann, auf die sich dann die dogmatische Arbeit bezieht, wie das bis zur Aufklärung der Fall war.

23. Welche Möglichkeiten in der Anordnung der dogmatischen Inhalte unterschied die altprotestantische Orthodoxie?

Die synthetische (Lokal-) Methode, und die analytische Methode, die eine zwingende Anordnung des Stoffs versuchte.

24. Was spricht gegen den Aufbau der Dogmatik in Gestalt eines deduktiven Systems?

Daß es die Dogmatik mit der geschichtlich-kontingenten Offenbarung Gottes zu tun hat.

25. Was ist der Normalaufbau zeitgenössischer Dogmatiken?

Prolegomena, Gotteslehre, Lehre von der Schöpfung, von der Versöhnung in Christus, von der Heiligung, von der endgültigen Erlösung.

1.3.

26. Nennen Sie die Titel der zwölf aufgeführten dogmatischen Werke:

Origenes — Περὶ ἀρχῶν - De Principiis, ca 215 - 230

Johannes Damascenus — Genaue Darlegung des orthodoxen Glaubens, nach 742

Augustin — Enchiridion ad Laurentium, ca 421

Petrus Lombardus — Quattuor Libri Sententiarum, 1150 - 1152

Thomas v. Aquin — Summa theologica, 1262 - 1273

Melanchthon — Loci communes, 1521/1559

Calvin — Institutio Christianae religionis, 1536/1559

Andreas Quenstedt — Theologia didactico-polemica, 1685

Friedrich Schleiermacher — Der christliche Glaube nach den Grundsätzen der evangelischen Kirche im Zusammenhange dargestellt, 2.1830

Albrecht Ritschl — Rechtfertigung und Versöhnung, 1870 - 1874

Karl Barth — Die Kirchliche Dogmatik, 1932 - 1967

Paul Tillich — Systematische Theologie, englisch 1951 - 1963, deutsch 1955 - 1966.

27. Wo ist hier Dogmatik als Interpretation des Symbols gestaltet?

Bei Johannes Damascenus. In Augustins Enchiridion. In der Erstfassung der Institutio.

28. Wo überwiegt entweder Theologie oder Ökonomie deutlich?

Bei Origenes und Thomas die Theologie, bei Melanchthon und Ritschl die Ökonomie.

2. Die Einordnung der Dogmatik

1. Was ist unter Einordnung zu verstehen?

Die Zuordnung von Sachverhalten zu vergleichbaren Sachverhalten, mit denen sie unter einem Begriff zusammengefaßt werden.

2.1.

2. Wie läßt sich der dogmatische Gegenstand einordnen?

Da der Glaube nicht nur die Frage nach dem Heil, sondern auch die Frage nach der Wirklichkeit überhaupt beantwortet, stellt er eine Gesamtorientierung dar, die mit anderen Weltanschauungen bzw. Ideologien vergleichbar ist.

3. Warum ist der Gegenstand der Dogmatik traditionell als "Religion" eingeordnet worden?	Weil man im Glaubensbewußtsein das wesentliche Moment des Christentums gesehen hat.
4. Welche Schwierigkeit ist bei einer solchen Einordnung der Dogmatik immer zu berücksichtigen?	Die faktische Aufspaltung des Christentums in sich gegenseitig ausschließende Konfessionen.
5. Welche Apsekte sind bei einer Einordnung des dogmatischen Vollzugs als Wissenschaft zu beachten?	Der enzyklopädische Aspekt, der wissenschaftstheoretische Aspekt und der kirchliche Aspekt.

2.2.

6. Wie ist das traditionelle Religionsverständnis (etwa in dem Grundsatz: Cuius regio eius religio) zu formulieren?	Religion ist hier verstanden als die öffentliche und gemeinsame Gottesverehrung.
7. Inwiefern können die Symbole in der luth. Orthodoxie als die summa verae religionis bezeichnet werden?	Sie fassen die schriftgemäße öffentliche Predigt zusammen, der der wahre Glaube zustimmt.
8. Welche Verschiebung erfährt der Religionsbegriff im Zuge der Aufklärung?	Religion verliert immer mehr ihren öffentlichen Charakter, wird als Bestimmtheit des Individuums verstanden. Zugleich wird sie zur Bezeichnung für die höchste, umfassende Verwirklichung des Menschseins.
9. Geben Sie Bestimmungen des Religionsverständnisses an, die diese Verschiebung anzeigen:	Kant: Religion ist die Erkenntnis aller Pflichten als göttlicher Gebote. Schleiermacher: Frömmigkeit ist das Gefühl der schlechthinnigen Abhängigkeit. Hegel: Religion ist die Region der ewigen Wahrheit, der ewigen Ruhe, des ewigen Friedens.
10. Welche Teilmomente in dem neugefaßten Religionsverständnis erschweren die Einordnung der Dogmatik durch den Begriff der Religion?	1. Die Unbestimmtheit des Begriffes. 2. Die Beliebigkeit, in die er durch die Individualisierung geraten ist. 3. Die emotionale Aufladung.
11. Welche dogmatische Behandlung der Religion ist dort möglich, wo man auf eine Einordnung der Dogmatik unter dem Begriff der Religion verzichtet?	Religion wird dann unter dem Aspekt des Verhältnisses von Christentum und nichtchristlichen Religionen behandelt. Dabei dominiert die apologetische Intention.
12. Inwiefern ermöglichte es der Logos-Begriff den Apologeten, Judentum und griechische Philosophie als Vorbereitung des Christentums zu verstehen?	Der Logos, der sich in Jesus Christus vollkommen offenbarte, hat schon durch die jüdischen Propheten wie durch die griechischen Philosophen geredet.
13. Wie hat man in der Luth. Orthodoxie den Anspruch, selbst die "wahre Religion" zu sein, begründet?	Indem man die Schriftgemäßheit der eigenen Gottesverehrung behauptete.
14. Welche Lösung ergab sich dann für das konfessionelle Problem wie für das Verhältnis zum Judentum?	Die anderen Konfessionen wie auch das Judentum konnten als eine falsche Verehrung des wahren Gottes eingeordnet werden.
15. Nach welcher Analogie unterschied die Aufklärung natürliche Religion und positive Religionen?	Nach der entsprechenden Unterscheidung von Naturrecht und positivem Recht.
16. Wodurch entstehen positive Religionen?	Durch Religionsstiftung, die in einem bestimmten Bereich eine gemeinsame Gottesverehrung ermöglichen will.

17. Inwiefern ist die Unterscheidung von natürlicher und positiver Religion religionskritisch?

Sie setzt das vernünftige Individuum instand, innerhalb der Verbindlichkeiten der jeweiligen Tradition zwischen der allgemeinen Verbindlichkeit der Elemente der natürlichen Religion und der bloß partiellen Verbindlichkeit der konventionellen Elemente zu unterscheiden.

18. Wie kann sich eine historische Betrachtungsweise der Religion (z.B. Schleiermacher) gegen die natürliche Religion kritisch abgrenzen?

Mit dem Hinweis darauf, daß es sich bei der natürlichen Religion um eine Abstraktion handelt, während Religion immer nur als positive Religion wirklich ist.

19. Wie kann eine solche historische Betrachtungsweise die eigene Entscheidung für das Christentum begründen?

Entweder durch den Aufweis einer Entwicklung, deren Ergebnis das Christentum ist, oder durch eine Wertung nach bestimmten Kriterien.

20. Was ist der Grundgedanke der modernen Religionskritik?

Der Mensch verhält sich in der Religion nicht zu einem transzendenten Gegenüber, sondern zu sich selbst (seinen Projektionen, Wünschen, Illusionen).

21. Was ist die Intention dieser Religionskritik?

Sie will durch Entlarvung des religiösen Scheins dem Menschen zu einer besseren Selbsterkenntnis und Verwirklichung helfen.

22. Mit welcher Strategie begegnet die moderne Theologie in der Regel dieser Religionskritik?

Sie sucht die Religion, bestimmt als das Verhältnis des Menschen zu einem transzendenten Gegenüber oder wenigstens als Transzendieren aller raumzeitlichen Grenzen, als eine Wesensbestimmung des Menschen aufzuweisen.

23. Inwiefern gerät moderne Theologie bei einer solchen Einordnung in Widerspruch zur eigenen Tradition?

Sie kann wichtige Sätze des Dogmas nicht mehr nachsprechen, etwa den, daß der sündige Mensch von sich aus zu einer wahren Gottesbeziehung unfähig sei.

24. Hält die verbreitete Meinung, Karl Barth habe das Christentum von dem Widerspruch der Offenbarung gegen alle Religion ausgenommen, einer Nachprüfung an Barths Äußerungen stand?

Nein. Es handelt sich hier um ein Mißverständnis; mit der so entstehenden Karikatur ist eine Auseinandersetzung einfacher als mit Barth selbst.

25. Mit welchen beiden Sätzen ist die Meinung Barths zu dem Verhältnis des Christentums zu den Religionen zu kennzeichnen?

1. Als Religion ist auch das Christentum durch den Widerspruch der Offenbarung gegen alle Religion betroffen. 2. Als Ort der Gegenwart Gottes in Jesus Christus ist es die wahre Religion im Gegensatz zu den falschen Religionen.

2.3

26. Was ist bestimmend für den Erfolg der modernen Wissenschaft?

Die Allgemeinheit und unbeschränkte Mitteilbarkeit ihrer Methoden, Arbeitsvollzüge und Ergebnisse.

27. Womit muß dieser Erfolg erkauft werden?

Mit einer Reduktion der wissenschaftlich wahrnehmbaren Wirklichkeit.

28. Was ist die umgangssprachliche Bedeutung von "objektiv" bzw. "subjektiv"?

Objektiv ist die verallgemeinerungsfähige Subjekt-Objekt-Relation, subjektiv ist die individuelle Subjekt-Objekt-Relation.

29. Wie läßt sich "Wissenschaft" in der gegenwärtigen Situation bestimmen?

Durch Aufstellung einer Reihe von Prinzipien und Forderungen, nicht aber durch einen strengen Wissenschaftsbegriff.

30. Welche Möglichkeiten gibt es, um das problematische Verhältnis der Theologie zur modernen Wissenschaft zu beschreiben?

1. Theologie wird unter einen allgemein anerkannten Begriff von Wissenschaft subsumiert. 2. Theologie erarbeitet selbst ein Verständnis von Wissenschaft, in dem sie sich mit unterbringt. 3. Vollzüge einzelner theologischer Disziplinen werden als Wissenschaft ausgewiesen. 4. Theologie begründet, warum sie als Wissenschaft sui generis nicht unter einen allgemeinen Wissenschaftsbegriff subsumiert werden kann.

31. Wann wird die enzyklopädische Auf- | Wenn die Wissenschaftlichkeit der Theologie in Me-
gabe, Theologie in ihren Diszipli- | thoden und Arbeitsvollzügen einzelner Disziplinen,
nen als Einheit zu begreifen, un- | etwa der historischen Arbeit, gesehen wird.
lösbar?

32. Wodurch ist bei Thomas v.Aquin, in | Man hat innerhalb der Wissenschaften Unterscheidungen
der luth. Orthodoxie und bei | eingeführt und die Theologie dann in eine Klasse der
Schleiermacher die Einordnung der | unterschiedlichen Wissenschaften eingeordnet.
Theologie als Wissenschaft ermög-
licht worden?

33. Welche wissenschaftstheoretische | 1. Die Unterscheidung zwischen Wissenschaften mit
Unterscheidung gebrauchten | evidenten Axiomen und Wissenschaften, die ihre Axio-
1. Thomas von Aquin, 2. Die lu- | me von anderen Wissenschaften übernommen haben. 2.
therischen Orthodoxen, 3. Schlei- | Die Unterscheidung von theoretischen und praktischen
ermacher? | Wissenschaften. 3. Die Unterscheidung von Wissen-
schaften, die vermöge der Idee der Wissenschaft
einen notwendigen Bestandteil der wissenschaftlichen
Organisation bilden, und positiven Wissenschaften.

34. In welchen beiden Hinsichten ist | Erstens in der Verbindung von Wissenschaftlichkeit
Schleiermachers Einordnung der | und Kirchlichkeit der Theologie und zweitens in der
Theologie als Wissenschaft vor- | Verbindung des enzyklopädischen und des wissen-
bildlich? | schaftstheoretischen Aspektes.

2.4.

35. Was versteht man unter einer | Die theologische Erkenntnis derer, die durch den
theologia regenitorum? | Glauben wiedergeboren sind.

36. Worin liegen die Probleme einer | Einmal wird hier die Unterscheidung zwischen dogma-
Dogmatik, die den Glauben für ihre | scher Reflexion und Glaubenszeugnis unmöglich. Wei-
Denkvollzüge voraussetzen will? | ter werden so theologische Denkvollzüge ihrer Allge-
meinheit und Nachprüfbarkeit beraubt und Rückfragen
nach Verständlichkeit und Begründung können zu
leicht zurückgewiesen werden.

37. Welches Problem ergibt sich dort, | Wie kann in diesem Fall die Situation, die doch zum
wo der Glaube in Form einer Lehre | Glauben mit dazugehört, so berücksichtigt werden,
vermittelt werden soll? | daß dieser nicht in eine zeitlose, allgemeine Wahr-
heit verwandelt wird?

3. Kriterien der Dogmatik

3.1.

1. Warum sind gerade Schriftgemäß- | Weil Dogmatik das Dogma kritisch zu bearbeiten hat in
heit und Zeitgemäßheit als Kri- | Hinsicht auf seine Begründung in der biblisch bezeug-
terien der Dogmatik zu nennen? | ten Offenbarung Gottes in Jesus Christus wie in Hin-
sicht auf seine Verständlichkeit in der gegenwärti-
gen Situation.

2. Warum dürfen Schriftgemäßheit | Weil die Vermittlung zwischen der Sache des Glaubens
und Zeitgemäßheit nicht gegen- | und der jeweiligen Zeit nur durch bewußte Zeitgenos-
einander ausgespielt werden? | senschaft und zugleich durch Vertiefung in die
Schrift gewonnen werden kann.

3. Wie ist der Glaube näher zu be- | Dieser Glaube ist nicht nur Sache des einzelnen
stimmen, der Subjekt der Inter- | Glaubenden, sondern er ist die Übereinkunft der
pretation der Zeit durch die | Glaubenden, in der sich Gott der Hl. Geist wirksam
Schrift ist? | erweist.

4. Wie wird die Wirksamkeit des Hl. | Es werden rechtlich festgelegte Bedingungen für die-
Geistes in der Lehrverkündigung | se Wirksamkeit genannt: Erstens muß es sich um die
durch die röm.-katholische Theo- | gemeinsame Lehrverkündigung des Papstes und der Bi-
logie genauer bestimmt? | schöfe handeln; zweitens muß die Lehre als endgültig
verpflichtend gekennzeichnet werden; drittens muß sie
im depositum fidei (den Offenbarungsquellen Schrift
und Tradition) enthalten sein.

5. Wie kann diese Wirksamkeit durch | Als die freie Übereinstimmung der Glaubenden im Hö-
evangelische Theologie genauer | ren auf die (ausgelegte und angewandte) Schrift.
bestimmt werden?

274

6. Warum kann Schriftauslegung nicht allein Sache der exegetischen Disziplinen sein?

Weil die Schrift als Kriterium der Dogmatik die exegetische Bemühung auch des Dogmatikers verlangt.

7. Wie läßt sich die Zielsetzung der historischen Exegese charakterisieren?

Hier soll aus der überlieferten Nachricht der vergangene Kommunikationsvorgang möglichst genau rekonstruiert werden.

8. Was ist im Unterschied davon die Zielsetzung der dogmatischen Exegese?

Sie fragt danach, wie die Texte hier und heute als Evangelium bzw. als Christuszeugnis verstanden werden können.

9. Wie wird die Autorität der Bibel in der neueren evangelischen Theologie begründet?

Mit dem Verweis auf den Glauben an Jesus Christus, den die Bibel bezeugt.

10. Welche Fragestellungen ergeben sich aus dieser Bestimmung der Schriftautorität?

Einmal die Frage, ob die Bibel das ganze Christuszeugnis ist; weiter die Frage, ob die ganze Bibel Christuszeugnis ist.

11. Wie muß eine historische Betrachtungsweise die Frage danach, ob die Bibel das ganze Christuszeugnis sei, beantworten?

Sie muß mit der Möglichkeit rechnen, daß es auch außerhalb des biblischen Kanons Urkunden gibt, die ursprüngliche Jesusüberlieferung oder ursprüngliches apostolisches Zeugnis enthalten.

12. Wie muß der kontroverstheologische Aspekt der Frage, ob die Bibel das ganze Christuszeugnis sei, formuliert werden?

Gibt es neben der Schrift auch eine gleich maßgebliche mündliche Tradition, in der das ursprüngliche apostolische Zeugnis weitergegeben wird?

13. Welche Arten von mündlicher Tradition unterscheidet das Tridentinum?

Solche, die die Apostel von Christus selbst mündlich empfingen und solche, die ihnen durch das Diktat des Hl. Geistes übergeben wurde.

14. Welche mit der röm.-kath. Wertschätzung der Tradition verbundenen Behauptungen werden durch das reformatorische Schriftprinzip bestritten?

Daß die Schrift ergänzungsbedürftig sei, und daß neben der Schrift eine besondere Auslegungsinstanz erforderlich sei.

15. In welchen Hinsichten kann danach gefragt werden, ob die ganze Bibel Christuszeugnis sei?

Einmal so, daß gefragt wird, ob auch das AT als Christuszeugnis ausgelegt werden und also kanonische Geltung beanspruchen könne; weiter so, daß nach einem "Kanon im Kanon" gefragt wird, an dem auch die neutestamentlichen Schriften gemessen werden müssen.

16. Welches ist der geläufige historische Einwand gegen eine kanonische Geltung des AT?

Es ist Zeugnis einer fremden Religion, nämlich des Judentums. Das zeigt sich an seiner Gesetzlichkeit, seiner Diesseitigkeit, seinem Partikularismus.

17. Welche Möglichkeiten einer Neubewertung des AT werden in der neueren evangelischen Theologie diskutiert?

Entweder soll das AT überhaupt seine kanonische Geltung verlieren, oder es soll einen geringeren Rang als das NT zugeteilt bekommen.

18. Wie bestimmt K.Barth die Zuordnung von AT und NT zum Ereignis der Offenbarung Gottes in Jesus Christus?

Sie sind beide Zeugnis von diesem Ereignis, und zwar das AT als die Zeit der Erwartung und das NT als die Zeit der Erinnerung.

19. Wie läßt sich die Frage nach dem Kanon im Kanon präzisieren?

Es ist die Frage danach, was innerhalb der neutestamentlichen Schriftensammlung das eigentlich Maßgebliche ist.

20. Warum kann man sich bei einer solchen Frage auf Luther berufen?

Luther hat selbst innerhalb des neutestamentlichen Kanons gewertet, bestimmte Schriften besonders hervorgehoben, andere abgewertet.

21. Worin besteht das dogmatische Recht der Frage nach dem Kanon im Kanon?

Diese Frage verwahrt sich gegen die irrige Meinung, daß die historisch zu beschreibende Faktizität des Glaubens und Lebens der Christenheit im neutestamentlichen Zeitalter zur Norm für alle späteren Zeiten gemacht werden könne.

22. Warum braucht es die dogmatische Unterscheidung zwischen dem persönlichen, dem geschriebenen und dem mündlichen Wort Gottes?

Weil Jesus Christus als die Offenbarung Gottes nicht unvermittelt begegnet.

23. Warum ist das Christuszeugnis primär mündliches Wort?

Weil es immer situationsbezogene Anrede ist.

24. Welche Rolle kommt dem geschriebenen Wort Gottes im Verhältnis zum persönlichen und zum mündlichen Wort Gottes zu?

Es ist die notwendige Vermittlung zwischen dem persönlichen und dem mündlichen Wort.

25. Wie führt eine einseitige Betonung einer Gestalt des Wortes Gottes zur Verwandlung des Evangeliums in Gesetz?

Im Historismus wird Jesus zur Verkörperung allgemeiner religiöser und sittlicher Wahrheiten, die man sich aneignen soll. Im Fundamentalismus wird das geschriebene Wort (und damit faktisch eine bestimmte Auslegungstradition) zum zeitlos gültigen Glaubensgesetz. Im Enthusiasmus wird der Geistträger (als Amtsperson wie als religiöser Schwärmer) zum Gesetz für die Glaubenden.

3.2.

26. Warum ist die Frage nach der Wirksamkeit der Schrift das Zentrum der Schriftlehre?

Weil nur von der erfahrenen Wirksamkeit der Schrift her die Frage nach der Bibel als Gottes Wort und nach dem Kanon dogmatisch beantwortet werden kann.

27. Wie läßt sich die altprotestantische Lehre von den Affektionen der Hl.Schrift charakterisieren?

Hier sind die Erfahrungen, die in der Reformation mit der Bibel gemacht wurden, systematisiert worden.

28. Wie ist die kontroverstheologische Spitze der einzelnen Affektionen zu bestimmen?

Auctoritas: Die Schrift beglaubigt sich selbst, braucht nicht die sie beglaubigende Kirche. Perspicuitas: Die Schrift legt sich selbst aus, braucht nicht ein kirchliches Lehramt als Auslegungsinstanz. Sufficientia: Die Schrift reicht zum Heil zu, braucht nicht die ergänzende Tradition. Efficacia: Die Schrift ist selbst wirksames Gotteswort, braucht nicht das das Heil vermittelnde Amt.

29. Was ist das entscheidende Moment der Selbstbeglaubigung (auctoritas causativa) der Schrift?

Das innere Zeugnis des Hl. Geistes, testimonium spiritus sancti internum.

30. Wie ist das Verhältnis von auctoritas causativa und auctoritas normativa zu bestimmen?

Weil die Schrift den Glauben bewirkt, kann sie auch als Norm für die Glaubensinhalte dienen.

31. Wie hängt die Inspirationslehre sachlich mit der Lehre von der auctoritas causativa der Schrift zusammen?

Sie will die erfahrene Autorität der Schrift durch eine Theorie der Entstehung der Schrift begründen.

32. Wie ist in der altprotestantischen Inspirationslehre die Urheberschaft der Schrift bestimmt?

Gott (bzw. der Hl. Geist) ist die causa efficiens principalis, die Hagiographen sind die causae instrumentales bzw. ministeriales.

33. Wie wird hier der Inspirationsvorgang beschrieben?

Als impulsus ad scribendum, suggestio rerum und suggestio verborum.

34. Was ist die aus der Inspirationslehre gezogene hermeneutische Folgerung?

Die Auslegung soll allein den durch den Hl. Geist beabsichtigten Litteralsinn erheben.

35. Was besagt die Behauptung der perspicuitas bzw. claritas der Schrift?

Die Schrift legt sich selber aus. Ihre Hauptsache ist klar, dunkle Einzelstellen sind von dieser Hauptsache aus zu verstehen.

36. Was ist das dogmatische Problem der historisch-kritischen Schriftauslegung?

Weil diese die Texte bewußt in der historischen Distanz verstehen will, kann sie die Anwendung dieser Texte nicht mehr methodisch kontrollieren.

37. Was verbindet die historisch-kritische Schriftauslegung mit der Reformation?

Hier wie dort ist das Ziel ein Verstehen des buchstäblichen (Litteral-) Sinnes.

38. Was unterscheidet die historisch-kritische Schriftauslegung von der Reformation?

Die Reformation wollte die Schrift im buchstäblichen Verständnis unmittelbar anwenden; die historisch-kritische Auslegung läßt diese Unmittelbarkeit nicht zu.

39. Was ist die Grundvoraussetzung für eine Anwendung der Schrift hier und heute?

Daß sich die Schrift in dieser Anwendung als Einheit erweist, zu einer solchen einheitlichen Anwendung befähigt.

40. Welche Möglichkeiten sind denkbar, um eine einheitliche Anwendung der Bibel zu erreichen?

Entweder legt eine autoritative Auslegungsinstanz diese Anwendung fest, oder sie wird durch eine faktische Auswahl der angewandten Texte erreicht.

41. Wann wird dieses Verfahren theologisch auf Bedenken stoßen?

Wenn dadurch die traditionelle Anwendung der Schrift gegen neue Anstöße von der Schrift her faktisch abgeschirmt wird.

42. In welchen beiden Bestimmungen über das Bekenntnis stimmt die evangelische Dogmatik weithin überein?

1. Das Bekenntnis ist keine selbständige Norm; es ist norma normata, nicht norma normans. 2. Das Bekenntnis entscheidet über die richtige Anwendung der Schrift in strittigen Fragen.

43. Worauf beruht die Autorität des Bekenntnisses?

Es formuliert einen kirchlichen Konsens über die richtige Anwendung der Schrift in einer strittigen Frage, der mindestens dem Anspruch nach die ganze Kirche bindet.

44. Was ist die dogmatische Funktion des Bekenntnisses?

Es leitet zu einer einheitlichen Anwendung der Schrift an, indem es Grundentscheidungen über das richtige Verstehen der Schrift formuliert.

45. Welches sind die Grundentscheidungen unserer Bekenntnistradition?

Die Entscheidung der Alten Kirche für die Einheit von Schöpfergott und Erlösergott und die volle Gottheit Jesu Christi samt den trinitarischen und christologischen Folgerungen. Die Entscheidung der Reformation für die Rechtfertigung des Sünders aus Glauben um Christi willen. Die Entscheidung der Bekennenden Kirche für die alleinige Maßgeblichkeit der Offenbarung Gottes in Jesus Christus für alles kirchliche Reden und Handeln.

3.4.

46. Wie muß die Kanonizität einer Schrift definiert werden?

Kanonisch ist eine Schrift, wenn sie im öffentlichen gottesdienstlichen Gebrauch der Kirche steht.

47. Wie kann die reformatorische These, daß die Kirche creatura verbi sei, angesichts der Tatsache aufrechterhalten werden, daß die biblischen Schriften doch in der Kirche für die Kirche verfaßt worden sind?

Indem begründet wird, daß für die Zeit der Kirche (im Unterschied zum apostolischen Zeitalter) das geschriebene Wort Gottes die notwendige Vermittlung zwischen dem persönlichen und dem mündlichen Wort Gottes darstellt.

48. Begründet die Aufnahme einer Schrift in den kirchlichen Kanon bzw. ihr gottesdienstlicher Gebrauch ihre Kanonizität?

Nein. Die besondere, kanonische Dignität einer Schrift ist vielmehr der Grund dafür, daß sie von der Kirche in gottesdienstlichen Gebrauch genommen wird.

49. Wie kommt es zur Feststellung der Kanonizität einer Schrift?

Durch die Erfahrung ihrer Wirksamkeit bei der Vermittlung des Heils, also letztlich durch das testimonium spiritus sancti internum.

50. Wie muß auf die Frage, ob sich die Kirche ihren Kanon selbst geschaffen habe, geantwortet werden, wenn das reformatorische Schriftprinzip festgehalten werden soll?

Die Frage muß verneint werden. Die Kirche hat den Kanon nicht geschaffen, sondern nur die ihr übergebenen kanonischen Schriften gebraucht (und allenfalls den Umfang dieser Schriften nachträglich festgestellt, wie die römisch-katholische oder die reformierte Kirche).

4. Die Lehre von Gott

1. Welche Sachverhalte sind in der Gotteslehre zu behandeln?

Die Frage der Gotteserkenntnis, die Lehre von Existenz, Wesen und Eigenschaften Gottes und die Trinitätslehre.

4.1.

2. Was versteht man unter dem doppelten Weg der Gotteserkenntnis?

Die Unterscheidung zwischen der natürlichen und der übernatürlichen bzw. geoffenbarten Erkenntnis Gottes.

3. Wie ist der Ausdruck "natürlich" in diesem Zusammenhang zu verstehen?

Es handelt sich um einen ontologischen Begriff, der das allen Menschen gemeinsame Wesen bezeichnet.

4. Was ist in diesem Zusammenhang der Gegenbegriff zu "natürlich" bzw. "Natur"?

Der Gegenbegriff zu "natürlich" ist "übernatürlich", der Gegenbegriff zu Natur ist "Übernatur" bzw."Gnade".

5. Wie kommt nach der Definition des 1. Vaticanums die natürliche Gotteserkenntnis zustande?

Der Mensch kann durch das natürliche Licht der Vernunft (naturalis humanae rationis lumen) Gott aus den geschaffenen Dingen erkennen.

6. Wie kommt dagegen Offenbarungserkenntnis zustande (vgl. 1.1.1 und 3.1.1)?

Durch das kirchliche Lehramt wird die in Schrift und Tradition enthaltene Wahrheit ausgelegt und definiert.

7. Wie sind Natur und Gnade aufeinander bezogen?

Gratia non tollit, sed supponit et perficit naturam.

8. Weshalb braucht es neben der natürlichen auch die offenbarte Gotteserkenntis?

Einmal um das, was die Vernunft von Gott kennen müßte, genauer und sicherer zu erkennen. Weiter weil Gott den Menschen in seiner Güte zu einem übernatürlichen Ziel bestimmte, das auch nur auf übernatürlichem Weg erkannt werden kann.

9. Gibt es in der Frage der doppelten Gotteserkenntnis vor der Aufklärung einen gravierenden konfessionellen Unterschied?

Auch der Protestantismus vertritt eine doppelte Gotteserkenntnis; freilich ist dabei aufgrund der strengeren Sündenlehre die Fähigkeit der Vernunft zur Erkenntnis Gottes und seines Willens geringer angesetzt.

10. Wozu dient nach den Bestimmungen der luth. Orthodoxie die natürliche Gotteserkenntnis?

Sie führt dazu, Gott zu suchen, der sich in der Kirche durch die Schrift offenbart. Sie erzieht zu einer allgemeinen Sittlichkeit. Sie erläutert und illustriert die Schrift. Außerdem erweist sie den sündigen Menschen als vor Gott unentschuldbar.

11. Was bedeutet die Unterscheidung einer notitia insita und einer notitia acquisita Gottes?

Die notitia insita ist eine dem Menschen wesensmäßig eignende Kenntnis Gottes, insbesondere im Gewissen. Die notitia acquisita dagegen ist die durch Erfahrung und Belehrung erworbene vernünftige Gotteserkenntnis.

12. Zählen Sie Möglichkeiten eines Gottesbeweises auf:

1. Ontologischer Gottesbeweis. 2. Kosmologischer G. 3. Physikotheologischer G. 4. Beweis e consensu gentium. 5. Moralischer G.

13. Formulieren Sie den ontologischen Gottesbeweis.

Der Gedanke eines höchsten, vollkommensten Seienden ist denkbar. Dieses höchste Seiende muß aber existierend gedacht werden, sonst wäre es nicht vollkommen. Also existiert Gott.

14. Wie wird im kosmologischen Gottesbeweis geschlossen?

Alles, was ist, ist verursacht. Weil überhaupt etwas ist, muß auch eine erste Ursache sein. Diese ist Gott.

15. Wie läßt sich die moderne Struktur von Gottesbeweisen (etwa der moralische G. Kants) formulieren?

Gott ist die notwendige Voraussetzung der menschlichen Selbstverwirklichung.

16. Wie ist der Ausdruck lex naturalis (Naturgesetz bzw. natürliches Sittengesetz) zu verstehen?

Es handelt sich hier um den Inbegriff der allen Menschen grundsätzlich bekannten sittlichen Normen.

17. Inwiefern kann die Kirche beanspru- Seine Befolgung ist zum Heil notwendig. Da die Ver-
chen, auch das natürliche Sitten- nunft durch die Sünde verdunkelt ist, hat das Lehrgesetz authentisch zu interpretie- amt auch die Vernunft zu belehren.
ren?

18. Was hat das Denkmodell der doppel- In Gott wurden Welterfahrung und Heilsoffenbarung
ten Gotteserkenntnis geleistet? miteinander vermittelt: Gott, auf den der Mensch in
der vernünftigen Reflexion seiner Welterfahrung
stößt, ist zugleich der Gott, dessen heilsame Zuwendung in Jesus Christus die Kirche verkündigt.

19. Worin liegt das Hauptproblem die- Einerseits muß Welterfahrung als grundsätzlich auf
ser Vermittlungsstrategie? Gott hin offen gedacht werden. Andererseits darf
die natürliche Gotteserkenntnis die Heilsoffenbarung
nicht überflüssig machen.

20. Wie hat die theologische Tradi- Mit Hilfe der Sündenlehre, durch die die natürliche
tion diese Schwierigkeit bewäl- Gotteserkenntnis dosiert werden konnte. Das setzt
tigt? freilich wieder eine allgemeine Anerkennung der
menschlichen Sündhaftigkeit voraus.

21. Beurteilen Sie die Leistungsfä- Das Modell Natur/Gnade erfaßt besser die Offenheit
higkeit der Denkmodelle Natur/ der Welterfahrung auf Gott hin, das Modell Gesetz/
Gnade und Gesetz/Evangelium in Evangelium kann besser die Notwendigkeit der Heils-
diesem Zusammenhang. offenbarung begründen.

22. Wie läßt sich der rationalisti- Weil eine besondere Offenbarung nicht allen Menschen
sche Einwand gegen die Behaup- zugänglich ist, kann sie auch nicht die Vorausset-
tung einer besonderen Offenba- zung der religiösen Verwirklichung des Menschseins
rung Gottes formulieren? sein.

23. Warum hat die moderne evangeli- Weil eine Repristination der traditionellen Zuord-
sche Theologie die Anpassung an nung von natürlicher und offenbarter Gotteserkennt-
die durch die Aufklärung geschaf- nis nicht mehr möglich ist, muß das nun hinderliche
fene Situation als Auseinander- Moment der natürlichen Gotteserkenntnis abgestoßen
setzung mit der natürlichen Theo- werden.
logie vollzogen?

24. Die gegenwärtige theologische Dis- Erstens der Versuch einer Repristination des tradi-
kussion kennt drei Möglichkeiten, tionellen Modells einer doppelten Gotteserkenntnis.
Gotteserkenntnis zu begründen. Zweitens der Versuch, die christliche Tradition in
Zählen Sie auf! den Strukturen der natürlichen Theologie zu inter-
pretieren. Drittens der Versuch, Theologie von der
Heilsoffenbarung aus zu entfalten.

4.2.

25. Welches sind die grundlegenden Wie kann von Gott so geredet werden, daß zugleich
Problemaspekte eines sachgemäßen mit seiner Unterscheidung von welthafter Wirklich-
Redens von Gott? keit seine Beziehung zu solcher Wirklichkeit ausge-
sagt werden kann?

26. Wie ist das Dilemma zu formulie- Wenn nur die Unterschiedenheit von Gott und Welt ge-
ren, dem die dogmatische Tradi- dacht wird, kann Gott nicht gedacht werden. Wenn
tion mit einem "analogen" Reden Gott wie ein welthaftes Seiendes gedacht wird, kann
von Gott zu entgehen sucht? er nicht als Gott gedacht werden.

27. Was ist unter univoker Redeweise Derselbe Ausdruck bezeichnet jeweils den gleichen
zu verstehen? Gegenstand oder Sachverhalt.

28. Was ist unter aequivoker Rede- Derselbe Ausdruck bezeichnet verschiedene Gegenstän-
weise zu verstehen? de oder Sachverhalte.

29. Was ist unter analogischer Rede- Derselbe Ausdruck bezeichnet Gleiches an unterschied-
weise zu verstehen? lichen Gegenständen oder Sachverhalten.

30. Was ist die theologische Kunstform Hier bezeichnet derselbe Ausdruck Gegenstände oder
einer analogischen Rede im Sinne Sachverhalte, bei denen das Analogon dem einen Ana-
einer analogia attributionis in- logat durch das andere Analogat mitgeteilt worden
trinsecae? ist.

31. Was ist die Voraussetzung einer solchen Redeweise, die von Gott in Ausdrücken redet, die welthaftes Sein bestimmen?

Daß die Unterscheidung von Schöpfer und Geschöpf und die Abhängigkeit des Geschöpfes vom Schöpfer selbstverständlich mitgedacht wird.

32. Worin liegt die grundlegende Problematik des traditionellen analogischen Redens von Gott?

In solchem Reden von Gott ist eine noëtische Abhängigkeit Gottes von der Welt mit gesetzt, die freilich kompensiert wird durch die ontische Abhängigkeit der Welt von Gott.

33. Was ist die religiöse Problematik einer Lehre von Gottes Eigenschaften?

Wie können scheinbar widersprüchliche Bestimmungen Gottes, etwa seine Allmacht und seine Güte, oder seine Gerechtigkeit und seine Barmherzigkeit, miteinander erfaßt werden?

34. Was ist die traditionelle theologische Problematik dieser Lehre?

Wie können dem einfachen Sein Gottes verschiedene Attribute beigelegt werden?

35. Welches sind die traditionellen drei Wege einer Ableitung göttlicher Eigenschaften?

1. Via negationis, 2. via eminentiae und 3. via causalitatis.

36. Nennen Sie jeweils Beispiele:

1. Unendlichkeit, Ewigkeit. 2. Allmacht, Allwissenheit. 3. Weisheit, Güte.

37. Worauf weisen die traditionellen Einteilungen der Eigenschaften Gottes in zwei Klassen hin?

Daß sich der metaphysische, durch das griechische Seinsdenken geprägte Gottesbegriff nicht einfach mit dem biblischen Gottesdenken vereinen läßt.

38. Welches Schema der göttlichen Vollkommenheiten (= Eigenschaften) hat K. Barth in der KD vorgelegt?

A. Vollkommenheiten der göttlichen Liebe sind, daß Gott gnädig, heilig, barmherzig, gerecht, geduldig und weise ist. B. Vollkommenheiten der göttlichen Freiheit sind, daß er einer, allgegenwärtig, beständig, allmächtig, ewig und herrlich ist.

39. Was geschieht mit dem traditionellen analogischen Reden von Gott, wenn der Schöpfungsgedanke nicht mehr zum plausiblen Wissen gehört?

Es macht sich eine Tendenz zur Univokation des göttlichen und welthaften Seins geltend. Das führt zu Pantheismus oder Atheismus.

40. Warum soll unter den Bedingungen des neuzeitlichen Verständnisses von "Objekt" nicht mehr gegenständlich von Gott geredet werden?

Damit würde Gott prinzipiell in die Menge möglicher menschlicher Erkenntnisgegenstände eingeordnet, er würde verweltlicht.

41. Wie ist der moderne Einwand gegen den Gedanken eines persönlichen Gottes zu formulieren?

Außergöttliche Wirklichkeit, zu der sich Gott als Selbstbewußtsein verhielte, würde Gott begrenzen und bedingen. Damit wäre er nicht als Gott, als der Unbedingte, gedacht.

42. Welcher Bedingung muß ein Reden von Gottes Transzendenz immer auch genügen?

Es muß zugleich angeben können, wo der transzendente Gott innerweltlich anzutreffen ist.

4.3.

43. Was ist die Grundregel des trinitarischen Sprechens?

Man darf weder die Personen vermischen noch das Wesen trennen.

44. Wie werden die trinitarischen Personen in der ökonomischen Trinität unterschieden?

Nach ihren Werken. Der Vater ist der Schöpfer, der Sohn der Versöhner, der Hl. Geist der heiligende Gott.

45. Wie werden die trinitarischen Personen in der immanenten Trinität unterschieden?

Sie werden nach den innergöttlichen Relationen unterschieden, die durch die opera ad intra, Zeugung des Sohnes und Hauchung des Geistes, begründet sind.

46. Was bedeutet der Ausdruck "Perichorese" im trinitarischen Sprachgebrauch?

Die gegenseitige Durchdringung der Personen; die religiöse Zuwendung zu einer Person begegnet darum immer der ganzen Gottheit.

47. Was bedeutet der Ausdruck "Appropriation"?

Der ganzen Gottheit zukommende Attribute oder Handlungen werden einer Person zugeeignet.

48. Was nötigt die Dogmatik zur trinitarischen Reflexion?

Sie muß die besondere Anwesenheit des welttranszendenten Gottes in Jesus Christus denken.

49. Wie lassen sich dabei die christologische und die trinitarische
Fragestellung unterscheiden?

Die Christologie denkt darüber nach, was diese besondere Anwesenheit Gottes für das Verstehen Jesu
Christi bedeutet. Die Trinitätslehre denkt darüber
nach, was sie für das Verstehen Gottes bedeutet.

50. Welche Entscheidung war nach der
Durchsetzung der Logoschristologie in der Alten Kirche unumgänglich?

Es mußte entschieden werden, ob der Logos als Schöpfer oder als Geschöpf zu denken ist.

51. Warum ermöglichte erst die Interpretation von ὁμοούσιος als we-
sensgleich die Rezeption des Nicaenums?

Weil erst damit ein modalistisches Verständnis des
Nicaenums endgültig ausgeschlossen war.

52. Warum muß das ostkrichliche Trinitätsdenken das filioque ablehnen?

Weil eine Anschauung der Einheit Gottes in der Hypostase des Vaters nur möglich ist, wenn er allein
als Gottheit verursachender Gott gedacht wird.

53. Warum braucht umgekehrt das abendländische Trinitätsdenken das
filioque?

Weil nur so eine den Sohn und den Geist unterschei-
dende Ursprungsrelation und damit die Dreiheit in
der Einheit denkbar wird.

5. Die Lehre von der Schöpfung und Vorsehung

1. Worin unterscheiden sich die reformierte und die lutherische Orthodoxie beim Übergang von der Gotteslehre zur Schöpfungslehre?

Die reformierte Orthodoxie redet hier von decretum
generale und decretum praedestinationis, die lutherische Orthodoxie von den opera dei.

2. Welche Distinktionen sind erforderlich, um schließlich Schöpfung und
Vorsehung (neben der Vollendung)
als opera ad extra externa essentialia potentiae dei zu bestimmen?

1. Die Unterscheidung von opera ad intra und ad extra. 2. Die Unterscheidung von opera ad extra inter-
na und externa. 3. Die Unterscheidung von opera ad
extra externa personalia und essentialia. 4. Die Unterscheidung von opera ad extra externa essentialia
potentiae, misericordiae und iustitiae dei.

5.1.

3. Gegen welche Weltanschauungen grenzt
sich das 1.Vaticanum ab?

Gegen Materialismus, verschiedene Ausformungen des
Pantheismus und die Meinung, Gott habe die Welt mit
der gleichen Notwendigkeit geschaffen, mit der er
sich selbst liebt.

4. Welche Tendenz des modernen Denkens nötigte zu solchen Abgrenzun-
gen?

Die Tendenz zur Univokation von göttlichem und welthaftem Sein.

5. Warum kann Schöpfung im Kontext des
modernen Denkens nicht mehr als Verursachung der Welt durch Gott gedacht werden?

Weil der Begriff der Ursache nicht mehr analog gedacht wird, Univokation und Äquivokation dagegen
ein solches Denken unmöglich machen.

6. Was bedeutet der Ausdruck "Schöpfung" in unserem gängigen Sprachgebrauch?

Schöpfung als Wirken Gottes (creatio) und Schöpfung
als Inbegriff des Geschaffenen (creatura).

7. Warum konnte die traditionelle
Metaphysik Welt als Ganze denken?

Weil sie Welt primär als Gegenstand des göttlichen
Intellektes dachte.

8. Warum ist ein solches Denken beim
modernen Verständnis von Subjekt
und Objekt nicht mehr möglich?

Weil sich hier der Mensch als Subjekt der Erkenntnis versteht, durch das alle möglichen Objekte konstituiert sind. Weil das erkennende Subjekt selbst
zur Welt gehört, kann diese nicht sein Objekt sein.

9. Welche Probleme ergeben sich durch dieses moderne Verständnis von Gegenständlichkeit für das Denken der Schöpfung?

Da weder Gott noch die Welt im ganzen Gegenstand des Denkens sein kann, ist erst recht eine Verursachung der Welt durch Gott im strengen Sinn nicht mehr denkbar.

10. Wie sucht das Reflexionsschema der Subjektivität diese Schwierigkeit zu bewältigen?

Indem es selbst den Subjekt-Objekt-Gegensatz übergreift und sich als Inbegriff der durch Gott geschaffenen Welt erfassen möchte.

11. Wie wird bei Schleiermacher der Subjekt-Objekt-Gegensatz übergriffen?

Im unmittelbaren Selbstbewußtsein wird das Gefühl partieller Selbsttätigkeit und Abhängigkeit, das für das Weltverhältnis charakteristisch ist, durch das Gefühl der schlechthinnigen Abhängigkeit begleitet, in dem das andere des Selbstbewußtseins in dieses integriert ist.

12. Wie verhalten sich bei dieser Bestimmung von Frömmigkeit Soteriologie und Schöpfungslehre?

Das durch Jesus Christus beschaffte und in der kirchlichen Gemeinschaft zugeeignete Heil ist die Ermöglichung des Schöpfungsglaubens.

13. Wie will Hegel den Subjekt-Objekt-Gegensatz übergreifen?

Dieser Gegensatz ist im Begreifen so aufzuheben, daß die Einheit von Denken und Gedachtem erfaßt wird: Die Substanz ist das Subjekt.

14. Was wird bei diesem Ansatz vorausgesetzt?

Daß das Wirkliche vernünftig und das Vernünftige wirklich ist.

15. Warum müssen unter dem Vorzeichen der modernen Bestimmung von Gegenständlichkeit Schöpfung und Weltentstehung unterschieden werden?

Weltentstehungstheorien können immer nur Aspekte und Teilmomente der Wirklichkeit erfassen, während der Schöpfungsgedanke die Begründung der Welt im ganzen in Gott denkt.

16. Wie läßt sich die im traditionellen Schöpfungsgedanken mitgesetzte teleologische Struktur der Welt beschreiben?

Der Mensch ist da als das von Gott geliebte Geschöpf, das Gott wiederum loben und lieben soll. Die Welt ist da, um dem Menschen den Lebensraum zu bieten.

17. Wohin muß eine Verabsolutierung der modernen wissenschaftlichen Weltsicht führen?

Sie wird die anthropozentrische Weltanschauung als unsachgemäß bestreiten und den Weltprozeß als determiniert verstehen.

5.2

18. Inwiefern ist ein Reden von der Schöpfung der Welt analogisch?

Schaffen setzt ein vorgegebenes Material voraus. Gott aber hat die Welt aus nichts erschaffen.

19. Warum betont der jüdisch-christliche Schöpfungsgedanke die creatio ex nihilo?

Er will damit die völlige Freiheit des göttlichen Schaffens betonen.

20. Mit welcher Formel bestimmt Barth zugleich die Freiheit des göttlichen Schaffens und seine Beständigkeit?

Die Schöpfung ist der äußere Grund des Bundes. Der Bund ist der innere Grund der Schöpfung.

21. Was ist der Sinn der zweigliedrigen Formeln, mit denen Apostolicum und Nicaenum die geschaffene Wirklichkeit bezeichnen?

Indem von Himmel und Erde, wie vom Sichtbaren und Unsichtbaren die Rede ist, wird der Himmel bzw. das Unsichtbare verweltlicht und als Geschöpf unter Gott gestellt.

22. Warum hat die dogmatische Tradition bei der Behandlung der Geschöpfe Gottes gerade Engel und Menschen hervorgehoben?

Hier handelt es sich um die freie und vernünftige Kreatur, die in solcher Freiheit und Vernünftigkeit dem Schöpfer in besonderer Weise entspricht.

23. Welche Glaubensgedanken sind durch die Vorstellung der Engel repräsentiert?

Die Freiheit, die Gott seiner Schöpfung gibt, wie die Freiheit, mit der er in seiner Schöpfung wirkt.

24. Warum verschwimmt unter den Bedingungen des modernen Denkens Schöpfung und Vorsehung?

Weil ein zeitlicher Anfang der Welt nur noch uneigentlich gedacht werden kann, und das gegenwärtige Verhältnis der Subjektivität zu Gott das eigentliche Interesse auf sich zieht.

25. Was ist die entscheidende Frage der altprotestantischen Vorsehungslehre?

Wie die bleibende Weltwirksamkeit Gottes so zu denken ist, daß zugleich die Selbständigkeit der Kreatur gewahrt bleibt.

26. Geben Sie die Distinktionen der Altprotestanten zur göttlichen Vorsehung an, und zwar 1. in Hinsicht auf die Geschöpfe, 2. in Hinsicht auf die Mittel, 3. in Hinsicht auf Gottes Wirksamkeit selbst.

1. providentia generalis (Welt), providentia specialis (vernünftige Kreatur), providentia specialissima (die Glaubenden betreffend). 2. providentia ordinaria (natürl. Gesetzmäßigkeit), providentia extraordinaria (Wunder). 3. conservatio, concursus, gubernatio.

27. Wie wirkt sich in der Vorsehungslehre aus, daß die Seinsnotwendigkeit Gott und die Kontingenz der Welt zugedacht worden ist.

Die Welt als Inbegriff des zufällig Seienden kann nur dann in ihrem Sein Bestand haben, wenn sie ständig von dem notwendigen Sein Gottes gehalten und durchwaltet wird.

28. Wie ist Gottes Vorsehung als concursus wie als gubernatio in Hinsicht auf das Böse bestimmt worden?

Gott ermöglicht zwar die wirksame böse Handlung, aber er bestimmt nicht das böse Wollen. Seine gubernatio in Hinsicht auf das Böse ist permissio, impeditio, directio, determinatio.

29. Welche Probleme für die Vorsehungslehre ergeben sich dort, wo die Seinsnotwendigkeit nicht mehr als Gott von der Welt unterschieden wird?

Die Möglichkeit, in welthaftem Geschehen Gottes Wirksamkeit zu erfahren, hört auf. "Gott ist tot", sofern die Welt in ihrem Bestand ohne seine Zuwendung gedacht wird.

30. Inwiefern konnte sich die altprotestantische Vorsehungslehre vom Determinismus abgrenzen?

Hier wirkt der freie Gott frei in die Welt hinein; dem entspricht die Selbstbestimmung des freien Menschen.

31. Warum ist die Konsequenz des Determinismus für das moderne Denken naheliegend?

Weil hier die Seinsnotwendigkeit nicht mehr über die Freiheit Gottes mit der Weltwirklichkeit vermittelt wird, sondern ihr unmittelbar zugedacht ist.

32. Wie löst Kant das Problem, einerseits einen geschlossenen Kausalzusammenhang und andererseits trotzdem die menschliche Freiheit zu denken?

Als durchgehend verursacht erscheint uns die Welt aufgrund unseres Erkenntnisvermögens. Im moralischen Gesetz dagegen haben wir den Zugang zu unserem eigentlichen Menschsein, das in seiner Freiheit der determinierten Welt schlechthin überlegen ist.

33. Warum sind die traditionellen dogmatischen Gegenstände des Bittgebetes und des Wunders durch die moderne Anschauung der Welt besonders problematisiert?

Weil hier die traditionelle Unterscheidung einer providentia ordinaria und extraordinaria nicht mehr möglich erscheint, sondern alles Geschehen als durchgehend verursacht gedacht werden muß.

34. Inwiefern kommt gerade hier das Reflexionsschema der Subjektivität in seiner Problematik in den Blick?

Insofern Gott hier nur in seiner Beziehung auf die Wirklichkeit im ganzen, nicht aber in seiner Beziehung auf einzelne Sachverhalte und konkrete Situationen gesehen werden kann.

6. Der Mensch als Geschöpf und Sünder

1. Was ist das Grundproblem einer dogmatischen Anthropologie, da doch alle Wissenschaft sich direkt oder indirekt mit dem Menschen befaßt?

Was macht das spezifisch Theologische einer Beschäftigung mit dem Menschen aus?

2. Wie kann sich die traditionelle Auskunft, daß der Mensch in seinem Gottesverhältnis Gegenstand der Dogmatik ist, unter den Bedingungen des modernen Denkens auswirken?

Eine im Reflexionsschema der Subjektivität entworfene Dogmatik kann Anthropologie als das Ganze der Theologie darstellen und gibt damit Feuerbachs These recht, daß das Geheimnis der Theologie die Anthropologie sei.

3. Geben Sie Möglichkeiten an, die theologische Hinsicht auf den Menschen
gegenüber anderen wissenschaftlichen
Fragestellungen abzugrenzen?

Andere Wissenschaften befassen sich immer nur mit
einzelnen Aspekten des Menschseins. Der Mensch in
seinem Gottesverhältnis aber ist der ganze Mensch;
darum ist er als Ganzer Gegenstand der Theologie.

4. Mit welchen Stichworten läßt sich der
Mensch in seiner Geschichte mit Gott
beschreiben?

Der Mensch ist immer zugleich Geschöpf Gottes und
der von Gott abgefallene Sünder.

5. Geben Sie die traditionellen Ausdrük-
ke für diesen Sachverhalt an?

Theologie beschreibt den Menschen in unterschiedlichen Ständen, dem status integritatis und dem
status corruptionis.

6. Wie hat die dogmatische Tradition die
geschichtliche Einheit der Menschheit
gedacht?

Alle Menschen stammen von Adam ab, haben darum
teil an seiner Geschöpflichkeit und Sünde.

7. Unter der Voraussetzung, daß sich
Menschsein in einem langen Evolu-
tionsprozeß gebildet hat, muß dieser
Gedanke umgedacht werden. Geben Sie
mögliche Antworten an, und erwähnen
Sie zugleich mögliche kritische Einwände gegen die einzelnen Denkmodelle.

1. Theologie hält am Monogenismus wegen der Erbsündenlehre fest; dann gerät sie nicht nur in Widerspruch zur Evolutionsvorstellung, sondern Adam
verschwindet in eine ungreifbare Ferne. 2. Theologie interpretiert jeden Menschen als Adam; hier
wird die Einheit der Menschheit in ihrer Geschichte mit Gott problematisch. 3. Diese Einheit wird
in Christus als dem zweiten Adam, in dem sich die
Schöpfung vollendet, gesehen; dann läßt sich das
Gewicht der Sünde nicht mehr deutlich machen.

6.2

8. Wie löst K.Barth das Problem, eine
konkrete Anschauung von der Geschichte Adams, des Menschen, mit Gott zu
gewinnen?

Er verweist darauf, daß die Geschichte Gottes mit
Israel die Geschichte Gottes mit dem Menschen repräsentiert.

9. Welche dogmatischen Gründe nötigen dazu, zwischen Geschöpflichkeit und
Sündhaftigkeit des Menschen zu unterscheiden?

1. Der Mensch bleibt auch nach dem Fall Gottes
Geschöpf. 2. Christus ist wahrer Mensch, aber
nicht deshalb auch Sünder. 3. Gottes erlösendes
Handeln heiligt den Sünder, indem es ihn von der
Sünde trennt. 4. Die zukünftige Vollendung erwar-
tet den Menschen gerade in der Freiheit von der
Sünde.

10. Gut und böse werden immer wieder,
entgegen gesunder dogmatischen Tradition, ontologisch gefaßt. Geben
Sie solche Bestimmungen an.

Der Geist ist gut - das Fleisch ist Sitz der Sündhaftigkeit. Die Vernunft ist gut - der individuelle Trieb ist sündig. Das Individuum ist gut - die
Gesellschaft ist böse. Die sich entwickelnde Gattung ist gut - das Individuum ist böse.

11. Was ist die soteriologische Folgerung aus diesen ontologischen Bestimmungen der Sünde bzw. des Bösen?

Der gute Teil des Menschseins kann sich selbst
vom bösen erkennend unterscheiden und dann auch
durch sein Tun befreien.

12. Warum nähern sich in der dogm. Beschreibung des Menschen Urstand
und Gnadenstand einander an?

Weil es vom Urstand keine unmittelbare Anschauung
geben kann, muß sich das dogmatische Denken am
Gnadenstand orientieren.

13. Wie ist die Sündhaftigkeit des Menschen in Hinsicht auf seine Erlösung genauer zu denken?

So, daß immer zugleich die Erlösungsbedürftigkeit
und die Erlösungsfähigkeit des Menschen gedacht
werden kann.

14. Welche "natürlichen" anthropologischen Häresien hat Schleiermacher
aus dem Wesen des Christentums als
der Erlösung durch Christus erschlossen?

Die anthropologischen Häresien sind Manichäismus
und Pelagianismus, die entweder Erlösungsfähigkeit oder -bedürftigkeit zum Verschwinden bringen.

15. Wie sieht er die Affinität dieser
anthropol. Häresien zu den christologischen Häresien?

Der Manichäismus pflegt sich mit dem Doketismus
zu verbinden, der Pelagianismus mit dem Ebioni-
tismus.

16. Welches Problem ergibt sich bei der Unterscheidung von status integritatis und corruptionis für die Bestimmung der Gottebenbildlichkeit?

Als bleibende Bestimmung der Geschöpflichkeit soll sich die Gottebenbildlichkeit über den Fall hinaus durchhalten; die Scheidung von Gott durch die Sünde betrifft aber gerade die Gottebenbildlichkeit.

17. Wie löst die katholische Dogmatik dieses Problem?

Durch die Unterscheidung einer natürlichen imago Dei, die auch nach dem Fall bleibt, und der similitudo Dei als übernatürlicher Gnadenausstattung, die durch den Fall verlorengeht.

18. Inwiefern gerät die Bestimmung der Gottebenbildlichkeit als iustitia originalis durch die Reformation hier in Schwierigkeiten?

Sie muß behaupten, daß die iustitia originalis und so die Gottebenbildlichkeit durch den Fall verlorengegangen ist; andererseits hat sie die bleibende Geschöpflichkeit auszusagen.

19. Wie sieht hier die problematische Lösung aus?

Man quantitiert die Relation zu Gott, redet von einem imago-Rest.

20. Welcher Denkzusammenhang läßt sich an der modernen protestantischen Bestimmung der Gottebenbildlichkeit beobachten?

Je stärker die Gottebenbildlichkeit als menschliche Möglichkeit oder Fähigkeit betont wird, desto weniger läßt sich die radikale reformatorische Sündenlehre festhalten.

21. Warum ist die Frage der Willensfreiheit von besonderer kontroverstheologischer Bedeutung?

Weil ihre Beantwortung direkt abhängig ist von der jeweiligen soteriologischen Konzeption.

22. Welche Aufgabe hat der freie Wille im Vorgang der Rechtfertigung, wie ihn das Tridentinum beschreibt?

Er muß mit der zuvorkommenden Gnade in der Vorbereitung auf den Gnadenempfang zusammenwirken.

23. Warum bestreitet die Reformation die Willensfreiheit?

Um die Alleinwirksamkeit Gottes im Rechtfertigungsgeschehen festzuhalten, die wieder die Voraussetzung für die Heilsgewißheit ist.

24. Wie grenzt sich die reformatorische Bestreitung der Willensfreiheit gegen einen grundsätzlichen Determinismus ab?

Man unterscheidet hier eine relative Freiheit des Willens in äußeren, weltlichen Angelegenheiten von der Freiheit Gott gegenüber.

25. Warum gerät die reformatorische Bestreitung der Willensfreiheit trotz theologischer Begründung in Schwierigkeiten?

Sie widerspricht der Selbsterfahrung, die sich auch in religiösen Entscheidungen frei weiß, und kann sich gegenüber einer imperativischen Vermittlung des Evangeliums nicht behaupten.

26. Warum ist die Problemlösung der FC in ihrer Grundstruktur von der tridentinischen Fassung der Willensfreiheit kaum unterschieden?

Auch hier wird dem freien Willen die Entscheidung für den Empfang des Gnadenmittels zugemutet; die Behauptung, dabei handele es sich um einen äußeren Vollzug, zu dem der Wille frei ist, kann keine grundlegende Differenz begründen.

6.3.

27. Was ist die ratio cognoscendi der Erbsünde?

Gottes heilsame Zuwendung in Jesus Christus.

28. Geben Sie traditionelle Distinktionen zum Begriff der Sünde an:

peccatum originale - peccatum actuale; peccatum mortale - peccatum veniale.

29. Was sind die Hauptgründe, warum die traditionelle Erbsündenlehre durch das moderne Denken kaum mehr nachvollzogen werden kann?

Einmal die Weitergabe der Sünde durch Zeugung, und weiter die Schuldhaftigkeit der Erbsünde.

30. Wie läßt sich die allgemeine Sündhaftigkeit der Menschen anders bestimmen als daß man sie für angeboren hält?

Sünde ist gelernt; der einzelne erliegt der Macht der gemeinsamen Grundsätze und Gewohnheiten, Unsitten und bösen Institutionen.

31. Wie kann der einzelne Mensch als für die allgemeine Sündhaftigkeit verantwortlich und also schuldig gedacht werden?

Er hat durch die vorgegebene und grundsätzlich bejahte Abhängigkeit von dem sündigen Lebenszusammenhang an diesem teil.

7. Christologie

7.0.

1. Was bezeichnet der Ausdruck Prädestination?

Die göttliche Bestimmung des sündigen Menschen zum Heil.

2. Welche Stellung kann der Prädestinationslehre im Lehrganzen zugewiesen werden?

Sie steht entweder am Übergang von der Gotteslehre zur Schöpfungslehre, oder am Übergang von der Anthropologie zu Christologie und Soteriologie, oder in der Soteriologie dort, wo vom Glauben des Menschen die Rede ist.

3. Was wird durch die Stellung der Prädestinationslehre in der Gotteslehre ausgedrückt?

Daß Gottes Entschluß zur Erschaffung der Welt den Willen Gottes zur heilsamen Gemeinschaft mit dem Menschen voraussetzt.

4. Was wird durch die Stellung der Prädestinationslehre vor der Christologie ausgedrückt?

Gottes Heilsratschluß kann durch die menschliche Sünde nicht aufgehoben werden; Gott setzt dem verkehrten menschlichen Willen seinen Heilswillen entgegen.

5. Was wird durch die Stellung der Prädestinationslehre in der Soteriologie ausgedrückt?

Nicht die menschliche Glaubensentscheidung ist der Grund für die Zueignung des Heiles, sondern Gottes Wille, den er in der Wirksamkeit des Hl. Geistes realisiert.

6. Wohin gehört die Prädestinationslehre in den nach der analytischen Methode arbeitenden luth. Dogmatiken?

Sie gehört hier zu den principia salutis.

7. Zählen Sie die principia salutis in ihrer trinitarischen Folge auf:

1. Benevolentia patris erga hominem lapsum. 2. Fraterna Christi redemtio. 3. Gratia Spiritus S. applicatrix.

8. Warum darf Luthers Bestreitung der Willensfreiheit nicht im Sinne eines modernen Determinismus interpretiert werden?

Weil Luther die Bestimmung des Weltgeschehens durch Gottes Freiheit denkt; moderner Determinismus dagegen denkt eine weltimmanente Notwendigkeit.

9. Warum kann allein von Gott ein liberum arbitrium ausgesagt werden?

Weil Gottes Maiestät alles, was sie will, kann und tut.

10. Wie löst Luther das Problem einer Verhältnisbestimmung des göttlichen und des menschlichen Wollens?

Beide stehen nicht in Konkurrenz, sondern die göttliche Wirksamkeit, die dem Menschen Gelegenheit zum Tun gibt, ist so Ermöglichung menschlichen Handelns.

11. Was ist das gedankliche Grundproblem der Erwählungslehre?

Wenn Gott Menschen zum Heil erwählt,dann übergeht er andere Menschen, erwählt sie nicht.

12. Was sind die Grundsätze, die Melanchthon für die Behandlung der Erwählungslehre aufstellt?

1. Aus dem Evangelium, nicht aus Vernunft oder Gesetz ist über die Erwählung zu handeln. 2. Alle, die gerettet werden, sind in Christus erwählt; Erkenntnis der Erwählung und Erkenntnis Christi gehören daher zusammen. 3. Der Grund der Erwählung und der Grund der Rechtfertigung sind identisch.

13. Wie schließt Calvin die Erwählung mit Jesus Christus zusammen?

Die zur Gotteskindschaft Erwählten sind in Christus erwählt. Gott hat sie in Christus geliebt und als Mitgenossen Christi zu Erben des Reiches gemacht. Gewißheit der Erwählung gibt es nur in Christus.

14. Lassen sich Heil und Verdammnis in gleicher Weise je auf Erwählung und Verwerfung zurückführen?

Nein. Zwar ist die Erwählung Grund des Heils. Grund der Verdammnis dagegen ist die menschliche Sünde, aus der die Verworfenen nicht durch Gottes Gnade gerettet werden.

15. Wie wird Gottes Vorausplanen in Hin-   Man unterscheidet hier die praedestinatio in Hin-
    sicht auf die Erwählten und in Hin-   sicht auf die Erwählten, Gottes wirksames Wollen,
    sicht auf die Verworfenen in der luth. von der praescientia in Hinsicht auf die Verdamm-
    Tradition gedacht?   ten, einem bloßen Vorauswissen der menschlichen
                                            Entscheidung gegen Gottes Gnade.

16. Was ist gegen eine solche Problem-   Hier ist nicht nur Gottes Wirksamkeit auf ein blo-
    lösung einzuwenden?   ßes Wissen zurückgenommen, um der menschlichen Ent-
                                            scheidung Raum zu geben, sondern auch die Erwäh-
                                            lung wird damit problematisiert; es legt sich ja
                                            nahe, diese dann in der gleichen Weise durch die
                                            von Gott vorausgewußte menschliche Entscheidung
                                            bedingt sein zu lassen.

17. Was ist finis und causa der Erwäh-   Der finis ist die Verherrlichung Gottes, die causa
    lung in der reformierten Tradition?   liegt allein im freien Willen Gottes.

18. Was ist gegen eine solche Problem-   Durch diese Lehrform wird der Gnadenwille Gottes,
    lösung einzuwenden?   der sich auf alle Menschen bezieht, der Ruf zu
                                            Buße und Glauben, der sich an alle richtet und der
                                            Ernst der Berufung durch Gott bestritten.

7.1.

19. Warum handelt es sich bei der Frage   Bei dieser Frage ist eine Beziehung zu Jesus Chri-
    nach der Wirklichkeit Jesu um ein   stus immer schon vorausgesetzt. Gefragt wird dann
    Reflexionsproblem?   nach der Möglichkeit einer solchen Beziehung oder
                                            Bestimmtheit durch Jesus Christus.

20. Wogegen wendet sich die Frage nach   Gegen jede vorgängige dogmatische, kerygmatische
    dem historischen Jesus?   oder biblische Bestimmung der Wirklichkeit Jesu.

21. Warum sollte man zwischen histori-   Um Äquivokationen und damit verbundene Mißverständ-
    schem und irdischen Jesus unter-   nisse zu vermeiden.
    scheiden?

22. Wie ist der Ausdruck "der histo-   Der "historische Jesus" ist Jesus, wie er sich der
    rische Jesus" zu verstehen?   historischen Rekonstruktion erschließt. Jesus un-
                                            terliegt hier den allgemeinen Bedingungen histori-
                                            scher Gegenständlichkeit.

23. Was bezeichnet dagegen der Aus-   Er bezeichnet das vergangene Leben Jesu von der
    druck "der irdische Jesus"?   Geburt bis zum Tod (und zur Auferstehung).

24. Welche drei Strukturelemente sind   1. Die Rekonstruktion Jesu im Medium von Geschich-
    für die Frage nach dem histori-   te überhaupt und die damit gegebene Begrenzung.
    schen Jesus typisch?   2. Die Unterscheidung des vergangenen Menschen und
                                            des bleibenden Wertes, den er verkörpert.
                                            3. Die Bedeutung Jesu als Lehrer und Vorbild für
                                            die Möglichkeit, diesen Wert gegenwärtig zu ver-
                                            wirklichen.

25. Welche dogmatischen Bildungen neh-   Die modernen christologischen Bildungen einer Prin-
    men die Frage nach dem historischen   zipchristologie und einer Urbildchristologie.
    Jesus auf?

26. Warum   kann man der Frage nach   Weil sie die Gegenwartsbedeutung Jesu in zeitlos
    dem historischen Jesus ein unge-   gültigen Werten finden will, und seine Wirklich-
    schichtliches Denken vorwerfen?   keit von seiner geschichtlichen Wirksamkeit trennt.

27. Was ist der Grundgedanke der Keryg-   Sie sieht die Wirklichkeit Jesu in seiner gegen-
    machristologie?   wärtigen Bezeugung, in der er selbst dem Menschen,
                                            vermittelt durch das Christuszeugnis, entgegen-
                                            tritt.

28. Unter welcher Voraussetzung hat   Unter der Voraussetzung, daß das Kerygma selbst
    Rudolf Bultmann den Satz, daß Je-   eschatologisches Geschehen ist und daß Jesus im
    sus ins Kerygma auferstanden sei,   Kerygma wirklich gegenwärtig ist.
    akzeptiert?

29. Wo liegt das Hauptproblem der Ke-   Sie kann die bleibende Bedeutung des irdischen Je-
    rygmachristologie?   sus, also der Vergangenheit Christi, nicht mehr
                                            recht verdeutlichen.

30. Warum muß der irdische Jesus vom gegenwärtig bezeugten Christus unterscheidbar bleiben?

Damit die Zeugen und der durch sie Bezeugte sich unterscheiden lassen und eine Verkündigung, die sich vom irdischen Jesus entfernt, zu ihm zurückgerufen werden kann.

31. Warum können "historischer Jesus" und "kerygmatischer Christus" den Ansprüchen einer zureichenden dogmatischen Begründung der Christologie nicht genügen?

"Historischer Jesus" wie "kerygmatischer Christus" verwerfen das Dogma der Zweinaturenlehre, ohne sich mit seinem Wahrheitsanspruch auseinanderzusetzen.

32. Welches Ziel gibt das Dogma der Zweinaturenlehre dem christologischen Nachdenken vor?

Jesus Christus muß so gedacht werden, daß die besondere Anwesenheit Gottes in ihm kenntlich wird.

33. Was charakterisiert den Denkweg einer "Christologie von unten"?

Er setzt bei dem Menschen Jesus, dem historischen Jesus ein, um dann zu denken, daß in ihm Gott in besonderer Weise anwesend ist.

34. Wie muß die Alternative einer Christologie "von oben" oder "von unten" formuliert werden, wenn sie sinnvoll sein soll?

Christologie "von oben" denkt die besondere Anwesenheit Gottes in Jesus Christus primär theologisch, d.h. als durch das Gottsein Gottes ermöglicht. Christologie "von unten" denkt diese Anwesenheit primär anthropologisch, d.h. als durch das Menschsein des Menschen ermöglicht.

7.2.

35. Welche drei Phasen der Lehrbildung in der alten Kirche müssen unterschieden werden?

1. Eine erste Phase der christol. Lehrbildung bis zur Durchsetzung der Logoschristologie. 2. Die Phase der trinitarischen Lehrbildung bis 381. 3. Eine das Nicaenum voraussetzende zweite Phase der christol. Lehrbildung.

36. Welche beiden Denkschemata sind für die zweite Phase der christol. Lehrbildung charakteristisch?

Das alexandrinische Inkarnationsschema und das antiochenische Assumptionsschema.

37. Wie ist im Inkarnationsschema das "Fleisch", das der Logos angenommen hat, zu verstehen?

Es bezeichnet sowohl das individuelle Menschsein Jesu wie die kollektive Befindlichkeit des Menschseins überhaupt.

38. Wie kann hier die Einheit Jesu Christi gedacht werden?

So, daß "Fleisch" als abstrakte Bestimmung dem Concretum des göttlichen Logos zugedacht wird.

39. Worin liegt die Problematik des Inkarnationsschemas?

Es kann das individuelle Menschsein Jesu nicht denken, hat also einen stark doketischen Zug.

40. Wie ist die angenommene Menschheit im Assumptionsschema gedacht?

Es ist die volle und ganze Menschlichkeit des individuellen Menschen Jesus.

41. Warum wird hier das Denken der Einheit des Gottmenschen problematisch?

Der Logos selbst wie das von ihm angenommene Menschsein sind als Concreta gedacht. Zwei Concreta können aber nicht eins werden.

42. Welchem Denkschema folgt das Chalzedonense?

Im Denkansatz dem Assumptionsschema, trotz der Bezeichnung der Maria als Gottesgebärerin.

43. Wie löst das Chalzedonense das Problem, daß zwei Concreta nicht als eines gedacht werden können?

Das Problem wird nicht gelöst, sondern nur durch eine Reihe von Negationen eingekreist.

44. Wie muß man nach dem Denkgebot des Chalzedonense Jesus Christus denken?

Als einen in zwei Naturen, und zwar ἀσυγχύτως, ἀτρέπτως, ἀδιαιρέτως, ἀχωρίστως.

45. Wie hat die weitere Lehrentwicklung das Problem einer Denkbarkeit der Einheit Christi gelöst?

Durch den Gedanken der Enhypostasie der Menschheit Jesu in der Gottperson des Logos. Die Menschheit wird dabei anhypostatisch gedacht, ist nicht selbst Concretum.

46. Wie lautet die theopaschitische Formel?

Unus de trinitate passus est carne.

47. Was ist unter "Ubiquität" im Zusammenhang der Christologie Luthers zu verstehen?

Der Gedanke, daß kraft der unio hypostatica auch die Menschheit Christi an der göttlichen Allgegenwart teilhat.

48. Wie hat die lutherische Orthodoxie die Ubiquitätsspekulation Luthers übernommen und mit der Tradition christologischen Denkens verbunden?

In der Gestalt der Lehre von den drei genera der Idiomenkommunikation, d.h. der Mitteilung der Eigenschaften.

49. Beschreiben Sie die drei genera der Idiomenkommunikation:

1. Idiomenkommunikation als Redeform, 2. als Mitteilung der gottheitlichen Eigenschaften an die menschliche Natur, 3. als gemeinsames Wirken.

50. Was ist unter dem "Extra Calvinisticum" zu verstehen?

Die Behauptung, daß der Gottessohn auch außerhalb der angenommenen Menschheit ist.

51. Inwiefern handelt es sich bei der Differenz der lutherischen und der reformierten Christologie um unterschiedliche Lösungen der Kohärenzproblematik?

Während die reformierte Christologie mit metaphysischen Axiomen (omne corpus est in loco, finitum non capax infiniti) argumentiert, also auf eine einheitliche metaphysische Anschauung Wert legt, widerspricht die lutherische Lehrform um des religiösen Interesses willen dieser einheitlichen Metaphysik.

52. Welche Funktion hat die Zweiständelehre im Zusammenhang der lutherischen Christologie?

Sie soll die Anschauung des irdischen Jesus ermöglichen.

53. Wer ist Subjekt der Entleerung im status exinanitionis?

Die gottmenschliche Person Jesu Christi, nicht die Gottheit allein.

7.3.

54. Warum hat jede Versöhnungslehre einen rationalistischen Grundzug?

Weil sie das vorgegebene Faktum des Kreuzestodes Jesu Christi nachträglich in seiner Notwendigkeit begründen will.

55. Was ist der Grundgedanke der klassischen (Aulén) Versöhnungslehre?

Jesu Kreuzestod ist der Sieg über Tod und Teufel.

56. Wonach fragt Anselm in "Cur Deus homo"?

1. Warum Gott den Menschen ihre Sünde nicht einfach vergeben hat. 2. Warum nur der Gottmensch Satisfaktion leisten konnte.

57. Wie werden die beiden grundlegenden Fragen beantwortet?

1. Gottes Ehre schließt die Anerkennung seiner Weltordnung durch die vernünftige Kreatur ein. Darum konnte er einen Verstoß gegen diese Ordnung nicht ungestraft lassen. 2. Weil die Genugtuung größer sein muß, als alles, was nicht Gott ist, konnte sie nur Gott leisten; weil der Mensch Gottes Ehre verletzte, mußte sie der Mensch leisten.

58. Wer wird nach dem Anselmschen, wer nach dem Abälardschen Typus der Versöhnungslehre versöhnt?

Beim Anselmschen Typ wird Gott mit den Menschen versöhnt, beim Abälardschen Typ die Menschen mit Gott.

59. Was besagt die Lehre vom munus bzw. officium triplex Jesu Christi?

Jesus Christus vereinigt in sich die Ämter der Gesalbten des AT, des Propheten, des Priesters und des Königs.

60. Worin besteht das prophetische Amt?

In der Lehre und Verkündigung des Gotteswillens, immediate im Stand der Erniedrigung, mediate im Stand der Erhöhung.

61. Worin besteht das priesterliche Amt Christi?

In der satisfactio im Stand der Erniedrigung, in der intercessio im Stand der Erhöhung.

62. Warum unterscheiden die lutherischen Dogmatiker in Hinsicht auf die durch Jesus Christus geleistete Genugtuung eine oboedientia activa und eine oboedientia passiva?

Jesus Christus hat nicht nur durch sein stellvertretendes Strafleiden die Sündenvergebung ermöglicht, sondern durch seine vollkommene Gesetzeserfüllung die Voraussetzung für die Zurechnung seiner Gerechtigkeit an die sündigen Menschen beschafft.

63. Worin besteht das königliche Amt Christi?

In der Ausübung der göttlichen Weltherrschaft durch den erhöhten Christus.

64. Welche Unterscheidungen sollen den Begriff des regnum Christi verdeutlichen?

Hinsichtlich des Herrschaftsbereiches die Unterscheidung von regnum gratiae und regnum potentiae, hinsichtlich der Zeit die Unterscheidung von regnum gratiae und potentiae einerseits, regnum gloriae andererseits.

7.4.

65. Wie ist im Unterschied zur Zweinaturenlehre die Intention der modernen Christologie zu kennzeichnen?

Sie will die Einheit von Sein und Funktion des Christus erfassen, und damit die Unterscheidung von Person und Werk Christi überwinden.

66. Wie läßt sich die gemeinsame Struktur moderner christologischer Bildungen beschreiben?

In Jesus Christus ist die Wahrheit des Menschseins so verwirklicht, daß diese Verwirklichung des wahren Menschseins selbst wieder solche Verwirklichung ermöglicht.

67. Worin ist für die Prinzipchristologie die Wahrheit des Menschseins, die sich in Jesus Christus verwirklicht, gegeben?

In einem allgemein einsichtigen, der Vernunft zugänglichen Prinzip (Idee) des wahren Menschseins.

68. Worin ist für die Urbildchristologie diese Wahrheit gegeben?

In ihrer einzigartigen geschichtlichen Verwirklichung durch Jesus Christus.

69. Welches sind die Strukturmomente der Prinzipchristologie?

1. Die Wahrheit des Menschseins wird als Prinzip oder Idee gedacht. 2. Jesus Christus wird verstanden als Beispiel für die Verwirklichung des Prinzips (als erstes oder treffendstes Beispiel). 3. Dieses Beispiel ist Anlaß dafür, daß sich die Wahrheit des Menschseins allgemein durchzusetzen beginnt.

70. Welches sind die Strukturmomente der Urbildchristologie?

1. Die geschichtliche Wirksamkeit Christi, die uns bestimmt, erweist seine Würde als urbildlicher Mensch. 2. Weil diese Wirksamkeit unvergleichlich ist, muß ihm eine unvergleichliche Würde zukommen. 3. Da diese urbildliche Würde als Verwirklichung wahren Menschseins ausgesagt werden muß, wird sie notgedrungen in quantitierenden Bestimmungen beschrieben.

71. Wie verhält sich die urbildliche Verwirklichung des Menschseins in Jesus Christus zur geschichtlichen Entwicklung der Menschheit als Gattung?

Wenn Jesus Christus zu Recht als Urbild des wahren Menschseins bezeichnet wird, muß die von ihm ausgehende Wirksamkeit schließlich die ganze Menschheit bestimmen.

8. Soteriologie

1. Was ist das grundlegende Problem im dogmatischen Aufbau der Soteriologie?

Es darf weder der Eindruck einer unvermittelten Wirksamkeit des Hl. Geistes entstehen, noch darf diese Wirksamkeit in die Vermittlungen hinein verschwinden.

8.1.

2. Was ist das zentrale Problem der Soteriologie?

Wie läßt sich Gottes Werk im Menschen so beschreiben, daß es zugleich als Gottes Werk vom Werk des Menschen unterschieden bleibt?

3. Wie löst die katholische Gnadenlehre dieses Problem?	Sie sieht die Gnade als Gottes Wirkung im Menschen; diese Gnade befähigt den Menschen, Werke hervorzubringen.
4. Was ist dabei unter der "eingegossenen Gnade", gratia infusa, zu verstehen?	Die Fähigkeit des Menschen, zu glauben, zu lieben und zu hoffen, als Wirkung des göttlichen Gnadenwirkens.
5. Wie verhält sich die erfahrbare menschliche Spontaneität zu dieser Gnadenwirkung?	Sie betätigt die als Gnade gegebene Fähigkeit in den entsprechenden Akten der Liebe, des Glaubens und der Hoffnung.
6. Was folgt aus dieser Konzeption, die Gottes Gnadenwirkung von seiner Wirksamkeit unterscheidet?	Gnadenlehre ersetzt die Lehre vom Werk des Hl.Geistes, und an die Stelle einer Vermittlung des Geistes durch das Wort tritt die Gnadenmitteilung im Sakrament.
7. Wie beschreibt CA V das Predigtamt?	Durch Wort und Sakrament als durch Mittel wird der Hl. Geist gegeben, qui fidem efficit, ubi et quando visum est Deo, in denen, die das Evangelium hören.
8. Wie beschreibt Luther im KlKat das Werk des Hl. Geistes im Menschen?	"Der Hl. Geist hat mich durchs Evangelium berufen, mit seinen Gaben erleuchtet, im rechten Glauben geheiligt und erhalten."
9. Woran ist Gottes von menschlicher Spontaneität unterschiedene Wirksamkeit im Menschen kenntlich?	Da der Geist den Glauben an das Evangelium wirkt, zeigt das äußere Wort, verbum externum, diese Unterscheidung von Gottes Wirksamkeit und einem menschlichen Werk an.
10. Geben Sie an, wie Hafenreffer die Unterscheidung von göttlicher Wirksamkeit und menschlicher Spontaneität durchführt:	Als Unterscheidung im Glaubensverständnis. Als qualitas in nobis, notitia und assensus, ist die fides vom Menschen gefordertes Werk, relate dagegen, sofern sie sich auf Christus bezieht, rechtfertigt sie den Menschen.
11. Wie kann die reformatorische von der tridentinischen Konzeption der Soteriologie unterschieden werden?	Hier gibt Gott nicht eine Wirkung in den Menschen hinein, die ihn befähigt, zu seinem Heil tätig zu werden, sondern holt ihn aus seiner Unfähigkeit und Sünde heraus zu einem Leben außer sich in Gott.
12. Worin ist dieses "Außer-sich" des neuen Lebens konkret?	Im verbum externum, dem gepredigten und gehörten Evangelium.
13. Was geschieht, wenn die Vermittlung der Wirksamkeit Gottes durch die Kirche die Soteriologie beherrscht?	Dann geht die Pneumatologie in die Ekklesiologie auf; dann muß die Empfänglichkeit des Menschseins für die Wirkung des Göttlichen ein selbständiges dogmatisches Gewicht bekommen.
14. Inwiefern kann von einer Konkurrenz von Mariologie und Pneumatologie gesprochen werden?	Insofern Maria als die Personifikation der Kirche die menschliche Empfänglichkeit für die göttliche Gnadenwirkung darstellt.
15. Wie ließe sich die Alternative einer Soteriologie "von oben" oder "von unten" formulieren?	Soteriologie "von oben" reflektiert die Ermöglichung der göttlichen Wirkung im Menschen durch die göttliche Wirksamkeit, Soteriologie "von unten" durch die menschliche Empfänglichkeit.

8.2.

16. Wie beschreibt das Tridentinum die Rechtfertigung des Menschen?	Als einen Vorgang, der sich am Menschen so vollzieht, daß als seine Folge eine kenntliche Veränderung entsteht.
17. Inwiefern ist der Mensch in der praeparatio mit tätig?	Insofern er die göttliche Inspiration aufnimmt, die er auch ablehnen könnte.
18. Was sind die Wirkungen der gratia praeveniens und des ihr kooperierenden Menschen?	Die fides ex auditu, der Glaube, daß Gottes Offenbarung wahr sei, die Hoffnung auf Gottes Gnade, und die anfangende Gottesliebe.

19. Worin vollendet sich die praeparatio?

In dem Entschluß, sich taufen zu lassen, ein neues Leben zu beginnen und Gottes Gebote zu halten.

20. Worin besteht die Rechtfertigung selbst?

Sie ist nicht allein Sündenvergebung, sondern auch Heiligung und Erneuerung des inneren Menschen, der die Gnade willig empfängt.

21. Warum kann das Tridentinum von einem unterschiedlichen Maß von Gerechtigkeit bei einzelnen Menschen reden?

Es handelt sich dabei um eine Veränderung des Menschen, in die nicht nur Gottes Gnadengabe eingeht, sondern auch die unterschiedliche dispositio und cooperatio des Menschen.

22. Worin besteht die göttliche Wirksamkeit bei der Rechtfertigung?

In der Sündenvergebung und in der Eingießung der Gerechtigkeit (bzw. der Gnade bzw. der theologischen Tugenden fides, spes und caritas).

23. Wie ist diese göttliche Wirksamkeit erfahrbar?

Sie ist erfahrbar in der Aktualisierung der empfangenen Fähigkeit zu glauben, zu lieben und zu hoffen.

24. Wozu wird auf die Verdienstlichkeit der guten Werke verwiesen?

Um zur Aktualisierung des eingegossenen Gnadenhabitus zu motivieren.

25. Warum kann es in dieser Konzeption keine Heilsgewißheit geben?

Weil der Zweifel an der eigenen Disposition und Kooperation mit zu der hier vorausgesetzten religiösen Motivation gehört.

26. Was ist die Grundintention der reformatorischen Rechtfertigungslehre?

Sie will die Unanschaulichkeit der göttlichen Wirksamkeit im Menschen bewußt festhalten.

27. Was bedeutet ein "forensisches" Verständnis der Rechtfertigung?

Hier wird Rechtfertigung als die Gerechtsprechung des Menschen durch Gott verstanden.

28. Welche beiden Momente werden dabei unterschieden?

Die Sündenvergebung und die Zurechnung (imputatio) der Gerechtigkeit Christi.

29. Was ist ein "analytisches", was ein "synthetisches" Verständnis von Gottes Rechtfertigungsurteil?

Nach dem analytischen Verständnis stellt Gott eine dem Menschen eigene Gerechtigkeit fest; nach dem synthetischen Verständnis bringt Gottes Urteil eine bei dem Menschen nicht vorhandene Gerechtigkeit hinzu.

30. Wie ist die Gerechtigkeit des so Gerechtfertigten anschaulich?

In dem (aktiven und passiven) Gehorsam Jesu Christi als der Gestalt des Gerechtfertigten.

31. Warum gehört der rechtfertigende Glaube mit dem Evangelium als mit seinem Gegenstand zusammen?

Weil nur so dieser Glaube als die Wirksamkeit Gottes selbst im Menschen beschrieben werden kann, ohne sich als von dieser Wirksamkeit abgelöste Wirkung zu verselbständigen.

32. Inwiefern ist die Rechtfertigung des Menschen nicht nur forensisch, sondern auch effektiv zu verstehen?

Insofern Gottes Wirksamkeit im Menschen diesem doch nicht nur äußerlich bleiben kann, sondern kenntliche Veränderungen hervorbringt.

33. Wie setzt die FC forensische und effektive Rechtfertigung zueinander in Beziehung?

Indem sie unterscheidet zwischen der zugerechneten Gerechtigkeit des Glaubens und der anfangenden Gerechtigkeit des neuen Gehorsams.

34. Warum braucht es diese Unterscheidung?

Weil der Mensch allein auf die ihm zugerechnete Gerechtigkeit des Glaubens vertrauen soll.

35. Was ist der Sinn der reformatorischen particulae exclusivae?

Sie wollen die Alleinwirksamkeit Gottes dort, wo es um das Heil geht, beschreiben.

36. Welche Teilmomente des Glaubens unterscheidet die Orthodoxie?

Notitia, als das Wissen von Gottes Heil in Christus, assensus als die willentliche Zustimmung zu Gottes Heilsangebot, und fiducia als die im Evangelium gegründete Gewißheit des Heils.

37. Worin besteht die dogmatische Problematik des ordo salutis?

Er legt das Mißverständnis nahe, als lasse sich
die unanschauliche Wirkung Gottes im Menschen in
einen erfahrbaren zeitlichen Ablauf innerer Widerfahrnisse und Handlungen bringen.

38. Welche neun Stationen des ordo salutis werden bei Hollaz aufgezählt?

Vocatio, illuminatio, conversio, regeneratio,
iustificatio, unio mystica, renovatio, conservatio, glorificatio.

39. Welche Gefahren bestehen bei einer
Unterscheidung von Rechtfertigung
und Heiligung?

Die Gefahr, 1. daß Gottes Handeln in die religiöse Aktivität der Heiligung hinein verschwindet;
2. daß die Einheit der göttlichen Wirksamkeit wie
des Lebensvollzugs problematisiert wird.

8.3.

40. Was ist das Grundproblem einer Verhältnisbestimmung von Glauben und
Werken?

Wie kann Gottes Wirksamkeit im Menschen zur erfahrbaren Wirklichkeit dieses Menschen werden?

41. Wie versucht das Reflexionsmodell
Glauben und Werke aufeinander zu
beziehen?

Sie werden über das Reflexions-Ich vermittelt,
das sich sowohl als Subjekt seines Glaubens wie
seiner Werke weiß.

42. Was ist in diesem Zusammenhang das
entscheidende Problem?

Die Frage nach der Motivation des Ich zu guten
Werken.

43. Welche Motivation ergibt sich dort,
wo der Glaube sich seiner selbst
(bzw. seiner Erwählung) im syllogismus practicus vergewissert?

Da hier aus den guten Werken als den Früchten des
Glaubens auf diesen Glauben und also die eigene
Erwählung geschlossen wird, muß der Mensch daran
interessiert sein, solche Werke als Ausgangspunkt
der Folgerung aufzuweisen.

44. Inwiefern ist das durch einen solchen Syllogismus gekennzeichnete
Denken mit dem Tridentinum vergleichbar?

Insofern hier wie dort das stabile Ich der Selbsterfahrung sich die unanschauliche Wirksamkeit
Gottes durch seine Werke selbst bestätigt.

45. Worin besteht die Schwäche des Ver-
ursachungsmodells, das den Glauben
selbst als Ursache der Werke bestimmt?

Die Reflexion läßt sich nicht verbieten; darum
besteht hier ständig die Gefahr eines Umschlags
in das Reflexionsmodell.

46. Was ist gegen eine solche Beziehung
der Werke auf das Ich anzuführen?

Die "guten Werke" sollen ein sinnvolles Tun sein,
das dem Nächsten nützt.

9. Die Gnadenmittel

1. Erklären Sie den Ausdruck "Gnadenmittel".

Er ist Übersetzung von "media salutis" und gehört
in den Sachzusammenhang der analytisch vorgehenden Orthodoxie, die nach den principia salutis
die media salutis abhandelt.

9.1.

2. Was ist die übliche Stellung der
Gnadenmittel Wort und Sakrament
im dogm. Zusammenhang?

Üblicherweise werden die Gnadenmittel Wort und
Sakrament im Zusammenhang der Ekklesiologie
abgehandelt.

3. Wo stehen Wort und Sakrament im
Zusammenhang der CA?

In unmittelbarem Anschluß an den IV. Art. von der
Rechtfertigung, unter der Überschrift "Vom Predigtamt" bzw. "De ministerio ecclesiastico".

4. Was deutet diese Vorordnung von
Wort und Sakrament vor der Ekklesiologie an?

Die Kirche hat ihren Ursprung in dem Wort, durch
das der rechtfertigende Glaube vermittelt wird.
Sie ist creatura verbi.

5. Wodurch wird in der "dialektischen"
Theologie die Theologie insgesamt
problematisiert?

Durch die Feststellung, daß Gott selbst es ist,
der sich in seinem Wort mitteilt, daß also die
menschliche Vermittlung auf die Verwirklichung
durch Gott angewiesen ist.

6. Warum läßt sich der "Theologie des Wortes Gottes" vorwerfen, sie vertrete einen autoritären Offenbarungsanspruch?

Weil sie mit der Möglichkeit rechnet, daß durch menschliche Rede Gott redet, muß sie den absoluten Anspruch des Wortes Gottes vertreten.

7. An welchen Stellen wird die Lehre vom Wort Gottes in der altprotestantischen Dogmatik behandelt?

Man redet vom Wort Gottes (der Hl.Schrift) in der Prinzipienlehre, wo es als Erkenntnisquelle auftritt, und dann noch einmal dort, wo es um die Vermittlung des Heils geht.

8. Welche Gefahr besteht in dieser doppelten Behandlung?

Daß die Frage nach der Autorität des Wortes von seiner Wirksamkeit bei der Vermittlung des Heils isoliert wird.

9.2.

9. Was ist die grundlegende konfessionelle Differenz bei der Verhältnisbestimmung von Wort und Sakrament?

In der katholischen Lehre haben Predigt und Sakrament eine unterschiedliche Bedeutung, während sie in der evangelischen Lehre einander gleichgeordnet sind.

10. Woran zeigt sich die Vorordnung des Sakraments vor dem Wort in der kath. Lehre?

Das Wort hat im Rechtfertigungsvorgang seinen Platz in der praeparatio, die iustificatio ipsa geschieht durch das Sakrament.

11. Zählen Sie die sieben Sakramente der kath. Kirche auf:

Taufe, Firmung, Eucharistie, Buße, letzte Ölung, Weihe, Ehe.

12. Warum ordnet die reformatorische Theologie Wort und Sakrament zusammen?

Weil man sich hier auf die göttliche Verheißung konzentriert, die durch die Gnadenmittel dargereicht und im Glauben empfangen wird.

13. Was ist die Folgerung aus dieser Konzentration auf das Evangelium bzw. die göttliche Verheißung?

Das mündliche, gepredigte Evangelium ist in gleicher Weise wirksame Darbietung der göttlichen Gnade wie das sakramentale Zeichen.

14. Warum muß die reformatorische Anschauung eine Wirksamkeit des Sakraments ex opere operato bestreiten?

Weil eine solche Wirksamkeit durch den ordnungsgemäßen Vollzug des Sakraments sich nur auf die Übertragung der göttlichen Wirkung im Menschen beziehen kann, die sich dann wieder in entsprechenden Akten äußern muß.

15. Warum muß sie dagegen den Glauben für die Wirksamkeit des Sakraments voraussetzen?

Weil sich das äußere Wort als verbum promissionis und die innere Wirksamkeit Gottes als Glaube entsprechen müssen.

16. Warum fragen moderne protestantische Dogmatiker nach einem Proprium des Sakraments?

Weil die faktische Vorordnung des Wortes vor dem Sakrament in den protestantischen Kirchen die Frage stellen läßt, wieso es neben dem Wort auch noch das Sakrament brauche.

9.3.

17. Was ist die Erfahrung, die den Anspruch des Evangeliums auf Glauben begründet?

Die Erfahrung des geängsteten Gewissens, das im Evangelium seinen Trost findet.

18. Wie redet die lutherische Tradition vom Wort Gottes als Gnadenmittel?

Sie redet von Gesetz und Evangelium in ihrer Unterscheidung.

19. Warum darf man Gesetz und Evangelium nicht vermischen?

Damit nicht aus dem Evangelium ein Gesetz gemacht und das Verdienst Christi verdunkelt wird, und die betrübten Gewissen ihres Trostes im Evangelium beraubt werden.

20. Was versteht die dogmatische Tradition unter der lex divina?

Die lex divina ist ein von Gott erlassenes Gesetz, das biblisch offenbarte Gesetz.

21. Was ist der Sinn der Unterscheidung von leges morales, ceremoniales und iudiciales in der alttestamentlichen lex divina?

Diese Unterscheidung soll die Verbindlichkeit der leges ceremoniales und iudiciales auf Israel, für das sie erlassen wurden, einschränken.

22. Warum gilt das nicht auch für die lex divina moralis, den Dekalog?

Hier handelt es sich um die ewige Norm Gottes, mit der lex naturae identisch, die sich nicht mit den Zeitumständen wandelt.

23. Welche usus legis werden unterschieden?

1. der usus civilis 2. der usus elenchticus (theologicus) 3. der usus in renatis (tertius usus).

24. Inwiefern gelingt es der Unterscheidung der usus legis, Weltwirklichkeit und Heilswirklichkeit zusammenzuschließen?

Gott ist hier und dort mit dem gleichen Gesetz wirksam, das er als staatliche Rechts- und Zwangsordnung gebraucht, dessen er sich in der Gesetzespredigt als Hinführung zum Evangelium bedient, das von den Glaubenden als Liebesgesetz erkannt und erfüllt wird.

25. Warum bezeichnet Calvin den tertius usus legis als den praecipuus usus?

Weil er dem eigentlichen Sinn des Gesetzes am nächsten kommt, das als Gottes Wille erkannt und getan werden will.

26. Warum bezeichnet dagegen die luth. Tradition den zweiten Brauch des Gesetzes als praecipuus usus?

Weil hier das Gesetz seine Funktion als Hinführung zum durch das Evangelium angebotenen Heil erfüllt.

27. Welche Aufgaben hat die Unterscheidung von Gesetz und Evangelium in der reformatorischen Tradition?

Sie dient als hermeneutisches Prinzip, das die Rechtfertigungslehre auf die Schriftauslegung anwendet und beschreibt die Grunderfahrung, in der sich in der Reformation das Wort Gottes als wirksam erwiesen hat.

28. Welche Problemverschiebung in der Lehre von Gesetz und Evangelium zwischen der Reformation und der Diskussion des 20.Jhdts. ist zu beachten?

Der Akzent hat sich von der Predigt des Gesetzes darauf verschoben, daß unter Gesetz die natürliche Verfaßtheit des Menschseins ohne das Evangelium und vor dem Evangelium verstanden wird.

29. Was ist der in Barths Umkehrung der Formel "Evangelium und Gesetz" angesprochene Streitpunkt?

Barth will die Zusammengehörigkeit von Gesetz und Evangelium unter dem Oberbegriff des Wortes Gottes wieder in Erinnerung rufen.

30. Wie verhält sich die Barthsche Umkehrung der Formel zur reformatorischen Erfahrung mit dem Wort Gottes als Gesetz und Evangelium?

Barth will diese Erfahrung nicht umstoßen oder eine synergistische Hermeneutik propagieren; er will aber diese Erfahrung als Erfahrung mit dem Wort Gottes ausführen und nicht bestimmte sonstige Erfahrungen wegen ihrer erhebenden oder bedrängenden Macht als Betroffenheit durch <u>Gottes</u> Gesetz ausgeben.

31. Was ist die entscheidende positionelle Differenz, wo es in der Lehre von Gesetz und Evangelium um die Betroffenheit durch das Wort Gottes geht?

Kann und muß sich das gepredigte Wort (Evangelium) auf eine Erfahrung beziehen, die der Mensch immer schon gemacht hat (Gesetz), oder ist die Erfahrung der Betroffenheit eine in Evangelium und Gesetz?

32. Wie versucht man gegenwärtig, die Wirksamkeit des Wortes Gottes zu begründen, wenn man dem Vorwurf einer Berufung auf Autorität entgehen will?

Durch den Hinweis auf allgemeine Strukturen des wirksamen Wortes; mit einem solchen Hinweis gewinnt man zwar die Möglichkeit einer Einordnung, verstößt aber gegen das alte Axiom: Deus (und also auch verbum Dei) non est in genere.

9.4.

33. Welche charakteristische Schwäche hat die dogmatische Sakramentslehre?

Sie muß sich auf eine Sakramentspraxis beziehen, die viel eher ihren eigenen Gesetzmäßigkeiten folgt als den Versuchen dogmatischer Normierung.

34. Warum mußte die Reformation zu einer allgemeinen Bestimmung von "Sakrament" kommen?

Um die katholische Sakramentslehre und Praxis mit ihrer Siebenzahl der Sakramente bestreiten zu können.

35. Was ist nach dieser Bestimmung für das Sakrament konstitutiv?

Einmal das durch Christus selbst eingesetzte Zeichen, und weiter die Verheißung, daß durch dieses Zeichen die Heilsgnade vermittelt wird.

36. Warum lassen sich Verständnis und Gebrauch des Sakraments nicht trennen?

Weil das Sakrament nur dort als wirksam verstanden werden darf, wo es stiftungsgemäß gebraucht wird.

37. Welche Grundbestimmung von Taufe und Abendmahl steht exegetisch fest?

Beide sind eschatologische Zeichen. Die Taufe bezeichnet das Gericht über die Sünde, das Abendmahl ist Vorwegnahme des eschatologischen Heils.

38. Was ist die Problematik der Taufpraxis in Hinsicht auf den eschatologischen Charakter der Taufe?

Durch die Praxis der Säuglingstaufe hat diese eine religiös-soziale Funktion gewonnen, neben der sich der eschatologische Bezug kaum mehr zur Geltung bringen läßt.

39. Unter welcher Voraussetzung kann der für eine reformatorische Theologie unabdingbare Zusammenhang von Taufe und Glauben auch bei der Praxis der Säuglingstaufe aufgewiesen werden?

Unter der Voraussetzung, daß dieser bestimmte Taufvollzug nicht isoliert wird, sondern in seiner Zusammengehörigkeit mit Glauben, Bekenntnis und Gehorsam derer gesehen wird, die diese Taufe erbitten, vollziehen und auf sie hin glauben.

40. Warum ist die Behauptung eines Kinderglaubens theologisch unverantwortlich?

Hier fehlt die für den Glauben im reformatorischen Verständnis unabdingbare Beziehung auf das Verheißungswort.

41. Welches Taufverständis ist in der Praxis der Nottaufe vorausgesetzt?

Die Taufe ist heilsnotwendig, und zugleich heilswirksam (effektives Taufverständnis).

42. Warum wird auf reformierter Seite die Nottaufe abgelehnt?

Eine Kindertaufe ist nur möglich auf zukünftigen Glauben hin.

43. Warum bestreitet K.Barth den Sakramentscharakter der Taufe?

Weil Gottes Beziehung zum Menschen diesen zu freier Partnerschaft befähigt, und weil darum diese Beziehung nicht so vermittelt werden darf, daß sie den Menschen in Abhängigkeit von vermittelnden Instanzen versetzt.

44. Aus welchen Gründen ist das Abendmahl in der Frömmigkeitspraxis der Evangelischen zurückgetreten?

Es kann sich hier um eine Mißachtung des Abendmahls handeln, aber auch um die Scheu vor dem Heiligen, das hier ausgeteilt wird.

45. Wie wird die Gegenwart Christi im Abendmahl bei den einzelnen Konfessionen vorgestellt?

1. Katholisch als Transsubstantion. 2. Lutherisch als Realpräsenz (Konsubstantiation). 3. Reformiert als durch den Geist vermittelt; der leibliche Vorgang ist Repräsentation des geistlichen Vorgangs.

46. Was versteht man unter einer manducatio impii?

Auch der Ungläubige genießt im Sakrament Leib und Blut Christi, freilich nicht zum Heil, sondern zum Gericht.

47. Worin treffen sich die reformatorischen Kirchen im Gegensatz gegen die katholische Sakramentslehre?

Die Vergegenwärtigung Christi wird nicht durch den Ritus bewirkt, sondern ist seine Selbstvergegenwärtigung dort, wo das Sakrament gebraucht wird.

48. Was sind die Mißbräuche, die mit der katholischen Wandlungslehre zusammengehören?

Ein mögliches Verständnis der Eucharistie als Opfer. Manipulationen mit dem sakramentalen Christus (Einschließung, Verehrung, Fronleichnamsprozession etc.).

10. Ekklesiologie

1. Warum empfiehlt sich eine dogmatische Behandlung der Ekklesiologie erst nach der Soteriologie und der Lehre von den Gnadenmitteln?

Damit schon im Aufbau der Dogmatik kenntlich bleibt, daß die Wirksamkeit des Hl. Geistes, der durch Wort und Sakrament den Glauben schafft, Voraussetzung der Kirche ist.

10.1.

2. Welches Kirchenverständnis legt sich durch die Erfahrungen mit der parochialen Organisation der Kirche nahe?

Kirche wird einmal verstanden als das Amt und die durch dieses Amt betreute Gemeinde (Dual Amt - Gemeinde); weiter legt sich ein Verständnis der Kirche als Heilsanstalt nahe.

3. Wie sieht die übliche Begründung für das Gegenüber von Amt und Gemeinde aus?

Man verweist hier auf den zentralen kirchlichen Auftrag der Evangeliumsverkündigung durch Wort und Sakrament.

4. Inwiefern wird dieser Auftrag durch soziologische Erhebungen problematisiert?

Man verweist hier auf religiöse Bedürfnisse, denen die Kirche nachzukommen habe.

5. Welches Verständnis von Kirchlichkeit legt die Austeilungsstruktur der kirchlichen Organisation nahe?

Kirchlichkeit wird bemessen nach der Intensität, in der die Dienstleistungen der Kirche in Anspruch genommen werden.

6. Nennen Sie typische Einwände gegen dieses durch die kirchliche Organisation nahegelegte Kirchenverständnis:

1. Unter dem Hinweis auf das allen Glaubenden eigene Charisma protestiert man gegen die Monopolisierung aller religiösen Aktivitäten durch das Amt.
2. Unter dem Hinweis auf die eigentümliche geistliche Sozialgestalt der Kirche protestiert man gegen die volkskirchliche Organisation.

7. Welche Möglichkeiten gibt es, theologisch mit dem durch Erfahrungen mit der faktischen Kirche bestimmten Kirchenverständnis umzugehen?

1. Die Dogmatik vermeidet Konflikte und arbeitet eine korrekte Ekklesiologie als Alibi für die Faktizität aus. 2. Das theologische Verständnis von Kirche wird der empirisch erhobenen Funktion so weit als möglich angepaßt. 3. Normative Aufstellungen werden kirchenkritisch eingesetzt (wobei organisatorische Folgerungen gesucht und erwartet werden sollten).

10.2.

8. Wie sieht das "freikirchliche" Modell das Verhältnis von Kirche und Glauben?

Kirche entsteht hier durch das Zusammentreten der Glaubenden zu gemeinsamer Erbauung und Aktion.

9. Inwiefern ist beim "anstaltlichen" Modell die Kirche Voraussetzung des Glaubens?

Hier wird der Glaube als Wirkung oder Wirksamkeit Gottes gedacht, die der geordneten Vermittlung durch die von der Kirche dargebotenen Gnadenmittel bedarf.

10. Warum kann nach reformatorischem Verständnis die um Wort und Sakrament versammelte Gemeinde nicht als Kirche im strengen Sinn bezeichnet werden?

Weil die unanschauliche Wirksamkeit Gottes, des Hl. Geistes, weder an ein opus operatum des Sakraments gebunden ist noch an feststellbaren Verhaltenskritierien abgelesen werden kann.

11. Inwiefern ist Kirche im strengen Sinn sichtbare Kirche?

Insofern sie in den notae ecclesiae, Evangeliumspredigt und stiftungsgemäßer Sakramentsverwaltung, sichtbar wird.

12. Wie läßt sich die reformatorische Dialektik von Sichtbarkeit und Unsichtbarkeit der Kirche formulieren?

Als Personengemeinschaft ist die wahre Kirche unsichtbar. Sichtbar aber ist sie als die Gemeinschaft , die am Evangelium in Predigt und Sakrament teilhat.

13. Was ist bei der katholischen und orthodoxen Kirche das entscheidende Kennzeichen der Kirche?

Das Bischofsamt, das in der Nachfolge der Apostel steht.

14. Versuchen Sie mit den Distinktionen der lutherischen Orthodoxie eine luth. Ortsgemeinde zu beschreiben.

Sie ist ecclesia visibilis, particularis, late dicta. Aber in ihr verwirklicht sich die ecclesia invisibilis und universalis, weil das Evangelium in ihr wirksam ist. Sie ist ecclesia vera aufgrund ihres lutherischen Lehrtypus.

15. Wie ist das Verhältnis des kirchlichen Dogmas zu seiner individuellen Aneignung zu bestimmen?

Das Dogma ist immer umfassender als seine individuelle Aneignung.

16. Mit welchen Distinktionen hat man sich (katholisch wie lutherisch) mit diesem Sachverhalt auseinandergesetzt?

Die katholische Dogmatik unterscheidet von der fides explicita eine fides implicita. Die lutherische Orthodoxie unterscheidet articuli fidei fundamentales primarii und secundarii.

17. Inwiefern kann die Möglichkeit subjektiver Aneignung nicht Kriterium für die Wahrheit des Dogmas sein?

Insofern das Glaubensbewußtsein der Kirche immer weiter ist als das des diesen Glauben sich aneignenden gläubigen Individuums.

18. Was besagt die Unterscheidung einer fides qua creditur und einer fides quae creditur?

Die fides qua creditur ist der subjektive Glaube, Glaube im eigentlichen Sinn; die fides quae creditur ist der Glaubensgegenstand, die Glaubenslehre bzw. der gemeinsame Inhalt des kirchlichen Glaubensbewußtseins.

19. In welchem doppelten Sinn kann die Kirche für den Glauben zur Autorität werden?

Einmal so, daß sie dem Glauben in ihrem Bekenntnis den formulierten Glaubensgegenstand vorgibt. Zum anderen so, daß sie durch ihr Zeugnis und Vorbild zum Glauben bewegt.

20. Wie beurteilen Sie den Hinweis der Reformation, daß das "Kreuz" die eigentliche Lebensgestalt der Kirche ist?

?

10.3.

21. Worauf verweist der lutherische Sprachgebrauch, der vom "Amt" redet, statt wie die Reformierten von Ämtern oder die Katholiken von Hierarchie?

Er verweist auf das Evangelium, dessen geordnete Ausrichtung in Wort und Sakrament dieses eine Amt fordert, aber nur dieses.

22. Was ist hier die grundlegende dogmatische Frage?

Konstituiert sich die Kirche im Amt als Gegenüber zur Gemeinde? Oder überträgt die Gemeinde bestimmte ihr eigene Aufgaben (Funktionen) an ein Amt?

23. Inwiefern läßt sich die dreifache Aufgabe der Bischöfe mit dem dreifachen Amt Christi vergleichen?

Die potestas magisterii entspricht dem munus propheticum, die potestas ordinis dem munus sacerdotale, die potestas iurisdictionis dem munus regium.

24. Was besagt die Bestimmung, daß das Bischofsamt iure divino besteht?

Es ist durch göttliches Recht eingesetzt; eine Veränderung durch menschliche Entscheidung ist darum nicht möglich.

25. In welchem Verhältnis stehen kath. Hierarchie und Kirchenvolk?

Die Hierarchie ist um des Kirchenvolkes willen da; aber sie ist ihm streng vorgeordnet.

26. Wie bestimmt die lutherische Tradition das Verhältnis von Amt und Gemeinde?

Ausgangspunkt ist die Notwendigkeit der Evangeliumsverkündigung (CA V). Umstritten ist, ob dem Gegenüber von verbum externum und Glauben ein Gegenüber von Amt und Gemeinde entsprechen muß.

27. Welche Alternative besteht hier in der theologischen Begründung des faktisch bestehenden Pfarramtes?

Ist dieses Pfarramt ("Hirtenamt") unmittelbar von Christus gestiftet, oder übertragen die Glaubenden ein ihnen allen eignendes Amt an besondere Personen, die es in ihrem Auftrag ausüben?

28. Läßt sich die Frage nach der dogm. Begründung des Amtes in dieser Alternative zureichend beantworten?

Nein. Dazu muß unterschieden werden zwischen der allgemeinen christlichen Berufung zum Glauben und der besonderen Berufung der Kirche zur Evangeliumsverkündigung, in der diese Berufung zum Glauben ergeht. In dieser besonderen Berufung der Kirche ist das Amt begründet, dessen zweckmäßige Ordnung dann das Pfarramt darstellt.

29. Inwiefern läßt sich von dieser Begründung her die Alternative, ob das Amt iure divino oder iure humano besteht, beantworten?

Iure divino besteht das Amt in seiner einheitlichen und gleichbleibenden Wesensbestimmung, iure humano in seinen wechselnden und mannigfaltigen empirischen Gestaltungen.

30. In welchem Verhältnis stehen Amt und Herrschaft Christi nach dem hierarchischen Modell?

Christus wird durch das Amt repräsentiert. Er übt seine Herrschaft durch dieses Amt aus.

31. Wie muß eine evangelische Amtstheo-
logie das Verhältnis von Herrschaft
Christi und Amt bestimmen?

Das Amt ist der Herrschaft Christi untergeordnet.
Daß es im Sinne Christi ausgeübt wird, hat das
evangelische Amt an der Schriftgemäßheit seiner
Amtsführung nachzuweisen.

32. Wer hat über diese Schriftgemäßheit
zu urteilen?

Dieses Urteil ist das Recht und die Pflicht der
Gemeinde. Faktisch nehmen die Kirchenleitungen
dieses Recht in Anspruch.

10.4.

33. Inwiefern kann in der eschatologischen Perspektive die Einheit von
Kirche und Welt behauptet werden?

Die Kirche als das neue Gottesvolk nimmt die eschatologische Einheit der Menschheit vorweg und bahnt
ihr den Weg.

34. Wie ist eine bleibende Unterschiedenheit von Kirche und Welt dogmatisch zu begründen?

Mit der bleibenden Macht der Sünde, von der allein
Gottes rechtfertigendes Handeln unterscheiden kann.

35. Wie muß die Sendung der Kirche
theologisch begründet werden?

Gott hat sich in Christus als Gott für die Welt
offenbart; darum muß die Kirche ihre Zielsetzung
als Dienst für die Welt ausarbeiten.

11. Eschatologie

1. Welche unterschiedlichen Bedeutungen kann der Ausdruck "Eschatologie" und "eschatologisch" haben?

Er bezeichnet einmal den traditionellen dogmatischen Locus De Novissimis; er bezeichnet weiter
eine auch das NT stark beeinflussende religionsgeschichtliche Erscheinung; er bezeichnet schließlich in der modernen Theologie letztgültige Wirklichkeit.

2. Welche Aspekte des modernen eschatologischen Denkens muß die dogmatische Behandlung der Eschatologie
berücksichtigen?

Einmal die exegetische Bestimmung des eschatologischen Charakters weiter Teile des NT und ihre aktuelle Anwendung; weiter die moderne Eschatologie
einer menschheitlichen Entwicklung auf ein eschatologisches Ziel hin.

11.1.

3. Inwiefern ist die neutestamentliche
Eschatologie ein Schulbeispiel für
die Problematik historischer Exegese?

Weil hier zwar die Auslegung des Textes in seinem
historisch-zeitgeschichtlichen Kontext erarbeitet
wird, aber die Anwendung durch die Exegese gerade
nicht mehr normiert werden kann.

4. Welche Funktion hat die neutestamentliche Eschatologie, insbesondere deren Zentralbegriff des Reiches Gottes, bei Ritschl?

In diesem Begriff ist die Konzeption einer religiösen und ethischen Orientierung zusammengefaßt. Zugleich dient er der Legitimation, indem er die
Übereinstimmung dieser Orientierung mit Jesus
nachweisen soll.

5. Warum macht die "konsequent-escha-
tologische" Interpretation des NT
eine Anwendung der neutestamentlichen Eschatologie unmöglich?

Hier wird gerade die Fremdheit und Zeitgebunden-
heit der neutestamentlichen Eschatologie herausgestellt. Das gilt für die apokalyptische Interpretation des Reiches Gottes ebenso wie für die Betonung der (enttäuschten) Naherwartung.

6. Worin unterscheidet sich eine endgeschichtliche Eschatologie von der
traditionellen kirchlichen Eschatologie?

Sie versucht im Gegensatz zur individualistisch
geprägten kirchlichen Eschatologie die universale,
weltgeschichtliche Dimension der neutestamentlichen Eschatologie zu aktualisieren.

7. Was ist das Problem einer bibli-
stisch vorgehenden Eschatologie
(etwa O. Cullmann)?

Hier wird die dogmatische Tradition mit ihren
eschatologischen Fragestellungen übergangen; man
sucht unmittelbar aus dem NT normative Aussagen
zu gewinnen.

8. Inwiefern läßt sich "präsentische
Eschatologie" als ein typisch modernes Konzept verstehen?

Sie will sich nicht auf eine ungewisse Zukunft vertrösten lassen, sondern sucht im Jetzt das Eschaton
zu erfassen.

9. Was besagt Bultmanns Bestimmung des Christusgeschehens als eschatologisches Ereignis für das Verhältnis von Geschichte und Eschatologie?

Das eschatologische Ereignis hat sich in der Geschichte ereignet und ereignet sich so weiter in der Predigt.

10. Was besagt sie in Hinsicht auf den Glauben?

Ihm ist durch das eschatologische Ereignis bzw. dessen Verkündigung die eschatologische Existenz als Entweltlichung innerhalb der Geschichte ermöglicht.

11. Inwiefern denkt solche präsentische Eschatologie im Reflexionsschema der modernen Subjektivität?

Insofern für sie Eschatologie nur in der Betroffenheit der jeweiligen Subjektivität durch das Eschaton, nicht aber als ein welthafte Gegenständlichkeit betreffendes Geschehen, aussagbar ist.

12. Was sind die Kennzeichen der kritisch-ethischen Eschatologie Moltmanns u.a.?

Hier werden einerseits alle Zukunftsentwürfe von dem Novum ultimum der christlichen Hoffnung her kritisiert; andererseits wird diese christliche Hoffnung als eine die Zukunft bewältigende Kraft mobilisiert.

13. Gelingt es diesem Konzept, das Reflexionsschema der Subjektivität zu überwinden und zu einer welthaltigen Eschatologie zu kommen?

Die Intention auf eine solche welthaltige Eschatologie ist da; doch wo die Theologie im Novum ultimum ihr eigenes Thema formuliert, gerät sie wieder in dieses Schema, sofern sich hier Hoffnung als Gestimmtheit der Subjektivität auf Novum ultimum als abstrakte Ganzheit der eschatologischen Vollendung richtet.

10.2.

14. Inwiefern ist Eschatologie wie Gottes- und Schöpfungslehre zu analogischem Reden genötigt?

Sie muß einerseits die Kontinuität des Gegenwärtigen zur Vollendung denken; zugleich aber muß sie die Andersartigkeit des Vollendeten gegenüber dem gegenwärtigen Zustand betonen.

15. Welche das eschatologische Denken bestimmende Grundschwierigkeit ergibt sich dabei?

Entweder wird die Kontinuität des Selbst oder es wird die Kontinuität der Welt zur Vollendung hin gedacht; aber beides läßt sich nicht klar zusammendenken.

16. Was ist die Folge davon, daß christliche Eschatologie die Kontinuität des Selbst einseitig betonte?

Daß der Gedanke einer Vollendung der Welt dem christlichen eschatologischen Denken entglitt und von modernen liberalen wie sozialistischen Zukunftsvorstellungen aufgenommen wurde.

17. Welche Lehrstücke gehören zu dem traditionellen dogmatischen Locus De Novissimus?

1. De morte. 2. De resurrectione mortuorum. 3. De judicio extremo. 4. De consummatione mundi. 5. De damnatione et vita aeterna.

18. Inwiefern ist hier die Kontinuität des Selbst zum Eschaton hin bestimmend?

Das Selbst wird hier als unsterbliche Seele metaphysisch gedacht, um ja die Kontinuität zum Eschaton hin festhalten zu können.

19. Versuchen Sie eine Beschreibung dieser traditionellen Eschatologie als Beschreibung dessen zu geben, was mit dieser Seele geschieht:

Im Tod trennt sich die Seele vom Leib. Sie kommt je nach ihrem ewigen Schicksal in den Himmel oder in die Hölle. Dort erwartet sie die Auferstehung, in der sie wieder mit ihrem Leib vereinigt wird. Dann wird über sie im Jüngsten Gericht geurteilt. Sie kommt je nachdem zur Seligkeit in Gotteserkenntnis und Gottesliebe oder zur ewigen Verdammnis.

20. Welche Rolle spielt in der eschatologischen Vorstellung die Welt und der Leib?

Die Welt wird funktionslos, weshalb die luth. Orthodoxie ihre annihilatio denkt. Der Leib hat im Grunde auch nur bei den Verdammten eine Funktion, während die Seligkeit rein geistig vorgestellt wird.

21. Inwiefern ist diese Eschatologie faktisch durch einen anthropologischen Dualismus geprägt?

Insofern hier der Leib im Denken der Vollendung praktisch verschwindet.

300

22. Welche Aspekte der modernen Escha-
    tologie der Welt müssen unterschie-
    den werden?

Eine technische Utopie, betreffend die Aneignung
der Natur durch den Menschen, und eine moralische
Utopie, betreffend die gesellschaftliche Ordnung
dieser Aneignung.

23. Wie wird die technische Utopie in
    Hinsicht auf die Natur gedacht?

Die Natur soll so weit wie möglich beherrscht und
den menschlichen Zielsetzungen dienstbar gemacht
werden.

24. Warum muß die Zielsetzung dieser
    Aneignung der Natur auch moralisch
    reflektiert werden?

Weil diese Aneignung nur gesellschaftlich möglich
ist, und darum das Problem einer gerechten Ordnung
dieser Aneignung nicht umgangen werden kann.

25. Was muß als das ungelöste Grund-
    problem einer konkreten Eschatolo-
    gie bezeichnet werden?

Wie die eschatologische Vollendung der Welt mit
der eschatologischen Vollendung der Individuen
zusammenzudenken ist.

Register der Autoren und Texte

(Genauere bibliographische Angaben finden sich bei der ersten Anführung im Text).

Dogmatische Methode, angewandt auf den dogmatischen Unterricht

1. Problemfindung

1.1 Stand der Fachdiskussion: Lehrbücher, Diskussion von Einzelproblemen, Anstöße anderer theologischer Disziplinen (Exegese, historische Theologie, praktische Theologie).

1.2 Situation, auf die sich dogmatische Reflexion bezieht: Bedürfnisse und Interessen der Kirchen. Anschauung des kirchlichen Lebens im gesamtgesellschaftlichen Zusammenhang. Diskussion von Normen und Weltanschauungsproblemen in Wissenschaft und Öffentlichkeit.

1.3 Korrelation von 1.1 und 1.2 zur Bestimmung der Problemsituation: Decken sich Probleme der Fachdiskussion und der Situation? Wo liegen Scheinprobleme vor; wo mangelt es an Problembewußtsein?

2. Problembearbeitung

2.1 Erstellung und Begründung eines Klassifikationssystems: Glaubensgegenstand in seinen möglichen Aspekten. Gewicht der tradierten Glaubensinhalte nach ihrer Nähe zu Jesus Christus als Grundnorm. Verhältnis von Glauben und Verhalten und ihre gegenseitige Bestimmung in einer Gesamtorientierung.

2.2 Verarbeitung historischer und empirischer Informationen: Theologiegeschichtlicher Überblick, mindestens altprotestantischer Orthodoxie und Problemverschiebung durch Aufklärung. Lassen sich empirische Theorien zum verhandelten Sachverhalt beibringen? Primärerfahrung aufsuchen.

2.3 Beurteilung: Übereinstimmung mit der biblisch bezeugten Grundnorm (die ganze Schrift!) in ihren geschichtlichen Ausformungen (Dogma der Alten Kirche, Bekenntnis der Reformation). Übereinstimmung mit einer vernünftigen Einschätzung der Wirklichkeit (Kohärenz der das Verhalten bestimmenden Gesamtorientierung!)

3. Anwendung

3.1 Sprachliche Formulierung: Beachtung der unterschiedlichen Sprachebenen. Unterscheidung von reflektierender Beurteilung und Glaubenszeugnis. Geschichtliche und soziale Dimension dogmatischer und kirchlicher Sprache.

3.2 Funktion bestimmter dogmatischer Urteile: Normierung der kirchlichen Praxis (Predigt, Unterweisung, Kirchenordnung etc.). Erhellung und Vertiefung des Glaubens im Wissen von seinem Gegenstand. Gesprächsangebot im Rahmen des Pluralismus.

3.3 Die praktische Konsequenz des dogmatischen Unterrichts sollte sein: Theologie als Habitus!

Das Glossar ist zugleich als Register angelegt. Dazu wurden auch Ausdrücke aufgenommen, die schon im Text genügend klar eingeführt sind. Der Ort, wo das geschehen ist, wird hier unterstrichen. Im Inhaltsverzeichnis vorkommende Ausdrücke wurden nur in Ausnahmefällen aufgenommen. Auch ist nicht immer jedes Vorkommen vermerkt; ich versuche aber die wichtigsten Querverweise zu geben. Nicht jeder vorkommende Ausdruck kann eindeutig verwendet werden; ich habe aber Äquivokationen soweit als nötig notiert.

Abstractum   Allgemeine Wesenheit, durch Abstraktion gewonnene Bestimmung (Gegenbegriff: Concretum, s.d.).86,146,147

Äquivalent   Gleichbedeutend; insbesondere von Ausdrücken gebraucht, die in unterschiedlichen Sprachen denselben Begriff (s.d.) bezeichnen.103

äquivok, Äquivokation. 29,91,104,226,279

Affektionen der Hl. Schrift   Gemeint sind hier Wirkweisen, nicht bloß Eigenschaften. 67-69

Aggression   Hier intraspezifische Aggression, die sich gegen Individuen bzw. Gruppen derselben Art richtet: Mensch gegen Mensch. 123

Akt   Die Betätigung der Fähigkeit oder Neigung (Habitus) in dem Wollen ("actus elicitus"), dem dann die Handlung folgt. 164,189

Alte Kirche   Bezeichnung für eine Epoche der Kirchengeschichte, die etwa die ersten fünf Jahrhunderte umfaßt. 72,77,101f,151

Altprotestantisch   Bezeichnung für die protestantische Theologie vor der Aufklärung (Gegensatz: neuprotestantisch, s.d.; vgl. Orthodoxie). 79

analogia entis   Seinsanalogie, Entsprechung im Sein Gottes, des Schöpfers, und der Kreatur. 92

Analogie, analog   Entsprechung, entsprechend; die analogische Prädikation Gottes sollte unterschieden werden von anderen Analogien. 45, 128,154,168,233

Analogisches Reden   Die traditionelle Möglichkeit, Gott als logischem Subjekt bestimmte Prädikate zuzusprechen. 91f,96,103,104

Analytische Methode   Wissenschaftstheoretische Bestimmung der Altprotestanten (Gegensatz: synthetische Methode). 35,53f,124,133

Anathema, Anathematismen   Feierliche Verurteilung von Lehrmeinungen und Personen,die sich aus dem Konsens der Glaubenswahrheit entfernt haben (s.Häresie). 102

Anfang d. Welt   Metaphysisch nicht lösbares Problem, denkbar nur in der Unterscheidung des Schöpfers vom Geschöpf. 104,111f

Anhypostatisch   Ohne eigenes konkretes Sein; christologischer Kunstausdruck (s.Terminus).148

Anknüpfungspunkt   In der Diskussion um die "natürliche Theologie" geprägter Fachausdruck, der den anthropologisch aufweisbaren Sachverhalt bezeichnet, an den Gottes Heilsoffenbarung in Christus anknüpft. 87

Anthropologie   Lehre vom Menschen. 117-132, 184,224

Anthropomorph   Menschengestaltig; bezeichnet ein Reden von Gott, das diesen mit menschlichen Prädikaten beschreibt. 104

Antike   Historische Kennzeichnung für das griechische und römische Altertum. 81,92

Antitrinitarisch   Die Trinität bestreitend; spiritualistische Richtung der Reformationszeit. 165

Anwendung der Schrift   Der übliche kirchliche, auch dogmatische Schriftgebrauch, der das Bibelwort auf die eigene Situation bezieht. 69-74,227

Apathie   Metaphysisches Gottesprädikat, das besagt, daß von Gott nur Wirkungen ausgehen, daß er aber nicht Einwirkungen des nichtgöttlichen Seins ausgesetzt ist. 148,149

Apokalyptik   Literatur und eschatologische Vorstellungsweise, vorwiegend in Palästina als Fortsetzung der jüdischen Prophetie.228f

Apokryphen   Die alttestamentlichen Schriften, die nur in der Septuaginta, nicht im masoretischen Text überliefert sind; in der katholischen Kirche kanonisch. 74,76

Apologeten   Christliche Schriftsteller des 2. und 3.Jahrhunderts, die das Christentum literarisch verteidigten. 44

Apologetik, apologetisch   Auseinandersetzung des christlichen Denkens mit nichtchristlichen Orientierungen. 40,41,43,152

Apostolische Sukzession   Der Anspruch des bischöflichen Amtes, in der Nachfolge der Apostel zu stehen. 215

Appropriation   100,162

Apriori, religiöses   Erkenntnistheoretische Behauptung einer allgemeinen religiösen Bestimmtheit des Menschseins, die Bedingung der Möglichkeit konkreter religiöser Erfahrung sei. 48,80

Arianismus   Nach Arius (+ 335) benannte trinitarische Häresie, die die volle Gottheit Christi bestreitet. 101

articulus fidei mixtus   Beispiele: Existenz Gottes; Erschaffung der Welt durch Gott; Seelenunsterblichkeit. 80

Artikel, Glaubensartikel   Einzeln aufgeführte Glaubenswahrheiten; der Sprachgebrauch ist insbesondere in Reformation und Orthodoxie üblich. 17,23f,218

Athanasianum   Abendländisches Symbol (um 500), das den Ertrag der trinitarischen und christologischen Lehrbildung zusammenfaßt. 99

Atheismus   Gottlosigkeit, Leugnung der Existenz Gottes. 82,91,95

Attribut   Zugesprochene Bestimmung, insbesondere Eigenschaft Gottes (wobei "Eigenschaft" analogisch zu verstehen ist). 93

Aufklärung   Historische Epoche, ungefähr das 18.Jahrhundert umfassend. 18,37

Autorität   Anerkannte Vollmacht eines Amtes, einer Institution, Kompetenz in bestimmter Hinsicht. 46,60,61,67,73,85f,88,144,185,217-219

Axiom   Geltende Wahrheit, die nicht weiter begründet werden kann oder muß. 51,53,150

Befindlichkeit   In der existenzialen Daseinsanalyse durch M.Heidegger geprägter Ausdruck
für das Gestimmtsein der Existenz als Weise des
In-der-Welt-seins.   43

Begriff   Eine Zusammenordnung von Bestimmungen,
durch die gleichartige Gegenstände oder Sachverhalte erfaßt werden; Abstractum (s.d.).   39

Bekenntnis   Hier das kirchliche Bekenntnis,
das Christusbekenntnis in seiner polemischen
Entfaltung zur Abwehr von Häresien (s.d.).
72-74,145,218

Biblizistisch, Biblizismus   Kirchliche und
theologische Gruppierung, die ohne Auseinandersetzung mit der Glaubenstradition unmittelbar
auf die Bibel zurückgehen will.   28,230

Bußsakrament   171,187

causa   Die Schulmetaphysik unterscheidet vier
causae: c.materialis, c.formalis (s.Form),
c.efficiens, die Wirkursache und c.finalis,
die Zweckursache.   68,104,171

character indelebilis   Eine unzerstörbare Prägung,
die zugleich den kirchlichen Anspruch auf den so
Geprägten begründet.   187

Charismatische Gemeinde   211

Chiliasmus   Erwartung des tausendjährigen Reiches (nach Apc 20,4).   234

Christologie   101,123,132-162,196

communicatio idiomatum   Christologisches Denkschema, das die Einheit der göttlichen und
menschlichen Natur in der gottmenschlichen
Person beschreibt.   150

Concretum   Das besondere Einzelseiende, im Unterschied von der allgemeinen Wesenheit (Abstractum,
s.d.).   86,146,147

concursus   Gottes Beistand, Terminus der Vorsehungslehre.   114f

conservatio   Bewahrung des Geschaffenen durch
Gott, Terminus der Vorsehungslehre.   114

consummatio mundi   Eschatologische Vollendung
der Welt.   235

creatura rationalis   Die vernünftigen Geschöpfe, Engel und Menschen.   113

Deduktiv   Methodisches Verfahren, das Wissen
aus einem Prinzip oder Axiom entfaltet;
Gegensatz: induktiv (s.d.).   34

Deismus   Metaphysische Anschauung, nach der
Gott die Welt so geschaffen hat, daß er nun in
ihren gesetzmäßigen Ablauf nicht mehr einzu-
greifen braucht.   113

Deskriptiv   Das, was ist oder gewesen ist be-
schreibend (Gegensatz: normativ, s.d.).   12

Deterministisch, Determinismus   Weltanschauung,
die die durchgängige Bestimmtheit alles Geschehens annimmt, Freiheit darum bestreitet.   111,
115,128,133

Deus non est in genere   Axiom, nach dem Gott
nicht mit anderem Seienden in einer übergeordneten Gattung oder einem Begriff zusammengefaßt
werden kann.   197

Dialektische Theologie   Bezeichnung einer vor
allem durch Karl Barth (daneben Friedrich Gogarten) bestimmten theologischen Position. 12,49,
184-186,212

Dichotomie   Anthropologische Anschauung,
die den Menschen aus zwei Teilen, Vernunft-
seele und Leib, zusammengesetzt sieht.
119,146

dictum probans   Bibelwort, das zur Begründung einer dogmatischen Aussage angeführt
wird.   20,79

Dilemma   Problemstellung, bei der die
alternativen Lösungsmöglichkeiten zu Wi-
dersprüchen führen.   48f,91

Distinktion, Unterscheidung   Denkfigur
der traditionellen Theologie, die ein sonst
unlösbares Problem mit Unterscheidungen
bearbeitet.   114,128,136,216

Divination   Ahnung; hier die Wahrnehmung
bzw. Erfahrung eines Göttlichen durch
weltliche Gegenständlichkeit hindurch. 48

Dogma   Glaubensgegenstand bzw. Glaubenswahrheit, über die ein kirchlicher Konsens
besteht.   23-25,45,55,217f

Doketismus, doketisch   Christologische
Häresie, nach der Christus nur scheinbar
Mensch gewesen ist.   148,158

Dreiämterschema   Christologische Lehrform,
die das Werk Christi systematisiert.
152,154-156

Dreifacher Gebrauch des Gesetzes   80,192f

Dreiständelehre   Beschreibung der Gesellschaft (s.d.) unter dem Aspekt der durch
Gott geordneten Beziehungen, wobei Kirche
als Bezeichnung für das Ganze dienen kann.
222

Drei Wege   Hier Methode zur Ableitung
göttlicher Eigenschaften.   92

Ebionitisch   Christologische Häresie, die
die volle Gottheit Jesu Christi bestreitet.
124.160

ecclesia docens/audiens   Ekklesiologische
Distinktion, die in der Kirche das lehren-
de Amt von der an dieses gewiesenen Gemeinde unterscheidet.   217

ecclesia repraesentativa/synthetica   Ekklesiologische Distinktion, die die Amtsträger
gegen die Kirche insgesamt stellt, um so
eine synodale Kirchenleitung durch die
Amtsträger zu konstruieren.   217,222

ecclesia stricte dicta/late dicta   Ekklesiologische Distinktion zur Unterscheidung
der Kirche als Glaubensgemeinschaft von
der Kirche als Phänomen.   216

ecclesia universalis/particularis   Ekklesiologische Distinktion, die die eine Kirche und ihre faktische Existenz in Einzelgemeinden aufeinander bezieht.   216

ecclesia visibilis/invisibilis   s.Sichtbar-
keit.   216

ecclesia vera/falsa   216

Eigenschaften Gottes   s.Attribut.   88,
92-95

Einsichtigkeit   Soll durch eine Argumentation von zugestandenen Voraussetzungen
aus erreicht werden, die den Gesprächspartner überzeugt (s.a. evident).   88,152

Effektive Rechtfertigung   Gerechtmachung, durch die der Sünder real zum Gerechten wird (Gegenbegriff: forensisch, s.d.).   176

Emanzipation   Befreiung zur Mündigkeit, Selbständigkeit.   86

Empirie, empirisch   Wissenschaftlich methodisierte Erfahrung.   19,52,210,213

Engel   91,113

Enhypostasie   Die konkrete Verwirklichung der Menschheit Christi in der Person des Sohn-Logos (s.a. anhypostatisch).   148

Enthusiasmus   Schwärmertum; bezeichnet die Behauptung, im Besitz des Geistes bzw. der Wahrheit zu sein, ohne das am äußeren Wort (verbum externum, s.d.) nachzuweisen.   66,167,188

Enzyklopädisch   Hier die Frage nach der Gliederung der Theologie in Einzeldisziplinen und deren Zusammenhang.   41,43,50,51,53,55

Erfahrung   Ein durch Tradition, in erster Linie durch Sprache, gedeutetes und strukturiertes Erleben.   84f,89,140,157,180,182,190f,194, 196,208f

Eschatologisch   Bei diesem Ausdruck ist besonders auf Äquivokationen zu achten.   226

Ethik   Teildisziplin der Systematischen Theologie, Lehre vom richtigen Handeln und Verhalten.   18,31,33,83,118,180

Evangelium   Die Nachricht von der gnädigen Zuwendung Gottes in Jesus Christus.   27,60,65, 126,135,137,140,165f,175,188f,215,221

Evident   Was unmittelbar einleuchtet und darum als wahr oder gültig anerkannt wird (s.a.Einsichtigkeit).   53

ex opere operato   Durch den ordnungsgemäßen Vollzug; Terminus der katholischen Sakramentenlehre.   188f,214

Existentiale Interpretation   Durch Rudolf Bultmann (1884-1976) erarbeitete Methode der Interpretation des NT, dessen Botschaft (Kerygma,s.d.) verstanden wird als das Angebot der Möglichkeit eigentlichen Existierens (in Anlehnung an die philosophische Daseinsanalyse in M.Heideggers Frühwerk "Sein und Zeit").   70,231

Extra Calvinisticum   Reformierte Sonderlehre in der Christologie.   150

Faktizität   Das, was tatsächlich ist, Seinsmodus zwischen Möglichkeit und Notwendigkeit (s.d.).152f

filioque   Umstrittener abendländischer Zusatz zum Nizänum, wonach der Geist auch vom Sohn ausgeht.   100,102f

Forensische Rechtfertigung   Gerechtsprechung des Sünders durch Gottes rechtfertigendes Urteil (s.a. synthetisches Urteil).   174,176

Form/Materie   Für die aristotelische Ontologie grundlegendes Begriffspaar, wonach jede Substanz (s.d.) darin besteht, daß eine bestimmte Form die in einer Materie vorliegende Möglichkeit verwirklicht.   114,171

forma substantialis   Das, was eine Substanz (s.d.) verwirklicht.   123

Formal/material bzw. inhaltlich   Moderne Begriffsbildung, nach der Form und Inhalt unterschieden werden; nicht zu verwechseln mit dem Begriffspaar Form/Materie (s.d.).   67,127

Fragmentenstreit   Von Lessing durch die Veröffentlichung der "Fragmente eines Ungenannten" 1774ff entfachte Auseinandersetzung über die Geltung der Bibel.   75

Freiheit, Willensfreiheit   128f,133-135

Freiheit Gottes   Sie kann nicht als absolute Willkür gedacht werden, da Gott nicht mit sich selbst in Widerspruch stehen kann (s. Notwendigkeit).   153

Fundamentalismus, fundamentalistisch   Moderne kirchliche und theologische Gruppierung, die insbesondere die Verbalinspiration und Irrtumslosigkeit der Bibel behauptet.   20,28,66

Gattung   Hier die Menschheit (s.d.) in ihrer Gesamtheit, die alle Individuen mit umfaßt.   119,122

Gebet   Insbesondere als Bittgebet in der Moderne problematisiert.   88f,96,116f,123

Geisteswissenschaft   Wissenschaftstheoretische Klassifikation des 19. und 20.Jahrhunderts, bezeichnet die historisch arbeitenden Wissenschaften (auch Rechtswissenschaft und Theologie).   50

Gesamtorientierung   Weltanschauung, Ideologie; beantwortet die Frage nach dem Sinn des Menschseins und gibt Werte und Handlungsnormen an.   18,22,29,40

Gesellschaft   Der menschliche Interaktionszusammenhang in seiner Gesamtheit. Der Begriff konnte erst gebildet werden, als die Unterscheidung der Gesellschaft von Staat oder Kirche (s.Dreiständelehre) aufgrund der bürgerlichen Emanzipationsbewegung in der Aufklärung möglich geworden war.   15, 109f,123,201,222,236f

Gesetz   Im theologischen Zusammenhang der Wille Gottes, der den Menschen zu einem bestimmten Handeln und Verhalten verpflichtet.   191-194

Gesetz/Evangelium   80,83,85,87f,191-197,235

Gestimmtheit   s.Befindlichkeit.   107

Gewissen   Traditionell als Stimme Gottes im Menschen verstanden.   80,116

Glaube   73,132,134f,143,165-167,170f,175, 176,178,186,188,201f,213-219,221

Glaubensbewußtsein, kirchliches   Bezeichnet das kollektive Wissen vom Glaubensgegenstand; faßbar vor allem in sprachlichen Objektivationen (s.d.), wobei traditionell einzelne Artikel (s.d.) unterschieden werden.   15,17,25,27,40,45,60,99,101,145,217f

Gnade   Freie Zuwendung Gottes zum Menschen, als Huld (favor) oder Gabe (gratia) konfessionell teilweise unterschiedlich aufgefaßt (vgl. DS 1561); s.a. Natur/Übernatur.   78f, 125f

Gnosis   Spätantike dualistische Religion, teilweise eng mit dem frühen Christentum verflochten.   29

Gottebenbildlichkeit   Grundbestimmung der theologischen Anthropologie.   80,124-128

Gottesbegriff   Davon kann nur analogisch geredet werden, da Gott nicht definiert werden kann.   90f,92,94

Gottesbeweis   Der Versuch, Gottes Existenz argumentierend zu erweisen.   79,81-83,104

Gottesmutter   Maria als Gottesmutter bzw. Gottesgebärerin ist ein Schlagwort der christologischen Auseinandersetzungen im 5.Jahrhundert.147

Griechisches Seinsdenken   Metaphysische (s.d.)
Konzeption der griechischen Philosophie, die in
der Negation konkreter Bestimmungen die höchste
Realität des Seins dachte.   92,94

gubernatio   Göttliche Weltregierung; Terminus
der Vorsehungslehre.   115

habitus   Terminus der Ethik, genauer der Tugendlehre; bezeichnet eine erworbene oder gnadenhaft geschenkte Fähigkeit oder Hinneigung
des Willens (s.Akt).   22,146,164,189,203

Häresie, häretisch   Aus dem Konsens der Glaubenswahrheit fallende Irrlehre, die darum von
der Glaubensgemeinschaft trennt.   57,76,123,124

Heilsgewißheit (fiducia)   Nach reformatorischer
Lehre das Grundelement des Glaubens.   129,165,
177,182

Hermeneutik, hermeneutisch   Lehre vom Verstehen, insbesondere sprachlicher Äußerungen
(Texte).   59,67,69,192,194,196f

Heterodox   Bezeichnung von Lehrmeinungen, die
nicht den überwiegenden Konsens der Glaubensgemeinschaft ausdrücken (Gegenbegriff orthodox, s.d.).   25,57,99

Hierarchie   Die abgestufte Rangordnung der
Ämter in der katholischen Kirche.   220f

Historie, historisch   Moderne Bezeichnung für
den Wirklichkeitszusammenhang in seiner zeitlichen Erstreckung, insbesondere aber für dessen Erforschung und Rekonstruktion.   12,18,26f,
41,44,50,51,52,60,63f,69f,71,139f,227

Historischer Jesus   139-141,143f,156

Historismus, historistisch   Geisteshaltung des
19. und 20.Jahrhunderts, die alle Wirklichkeit
in ihrem Gewordensein sieht; man wirft dem H.
einen allgemeinen Relativismus vor.   46,66,73,231

Homousie   Wesensgleichheit; trinitätstheologi-
scher Terminus.   145

Idealismus, idealistisch   Philosophische Grundrichtung, für die das geistige Sein Prinzip aller Wirklichkeit ist (Gegensatz: Materialismus,
s.d.).   95,115,123,227,231

Idee   Das Gedachte; insbesondere im Sinn von
Ideal als der Norm, an der sich das Faktische
messen lassen muß.   157

Idiographisch   s. Nomothetisch.   50

imago Dei   s. Gottebenbildlichkeit.   80

Immanenz, immanent   Innerhalb bleibend, das,
was innerhalb der Welt anzutreffen ist (Gegenbegriff Transzendenz s.d.).   97ff

Immanente Trinität (Wesenstrinität)   Moderne
Bezeichnung für die Beschreibung der Trinität in
ihren innergöttlichen Relationen.   100

Induktiv   Methodisches Verfahren, das von einzelnen Sachverhalten ausgeht und in deren Zusammenfassung zum Wissen kommen will (Gegenbegriff:
deduktiv, s.d.).   34

Initiationsritus   Religionsphänomenologischer
Terminus für religiöse Einweihungsriten.201,210

Inspriation   Einwirkung des Hl. Geistes,
die menschliches Handeln ermöglicht oder bewirkt.   68,170

Institution   Soziale Gestaltung mit norma-
tivem Anspruch.   85,210,212

Intellektuelle Redlichkeit   Stichwort einer
theologischen Position, die die Glaubenswahrheit soweit als möglich in das plausible
(s.d.) Wissen einbeziehen will.   218

intercessio   Das priesterliche Eintreten
des erhöhten Christus für die Glaubenden
bei Gott.   155

Irdischer Jesus   139,142f,151,155f

Jurisdiktion   Rechtsgewalt, die gesetzgeben-
de und richterliche Gewalt verbindet; vor
allem im Bereich des Bußsakraments (forum
internum).   220

ius divinum   Göttliches Recht; Anordnung,
Stiftung oder Einsetzung, die durch Menschen
nicht verändert werden darf.   221,223

ius episcopale   s. Summepiskopat.   222

ius humanum   Menschliches Recht, das also
auch durch Menschen verändert werden darf.
223

iustitia originalis   Gottebenbildlichkeit
(s.d.) nach evangelischem Verständnis.   126

Kanon, kanonisch   Aufzählung der gottes-
dienstlich gebrauchten Schriften, die als
von Gott der Kirche gegeben gelten.   61,62f,
67,72,74-77,184

Kategorie   Seit Aristoteles Bezeichnung von
Aussageklassen, in denen Seiendes in seinem
Sein bestimmt werden kann.

Katholisch, römisch-katholisch   Bezeichnung
für eine der christlichen Konfessionen (s.d.,
vgl. a. tridentinisch).   76,78f,125f,128,
164,169,186,219,220

Kausalitätsprinzip   Rückführung aller be-
obachteten Wirkungen auf eine sie bewirkende Ursache (s.d.).   96,104

Kennzeichnung   Wie ein Eigenname verwendete
Bezeichnung eines bestimmten Gegenstandes
("ist" wird hier nicht als Kopula gebraucht,
sondern als Identitätszeichen).   96

Kenosis-Lehre   Versuch evangelischer Dogmatiker des 19. Jahrhunderts, die traditionelle Zweinaturenlehre (s.d.) mit der geschichtlichen Anschauung Jesu zu verbinden
durch den Gedanken einer Selbstentäußerung
des Gottessohnes.   151

Kerygma   Christusverkündigung; insbesondere
im Zusammenhang von Formgeschichte und exi-
stentialer Interpretation (s.d.) gebrauchter
Ausdruck.   139,141-144

Klassifikation   Einordnung von Gegenständen
oder Sachverhalten in Klassen, die nach bestimmten Merkmalen unterschieden werden.   54

Kohärenz   Zusammenhang, hier insbesondere
die innere Stimmigkeit der Gesamtorientierung.   22,150

Kollegialistisch   Kirchenrechtliche Theorie,
die Kirche als Genossenschaft versteht und
darum die Kirchengewalt von den einzelnen
Genossen ausgehen läßt; diese üben sie freilich nicht unmittelbar aus, sondern delegie-
ren sie.   223

Konfession, konfessionell   Seit dem 19. Jahrhundert übliche Bezeichnung für die aus der Reformation entstandenen unterschiedlichen Ausprägungen der christlichen Kirche. 14,41,76, 84,85,163,186,207,215

Konklusion   Schlußfolgerung aus Prämissen (s.d.). 85

Konsekration   Weihe der Elemente Brot und Wein durch das Sprechen der Einsetzungsworte in der Meß- bzw. Abendmahlsfeier. 199,205

Konsens   Übereinstimmung, hier insbesondere über die Glaubenswahrheit. 16,26,27,40,58,60, 61,74

Konsistorium   Kirchenleitendes Organ aus theologischen und juristischen Mitgliedern.222f,224

Kontingenz, kontingent   Zufälligkeit, das, was faktisch so ist, aber nicht so sein muß; ontologischer Begriff (s.d.). 30,81,114f

Kontroverstheologisch   Auseinandersetzung über zwischen evangelischer und katholischer Theologie strittige Fragen. 61,62,124f,170,199

Koordiniert   Beigeordnet, hier im grammatischen Sinn. 165

Korrelation   In Beziehung setzen von verschiedenen Sachverhalten. 16,39,40

Kosmogonie   Beschreibung der Weltentstehung.110

Kosmologie   Lehre von der Welt im ganzen, Teilgebiet der traditionellen Metaphysik (s.d.). 79, 81f,104

Kreatianismus   120,123

Kreuz   Metaphorisch für die Lebensgestalt der Kirche und des Christen als Leidensnachfolge.219

Kriterium   Beurteilungsmaßstab, auf den man sich geeinigt hat. 17,20,27,47,58-77

Kritik, historische   Verfahren wissenschaftlicher Rekonstruktion vergangenen Geschehens (s.a. Historie). 24

Lehramt, römisch-katholisch   23,59,71,85

lex naturalis   s. Naturgesetz 83f

liberum arbitrium   Der freie Wille, verstanden als Wahlfreiheit, die Möglichkeiten setzt und diese realisiert; nach Luther allein Gottesprädikat. 133-135

Literalsinn   Der buchstäbliche Sinn eines Textes (s.a. vierfacher Schriftsinn). 68,70

Locus   Ort, Gemeinplatz; hier die Zuordnung von dogmatischen Problemen und Sachverhalten zu bestimmten Orten im Lehrganzen, die dann nacheinander abgehandelt werden. 18,30,34,103

Logos   In der griechischen Philosophie als kosmisches Prinzip die Weltvernunft, als menschliches Denken der diskursive Prozeß der Wahrheitsfindung, aber auch Maßstab ethischen Verhaltens.Seit den Apologeten (s.d.) christologisches Prädikat. 44,66,102,104,146-148,151

Lutherisch, Lutheraner, Luthertum   Evangelische Konfession (s.d.), die sich auf Luther zurückführt. 15,21,76,103,128,135-138,149f,156,163, 186,191,206,217,219,221f,235

manducatio impii   Essen und Trinken von Leib und Blut Christi auch durch den Unwürdigen bzw. Ungläubigen; Unterscheidungslehre im Zusammenhang der Abendmahlskontroverse zwischen Lutheranern und Reformierten.147,206

Manichäisch   Gnostisch-dualistische Religion seit dem 3. Jahrhundert; dient als Bezeichnung für eine dualistische Anthropologie, die die Erlösungsfähigkeit des ganzen Menschen bestreitet. 124

Mariologie   Theologische Lehre von Maria, im Katholizismus breit ausgebaut. 169

Masoretischer Text   Der durch die Masoreten, mittelalterliche jüdische Gelehrte, vokalisierte und überlieferte hebräische Text des AT. 76

materia   (s.a. Form/Materie). 112

materia coelestis   Himmlische Materie des Sakraments, durch die Konsekration (s.d.) mit dem Element verbunden. 199,207

materia terrestris   Irdische Materie, das Element bzw. die Elemente des Sakraments.199

Materialismus, materialistisch   Philosophische Grundrichtung, für die das materielle Sein das Prinzip aller Wirklichkeit ist (Gegensatz: Idealismus, s.d.). 95,104,115

Maxime   Grundsatz, der bei der Willensentscheidung den Ausschlag gibt. 131f

media salutis   54,162,178,182

Menschheit   Der Gattungsbegriff muß in der Theologie zugleich als Concretum (s.d.) gedacht werden. 120f,224,238

Metapher, metaphorisch   Bildliche Redewendung, eine Möglichkeit analogischer (s.d.) Prädikation. 97,111,167

Metaphysik, metaphysisch   Die seit der Aufklärung aus dem Bereich der Wissenschaft ausgeklammerte, aber bleibende Frage nach dem Sein in seinen allgemeinen Bestimmungen (Ontologie, s.d.), der Welt im ganzen (Kosmologie, s.d.), dem Menschsein und Gott als letztem Grund alles Seins und Sinns. 30,33,81, 86,91,94,97,105,144,148,150,227,235,238

Methode   Festgelegtes Vorgehen, um ein bestimmtes (Erkenntnis-)Ziel zu erreichen. 12,34,69f

Modalismus   Trinitarische Häresie der Alten Kirche. 101, 102,163

Moderne, modern   Geschichtliche Epoche, theologisch von der Aufklärung (s.d.) an datierend. 47,78,82,92,94,104,105,106-109,114 141,145,156-161,169,195,204,218,230f,233

Modernistisch   Eine zu weit gehende theologische Anpassung an modernes Denken. 98

Möglichkeit   Das, was sein kann bzw. als seiend gedacht werden kann, Seinsmodus (s.a. Faktizität, Notwendigkeit). 133f,153

Monenergistischer Streit   Christologische Auseinandersetzung des 7. Jahrhunderts. 148

Monogenismus   121

Monophysitisch, Christologische Lehrmeinung, die nur eine Natur (hier als Concretum, s.d., verstanden) Christi denken will. 148

Monotheletischer Streit   Christologische Ausein-andersetzung des 7.Jahrhunderts. 148

Moral, moralisch   Inbegriff geltender Verhaltens-normen und eines diesen entsprechenden Verhaltens. 82,157

Mythos, mythologisch   Beantwortung metaphysischer (s.d.) Fragen in Form von religiösen Erzählungen. 110,154

Naherwartung   Haltung, die das durch Gott herbei-geführte Ende der Welt als unmittelbar bevorste-hend ansieht. 229

Natürliche Erkenntnis der Schöpfung   Vor der Auf-klärung gängige Annahme, daß der Schöpfungsgedanke allgemein zugänglich und einsichtig sei. 104

Natürliche Gotteserkenntnis   Annahme, daß mindes-tens die Existenz Gottes und sein Wille von allen Menschen erkannt werden könne. 85,191,194

Natürliche Theologie   Theologische Ausführung der natürlichen Gotteserkenntnis. 29f,77-88

Natur   Ontologischer Begriff, bezeichnet das Ab-stractum. Auch christologisch (Zweinaturenlehre, s.d.) von Bedeutung. 78,147-150

Natur/Übernatur bzw. Gnade, übernatürlich   Ein-flußreiches Denkschema der katholischen Tradition, das Theologie und Ökonomie (s.d.) vermittelt. 78f, 83,84f,125,191

Naturgesetz   Das natürliche Sittengesetz, die je-dem Menschen bekannte Unterscheidung des Guten und des Bösen (nicht zu verwechseln mit dem Begriff des Naturgesetzes in der Naturwissenschaft des 19. Jahrhunderts). 81,83f

Naturrecht/positives Recht   Rechtstheoretische Un-terscheidung, wonach das dem Menschen wesensmäßig zugängliche Recht für eine bestimmte Rechtsgemein-schaft durch positive Setzung praktikabel gemacht wird. 45

Naturwissenschaft   Wissenschaftstheoretische Klas-sifikation des 19. und 20.Jahrhunderts (s.a. Gei-steswissenschaft). 50,110,116

Neuprotestantisch   Bezeichnung für die protestan-tische Theologie seit der Aufklärung (s.altprote-stantisch). 169

Noetisch   Die Erkenntnis bzw. den Erkenntnisweg betreffend. 92

Nomothetisch/idiographisch   Durch den Neukantianer W.Windelband eingeführte Beschreibung des methodi-schen Vorgehens der Naturwissenschaften, die die allgemeine Gesetzmäßigkeit erfassen (nomothetisch) und der Geisteswissenschaften, die die individuel-le Erscheinung beschreiben (idiographisch). 50

Norm, Glaubensnorm   Als diese Norm gilt die Hl. Schrift. 65,68,73

Normativ   Das, was sein soll, bestimmend (prä-skriptiv, s.d.). 12,18,20,27,51,52,60,77

notitia Dei naturalis   s. natürliche Gottes-erkenntnis. 79f

Nottaufe   Taufe in Todesgefahr, die durch je-dermann vollzogen werden kann. 203

Notwendigkeit   Das, was sein oder geschehen muß, nicht als nichtseiend gedacht werden kann, Seins-modus (s. Faktizität, Möglichkeit, Seinsnotwen-digkeit). 104,112,133,153

Objektiv, Objekt   Beim modernen Verständnis von Objekt ist das Subjekt immer mitgedacht. 50,95,106, 107-109

Objektivieren   Vergegenständlichen; das kann sprachlich geschehen, aber auch in an-derer Form; solche Objektivationen sind keineswegs objektiv (s.d.) im modernen Sinn. 10,95f

oboedientia activa/passiva Christi 155,175

Offenbarung   Wichtiger theologischer Re-flexionsbegriff, vor allem in der modernen Diskussion; meist im Sinne von Selbstoffen-barung Gottes gebraucht. 42,49,65,78-80, 84-88,122,191

Offenbarungspositivismus   Abwertend ge-meinte Bezeichnung für die theologische Position Karl Barths. 88

Ökonomie   s. Theologie/Ökonomie

Ökonomische Trinität (Offenbarungstrinität Moderne Bezeichnung für die Beschreibung der Trinität nach ihrem Wirken auf die Welt. 100

Onomatologie   Lehre von den Bezeichnungen; neben der Lehre von den Sachverhalten (Pragmatologie) in der orthodoxen Dogmatik üblich. 75

Ontisch   Seiend, nicht im Sinne einer all-gemeinen Bestimmung (ontologisch), sondern der Faktizität. 92,128

Ontologie, ontologisch   Lehre von den all-gemeinen Bestimmungen des Seins, Teilge-biet der traditionellen Metaphysik. Theo-logisch wichtig ist u.a. die Unterscheidung von kontingentem (s.d.) Sein und notwendi-gem Sein (s. Seinsnotwendigkeit). 78,81,86, 92-94,97f,114f,119,122,123f,127,197

Orthodoxie, orthodox   Rechtgläubig, im Konsens der Glaubenswahrheit stehend. 25,31,147,204. Als Konfessionsbezeichnung für die Ostkirchen. 56

Orthodoxie, altprotestantische   Histori-sche Kennzeichnung für die protestantische Theologie zwischen 1560 und 1720. 17,18, 30,35f,41,44,53,56,67,68,79,103,114f,182, 186,192,193,194,216,218

Pantheismus   Metaphysische Anschauung, die das Sein Gottes und der Welt identifiziert. 90,95,104

Parabel   Gleichnis, hier stark in Richtung einer Allegorie tendierend. 16

Paradoxie, paradox   Das Widersinnige, ger-ne gebraucht in Hinsicht auf die christo-logische Aussage, daß Gott Mensch geworden sei. 143,147,150

Parochie, parochial   Wohnbezirk; Bezeich-nung für den lokal begrenzten Zuständig-keitsbereich eines Pfarrers (Parochus). 208-210

particula exclusiva 68,177

Parusie Wiederkunft Christi. 229

Pelagianisch   Nach Pelagius (+ nach 418) benannte Behauptung der menschlichen Fähig-keit, sich auch nach dem Sündenfall dem Heil· aus freiem Willen zuzuwenden.124,131

Perichorese 100

Perseveranz   Das Verharren im Gnadenstand. 173

Person Trinitätstheologisch Bezeichnung dessen, "quod proprie subsistit" (CA I,4); modern
Selbstbewußtsein, das sich gegen das Nicht-Ich
abhebt, oder Ich, das sich in der Beziehung auf
ein Du konstituiert. 96,99-103

Person und Werk Christi 145,151,156-161

Personalinspiration Inspirationsvorstellung,
nach der die Verfasser der biblischen Schriften
inspiriert waren. 68

Personalität Hier im trinitätstheologischen
Sinn eines eigenen Personseins des Geistes. 165

Physikotheologisch Aus der weisen und zweck-
mäßigen Einrichtung der Natur auf Gott schlie-
ßend. 82

Plausibilität, plausibel Einleuchtend;hier in Anlehnung an die Wissenssoziologie für die gesellschaftlich geltende Wahrheit gebraucht.85,95,104

Pluralismus, weltanschaulicher Die Freigabe umfassender Orientierung an einzelne oder Gruppen
einer Gesellschaft, unter der Voraussetzung einer
Übereinstimmung in den Grundwerten und gegenseitiger Toleranz. 86

Polygenismus 121

Position Theologische Grundhaltung, anderen
Grundhaltungen entgegengesetzt; kennzeichnend
für die moderne Theologie. 14,89. Auch: Gegensatz zu Negation. 137

Positiv Hier willkürlich gesetzt als Gegensatz
zu dem, was von Natur aus, wesensmäßig da ist.
45f,85

Positivismus, positivistisch Bezeichnung für
eine philosophische und wissenschaftstheoretische Richtung, die das Gegebene zum Ausgangspunkt
des Erkennens macht und alle nicht auf Tatsachen
rückführbaren Aussagen ablehnt. 116

Prädestination 103,132-138,173,181

Prädikat Das, was einem Subjekt zugesprochen
wird, ihm zukommt. 81,144

Prädikation, prädizieren Einem Subjekt ein
Prädikat zusprechen. 91f,144

Präfation Das mit dem Dreimalheilig abschlie-
ßende Eingangsgebet der Abendmahlsliturgie. 138

Prämisse Ober- und Untersatz eines Schlusses.
85,130

Primärerfahrung Erfahrung, die ohne methodische Anordnung (s. Empirie) gemacht wird. 19

principia salutis 54,103,133,163,178

Prinzip Ursprung, hier zugleich in der Bedeutung von Sinn oder Ziel. 157

Problem Unterscheidet sich von einer Frage dadurch, daß es nie endgültig beantwortet ist.12,17

Prolegomena, dogmatische 26,185

Protoplast 120,122

Pseudepigraphen Schriften, die unter falschem
Verfassernamen umlaufen. 76

ratio cognoscendi Der Grund, weshalb etwas erkannt werden kann. 128,130,167

ratio essendi Der Grund, weshalb etwas so oder
so ist. 128,130

Rationalismus, rationalistisch Durch die
Aufklärung bestimmte theologische Position,
für die die Vernunft als oberstes Kriterium der Wahrheit gilt. 18,70,71,75

Realinspiration Eingebung der Sachen, die
ein biblischer Schriftsteller dann nieder-
schreibt. 68

Realpräsenz Terminus der lutherischen
Abendmahlslehre. 149,205,206

Rechtfertigung 125,129,137,169-180,195,234

Reflexionsschema der Subjektivität 106-109,
112,117,118,196,231,233

Reformatorisch Denkweise der durch die Reformation bestimmten Theologie im Gegensatz
zum Katholizismus. 79,126,128,129,165,171,
173-177,186,194-207

Reformiert, Reformierte Die auf Zwingli
und Calvin zurückgehende evangelische Konfession. 15,21,76,103,135-138,150,156,163,
181,191,203,206,220

Reguläre Dogmatik 25,31,32,38

Reinkarnation Wiederverkörperung der Seele. 238

Repristination Wiederaufnehmen eines Früh-
heren. 86,96

satisfactio Die Genugtuung, die Jesus
Christus durch seinen Tod für die menschliche Sünde geleistet hat. 101,152-154,155

Schöpfungsgedanke 92,95,104,109f,111-113

Scholastik Hier schulmäßige Bearbeitung
und Überlieferung theologischer Sachverhalte. 19

Schriftauslegung Grundlegend ist hier die
Unterscheidung historischer und anwendender
(dogmatischer wie kirchlicher) Exegese.
60,69f,72,74,125,227

Schriftbeweis Traditionell durch die Anführung von dicta probantia (s.d., s. aber
schriftgemäß). 20

Schriftgemäß Kriterium der Dogmatik; einheitliche Anwendung der Schrift in einer bestimmten Situation (s.zeitgemäß). 27,44,
58f,61,224

Schriftprinzip, reformatorisches Die Schrift
allein (sola scriptura) soll Quelle und Kriterium des Glaubens sein. 62,65

Sein Die gemeinsame Bestimmung, die allem,
was ist, zukommt (s.a. Ontologie, Seinsnotwendigkeit). 92,95,98,104

Seinsnotwendigkeit Das Denken kann nicht
das Nicht-Sein alles Seins denken, da es
dann auch sich selbst aufheben müßte. Solange gedacht wird, muß daher das Sein als notwendig gedacht werden. Dieses notwendige Sein
wird in der metaphysischen Tradition als Gott
gedacht. 81,95,102,114f

Selbstbewußtsein Das Ich, das sich selbst
in der Unterscheidung vom Nicht-Ich denkt;
in der traditionellen Metaphysik mit der unsterblichen Seele identifiziert. 146,158

Selbsterfahrung Die in der Reflexion gewonnene Erfahrung des Ich von sich selbst
(s.a. Erfahrung). 129,166,167,180

Septuaginta   Griechische Übersetzung des AT. 76

Sichtbarkeit/Unsichtbarkeit der Kirche   Die wichtigste Distinktion der Ekklesiologie, seit Augustin in verschiedenen Modifikationen gedacht. 214f

Sinn, sinnvoll, sinnlos   In der Regel von Aussagen gebraucht; kann aber auch ausgreifen bis zum Ganzen der Wirklichkeit (s. Teleologie). 91,104,109,182, 203

Situation   Ein System relevanter Sachverhalte. 15,59

Spekulation, spekulativ   Eine Denkbewegung, die Faktisches in seiner Notwendigkeit zu begreifen sucht; oft auch nur für ein Denken, das sich über das Gegebene hinausschwingt. 102,104,150,152f,157

Spiritualismus, Spiritualisten   163,165

Sprachanalytisch   Bezeichnung für das Vorgehen der analytischen Philosophie, einer insbesondere im angelsächsischen Sprachraum einflußreichen philosophischen Richtung der Gegenwart. 197f

Stand, status (anthropologisch)   119f,124,128

Stand (christologisch)   151,155f

subjektiv   50

Subjekt   Hier das Ich, das auf sich selbst als handelnd reflektiert (s.aber objektiv). 180f

subjectum theologiae   Der Mensch als Gegenstand der Theologie (s. analytische Methode). 54,119

Subjektivität   Moderne Bezeichnung für das individuelle Menschsein, soweit es nicht verallgemeinerungsfähiges Subjekt ist (s.objektiv). 106-109,184,218,232,233

Subordinatianismus   Trinitarische Denkweise, die Sohn und Geist dem Vater unterordnet. 102

Subordiniert   Untergeordnet, hier grammatisch. 165

Subsistenz   Das Concretum (s.d.). 102,148

Substanz   Kategorie (s.d.), die das selbständige Seiende bezeichnet. 95,114,123

Substanz b.Hegel   Hegels Substanzbegriff ist durch Spinoza (1632-1677) bestimmt, der das Sein als die eine, notwendige Substanz dachte (Pantheismus, s.d.). 108

Sünde   84,122-124,129-132,160,170

Summepiskopat, landesherrlicher   Die oberste Kirchengewalt des jeweiligen Landesherren; Konstruktion des evangelischen Kirchenrechts. 208

Supranaturalismus   Dem Rationalismus (s.d.) entgegengesetzte theologische Position. 18

Syllogismus practicus   Der Schluß aus der Erfahrung der Heiligung auf die Erwählung. 181

Symbol   Bezeichnung für das altkirchliche Glaubensbekenntnis. 28,44,99,102,149

Synergistisch   Lehrform, nach der der Mensch bei der Heilszueignung mitwirkt (cooperatio). 124, 170,172

Synthetisches Urteil   Terminus der Rechtfertigungslehre; danach legt Gottes Rechtfertigungsurteil dem Sünder die fremde Gerechtigkeit Christi bei (imputatio). 175

Teleologie, teleologisch   Gesamtorientierung, die Menschsein in der Welt von seinem Ziel her als sinnvoll erfaßt. 33,110

Terminus, Terminologie   Ausdruck, der durch eine genaue Einführung eindeutig bestimmt ist (Kunsausdruck, terminus technicus). 22,103,151,161

testimonium spiritus sancti internum   67f,77

Theistisch   Einen persönlichen Gott (s. Person) annehmend. 30

Theodizee   Frage nach Gottes Gerechtigkeit angesichts des Bösen und des Übels in dieser Welt. 92,169

Theologie/Ökonomie   Die Beziehung von Theologie und Ökonomie ist ein grundlegendes Problem, das in unterschiedlichen Fassungen an verschiedenen Stellen der Dogmatik wiederkehrt. 29,30,31,33,36,38, 39,79,80,103,132

Theopaschitische Formel   147,148

Topik   Festgeprägte Formeln und Vorstellungen zur Beschreibung eines Vorgangs oder Sachverhalts. 97

Tradition   Kirchliche Überlieferung, im Protestantismus durch das Schriftprinzip in ihrer Bedeutung mindestens theoretisch begrenzt. 62,69,72,190

Traduzianismus   120

Transsubstantiation   205f

Transzendenz, transzendent   Hinausgehend über den Bereich der der Erfahrung gegebenen Wirklichkeit (Gegenbegriff: Immanenz, s.d.). 48,97-99

Trichotomie   Anthropologische Denkweise, die den Menschen aus Geist, Seele und Leib zusammengesetzt sieht. 119,146

Tridentinisch   Durch das Konzil von Trient (1545-1563) bestimmt; hier hat sich der Katholizismus als Konfession (s.d.) konstituiert. 68,165,167,170-173,174,176, 179,186,201

Trinität, trinitarisch   77,88,90f,99-103, 144,145,165

Tritheismus   Vorstellung der Trinität als Nebeneinander von drei Göttern. 99,100,102

Tugend   Die Stetigkeit des guten Tuns, die aus innerer Gutheit kommt. 172

Univokation, univok   91,95,103,112f

Ursache   Das, was eine Wirkung hervorbringt; das moderne Kausalitätsdenken hat einen strengeren Begriff von Ursache als die alte Metaphysik, die Gott als die prima causa dachte. 81,104,107,114f

Utopie, utopisch   Nach Thomas Morus Utopia (1516) Bezeichnung für ein bloß vorgestelltes Ideal, das in der faktischen Wirklichkeit keinen Ort hat. 225,232, 233,236f,237,238

Verbalinspiration   Wörtliche Eingebung der Hl. Schrift. 68

verbum externum   166,167,179,188,202,221

Vermittlung, vermitteln   Grundlegender Vorgang des Denkens. 27,29,33,34,44,57, 84,102,162,167,185,211,212

Vernunft, vernünftig   Traditionell als menschliches
Vermögen bestimmt, durch das die Wirklichkeit in ihrer Wahrheit erfaßt werden kann. 45,78f,83,88,108f,
123,150,157

Vexierfrage   Frage, durch die der Gefragte verblüfft
werden soll.   144

Vierfacher Schriftsinn   Hermeneutische Fragestellung
aus der Alten Kirche, im Mittelalter ausgebaut.   70

Vorsehung   112,113-117,132,136f

Vulgata   Die auf Hieronymus (+ 420) zurückgeführte
lateinische Bibelübersetzung.   76

Welt   Inbegriff alles Seienden, theologisch von Gott
unterschieden.   29,39,88-92,102,104f,109,114f,234,236f

Werke, gute   172,180-182

Wert   Was erstrebt wird, weil es als gut (schön) gilt,
bzw. weil es der Mensch braucht.   141

Wesen   s.Abstractum   78

Widerspruch, Satz vom   Ein Axiom (s.d.) der Logik, nach
dem einem Subjekt nicht gleichzeitig sich ausschließende
Prädikate zukommen können.   81

Wirklichkeit   Bezeichnung für das, was ist; W. ist sprachlich repräsentiert; alles Wirkliche muß einen angebbaren
Ort im Gesamtzusammenhang der W. haben.   29,40,50,96f,103,
108,138-144,156

Wissenschaft   Organisierte menschliche Erkenntnisbemühung.
16,35,41,50-55, 105,111,117,118

Wissenschaftstheoretisch   Theoriebildung über Wissenschaft
insgesamt oder einzelne Wissenschaften im Gesamtzusammenhang
der Wissenschaft.   41,42,50,51,54,55,56

Wo?   Eine Kategorie (s.d.), die den Ort eines Seienden im
Gesamtzusammenhang der Wirklichkeit (s.d.) angibt.   89,97f

Wort Gottes   65-67,75,165f,184f

Wunder   Bezeichnung für ein außerordentliches Geschehen,
durch das Gottes Wirksamkeit erfahren wird.   116f

Zeitgemäß   Dogmatisches Kriterium, das danach fragt,
wie die jeweilige Zeit (Situation) in die Glaubenswahrheit eingegangen ist.   58f,60,61

Zweinaturenlehre   Die durch das Konzil von Chalcedon
(451) festgelegte christologische Denkweise, nach der
Jesus Christus die göttliche und die menschliche Natur
(s.d.) in seiner Person vereint.   139,144,145-151,156

Kohlhammer

Gerd Haeffner
Philosophische Anthropologie
1982. 180 Seiten. Kart. DM 18,–
ISBN 3-17-007746-5
Urban-Taschenbücher, Bd. 345
Grundkurs Philosophie, Bd. 1

Albert Keller
Allgemeine Erkenntnistheorie
1982. 184 Seiten. Kart. DM 18,–
ISBN 3-17-007745-7
Urban-Taschenbücher, Bd. 346
Grundkurs Philosophie, Bd. 2

Béla Weissmahr
Ontologie
1985. 182 Seiten. Kart. DM 20,–
ISBN 3-17-008460-7
Urban-Taschenbücher, Bd. 347
Grundkurs Philosophie, Bd. 3

Friedo Ricken
Allgemeine Ethik
1983. 171 Seiten. Kart. DM 18,–
ISBN 3-17-007957-3
Urban-Taschenbücher, Bd. 348
Grundkurs Philosophie, Bd. 4

Béla Weissmahr
Philosophische Gotteslehre
1983. 174 Seiten. Kart. DM 18,–
ISBN 3-17-007958-1
Urban-Taschenbücher, Bd. 349
Grundkurs Philosophie, Bd. 5

Trutz Rendtorff
Ethik
Grundelemente, Methodologie und
Konkretionen einer ethischen Theologie

Band 1: 1980. 148 Seiten. Kart. DM 22,–
ISBN 3-17-005627-1
Theologische Wissenschaft, Bd. 13,1

Band 2: 1981. 192 Seiten. Kart. DM 28,–
ISBN 3-17-005661-1
Theologische Wissenschaft, Bd. 13,2

Friedrich Mildenberger
**Geschichte der deutschen
evangelischen Theologie im
19. und 20. Jahrhundert**
1981. 288 Seiten. Kart. DM 38,–
ISBN 3-17-001075-1
Theologische Wissenschaft, Bd. 10

Friedrich Mildenberger
**Theologie der Lutherischen
Bekenntnisschriften**
1983. 212 Seiten. Kart. DM 34,–
ISBN 3-17-008137-3

Friedrich Mildenberger
Kleine Predigtlehre
1984. 160 Seiten. Kart. DM 29,80
ISBN 3-17-008233-7

Verlag W. Kohlhammer
Stuttgart · Berlin · Köln · Mainz